Morrison of Peking

北京的莫理循

作者 〔澳〕西里尔·珀尔

译者 檀东鍟　窦坤

福建教育出版社

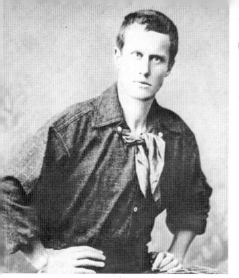

19岁时的莫理循
（米歇尔图书馆）

1883年12月1日，悉尼《公报》漫画家的作品"跛行"
对莫理循在新几内亚的不幸遭遇极尽讥讽

1887年，莫理循在美国
（米歇尔图书馆）

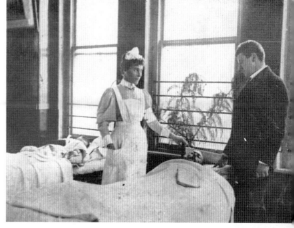

1891年，莫理循在澳大利亚巴拉腊特医院担任医生
（米歇尔图书馆）

1894年莫理循身着中式服装，徒步穿越中国，此为他离开昆明之际
（米歇尔图书馆）

慈禧太后
（泰晤士—赫尔顿广播电台图片资料馆）

北京英国公使馆
（泰晤士—赫尔顿广播电台图片资料馆）

紫禁城午门
（泰晤士—赫尔顿广播电台图片资料馆）

英国驻北京公使克劳德·窦纳乐爵士
（泰晤士—赫尔顿广播电台图片资料馆）

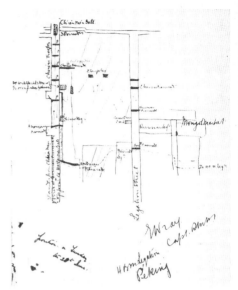

1900年6月28日，义和团运动期间，英国公使馆卫队的瑞上尉交给莫理循的防御图

（米歇尔图书馆）

义和团运动期间莫理循的一页日记
（1900年6月25日）

（米歇尔图书馆）

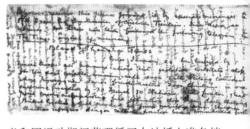

义和团运动期间莫理循写在油纸上准备捎出去的消息，尺寸为5×2.25英寸

（米歇尔图书馆）

义和团民在欧洲军队前被同胞
处决
（泰晤士—赫尔顿广播电台图
片资料馆）

义和团运动后北京的使馆区
（泰晤士—赫尔顿广播电台
图片资料馆）

泰晤士报》总经理莫伯利·贝尔
《泰晤士报》）

《泰晤士报》国外新闻部主任姬乐尔
（《泰晤士报》）

1905年，莫理循在北京自
己的家中
（米歇尔图书馆）

910年莫理循及其随行人员从北京前往西土耳其斯坦的路上
米歇尔图书馆）

1912年的珍妮·莫理循
（莫理循夫人）

理循于1911年离开伦敦之际
米歇尔图书馆）

（米歇尔图书馆）

1917年莫理循和他的三个儿子——
伊恩、科林和阿拉斯泰尔

（米歇尔图书馆）

1917年，莫理循将图书馆卖给日本三菱财
团的岩崎男爵，此为他与经手人小田切万
寿之助等人的合影　（米歇尔图书馆）

NOTICE.

To All Foreign Missionaries, Merchants and Other Residents in Peking, greeting:

The unexpected disturbance last night on the part of a section of my soldiers has filled me with much sorrow. It is one of my chief duties to see to it that order is preserved in the Capital and until last night I was uniformly successful. To you, strangers in a strange land, I wish in particular to convey my sincere regret for the untoward incident and the very natural anxiety that you felt. Every measure and precaution is now taken to prevent the recurrence of such a disturbance.

(Signed) YUAN SHIH-KAI.
Provisional President of the Republic of China.

Peking, March 1, 1912.

1912年3月1日，袁世凯在北京兵变后发出的通告（米歇尔图书馆）

孙中山
（泰晤士—赫尔顿广播
电台图片资料馆）

莫理循被任命为中国政府政治顾问后，袁世
凯送给他的有亲笔签名的照片
（米歇尔图书馆）

美国领事官司戴德于1912年为莫
理循画的粉画像

（米歇尔图书馆）

Peking, 2 August 1912.

My dear Dr. Morrison.

Herewith the Document. It is neither an Agreement nor yet a Contract nor yet a Compact. It is a free and spontaneous Invitation from the Government and People of the Chinese Republic to you who has kindly signified his consent and approval by the attachment of his signature. It is the most honourable invitation ever extended by China to any foreign gentleman and expressed in the most courteous language possible as shown by the Characters 聘任.

The President sends you his best wishes.

Yours sincerely
Ts'ai Ting Kan

1912年8月1日，莫理循与中国政府签订合同，从10月起担任中国政府的政治顾问。此为袁世凯的英文秘书蔡廷干寄此合同时给莫理循的信函

（米歇尔图书馆）

AUSTRALIAN EMBASSY
BEIJING

George Ernest Morrison was a pioneer in the history of Sino-Australian cultural exchange. During a 24 year period in China, Morrison distinguished himself as a lifelong friend to the Chinese people, and a staunch supporter of engagement with a China that was undergoing significant and difficult social, political and economic change. Morrison's diverse interaction with China, from adventurer to reporter to political advisor, gave him a unique perspective into the multi-layered China of the late Qing Dynasty and the early period of the Republic of China.

Morrison was one of many Australians to be torn between these two vastly different countries. Even on his deathbed, Morrison felt a need to be in China, feeling intensely the contradiction of being a citizen of two countries but belonging to neither. Although the influence of British colonial imperialism was keenly felt through his life and often reflected in his reports, he nonetheless, was so strongly attached to China that he would have preferred to have died there.

Mr Warren Ker of the Australian Chamber of Commerce in Melbourne reported that Morrison was able to reveal to the world "a power of which most the world had scarcely dreamt and, which must develop and make its influence felt in the history of the world and its international discourse. Morrison's candid and forthright reports planted the seeds of a lifelong fascination between the two countries."

"Morrison of Peking" is an important historical work, a work which will help to reinforce the friendship between our two countries, and which provides valuable historical information for the mutual understanding of our two cultures.

We are grateful to the efforts being made by Fujian Education Press and the many historians and linguists who contributed to this translation and the commitment they have to the ongoing work of Sino-Australian friendship. The translation of Cyril Pearl's important work will reinforce this friendship and will make a meaningful promotion to cultural exchange.

Sean Kelly

Counsellor, Public Affairs and Culture
Australian Embassy Beijing
June 2003

AUSTRALIAN EMBASSY BEIJING

　　乔治·厄内斯特·莫理循是中澳文化交流史上的先驱。他在中国度过的 24 年,正是中国经历重大而又困难的社会、政治和经济变革的年代。在这动荡的年代中,他成为中国人民始终不渝的朋友和中国坚定的支持者,并因此而闻名。莫理循曾以探险家的身份在中国旅行过,以记者的身份报道过中国,以政治顾问的身份帮助过中国。正是他丰富多彩的经历才能使他以独特的眼光观察清末民初中国的各个层面。

　　中澳两国千差万别。许多澳大利亚人对这两个国家都怀有十分深厚的感情,难以取舍。莫理循也是其中之一。甚至在临终之际,他还想到中国去。他的内心世界充满了强烈的矛盾,觉得自己是这两个国家的一分子,但又觉得不为她们所接纳。虽然英国殖民帝国主义强烈地影响着他的一生,而且经常在他的报道中反映出来,但是他却珍爱着中国,甚至愿意在中国走完他人生的最后一段旅程。

　　墨尔本澳大利亚商会的华伦·柯尔先生称赞说,莫理循能够向全世界展示"一种世界上大多数人很少能梦想到的力量。这种力量肯定会得以发展,并影响着世界史和国际舆论。莫理循的报道既公正又坦率,在中澳两国间播下了能产生持久魅力的种子"。

　　《北京的莫理循》是一本具有重要历史意义的著作,有助于增强中澳友谊,为读者了解两国文化提供了宝贵的历史资料。

　　福建教育出版社和许多历史学家、语言学家为翻译此书作出了积极的努力,为进一步增强中澳友谊作出了贡献。对此我们深表谢意。翻译西里尔·珀尔的重要著作能增强中澳友谊,对促进两国间的文化交流将起意义深远的作用。

澳大利亚驻华使馆文化参赞

肖恩·凯利(柯胜利)

2003 年 6 月

中译本序

张 海 鹏

《北京的莫理循》中译完竣，出版者和译者希望我写几句话。我似乎觉得有些关系，推辞不得，就接下了译稿。

1996年夏，我有机会出席东京的学术会议，因久仰东洋文库的盛名，顺便访问了东洋文库。在东洋文库的地下书库里，我发现了"莫理循文库"，其收藏品非常丰富，令我惊异、感叹。"莫理循文库"的收藏品是日本人从莫理循手中购买的。我心中暗想，从甲午战争后到五四运动这一段时间，莫理循先是作为英国《泰晤士报》记者，接着在1912年起作为袁世凯和中国政府的政治顾问，在中国生活了20年，对中国社会政治上层以及远东国际关系极为了解，他的藏书为什么不能留在中国呢？现在看了《北京的莫理循》中译本，方才知道莫理循在中国的日子里，利用《泰晤士报》的工资和中国政治顾问的丰厚酬金，在北京王府井大街他的居处，建立了个人的图书馆。年老离开中国前，他本希望把他的图书馆卖给中国政府或者个人，似乎无人应承。他觉得这批图书资料不应该离开亚洲，便以35 000英镑卖给了日本。日本人后来把"莫理循文库"扩充为东洋文库。如此区区小事,也是当时国力的反映。

还在 20 年前,当时的近代史所所长余绳武曾邀请澳大利亚华裔历史学家骆惠敏教授来所访问,我曾出席过骆惠敏教授的演讲会。骆惠敏教授介绍他搜集莫理循 1895～1920 年间与他的上司、同事、亲信、友人的往来函件并编辑《莫理循书信集》的经过,增进了我对莫理循其人的了解。随后,近代史所翻译室陈霞飞女士组织北京若干资深翻译工作者把这厚厚两大本《莫理循书信集》译成了中文,1986年由上海知识出版社出版,书名为《清末民初政情内幕》,副题为《〈泰晤士报〉驻北京记者、袁世凯政治顾问乔·厄·莫理循书信集》。这是外国人眼中的中国政情,它提供人们了解那个时代帝国主义列强侵略中国的情况和围绕中国问题引起的列强之间的种种斗争。《莫理循书信集》的原编者澳大利亚骆惠敏教授曾经指出,这本书信集的上半部分展现的是"一个帝国主义分子的历程",下半部分则体现了作为中华民国总统的政治顾问的故事,莫理循成了当时中国事务中最有势力和影响的人物,尽管莫理循本人对这个职务的虚幻很厌倦,多次想辞职。中国社会科学院近代史研究所顾问黎澍对《莫理循书信集》中译本的史料价值给予了充分的肯定。

莫理循身后留下了大量书信、日记和备忘录,这些文件大多与他在中国的经历有关,是认识那个动乱时代的中国的重要史料。照骆惠敏教授的说法,已经编辑出版的莫理循书信缺乏莫理循日记所具有的优点——对情况的熟悉和自然的流露。莫理循日记经过整理,一直存放在澳大利亚米歇尔图书馆里,至今未能出版。幸好有一位澳大利亚著名记者、作家西里尔·珀尔在日记解禁后第一个读到了它,并以这些日记为基本资料,撰写了《北京的莫理循》的著作。这本书在 1967 年出版,此后多次再版。看来,莫理循在北京的经历,给了西方读者很大的兴趣。虽然著者不是专业的历史学家,《北京的莫理循》一书更多的带有新闻记者的笔法,可读性强,也许这是它吸引读者的地方。但是它依据的主要资料是莫理循的日记,记载了莫理循

在甲午战争以后在中国的活动，通过他的眼睛，我们可以看到莫理循
在义和团运动期间以及八国联军侵华过程中，他在日俄战争期间的
活动和见解，他对辛亥革命的态度，他对孙中山和袁世凯的不同态
度，确有可以为近代史研究者参考的。翻译这本书是很有价值的。
尤其与此前翻译的《莫理循书信集》对照起来读，对于研究清末民初
历史，研究这个时期列强对华态度，乃至研究莫理循本人，都是很好
的素材。

近代时期的中国，被动地融入了世界体系，与西方世界产生了千
丝万缕的联系。许多来华的西洋和东洋人士，包括清末民初政府聘
请的各种顾问(如政治顾问、军事顾问、法律顾问等)、工程师、学校教
员、政府官员，乃至出访外国的代表团团长，不管带着什么目的，许多
人都曾经留下了各种文字记录，包括各种历史图片。这些资料现在
分藏在世界各地的图书馆、档案馆、博物馆，有一些还藏于私人之手，
其中有一些已经出版，更多的还没有出版。我建议正在努力寻访这
些文字记载的学者，多做一些移译的工作，也建议有眼光的出版者，
多出版这样的译著，把它们介绍给中国学者，这对于学术界是莫大的
恩惠。福建教育出版社这次毅然买得《北京的莫理循》的版权，组织
翻译，邀请了英语语言方面的专家和历史学者共同从事，知识互补，
译笔流畅，是值得称许的。

我因先睹为快，说上面的话，作为感想。

2003 年 4 月 3 日
于北京东厂胡同一号

目 录

前　言

　　北京的一条大街曾被命名为"莫理循大街"（Morrison Street）①。现在人们称其为"前莫理循大街"（Former Morrison Street）。这条街之所以会有这么一个英文名，是为了纪念乔·厄·莫理循——一个富有开拓精神的澳大利亚人。1897年，莫理循以伦敦《泰晤士报》记者的身份来到北京，他后来成为研究中国问题的世界级权威。在义和团起义期间，他在公使馆保卫战中表现得英勇无畏。1912年，他受聘担任中华民国第一任大总统袁世凯的政治顾问。由于当代中国历史学家对袁世凯深恶痛绝，所以"莫理循大街"被冠上不光彩的前缀，成了"前莫理循大街"。但是，平心静气而言，在外国人中没有人会比这位刚直不阿的澳大利亚人更热心、更公正地支持中国。

　　未到北京之前，莫理循游历过许多地方。他在太平洋的一艘黑奴贩卖船上当过水手；他曾赤手空拳、孤身一人从澳大利亚北部步行到南部；他曾率领一支考察队，深入当时尚未开化的新几内亚进行考察；他曾以徒步和骑马的方式，从中国的上海跋涉到缅甸。在他的有生之年，他的足迹遍布除西藏外的中国所有省份。他是个伊丽莎白女王一世末期的遗民，沾染着19世纪90年代盛行的帝国主义习气。

---

　　①　注：指北京的王府井大街。英文的"Morrison Street"路牌自1915年起一直保留到1949年春。

在他罗曼蒂克的眼光中，那些由流氓无赖、空想家、诗人、承包商、占卜预言家、红利追逐者组成的稀奇古怪的阴谋集团的行动竟成了"十字军的壮举"。他和帝国主义诗人拉迪亚德·吉卜林以及帝国主义最赤裸裸的鼓吹者詹姆森都会过面，而且引以为荣。他赞同帝国主义高级辩护士寇松、张伯伦、米尔纳和罗兹的观点，认为英国负有拯救世界的使命，而且这一使命即使称不上神圣，至少也具有历史意义。从这些人的一些言论中，我们就能深刻地体会到他们的观点：寇松要把他的《远东问题》一书献给"那些相信大英帝国在上帝的眷顾下能为人类创造前所未有福分的人"；张伯伦宣称，英国的使命是扩张大英帝国的疆土，把英国的正义和法律带给千千万万"生活在愚昧无知中的人"；米尔纳则难以理解，为什么那些还生活在愚昧无知中的人竟然没能意识到这么一个简单的道理——英国之所以要把他们置于自己的统治下，完全出于一片仁慈之心，目的是为他们造福；罗兹这位"大英帝国的罗耀拉①"，深信大英帝国是神的工具，启示着人类的光明前途，并要建立一个神选的秘密精英阶层来为大英帝国服务。他们都不是伪君子，他们的的确确都这么认为。正如维奥利特·马克汉姆(1913 年，他和莫理循在北京成为莫逆之交，他对莫理循非常钦佩。)30 年后所写的那样："英国是个占有统治地位的仁义之邦。许许多多人(其中包括我自己)都满腔热忱地承认英国的使命……就我们看来，她所承担的一切使命都富有价值。她的缺陷在于版图太小，难以处理好形形色色的心理因素。"

其中一个因素最有影响，而且经过血泪的反复验证，因此显得尤为突出：那些"尚未开化"的非欧种族，无论多么愚昧无知，"都宁愿维持自己极为糟糕，甚至是腐败的统治体系，而不愿意在异族的统治下俯首帖耳"。莫理循觉得这一点实难理解。虽然他对英国统治者不

---

① 罗耀拉：天主教耶稣会的创始人。耶稣会士的行动信条是：为了教皇和教会的利益，可以不择手段。这里用来指罗兹的信条：为了大英帝国的利益，可以不择手段。

屑一顾,但是他从没有怀疑英国统治的合法性。他有时很难把自己
对英国和中国的爱协调起来,总是很难把自己对中国的爱和腐败的
中国统治阶层协调起来。他变得很善于"双重思维",既努力为英国
人在中国的行为方式辩解,也努力为中国人对英国人的态度辩解。
他还努力提醒澳大利亚人,要提防来自日本日益增强的威胁,但往往
没取得什么效果。

　　在签署对中国来说是一场悲剧的《凡尔赛和约》时,他已病入膏
肓,幻想破灭。他认为《凡尔赛和约》是西方列强对中国的背叛。我
们不可能知道他对和约会有什么反应,更不可能知道他对现代中国
会有什么看法。但是,他对中国人民的命运从没产生过怀疑,他坚信
中国人民会有个美好的未来。这一坚定信念不断体现在他辛勤耕耘
的日记中,几乎直到他生命的最后一刻。这本传记大体上是以他的
日记为依据撰写的。他的日记目前尚未出版,从中我们不但可以了
解到中国在许多关键岁月中的复杂历史,还能看到莫理循本人的复
杂性格。很少有人会像他那样坦率地敞开心扉,把自己的缺点、弱点
和所有内心世界全都披露无遗。

第一章

[一]

乔治·厄内斯特·莫理循功成名就后,不但是一位世界闻名的新闻记者,还是许多政治家和外交家的密友,担任过中华民国第一任总统的政治顾问。他对他人有无穷无尽的探究之心,然而奇怪的是,他对自己的家世却丝毫不感兴趣。他在新西兰有个爱慕虚荣的远房亲戚,正在为爱丁堡的莫理循宗族学会收集族谱材料。一天,他向莫理循打听他的家族史。莫理循回答说:"说句老实话,我对自己家族的早期情况几乎一无所知,甚至连祖父的教名也不知道。我只知道,他在阿尔泰崖一户叫戈登·卡明(名人猎人会的创始人)人家的农场上当监工。我祖父在爱丁基里有座小农场……我曾去过在爱丁基里的祖厝,那里离佛里斯很近。我在老家看到两头牛、五只羊,但根本没兴趣打听自己的老祖宗是哪里来的。"

"詹姆斯·莫理循牧师对家族史很有研究。我记得,他曾发现我们是挪威一个国王私生子的后裔(这使他感到非常高兴)。他在研究家族史时,还发现一件令他不太高兴的趣事。他的一位祖先因为一只羊的归属问题遇到了麻烦。在法庭上,他的解释没能使审判席上一个严厉的绅士感到满意。我相信,这只羊的归属问题最终也不了了之。"

结束这番有关族谱的讲话时,莫理循建议他的亲戚去查询爱丁基里教堂的登记册,不过他指出:"在那地方,相当一部分人(我相信大约百分之十六)结婚根本就没通知教会。"

莫理循家族肯定是斯堪的纳维亚人后裔。他们的祖先生活在外赫布里底群岛最北边的刘易斯岛上。他们家族的族徽是一根漂木。据族谱记载,他们的老祖宗是个幸存的船难旅客。沉船后,他抓住一根漂木浮到这个岛上。他的后人中值得一提的人物没几个。一个是休·莫理循,当过刘易斯岛的世袭法官;另一个是肯尼思·莫理循,他的女儿嫁给马考利勋爵的曾祖父。莫理循家族中的许多人后来都移居到苏格兰北部。莫理循的祖父唐纳德·莫理循(莫理循说忘了他的教名)于1790年出生于默里郡,1815年结婚。他是个乡村商人,还是个苏格兰教会的长老。他成功地把宗教信仰和经商结合起来,退休时已赚了一小笔钱,因此能安安稳稳地在爱丁基里教区度过他的晚年。爱丁基里教区位于芬德霍恩河畔,那里是苏格兰最美的风景区之一。唐纳德共生了八个儿子和两个女儿。长子詹姆斯是苏格兰教会分裂后,乌尔喀特地区第一个自由教会的牧师,也是爱丁基里自由教会的创始人,当了近半个世纪长老会执事。其他五个较有成就的兄弟都当了教师:唐纳德当了近半个世纪格拉斯哥学院院长;托马斯是格拉斯哥自由教会培训学院院长;亚历山大先是担任哈密尔顿学院院长,1857年去了澳大利亚,担任墨尔本苏格兰学院院长,而且一直任职到1903年逝世时为止;罗伯特一直到1904年退休前都担任苏格兰学院的教师;乔治于1858年在离墨尔本40英里的科雷欧亭托湾创办了季隆学院,先是担任院长,后任董事长,直到1898年逝世为止。

[二]

1858 年 4 月，28 岁的乔治从道拉克拉金那曼写信给在墨尔本的亚历山大：

亲爱的桑迪：

我在上一封信中已告诉您，我想移民到澳大利亚。在英国发生的一连串倒霉事使我产生了移民的念头，因而想到澳大利亚碰碰运气，看看命运之神是否能对我笑得灿烂些……您可能也已知道，我现有的工作有多没劲，每天要教六小时枯燥无味的算术，苦涩的日子令人难以忍受……我从没喜欢过现在的工作。您在信中生动地描述了欣欣向荣的澳大利亚教育事业，对此我感到非常高兴，从而萌发了移民的念头。

但是，他向亲爱的桑迪保证，自己决不会成为他的负担，也决不在任何能和他形成竞争的机构中工作。他打算和他的兄弟罗伯特一起投资办学，在墨尔本以外的一些日益显得重要的城镇里碰碰运气。

他在信中还提到一些当地的新闻，并对英国政界评论了一番。例如，帕里墨森勋爵失去了首相的宝座，印度兵变已进入第 11 个月：

可怜的老帕墨被赶下了台。这位老战士一直战斗到生命的最后一刻，带着浑身的政治伤痕走完了人生的旅程……英国人一般对政治都不感兴趣，不关心谁担任政府首脑。我们今天听说，政府军已攻占了勒克瑙，叛乱已完全被镇压下去了。我们确信，英国是个前途远大的国家。在四年的时间里，我们打败了波斯人，迫使俄国人在我们面前毕恭毕敬……占领了广州，打败了中国人，镇压了一场大规模兵变。

与此同时，乔治给他的兄弟罗伯特也写了一封信：

> 我讨厌教书，不过原因却说不准，也许是由自己教学生涯中的厄运而引起。但就我来说，我宁愿从事任何其他职业，甚至当售货员也未尝不可。我宁愿站在柜台后，满脸谄笑地朝傲慢的顾客卑躬屈膝，为谋生而挣扎。

尽管乔治非常讨厌教学工作，但是当他在 1858 年底来到墨尔本时，还是先到苏格兰学院当了数学教师，六个月后才转任季隆城富林德斯国立学校校长。1815 年，维多利亚州因发现金矿而发生了翻天覆地的变化。在乱糟糟的短短几年时间里，墨尔本从一个由茅屋、帐篷和泥泞地堆成的东倒西歪的小村庄，发展成一座城市，石头建筑、豪华宾馆、大马路、瓦斯灯和郊区铁路像雨后春笋一样冒出来，比比皆是。在城市迅速发展的过程中，教育并未受到忽视。不但在墨尔本，就连金矿城镇巴拉腊特、本迪戈，以及通往矿区路上的繁忙港口城市季隆城，到处都建立起公立学校系统。另外还建立了数十所教会学校和私立学校。在淘金热早期，季隆城发展如此迅速，以致许多人认为它有可能成为维多利亚州的首府。乔治·莫理循在公立学校工作还不到两年，就于 1861 年在斯肯街的一座大楼里创办了自己的学校——季隆学院，共有 18 间屋子。这座大楼原先是卡尔尼旅馆，后来先后改为瑙乐寄宿舍、"季隆文法学校"和"博伊斯夫人女青年会"。乔治·莫理循校长谈起自己的学校就眉飞色舞："我们所做的一切都是为了确保寄宿学生的身体健康，都是为了使他们能生活得愉快。他们每天上午都能洗海水浴，常有校长或一个舍监和他们做伴……每个寄宿生都有自己的床位。"

离开苏格兰之前，乔治·莫理循已和约克郡一个叫丽贝卡·格林伍德的姑娘订了婚。女方的家庭大约在 1680 年就已定居在哈沃斯。

格林伍德小姐比乔治·莫理循先去澳大利亚。她乘一艘快速帆船，从格雷夫桑德到墨尔本整整航行了 140 天。他们于 1859 年在墨尔本结婚；1862 年 2 月 4 日莫理循太太在瑙乐寄宿舍生下了她的第二个孩子(长子)，名叫乔治·厄内斯特·莫理循，后来她又生了四个儿子和两个女儿。

1912 年，乔治·厄内斯特·莫理循在未脱稿的《回忆录》中写道："我父亲有着与众不同的大学生涯。他记忆力非凡，是个优秀射手。在许多方面，他是我所知道的最滑稽的人。"在莫理循所收集的大量自传性材料中，他只在这一处提到自己的父亲。我们可以由此得出一个结论，虽然乔治·厄内斯特·莫理循一生都非常爱他的母亲(她的寿命比他还长)，但是他对父亲却没什么感情。19 世纪 60 年代早期的男孩子们后来却常常说起他们校长乔治·莫理循对自己的大儿子所怀的骄傲之情。季隆学院的一个历史学家乔治·麦克洛德·里德蒙德说，莫理循校长为自己的大儿子感到骄傲，并以相当奇怪的方式来表达自己的这种情感：

> 他常带着小莫理循，到各个教室走走。有时他会关上门，把小家伙留在门外。所有的人都饶有兴致地听小莫理循发出的"开门！开门！"的叫喊声。随后传来的是小莫理循的踢门声和"开门，老乔治！"的奶声奶气的恳求声。这时，莫理循校长就会很高兴地把门打开。有时莫理循校长会把小莫理循放在壁炉架上，然后自己后退几步说："看着我。"退到适当距离时，他会大喊一声："跳！"小莫理循就会满怀信心地从壁炉架上蹦下来，刚好一头扎进他父亲的怀里。

大家都知道莫理循的父亲是个"博学之士"。里德蒙德是这样描述莫理循的父亲的："高个，方脸庞，看上去身形显得单薄，但却很有力；身穿长礼服，手里拿着一顶丝绸大礼帽、一个粉笔盒和一根结实的手杖。"他的头颅硕大,浓眉大眼,满脸胡须,穿着一双笨重的鞋子,走起路来吱吱嘎嘎地响。他在墨尔本的一个侄儿W.A.莫理循博士回忆说:"他给人留下深刻印象。他为人正直,富有进取心,坦率豪爽,手里经常挥舞着令人生畏的训诫棍或鞭子。他是个一流的数学老师。他的几个儿子从小就学走国际象棋……他吃早饭的方式很有趣,常往麦片粥里加盐、牛油和牛奶,然后非常认真、使劲地搅拌。"

[三]

18岁以前,乔治·厄内斯特·莫理循一直生活在季隆学院里。他在《回忆录》中写道:"我们不是很用功的学生,但是我们的日子过得很快活,个个朝气蓬勃,户外活动的时间比学习的时间还多。"尽管校长的训诫棍常常威胁着学生,但是学生们似乎仍享有相当大的自由。在一篇学生时代的日记中,年轻的莫理循不加评论地记录了一件趣事:寄宿生警告新舍监马丁先生,"他上任后一直没洗澡,希望他第二天能洗澡,做好个人卫生。""第二天,四个人高马大的男生对马丁先生采取了行动。马丁先生扳住床头,拼命挣扎,但是那几个男生不管三七二十一硬把他从床上拖了下来,头朝前抬下了楼梯。一路上他像牛一样拼命地吼叫着。"莫理循还写道,当马丁先生被塞进澡盆时,他"浑身上下油腻腻、脏兮兮的,腿上的泥垢都结成了块。不过,马丁先生硬说那只是汗毛。"学生还威胁说,如果两星期后他还不自愿洗澡,他们就会请他再洗一次。

莫理循是个全能运动员。1877年,在维多利亚州首届校际划艇对抗赛中,他参加了四人划艇赛,对手是霍桑文法学校。他重148磅,人们说:"他高兴时,会成为船上最佳桨手。"1878年,在季隆学院的校运会中,他赢得了赛跑项目的季隆学院杯。

1878年初,莫理循16岁时开始写他自称为"奇特的日记",而且几乎不间断地写到临终为止。他学生时代的日记大体上都和体育运动有关,不过也有一些对男生和教师的坦率描写("杰里头很大,个子很高。由于缺乏锻炼,眼圈因脂肪堆积过多而显得胀鼓鼓的,脸上长满了青春痘。")。有些日记显示了他对世界和地方事务的广泛兴趣。当爱丁堡公爵夫人又添一个女儿时,他在日记中写道:"更令人高兴的是,我们的小母牛星期四生了一头小小母牛。"1878 年 10 月发生的一件事,后来成了澳大利亚的民间传说。他在日记中很简练地叙述了这件事:"在离亚瑟叔叔家大约 20 英里的曼斯菲尔附近发生了一场悲剧。四名山贼(其中两个是凯利兄弟)杀害了三名警察。警方悬赏 800 英镑(每人 200 英镑)捉拿他们。不过要捉到他们可不容易。"(莫理循的预言相当准确。这个凯利帮共有四个成员——内德·凯利、丹·凯利、乔·伯恩和史蒂夫·哈特,两年后才捉拿归案。)第二天,他在日记中写的是家庭趣事:"我们家的女仆安妮被辞退了。她在星期六、星期天和今天都喝得烂醉如泥。"那一年的"墨尔本杯"比赛也发生了一些趣事。"大约九万人观看了比赛……切斯特眼看就要赢了,却碰到了栅栏。一名胖绅士为此气得癫痫都发作了。"当赫克托·麦克门(苏格兰学院板球队前队长,被认为是维多利亚州最有前途的板球运动员之一)因偷窃墨尔本板球队队员的钱被抓获时,莫理循宽宏大量地评论说:"我为他感到非常难过。他显然迷上了某个妓女,她老是向他要钱。"有时莫理循的日记会显示,他的一些理念和他祖先的加尔文教徒的信念不协调:"星期天。该死的一天。我指的是早上和晚上都得上教堂。"另一篇日记写道:"星期四。令人愉快的一天。意大利已故的国王维克多·伊曼纽留下了 95 个私生子。"日记还摘录了大量诗歌,从莎士比亚到奥利弗·温德尔·霍姆兹的诗都有。

莫理循一家每年都到昆斯克利夫欢度圣诞节。那是个在渔村的基础上发展起来的海滨地区,离菲利普湾港口入口处约三英里,深得上流社会人士的青睐。19 世纪 70 年代末,昆斯克利夫的常住人口大约有 1 000 人,假日季节人口会增加一倍以上。莫理循在这里形成了他保持一辈子的爱好:步行、打猎和收藏。16 岁时,一天早上他3 点 45 分起床,从季隆步行到昆斯克利夫,来回全程共 42 英里。从季隆到昆斯克利夫他花了五个半小时,在离季隆 9 英里半的惠灵顿酒店还稍作休息,喝点掺柠檬汁的啤酒。到昆斯克利夫后,他洗了个澡,休息了半个小时,接近中午时分,就连忙赶回家。他在日记中写道:"12 小时 15 分钟步行了 42 英里。回到家后,我把脚泡到热水中,觉得累坏了。"

莫理循从 15 岁开始就很热衷狩猎,直到 55 岁还是个狩猎迷,常常津津有味地记录每天打到的猎物。1877 年,最典型的一天,他猎到 10 只野兔、15 头树袋熊、3 只负鼠、1 只袋狸和 6 只老鹰。(在维多利亚州,现在树袋熊已几乎灭绝。)在靠近昆斯克利夫的草丛中和覆盖着圣彼得草的沙丘上,繁衍着许许多多飞禽走兽:野兔、塘鹅、绿嘴黑鸭、水鸭、沙锥鸟、鹌鹑、铜翅鸠、鹦鹉和食蜜雀。莫理循在中年时回忆说:"我爱读游记。我喜欢独自旅行。" 16 岁时,他拜读了 H. M. 斯坦利的大作《考纳亚和马格达拉》,并在读后感中写道:"我非常敬佩斯坦利。[①]"两年后,他编辑了一本澳大利亚探险集,并说明要把这本书献给"亨利·默尔顿·斯坦利[②] ……历史上最伟大的探险家,最不平凡的人,我最敬佩的人……"他在前言中写道:

> 我打算编一本旅游大全,把我所能收集到的一切有关旅游的资料统统汇编进去,尤其要展现澳大利亚伟大探险家的风采。首先,我要用精练的语言把探险家们所写的探险记高度浓缩起来,然后把它们汇编成一本题为《澳大利亚探险记》的专著。我会在补充说明中表示,我已下定决心,"总有一天"要成就一番大

---

① 斯坦利(1841~1904):英国探险家、记者,以在中非救出失踪的探险家利文斯通(D. Livingstone)和多次到非洲探险和考察而闻名,著有《我是怎样找到利文斯通的》、《穿过黑暗大陆》等。

② 注:原文写的是 Moreland,似应为 Morton。

事业。

像大多数学生一样,莫理循也收集邮票。但是,他在昆斯克利夫时,还收集贝壳,并将所收集的贝壳都卖给一个叫弗雷泰尔的行商(大伙更常称他为老弗雷塔斯),得款 30 英镑。这在当时是一笔不菲的收入。正是由于这种爱收藏的天性,莫理循成年后才会收藏了大量关于中国的书籍,创办了一个著名的图书馆。后来他把这个图书馆的所有藏书以 35 000 英镑卖给了一个日本男爵。

坐落在李尔茅斯街上的福雷斯特办公大楼,是昆斯克利夫的行政、社交和文化中心,里面有法院、地方议院、公立学校、音乐和演讲大厅、溜冰场和舞厅。一天晚上,在开音乐会的过程中,莫理循和他的伙伴们用棍棒和石块不断敲打条凳,直到他们所喜爱的歌曲(《南希·利》、《可怜的老鲁滨逊,那样做岂不傻》、《朱莉娅,她是那样的奇怪》和《告诉他,我依旧爱着他》)得以重唱才善罢甘休。他在日记中写道:"一个叫利特尔·乔丹的歌手是个小怪人,身高 5 英尺 2.5 英寸,体重 113 磅,戴着 6 只半手套,套着 4 只靴子。"他在日记中还写道:"夏洛特·乔丹小姐会跳复杂的夸德里尔舞的规定动作。她的服饰别具一格,身着白色礼服,脚穿扎着蓝蝴蝶结的靴子,手上戴着有 6 个饰扣的手套,酥胸微露,留了 3 英寸长的迷人流苏。" 16 岁时,莫理循已形成记者所必须的敏锐眼光,具备生动的描写能力和对细节观察和描写的强烈爱好。他经常注意观察社交场面,对女性的观察尤为细致。

他曾客观地对自己做了一番描述:

厄内斯特·莫理循身高 5 英尺 10 英寸,体重超过 140.5 磅,金发碧眼,没有腮须,眉毛稀少。他肤色不错,头型略长,侧面像颇佳,但绝非美男子。我相信他有自知之明。他面部表情不甚讨人喜欢,这大概和他的教养有关。他比较容易激动,但是他的脾气并不坏。不过,他一发起脾气,就很难控制。他样样都行,喜欢体育锻炼,不抽烟,不喝酒,所以身体一直很棒。他非常害羞,言行举止谈不上优雅,但是由于才 16 岁,许多方面还可以改进。

他还描写:警官 E.D. 霍尔"大腹便便,给我的印象是,走起路来肚子向前挺着,步伐总跟不上肚子。"

莫理循在季隆学院的房间装饰着 24 幅从《插图伦敦新闻》上剪下来的版画。19 世纪是帝国主义的萌芽时代,艺术家和战地记者个个都充满罗曼蒂克的幻想,怀着虔诚和勇气,对大英帝国所发生的任何事都不放过(不管多么琐碎或者多么不确定):消灭阿散蒂勇士,驱逐阿富汗国王,臣服贝专纳人的酋长……

1879 年的一天,季隆学院的一名教师对莫理循说,伦敦《每日新闻》记者亚契伯尔德·佛布斯参加了俄土战争的采访工作,报酬高达 5 000 英镑。回国后,还得到一份厚礼,价值 2 000 英镑。莫理循在此之前已萌发了要当记者的念头。一年前,在前往昆斯克利夫的途中,莫理循和父亲聊到他的前途问题,两人达成共识:莫理循必须到爱丁堡大学学医。他在日记中写道:"虽然我可能当不了一名特约记者,但是我从没放弃这一梦想。我也愿意成为一名外科医生,而且,如果我的学业结束时刚好爆发了战争,我就一定要参战。"

与此同时,莫理循积极参加各项活动,增加人生阅历。他经常到"美丽的墨尔本"去观看板球和足球赛。墨尔本当时是一座正在迅猛崛起、欣欣向荣的城市,她的脉搏和巴拉腊特、本迪戈两处似乎永不枯竭的金矿一起跳动。在墨尔本时,他住在苏格兰学院亚历山大叔叔家中,从那儿到墨尔本板球场和足球场都很方便。但是,墨尔本的骄傲之处还包括其文化和教堂。有时,他星期天上午会到基督教长老会去做礼拜,晚上到圣弗朗西斯教堂参加天主教聚会,或者到圣保罗教堂参加英国圣公会聚会。有一次,莫理循在参观皇家戏院时,看到演员乔治·里格诺德扮演高贵的亨利四世,骑着白马,从挤满200个演员的场景舞台上走了下来。莫理循在日记中写道:"我想,这是我所见过的最美丽的场景。"不过,同样美丽的是一幅由国家美术馆新收藏的爱德温·朗的绘画——季隆的"以斯帖"① 时年 17 岁的莫理循在日记中写道:"你可以整天痴痴地看着她的画像。当她也望着你时,你会很容易就爱上了她。天啦,她那美丽的容貌至今还萦绕在我的心头。"

几星期后,莫理循参观了季隆监狱。典狱长告诉他,行刑出差错时,常会发生些令人毛骨悚然的事情。例如,有时因一时疏忽,会把受刑人的头勒得掉下来;有时刽子手不得不从绞台上跳下来,汗流浃背地拉扯受刑人的双腿,才能使其断气。莫理循对这些酷刑都感到失望。他还和绞刑史、鞭笞手盖特利先生作了一番长谈。他后来在日记中写道:"盖特利是个面目可憎、没有人性的家伙,满脑子都是折磨人的主意。他身高 5 英尺 10 英寸,肩膀非常宽,满脸都是麻子,嘴巴有别人的两倍大,胃口是一般人的 10 倍。至少有 71 名罪犯死在他的手里。"这位杀人行家还告诉莫理循,看一个人受鞭挞比看一个人受绞刑更折磨神经。九尾行刑鞭用三股金属丝绞成,装在短柄上。每抽一鞭,就会带走一些肉。所以鞭挞结束后,犯人的背部看起来就像一块生牛肉,鲜血淋淋。15 年后,莫理循回忆起澳大利亚的酷刑,并把它和中国的酷刑做了一番比较。

[四]

1879 年 12 月 30 日,莫理循在日记中写道:

今天早上,我做好了一切准备,要用徒步旅行的方式度过我

---

① 以斯帖:旧约圣经中波斯犹太人的皇后,曾经将人民从大屠杀中拯救出来。

的假期,但我不知道确切的目的地,只打算沿着海岸尽可能往远处走。所有必需用品都放在我的帆布背包中。我把斧子别在皮带上,当作武器用。两个当作炊具的铁罐用皮带扎起来挂在背包后,走起路来直摇晃。

书写用纸、火柴、铅笔、铅笔刀、法兰绒和白布绷带、五双袜子、两把牙刷和一盒牙粉都塞在铁罐中。背包里有两条面包、一条烤羊腿、半磅盐、四分之一磅胡椒粉和八个柠檬。莫理循的全套服装包括斜纹哔叽布料长裤、黑色厚毛线衫、板球运动员穿的短上衣和衬衫、结实的靴子和绑腿(为了防止蛇咬)。在他母亲的千叮咛万嘱咐下,他还在帽子上缝了一块遮阳罩,保护后脑勺。他的确应当感谢母亲的远见卓识,因为几天后温度竟高达华氏115度。他在一个麂皮袋里装了价值6英镑14先令6便士的金币、纸币和银币。

莫理循计划沿海岸步行652英里到达阿德莱德,不过他事先没把计划透露给家中任何人。一路上他不断写信、打电报给母亲,让她知道自己到了哪里。有几天,尽管毒辣辣的太阳晒得人都起了泡,他还是每天坚持步行35英里。有一天,他甚至从早上七点半到下午五点滴水未进。几年后他写道:"一路上没发生什么事情,那只不过是一趟普普通通的徒步旅行。"实际上,对一个毫无经验的年轻人来说,这是一趟了不起的旅程:所经之路大都崎岖不平,所经过荒野大都渺无人烟。正如一个作家1884年在《澳大利亚美景》一书中所描绘的那样,过了奥特维角后,就进入还没完全开发的内陆地区,"那里自然条件恶劣,到处丛林密布,林下灌木丛生,令旅行者望而生畏,连最富有冒险精神的旅行家也难以穿过该地区"。

莫理循一路上经过奥特维、科提斯湾、贝尔法斯特(现称费里港)、波特兰、布里奇沃特角、甘比尔顿、米利森特、金斯顿、库拉图、惠灵顿和斯特拉萨尔宾。每天他都很刻苦地写日记。在科提斯湾海滩上,他看到"青年澳大利亚号"的残骸。这艘船以前称作"卡尔号",

船主是默累。他在芒特、莫里斯和南太平洋岛民的绑架案中臭名昭著。在尼兰地，莫理循和威廉·欧文共进午餐。他对欧文的评价是："他是一个天才，不但是诗人、画家和颅相学者，还是语音拼写新系统的发明家。"欧文先生对莫理循的评价是：一个禁酒主义者，对荒谬的现象有敏锐的辨别力；有精明的经商头脑，惯于久坐，因此可以成为一名教区牧师或者当个商人；但当医生可不行，因为他缺乏医生所必备的能力、精力、耐力、决心和自信心。他对莫理循的评价简直是再糟糕不过了。莫理循对荒谬的现象有敏锐的辨别力，这可能和他的禁酒主张有关，但他并非滴酒不沾。几天后，莫理循在日记中写道："我喝了太多威士忌，烂醉如泥，晚上几乎连胆汁都吐了出来。"

1880 年 2 月 14 日，星期六，莫理循在午前到达阿德莱德，正好赶上看贾维斯在奥维尔剧院的演出。他在 46 天的时间里共步行了 752 英里。两天后，他在朋友加德纳博士家做客时，给母亲写了一封信：

> 为了证明像我这样年轻人的能耐，我在维多利亚时曾干过书籍装订工，周薪为 1 英镑；大约 1 星期以前，我还放过羊，每周可赚 25 先令。只要我愿意，明天我可以到布鲁斯船长的"蒙特兹号"船上打工，以工抵船资，搭乘该船到澳大利亚西部。"蒙特兹号"在那儿卸货需要三周时间，然后前往新西兰的克赖斯特彻奇。您完全可以想象，这计划对我来说是多么有吸引力……我想，在得知我已完成我的既定目标后，您一定会放心的。但是，正如我以前所说过的那样，我根本就没感到满足，我现在对北方感兴趣……

他非常希望能到外国游历一番，曾打算到一艘开往南美洲的帆船上当水手。不过，他可没敢把这想法告诉母亲。出国计划泡汤后，他乘汽船回到墨尔本。

在离开阿德莱德前，他曾有一小段时间混迹于各种社会场所。

他在日记中写道:"整天穿梭于茶室和咖啡屋中。穿着加文·加德纳的北方军白色棉制服,里面却什么也没穿,头戴眼下博学之士最时髦的灰色钟形礼帽,手里提着一根金柄手杖。加文·加德纳的个子比我矮,马裤脚勉强能拖到靴筒口。"

[五]

1879 年 4 月的一天,莫理循到墨尔本大学办理了入学手续。他在日记中写道:"手续很简单,我在一份声明上签了名,保证遵守学校的规章制度等等。"而后,他到墨尔本的一家旅馆,拜谒来访的英国拳击家杰姆·梅斯(最后一个无手套拳击世界冠军和澳大利亚科学拳击规则之父)。11 个月以后,莫理循花 3 英镑买了整套学生服,开始了他的医学院生活。1880 年 5 月 1 日的日记只有寥寥几个字:"第一次看到尸体。老人。歌剧院。哲罗斯蒂安大公爵夫人。"他攻读拉丁语、希腊语、化学、矿物学和自然哲学,有时一天学习 12 个小时。星期六和星期天,他到墨尔本的艾伯特公园,在那里练习划独木舟。他已决定再进行一次考察活动:从维多利亚州的沃当加,乘独木舟沿墨累河而下,到达澳大利亚南部的海面。墨累河是澳大利亚最长的河流,发源于新南威尔士州的雪山上,全长 1 609 英里。

莫理循把自己到阿德莱德的考察日记卖给了《领导者》周刊(墨尔本最受欢迎的早报《时代报》报社出版的周报),售价为 7 个金币。这是他的第一篇新闻稿。莫理循用这笔钱和帮助亚历山大叔叔校对拉丁语法书挣的 10 英镑辛苦费,买了一艘用杉木制成的质地上乘的独木舟,长 14 英尺,宽 28 英寸,甲板成拱形,船头和船尾都向上翘起,活像一艘捕鲸船。甲板四周严严实实地塞满填着软木的帆布管。桨长 8.5 英尺,重大约 55 盎司。桅杆没用时放倒在甲板上,小横帆和帆桁藏在后甲板下。莫理循经过练习,不但能站在独木舟里划桨,还能在拱形的甲板上行走自如。1880 年 11 月 30 日,他带着独木舟,乘火车离开墨尔本。独木舟的船头上漆着金色的大字"斯坦利号"。他在日记里写道:"我希望墨累河的漂流探险会像斯坦利及其伙伴在刚果探险那么成功。虽然墨累河探险不会有什么新发现,但是,我可以用人类从未尝试过的方式,来观察这条澳大利亚最壮观的河流,来赞美这条世界上最美的一条大河。我感到兴奋异常,因为我将单枪匹马完成这一使命。我的独木舟不很坚固,因此,探险过程中我必须小心翼翼。"尽管1853年一位叫弗朗西斯·卡代尔的苏格兰船长曾驾着带帆的独木舟从斯旺希尔漂流到惠灵顿(墨累河注入阿历山里娜湖的入口处),全程约875英里,但是还从未有人乘独木舟在墨累河上进行过这么长距离的探险。莫理循的装备包括100枚子弹、可可粉、香料、饼干、一小瓶利眠宁和一瓶白兰地。从奥尔伯里到沃当加途中,要过一座桥才能进入维多利亚州。过桥前,莫理循花1先令买了一瓶澳大利亚产的酒。海关官员在检查时认为,这瓶酒买得真不值,不过他所带的白兰地必须报税。莫理循从沃当加开始了奔向大海的探险历程,独木舟的桅杆顶上高高飘扬着一面澳大利亚国旗。一路上,莫理循用不着担心食物,水上生活一点也不难:沿河两岸,野生禽类动物不计其数,到处都是鹈鹕、山鸭、林鸭、水鸭、蓝鹤、黑白色的鹤、朱鹭、黑色大鸬鹚、蛇颈潜水鸟、田凫、鹬、燕鸥、鸻和水鸡。此外,还有野猪、袋鼠、野兔、野牛、鬣蜥、蛇和豪猪。所到之处,寂寞的牧场管理员都很热情地款待他。

一家地方报纸报道说:"在伊丘卡,一些绅士聚集在船坞棚里,祝他一路平安。一支由双桨艇、四桨艇组成的小船队护送他来到瓦拉皮拉牧场。水手们在那里向他告别,大家连续欢呼三次,向这位勇于冒险的澳大利亚年轻人表示敬意……墨累盆地的灼人阳光已开始肆虐,水手们被严重灼伤,莫理循的脖子和手臂上也都晒出了水泡。在温特沃斯,莫理循先生打算做一次演讲,介绍他漂流的冒险经历。"

在靠近斯旺希尔的默里当斯,莫理循来到奥菲瑟先生建于1875年的鸵鸟场。他在日记中写道:"我有生以来第一次见到如此硕大的鸟。"在纳龙，大富翁亨利·米勒的一名牧场巡视员(负责骑马巡视并修补牧场围栏)请他美美地吃了一餐。莫理循写道，米勒先生(通常人们称他为"大财主"米勒)在维多利亚州有座称为库锦的大牧场，面积有 300 多万英亩。墨累河流经他牧场的距离竟达 212 英里。莫理循花了七天时间才漂流完这段行程。他在日记中写道："牧场两端距离 100 英里。但是，尽管牧场非常之大，经营却十分惨淡……只养了30 000 只羊，平均 100 英亩才养一只羊。"在龙加拉，莫理循和一个邮局负责人共进圣诞晚餐。他在日记中写道："那个人名叫威廉·休布里奇，长得相貌堂堂，在克里米亚战争、印度兵变和英法联军攻打北京的战争中都打过仗，三次获得维多利亚十字勋章的提名资格；他教过瓦伦丁·贝克怎样正步走，现在因其功勋卓绝而获得退休金。"莫理循非常想带回一副土著人的骨骼或者部分骨骼作为纪念品。有人告诉他，一个叫布莱恩的著名黑人就葬在尤斯顿附近。在一个朋友的帮助下，他发现盖在布莱恩坟头的树皮小屋。他们汗流浃背地挖了一个大坑(长 6 英尺、宽 2 英尺、深 4 英尺)，终于找到了裹尸体的树皮。莫理循在日记里写道："长话短说，挖掘工作进展得十分顺利，我们成功地挖出一副包在黑糊糊腐烂物里的骨骼。我带着这个土人的头盖骨行程 750 英里。现在，这个头骨已漂得白白的，放在从墨累河口取回的沙子上面。'唉，可怜的约里克'，那天干完活后我们都累坏了，下午四点背阴处的温度竟高达华氏 106 度。"

墨纳牧场占地 384 000 英亩，养了 70 000 头羊和 1 000 头其他大牲口，平均每天收容四个流浪汉。莫理循在日记中写道："这些'马兰比季河捕鲸人'(人们都这么称呼他们)，每人都只分到一小锅面粉、一些茶，或许还有一点肉。那里的生活可能有奇特的魅力，不然不会有一批批男子汉满足于他们的现有生活，从一个牧场流荡到另一个牧场，表面上在找工作，实际上又找借口拒绝接受提供给他们的工作。"

1881 年 1 月底，莫理循从惠灵顿穿过一个大湖来到古尔瓦，雇了一艘小快艇把独木舟拖到蒙都岛，然后从那里再扬帆沿着库龙海峡而上，到达科克图威尔斯的一个马车站。这段航程有 51 英里，有些地方只有 2.5 英里宽，风力非常强。海浪拍击着狰狞的礁石，浪花铺天盖地地罩向独木舟，常在船舱里留下半舱海水。他奇迹般地安全到达目的地，所携带的物品都完好无损：七个鸡蛋、一小块咸牛肉、一条面包和三瓶水。科克图威尔斯马车站破破烂烂，其主人曾在西班牙呆过几年。莫理循回忆说："他的经历令我震惊。多年来，我一直向往着有这么一天，能有机会重复他的经历。"

莫理循到达伍兹维尔时，行程已达 1 555 英里。他雇了马车把独木舟托运到金斯顿，然后从那儿再货运到墨尔本。他自己则步行回到季隆，剩下的行程只有 347 英里。莫理循在《回忆录》中写道："这是一次非常成功的探险考察。每周由墨尔本《领导者》周刊登出的探险报道所产生的效果，比报社所付出的报酬大得多。不过我觉得这次探险实际上比报道更有趣，也不像报道那么单调、乏味。"负责莫理循探险报道的编辑 G.A. 赛姆先生（《时代报》业主戴维·赛姆的兄弟）也同意莫理循的看法。在连载报道结束之前，他不断向莫理循抱怨说，每个人都对他的报道感到厌倦，认为他的报道单调、乏味。不过现在很少有人会同意这些怨言。后来墨尔本大学出版社把莫理循的连载报道汇编成一本题为《墨累河独木舟漂流记》小册子，并给以出版。这本小册子富有教育意义，生动地描述了 19 世纪 80 年代澳大利亚内地的风土人情。这本小册子的出版又唤起了莫理循对新闻工作的兴趣。没过多久发生的一件事又使他更认真地思考了这个问题。1882 年 3 月，在药物学的第二次专业考试中，莫理循考了个不及格。他没能心平气和地接受这一事实，而是熬夜到凌晨 3 点，详详细细地查看试卷，要求约见考官威廉姆斯博士，并和他非常详细地讨论每个问题，最后声称威廉姆斯不甚了解他的学科。然后，他写了一份措辞强烈的报告，描述了这次会见过程，并从季隆学院把报告分别寄给墨尔本大学校长、副校长和校理事会成员。报告中有一部分是这么写的:"先生们:一个不幸的医学院二年级学生考试不及格。这么一来,他只得被迫中途退学。我想冒昧地问一句,一个考官如果自己没有读过大学当局规定的教科书,就给他学生的试卷评了个不及格,难道我会感到心服口服吗? 难道这合情合理吗?"

威廉姆斯博士对莫理循说,他考得非常差,只令人满意地回答了一个问题,得分不会超过总成绩的 25%。莫理循则强调指出,许多被驳回的答案都来自卡罗德撰写的《伦敦药典》一书:

> 我在试卷中写道:"汞制剂会产生严重的后遗症,所以在治疗梅毒时,汞制剂的使用已不像以前那么普遍。"威廉姆斯博士在阅读我的试卷时一直没有发表任何评论,读到这一段时才大发雷霆。他把试卷扔在桌子上,耸耸肩,脸都气歪了,结结巴巴地说:"主啊,宽恕我吧。难道你不知道,汞制剂是治疗梅毒的特效药,就像奎宁是治疗疟疾的特效药一样明明白白吗?"但是,卡罗德的专著证实,我的观点是有权威根据的。

莫理循在申诉书中最后说:"我不要求你们收回让我退学的决定。另外,威廉姆斯博士还侮辱了我。他说,像我这样的学生如果能通过考试,他宁愿辞职不当讲师了!"

多年以后,他对此事又有了新的评论:"毫无疑问,我遭退学处分是不公正的。但是,我一点也不怨恨——相反的是,他的错误是我人生的一段幸运插曲。另一方面,在他出版的惟一一本书《一个澳大利亚人在中国》中,他又暗示说,考试不及格并非完全没理由:

> 在二年级考试中,为了能给教授留下深刻的印象,我申请上给优秀生开设的高级课程。没想到在初试中我就被除名了。情况大致如此:在药物学考试中,除开犯了一些小错误外,我还开了一剂巴豆油处方,要求把剂量谨慎地增加 0.5~2 特拉姆。我

承认自己从没听说过这种令人讨厌的药。这个试题取自教科书很后面的一个部分，不幸的是我还没读到那儿。我们家的代表等候考官说明我考试不及格的原因，我们得到的惟一令人满意的答复是，要想让我成为医生，"就等于听任一只疯狗在柯林斯街到处游荡"（柯林斯街是墨尔本最著名医生的住宅区），然后考官拿出我开的药方。不过，我觉得自己看到了一丝希望，紧张地指着"谨慎地增加"那几个字，抗辩说这些用词应当可以使我免遭退学之辱。没想到，考官反应异常强烈，叫了起来："没错，这些字眼可能会救了你，但是，主啊，请你宽恕我吧，它们可救不了你病人的性命。"这位考官的话说得有点过头，但无奈之下我只得退学了。这一事件对墨尔本大学是一次沉重打击，但墨尔本大学还照样办得欣欣向荣。

第二章

[一]

　　莫理循沿着维多利亚海岸徒步旅行时, 在科提斯湾看到正在朽烂的双桅船"卡尔号"的残骸。八年前莫理循还是个 10 岁小男孩时,"卡尔号"的船主詹姆斯·帕特里克·默累因犯谋杀罪而遭审判。默累是个非常独特的怪物。不过即使当他是个十足恶棍的时候, 在他身上仍然可以看到虔诚和邪恶的扭曲结合。默累毕业于皇家外科学院, 在爱尔兰是个领有开业证书的医生, 在新西兰因弗卡吉尔地区和澳大利亚墨尔本拥有永久医师资格。1861 年, 他在墨尔本参加了阿尔方德·威廉·霍维特率领的寻找探险家伯克和威尔斯的救援队。1865 年他参加了失踪探险家雷奇哈德的救援队, 并担任医务官和副队长(雷奇哈德和他的整个探险队在 1848 年一次横跨澳洲的探险中全部失踪)。在一些人眼里, 默累博士是个善于言辞的人, 一个有教养的人, 一个有坚定宗教信仰的人。他的行医方式和他的宗教信仰一样, 不受常规的约束。作为维多利亚慈善协会的成员, 他常给病人开出大剂量的吗啡, 让他们在他去度假期间处于昏昏欲睡的状态。从他这种违反医德的做法, 我们不难看出为什么他几年内就逐渐变成一个杀人犯。1871 年初, 他非法买下重达 256 吨的双桅船"卡尔号"。同年 6 月,他载了 6 名乘客,从菲利普港启航前往斐济。路途中,他和其中两名乘客吵了起来,就不顾他们的抗议,把他们扔在新赫布里底(现称瓦努阿图)南部的塔纳岛上。这两名乘客后来很快就成了当地土人的美餐。默累则继续航行到所罗门群岛,收罗土著劳工到斐济去贩卖。

[二]

  贩卖土著岛民到斐济岛、萨摩亚群岛和昆士兰州从事种植园工作的罪行最早是一个叫罗伯特·汤斯的男子犯下的。汤斯最初是艘运煤船上的水手,20 岁时当上一艘双桅船的船主。14 年后,他自己开船到澳大利亚。1842 年他在悉尼定居下来,并和威廉·查尔斯·温特沃斯的妹妹结婚,成了昆士兰州富有影响力的大富商。他拥有一队商船,专门从事海参和檀香贸易。他给悉尼的圣安德鲁大教堂捐了一个非常漂亮的讲道坛,他的名字在昆士兰州汤斯维尔港地区家喻户晓。美国南北战争爆发后,美国棉花断了货源,汤斯组织人力在离布里斯班 40 英里的洛根河流域种起了棉花。他企图进口廉价的印第安劳力,但没有成功。于是,1865 年他派出他的大型纵帆船"唐璜号"到新赫布里底群岛搞起了贩卖岛民的生意。"唐璜号"由亨利·罗斯·卢因任船长。卢因当过檀香树伐木工,干起活来非常卖力,也当过海滨流浪汉,后来在塔纳开了个牧场。他在皇家海军当过水兵,1840 年鸦片战争中在中国沿海一带打过仗。

  为汤斯船长辩护的人说,他的确认为贩卖岛民对双方都有益处:棉花种植园主每个月花上 10 先令就能获得劳力,能从物质上得利,而土著岛民受到基督教的影响,能从精神上获益。虽然卢因先生是个文盲,但是汤斯船长认为,无论谁只要能完成这一使命,就可以委以重任,因此就恳求卢因帮他做起贩卖岛民的生意。汤斯曾写道:"我在一年中所从事的开化土人的工作可能比你们(指传教士)干十年还更有效。"几年以后,卢因曾口授一封信给布里斯班的一家报纸,描述贩卖土人的生意给土人带来的巨大益处。几天以后,他被控犯有攻击罪,因为他强行把一名塔纳姑娘剥光了衣服拖到他的船上。可是,后来他被判无罪(这在当时情况下并不奇怪),继续从事他"开化野蛮人"的工作。不过他还是没有得以善终,一些不愿意被开化,也不懂得感恩戴德的塔纳土著人把他杀了,也许还吃掉了他。

有人提出这么一个问题"土人在昆士兰州受到基督教和文明社会的影响,这一切会给那些居住着野蛮人的岛屿带来什么好处呢?"托马斯·邓巴宾为了说明这一问题,引用了查尔斯·艾登所提供的"奇怪的证据"。19世纪70年代,艾登在卡得韦尔附近、墨累河沿岸的甘蔗园里雇了20个卡那卡人。艾登说,塔纳男子星期天最喜爱的活动是追杀其他土人。在一次这样的活动中,他们把10名土著男子赶到一个池塘里,然后用大剪刀扎成的标枪把他们从池塘里赶出来,把他们一个个用矛尖顶着押送到池塘边并全部杀光。邓巴宾先生无动于衷地评论说:"如果他们没有被吃光,那只是因为肉类供应过于充足,享用不完。"艾登先生并不反对这些健康的安息日娱乐活动,不过艾登太太似有微辞。一个星期天傍晚,种植园里的塔纳男子带着一只死火鸡和一个活的六七岁男孩回到园里。塔纳头人解释说,他们消灭了一群土人,只留下这小男孩,目的是要把他烤了当作星期天的晚餐来招待他们的女主人。艾登太太非常不高兴地拒绝了这道特别的菜,于是这男孩的小命总算保住了。

到1866年9月,汤斯已贩卖了315个卡那卡人(土著岛民在生物分类学上的属名)。其中只有7个在原先所承诺的12个月雇佣期内回到家乡。其他企业家很快也加入这种贩卖土人的贸易行列。1867年,昆士兰州两名政治家——上院议员W.D.怀特先生和立法院议员格雷厄姆·迈林先生——联合租下了重达248吨的三桅帆船"奥斯卡王号",也打着罗斯·卢因的传教旗号,干起了贩卖土人的肮脏勾当,贩回了270名卡那卡人,并很快以每人9英镑的价格卖个精光。卢因先生在从事基督教化的过程中,发现有必要射杀一批不合作的土人,有必要烧毁他们的村庄和庄稼。他生意的兴旺发达,大大刺激了"贩奴"生意的发展。由于昆士兰州一些有声望的议员纷纷开始做起这种生意,所以对这种非法贸易的打击就变得困难重重。在众多欣欣向荣的"贩奴"公司中,其中一家的靠山非常显赫——昆士兰州的总督罗伯特·拉姆齐·麦肯齐竟然是其股东。

棉花热开始兴起时,汤斯船长对贩奴失去了兴趣,但是卢因则趁此机会把生意做得更大了。1867 年 4 月,他在布里斯班打出广告,声言他会以每个男子 7 英镑的价格出售最好、最善于服务的土著人,为甘蔗、棉花等种植园提供劳工。到了 60 年代末,贩卖岛民的生意越做越大,变得声名狼藉。英国政府早就认为,招收岛民劳工的做法很可能涉及暴力、欺诈和犯罪。所出现的最严重的犯罪现象已超出昆士兰州政府的处理权限。派到太平洋地区调查贩奴案件的英国海军指挥官们向英国殖民部建议,大英帝国必须采取行动镇压贩奴犯罪现象,因为殖民地政府对此已无能为力。

尽管如此,英国殖民部还是于 1868 年批准了旨在控制贩奴活动的昆士兰法案。该法案要求,从事进口土著劳工业务的商人在获得许可证之前,要先签署份约束力很强的合同:劳工的最低年工资为 6 英镑,雇佣方必须向劳工提供符合最低标准的供应品;土著人必须清楚地理解他们的雇佣条件;雇佣要本着自愿的原则,三年合同期满后要保证他们能重返家园。实际上,这一法案非常没有效力。一年之内,英国有关官员就向政府汇报,控制贩奴非法活动的努力已告失败。1870 年,昆士兰立法院特别委员会伪称要调查法案的执行情况。证人罗伯特·肖特提供了足以定罪的证据,可是他的证言却遭封杀,理由是那只不过是个别人的经历。肖特对特别委员会的这种做法有个令人信服的解释。他说,大多数委员会成员本身就是玻利尼西亚劳工的雇主,或者是众所周知的贩奴体系的积极鼓吹者。到那时,对土著劳工的需求量越来越大。每个土著劳工在昆士兰的价格提高到 12 英镑。随着价格的提高,贩奴者的暴行也加剧,与此同时,土著人的暴行也相应增加。当时有一种已成惯例的付款方式:用劣质步枪和弹药来替代应该付给土著人的部分劳务费。具有讽刺意义的是,土著人有时就用这些枪械来攻击奴隶贩子。尽管许多禁止枪支走私的建议被提出,但是直到 1884 年这类走私活动才被压制下去。1878 年,种植园主抗议说,禁止贩奴的提案是一种"干涉"行为。

1871 年初,约翰·柯尔律治·帕蒂森主教(美拉尼西亚第一个英国圣公会主教)强烈谴责贩奴者的"欺诈和暴行",并呼吁英国立法,"彻底结束这种悲惨的局面"。他告诉皇家海军"罗萨里奥号"舰长帕默,一些贩奴者把他们的船漆成白色,看起来很像他的传教纵帆船"南十字号",派出一队打扮得和传教士一样的水手到岸上去骗土人说,主教摔断了腿,想召见他们。帕蒂森主教说:"不止一船的奴隶都是用这种罪恶的行径骗来的。"

1872 年 9 月 27 日,帕蒂森主教和同伴阿金斯牧师一块登上了圣克鲁斯群岛的努卡普岛。几天前,有人伪装成传教士,把这里的一批男子骗上贩奴船,扬帆而去。留下来的土人则恨得咬牙切齿,用毒箭来款待这批真正的传教士,用大头棒砸死了帕蒂森主教。帕蒂森在英国国会中有许多朋友,因此他的死在国会引起巨大震动。许多国会议员纷纷要求英国政府镇压走私奴隶活动。同年,国会通过一部《绑架法》,宣布贩卖土著人是一项重罪。英国政府派出五艘快速纵帆船,到贩卖活动猖獗的各岛巡逻。但是,法案的局限性很快就体现了出来。贩奴者只要更换旗号(不管合法不合法),就可以逃避英国政府的法律制裁。另外,由于法案承认土著人对这些岛拥有主权,英国政府就不可能有效地控制这些岛屿。

[三]

默累博士把两个不合作的乘客赶下船后,在塔纳购买了 70 个奴隶,接着又继续航行前往布干维尔岛。在那里,他们用小炮轰沉了土人的独木舟,绑架了80名异常凶猛的土人。在此之前,"卡尔号"上一个叫蒙特的乘客,曾想伪装成传教士,把土人骗上船,可是没能成功。布干维尔岛的土著人对他们的绑架行径感到非常愤怒,朝他们的船上扔燃烧的椰子壳,企图烧毁他们的船。当布干维尔岛的土人和较不好斗的塔纳土人发生冲突时,默累博士下令不分青红皂白地朝他们开枪,并和一些水手聚集在甲板上欣赏,蒙特先生还把牛眼灯的强光都投向惊恐狂叫的土人,以便看得更清楚些。与此同时,默累博士还唱起了"挺进乔治亚"之歌,来鼓舞士气。后来,默累还和另一个乘客在舱壁上打洞,通宵达旦地朝土人开火。最后,厨师端来了咖啡,默累博士则带头祷告。在这场大屠杀中,至少有70个土人被一起杀害,另有35个受重伤的土人连同那些尸体被扔到海里,活活淹死。

在第二次航行之后,当默累确信船长企图毒死他时,他供出两名同案犯,坦白了罪行并成为证人。那两名同案犯被判死刑,但没有执行。默累和蒙特后来都在墨尔本因谋杀罪而被起诉。法庭裁决他们犯有大屠杀罪,并都被处以15年的劳役监禁。不过,即使是这么轻的刑期也没执行。被告提出上诉说,在维多利亚根本就没有劳役监禁这样的徒刑。到枢密院做出改判决定时,默累和蒙特早已离开维多利亚了。

[四]

19世纪80年代早期,昆士兰州的制糖工业发展迅速。伴随着制糖业的发展,对土著劳力的需求也大量增加。那时人们仍然相信,白人不适应热带的工作环境。许多澳大利亚船只(其中包括纵帆船、三桅帆船、双桅帆船和双桅船)都参加了贩奴活动。詹姆斯·科恩先生说,这些船都全副武装,"活像武装民船,也像古时候声名狼藉的贩奴船。他们在甲板上架设各种枪炮,所有水手都佩有步枪和左轮枪。所有征募劳工的旧手法,从欺骗、引诱到绑架和谋杀,都再一次使用得淋漓尽致。那些派来制止暴行和犯罪活动的政府官员,要么为他们摇旗呐喊,保驾护航,要么装聋作哑,纵容放纵。正如莫理循后来写的那样,这些官员薪金微薄,素质低下,既腐败又残忍。派驻纵帆船"斯坦利号"上的政府监察官 W. A. 麦克默多就是个很典型的例子。"斯坦利号"的主人约瑟夫·戴维斯船长被控于1884年2月在阿德雷德绑架两名拉克兰岛的土人,并放火烧毁了他们的村庄。麦克默多先生在他1883年3月至4月的航海日记中简洁地记叙了另一起悲惨事件。他抓住几个在船上偷饼干的卡那卡土人,决定惩罚他们。他写道:"我把这六个人鞭打了一顿……狠狠地收拾了他们……他们都很会忍受痛苦,他们的皮都很厚,打得他们都奄奄一息。"其中一个第二天就死了。麦克默多先生在日记中的反映是:"我可能过高估计了他们的承受能力。由于现有的鞭子上没有把手不好使,我曾要求一个叫康内尔的水手替我做一条使起来顺手的鞭子——纱线编织成的三尾鞭。他做了一条五尾鞭,把铅丝和纱线混编,打起来有分量。可惜的是,鞭子刚做好,那个土人就死了(糟透了!)。第二天,又有两个土人也因伤重不治而死。"

[五]

商人、种植园主和利益相关的政客都继续为"黑奴贸易"辩护,但是人道主义者、提倡自由主义的政治家和教会人士已对这种丑恶行径展开严厉批评。约翰·佩顿牧师是其中最猛烈的批评家。他曾到新赫布里底群岛为基督教长老会传过教。在演讲、传道和写给报社的信中,他都一再谴责"在南太平洋诸岛所发生的灭绝种族和人性的贩卖黑奴的犯罪活动"。

从医学院退学后,莫理循对学医已甚感厌倦,更下决心要成为一名记者。他决定近距离调查有争议的卡那卡奴隶贸易问题,抓住这个机会来实现他的抱负。他打电话给墨尔本《时代报》老板戴维·赛姆,提出作为一名船员调查"黑奴贸易"的计划。赛姆是个苏格兰人,性格倔犟,当时已放弃了对加尔文教的信仰。他对莫理循说,如实地报道贩奴问题会很受人欢迎,因为没有人会相信"佩顿那个老骗子"。《时代报》当时是富有影响力的报纸,观点激进、鼓动力强,发行量高达 50 430 份,"在维多利亚,其发行量超过其他任何日报的五倍以上"。澳大利亚后来的一个总理阿尔佛雷德·迪金就曾在《时代报》供职过。

莫理循的父母亲都劝他不要冒险。1882 年 3 月 20 日,他从墨尔本的苏格兰学院写信给他母亲:

> 我并非贸然行事……我想成为一名新闻记者,我看不出有任何其他办法能让我实现自己的梦想。只有成为一名记者,我才有可能出人头地……即使所有的人都反对我的观点,但是在我的眼里,它仍然是最崇高的职业。要成为一名成功的记者,一个人不仅需要有过人的精力、超凡的胆识,而且还要有良好的修养和绝对的诚实。记者职业之所以在全世界享有如此崇高的地位,正因为当个好记者要具备这些优秀品质……如果我从昆士兰州发出的报道的确有价值,赛姆先生就会给以发表,我也会因此而得到报酬,每个专栏 1 英镑。

在给母亲的第二封信中,莫理循写道:

> 我即将前往昆士兰,迈出我职业生涯的第一步。我真诚地希望,有朝一日,我能功成名就,名扬四海……您要求我不要冒无谓的风险,可是我不是那种稍有危险就退避三舍的人。

1882 年 4 月 3 日,莫理循乘"卢娜号"轮船离开墨尔本,经过 99 个小时极其艰难的航行,终于抵达悉尼。"卢娜号"在航行途中遇到了气象史上最强烈的一场风暴。在悉尼,甚至有报道说"卢娜号"已在暴风雨中沉没。"卢娜号"能逃过这一劫,并不是因为船长有精湛的航海技术。实际上,在最后一天的凌晨,船长判断他们正位于悉尼北 30 英里处的海面上,并据此确定了航向。可是当风暴来临时,他们发现自己正位于悉尼南 110 英里的海面上,而且正驶向墨尔本方向。

从布里斯班到罗克汉普顿,莫理循乘坐的是一艘速度缓慢的"鲍恩女士号"旧式明轮翼汽船。"鲍恩女士号"离开布里斯班时已经晚点了 6 个小时,原因是船长喝得神智不太清醒。一路上因卡在河道里又耽搁了好几个小时。在罗克汉普顿,莫理循换乘"让娜顾号"轮船,前往麦凯港(昆士兰州制糖工业和贩奴贸易中心)。1881 年至 1883 年间,共有 11 059 个土著岛民被贩卖到昆士兰州,其中有 4 426 名被卖到麦凯。正是在麦凯这地方,一个名叫查尔斯·阿姆斯特朗夫人(成名后称作梅尔芭女士)的青年妇女开始了她的歌唱家生涯。

经过多次碰壁之后,莫理循终于在双桅帆船"拉维尼娅号"当上了一个月薪一先令的普通水手。"拉维尼娅号"的吨位为 119 吨,当时正准备出发去购进一批新的土著劳工,并把 88 名土著劳工遣送回原籍。在这 88 名劳工中,有的已完成了三年合同,有的因病重而不值得再留下来,其中还有 7 名妇女。莫理循注意到,其中一名妇女虽然嘴唇相当厚,但长相和威尔士王妃(未来的亚力山德拉皇后)很相像。

1882 年 6 月 1 日,"拉维尼娅号"启航前往新赫布里底群岛。莫理循的母亲一直提醒他不要乱说话,不要喝酒,不要交坏朋友。几个月后,莫理循在给母亲的信中写道:

> 我一拐一拐地上了船。因为双膝严重扭伤,所以我只得克

服极大的困难、忍受巨大的痛苦，爬着去吃饭。我和卡那卡人一起睡在货舱里，那里的空气非常污浊，但是并没有对我的健康造成不良影响。生活虽然不舒适，但是我可以忍受，因为只有这样，我才能和白人水手保持距离。我和卡那卡人一起划着小船上岸，这对一个白人来说可不寻常，而且还相当危险。不过，只有这样，我才能看到岛上的土人，才能和他们交谈，才能体会到躲避暗礁和惊涛骇浪是多么惊险刺激，才能知道置身于武装的土人中间是多么令你胆战心惊。岛上的土人只要一时兴起，随时可以毫不费劲地抢走你的船，抓走水手。归航回来时，我一定会变得更健康，精神状态一定会比以往任何时候都更好。我在船上读的都是米尔顿的著作和《圣经新约》。我的确觉得自己变了许多，这一切都要归功于我所读的书。在我的航海报道中，我只想真实地记载自己的亲身经历，尽量不描写风景，因为我缺乏这方面的能力。我将听从约翰逊博士的建议，删除那些我自认为描写得非常优美的句子。

罗伯特·麦克伯尼博士既是麦凯市的卫生官，又是"拉维尼娅号"的股东。他的这种双重身份使他办起事来格外方便。在他的安排下，18个患病的岛民加入被遣送回家的岛民行列中。航行的第一个晚上就死了一个14岁的小男孩。他身材瘦弱，上船时就病得不轻，死后被扔进了大海。莫理循在写给《领导者》的报道中说："这个无家可归的马洛岛男孩之死使我感到非常悲痛。令我愤慨的是，卫生官竟然个个铁石心肠，不顾他的死活，让他拖着病体走上长途航程……"几天以后，又有两个卡那卡乘客死亡，不过这次都死于痢疾。莫理循写道："他们还没上船之前，就已被痢疾折磨得奄奄一息。也许，卫生官认为，海上航行对他们的健康有好处，才会让他们上船。"莫理循还写道："半夜时，值班官员的吼叫声把我惊醒。我听见他说：'把那个阿皮亚岛男孩的尸体拖到甲板上来，快点。'所以我就爬了起来。那孩子的尸体被随随便便缝在一块帆布里,脚上紧紧扎了一米袋石块。他的两个老乡默默无言地把他扔到船舷外。"

莫理循对生病岛民的态度有点令人感到奇怪,既有点同情,又有点嘲笑挖苦。原因很明显,他还只是个大学生,带有医学院学生的幽默,为人不失机灵,但看问题又有点呆板:

> 最有趣的岛民是个叫阿尔宾诺的土人。他来自拉贡诺岛,面容憔悴,骨瘦如柴,还得了一身可怕的皮肤病。他的脖子看起来好像长着鱼鳞,浑身上下盖满了黑斑疹。他肯定痒得难以忍受,一天到晚总是不停地又抓又搔,从头到脚都有皮屑落下来……
>
> 怀着恶作剧的心理,我常常一手端着一个酒杯,一手提着一瓶蓖麻油接近他。他浑身上下都散发着令人难以忍受的恶臭,有什么东西会比用蓖麻油驱除这些恶臭更富有诗意呢?记得有这么一句诗"把他制得服服帖帖",我的确想来这么一招,治好他的皮肤病。我曾读过这么一则报道,如果你突然把活鱼用有刺激性的气味熏一熏,鱼的浑身鳞片都会脱掉。我想烧些纸,用烟来刺激他,希望他浑身的皮癣都会脱落,免除他一天 24 小时每分钟都在遭受的抓痒之苦。

在莫理循的报道中有个生病的奥巴岛妇女:

> 她只能靠手和左脚后跟在甲板上挪动,右腿像船首斜桅一样向前伸着。她的右脚有毛病,一大半后跟都已烂掉。这女人现在浑身污秽不堪,病得很厉害。但是,十个月前她刚到昆士兰州时,不但身体健康,而且还活蹦乱跳。

莫理循用亚麻子膏和一种药性很强的硫酸铜洗剂给她治疗,使她的病情"大有好转"。

　　然而，一个来自奥巴岛的男孩却没有这么幸运。他是个很可爱的小伙子，却让痢疾折磨得痛苦不堪。我给他开了一剂由蓖麻油和利眠宁混合而成的重药。两天后，我给他重新配制了一剂药。配药时，由于船长就站在我身边，我就故意卖弄本领，加上一点硫酸锌，想让他知道我的药物学知识有多高深。我对船长说："这剂药的作用非常的明显，利眠宁能调理他的身体内部机能。蓖麻油和利眠宁混合在一起，加上硫酸锌后，各自的药性可发挥得淋漓尽致。痢疾在这两股强大药力的夹攻下，一定会很快治愈的。"部分疗效正如我所预料的那样。痢疾是治好了，但是运气不好，这男孩也死了……

　　那天上午大约 11 时左右，我正在值班，突然有人跑来报告大副说，那个男孩死了。他们很快用一根绳子拴住男孩的脖子，另一根拴住他的脚踝，将他拖出船舱。大副的情绪很不好，命令乔立即把他缝进布袋，扔到海里去。但是，我建议说，要等到这孩子真的死了再扔，才会更显得人道些，因为我发现他的胸部还在轻微地起伏着。果然，刚一揭开蒙在他脸上的布，他的眼睛就慢慢睁开了，双眼泛着一层垂死的暮气，绕在他脖子上的绳子几乎把他给勒死。说起来真令人感到羞愧，那男孩就这么给扔在甲板上的排水口边，在众目睽睽之下痛苦地挣扎了整整四个小时。他被扔到海里时，我呆在船舱内，因此，我只能对其他人表示我的怀疑，告诉他们这个孩子可能还没有死。

　　一路上，莫理循一直忙着给患者治病、掌舵和记笔记，为他的报道提供素材：

我们的生活

如果有人叫你快点把润滑油罐拿上来,你应当知道他要的是黄油;如果有人叫你把皮鞋扔过去,你就得立即到处找咸肉。如果有人有礼貌地对你说,整个晚上不让其他人用木块和柏油是不对的,你就应当知道有人对面包和糖蜜垂涎三尺。

莫理循觉得掌舵"令人感到振奋,非常有趣",尤其是在晚上,船长心情愉快时,常在船尾楼上蹿下跳,裤脚卷得高高的,有时还突然哼出几句迷人的诗文……

混沌世界,芸芸众生,
魔鬼就近在咫尺,
让我们一起高唱哈利路亚的赞歌吧。

莫理循非常仔细地研究了昆士兰州政府所不想镇压的武器走私案。他发现"拉维尼娅号"有73名男子,"个个身强力壮,携带着滑膛枪"。这些人共装备有78支斯奈德式步枪、6支斯宾塞式步枪、29支埃菲尔德式步枪、47支滑膛枪、9把短枪和两把左轮枪。除枪之外,还有1 861磅火药和9 300发子弹。"甚至连妇女都配有武器。姆林太太(那个在拉贡诺上岸的老巫婆)一个人就携带一支斯宾塞式步枪、一支滑膛枪、14磅火药和100发斯宾塞式步枪的子弹。"莫理循估计,73名卡那卡人共花了730英镑购买进攻性武器。也就是说,他们3年每人虽然挣了18英镑,但却花了10英镑购买武器:

现在我们就不难明白,如果昆士兰州政府禁止把枪支弹药卖给卡那卡人,那些枪支走私商就会遭受多大的损失。光我们船启航的港市所在地,就有4 000多个卡那卡人。他们所挣的钱在当地都花个精光。如果实施了禁止枪械贸易法案，每年就可以节约 13 300 英镑以资它用。

"拉维尼娅号"从北部的瓦努阿拉瓦岛，经过新赫布里底群岛和班克斯群岛，到达南部的富图纳岛，装上 78 个新买的土人后，立即迅速返航。1882 年 9 月 8 日，"拉维尼娅号"回到了麦凯市，距出发日期正好 100 天。所有男性土人都以每人 16 英镑的高价出售。

[六]

《领导者》连续六周刊载莫理循的航海报道，总标题是"一个医学院学生的昆士兰奴隶贸易目击记"。在他所写的报道中，除开对生病土人的遭遇持严厉批评的态度外，对奴隶贸易本身却没有展开猛烈抨击。他的文章风格幽默，用词戏谑，从一定程度上使他的批评变得更加苍白无力。

正如《领导者》评论员所评述的那样：

> 这些报道……使读者能看到昆士兰劳工贸易好的一面，但也能看到罪恶的黑暗面……这是地地道道经过包装的奴隶贸易，其过程令人发指。多年来，为了打击奴隶贸易，英国政府花了大量预算，皇家海军也采取了行动。我们从独立的消息来源获悉，土著人经常遭到绑架或欺骗。此外，我们还发现，那些历尽千辛万苦，好不容易熬过苦役期得以被遣送回家的土著人，常常面临悲惨的命运。船长只想怎样摆脱他们，不想多费劲把他们送回原籍……"罗德里克号"在最近的一次航行中，把一批应送回原籍的卡那卡人卸在帕马岛上，其后果是他们惨遭杀害并成了当地土人的盘中餐。"海伦娜号"把她所运送的土著人卸在阿皮岛上，使他们遭受了同样的悲惨命运。毫无疑问，那些明知

故犯、强行把回乡的土著人卸在途中的人犯了谋杀罪。

[七]

回到麦凯市十天后,莫理循乘坐"兰尼拉号"汽船前往库克敦,为了省钱,他坐的是统舱。他再一次发现,沿澳大利亚海岸航行是非常危险的。"兰尼拉号"半夜启航,满载着淘金客,前往卡奔塔利亚湾的帕默河。莫理循一连几个晚上都忙着给《领导者》撰稿,所以看到有个空铺位,就连忙上床睡觉。几小时后,他听到一阵嘈杂声,像是锚链撞击锚道发出的声响。这并没把他完全惊醒。莫理循写道:"我还以为船已经到了波文,正在下锚呢……突然,我听见有人大声地叫我,把我给完全惊醒了,'嘿,伙计,你要在这儿呆上一整个晚上吗?我们的船触礁了,船长叫我们全部到船尾集合。'"他探了探头,天啦,船舱的甲板上积满了水,船正在缓缓下沉。他急忙跑到甲板上,惊喜地发现陆地就近在眼前。"我一点也不慌张,因为我知道,在最糟糕的情况下,我完全可以游到岸上。我又回到客舱,收拾好自己的行李物品,提到甲板上来。当我离开客舱时,水已漫过我的膝盖,但没有危险,用不着大惊小怪。"

第二天早晨,他们都安全地上了岸。"兰尼拉号"的运气真不佳,这才是她的第三次航行。其实,她第二次航行时就出过事。莫理循对母亲说:"这是一次有惊无险的船难事件,可以说是海难史上最有惊无险的事故。"

莫理循在波文换乘另一艘汽船去库克敦,并在那里找到一家便宜的客栈。这家客栈的女老板非常和蔼可亲,镇上的人都亲切地称她为"大家的安妮"。他在库克敦逗留期间,一艘"恩兰丸号"教会纵帆船也抵达那里,船上载有两名著名的传教士——W.G.劳斯牧师和詹姆斯·查默斯牧师。

"恩兰丸号"归"伦敦宗教协会"所有。70 年代期间,劳斯和查默

斯曾数次乘坐该船,到尚未开发的新几内亚传教,到过巴克斯特和弗
莱河流域,考察过从莫尔兹比港到米尔恩湾的海岸地区。那时莫理
循已下定决心完成他的梦想:从诺曼顿徒步穿越澳大利亚。他写信
给查默斯,询问是否可以在他们的船上以工抵船费,乘他们的船去传
教团所在地莫尔兹比港,然后再去星期四岛,最后到达诺曼顿。他的
信写得非常好,很显然,目的是为了能打动这些尊敬的绅士:

> 我是个优秀的舵手,这一点我非常自信。我不要求任何报
> 酬,不介意恶劣的生活条件,甚至十分乐意睡在甲板上……您一
> 定可以理解我为什么愿意这么做。我之所以不惧怕恶劣的生活
> 条件,之所以要尽量节省旅行开支,那是因为我没有忘记,我所
> 花的是我父亲的钱,而不是自己挣的。此外,我一直认为,人只
> 有在努力奋斗、寻求幸福的过程中才会体会到幸福的滋味。越
> 是艰苦奋斗,享受的乐趣就越大。我还有个优点,烟酒不沾。

劳斯和查默斯接受了莫理循的请求,允许他到"恩兰丸号"上打
工,换取乘船的权利。他和水手们睡在一起,承担值班任务,还时常
露一手娴熟的舵手技术。他陪同查默斯乘坐传教用的小船,从莫尔
兹比港到阿罗巴岛去传教,然后再返回莫尔兹比港。他和博物学家
安德鲁·戈尔迪一起去打鸟。伦敦的一家苗木培育公司曾派安德
鲁·戈尔迪先生到新几内亚考察过。莫理循和戈尔迪很逍遥自在地
潇洒了几天,而后又回到传教团驻地。从那里,他换乘一艘中国平底
帆船"王星号",前往库克敦。这艘帆船满载着时令海产品——海参。
这是一种裸鳃亚目软体动物,只要稍经熏制,就是中国人心目中的美
味佳肴。

这又是一趟很不寻常的航行。船长是个广东人,会打水手结,还
会掌舵,是船上惟一懂得航海技术的男子汉。船上的其他人(包括
12个中国人、两个新几内亚男孩子、一个拉拉汤加岛的妇女和一个

马耳他混血儿)都只会埋头熏海参。从莫尔兹比港到库克敦整整航行了 23 天。开航 16 天后,他们来到了博罗角。在离库克敦还有 108 英里处,帆船遇上了当头风,不能继续行驶。莫理循偷闲给他在莫尔兹比港的表妹伊丽莎白·卡特写了封信:

> 我的宝贝(莉齐):
>
> 面对墨尔本大学的考试,我诚惶诚恐,简直认为自己是头令人无法容忍的大蠢驴。这场风波过后,许多人有礼貌地暗示我应当朝别的方面发展。结果,不管是否心甘情愿,我都只得离开墨尔本,目的是为了使我们家不再蒙羞……打那以后,我就开始四处游荡。现在,我是个远离文明的流浪汉,只配干些打打扫扫的无聊粗活。看样子,我这辈子是拿不到医学学士或外科硕士的文凭了,恐怕这辈子只能当个庸庸碌碌的水手了。我现在搭乘的是一艘不太安全的小帆船……我现在显得很憔悴,人也瘦了许多,因为船上食物不足,吃的只是干面包和大米,偶尔还吃点鱼。

莫理循的弟弟艾里克是"成功的典范",而他却是"失败的典型"。"王星号"船长和"卢娜号"船长一样并不精通航海。在 23 天的航行中,有一次他估计自己位于库克敦南 80 英里处,可实际位置却是库克敦北 120 英里,南辕北辙差得太远了。

[八]

顺道匆匆参观了托雷斯海峡的珍珠养殖场后,莫理循访问了星期四岛。他和这个岛的实际统治者、警务司法官亨利·切斯特住在一起。切斯特先生有个非常漂亮的花园,奇怪的是,里面的花匠都是犯人。莫理循注意到,他的量刑也相当奇怪,竟然根据季节和他家花园的状况而增减。而后，莫理循乘坐一艘汽艇，沿卡奔塔利亚湾前往诺曼顿。那是个安静的、长满灌木丛的小城镇，位于诺曼河上游55英里处，是埃思里奇和帕默两处金矿区的中心。历史上人口曾多达2 000人，但现在锐减到只剩500人。1882年12月·19日到达诺曼顿后，莫理循立即着手准备他考虑已久的，从北到南穿越澳大利亚的徒步旅行。他在日记中写到：

　　长期以来，我一直希望能跨越澳大利亚。在麦凯市时，我正卧床不起，原因是我的双膝有毛病，双腿很软，难以支撑我虚弱的身体在房间里走动。但就是在这里，我下决心要徒步跨越澳大利亚。我听说沿途的牧场相隔很远，起码得带上两匹马，否则就别想走上旅途。可我就偏偏不信邪，决定孤身走一趟。许多报道告诫说，旅途中要特别注意防范黑人的攻击，旅客最好要随身携带步枪或左轮枪等枪械。可我还是不信邪，决定要徒手冒一次险。其实我最担心的是疟疾的侵袭和洪水的暴发。奎宁是治疗疟疾的必备良药，而望远镜则是预警洪水袭来的必要设备。不幸的是，我的望远镜在库克敦被偷，奎宁则由于一时疏忽，在星期四岛时被扔得无影无踪。在所有装备中，指南针是绝对有用的，可是我的指南针在新几内亚时就完全毁了。对设备的短缺我能说些什么呢？我只能暗暗祷告，疟疾千万别缠上我，不要染上对人体极为有害的热病；洪水千万不要危及我的生命安全；千万不要倒霉到不用指南针就难以逃生的地步。

他还记下许多跨澳洲旅行的有用建议：

　　出发前要灌饱水，旅途中喝水的间隔时间要长。
　　出发前要在长统袜的内侧抹上肥皂，使长统袜布满厚厚的一层肥皂泡；穿上靴子之前，先往里面打一个生鸡蛋，能使皮革变得非常柔软。

渴是腭部干燥的一种感觉。为了刺激唾液的分泌,可用橄榄油涂口腔。

莫理循在《回忆录》中写道:"每一小时都很宝贵,因为雨季就要来临。天气状况已经不妙了。"但是,他像往常一样,仍然能挤出时间给母亲写信。他说,戴维·赛姆给他来了一封信,要求他能更充分地报道两件事:一是传教士在促进卡那卡人文明化的过程中所起的作用,二是奴隶贸易所导致的后果。赛姆的来信令莫理循"哭笑不得"。莫理循写道:"我实在不明白,赛姆的榆木脑袋究竟在想什么……照我看来,一般情况下,传教士对土著文明的影响概括起来无非是使土著人变得鬼话连篇、阿谀奉承、卑躬屈膝和狡猾奸诈,变得要多坏有多坏……"

在诺曼顿的一家杂货店,莫理循买了一整套旅行装备:一项巴拿马帽子、一双厚靴子、几条灯芯绒裤子、一块油布、一条油毯、一个铁皮罐以及一个一夸脱容量的水壶。12 月 19 日晚,莫理循开始了他的徒步旅行,全程 2 043 英里。莫理循写道:"我的初步计划是,循着 21 年前伯克和威尔斯探险队所走的路线进行探险。伯克和威尔斯的探险是澳大利亚探险史上灾难最深重的一次探险活动。"

罗伯特·伯克在爱尔兰当过兵,当过警察局巡官,态度和蔼可亲,但却缺乏能力。威廉·威尔斯是个有教养的英国青年。1860 年 8 月 20 日,他们从墨尔本出发,开始了从南往北跨越澳大利亚的伟大壮举。这是澳大利亚历史上最精心策划的探险活动,人马齐全,装备精良:15 名男队员、25 峰骆驼、23 匹马、数辆四轮运货马车和 21 吨装备,其中甚至包括为男人准备的 4 加仑白兰地和为骆驼准备的 60 加仑郎姆酒。遗憾的是,他们的探险活动以悲剧而告终。1861 年 2 月 11 日,伯克和威尔斯到达诺曼河口附近的一个地方,卡奔塔利亚湾已经在望,但在回到设在库珀湾的大本营后却遇难了,另有 5 名探险队员也不幸遇难。导致他们探险失败的原因包括：食物和饮水的短缺、坏血病、眼炎、苍蝇和蚂蚁与气温的急剧变化。虽然现在情况有所不同，因为在他们走过的部分路线上已有了牧场，但是莫理循的探险活动对一个年轻人来说，还是很不寻常的，毕竟他是孤身一人，而且还不带任何武器枪械。

诺曼顿的居民对莫理循的探险活动并不采取鼓励的态度：

> ……一些人认为我疯了。雨季就要来临，许多迹象（包括彗星）都表明雨季会提早到来。有人说："太鲁莽了。"另有人说："头脑这么不清楚。"还有人说："这简直是自杀。"旅馆那位上年纪的老板娘只要一谈起我将面临的危险就滔滔不绝。她向我保证说自己可不是个胆小鬼，但她绝没胆量从事这种毫无胜算的徒步探险活动。

面对酷热的气候、铺天盖地的迷目沙暴和严重缺水等恶劣环境，在澳大利亚死亡地带旅行，即使在当今也是十分危险的。1964年1月，一个五口之家的汽车在库珀河以北伯兹维尔的公路上抛了锚，全家人只得弃车逃生，结果还是没能逃脱干渴和暴晒的魔爪，全部遇难。雨季到来时，原本干枯的河床会变成波涛滚滚的急流，有些地方的河面竟宽达数英里。

在通往克朗克里的路上，莫理循安下了第一个营地。天公不作美，开始下起雨来。他的营地离伯克和威尔斯当年的一个营地不远（21年前2月一个下雨的星期天，伯克和威尔斯在拜诺河畔安下C19号营地，这是他们探险活动的最北营地）。莫理循在日记中写道：

> 12月2日，星期五晚上。天空第一次放晴。我立即动身，赶了30英里路后，老天又下雨了……这段路人人都望而生畏。沿途是一片旷野，稀稀疏疏长了一些古塔胶树、矮小的假黄杨木

和澳洲胶树。据说,这里是黑人出没的地盘,每年都洪水泛滥。我走到半路时,突然遇上暴风雨,道路变成一片泥沼,背包泡水后越发沉重,压得我哼哼直叫唤。不过停下来休息非常不安全。我所听到的有关这条路的传说使我战战兢兢,不敢坐下来稍稍喘口气,所以我只得在没膝深的泥水里挣扎着向前跋涉……

在前往克朗克里的路上,莫理循有板有眼地在日记中记下每天的经历,为在报纸上发表文章收集素材:

可怜的黑人经常遭受无情的杀戮。一天晚上,我来到一座牧场。据说,这座牧场的主人所枪杀的黑人比昆士兰州任何两名男子杀害的还多。这当儿,邮递员碰巧走了进来,报告说有个黑人在饲养场里鬼鬼祟祟地游来荡去。

牧场主立即抓起上了膛的步枪,赶了出去。一小时后,他垂头丧气地走了回来,原因是外面太黑,根本找不到那黑人的踪影。当然,有时可怜的黑人,像可怜的卡那卡人一样,也会奋起还击。莫理循穿越麦金利山脉十天后,这地区的黑人杀了一个巡警,另外还打伤了四名骑警。不过莫理循对此事一无所知。

莫理循从克朗克里动身前往温顿。这是一座 70 年代末建的小城镇。一个好心眼的克朗克里酒馆老板给他画了一张图,告诉他到 104 英里外麦金利河边的一座小棚屋该怎么走。莫理循把这张图当作宝贝藏了起来:

这张图画得真不敢恭维。9 英里长的一段路在图上看起来足有 44 英里那么长。这虽说是制图上一点不精确之处,却给我带来不必要的焦虑和苦恼。第一天晚上我就一直睡不着,担心自己是否走错了路。第二天早上,我走了 35 英里,根本不知道路上是否有水源,也不知道我要去的地方是否有水。我的水袋能装 2.5 夸脱水,但是那天的天气非常热(背阴处的温度高达华氏 130 度),虽然我几乎没敢用水来润一润嘴唇,水还是都蒸发光了。

不过我还得继续赶路,但是到了下午四点半,我累得精疲力竭,一下子垮了下来。我觉得有股莫名其妙的冲动,想把衣服脱个精光。我在一棵树下搭起了帐篷,一想到不知 13 英里之内是否有水,我就更加焦躁不安。整个晚上,我光着身子躺着,舌头都干得缩了起来,全身发烫,头晕眼花。

莫理循涉过麦金利河,斜穿过它的第一条沙质干河道,艰难地走向黛曼蒂娜河的发源地麦金利山脉。他已断粮两天了,口渴得要命:

热浪吓人,沿途甚至看不到任何动物的踪影。隐约可辨的小路,弯弯曲曲地绕来绕去,常常消失在密林之中,再加上没有水喝……在我虚弱的身体中,惟一还没麻木的是对黑人的恐惧感——野蛮的卡尔卡东人,这片山地中最令人生畏的土著人。

莫理循沿着黛曼蒂娜河走了 113 英里,来到她和韦斯顿河在埃德斯利的交汇处。塞缪尔·威尔逊在那里有一片高度开发的牧场,面积多达 30 000 平方英里,到处"生机勃勃":

他们打算两三年后在埃德斯利养 300 000 只羊……栅栏、贮水池和各种建筑物都在兴建。这里的工资非常高,非技术工人的周薪为 30 至 35 先令,工人的伙食相当不错。这里是个蔬菜基地,是昆士兰大牧场的一个重要组成部分。谢天谢地,我终于走出了蛮荒之地,不再和那些只满足于吃腌牛肉和硬面包的人打交道。

在澳大利亚许多最偏僻的地方,你可以发现许多被流放的英国显赫家族的后裔。休·奇尔德斯曾任过墨尔本中小学的督学,最近顶替格拉斯通担任财政部大臣。但是,他的一个儿子却在埃德斯利当个筑坝工;英国政界元老格拉斯通的一个侄儿罗伯特·格拉斯通是个牛仔,人们曾看见他赶着牛前往达尔文港。塞西尔·查尔斯·贝尔福是阿瑟·詹姆斯·贝尔福的弟弟,索尔兹伯里侯爵的侄儿。他非常聪明,但为人却刚愎自用,因伪造支票而被流放到澳大利亚。大约年前,他在澳大利亚因酗酒而亡。

莫理循一路上穿过好几个牧羊场,来到汤姆森河。渡过汤姆森河的那一天,他被一个老绅士追了上来。他发现与这位老绅士做伴十分令人愉快,于是他们就结伴而行,走了75英里。莫理循在日记中写道:

> 他是个黑人,一个地地道道的非洲黄金海岸的土著人,老得连牙齿都掉光了。他是个职业厨师,心地善良,很会体贴照顾别人。我的运气真不赖,能遇上这么一个好人……天气热时,他宁愿自己少喝水,也要让我多喝点。说来也真有趣,这后来却成了我们最终分手的原因。有一天,我们带水走了25英里。一路上,他尽管口干舌燥,还是坚持不喝他的那一份水。我也不甘示弱,坚决滴水不沾。结果,我恼火地发誓,一定要和他分道扬镳。

分手前,莫理循才知道,他的旅伴名叫约翰·史密斯,是冰岛的第一个黑人。他是怎么到冰岛的呢?原来荷兰皇太子亨利曾乘军舰周游世界,当时他是舰上的仆人。军舰到了冰岛后,他就留了下来。

莫理循只要一有机会就会给母亲写信。1月8日,在温顿附近(此处离诺曼顿579英里),他写道:

您一定认为我疯了，竟然想徒步跨越澳大利亚。实际上，这念头我已琢磨了好几个月。甚至可以这么说，我来昆士兰的主要目的，就是为了准备这趟旅行。前几次旅行所获得的经验对我非常有用。我的旅行并非一次壮举，也不是耐力的考验，只是一趟愉快的远足。我像云雀一样自由欢乐。我的背包里有一条温暖的毛毯、一块大油布、一张轻便的阿散蒂吊床、四双短袜、几条白色的帆布裤、一双鞋子、三条手帕、两件衬衫、几套睡衣裤、两三本书、肥皂、牙刷、一个铁罐、一个一夸脱容量的铁壶和一只小平底锅、一个水袋和少量食物。我脚穿笨重的靴子和厚实的长统袜、身着斜纹软呢裤子和衬衫，头戴菜棕帽。

我的腰带上别着一把带鞘小刀和指南针。我沿途购买食物，每到一个牧场就停下来补充给养，然后在野外宿营。沿途水源很充足，根本用不着犯愁。在以前的旅行中，我总要汗流浃背地赶到预定地点，才能吃上一顿饭。这一次，我只要觉得饿，就会安营休息，好好地犒劳自己。我的日子过得非常愉快。

早餐我通常喝两夸脱茶，吃一块面粉饼，偶尔还吃一品脱美国苹果干。大约11点时，我就安下营，给自己烧一杯可可茶，美美地品尝一番。午餐我通常吃三道菜：牛肉汁、牛排、马铃薯和炖苹果，当然还泡了茶。晚餐基本相同，日子过得可滋润了。我每到一个城镇，镇上的人常跑来看我，好像我是个大猩猩似的。如果有人在您的耳边唠叨说我的旅行有多危险，您千万不要把他们的话当作一回事。您可以眨眨左眼说，我的宝贝儿子可不傻，我想他知道自己在干什么。

莫理循在信中提到的指南针和沿途水源充足之说，都是为了让他母亲感到放心而编造的。1913年，莫理循写信给在伦敦的一个朋友："我记得非常清楚，刚出发……就丢了指南针，一路上我再也没有指南针可用。"

莫理循在后来写的一篇报道中,把自己的烹调手艺大大吹了一通:

> 我铺开油布,点起一堆火,把咸牛肉放进铁罐里。牛肉煮熟时,一夸脱香茶也准备停当。然后,我扒出炭渣,把面粉饼或甜燕麦饼放在上面烤。面粉饼比硬面包大,要放在木炭的余烬上烤,而硬面包要放在灰烬上烤,把余烬堆在四周。在我所见过的木头中,相思木烧成的灰和余烬烤起饼来最棒。用发酵粉制作的面粉饼烤起来味道最香,最好的发酵粉是伊诺牌果盐……苏打也是非常棒的发酵粉。发酵后的面粉饼烤熟后黄澄澄的,好看极了,你简直可以想象自己吃的是用牛奶、黄油和鸡蛋做的面包。在店铺里(每个牧场都有店铺),面粉的价格是每磅9便士到1先令,大米每磅1先令,苹果蜜饯和马铃薯每磅1先令6便士。咸牛肉的价格是每磅3至6便士,不过大多数牧场都免费供应。

2月15日,莫理循到达库珀河——"澳大利亚最迷人的河流"。当年伯克和威尔斯曾在那里建立补给站。他们从卡奔塔利亚湾挣扎了67天才返回荒废的补给站,结果走向了死亡。艾伦·穆尔黑德在他重现悲剧的杰作《库珀河》一书中写道:"在返程的那些日子里,他们像湿漉漉的蚂蚁在广漠的大自然中爬行。"他们像莫理循一样,遇到连绵不断的大雨和飓风,令人窒息的湿度迅速消耗了他们的体力。莫理循到达库珀河的具体方位是:往北15英里是汤姆森河和巴库河交汇处,往南大约200英里是补给站旧址。他从克朗克里开始就往西偏离伯克和威尔斯的探险路线。他花了55天时间才走出卡奔塔利亚湾地区。他涉水蹚过库珀河时,常常情不自禁地在河中驻足欣赏沿河的美景:

> 库珀河的美景从四面八方扑进了我的眼帘。高高的河岸上

布满了茂密的森林。种类繁多的野禽悠然自得地漂浮在波浪不惊的河面上。河对岸树林中黑人的村落显得那么幽静。库珀河的美景令我神往。尽管我的食品袋已空空如洗，我最终还是决定晚上要在河边宿营。

离开库珀河后的第四天，莫理循写信给母亲，声称自己"胖了许多"，并乐观地承诺"很有可能将在 4 月 26 日在季隆学院和家人一起进餐。"那时，他还有 1 119 英里的路程要走。三天后，在前往塔尔古明达途中，他遇上了大暴雨，15 英里之内到处是一片水泽，水常常漫到他的胳肢窝，所有装备都丢弃了，只剩下一件衬衫。他半蹚半走，整整跋涉了 350 英里：

老天爷一连下了 76 小时雨。5 天内的降雨量高达 9 英寸30 分。通往塔尔古明达的整片旷野变成了许多大沼泽和洪水泛滥的溪流。我并没有退却，而是排除艰难险阻，继续奋勇向前。我背着食物，蹚过一片片沼泽，游过一条条河流。但是，这些长途跋涉和劳累并不能使我感到疲惫，因为内心的兴奋已把所有倦意都抛到九霄云外。有的地方沼泽连绵好几英里，我只能靠太阳来确定方向，在林中摸索着行进。水常常漫到我的胸部，我往往会走偏了路。幸好有时会走到一片干地，我就又能辨别出路。水流中，不时会有大批蜈蚣，有时还有蛇，从你身边漂过，令你毛骨悚然。

2 月 25 日星期天，他在给他母亲的信中写道：

……星期五，我起得晚了，一路上慢慢走。太阳下山时，另一个流浪汉赶上了我。看看天色，知道今晚要下雨，所以我们用大树枝搭了一间简陋的小屋。流浪汉分享了我所带的食物，然后我们点燃一堆大篝火以驱除雨夜的湿气,决心美滋滋地过个晚上。整个晚上瓢泼大雨下个不停,所以第二天我们只得涉水走了 15 英里;所有的河流都在奔腾咆哮,放眼望去到处是泥泞和沼泽。我脱下身上所有的衣服,只穿着一件衬衫赶路。肆虐的风雨抽打着我赤裸的皮肤,冷得我直打哆嗦,我感觉这是最近几个月最冷的日子。我可能要在这里耽搁上一个星期,因为照目前这种状况,我每天走不上 5 英里。下一个有人烟之处远在 40 英里之外。

这里正在兴建一个牧羊场……自星期五早晨以来,已有两名男子失踪。大家都担心他们会在饥寒交迫中死亡。要找到他们是不可能的,因为就连当地居民也没有几个人能在这样恶劣的天气下分得清东南西北。大约两周前,一个可怜的小贩在这里活活渴死……我已走完了 1 000 英里的行程,身体比开始旅行以来任何时候都更好、更结实。如果我从一开始就背着像现在这样轻便的背包,我所走的路程一定比现在还多上 200 英里……这封信是用廉价的墨水和更廉价的钢笔在两页笔记本纸上写的,因为我所有的记事本都毁了。我实实在在没有别的什么可说了……

在塔尔古明达,莫理循乘坐一只小船,渡过宽 1 英里的布卢河,经过艰难的跋涉终于来到了通往亨格福德的路上。现在他已学会怎样少喝水多走路,甚至可以滴水不沾,一口气走上 25 英里。

雨还在继续下着。位于昆士兰州和新南威尔士州边界的帕鲁河"足有半英里宽"。你只有走到相当近的地方,才能看到对面的河岸。有人告诫莫理循说,这条河的河床里密密麻麻地长满了水生荆棘,但是他扑通一声跳了下去,毫不费劲地就蹚过了河,对岸就是亨格福德。昆士兰州和新南威尔士州的州界从这座城镇中心穿过。莫理循注意到一个有趣的现象,旅馆建在昆士兰州,因为这里的营业牌照费较便宜;而商店则盖在新南威尔士州,因为那里做买卖用不着纳税。
莫理循在日记中写道:

帕鲁河位于亨格福德以南20英里的地方。横渡帕鲁河时,
我背着沉重的背包,满不在乎地跳了下去。河水越走越深,逐渐
从腰部漫到胸部、面部,最后整个人都浸在水里。河床里灌木间
的水流非常急。我背着背包,穿着靴子,在水中很难行进,挣扎
了好一阵子才又露出了水面。这番经历给了我一次深刻的教
训。于是,我就干脆甩掉所有的行囊,脱光衣服,下水探好路,然
后回来取了我的东西,最终舒舒服服地游过河。

我走到亨格福德以南100英里处时,正赶上帕鲁河发大水,
费了好大的劲才跋涉过最后一片沼泽。

在亨格福德和威尔坎尼亚之间,绵延着"泥洼地和沙垄构成的凄
凉的荒野……令人厌倦的灌木……大片大片的滨藜和偶尔出现的连
绵不断的贫瘠山丘"。这一地区似乎是"典型的不毛之地"。

这几天我一直觉得非常孤独,觉得很虚弱,累得要命,非常
需要休息一段时间。可是,在到达威尔坎尼亚之前我没办法歇
下来。不巧,星期一是复活节,电报局关门一小时后我才赶到那
里,结果汇款没拿成。这意味着,我要到星期三才能领到钱去购
买食物,因为我已身无分文。我只得在医院附近的一片空地上
宿营。那里还聚集了一些流浪汉,他们也都口袋里空空如也,都
在这里苦熬着,等到体力恢复后再重新上路。我在威尔坎尼亚
的经历十分令人不愉快。另一个年轻人和我的处境相同。好在
他认识一家旅馆的厨师,还能向这位厨师讨两顿晚餐充饥。第
二天晚上,另一个流浪汉被抓进了拘留所,关了两个星期。还有
一个流浪汉也宿营在这片空地上,但是谁也不知道他的日子是

怎么过的,因为他也是一文不名。

在他动身前往马纳罗山(离威尔坎尼亚70英里)之前,莫理循收到从季隆汇来的钱。他请所有流浪汉饱餐了一顿。一路上道路蜿蜒曲折,到处是"大片长满滨藜和小桉树的泥地",原野里还处处"点缀着菊花、垂枝相思树、豹木树和檀香树"。要走的路很长,但水却很少。好在从艾文霍开始,每隔10或12英里,就有一家小旅馆。一家旅馆的女老板自称是墨尔本一个牧羊场主的妻子。本地人都戏称她为"营冢鸟"。

这一段路走起来不那么费劲。莫理循迅速穿过海伊和德尼利昆,来到了伊丘卡。两年前,他乘独木舟旅行时曾在那里停留过。伊丘卡位于维多利亚州,莫理循充满了乡土的自豪感。"这一段时间过得轻松愉快",他写道:

> 这里没有光由一个牧场主拥有的大片大片光养羊的大牧场,而是散布着许多小农场,一个挨着一个。每个农场上有整洁优雅的小村舍、堆着一堆堆干草,四周围着大栅栏,一派生机勃勃的景象……我知道,这很可能是最小的农场,但是它却是最卫生、最美丽的农场。

4月21日,莫理循到达墨尔本,精神和健康状况都非常好,完全能赶得上原定26日在季隆学院举行的庆功宴。戴维·赛姆要求他把一路上探险的经历写出来。莫理循写了一篇6 000字的报道,密密麻麻地占了报纸四栏半的篇幅,为此,赛姆付给他稿费4英镑10先令。莫理循说,他在澳大利亚内陆整整步行了1 700英里,但是没有看到一头袋鼠。他还谦虚地说:

> 出于一种非常自然的原因,我本不想把自己的探险经历写

出来，因为如果我没有写探险记，可能还会有人认为我干了一件多么了不起的大事。但是，如果我写出了探险记，他们读后肯定会这么想：任何人只要不怕麻烦，只要愿意花上四个月时间，都有可能用更短的时间走完我的全部行程，而且会走得更轻松惬意、舒舒服服。

多年以后，莫理循写道："我的探险即使没有别的什么意义，起码也证实，自从伯克和威尔斯的探险队遭受灭顶之灾后，内陆的殖民化取得了多大的进步。"

莫理循用123天的时间步行了2 043英里，纵跨了整个澳洲。但是，令人奇怪的是，他的壮举并没怎么引起澳大利亚新闻界的注意。倒是维多利亚州的一家地方报纸英格伍德《广告报》在撰文纪念伯克和威尔斯时提到了莫理循（在墨尔本市中心时髦的柯林斯街上竖着一尊他们的巨大雕像）：

如果伯克和威尔斯的青铜像……能看见年轻的莫理循拖着疲惫的脚步、背着行囊回来，难道他们不会大吃一惊吗？莫理循一个孤孤单单的徒步旅行者，除开坚强的意志和惊人的耐力之外别无他助，但是他所完成的探险壮举却足以令他人自叹不如。伯克和威尔斯所走的也是同样的探险路线，还有庞大的马队和骆驼队作为后援，但却以灾难性的失败而告终……莫理循这位勇敢的年轻人，在四个月的时间里，日复一日，火里来水里去，独自一人徒手完成了他艰难的行程。柯林斯街的一些细腰长腿的花花公子也许会对此嗤之以鼻，轻蔑地说："这有什么了不起？"这有什么了不起？ 这表明勇敢的澳大利亚人的血管里流淌着勇敢者的血液。就凭着这股血气，库克① 驾起一叶轻舟，勇闯浩瀚而又神秘的南太平洋；就凭着这股血气，利文斯通探到了尼罗河的源头；就凭着这股血气，富兰克林敢于率领探险队开辟通往"北寒带"的西北航道。

一位相当博学的作家在《领导者》上写道："莫理循的探险使我们看到了希望——澳大利亚已能培养出像乔治·厄内斯特·莫理循这样优秀的人物。莫理循是个寡言少语，自强自立，英勇顽强、不屈不挠的人。他的优秀品质为澳大利亚的民族性格奠定了一个光辉灿烂的基础。他的无畏创举可以和勒安得耳每夜泅渡到达达尼尔海峡和情人海洛相会的美丽传说相媲美，可以和韦布船长横渡英吉利海峡的勇敢行为相提并论。"

人们说澳大利亚人爱吹牛。但是，这一特点在年轻的莫理循身上却荡然无存。他用斯威夫特或笛福的简练笔调来描述他的探险经历。这是多么感人的故事！他和他的黑人旅伴在令人干渴难耐的沙漠上争着牺牲自己，把水让给对方。这种浪漫主义的插曲不由让人想起塞缪尔·贝克爵士在《被大海冲上岸》一书中所描述的悲惨事件。

伦敦《泰晤士报》更加朴实无华地表示了对莫理循的赏识：

敢于在澳大利亚孤身徒手进行探险的人，一定有非凡的勇气和坚强的意志。对探险有兴趣的人应当对莫理循的惊人成就感到敬佩。莫理循的成就必须作为最惊人的徒步旅行记录而载

---

① 詹姆斯·库克(1728～1779)：英国海军上校。传说是他于 1768～1770 年间"发现"澳大利亚。

入人类的史册。

[九]

莫理循的最后一篇有关卡那卡奴隶贸易的报道于 1882 年 12 月刊登在《导报》上，当时他正在前往诺曼顿的途中。他回到墨尔本后，发现奴隶贸易还是人们谈论的一个话题。这时已移居墨尔本的约翰·佩顿牧师再次对贩奴现象展开猛烈攻击，他的严厉批评得到另一个传教士托马斯·尼尔森牧师的坚决支持。尼尔森说，他在塔纳岛上生活了 16 年，耳闻目睹很多年轻的岛民被训练成"臣服于英国国旗和英国人的工具"，从事"血腥与罪恶"的绑架活动。《时代报》评论说："佩顿及其支持者所揭露的罪恶现象只要有一半是真实的，我们就必须改变或者彻底根除这种令人诅咒的奴隶贸易活动。"

回家两周后，莫理循从季隆学院给《时代报》写了一封长达 2 700 字的长信。谴责了"昆士兰奴隶贸易"，提供了一些他以前的文章中所没有的材料。莫理循说，"贩奴船船长"并不鼓励绑架土著人当奴隶，当然也有一些"例外情况"。大多数卡那卡人都是用简单而有效的甜言蜜语哄骗来的：

> 纵帆船开到一个小岛时，马上就会放下两艘捕鲸用的划艇，送人上岸展开招募活动。其中一艘划艇里坐的是船主雇佣的招募人员，另一艘划艇里坐的是昆士兰政府派出的政府事务官，负责监督招聘工作是否在公平的原则下进行……划艇开到了岸边，载有招募人员的那一艘以船尾靠上了海滩，而载有政府事务官的那一艘则停泊在离岸大约 50 码之处，准备在遭到攻击时起掩护作用。然后，讨价还价的工作就开始了。每个岛上，都有一些海滨流浪汉，他们是一些精明的土著人，经过严格系统的训练，专门从事诱骗活动，负责把其他土著人诱骗到贩奴船上。招

募人员迅速地和海滨流浪汉谈妥价钱,然后就签署合同。海滨流浪汉要负责把一定数量的土著人骗到船上,干得好的就会得到重奖。通常海滨流浪汉都会先得到一份礼物,好让他们能兴高采烈地去完成任务。然后小划艇就回到双桅纵帆船上……在看到海滩上升起预先约好的信号烟之前,我们一般不会有所动作……但是只要一看到信号烟,我们就会跳上小划艇,拼命往岛上划。招募人员总是催我们快点划,并答应说,如果我们能及时划到岸边,一定请我们喝格洛格酒。我们在划船的过程中看见海滩上有些土著人在追赶并拦截那些愿意去当劳工的亲朋好友。小划艇必须能抢先到达岸边,才能把那些劳工接上船,于是船上的武装人员就朝那些土著人开枪,企图阻止他们。那些愿去当劳工的土著人一直在岸边挥手,示意我们的船划得快些。船的龙骨刚一擦上沙滩,他们就迫不及待地跳进舱里。随后,小划艇就不慌不忙地朝贩奴船划去。大多数土著劳工都是用这种方式招来的。他们并没有遭绑架,而是自愿来的。但是,他们是被受到收买的海滨流浪汉用甜言蜜语骗来的。政府事务官也参与了骗局……

土著人一旦被骗上了船,就休想离开。莫理循写道:

如果他们想跳船逃脱,船上的看守就会争先恐后地朝他们开火,当作一种射击运动取乐。所以,在这种受到昆士兰政府怂恿和英国政府鼓励的奴隶贸易中,土著人如果想重新获得因上当受骗而失去的自由,就会像狗一样被枪杀掉,而那些用枪来屠杀他们的水手反而会被视为船上的英雄。

莫理循写道,在一些甘蔗种植园里,卡那卡人得到较为人道的待遇,但是在另一些种植园里,他们所遭受的虐待是"极其骇人听闻的"。他们被人用脚踢，遭殴打，"时时刻刻生活在皮鞭的肆虐之中"。
在昆士兰州最好的一个种植园里，农场主曾骄傲地向他的客人炫耀
他的刑具，那是一种非常可怕的带刺篱笆。他曾强迫一个全身赤裸
的卡那卡人爬过这道带刺的篱笆，否则就要用斧头砸破他的脑壳。
在奴隶贸易圈里，大家都知道这农场主要为"奴隶贸易中一次最可怕
的大屠杀"负责。

> 一些正人君子只要能从奴隶贸易中赚到钱，也赞同这种奴
隶贸易，但是无论如何，他们难以为招收女性劳工的可耻行径辩
护……有这么一个少女，她动身前往昆士兰时，身体健康，楚楚
动人，冰清玉洁。可是，一两年后被送回来时，竟变成了一个容
貌丑陋、满脸皱纹、病殃殃的母夜叉。当劳工的妇女带回来的性
病减少了岛上的人口，其数目不少于被骗走的男子……一些妇
女被骗上贩奴船后，这艘船简直就变成了妓院……也许你会说
政府事务官会在船上保护这些妇女。但是，就我所知，政府事务
官在所有犯罪行为中都插上一脚……

莫理循描述了一个叫娜斯勒萨女人的悲惨遭遇。她来自瓦努阿
拉瓦岛，是个聪明、美丽而又活泼的女人，和丈夫一起被骗到"拉维尼
娅号"上。

> 一个水手对她心怀邪念，每天都鞭打她丈夫。最后他丈夫
为了不再遭鞭打，被迫出卖了妻子的节操。那个水手把性病传
给了这可怜的女人，使她一辈子都难以摆脱这种疾病的魔爪。

第二天，《时代报》在头版社论中表达了对莫理循来信的支持。
社论说："莫理循的信之所以会极其令人感兴趣，并不因为他所提供
的是前所未闻的事实，而是因为这位品德高尚、有教养的年轻人目睹

了所有的一切。"这篇几乎可以肯定是由戴维·赛姆写的社论还说："值得注意的是,莫理循不是个慈善家……而是个实干家……当他第一次从岛上回来时……并没对所见到的暴行表示抗议。"因此他的信并不显得怒气冲冲、火药味十足。(莫理循在信中所采取的缄默的态度值得注意,但令人感到困惑。后来甚至有人援引这件事来败坏他的名誉。)社论最后还预言说:

> 在莫理循的笔下,贩奴船是水上地狱。我们读到这些时……总感到奇怪,为什么不天降大火把贩奴船及其水手都烧个精光。但是,上帝并没有以这种狂暴的方式进行报复。在惩罚性的雷鸣电闪降临人间之前,在数十年的时间里,我们的甘蔗种植园会越垦越多,我们的安息日还会雷打不动地过,我们对进出口贸易还会夸夸其谈。但是,当上帝的惩罚降临人间时,它将是无情的。

《时代报》的一些读者支持莫理循。其中一个署名叫"马里克拉"的人说,他几乎到所有行业的市场推销过奴工,他的经历和莫理循几乎一模一样。他说:"莫理循只是用朴实无华、不加修饰的语言,客观地报道了'奴隶贸易'的实情……实际上,他对臭名昭著的贩奴活动的批评还是过于温和。"佩顿牧师表示,从人道主义出发,他要对《时代报》和莫理循表示祝贺,并指出奴隶贸易已挖走了新赫布里底群岛和其他岛屿上约三分之一的人口。在一封私人信件中,佩顿先生向莫理循表示真诚的谢意,谢谢他能写出"这封优秀而且具有攻击能力的信",并祷告主耶稣祝福和赏赐他。但是1883年5月,墨尔本人更关心的是"星期日的问题",而不是奴隶贸易问题。美术馆和公共图书馆理事会决定,这些机构在星期天都得开放。这一决定引起了清教徒的抗议狂潮。墨尔本人为此举行了无数场会议,派出了种种代表团,举办了各种各样的请愿和布道活动。一切都乱成一团,连严守星期日为安息日的人都搞不清楚,自己的支持者究竟是无神论者还是天主教徒。

"维多利亚州牧师的所作所为的确非常妙",《时代报》说:

> 有谁听到牧师对贪婪的房主进行过谴责呢?正是这种纵容和默许使得这些房主把我们的街道整片整片地变为贫民窟和妓院……再看看昆士兰的奴隶贸易吧。这一肮脏的交易已臭名昭著好几年了,但是长老会大会敦促过昆士兰州的总督阻止奴隶贸易吗?我们没听到任何这样的消息……在涉及金钱的既得利益时,难道不存在一种比法律行文更有效的默契,迫使神职人员保持沉默吗?……但是,在惩戒和金钱无关的罪恶时,这些神职人员又做得多么冠冕堂皇。

作为"既得利益"的喉舌,墨尔本的一家早报(保守的《守卫报》)觉得有必要败坏莫理循的名誉,不但要使他对贩奴走私的批评变得一文不值,还要使他纵跨澳大利亚的旅行变得无人可信:

> 在过去一段时间里,墨尔本出现了一种激进观点。其支持者想方设法指责昆士兰州政府在玻利尼西亚劳工贸易的幌子下,纵容一种大规模谋杀和绑架的罪恶勾当。这种观点的主要依据只是一个年轻绅士的报道。遗憾的是,这一观点的支持者想用这些报道来证明他们的看法是正确的。这位年轻的绅士近来名噪一时。可是他究竟干了什么惊天动地的大事呢?没有!他只不过以流浪者的身份从卡奔塔利亚湾到墨尔本做了一趟奇怪而又毫无意义的徒步旅行。在此之前,他为了满足自己喜欢冒险的欲望,还乘坐劳工船到南太平洋诸岛兜了一圈。这位令人惊讶的步行者最近还写出一些很可怕的有关谋杀和暴力的报道文章。他声称所陈述的都是事实,都是他耳闻目睹的。可是,

拜读过他的信的人一定会感到惊讶,如果他所说的都是事实,为什么他不以谋杀或绑架罪起诉那些罪犯呢?可是他并没有这么做,那么他就是他所目睹的罪犯的同谋犯。遗憾的是,这位激进的作家竟然没有想起这么一个明显的道理。

《时代报》则反驳说:

> 如果莫理循先生不是一个土生土长的澳大利亚人,如果他没有像垦荒者那样背起行囊,跋涉千里,或者像一个普普通通的水手在一艘昆士兰的贩奴船上干苦力活,而是怀里揣着威廉·米切尔的介绍信周游欧洲,或者得到尊敬的曼彻斯特公爵的推荐到法院任职,那么他的所作所为根本就谈不上是什么英勇行为……

在伦敦,土著居民保护协会的秘书切森先生把莫理循所写的信的副本提交给英国殖民部大臣德比伯爵(一位杰出的政治家,先是保守党人,后是自由党人)。德比伯爵很有礼貌地向昆士兰州州长表示,如果能收到一份有关奴隶贸易问题的报告,他将感到非常高兴。通过正当的官方程序,太平洋群岛巡官 A.R.麦克唐纳先生和麦凯的警察局长古多尔先生奉命调查莫理循的指控。1883 年 6 月 1 日在麦凯举行的听证会和《爱丽丝奇境记》中的审判一样没有什么司法程序的价值。莫理循本人没有在场,而证人只是一些涉案人、一些不知所措而且很显然受到恫吓的土著人。他们所提供的证词都由一个土著译员进行翻译。

莫理循的指控几乎被完全否定。一些证人在为自己辩护的同时,还肆意攻击莫理循。水手弗兰克·怀特福德说:"莫理循经常对女性有一种渴望,但又很怕和女性交往——就像一个饿汉在看着一块辣味果馅饼一样。"水手库珀说:"我经常听他说很想要个女人,但又不敢来真格的。"史密斯船长(莫理循把他描绘成"残忍的小个子船长")说,在桑托的开普里斯本,莫理循曾企图把一名女子拖到灌木丛中去,经劝说后才回到了船上。水手詹姆斯·杰勒德(又称乔)承认和一名瓦努阿拉瓦女子有过性关系,但否认曾殴打过她丈夫曼利普,并说好像还为此付给她丈夫5先令。曼利普则通过翻译陈述了整个交易过程:

> 一个叫乔的水手曾和我的妻子玛丽发生过性关系,还因此付给我5先令。没错,就是一个叫乔的水手。乔说要我的玛丽。我对乔说,如果你给我5先令,我就可以把玛丽让给你。乔并没有殴打我。没有其他男人和玛丽有过性关系。乔也只和玛丽发生过一次性关系……并没有把性病传给她。玛丽现在好端端的,根本就没生病。

罗伯特·麦克伯尼博士既是行政当局的卫生官员,又是"拉维尼娅号"的一个股东。他以卫生官员的身份作证说:"曼利普和他的妻子玛丽无论现在或过去都没有得过任何性病。"他还解释说,他一直主张要把生病的岛民遣送回家。如果他没有这么做,大约18或20个生病的土著劳工就不可能生存下来。遗憾的是,他没有解释对生病的劳工所采取的不可思议的疗法——在漫长的航行过程中,把他们塞在小小的货舱中。根据莫理循的报道,货舱中的空气状况非常之差,不管甲板上有多冷,只要你一爬下货舱,就会像染上"致死的热病"一样,"浑身淌着可怕而又令人作呕的汗"。所有证人只在船长唱歌问题上持不同意见。史密斯船长发誓说,他从没听过"魔鬼近在咫尺"这首歌。三个水手也发誓说没听见船长唱过这首歌,但是第四个水手发誓说(显然事先没有完全串通好),他的确听船长唱过。

麦克唐纳先生在结束他的调查报告时意味深长地说道:

　　我们认为莫理循的指责是毫无事实根据的。莫理循先生之所以要跳出季隆市苏格兰学院一流的氛围，去探求惊世骇俗的猎奇，完全是他不安本分的虚荣心在起作用。我们希望，他在这么做之前，应当先学会辨别什么是众人所喜爱的真理，什么是众所憎恶的谬误。我们还希望他能认真想一想，当一个报纸的三流撰稿人虽能名噪一时，但是所付出代价有多大。因为他将难以摆脱诽谤者和撒谎者的恶名和耻辱。

　　警察局长古多尔先生完全赞同麦克唐纳先生的看法。昆士兰的殖民大臣兼总理萨缪尔·格里芬斯把这份报告的一份副本提交给州长安索内·马斯哥雷夫爵士时说："莫理循先生的报道没有丝毫事实根据。"并不恰当地评论说："莫理循先生年少不更事，声誉不佳，因此接受他所报道的观点应当很小心。"安索内爵士把格里芬斯先生信的副本和麦凯报告的副本都递交给德比伯爵，并发表了自己的看法。他说，他不太同意格里芬斯所说的莫理循的报道完全没有事实根据的看法："提供证据的证人或多或少都是涉案人，简单的否认……并不能当作有力的反驳证据。况且，证人已明确承认的许多事实并没有和莫理循的指控不一致。"针对莫理循的人格问题，安索内爵士提到"墨尔本《时代报》刊登的两篇非常好的社论"。在社论中，莫理循被称赞为"无私或者值得信赖的观察家"。

　　莫理循当时正准备从墨尔本到爱丁堡去开刀，因为他的腹腔里还残留着在新几内亚探险时断在体内的矛头。他给格里芬斯写了封信，措辞严厉地回击了格里芬斯对他的批评。《时代报》刊出了他的信：

先生：

　　我注意到……您曾洋洋自得地把我说成"一个少不更事、声誉不佳的人"。如果您没有享有议员的特权，我一定要迫使您收回自己信口开河的狂言乱语,否则我就要和您对簿公堂,您必须为自己的诽谤性言语负责任……但是您对我所发动的懦夫般的攻击决不会达到您的目的。我很快就要动身去英格兰,在英国的一所大学完成我在墨尔本大学开始的医学学业。届时我会有机会向英国殖民部大臣提交有关我人格的确凿证据……毫无疑问,殖民部大臣会在你我之间辨出个是非。作为一个公正的目击者,我的诚信可以得到证实。殖民部对我的报道的价值自有论断。而您的政策是压制所有揭露"丑恶的奴隶贸易"真相的报道。至于您的人格,应当是很高尚的,因为您负责主持议会工作,是议会荣誉的值得羡慕的捍卫者。可是,先生您却曾两次被纳入刑事犯罪的调查范围。

莫理循在信的结尾所写的那句话的确很伤人。昆士兰州下议院议长威廉·亨利·格鲁姆刚到澳大利亚时,是个被定有两项罪名的罪犯。可是这并没能阻止他在仕途上飞黄腾达。他曾九次当选为图文巴市市长,还成为联邦议会的成员。

第三章

[一]

新几内亚岛看起来像一只大鸟翱翔在澳洲大陆的上空。直到
1883 年,新几内亚岛还是世界上最大的未开垦的处女地,是最没人
要的地区。在美国诗人卡尔·夏皮罗(二战期间作为美国军人曾在该
岛驻扎过)的笔下,新几内亚岛是最后一块神秘之地,惟一的蛮荒之
地,焦急地等候着航海者的到来。传教士和博物学家都只到过沿海
的一小片地区,非常希望能深入到内地进行探险。1879 年,年轻的
意大利博物学家路吉·玛丽亚·达伯蒂斯乘坐一艘由新南威尔士政府
租用的排水量为 9 吨的汽艇,沿着弗莱河上行约 580 英里。但是,正
如墨尔本的《守卫报》四年后说的那样:" 许多河没人渡过,许多山没
人攀登过,许多森林和平原没人造访过。在世界上大多数地方都已
消失的传奇和神秘的色彩,在新几内亚这片土地上仍然还鲜艳
欲滴。"

在 70 年代,澳大利亚越来越意识到近邻新几内亚的重要性。有
关法国、俄国、意大利和德国想把新几内亚置于自己管辖之下的谣言
不断传到澳大利亚。自 1828 年起,荷兰人已经占据了新几内亚南部
沿海地区。澳大利亚曾几次提出请求,希望英国吞并新几内亚,因为

这符合英国和澳大利亚的利益。但是英国都予以拒绝。德比伯爵的态度在他多次重复的讲话中已表达得非常清楚——大英帝国版图中的黑人已经太多了。

1882 年不断有报道说德国计划在新几内亚开辟殖民地,于是新几内亚问题又提了出来。可是,殖民部对澳大利亚人的担忧还是采取彬彬有礼、不闻不问的态度,一个原因是英国不愿意得罪德国,另一个原因是英国不想承担吞并新几内亚所需的费用,还有一个原因是英国怀疑昆士兰政府想把新几内亚作为贩奴的一个安全据点。昆士兰州总督托马斯·麦克伊尔维斯爵士对此做出强烈而又粗鲁的反应。他是个胆大妄为、寡廉鲜耻的企业家,非常热衷于扩大帝国的疆土和个人企业帝国的营造。据说他赋有"格拉斯哥学校所有粗俗的恶习"。当殖民部还在犹豫不决时,麦克伊尔维斯已命令星期四岛的巡官亨利·切斯特以维多利亚女王陛下的名义正式占领东经 141～155 度间所有新几内亚领土。

在女王陛下不知情也没批准的情况下,切斯特先生于 1883 年 4 月 4 日在莫尔兹比港升起了英国国旗。在场的有三个白人和一些感到莫名其妙的土著人。切斯特先生还把一顶红毡帽送给其中一个土著人作纪念品。季隆的《广告报》在莫理循完成跨澳洲大陆探险的同一天发表评论说:"吞并新几内亚的决定几乎是一种无视大英帝国政府的犯罪行为,不过所有澳大利亚人都支持这一举措。"但是,英国政府不喜欢这一决定。德比伯爵事先对此毫不知情,还是路透社驻布里斯班的记者给他发来吞并消息的副本后,他才有所知情。他得到这一消息时,勉强接受了这一事实,没有对惹麻烦的殖民政府当局大发雷霆。但是,英国首相格莱斯顿① (一个守旧的反帝国主义者)的

---

① 格莱斯顿 (1809～1898):英国首相。1868 年起多次出任首相。任内对内曾倡导实行一些不彻底的改革,如 1884 年的国会改革,扩大有选举权的人数,企图争取小资产阶级和上层工人的支持,以增加自由党的地位。对外积极推行殖民扩张政策。

态度却不一样。他说昆士兰政府的决定是不必要和不恰当的。另外，土著居民保护协会也表示反对这一做法，理由是昆士兰政府卷入了臭名远扬的奴隶贸易，因此没资格负责管理一方土著居民。格莱斯顿先生对此深有同感，并于 6 月 2 日向英国国会下议院递交报告，要求国会不承认这种非法的、不正确的吞并决定。德比伯爵也向上议院提出相类似的请求，并建议说，如果澳大利亚各殖民政府要扩大疆土，应当采用联邦制，因为它们不能单独承当这一任务。《星期六评论》表示赞同："英国政府内阁决定，对澳大利亚人的做法即使不予以断然拒绝，至少也要及时地给他们泼点冷水，抑止他们野心的膨胀……"

但是，各殖民地不欣赏英国政府泼冷水的做法，普遍对此表示愤慨。1883 年澳大利亚各地举行了大大小小 57 场集会，全都一致认为英国吞并新几内亚对澳大利亚的安全是至关重要的。正如《领导者》在 6 月 16 日指出的那样：

> 我们不能容忍太平洋诸岛落入危险的邻国手中，这里不光指对我们能构成威胁的欧洲列强。中国人或马来人的大量移民绝对会构成威胁……如果中国人大量涌入新几内亚，他们将有可能形成中国入侵的先遣部队。

在维多利亚，新几内亚问题甚至取代礼拜日问题成了当时最热门的话题。莫理循以他敏锐的眼光，发现再当一回特约记者的机会到了。他放出风声，表示自己准备率领一支探险队到尚未开发的新几内亚进行考察：

> 我把自己的想法告诉了赛姆先生，并引起了他的兴趣。结果我获准以"墨尔本《时代报》特派员"这一冠冕堂皇的头衔重返新几内亚，但是《时代报》不付报酬给我，甚至连将来获得任何报

酬的可能性也微乎其微。我虽然年轻，没有经验，但我有满腔的热情，对钱我不屑一顾。我对自己的前途有坚定的信念。我不相信自己会失败，于是就不顾朋友的劝阻，承担了我所不能胜任的任务。

探险的准备工作不声不响紧锣密鼓地展开了。莫理循想买一份人寿险，但是没有一家维多利亚的保险公司愿意把保险卖给他。季隆的一名药剂师给他配了一个药箱。那是个"百宝箱"，里面不但有医疗器械、计量器、绷带和药膏，还有一个原电池组。根据天文学家埃勒里的建议，他买的不是航海表，而是两块沃尔瑟姆表。沃尔瑟姆钟表公司对此感到非常高兴，并在莫理循宣布出发时做了广告宣传。

5月底，赛姆先生写信敦促莫理循早点出发。他在信中说："如果《守卫报》知道你要去探险，肯定也想组织一支自己的探险队，横里插上一脚。"不出所料，《守卫报》很快就知道了莫理循的计划，并匆匆忙忙组织了一支和莫理循进行竞争的探险队，由冒险家威廉·阿米特率领。据《守卫报》介绍，"阿米特上尉是位能胜任这种危险任务的绅士。他是伦敦林奈协会的会员……曾在昆士兰警察局当过警官，还是位颇有成就的作家。"但是，莫理循在给他母亲的信中说，阿米特是个"醉鬼流氓"，由于行为不端两次被昆士兰警方除名，是个"欺凌弱小者、牛皮大王和骗子"，"就像我不是将军一样，他根本配不上上尉的头衔"。

新几内亚现在成了两家报纸竞争的目标。

莫理循于6月6日乘火车离开墨尔本，到达悉尼时接受了采访。他对《悉尼先驱晨报》说，他要从莫尔兹比港出发，到新几内亚内陆进行短途探险，看看是否有可能为维多利亚的基督教长老会在那里设一个传教点。

两星期后，戴维·赛姆从库克敦给他发来一封电报：不要吝惜人力和设备；为了安全和成功起见，请打电报；如果需要任何东西，《悉尼先驱晨报》会负担部分费用。赛姆出人意料的电报给了莫理循很大鼓舞。他透支了 150 英镑，又购买了价值 100 英镑的各种必需品。在从利泽德岛寄给他母亲的信中，莫理循列出了所带物品的详细清单，其中包括 6 磅肥皂、锉刀、锯子、斧头、烙铁和一套带有镁光灯和 37 打感光板的照相器材。食物包括 400 磅盐、200 磅糖、450 磅腊肉、6 听肉汁、6 瓶泡菜、60 磅茶叶、8 听咖啡、12 听牛奶、12 罐李 – 皮兰公司的沙司、250 磅面粉、6 听发酵粉、42 磅麦片、30 磅玉米片、40 磅苹果和 12 听罕特利 – 帕尔墨公司的饼干。

另外还备了一些物品来和土著人进行以物易物，其目的是为了安抚土著人，使他们变得文明些，其中包括 534 把小刀、168 把斧子、600 只鱼钩、36 条串珠项链、128 磅珠子、144 条项链、36 个纪念品盒、24 把口琴、48 个哨子、24 面镜子、60 面放大镜、100 码印花布、100 码鲜红色棉布、60 只烟斗和 120 磅劣质烟草。（传教士所带的烟草是他们传福音武器库中最有效的武器。当伦敦传教协会怀疑用尼古丁诱使土著人信教是否符合道德规范时，劳斯牧师很简练地回答说："如果我们不用烟草，传教的费用至少增加 12 倍，因为我们给他们的斧子一把值一先令，而烟草只值一便士。"在传教过程中，每个传教士每年大约要用掉 120 磅烟草。）

除了劣质烟草外，莫理循还带了 12 磅给白人探险队员抽的"上等烟草"。另外，他还带了焰火、药品、书和书写材料。莫理循花了 80 英镑，包租了一艘排水量为 5 吨的双桅帆船，把总重量达四吨的装备都搬到船上。80 英镑在当时是一大笔钱，但是莫理循在给母亲的信中说："为了能比《守卫报》的探险队先到达新几内亚，我愿意出双倍的价钱。"这艘帆船由波士顿的一名前捕鲸人 J.W. 博尔斯船长负责指挥。

莫理循在库克敦雇了两个白人男子，一个叫约翰·惠勒·莱昂斯，另一个叫埃德蒙·斯诺。他还雇了两个土著人男子，一个来自塔纳岛，名叫莱夫利，另一个是马来人，名叫齐尔弗。莱昂斯 26 岁，身材高瘦,不但是个非常有经验的勘探者,还是昆士兰州非常棒的山民,而且名声不错。他辞掉一份月薪 12 英镑的工作,打起背包,陪莫理循去探险。他和斯诺跟随莫理循探险的月工资才 7 英镑,而土著人的月工资才 4 英镑。斯诺大约 40 多岁,是个典型的"流浪淘金汉"。他带着鹤嘴锄和铁铲在澳大利亚许多地方都流浪过,1878 年还赶上莫尔兹比港的淘金热,不过没什么收获。莫理循后来写道:"我本应当很仔细地挑选探险队员,但是我非常渴望能尽早开始赋予我的重要使命。我所雇的人都很古怪,只有一个例外。"这个人就是莱昂斯。

阿米特"上尉"所招募的探险队也同样有问题。其中包括威廉·登顿"教授"和他的两个儿子。登顿的"教授"头衔和阿米特的"上尉"军衔一样有问题。登顿曾在英格兰达拉谟的一家杂货店当过老板助理,还在美国生活过。他在美国期间,曾在一家报纸当过编辑,练习过心灵占卜术,还和后来成为美国总统的詹姆斯·加菲尔德①辩论过人类的起源问题。在墨尔本,知道他的人都称他为作家和讲师。他涉猎很广,循道宗教义、地理、招魂术、催眠术、节欲说和进化论都懂一些。阿米特于 6 月 20 日离开库克敦,7 月 10 日到达莫尔兹比港,比莫理循晚了三天。

7 月 21 日《领导者》宣布:"在为大众提供新几内亚消息的竞争中,令我们高兴的是莫理循于 7 月 7 日已到达这片神秘的土地。他是第一个到达新几内亚的特约记者。"《领导者》还说:"关于我们是否应当吞并新几内亚这一问题,我们将很快知道我们会得到什么,会失去什么。"

---

① 加菲尔德(1831~1881):美国总统。共和党人。出身俄亥俄州贫苦农民家庭。1859 年被选为俄亥俄州参议院。内战期间参加联邦军队。曾任陆军少将。1863~1880 年为众议院议员。主张紧缩硬币,反对文官制度改革和过高关税政策。1880 年当选总统。1881 年被刺去世。

[二]

莫理循一行从库克敦到莫尔兹比港的这段航程可谓"一波三折"。帆船百孔千疮,补了又补。甲板没有用防水材料堵缝,大量海水从舱顶板的缝隙和舱口栏板周围的裂缝中漏了进来。从库克敦出发后的第 11 天,大约在黄昏时,他们看到了新几内亚。第二天上午,海上狂风怒号,他们几乎分辨不清莫尔兹比港究竟是在上风处,还是在下风处。他们好不容易找到一处抛锚的地点,可是天已黑了,因此只能等到第二天上午才能上岸。所带的东西都遭到海水不同程度的破坏,"糖看起来像是糖浆"。

莫理循发现,莫尔兹比港和他上次造访时相比没什么变化,但是还能看到夭折的吞并举措的痕迹。排在他面前的是几座最大最好的房子,其中一座前面飘扬着英国国旗。"这些房子是莫图人大酋长波·瓦吉的宫殿,是王权的象征。波·瓦吉穿着传教士的长袍,站在门前炫耀"。下午,莫理循到教堂去,看见一个传教士把大约一品脱半的水倒在一个土著人乱蓬蓬的头发上。那土著人哈哈大笑,似乎很高兴,因为他就要得到烟草了。莫理循对此不以为然。在给《时代报》的报告中,莫理循写道:

> 我认为传教士迎合土著人爱好烟草的做法是错误的……传教士给土著人烟草,并不因为它对土著人有好处,而是因为它对传教士有好处,能使土著人感恩戴德……土著人对这种带有香味烟草的喜爱变成一种强烈的嗜好后,为了能得到一些烟草,他们几乎能牺牲一切。

不过,莫理循没有提到他自己所带的 120 磅劣质烟草。

莫理循花了 16 天时间做临行前的最后准备工作。他从一开始就遇到了麻烦。两名土著人表现得令人很不满意。一个是瘾君子，另一个是地地道道的醉鬼。于是他只得辞去他们，再雇两个澳大利亚土著人来顶替。两位传教士劳斯先生和查默斯先生也同样在惹麻烦。莫理循很快就和他们吵得厉害，而且言词都很粗野，没有一点基督徒的风度。争论的要点是在传教区周围跑来跑去的 15 匹马究竟归谁所有。其中 10 匹马是淘金汉在 1878 年淘金热时带来的，另外 5 匹是莫理循和莱昂斯抓到的野马。传教士宣称这些马都得归他们所有。莫理循则相当武断地解决了这一争端，宣布说由于新几内亚没有相关的法律条文，他将不管传教士愿意与否，全部接管这些马。他在给母亲的信中说："我比阿米特先到，这说明我打败了他……在他到这儿之前，他所指望的那些马将统统被套住归我所有。"他在信中还表达了对传教士的看法："劳斯先生的行为使我感到非常恶心。说他愚笨至极，还算是慈悲为怀了。圣乔治（另一个传教士）来这里访问的主要目的是帮助喝教区里的烈酒。他经常喝得醉醺醺的，和查默斯先生一样连站都站不稳。"

7 月 11 日，莫理循离开莫尔兹比港，计划横穿新几内亚岛到北海岸的戴克阿克兰湾，行程 100 英里。他通过库克敦的中转站，给母亲拍了一封电报："一切都很顺利，没有任何危险……"但是，他并没有低估自己任务的艰巨性。"很显然，在这种地方旅行所遇到的困难绝对小不了"，他在给《时代报》的信中说：

> 我不知道你们读者中是否有人到过红树林沼泽地带。在这种沼泽地跋涉的那份艰辛真是难以言表。如果你在这种迷宫般的灌木丛中迷了路，后果将会很严重，因为阳光完全被林木遮蔽。你在非常沉闷的树林里跌跌撞撞地跋涉着，一会儿陷进突然冒出来的泥坑里，一会儿踩在错乱成堆的树枝上滑了一跤，时不时还得避开刺人的大树枝。你会觉得自己好像一只关进笼子里的老鼠……一些地方的巨大红树紧紧密密凑在一起，黑压压

的一片直插高空,高达 70 英尺。

莫理循的前进道路上,除开有红树、藤丛和浮草丛生的瘴气沼泽外,还有一个更为可怕的障碍——巍峨的欧文·斯坦利山脉。座座高峰拔地而起,高度达 11 000～13 000 英尺。山峰上覆盖着丛林,山顶上云雾缭绕。

史蒂文·温森·里德在 1943 年写道:"藤本植物、攀缘植物、藤属植物和南方悬钩子在树间结成厚厚的网,使阳光难以射进,使人步履艰难。蕨类植物、秋海棠、苔藓和兰花长在地上,或者依附在树上和攀缘植物上。沼泽地表面是一层厚厚的腐烂植被烂泥层,徒步旅行者踏上去难以着力。"64 年前德阿伯蒂斯写道:"用登山杖登上欧洲阿尔卑斯山的最高峰比穿过新几内亚最普通的一座小山还容易。"

莫理循的探险从一开始就不吉利。他在给母亲的另一封电报中曾提到此事:

> ……马到处乱跑,踢翻了行李,搞得到处一片狼藉。收拾停当后,我们又开始动身。这时,一匹还没派上用场的小母马又惊了,到处疯跑,我只得开枪把它打死。传教士喝得醉醺醺的,夸大其词,指责我犯了卑鄙的罪行。马又不是他们的,哪轮得上他们对我指手画脚。他们的行为非常卑鄙,竟然威胁说要鼓动土人来反对我,其主要原因是我占有了所有的马。不过他们还是顶高兴的,因为各种不顺当的事凑在一起,我的行程给耽搁了一星期。不过您别当心,我可不会为了几匹马而做出任何违法的行为。

7 月 24 日他们又出发了,往东北方向走,前往戈迪河。探险队里现在有三个白人,两个土著男子和 11 名莫图人挑夫。头三天他们才走了 15 英里,负责管马的队员内德就开始惹麻烦了。莫理循写道:"这个老矿工曾信誓旦旦地表示愿意鞍前马后跟随我到死为止,可是才走了 15 英里,就打了退堂鼓。探险队只得退回到莫尔兹比港后,我只得让惟一还能派得上用场的白人弗兰克·威尔金森来顶替内德。"弗兰克原是莫尔兹比港一家店铺的厨师。但是,在莫理循眼里,弗兰克是个没用的新手,笨得一塌糊涂,总是不断给他们带来危险。莫理循写道:"我们队的实力非常弱……两名黑人男子无论怎么教还是不会打枪……莱昂斯的表现也谈不上令人满意。我每次去探路时,总担心回来时营地已是一片废墟。"

一天莫理循返回营地时,发现两个黑人正在一堆发烫的炭渣上烘烤一些潮湿的子弹,而那个新来的白人则躺在一旁看着。莫理循后来写道:"正如所预见的那样,我的探险肯定会以灾难而告终。"更令人头疼的是,他们经常受到当地土著人的骚扰:

> 他们看到我们探险队的弱点,就想加以利用……常常有些土人在我们的营地四周游荡,找机会从我们这里捞一把……尽管我们已尽量提高警惕,我们的斧头还是被偷走了几把,一个土人甚至在光天化日之下,偷走了一张红色的大毛毯。一天早上,我们醒来时发现茶叶也被偷走了……我们只能慷慨地分发礼物,安抚头人,以换取我们的人身安全。

莫理循似乎对土著人并不了解。丢失一把斧头、一张毛毯或一听茶叶的确会令人感到恼火,但是就人身安全来说,那些没有经过洗礼、没有享受过劣质烟草的吃人生番和猎取人头的野蛮人的行为还算是很克制的:

> ……一群群土著男子常常手持长矛、大头棒和盾牌朝我们走来,打手势示意我们往回走。他们还会手持长矛,做出要朝我们投掷的样子。有一次,一名土著男子带着一面盾牌来到我们

营地,把盾牌放在我们脚前,示意为了我们的安全,要我们往回走,然后就立即跑开。

悉尼《公报》(澳大利亚民族主义坚定的喉舌和帝国主义的强烈反对派)后来是这么评论土著居民的:

> 他们发现心怀巨测、神秘的异族陌生人闯入他们的领地。他们不请自来,是不受欢迎的人。这些土著人表现出我们从未听说过的惊人的耐性。他们用各种手段来劝说陌生人打道回府,没有使用任何暴力。他们所表现出的合乎礼仪和值得称赞的行为举止,即使在最文明的社会也难以见到。

探险队跋涉了整整 38 天,在藤蔓植物和南方悬钩子植物丛中披荆斩棘奋勇向前,终于到了分水岭的山脚下:

> 随着我们进一步向内陆进发,所到之处的人口变得稠密起来,土著人也越变越大胆。有一天,我们正在往最后一匹马上装货时,一个土人蹑手蹑脚走了过来,飞快地抓起一把斧子,就往灌木丛里跑。我本可以轻而易举地开枪打他,但没这么做。一个探险队员赶上去抓住他,朝他头上狠狠揍了几拳,就放他走了。这土人跑了一半又回过身子,把斧头朝追赶他的人扔了过来。我们决定下次再碰到类似的情形,就用枪来说话。10 月 2日,果然这种情形又发生了。那一天,我和四个人一起去开道,除开新雇的那个队员外,其他所有队员都在发烧。我将一把价值不菲的灌木刀交给这几个土人……随着工作的进展,土人越聚越多,最后竟多达 40 个,大多数手里都端着长矛。突然,其中一个土人抓起灌木刀就跑。这种方式偷东西也太不像话了,于是我等到这土人跑到枪弹不会对他造成很大伤害的距离,朝他

背后开了一枪。

莫理循说,他决不想重伤那个土人,只想让土人知道,他决不向会危及探险使命的偷窃行为屈服。枪声一响,那土人就翻倒在地。莫理循连忙赶过去。不过,他刚一走近,那土人就站起来飞跑,消失在灌木丛中。莫理循回到三里外的营地,对正在发烧生病的莱昂斯说,他觉得自己是个杀人犯。他们觉得危险正在迫近,整晚惴惴不安:

> 我们营地四周小山的树林里,到处都是土人点燃的巨大篝火。在明亮的火光中,我们可以看见全副武装土人的身影在四处闪动。一些土人离我们非常近,我们能看见他们涂在脸上的白色条纹。像白天一样,夜里不断有大批新的土人赶来,每个人身上都挂着护身符,扛着长矛、大头棒和盾牌……我们决定第二天一早就离开这个是非之地。

第二天,莫理循在收拾行装时,放眼望去到处都是一群群手持长矛的土人武士,高草和长矛混杂在一起,简直难以分辨。莱昂斯才勉强会走。莫理循牵着马在前面开路,爬上一道长满灌木的陡峭山崖,上面覆盖着没顶高的草。他正悄悄地拨草前进时,两根长矛几乎同时朝他飞来。一根扎进胸腔下侧的腹部,另一根刺进右眼窝的鼻梁底部:

> 我被长矛击中时,正准备抬脚登上一道高几英尺土埂。当长矛朝我飞来时,出于本能的反应,我把头朝后一仰,失去了平衡,摔倒在地。若不是刚好摔了一跤,我肯定已一命呜呼,因为如果没有为了躲避长矛而摔倒,我的头就可能正面撞上矛头而被刺穿。我刚一摔倒,就连忙拔出还挂在眼角的矛头,血立即从

鼻腔里涌了出来。我站了起来,捡起掉在地上的步枪,朝矛头飞来的方向开了一枪……一阵眩晕之中我倒在了地上。这时莱昂斯听到枪声赶了上来,我已躺在一片血泊之中了。

莫理循在给《时代报》的报道中曾两次描述了他遭受袭击时的情况。一次是从库克敦医院发出的。但是,最生动的报道是莱昂斯写的。他在给莫理循母亲的信中,把她那"心眼好而又慷慨大方的儿子"以及他的"高尚行为"大大赞扬了一番。他写道:

> 我们走到离原定宿营地不到一英里的地方,正在攀登一座非常陡峭的灌木小山,突然我听到一声尖叫,紧接着听到一声枪响,而后又听到令公子大叫"杰克,杰克!"我连忙赶了过去,看到他已躺在血泊中,从头到脚都是血,眼角还插着一支矛头,另一支矛插在他的腹部。我这辈子见过许多矛伤,但是从没见过一个人会同时两处受伤,而且伤口都紧挨着身体的要害部位,但又不致命。他喊出的第一句话是:"啊,我那可怜的亲爱的妈妈,我给您添麻烦了。"他还说:"赛姆先生会怎么评论我的失败呢?"他摔倒时脚拐了一下,可能扭伤了几条腱,伤得厉害,一碰就非常痛。我很快就把马背上的货都卸了下来,只带上令公子的设备和一些最贵重的物品。他告诉我一定要带上《圣经》、《新约全书》和您送给他的手表。他对这一切都很担心。然后他就开始吐出许多大血块。在我卸货时,另一个探险队员吓得半死,根本帮不了我的忙,只一个劲地催我扔下所有东西,赶快离开这里。不过,我还是卸下了货,我不知道自己怎么会有这么大的力气,因为我还烧得非常厉害……我一直想怎样才能把令公子带下山回到莫尔兹比港。我知道他因流血过多,一定非常虚弱。实际上,我甚至怀疑他是否能骑马,因为他的状况真的是糟透了。原路返回那简直是疯了,我决定抄近路,穿过荒野,找到离这儿30

英里的古道,从那儿返回莫尔兹比港。歇了好一阵子后,他终于能上路了,不过在山顶他又下马吐了更多血。过了一会儿,我们又向前走了一段路,并给他喝了一杯冷开水。喝水时他胃痛得很厉害,因此我担心他是否会这么死去。我们一直慢慢地向前走。落日时分,我们碰到5个土人,我请他们用他的毛毯抬了他一段路。探险队里的黑人把其他毛毯都弄丢了,所以那天晚上,他只得躺在毛毯上,身上一点遮盖的东西也没有。我每隔10分钟给他翻一次身。他无论用哪一种姿势躺都痛苦不堪,但是他勇敢地忍受着痛苦,毫无怨言。第二天,我们走了好长一段路后,我让弗兰克来照料他,因为我要去探路并开出一条路来。我离开了两天,回来时令公子告诉我弗兰克懒得很,不到拴在100码外的马背上去为他拿毛毯,结果他整个晚上只能躺在冰冷的泥地上,苦不堪言。他自己还不能走……我还在发烧,令公子的伤势越变越重,整整8天不能进食,瘦得皮包骨头。但是他一直勇敢地坚持着。我从没见过比他更会忍受煎熬的人。他脾气非常好,从不口出怨言。他竟能骑在马上随队行走,实在是奇迹,因为沿途中有些地方简直陡峭得令人难以置信。他半边脸部的神经因受伤而瘫痪,眼睛都合不起来,因此他所承受的痛苦简直难以言表。他最担心的是赛姆先生对这次半途而返的探险活动会有什么看法。我想方设法给他鼓劲,想让他明白他已冒着生命危险来完成赛姆先生交给的任务,赛姆先生不可能指望任何人会比他干得更出色。我已写信给赛姆先生,把土人袭击我们之前的探险活动的要点都向他做了汇报……我的看法是,赛姆先生应当对他所完成的任务大加赞赏才对……无论如何,在新几内亚腹地的探险活动中,他比任何其他白人都更深入25英里,这在澳大利亚可是前所未有的壮举……如果令公子组织的是一支大型探险队,他就有可能完成所承担的探险任务。他在这次探险活动中所犯的惟一错误就是组织了一支规模太小的探险队。只有一支大型探险队才有可能完成深入到新几内亚腹地进行探险的任务……

我坚信令公子将来一定会功成名就。

我知道他只会把遭袭击的过程轻描淡写地给您吹吹风。但是，我认为，作为一个母亲，您完全有权知道您儿子所经历过的一切。

1885 年，澳大利亚地理协会组织了一支大型探险队到新几内亚探险，队里共有 14 个白人、11 个马来人和一个新几内亚翻译。准备工作就花了 4 500 英镑，所带的礼物不计其数，甚至包括 54 个板球、54 顶划船帽和 48 条精美的吊袜带，但是尽管他们非常慷慨大方地派送服饰用品，所取得的效果却很小。

[三]

1884 年 10 月，《爱丁堡医学杂志》刊登出莫理循的伤情病历。这份病历是由乔治·麦凯写的。他是爱丁堡皇家医院的住院外科医生，还担任皇家医学协会主席。他在病历中写道："一根长矛击中右眼内眼角下方约 1/4 英寸的鼻梁一侧处，另一根长矛刺穿了腹腔壁，位置大约在肚脐上方 2.5 英寸、腹腔中线往左 1 英寸之处。"长矛是木头制的，长约 12 英尺，一端削成尖形。"他站了起来，拔出矛头。插进腹腔的矛头比较容易拔出，而插进脸部的矛头则较难拔出……到了晚上他完全失去了知觉。"

10 月 4 日　在痛苦的煎熬中骑了一天马……骑在马鞍上时，偶尔他的左腿恢复了知觉，仿佛"一根神经像拉满的弓弦一样突然放松"了。他说自己能清楚地听到弓弦的响声，接着整条腿像"触了电"似的。他整天都觉得头晕眼花，什么东西也没吃。

他觉得非常渴,可是只要喝下一点水,肚子就痛得厉害。晚上没有栖身之处。

5 日　他的嘴长满了水疱,嘴唇里里外外都痛得要命。一天中的大部分时间他都躺着,其他队员则在森林里探路开道。天气又冷又湿。他既没有毛毯也没有被褥,什么东西也不能吃。

6 日　他的左下腹开始肿胀,肤色发黄,走起路来痛苦异常。腹部的伤口本来已经愈合,可是从马上摔下来后,创口迸裂,脓汁开始流了出来。腰越弯越厉害,还有电击般的麻木感,嘴巴非常痛。没有更多的营养品喂他,每天喝 1/2 品脱咖啡,1/4品脱李比希记肉汁,吃三块小饼干。没有住宿之处。

7 日　脓汁还在流。只走了三英里,因为马已经累垮了……喝点咖啡和李比希记肉汁。

8 日　脓汁不再流了,伤口已经愈合。左半脸面瘫……从左眼皮往下,整个脸部完全丧失功能。左眼凸出。什么东西都不能吃。喝了很多水。整晚下雨。

9 日　左腿开始变得僵硬。脸色非常差。跋涉得很艰苦。喝了 1/2 品脱咖啡,吃了几块湿饼干。

10 日　打了一只鸭子,喝了 1 品脱汤。

11 日　打了 6 只鸭子,吃了一点炖鸭杂碎。左腿几乎丧失功能……

12 日　抬进莫尔兹比港。

[四]

莫理循在莫尔兹比港停留了两星期。他的左半脸依然面瘫,左眼皮的功能尚未恢复。他的腿开始萎缩,几乎不能走路。他每隔一个晚上至少得吃 40 或 50 滴鸦片酊才能入睡。离开莫尔兹比港的那天晚上,他大腿痛得非常厉害,把剩下的 100 滴鸦片酊都吃了进去。他瘦得皮包骨头。他的正常体重是 154 磅,但是在莫尔兹比港时,体重减至 100 磅。

莫理循乘坐一艘叫"洛根骄傲号"的海参船,从莫尔兹比港前往库克敦。航行了 7 天后,小船在一大片红树林沼泽地的背风处抛下了锚,莫理循染上疟疾,开始发烧。此后他每隔一天或多或少都要发烧,一直持续到他回到季隆还是如此。从莫尔兹比港到库克敦总共航行了 20 天。快到达昆士兰之前,莫理循嘴内外所长的水疱已全部消失,甚至左眼皮也已能合上。在库克敦,他去一个德国医生那里治疗过。那医生为了把他的腿弄直,甚至整个人都跪在他的腿上往下压。他在库克敦住了 7 天医院,然后乘坐"瓦里果号"汽船前往悉尼。离开库克敦 5 天后,他在擤鼻涕时从鼻腔里擤出一块长约 3/4 英寸的碎木屑。

"我实在不想再谈起这些令人不愉快的日子……"莫理循在他的《回忆录》中写道:"我彻底销毁了和这趟旅行有关的每一片纸,努力把这不愉快的经历从我的脑海里抹掉……返回墨尔本的航行是我一辈子最不愉快的经历。探险失败了,还带了一身伤,可能还会落下终身残废。"

在季隆,莫理循去找他的家庭医生疗伤治病。医生用奎宁来治疗因疟疾而引发的热病,用硼砂来通畅他的鼻道。这种传统的治疗办法收效甚微。莫理循从右鼻孔里又擤出一小块碎木屑,而且还在断断续续地发烧。虽然他还渴望能继续他的探险任务，但是他的身体状况显然不适合这么做。赛姆并没有因莫理循受伤而放弃对新几内亚探险的报道。他派记者史蒂芬斯先生去季隆，负责整理莫理循探险活动的报道工作，不完成任务决不罢休。最终，《时代报》收到9篇长文章，标题"我在新几内亚的失败"是莫理循加的。莫理循后来写道："报社迫切要求我给报道写一个较为夸张的标题。我没有什么材料好值得一提……那时我病得很厉害，我只参与了系列报道的部分整理工作……"。

几个星期后，莫理循的健康状况越变越差。他求诊于澳大利亚最著名的外科医生 T. N. 菲茨杰拉德先生。菲茨杰拉德医生给他的臀部动了两次手术；从他的右鼻腔里取出一小块插入第一与第二根颈椎骨之间的木屑。菲茨杰拉德医生花了很多的功夫才把木屑拔了出来。整个手术过程没有用氯仿麻醉，因此莫理循痛得非常厉害。这块木屑留在他体内整整 169 天，成圆锥形，长约两英寸，最大直径为 1/2 英寸，他的腹腔内还有矛尖没取出来。菲茨杰拉德医生不打算动这个手术，而是建议他求诊于著名的外科医生、爱丁堡大学外科教授约翰·齐恩先生。菲茨杰拉德医生于 3 月 27 日乘英国邮轮"米尔扎布尔号"到英格兰去，莫理循与他随船同行。一路上寒症把他折磨得死去活来。邮轮离开科伦坡的后一天，菲茨杰拉德医生在检查时发现他的左臀部里有异物，就用氯仿给他施了麻醉术，给臀部动了手术，发现有一条瘘线直通骨盆，并在那里形成一个大囊肿，里面可能有木屑碎片。菲茨杰拉德医生还想给他动腹腔手术，由于船上正流行猩红热，再加上缺乏消毒剂，手术只得取消。莫理循整整卧床 6 天，受到船上年轻女乘客的青睐。她们把他所住的船舱装饰得漂漂亮亮，还送了许多礼物给他。5 月 14 日，莫理循到达格雷夫森德。

菲茨杰拉德不收诊金，但是莫理循在离开墨尔本之前，向戴维·赛姆先生提起他的医疗费问题。赛姆先生通过他的经理贝内特作了答复，表示他不会拒付任何费用："但是我们不能无限期地付下

去。"贝内特先生写的第二封信同样"深表同情":

> 赛姆先生要我问您,公司还得为您支付多少治疗费用。您
> 必须记住,到目前为止,您所花的费用已远远超过您原先所预计
> 的数目,我们没有从您的探险活动中获得任何好处。实际上,您
> 的探险不但给我们造成了经济上的损失,而且使我们感到非常
> 的恼怒和烦恼。

莫理循收到这封信时,正在爱丁堡的皇家医院就诊,为此,他也
感到有些沮丧和苦闷。

[五]

阿米特"上尉"的探险和莫理循一样也没有成功。7 月 14 日阿
米特率领一支包括 50 个土人组成的探险队离开莫尔兹比港,朝东北
方向行进,前往索盖里。他打算在那里安下探险队的大本营。

他在给《守卫报》的第一篇报道中写道:"这些巴布亚人和我们一
样并不野蛮……我喜欢这里的植物,常常采摘一些,做成标本粘在帽
子上,这似乎成了我们旅途中的嗜好。我以真情回报巴布亚人……
我的的确确开始喜欢这些巴布亚人。他们受到这么大的误解,但是
却表现得这么好。"

8 月 17 日,据阿米特声称,他们的探险队已到达离莫尔兹比港
东南偏南 120 英里处,离最近的海岸线约 60 英里。探险队在这里遭
到热病的侵袭。8 月底,探险活动只得告终。登顿"教授"死于回程
途中。在他生病的最后阶段,他拒绝吃任何食物,因为据说吃东西会
使病情恶化。9 月 3 日,探险队的其他成员回到了莫尔兹比港。阿
米特宣称深入新几内亚腹地 120 英里,而莫理循则宣称自己比任何
白人都更深入新几内亚腹地 25 英里。不过,传教士查默斯牧师对这

两种说法都提出质疑,并宣称自己深入到离莫尔兹比港40英里的内地,那才是深入新几内亚腹地的最远点。根据劳斯和查默斯两位先生的看法(他们似乎对新几内亚的探险有着特殊的兴趣),阿米特深入的腹地离莫尔兹比港的直线距离不超过39英里,而莫理循则不超过35英里。但是,这两个传教士也并不是可靠的见证人。1888年,澳大利亚皇家地理协会主席爱德华·斯特里克兰在写给悉尼一家报纸的信中指责说,阿米特和莫理循的探险报道"不严谨到可怜的地步,是荒谬的",他们对新几内亚地理知识的"无知是十分可悲的"。

西太平洋理事会副理事长休·哈斯汀·罗米利在1883年11月20日的一篇报告中批评了阿米特和莫理循:

> 这两支所谓的探险队干得并不出色,其中有一支还不幸遇险。值得注意的是,他们有关探险的报道……是非常不准确的。年方21岁的莫理循先生,声称他们的探险队深入到离海岸约100英里之处,但是实际上大约只有15英里,绝对不会超过22英里。阿米特先生的确到了离海岸40英里之处,不过劳斯夫妇早已到过这些地方。如果将来还要组织由没有经验的人率领的探险队,造成的损失可能还会更大。

《公报》对莫理循的批评更不留情,甚至把他和令人痛恨的帝国主义扩张行径等同起来。《公报》花了一整版的篇幅,对莫理循在探险过程中的过失进行冷嘲热讽,还画了整整一版漫画来挖苦他。"莫理循先生滥施死刑在先,土著人才加以仿效",《公报》说,"因此莫理循先生是最野蛮的人"。《公报》还由此得出一个政治观点:

> 那些想像力丰富、具有沙文主义倾向的人,常热衷于喋喋不休地高谈吞并新几内亚的必要性。但是,他们从莫理循的报道中(虽然里面有许许多多夸大其辞的插曲)应当可以解读出停止

高谈阔论的理由……很显然,光是升旗和鸣放礼炮的闹剧既不会给任何人造成伤害,也不会给任何人带来好处,但是,任何吞并新几内亚的积极步骤都必然导致激烈而又血腥的冲突。

尽管《公报》提出了警告,英国当局还是于 1884 年 11 月 6 日宣布把新几内亚的东南部地区纳入英国的保护地。英国之所以会采取这一行动,原因是德国已宣布对新几内亚的东北地区拥有所有权。英国国旗再一次在莫尔兹比港升起,不过这次是由澳大利亚海军司令海军准将艾尔斯金亲自升起的。艾尔斯金准将精心组织了升旗仪式,在他的旗舰皇家海军"纳尔逊号"上挂起了彩灯,燃放了焰火,发表了热情洋溢的演讲,主持了向国旗敬礼的仪式,给一个土著人酋长赠送了一根上面镶有一枚两先令硬币的手杖,还十分大方地散发了许多劣质烟草。据说,艾尔斯金准将还对一群刚吃完一顿丰盛的人肉宴、显得悠然自得的土人说:"维多利亚女王不喜欢她的孩子们干这种事情。"在这群土人中有那拉族女酋长克罗卡,她自称是维多利亚女王的妹妹。我们实在不知道维多利亚女王是否会喜欢她这位体态丰满的妹妹在升旗仪式上所穿的服装:一条短草裙和一条劣质项链。

[六]

1884 年 5 月 14 日,莫理循带着一身伤痛、瘸着腿抵达伦敦。他先住进圣乔治医院进行治疗,一星期后,转院到爱丁堡皇家医院。齐恩教授检查了他的伤势,尤其仔细检查了瘘管,没有发现任何异物,于是他决定静待观察一段时间,看看单纯休养会有什么效果。但是,莫理循的左臀部越痛越厉害,腹腔也一碰就痛,齐恩教授经再三考虑,决定给他动手术。他的决定得到另一个著名外科医生约瑟夫·贝尔的支持。贝尔的推理能力给他的一个年轻学生阿瑟·科南道尔留下了深刻的印象。几年以后,科南道尔由此得到灵感,塑造了夏洛克·福尔摩斯这个神探。

7月1日,齐恩教授在贝尔的帮助下,在菲茨杰拉德医生原打算在船上开刀的腹腔部位动了手术,花了很多功夫,才从回肠肌剥离下紧粘在一起的一块锥形碎木屑,长约3英寸,直径约1/4到3/8英寸。在手术过程中,16个外科医生在一旁观摩。莫理循的一个同乡利德尔博士在手术过程中担任器械助理。他说:"我记得非常清楚,齐恩教授非常细心地用一把长手术钳在伤口处反复探找。当他夹出矛头时,显得非常惊讶,满足之情同时溢于脸上。"

这块碎片现在保存在爱丁堡大学医学院的博物馆里。莫理循写信给母亲说:"碎木屑大约有您的中指大……我的确非常幸运能回到英国疗伤。在维多利亚谁能给我动手术取出碎木屑呢?……这一不平常的手术记录刊登在了《爱丁堡医学杂志》上……

莫理循在他的《回忆录》中说,手术一年后,齐恩为庆祝他的康复而举行了一个宴会,并表示要送莫理循的父母一个金制的矛头模型作纪念:

> 我听到这消息非常高兴,就写信给远在澳大利亚的父母,告诉他们,礼物将很快送到他们手中。但是这份礼物并没送出。1895年我又来到爱丁堡……很高兴又见到这位令我感激不尽的教授。他对我说:"我一直想送一个银制的矛头模型给你父亲。"我再一次给父母写信,告诉他们这份珍贵的纪念品很快就要送到他们手中。但是,这模型还是不见踪影。几年以后,我第三次遇到这位严谨的教授。令我失望的是,他并没有说要送我一个青铜制的矛头模型。

莫理循在皇家医院里整整住了80天。8月7日,他出院回澳大利亚时,腿不再弯了,但走起路来还有点不利索。到了年底,他的健康恢复得相当好,于是 1885 年 1 月 6 日他回到医学院继续求学。他在爱丁堡马奇蒙特路 6 号找到住处。他的一个同学 T.J.亨利(也是澳大利亚人)回忆起他在大学的生活时说:

> 他总是用全名(即教名加上姓)来称呼人,这和他事事要求精确的性格相符合。他不抽烟,也不喝酒。他的一个典型特点就是对当时的服饰习俗不屑一顾。那时盛行的是维多利亚时期的古板服饰,衬衫襟要挺直,衣领要高,袖口要有全套服饰。我们都受尽了折磨。那些不穿所规定服装的人都会被打入另册,被看作是社会主义者、艺术家、诗人和其他不受欢迎的人物。莫理循勇敢地蔑视这种偏见,喜欢穿柔软的衬衫、软翻领和款式不显眼的斜纹软呢休闲服。

"学习没什么问题,只不过我得下苦功夫",莫理循在《回忆录》中写道,"我非常想尽快完成学业,然后再去周游世界。"他对体育一点都不感兴趣,自己不参加体育活动,也不爱观看体育比赛,但是从他保留的一些信件可以看出,他追起女孩子倒是顶下功夫的,不过有时可能只是逢场作戏。

"我很遗憾地听说您对那女人还耿耿于怀",另一个叫 W.S.牛顿的学生在给他的信中说,"您一定还记得那个要您地址的女人,千万要记住和她交往的经验教训,不要再上迷人的女妖精的当了。您的女房东是个色情狂,您得提防着点。"

80 年代爱丁堡医学院学生的生活还遵循放荡不羁的老传统。牛顿曾这样描写一个学生舞会:

> 今晚(或者倒不如说是明天,因为现在已快 12 点了),我们将举办一场盛大、感人的告别舞会,不但有学生参加,还特邀了一些舞女。男士每张票 10 先令,女士免费,饮料和食物随手可

取,还有香槟供应。在这种气氛中,许多人可能会喝得大发酒疯……一些舞女肯定会打起来。我听说,有天晚上几个舞女在舞会中打得不可开交。事端是这么开始的:两个漂亮的舞女在争风吃醋,一个对另一个说,她跟妓女相比好不了多少;另一个则回答说,感谢主,她就是比妓女强,因为她还从来没有一个晚上和四个男人睡过觉。于是,她们就扭到一块,大打出手。今天晚上,这些女士也来参加舞会,另外还有一些非常刺激的节目……

牛顿继续描写第二天舞会的情况:

> 星期六……谢天谢地,那些舞女可没吵架。她们把所有过剩的精力都用到喝酒上了。酒是免费的,她们个个喝起来如鲸饮。一个舞女喝得酩酊大醉,滑到了地板上,其他人则把白兰地和苏打水洒在她身上,也许是想浇醒她。大部分参加舞会的人都喝醉了,而且吵得一塌糊涂。我喝了三瓶香槟。舞女的服装很漂亮。但令人恶心的是,一些舞女袒露太多,不过所有的人都为这些人的个人魅力感到骄傲,否则袒胸露乳(有个舞女甚至连乳头都露了出来)也不会给人一种赏心悦目的感觉。我和格雷维尔一直玩到8点才回家……那些女舞伴"走"了吗?

有两个医学院学生是莫理循的终身好友。一个叫J.C.赫顿,另一个叫J.W.邓加特。他们都知道莫理循和女性交往的秘密。

在阿伦岛上有个叫科里的小村庄,一共只有35座村舍。房子结构简陋,看起来有点歪歪斜斜,但却很漂亮。1885年8月赫顿从科里给莫理循写了封信,向他讨教具有乡村浪漫色彩的恋爱技巧。莫理循在信中描述了一个充满"田园牧歌情调的下午":

> 今天,在我们的精心安排下,我和女房东的几个女儿一块去

采坚果。她的大女儿弗洛拉芳龄18,是个体态丰满的少女。她在前面跑,我在后面追。我抓住她时,把她拖到一棵坚果树下,要她双手抓住一根大树枝,并要她摇晃着树枝,尽量把它拉下来。我则一只手也抓住树枝,另一只手搂住她的腰。我想,加上我这196磅的重量,一定能把树枝拉下来。其他人在拾坚果,而我则紧紧地搂着弗洛拉,沐浴在欣喜之中。大约过了一分钟,弗洛拉抓不住树枝滑到了地上,我也就势滑了下来,躺在她身边,一只手还搂着她的腰。戏剧性场面出现了,我们沉浸在欢爱的激情中,爱情的帷幕终于落下了。接着我和女房东的另外两个女儿也都先后沐浴在爱河之中……我希望您已经停止追求婚姻的游戏规则,那只是一种迷人的浪费时间的做法。爱是一种神奇的万灵药,我更喜欢在非常规的场所炼制这种药。也许这种爱的经历缺乏那种千篇一律的优雅的滋味,但它更惊心动魄,更充满活力,更会把人的激情推向史诗般的高潮,而且还用不着负任何法律上的责任。

两年后,赫顿给莫理循写了封信(当时赫顿已在利物浦的一家医院找到一个初级职位的工作):

请别再让我妒忌您了。一个晚上睡了三个女人。乘船到蒙特利尔上岸后,我也曾一个晚上和两个女人睡过,但是还没达到您创下的三个女人的记录,那也未免太贪了。上帝未免太眷顾您了,竟给了您三个女人……我的确认为,如果一个男人一个星期都没有一个女人,那简直是对人性的侮辱。

当莫理循被一个妓女紧紧缠住时,赫顿建议他到利物浦来。"一两个星期,或者一个月之后,你就能乘上一艘船,溜之大吉,摆脱掉这一切烦恼。"

莫理循的另一种消遣方式就是收集医学院教师的照片,还给每个教师毫不客气地加上十分坦率的评语:产科学教授亚历山大·罗素·辛普森是个"虔诚的骗子";内科学教授、苏格兰皇家医生托马斯·格兰杰·斯图尔特是个"普遍不受信任的人,爱丁堡大学最不受欢迎的教师";而内科学讲师约翰·怀利则被称作"苏格兰最好的内科医生"。

[七]

经过两年半的学习,通过预备级、一级、二级和毕业考,莫理循于1887 年 8 月 1 日从爱丁堡大学毕业。他的导师为他写了一封非常好的推荐信:"他的内外科知识都很广泛,而且很准确,他的能力很强……不但精通自己的专业,而且阅读面很广,是个很有教养的人……在我所认识的人中,值得我如此大力推荐的可谓凤毛麟角,能使我深信会成功的也寥寥无几。"约翰·齐恩以"挚友"的身份给他写了封信:

> 亲爱的莫理循:
>
> 　　两年前我在学生病房第一次认识您时,您正处于矛伤的痛苦折磨之中……当时您正开始迈入专业学习的殿堂,现在您已毕业了……这充分证明了您的能力、毅力和充沛的精力……您从这里所学会的知识、所培养的能力,定能在未来大有作为。

毕业后几天,莫理循背包里揣着推荐信和毕业证书,口袋里装着15 英镑和一份"货真价实的移民"证书,乘坐"爱尔兰号"前往纽芬兰的圣约翰。他坐的是普通舱,票价 6 英镑,和其他三个人共居一舱。其中一个是格拉斯哥的猪肉香肠制造商。他偷偷地向莫理循透露,怎样用一磅猪肉为佐料,经巧妙配制,使 40 磅没名堂的肉加工成的香肠都有猪肉香肠的口味。他就靠这点技巧,年收入达 700 英镑。

　　莫理循从圣约翰前往费城，刚好赶上参加美国宪法百年大典的庆祝活动。他看见菲利普·谢里顿将军骑马行进在受检阅部队的前头，聆听了克利夫兰[①] 总统发表的激动人心的演讲，听到宪法礼堂里吟唱的马里恩·克劳福德创作的"纪念圣歌"。然后，他就在城里漫无目的地闲逛。他想步行到旧金山，但是有一天他在河边散步时，看见一艘汽船正在卸从牙买加运来的香蕉。他立即决定要上牙买加去。在他眼里，牙买加是个小岛，步行一天就能横贯全岛。他和经纪人讨价还价，硬是把票价从 50 美元砍到 30 美元，买了一张前往牙买加的船票，可是他忘了问汽船要开往牙买加的哪个地方。结果他在岛北的圣安湾上了岸，可是他的目的地却是岛南的首都金斯敦。这时他口袋里已没剩几片钱，买了一张到爱沃顿的火车票后，他几乎身无分文。他在金斯敦的一家公寓里租了间房间，想找份医生的工作干，但却四处碰壁。在前往爱沃顿的火车上，他花光了最后一点钱，所以到了爱沃顿后无处落脚，只得整夜在街上溜达。第二天早上，他设法打电话给住在附近的一个医生弗兰克·兰特博士，向他求助。兰特告诉他找工作是不可能的，建议他离开牙买加，还借给他一些钱，足够他在牙买加游览观光。莫理循就用这些钱绕着海岸从福尔茅斯走到蒙特果湾，再从那儿步行到黑河，最终到了泡罗斯，从那里乘火车回到金斯敦。他在《回忆录》中写道："在一路上的徒步旅行中，我遭到黑人的嘲笑，白人同胞对我嘲笑得更厉害。他们说，白人在牙买加徒步旅行是对'万能的上帝的一种侮辱'"。

　　在金斯敦时，莫理循发现，如果他能讲西班牙语，就有可能在巴拿马运河或者在哥斯达黎加铁路局找到一份工作。他写道："这似乎

---

　　① 克利夫兰(1837～1908)：美国总统(1885～1889，1893～1897)。民主党人。出身于长老会牧师家庭，曾任律师。1882 年被选为纽约州州长。总统任内反对贪污、奢侈，提倡廉洁政府。反对过高的保护关税政策。1893 年再次当选总统时正逢经济危机。任内反对通货膨胀，迫使国会撤消《谢尔曼购银法案》。在英属圭亚那与委内瑞拉的边界纠纷上坚持门罗主义立场，出面干预，迫使英国接受仲裁。

十分荒谬,但是我觉得这是主在指引我去西班牙。我还记得在澳大利亚南部科克图威尔士和一个在西班牙生活过的棚屋主人交往的经历。他给我讲过许多有关西班牙的故事,在我的心中播下了对这具有灿烂古代文明古国的神往之情。我决定到西班牙去。"但是西班牙和牙买加相隔万重关山,"对一个身无分文的人来说更是遥不可及"。有幸的是,吉人又得天助。《殖民地正报》的一个和他同名的编辑给了他一些钱。阿特拉斯轮船公司在金斯敦的经纪人 W.P. 福尔伍德船长答应莫理循可以免费搭乘他公司的货船去纽约,条件是临时充当船上出纳员助理。在阿特拉斯轮船公司的"阿尔卑斯号"汽船上,他的工作很简单,往椅子上一坐,把脚跟靠在船栏上,把从莫朗特湾和安托尼奥港运上船的橘子和香蕉一一记在账上。

1887 年 11 月 4 日,莫理循到了纽约,口袋里只剩下 7.13 美元。天气非常冷,他还穿着热带的服装。他在西 19 街 203 号租了一间房间,周租两美元,可以预先付款。那房间位于楼房的顶层,非常冷,莫理循只好一直点着瓦斯灯取暖,可是女房东戴维斯太太很严厉地对他说,周租只两美元的房客必须在晚上九点就把瓦斯灯关掉。他一边打着哆嗦,一边像没头苍蝇一样在纽约到处申请工作,但都没成功。其中一份工作是在 15 街的纽约医院当看门人,月薪才 30 美元。各种各样的求职者在候见室等着秘书的面试,审查他们的资格。轮到莫理循时,他掏出各种证明让秘书审视。没想到,那秘书竟然说:"我怎么知道这些玩意儿不是你自己写的呢?"莫理循回答说,如果是我自己写的,就一定会写得更加娓娓动听。秘书说:"你必须找些在纽约有头面的人来担保这些证书是真的,不过在你这么做时,我可能已找到 100 个能胜任这份工作的人。"

莫理循一件又一件地典当他的随身物品,换钱买食物充饥。羊毛夹克衫是他第一件典当品,他心里可真舍不得,因为那可是他惟一可保暖的衣服。他把夹克衫送到鲍威利 171 号的一家当铺,向典当商辛普森开价 5 美元,但最终只当了 75 美分。接着他又当掉了外科小手术盒,靠着所当的一点钱又熬了几天,隔天才能吃上一顿有点像样的饭;在鲍威利的约翰牛排店里吃上 10 美分的猪肉和马铃薯。莫理循忍饥挨饿又熬过了 24 天,幸好碰上一个叫乔纳尔·克罗尔的好心人。他仔细检查了莫理循的证明,安排他乘船回格拉斯哥,船票只收 30 美元,而且是到后付款。

在纽约的最后一天晚上,莫理循到鲍威利看了场廉价演出,节目中有个人有两张嘴,还有一个没有手却能用脚趾穿针引线的人。他还和一个自称是罗杰爵士的人做了一番长谈。这位爵士在查塔姆广场(位于鲍威利和中国城之间一个破破烂烂的社区)卡西迪酒吧当经理,调酒是他的本分活,喝酒是他的爱好。他醉醺醺地对莫理循说,他很快就要回到英格兰去恢复他所应得的权利。他还吹嘘说,诺思布鲁克的侄女乔治亚娜·巴林小姐坚决支持他的行动,并提供 10 万英镑巨金让他重振家风。莫理循在给母亲的信中写道:"看这头吃饱撑着的阉牛兴高采烈地瞎吹牛的确很有趣。"

[八]

回到爱丁堡后,莫理循就着手准备到西班牙去找工作。他着了魔似的想去西班牙逛一逛。一天他听说黑廷多矿的高级医务官 J.S.麦凯博士在爱丁堡。就登门拜访了麦凯,向他出示了随身携带、已磨损的证书,并述说了自己想去西班牙的愿望。麦凯答应尽量帮忙,但却突然奉召回矿山。这时,莫理循已身无分文,只得在斯凯当了三个星期的临时代理医师。他回到爱丁堡时,正准备从彼得黑德启航的著名北极捕鲸船"埃克利普斯号"的船长戴维·格雷聘请他当船上的外科医生。但是莫理循谢绝了他的盛情邀请,因为他还难以摆脱对西班牙的神往。他还拒绝了到一艘开往非洲西海岸的轮船上担任外科医生的职位。说来也凑巧,就在他打算接受这一职位时,他收到麦凯的一封电报。麦凯在电报中告诉莫理循西班牙之行有眉目

了。随后,他还给莫理循寄来一封信,告诉他要注意哪些事项:

> 去伦敦……拜访住在兰巴德街的马西森先生……告诉他,
> 您愿意接受 20 英镑的月薪……当然他会向您提供航海途中的
> 费用和船费。您在西班牙还会有自己的房子和马。别告诉他您
> 得过热病,别谈一切和宗教有关的话题,收起您的"主义",带上
> 您的所有证书,把有关奴隶贸易等事情一一讲给他听……附言:
> 在兰巴德街的时候,千万别流露出您的"社会主义"观点。

马西森公司是黑廷多矿的代理商。休·马西森先生在莫理循的
笔下是个"虔诚的长老会长辈"。马西森先生任命莫理循为黑廷多矿
的助理外科医生,试用期六个月。他深信莫理循不但能胜任这份工
作,还能"帮助把福音传给在黑廷多的异教徒"。1888 年 5 月 8 日,莫
理循到达矿区所在的港口韦瓦尔。赫顿写信给他说:"在那里不要呆
得太久,能学些方言就够了,然后到别的地方去。你应当过的是一个
有教养人的充满诗情画意的冒险生活,这也正是我所梦寐以求的。"
莫理循在 6 月写给他母亲的信中说:"我肯定会成为一个非常好的外
科医生,动起截肢手术沉着镇静,妙不可言。"

三个月后,麦凯辞职,莫理循被聘为主任医师,年薪 400 英镑,手
下有 8 个西班牙医生和 3 个英国医生,为矿区 9 500 个工人及其家属
服务。公司每年付出的工资总额为 450 000 英镑。莫理循写道:"我
在黑廷多的日子过得很没意思,那是个被上帝遗忘的角落。"矿区里
草木不生,看起来像一片沙漠,方圆数英里都被从矿脉里冒出的硫磺
烟给毁了。

尽管马西森先生不断勉励他,莫理循传福音的努力似乎只局限
于一个叫佩皮塔的西班牙姑娘。她疯狂地爱上了莫理循。他和几个
老板的关系并不和谐,和经理威廉·里奇的关系尤其糟糕。他们经常
争吵,例如,莫理循抱怨说,他的那匹叫利伯的马不合他的意,里奇则

回答说,要向每个员工都提供称心如意的马是不可能的。最后,里奇寄给他一封信,令他难以忍受。1889 年 8 月 7 日莫理循终于辞职了。"谢天谢地,我要离开黑廷多了",他写道:

> 导致我辞职的直接原因是:作为医务部门的主管,我发现药剂部存在着广泛、系列的欺诈行为,金额高达数千英镑。我向公司有关部门汇报了这一情况。令我大吃一惊的是,公司回信严厉批评我作为一个部门领导在报告中所用的不当措辞。收到回信后两个小时我辞了职。我后来发现,我所揭发的欺诈现象和公司的其他欺诈现象相比简直微不足道。在随后很快被暴露于光天化日之下的其他欺诈案中,一些曾训诫过我的领导也都涉案其中。

[九]

离开黑廷多矿时,莫理循列出了一张账单,这是他这辈子算的第一笔精细账:别人欠他 65 英镑 4 先令 6 便士,他的家具值 4 英镑 13 先令,银行存款为 187 英镑 2 先令 11 便士,口袋里有 7 英镑 12 先令 2.5 便士。他的手提箱里珍藏着一份外国人很难弄到手的西班牙行医资格证书,一大捆佩皮塔用紫色墨水给他写的情书,一份跳舞时间计划表。从时间表上可以看出,他和佩皮塔一块跳过华尔兹舞和波尔卡舞,但从不跳切尔卡西亚圆圈舞、玛祖卡舞、乡村舞蹈和四对方舞。莫理循在矿区的一个同事对他说:"佩皮塔显然对您的离开感到非常伤心,可怜的姑娘。"佩皮塔后来还给莫理循写了许多封温情脉脉的情书:

> 今天我的心还是久久不能平静,因为我知道您深深地爱着我。收到您的来信,我简直乐疯了,一阵阵甜蜜的满足之情荡漾

在我的心中。我一直非常爱您,我爱您远甚于我的生命。您的
离开所激起的爱和激情,使我时时刻刻都在思念您……没有您
在我身边,我觉得心里空荡荡的……您在信中说,事情并非如此
绝望……但我今天还是伤心欲绝,心灵的创伤一直难以抚平
……别忘了我,我最亲爱的……您是我的欢乐、安慰和生命……
爱使我丧失了理智,只想怎样给您带来欢乐,其余一切都抛到九
霄云外。

莫理循从黑廷多到霍雷斯和加的斯去,在那里,他看到一位年轻
的西班牙工程师伊萨克·皮拉尔做的潜水艇实验:

　　潜水艇的发明使所有西班牙人都乐得快疯了。伊比利亚半
岛的每家店铺都张贴着潜水艇的照片,许多人都认为皮拉尔能
恢复西班牙海军的古代辉煌。西班牙的每座城镇……都有用皮
拉尔的名字来命名的一条街……许许多多人登上加的斯城墙,
观看这前所未有的盛举。遗憾的是,试航时没有任何证据表明
这艘船可在水底航行,西班牙人的幻想很快就破灭了。

由于找不到工作,莫理循只得通过他的朋友牛顿,花了 4 英镑
10 先令在伦敦和一些地方报纸上(包括《兰西特报》、《乡村绅士报》
和《曼彻斯特检查报》)做了广告,希望能找到一份陪同残疾人旅游,
提供医疗服务的工作。可是就业前景十分差。牛顿向莫理循报告
说:"很抱歉,广告打出去后,没有回音,绝对没有任何回音。我真为
英国的残疾旅游者感到悲哀,希望他们全都死个精光。"当时,整个社
会对医学院毕业生的需求量不大。《兰西特报》上刊登的一则雇用诊
所临时助理的广告是这么写的:"报酬只限于提供住所和日常生活
费用。"

12 月,莫理循来到丹吉尔斯。一天,他到一家药店买些甘油。

药剂师尼古拉斯·达索忙得团团转,用假声尖着嗓子对莫理循说,他第二天要动身到非斯去。莫理循说,他一直希望能有机会到非斯游览一番。"先生,那您就和我一块去吧",药剂师说,"您会有一头骡子,我们先去瓦赞,给酋长患病的儿子看病,然后再去非斯。我会把您引见给苏丹。我带了被褥、运货的骡子和一切必需品。您跟我去不要花钱,一个子儿也不用您掏。"达索的经历与众不同。他父亲是希腊人,母亲是意大利人,而自己却有英国国籍,原因是他出生在纽约港一艘飘扬着英国国旗的船上。他精通 18 国语言,是个摩洛哥名医。他在格雷大学获得文学学士学位,是詹姆斯·佩吉特爵士的得意门生。他还在法-普战争中负过伤。莫理循逗趣地写道:"他主要的外科手术是给被鸡奸的人修补破裂的肛门。"

第二天清晨,莫理循往手提箱里装上几件干净的换洗衣服、望远镜、外科小手术盒和 3 英镑 15 先令,准备随队出发。同行的人中还包括苏丹卫队的一名士兵、一个犹太仆人和 5 个摩尔人。出发前,莫理循被引见给瓦赞的酋长,一个长得丑陋的黑白混血儿。莫理循写道:"酋长就像美国的上校或者昆士兰的上尉一样普通。"但是,瓦赞的酋长可不比寻常。他是摩洛哥伊斯兰教的精神领袖,是个圣者。他骑马走过时,臣民都会争先恐后地吻他的脚。没能吻到的人就会俯在地上,吻他的马留下的蹄印。他有好多个妻子,其中一个是英国人基恩小姐。她的父亲曾当过霍斯蒙格尔监狱的典狱长。达索治好了酋长患了好久的一种病,现在要去给他的儿子(也是圣者)治病。他们到达瓦赞时,达索邀请莫理循全权负责医疗方案。莫理循在给他母亲的信中谈到治病的过程。酋长的儿子 35 岁,带有女性气质,腰部和臀部之间长的一个大脓肿使他备受折磨,整整四个月没迈出房门半步。达索给他洗了身子,因为他浑身散发出一阵阵"可怕的臭味"。莫理循切开了脓肿,排出了 22 盎司淤血。"他的痛苦立即大大减轻。这种手术对我们来说是小菜一碟。但有趣的是,整个城镇的人听到圣者病情减轻的消息后全都欢腾起来。"

莫理循和达索带上一听他们带来的剑桥香肠，在酋长的豪华住宅里过圣诞节。莫理循喝了许多波尔图葡萄酒，由于不胜酒力，喝得酩酊大醉，结果睡了好久才醉意微消。离开瓦赞后，他们骑马去非斯。据说，非斯还保留着利维罗马历史书的一些孤本，性病在那里泛滥成灾："痔疮是最常见的非性病疾病，给女性患者造成极大的痛苦。她们骄奢淫逸，不爱活动，惯于久坐……饮食往往过度……所有这一切都促使她们患上痔疮这种非女性疾病。"

莫理循在非斯见到摩洛哥陆军总司令、英国人亨利·麦克莱恩。他对莫理循说，苏丹妻妾成堆、儿女成群。曾经一天中他的妻妾竟给他生了12个儿子。莫理循写道："这种传闻可能不可靠。"但下面的报道却让他思绪万千：

> 据说，苏丹所生的儿女都必须记录在档。如果确实如此，摩洛哥国王就有责任向科学界公布他的生育档案。科学家对男人生育秘密的了解少得可怜，而国王的儿女却异常之多，因此档案的公开对科学家定有帮助。已故的国王维克多·伊曼纽尔除开有众多的婚生子女外，还有95个私生子女。塞缪尔·贝克说，他去拜访国王马雷斯时，这位君主已有125个儿女。特罗特夸张地估计，苏丹的子女每年至少会增加100个。

麦克莱恩还谈到他当雇佣军的一些经历。被抓获的叛乱分子面临两种选择，要么给苏丹当奴仆，要么被砍头。他曾亲眼看见11个叛乱分子被一一砍了头。一名士兵用一把锋利的弯刀先切断叛乱者的喉咙，然后切断上颈椎，把割下来的头颅扔进布袋。由于苏丹按人头付钱，为了多拿钱，士兵就很可能用无辜人的头颅来装满布袋。

莫理循还注意到一件有趣的事情，麦克莱恩太太臀部的围长是85英寸。

在以后的几个月里，莫理循又在西班牙四处游荡。他对母亲说，马德里是一座非常漂亮的城市,和她相比,"季隆简直不堪一提"。在马德里,他的住宿费为每天 3 先令 7 便士,其中包括早晨提供的巧克力。他白天到普拉多玩,晚上到蒂特罗拉洛逛,整天喝咖啡,买彩票,还逛了些男同性恋聚会所。回到伦敦时,他的钱都花光了。他在爱丁堡有个叫爱德华·雅各布的朋友,当时正在巴黎工作。他建议莫理循到巴黎去和他一块干:"我想全欧洲没有一座城市的生活费用会像巴黎那么便宜……每天的生活费不超过 6 法郎。"(一法郎相当于9.5便士)莫理循采纳了雅各布的建议。离开伦敦前,他到"财富和劳动"服装公司改了三件衬衫,每件衬衫的改装费是 3 先令。这是一家"世界上最大的服装制造公司",坐落在托特纳姆库尔路。其商标是两只手,一只精美的手从考究的袖口里露出来,手背上印有"财富"字样;一只粗糙的手从漫不经心地卷起来的袖口里伸出来,手背上绣着"劳动"字样,两只手紧紧地握在一起。

"我去了巴黎,准备到萨尔贝蒂尔医院,在查克特教授指导下做研究工作",莫理循后来写道,"不幸的是,我去医院的那一天,查克特教授刚好不在。但是我的确去过巴黎,想在萨尔贝蒂尔医院从事研究工作。"

一位名字叫诺丽的餐馆女招待答应帮他找一份餐厅侍者的工作。但是,她不仅欺骗了他,甚至连他的名字都给拼错了。莫理循把剩下的一点钱都花得一干二净。1890 年 8 月,他申请英国北伯尔诺公司医生的工作,但没有成功。当年年底,他回到阔别五年零八个月的澳大利亚时,口袋里只剩下 7 法郎,还欠下船费 63 英镑。

[十]

回到澳大利亚后,莫理循一直无所事事,一连好几个月在维多利亚四处游荡。他母亲一直把他的事放在心上,终于用她敏锐的目光为莫理循捕捉到一则招聘广告:巴拉腊特市立医院需要一名住院外科医生。1891 年 4 月 21 日，院方通知他前来应聘，开出的月薪是 31 英镑 3 先令 4 便士。"从某种含义上来说，这是澳大利亚最令人向往的医院"，莫理循写道，"这是座迷人的城市，气候很宜人，况且院方开出的薪俸也颇丰厚。"这座医院建于 1855 年淘金热时期，由一个民选的委员会负责管理，委员会成员都是非宗教人士，来自社会的不同层面：

　　在面试过程中，委员会注意的不光是医学知识，还考核我其他方面的素质。在参加面试之前，我拜访了委员会成员乔治·史密斯先生。他是个蔬菜农场主，身手敏捷，有股闯劲。他问我："您就是那个步行穿越澳大利亚的年轻人吗？我们都很钦佩您的勇气和胆识。我想，我们如果聘用您，是不会犯大错的。"……医院对我的聘用引起了新闻界的注意。报社在报道中大肆渲染我在巴黎萨尔贝蒂尔医院从事研究工作的经历，还对我背着背包穿越澳大利亚的探险活动大捧特捧。

　　莫理循很快就和委员会产生意见分歧。医院的财务状况非常糟糕，负债 3 290 英镑。委员会提出裁员计划，而莫理循则表示坚决反对减少护理人员，因为这会降低医院的工作效率。不过他同意减薪 5%，并且在鱼和禽类营养预算中每年减少 24 英镑。（医院里有 108 个病人，48 个职工，每人每天的伙食费为 6.5 便士）他还建议要把伤寒患者隔离起来，这也使委员会成员很不高兴。巴拉腊特《信使报》却坚决支持莫理循的做法："伤寒患者的亲朋好友个个忧心忡忡，充满同情之心。当他们被拒于伤寒病房之外时，肯定会牢骚满腹，火冒三丈，大发雷霆。但是住院医生莫理循博士和他所领导的能干、卓有成效的护理队伍却坚定地认为，他们的措施是正确的，必然为这一政策所产生的结果所证实。"

　　委员会和莫理循之间的不同意见越闹越大。莫理循以署名和匿名的方式,给巴拉腊特报界的许多专栏写了信,把他和委员会的争执暴露给新闻界。冲突从 1892 年 2 月(委员会给莫理循发了解职通知)一直持续到 1893 年 4 月 21 日(莫理循同意离开)。1911 年他给以前的同事约翰·安德森写了封信:"我的离职对巴拉腊特医院来说是个损失。我在那里开过无数处方,给许许多多病人减轻了痛苦。我都忘了他们究竟叫什么名字。"安德森给莫理循回了一封信,回忆起他们一起度过的那段时光:

> 是的,在那些日子里,谁也不知道哪一天楼下那个拖着辫子的中国佬需要有人帮助他梳头,也不知道底层住的那个家伙是否会把他的睡衣撕得粉碎……我还经常想到哈里·萨门。他常在一号病房为一个老年病人导尿。他和利奇实在不明白,为什么这病人的膀胱里有一加仑的尿液,但排尿管里却一滴也流不出来。他搔着头走出病房,百思不得其解,连下一步究竟该怎么做也不知道。他们原打算把导尿管再往里插。天啦,这么一来,那老病人可就得躺在床上一动也不能动了。辛亏我发现抽不出尿液的原因是他没把套管针插好,这才使萨门大大松了一口气,减轻了病人不必要的痛苦。

第四章

[一]

　　再次失业后, 莫理循决定到远东碰碰运气。其实, 远东对澳大利亚人来说既不远也不在东面。他拒绝在一艘中国轮船上当外科医生, 而是乘船转道香港去菲律宾, 希望能在那里找到工作, 因为他懂得西班牙语, 还持有西班牙有关当局颁发的行医证书。可是他在菲律宾没能找到工作, 于是他只得回到香港, 沿海岸北上到天津去。他发现, 身着中国服装, 拖着一条假辫子, 脚穿便鞋, 在中国以传教士的身份旅行很省钱。于是他就穿着整套中国行头, 加入北京中国内地会。"您一定会很高兴, 我和传教士们在一起日子过得可愉快了", 1893 年 9 月 15 日莫理循在给母亲的信中写道:

　　　　例如, 今天 7 点醒来, 7:30 吃早饭, 饭前有感恩祷告, 饭后有祈祷, 包括唱赞美诗、读圣经和 20 分钟的祷告, 然后到医院去。门诊室里, 一大群肮脏的中国病人受圣灵感动后跪在地上, 牧师正在给他们传福音。然后吃午饭, 饭前有感恩祷告, 饭后有特别祈祷会, 对象是中国七大教区中的一个。午茶前有感恩祈祷, 午茶后也有特别祈祷会, 祷告上帝让所有一神教派信徒改变信仰。然后和牧师共进晚餐,同样也有饭前的感恩祈祷。晚上有听圣歌、唱赞美诗等活动。牧师的姐姐还给大家讲了她怎样使一个船长归入主的名下的心路历程。她的发言最有主的恩典。接着是家庭祷告会。然后回家,否则还会有更多的活动。一天忙碌了 10 个小时,唱了 26 首圣歌,其中 25 首唱走了调,祷告了 17 次,用最感人的言词为全世界不信主的人祷告,希望他们能归入主的名下。我正努力弥补失去的时间。

在天津为主工作一段时间后,莫理循动身前往北京,和另外两个澳大利亚人一起为伦敦会工作。在北京时,他曾亲眼看见中国皇帝及其扈从从颐和园返回紫禁城。莫理循说,陌生人亲眼看见皇帝的机会并不多。在北京逗留几天后,他回到上海,把靴子、帽子和袜子当了 2 000 文铜钱,约合两先令(月息 3%,如果 14 个月内没有赎回,就会被卖掉),然后东渡前往日本。可是,他在日本没找到工作。"我在日本的日子真是穷困潦倒",他回忆说,"在神户,我把望远镜卖了12 美元,还给澳大利亚的一个朋友写了封信,告诉他我是靠卖衬衫饰纽的钱从横滨来到神户的,我现在要靠卖望远镜的钱度日,可能还得卖掉外科小手术盒才有路费回到上海。后来也的确如此……"

他在日本的大部分时间都在神户的海员收容所度过。他还从那里给母亲写了封信:

> 这趟来日本的代价太大了。我回到上海时可能东西都变卖光了。我平时无聊之下收藏的书可以卖一笔钱,但我不打算这么做。恐怕家里得电汇一笔款到上海,我想 30 英镑就够了。

他还有条有理地记录下这趟旅行受过哪些部门或个人的"骗":1.英国副领事 2.英国船运公司 3.日本银行的出纳员 4.日本导游5.横滨的旅馆老板。此外,他的手帕和雨伞还被偷了。

他回到上海时，口袋里只剩 15 先令。他把母亲电汇给他的 40 英镑兑换成 362 美元，给母亲写了一封信，告诉她款已收到，并说："我总是有债必偿，花在我身上的每一便士都会有 5% 利息的回报。"

在神户时，莫理循就有个念头，想穿越中国西部、掸邦、克钦山脉来到缅甸。他写道："当然，这趟旅行决不是探险。"他还用他典型的半真半假的语气，轻描淡写了一番：

> 这趟旅行要先溯长江而上，航行 1 500 英里，然后再沿着公路走上平静而又漫长的 1 500 英里，最后进入缅甸。这位旅行者有些与众不同：他不会说中国话，却偏偏不带翻译；他要孤身一人闯荡数千英里，却不携带任何武器；他的心中洋溢着对中国人的绝对信任之情。

实际上，他的相当一部分行程都在中国境内。其中有些地方当时几乎不为欧洲人所了解，而且据说还很仇视外国人。

1894 年 2 月 11 日，莫理循再一次身着中国服装，乘轮船离开上海。他发现"一个外国人只要能克服骄傲心理，愿意拖着一条辫子去旅行，所花的旅费只是他穿欧洲人服装的四分之一。"10 天后，他到达宜昌，那是长江上乘轮船所能到达的最远的内陆港口。从宜昌到重庆走水路共 412 英里，一路上都是急流险滩。在宜昌，他包租了小船"武盼号"。那条船看起来不太牢固，长只 28 英尺，吃水深度只 8 英寸，船老大连水手才 5 个人。船老大答应 15 天内把他运到重庆，船费只收 2 英镑 16 先令。大三峡的那段航程确实有点令人胆战心惊，不过谢天谢地，小船还是在预定时间内到达重庆，创下逆流而上的最快航行纪录。5 天后，莫理循开始了他的陆上旅程。第一个目的地是叙府①，位于重庆以西 230 英里处。他雇了两个挑夫，工钱分

---

① 叙府：今宜宾。

别是 4 先令 10 便士和 5 先令 7 便士。他们走了 7 天才到叙府。可是到了叙府后,挑夫再也不愿干了,原因是前面山峦重叠,行路艰难,有时根本无路可循,更令人畏惧的是,可能还有强人出没,剪径伤人。莫理循只得雇了新的挑夫,赶往 290 英里外的云南省昭通城。

昭通城是个饱受瘟疫和饥荒蹂躏的苦地方,县城四面围有城墙。莫理循听人说,前一年那里至少有 3 000 个儿童(其中大部分是女童)被卖给人贩子,像鸡鸭一样被装在箩筐里挑到省城去卖。女孩子的卖价一般是每岁一两银子(约 3 先令)。但是如果碰上荒年,不管几岁女孩子的卖价都不超过 6 先令。这地方杀婴现象很普遍,经常可以看见死婴(还有活婴)大清早被抛到野外,任凭野狗吞噬。

莫理循还看到昭通城野蛮习俗和刑罚的某些侧面。有人带他到西城门附近的一个地点,并告诉他说,几天前一个和他人通奸的妇女就在那里被关进一个笼子,在众目睽睽之下遭受折磨,在痛苦中挣扎了三天才断气。一个抢劫杀人犯被人用烧红的钉子穿透手腕钉在西城门上,然后又被提到其他三个城门示众,被折磨了四天才死去。莫理循在出版的游记中写道:

> 中国人在施酷刑方面的确无人能超过。为什么呢?也许是因为中国人的感觉神经系统发育不健全或者比较迟钝。你怀疑这种观点吗?如果你对以下两点事实能有所了解,你的怀疑就会烟消云散:中国人能用禁欲主义的意念来容忍生理的痛苦……中国人对低等动物所遭受的虐待、对高等动物遭受折磨时所承受的痛苦,都采取冷漠无情的态度。

欧洲人经常认为中国人对痛苦较不敏感,有时还以此为借口,来为他们自己的残暴行径开脱罪责。1863 年,常胜军[①] 的白齐文将军用枪杆子镇压太平天国起义时(英国政府在印度兵变中把这种别致的死刑方式发展得淋漓尽致),《中国邮报》编辑安德鲁·威尔逊力图让读者相信,神经系统所遭受的强烈痛苦对感觉迟钝的中国人来说算不了一回事。1912 年,上海西童书院院长蓝宁在他所撰写有关中国的文章中,和莫理循一样想当然地认为中国人的感觉系统较麻木。他认为,中国人感觉神经较迟钝是素食引起的,因此这是素食作用的强有力的论据。

但是莫理循回忆说,他的同胞对令人厌恶的残忍行为同样也持麻木不仁的态度:

　　虽然我们认为中国人神经系统的敏感性较迟钝,但是我们不可以就因此断定,中国监狱中的酷刑就一定比查尔斯·里德在写《亡羊补牢未为晚》一书时英国监狱的情况更为残忍。和古代英国狱中可怕、卑鄙的暴行相比,中国狱中的暴行决不会比其更残忍,甚至还相形见绌。

莫理循接着从昭通前往东川。在那里,他再次目睹了饥荒所带来的凄凉景象。从坐落在花丛中的孔庙,往下走到一片风景如画的谷地,他看到两个普普通通的大坟坑:

　　饥荒肆虐,饿殍遍地,哀鸿遍野。两个大坑里,尸体填得严严实实的,离坑口只有几英尺。尸体被抛在坑里,无遮无盖,任凭老鹰和乌鸦啄食。这种野葬方式只有印度祆教徒会喜欢,中

---

　　① 常胜军:1860 年清政府勾结英美法侵略者为镇压太平军在上海建立了"洋枪队",由美国人华尔任领队。1862 年扩编后改称"常胜军"。同年 9 月华尔被太平军击伤毙命后,由副领队白齐文任领队。

国人则对其恨之入骨。可是,他们现在一贫如洗,也只得接受这种方式。到处都散落着辫子和头骨。在长草丛中可以捡到许多被野狗啃过的人骨头……相当一部分是死孩子的骨头,因为穷人的孩子死后都没钱埋,只能朝野外一扔了事,有时一些孩子还没死就被扔到荒郊野外。

莫理循发现那里民不聊生。那里的人祖祖辈辈都生活在战乱、杀戮所造成的恐怖阴影之中。战争和饥荒给人们留下的是满目疮痍和死亡:

> 妇女在荒地里挖野草充饥,希望能熬到秋收季节。澳大利亚的儿童很少会死于饥饿。而这里的儿童看起来简直惨不忍睹,叫人可怜。他们个个都面黄肌瘦,皮包骨头,像是得了伤寒症,挣扎在死亡线上。

但是,令莫理循感到惊讶的是,灾区里没有任何饥民向他乞讨食物或钱。灾民都穿得破破烂烂,衣不蔽体,但个个都和蔼可亲。他们所表现出的礼貌和友善一直使莫理循感到愉快,难以忘怀。

昆明是中国最重要的城市之一,1283 年马可·波罗曾到过那里。从昆明到英属缅甸伊洛瓦底省的八莫,"一路上山路盘旋而上,一段陡过一段,人称 33 盘,行路十分艰难"。莫理循在昆明花 3 英镑 6 先令买了一匹小白马,一路上半骑半走,终于在离开上海整整 100 天后到达八莫。从重庆到八莫共 1 520 英里,从重庆到上海的距离也大致如此。旅行结束后,莫理循算了算,整趟旅行共花了 30 英镑,其中包括他的中国行头。他后来写道:"如果一路上更节约些,我估计花费不会超过 14 英镑。"

当莫理循在伊洛瓦底江畔向中国挥手告别时,中国在他眼里是个美丽而又极其贫穷的地方,是个腐败泛滥成灾的国度。中国人对生活和苦难所采取的冷漠态度使他大为震惊，但是他们的礼貌和友好又往往令他折服。他认为传教士过分夸大了抽鸦片所引起的灾难。在他眼里，传教士总的说来都爱管闲事，都是成事不足、败事有余之辈。他在游记中经常流露出对传教士不满的情绪，不过有时他用讽刺的手法来加以掩饰："传教士的住房在全汉口首屈一指。的确传教士应当尽量过着舒适的生活，因为他们正把他们的一切都奉献给中国；为了开化这片愚昧的土地，他们愿意历尽任何合情合理的艰辛。"

莫理循说，基督教的不同教派间存在着巨大分歧，他们相互间的敌视态度完全违背了基督精神。这些不良倾向给他们的开化启蒙使命蒙上了阴影。教派间的争执要点是宗教术语的使用问题。不同的教派都坚持用自己独特的中文术语来指神，把那些还未信教的人搞得糊里糊涂。中国人对自己的祖先都顶礼膜拜，因此很难向他们解释以下基督的话语："追随我的人，如果爱他的父母更甚于我，就不配做我的信徒。"尽管存在着这些困难，还是有人归到耶稣基督的名下，不过据说许多只是"大米基督徒"——他们信教的目的只是为了从教会拿到一定配给量的大米。至于传教士们的工作成效，莫理循是这么写的："长话短说，每个传教士一般每年只能劝说 2～3 个中国人信教。如果把拿工资的专职牧师和非专职的本地教会同工都计算在内……你就会发现，每个教会同工每年只会使 0.9 个中国人皈依基督教。"

他在云南省曾提出这么一个问题："云南人友善温和，云南的总人口达 500 万至 700 万。如果 18 个传教士在 8 年的时间里……才使 11 个中国人信奉基督教，那不知要到猴年马月才会使剩下的人都信教。"

义和团起义有很浓厚的反教会色彩。在义和团起义前五年，莫理循写道：

中国也许是个未开化的国家：许多传教士都这么认为……但是让我们看一看事实。在过去的 23 年里，来自各国的传教士（其中有最温和的、也有最狂热的教派）深入到中国的各个角落去传教……但是被杀的传教士却屈指可数，而且我们还不能否认，大多数被杀的传教士都是因为他们自己的言行有失检点，才惹祸上身，完全咎由自取。与此同时，却有成千上万无辜的中国人被文明的外国人所杀害。

[二]

满载着当地驻军对他不绝于耳的赞扬声，莫理循从八莫乘船到曼德勒，然后又乘火车去缅甸首都仰光，最后乘汽船去印度的加尔各答。到达加尔各答的当天晚上，他开始断断续续地发烧，几天后差点病重身亡。在他缓慢的恢复期里，一个叫玛丽·卓普林的护士对他关怀备至，使他在病中的日子充满了阳光。在游记的第一稿中，他写道：

> 我的护士是个欧亚混血儿，肤色黝黑，但看起来非常漂亮。她楚楚动人的花容玉貌常常令我满心欢悦，她优雅迷人的举止和敏捷轻盈的步态常常激起我心中的狂涛。我从她端在手中有缺口的药杯里接过奎宁，津津有味地嚼着，其滋味好像远胜过朱庇特① 从青春女神手中接过盛在金色高脚杯里的琼浆玉液。

有幸的是，为了莫理循的声誉，游记正式出版时，这段不太适宜的花哨描写被淡化成寥寥数行的平淡文字。莫理循在书中也没提到去群山环绕的法国移民点疗养时，随他前往的这位青春女神所起的

---

① 朱庇特：罗马神话中统治诸神主宰一切的主神，相当于希腊神话中的 Zesus。

作用比熟练的奎宁分药员愉快得多。

莫理循完全康复后又开始旅行。他到一艘开往新西兰奥克兰的轮船"墨尔本港号"上当外科医生。从加尔各答开出后第 5 天，一个装得满满的灰桶落在一个印度水手的头上，把脑壳砸得从前额骨裂到枕骨。莫理循成功地为他动了手术，船长对此深表感谢，主动让他免费乘船前往悉尼。1894 年 11 月底他到达季隆，发现有几封玛丽·卓普林的来信在等着他。其中一封信是这么写的：

> 亲爱的——您的两封情意绵绵的来信我都已收到。亲爱的，我答应奉献 10 卢比给神，但是目前我无能为力，因为我这个月一直没找到工作……亲爱的，您能替我把 10 卢比奉献给澳大利亚的某个教会吗？我所作的承诺实际上都是为了我们。亲爱的，您一定要做到，神会因此而赐福给您。您在适当的时候要娶个好女孩，她可以安安稳稳地呆在您身边照料您。我爱您，但是我们的结合将是有罪的。当我们面对死亡时，死亡会大大嘲弄我们。亲爱的，别生气……如果我嫁给了您，我是不会幸福的……我们在河边小屋中度过的那短短几天愉快的时光，使我产生了一种罪恶感……

西奥多·芬克是个墨尔本律师，为人慈善，不过品行却不怎么样。他对报纸和文学很有兴趣。他竭力想帮莫理循在《守卫报》谋份差事，但是总编爱德华·卡宁汉姆的态度十分冷漠。他对芬克解释说："这是不可能的。他的写作水平达不到我们的标准。"这位著名的总编后来因其对澳大利亚新闻界的杰出贡献而被授予文学博士学位和骑士称号。莫理循很快就面临两种选择，要么他可以回到巴拉腊特去行医，年薪可达 1 000 英镑，要么到一艘船上当外科医生，乘船到英国去，到伦敦时可能口袋里会只剩 30 英镑，不过在船上可以有时间把到中国的游记都写出来。他征求芬克的意见。芬克建议他冒点风险去伦敦。但实际上他已下定决心。他后来写道:"毫无疑问我要到英国去,因为我非常渴望旅行,我从来没有认真考虑过行医这回事。"于是他到"沃乐古号"上当外科医生,付了 10 英镑船费。船上没有其他乘客,他有充分的时间来完成游记手稿。

[三]

1895 年 2 月 15 日,莫理循到达伦敦。他在伯顿克雷森特租了个房间,周租金 6 先令 6 便士。在这段日子里,他的生活非常寒酸,想方设法找个出版商来出版他的中国游记。他找了好几家出版社,可是都被彬彬有礼地拒绝了,真令他感慨万分。正在山穷水尽之际,他幸遇贵人相助。道格拉斯·斯拉登(澳大利亚的一个作家,著作颇丰,但却不出名)设法劝说《大地》杂志社的霍拉斯·考克斯花 75 英镑完全买下了他手稿的出版权。对此莫理循后来写道:"这笔交易我非常满意。"他一边等着书的出版,一边在大不列颠博物馆撰写博士论文《各种畸形和变态的世代遗传》。他的博士论文最终得以通过。8 月1 日 他从爱丁堡大学毕业。

莫理循把《一个澳大利亚人在中国》一书(描写他从中国到缅甸的游记)送给约翰·齐恩,表示对他的崇高敬意和感谢。他一直对齐恩心怀谢意,因为照他的话说,"是齐恩教授使我重新获得运动能力"。他的游记出版后,好评如潮。《泰晤士报》、《北不列颠每日邮报》和《阿伯丁自由新闻报》说这是本描写"生动"的游记;《星期六评论》和《雅典》的评价是"非常有趣";《圣詹姆斯公报》的评价是"很有吸引力";《兰西特报》的评价是"赏心悦目";《利物浦每日邮报》的评价是"很值得欣赏";《广告早报》的评价是"最有独创性";《怀特霍尔评论》的评价是"最有可读性"。《星期六评论》说这本书非常有趣,但没有具体说明原因。所有评论家似乎都被莫理循通俗而有个性的风格所迷住。莫理循把一本游记赠给格莱斯顿先生。格莱斯顿还没开始读就给莫理循写了封信:"您的大作主题非常重要,您所取得的成就令人叹为观止……两者相结合,必然使您的大作产生巨大的吸引力。"

墨尔本《时代报》发表了长篇评论说:"早期的基督徒在传福音时,都努力使基督教的教义能适合异教徒的信念和思维方式。但是在中国的传教士似乎反其道而行之……他们在中国所遭受的敌意和屈辱大多数都因他们所采用不当的策略而引起的。"

巴拉腊特的主教对这评论大为不满,给墨尔本《时代报》写了6封信,谴责莫理循和他的游记。莫理循则回应说:

> 我之所以会有这种看法,原因是我亲眼目睹41个不同的基督教团体很少能默契地工作,常常各行其是……难怪传福音工作严重受阻……主教大人还没读过我的游记,就直截了当地说他不相信我。虽然他没有直接诽谤我所写游记的真实性,但是他的做法使我想起美国某个参议员攻击别人的卑鄙手法。那个参议员不直截了当地说约翰·宾是个贪婪的人,而是用打赌的方式来间接表达他的含义。"他说愿意用5美元来打个赌,如果你用3便士硬币给捕鼠器装上诱饵,然后把捕鼠器安装在离宾先生6英寸之处,你就一定能抓住他的魂。"

主教大人给莫理循写了一封言辞犀利的私人信函,指责他言辞"不当",而且"傲慢无礼"。

[四]

一连好几个月,莫理循都在忙着找报馆的差事。他听到委内瑞拉和古巴局势动荡的消息,心想自己懂西班牙语,又富有旅行经验,很适合去那里当记者。遗憾的是,从他所接触的报馆编辑那里,他得到的都是千篇一律的回答:报馆已满员。《苏格兰人报》的库珀先生和《每日纪事报》的亨利·诺曼先生都劝他到《泰晤士报》碰碰运气,但是莫理循觉得《泰晤士报》的声誉如日中天,实在高不可攀,因此连写申请信的勇气都没有。《泰晤士报史》说,和新几内亚的丛林相比,他更畏惧伦敦报业广场①。有幸的是,威廉·高威尔爵士把他介绍给了《泰晤士报》,这才使他以后有机会在《泰晤士报》干出一番不同凡响的事业。高威尔是个神经系统疾病的大权威。他曾饶有兴趣地读过莫理循写的有关中国人神经系统敏感性较迟钝的论述。他把莫理循介绍给《蒙古史》的作者亨利·郝沃斯爵士。莫理循向他们表达了自己想当个报社记者的愿望。在文学俱乐部,高威尔和《泰晤士报》主编乔治·白克尔②(高威尔是他的家庭医生)谈到莫理循。其结果完全出乎莫理循的意料。10月22日,星期二,他收到《泰晤士报》经理莫伯利·贝尔③ 的一封信,邀请他下周三、周四或周五造访他的办公室:

> 当我收到这封信时,我手头非常拮据,所剩的钱还不到一沙弗林(英国旧时面值为 1 英镑的金币),因此每天对我来说都很重要。我打算星期三就上门造访,并把我的想法告诉了托马斯·瓦特斯(一个退休的英国驻中国总领事)……他对我说:"这样做不好。他们会认为你求职太过心切,最好星期四去。"于是我就改变了主意,决定星期四去。

---

① 报业广场(Printing House Square):伦敦《泰晤士报》社的所在地,因而也成了该报社的同义词。

② 乔治·白克尔(1854～1935):英国新闻工作者、作家。《泰晤士报》主编(1884～1912)。

③ 莫伯利·贝尔(1847～1911):曾任《泰晤士报》驻埃及特派记者(1865～1890),先后担任过《泰晤士报》襄理和经理(1890～1908),后任总经理(1908～1911)。

莫理循终于迈进了伦敦报业广场,被带到《泰晤士报》经理室(《泰晤士报史》描述说,他的那付行头打扮只配上教堂,和豪华的伦敦根本不般配)。莫理循后来回忆这次面试时说:

> 贝尔先生对我说:"我不知道在哪里听过您的名字,但我拜读过您的大作。您是否愿意到北京当我们的特派记者?"

> 我说:"我愿意考虑这个建议。""如果您去的话,您想要多少工资?"

> 我对他说,我以前干过两份工作,年薪大约400英镑。他回答说:"您至少会拿到这样的薪水。"然后他又问:"那您为什么还在犹豫呢?"

> 我说:"在过去的一段时间里,我一直在研究暹罗(即现在的泰国)和法属印度支那问题。英法两国因暹罗而引发了紧张关系,这是个关键问题。我希望能被派到那里去当记者。"他说:"和中国相比,暹罗对我们来说是次要的。您愿意赏光和我们共进一次晚餐吗?"

> 我说:"我有点为难,因为我没有礼服穿。我现在身无分文。"接着我急忙补充说:"我把礼服给卖了。"

> 他听完哈哈大笑地说:"别担心礼服问题,您来就是了。"我就欣然接受了他的邀请。

> 他还对我说:"您读过我们最近派到北京的特派记者所撰写的文章吗?"我读过这些文章,全由瓦伦丁·姬乐尔[①]先生撰写,后来汇编在《远东问题》一书中出版。他说:"如果您能来和我们共进晚餐,您就会见到文章的作者。"

---

① 瓦伦丁·姬乐尔(1852~1929):封为瓦伦丁爵士。曾任《泰晤士报》驻柏林记者,先后担任过《泰晤士报》国外新闻部副主任和主任(1896~1912)。在《泰晤士报》发表过题为《远东问题》的通信。1896年,伦敦麦克米伦公司将这些通信汇编成单行本出版,书名仍是《远东问题》。

姬乐尔是《泰晤士报》国外新闻部主任唐纳德·麦肯齐·华莱士[1]
爵士的助理,刚结束在远东的旅行回到英国。他认为俄－法联盟已
取代英国,成为外国势力在中国的主导力量。在莫理循收到贝尔发
出的正式晚宴邀请函前一星期左右,《星期六评论》发表了对姬乐尔
文章的评论,发出阵阵哀叹:

> 英国在中国的势力原来比任何一个国家都大,甚至比所有
> 外国势力加起来还要大。可现在这已成明日黄花。一年前,我
> 们还财大气粗,在大清帝国海关拥有至高无上的权力。海关是
> 中国政府惟一的税源。中国政府能有这笔收入主要依靠中英贸
> 易和英国的管理。以强大的财源为后盾,我们还有强大的军事
> 力量。我们在 1842 年,接着在 1860 年,都展示了自己的强大力
> 量⋯⋯可是现在一切都变了。

[五]

莫理循到伯特兰街 98 号参加了贝尔举办的晚宴,不仅见到了姬
乐尔,还见到白克尔、W.F.莫尼彭尼[2] 和《泰晤士报》殖民地部编辑
弗洛拉·肖小姐[3] (后称为卢加德女士)。莫理循写道:"这是我人生
的转折点。"在人才济济的伦敦报业广场中,48 岁的查尔斯·弗雷德
里克·莫伯利·贝尔是个佼佼者。他在《泰晤士报》中不仅起经理的作

---

① 唐纳德·麦肯齐·华莱士(1841～1911):封为爵士。曾任《泰晤士报》驻圣彼得堡记
者和国外新闻部主任。参加过《大英百科全书》增补工作,并担任该书的第十卷的主编。

② W.F.莫尼彭尼(1866～1912):曾任乔治·白克尔的助理,在此之前曾任《约翰内斯
堡明星报》主编。

③ 弗洛拉·肖:曾任《泰晤士报》殖民部主任,撰写过有关殖民地问题的文章。1902
年,与陆军上校弗雷德里克·卢加德爵士结婚。弗雷德里克·卢加德爵士后来被封为勋爵,
1907～1912 年间任香港总督。

用,还是使《泰晤士报》免于分裂的凝聚力。他出生在埃及,父亲是埃及亚历山大港的一个商人。他多年担任《泰晤士报》驻埃及记者,后来《泰晤士报》总发行人阿瑟·沃尔特[①] 把他调到伦敦,负责管理破产了的《泰晤士报》。贝尔体格魁梧,头颅硕大,脸型粗犷,蓄着短八字须。他精力充沛,热情洋溢,殷勤好客,还特有幽默感。他把在一次事故中失去的踝骨嵌在手杖的顶端,一边跛行一边说他的骨头还在支撑着他。由于以前当过记者,他一直对新闻很感兴趣,而且在人员任命和对外政策方面有很大的发言权。至于主编乔治·厄尔·白克尔,同事利奥波德·阿莫利描述说:"他个子魁梧结实,留着漂亮的红色络腮胡子,笑声爽朗。"白克尔当过林肯旅馆的律师,还是牛津万灵学院院士。1880 年 25 岁时他担任《泰晤士报》的助理编辑,四年后提升为主编。阿莫利还说:"他把自己的全身心都奉献给《泰晤士报》。他措辞准确,文体优美,品德高尚,大公无私。"瓦伦丁·姬乐尔的脾气和白克尔大不相同。他身材瘦小匀称,长着一对炯炯有神的蓝眼睛,留着一副微红色的山羊胡子,为人有点神经质。他在英国外交部任职四年,1876 年离开外交部,转向新闻界。至于为什么离开外交部,他从没透露过原因。1892 年,他加盟《泰晤士报》,担任《泰晤士报》驻德国记者。他与人很难相处。《泰晤士报史》说:"慢性病和强烈的自我意识感使他变得非常敏感……很容易莫名其妙地发火。"

《泰晤士报》的对外政策实际上是由贝尔和国外新闻部的负责人制定的。阿莫利说:"这是个不合逻辑的程序。"但是,最没逻辑的程序是另一回事:贝尔作为《泰晤士报》的经理在出报问题上却没有发言权,沃尔特家族的两名成员把出报当作一种生意,自己把持着;另外,白克尔作为主编,却对下属员工没有或几乎没有控制权。尽管

---

① 阿瑟·沃尔特(1874～1910):《泰晤士报》总发行人(1894～1908),《泰晤士报》出版有限公司董事长(1908～1910)。

《泰晤士报》的外表看起来气势非凡、声势咄咄逼人，但实际上它体制紊乱，外强中干。但是当莫理循坐在贝尔的大餐桌旁时，他并没有意识到这一点。他只是个来自澳大利亚丛林地区的男孩，能聆听英国报界精英高谈阔论，已使他诚惶诚恐。"我在友好的气氛中和白克尔……以及其他新闻界名人共进晚餐。他们对我的态度都很和蔼可亲"，他在给母亲的信中说，"我可没吹牛，其中一个还称赞我为人谦虚，讨人喜欢。贝尔太太说我的游记写得极其引人入胜。"

莫理循终于如愿以偿。几天后，他接到通知，他将被派到印度支那和暹罗去，试用6个月，任务是"对暹罗的政治、经济和贸易前景进行详细的报道。"他所执行的是一趟秘密使命，要伪装成一个对远东贸易有兴趣的澳大利亚医生。贝尔指示他："要尽可能久地维持这种身份，不要暴露和《泰晤士报》的任何联系。"外交部把他介绍给英国在亚洲的外交代表，但是却不知道他的真正身份。《泰晤士报》已不是头一回派出秘密记者。

1893年7月，法国派舰队强行通过湄南河，不顾英国的抗议，占据了暹罗东部大片地区，几乎把她在印度支那的地盘扩大了一倍。打那以后，英法两国间的关系一直很紧张。法国殖民者在俄国的默许下，正在绘制印度支那帝国版图，从俄国在亚洲的边界一直延伸到英国在印度的边界。法国正不断蚕食湄公河以西暹罗的领土(暹罗把湄公河当作国界)，以及湄公河以东英国在江东掸邦的领土。霍尔特·哈里特在1895年9月7日刊的《星期六评论》中写道："其目的就是为了和俄国在亚洲建立亲善关系，瓜分有着世界四分之一人口的中国。"但是，照伯塞尔的话说，英法两国的眼前之争是云南——这个从"后门"渗透入中国的门户。

[六]

莫理循于11月离开英国，装备齐全。他在信中骄傲地对母亲说:"我带上一架非常好的柯达照相机……考究的服装和几封会让您大吃一惊的介绍信。"圣诞节前两天,他抵达西贡,并于 12 月 28 日发回他的第一篇报道,把法国官员挖苦了一番。在他犀利的笔下,法国官员成了"脑满肠肥、气喘吁吁的中年人,整天啜饮苦艾酒,连讲话都会冒汗,拼命摸剪了短发的脑袋和满是赘肉的双下巴。他们不但工作效率低下,而且贪污腐败"。他对法国官员的评价和乔治·寇松①的描写很相似。1893 年,寇松把法国官员描述成"最没有吸引力的人,留着短须,走起路来慢慢吞吞,知识浅薄,生性懒散"。

莫理循深信法国人要吞并暹罗。他敦促英国当局要维护暹罗的独立,因为如果法国人的野心没有得到抑制,英国的利益,尤其在新加坡的利益,就会遭到侵害。他并不知道英国外交部正和法国进行谈判,寻求妥协性的解决方案。当莫理循还在横渡印度洋时,英国首相索尔兹伯里②勋爵于 12 月 3 日写信给外交事务次官寇松:"如果没能达成协议,法国将在 10 年内吞并暹罗。我十分怀疑,那时英国是否愿意冒险打一场保卫战。"1895 年 1 月 15 日,也就是莫理循抵达曼谷前一两天,英法两国达成了协议,一致认为必须确保暹罗中部地区的领土完整,承认法国在暹罗东部地区的自主权,承认两国在保证区东、西两部的势力范围,瓜分了两国在云南和四川(中国最富庶的省份)的商业特权。协议还纠正了缅甸和印度支那的分界线——当然,在一定程度上牺牲了中国的利益。莫理循在英法两国谈判过程中所写的报道流传很广,尤其在法国。《泰晤士报史》说,这些报道"引起巨大反响"。

---

① 乔治·纳撒尼尔·寇松(1859～1925):英国保守党领袖之一,先后封为男爵、伯爵和侯爵,曾先后任印度事务次官和外交事务次官。1919～1924 年,任外交大臣。先后著有《俄国在中亚》、《波斯和波斯问题》、《远东问题》、《大学改革的原则与方法》。

② 索尔兹伯里(1830～1903):英国保守党领袖,曾学于牛津基督教学院,1853 年当选为下院议员。曾任印度事务大臣、外交大臣等职。三次当选为英国首相。

莫理循成了英国驻曼谷临时代办莫利士·德本森① 的座上宾。他在给母亲的信中说：

> ……我怀里揣着各种各样的介绍信来到这儿，其中有印度事务部、外交部和殖民部的介绍信，有前英国驻曼谷代办斯科特② 和其他显赫人物的介绍信。索尔兹伯里勋爵的得力助手托马斯·桑德森③ 爵士也亲自为我写下了给德本森先生的介绍信。我在这里到处都受到王室和暹罗当局的极大关注。我在做报社要我做的事情，但结果是否能使他们满意，还得等着瞧。眼下我正准备到曼谷以北的地方看一看……我总算交了好运。此行如果能成功，您就会听到我的好消息。如果不成功，情况也不会比以前更糟。您务必对我的这趟使命保持缄默。

莫理循离开曼谷，沿着湄公河盆地而上，前往云南省省会昆明（两年前他曾在那里买过他的白色小马）。在前往呵叻的路上，由于铁路只部分修通，他只得坐了一段火车，其余的路程都是骑马。在穿越暹罗西北部前往缅甸时，他乘过牛车，骑过马和大象，有时还得步行。到了景栋后，他在护照问题上遇到了麻烦。任何英国公民从缅甸进入中国，都必须持用中文写的护照。可是在景栋，没有人会写中文。所以英国专员只得临时签发一份用英文、掸文和怒文写的申请书，让他带到中国边境当局提出申请。莫理循把申请书装在他所能找到的最大信封中，信封上盖了一个"冠冕堂皇的关防"。其实，这个

---

① 莫利士·德本森(1852～1932)：后封为爵士。1894～1896 年间任英国驻曼谷临时代办，1896 年任驻马德里大使，1909 年任驻维也纳大使，1917 年任英国驻十一个南美国家的特使。

② 詹姆斯·乔治·斯科特(1851～1935)：后封为爵士。曾任英国驻曼谷代办。著有《缅甸北部与掸邦地名词典》等有关缅甸的专著。

③ 托马斯·桑德森(1841～1925)：后封为男爵，1894～1906 年任外交部常务外交事务次官。

关防是他自己用范霍顿牌可可粉罐头的盖子制作的。一切准备就绪后，他就动身前往中国边境，仍不携带任何武器，随行的还有一个中国混血儿、七个苦力和两匹小马。尽管他携带了可鱼目混珠的关防，中国边防官员还是先打官腔，说是要先和在思茅的上司联系后才能定夺。莫理循给这个官员送了一块在广告上经常见到的能治疗颈部皮肤病的肥皂，立即就得到一封通行授权信。莫理循写道："这封信写得有点离谱，把我说成是'英国女王特派的皇家医生，应云南总督的迫切要求前来救死扶伤'，不过这可不是我的错。"

到达昆明的前几天，莫理循遭到一伙土匪的抢劫，他的药箱和其他装备全被抢个精光。紧接着，他不幸染上一种鼠疫，病得非常厉害。既没有药，也没有医务人员治疗，莫理循只得自己想办法，用大量出汗的土办法来驱赶病魔。他在一个用砖砌的中式长炕里点起熊熊烈火，人就躺在热炕上，烤到浑身大汗，背上长满水疱才起来。他说："这有点像古代的火刑，但是我成功地接受了严峻的考验，这可能是我所采用过的最原始的治疗方法。"

在昆明休养几星期后，莫理循动身前往坐落在东南方向的通商口岸蒙自。这是当时离北京最远的中国海关。10 月 1 日，他又向西进发，沿着云贵高原前往思茅，一路上走的都是以前欧洲人没走过的山路，到处丛林密布，沟壑重叠，溪流纵横。10 月 31 日，他抵达思茅，然后又从那里出发，往南到勐醒。英法两国曾因这个小地方把关系搞得很紧张。根据 1 月 15 日达成的协议，英国把这块小地方让给了法国。勐醒地区"人口稀少，丛林密布，瘴气迷漫。那里的人因沉迷于抽鸦片，体质都变得非常虚弱"。勐醒城虽说是那里的一个主要城镇，但其实只是个"破破烂烂的村落，散落着 160 座本地人盖的木头房"。不过勐醒有个与众不同之处，那里盛产老虎和水蛭。莫理循回忆说，当年英法两国差点为争夺勐醒而大动干戈，那里独特的魅力不无是个原因。莫理循想："的确，国家之间的争端经常有些很奇怪的原因。"

　　莫理循在清莱渡过湄公河，往南到暹罗边境。他在清迈卖掉了马，雇了一艘本地人的小船，沿着湄南河顺流而下，前往大城和曼谷。大约在他离开曼谷往北旅行一年后又回到曼谷。令他感到吃惊的是，瓦伦丁·姬乐尔会在曼谷迎接他。姬乐尔在从华莱士手中接管国外新闻部之前，一直在世界各国考察，重组《泰晤士报》在国外的机构，任命新的记者。莫理循觉得自己没为《泰晤士报》作出什么贡献，但很快就打消了这种疑虑，因为他的工作得到很高的评价。姬乐尔给他带来很多伦敦报业广场的指令，其中一条就是指示他立即以常驻记者的身份到北京去。他的工作不但得到《泰晤士报》的高度评价，还得到外交部的赞赏。1896 年 11 月 14 日，外交部常务外交事务次官托马斯·桑德森爵士写信给莫伯利·贝尔说："我们非常感谢莫理循先生所提供的信息。您能否告诉我怎样才能向他表达我的谢意？"

　　姬乐尔回到伦敦后，立即给他的新任驻北京记者莫理循写了封短信：

　　　　就我们的目的来说，我们所要求的一般报道和启事必须符合大英帝国的长远利益和政策，而旅行中所发生的偶然事件和奇遇必须总是作为陪衬来处理。总而言之，在我看来，您所缺乏的正是展望远景的观念。您就是我们的望远镜，您必须为我们调好透镜的焦点；您要永远记住，我们远隔万水千山，我们只能透过您这望远镜才能看到远景的全貌。至于景色的细致描述，只能是您报道的点缀，而不是它的基础……您的报道必须尽量精炼，用最少的篇幅向我们提供最多的信息和教诲。

第五章

[一]

　　莫理循的后半生大都在中国度过。当时的中国还是个弱国,政府腐败,管理效能低下。中国还是个僵化的社会,对国外的进步和国内的野蛮黑暗熟视无睹。连年的农作物歉收、洪涝和干旱给无数国人带来死亡和凄凉。皇亲国戚远离人民,生活在戒备森严、金碧辉煌的皇宫里,过着纸醉金迷的生活。1889 年,光绪皇帝 22 岁荣登大宝,不过却只是个有名无实的皇帝,没有任何实权。作为中国的皇帝,他的尊称有一大串,包括"天子"、"皇上"、"圣上"、"寡人"、"佛爷"和"万岁"等。他是臣民崇敬和朝拜的对象。但是,大清帝国的真正统治者却是他的姨母——61 岁的慈禧太后(也称叶赫那拉氏和"老佛爷")。她是咸丰皇帝 28 个满洲秀女中的一个,以美丽、调皮的兰贵人身份开始她的宫廷生涯。26 岁时,她就已独揽朝政大权。在她攀登权力高峰的道路上,处处布满荆棘,充满了谋杀、阴谋诡计和背叛。不过,

《慈禧外记》的作者濮兰德① 和巴克斯② 却为她说了几句好话:"没有任何档案记载可以表明,她纯因生性残忍或嗜杀而杀人。"他们还说:

> 如果她要处死一个人,原因肯定是那人威胁到她权力的安全……大清帝国不乏年迈昏庸的学究,大腹便便的福斯塔夫③,骨瘦如柴的鸦片鬼,老态龙钟的宿命论者和贪污腐败的寄生虫。而她却以刚强有力的工作作风和充沛的精力为自己的祖先保守着满清王朝。为了能理解她的风格和观点,我们必须回顾英国都铎王朝④ 的早期年代。在一个酷吏和酷刑已习以为常的国家里,她的冷血暴政不值得大惊小怪…… 就像在 15 世纪末的英国,伯爵被砍头也没什么可大惊小怪一样。

实际上,满清宫廷的生活和中世纪欧洲宫廷十分相似。一个历史学家说,宫廷生活变幻莫测,充满矛盾。在某些事情上你显得聪明睿智,但在另一些事情上你却干得十分愚蠢;有时你生活在幸福之巅,但转眼之间你会下到十八层地狱;有时你会突然交上好运,但你也可能刹那间走向毁灭。慈禧太后在许多盛典中都喜欢体现自己有

---

① 濮兰德(1863~1945):英国人。1883 年来华,考入中国海关。1896 年辞职就任上海英租界工部局秘书长。1906 年被派为中英公司驻华代表。曾任《泰晤士报》驻沪通讯员。除与巴克斯合著《清室外记》、《慈禧外记》外,还著有《李鸿章》、《中国最近的事变和现在的政策》等书。

② 巴克斯(1873~1944):英国人,汉学家。1898 年来华。1903~1913 年任京师大学堂教习。第一次世界大战后,致力于汉文研究和翻译,不与外界往来。1944 年死于北京法国医院。曾伪造了《景善日记》。

③ 福斯塔夫:莎士比亚笔下脍炙人口的戏剧人物,外形肥胖,生性贪婪怯懦,然喜发豪言或作机智妙语,先后出现于《亨利四世》上下部及《温莎的风流娘们》等剧中。全名是 Sir John Falstaff。

④ 都铎王朝:英格兰统治王朝(1485~1603 年),包括亨利七世及其后代亨利八世、爱德华六世、玛丽一世和伊丽莎白一世。

观音菩萨一样的慈悲心肠,但实际上她总凌驾于自己所制定的法律之上,常常为所欲为。在颁发懿旨,禁止实行体罚后几天,她就把一个令她讨厌的改革派官员鞭打致死。她的继承人隆裕也同样反复无常。一个名伶在她面前表演时,她认为表演缺乏热情,就下令把他狠狠抽了40鞭,然后驱逐出宫。

傅勒铭① 在评说慈禧太后时说:"她在大庭广众面前出现时,非常注重礼仪,要人们对她顶礼膜拜。她的私生活我们了解得很少,只知道她喜欢看戏,爱好泛舟野餐和养哈巴狗。"她还喜欢收藏钟(我有幸观赏过她在故宫中所收藏的许多钟),爱吃肉汤煮荷包蛋,对钱财还情有独钟。她在1908年去世时,私人财产估计可达1 600万英镑。这还只是个推测的数字。在1894~1895年中日战争期间,她和汇丰银行北京分行经理熙礼尔②磋商过,要把价值8 250 000英镑的金银财宝汇到伦敦去。中日战争中,中国之所以会惨败,很大一部分原因是慈禧太后把大部分海军拨款挪用来建造她那美轮美奂的颐和园。宫廷的年开支大约为6 500 000英镑,豢养着以太监总管李莲英为首的大批寄生虫。李莲英是慈禧太后最宠信的太监,和她关系十分密切,对她有很大的影响。他敛财有方,善于敲诈勒索,买卖官爵,有的官位卖价竟高达40 000英镑。他在当铺和钱庄的投资多达数百万英镑。

大多数太监在宫中干的都是传话和仪式杂役等轻松活,但是他们在宫中所处的地位却是令人羡慕的,常常能获得高官厚禄和权势。和他们打交道有许多忌讳,因为他们不喜欢任何和他们生理缺陷有关的暗示。例如,有他们在场时,不能说没柄的茶壶,也不能说没尾巴的狗。大部分太监都是直隶省人,那里以出太监,而且是出好太监

① 傅勒铭(1907~?):英国新闻记者,作家,著有《北京围困记》等书。
② 熙礼尔(1857~1924):汇丰银行代理人,1891年后任该行北京分行经理,代表英国在华的金融利益。1895~1913年间所有重要的对华贷款谈判他几乎都有参加。

而闻名。那些想当太监图个出人头地的年轻人,要把阉割下来的"命根子"保存在密封的罐子里,并交出去验看。

中国数千年封建王朝的宫廷中一直都有太监存在。这种流传到20世纪的恶习已完全落后于时代的发展。同样落后的还有奴隶制、酷刑和一部既残忍又专制的刑典。如果妻子殴打丈夫,她所受的刑罚是用竹条抽打臀部100下。可是如果丈夫殴打妻子,只要不打得皮开肉绽,就可安然无事,不受任何惩罚;即使被处鞭刑,只要能付5两银子,就可免遭皮肉之苦。四品以上被处绞刑的官员,只要能付12 000两银子,就可免刑。皇帝及其随从人员出行时,任何人都不得挡道,否则要被处绞刑。犯上作乱罪不可赦,犯人要被凌迟处死。具体做法是把犯人绑在十字形的刑架上,刽子手根据判决所规定的次数,割下犯人身上的肉,砍去四肢,最后砍下他的脑袋。犯人家族中所有年满16岁的男子都受株连,被处斩刑。

[二]

1897年3月15日莫理循在北京找到房子,安顿了下来。莫理循后来写道:"回忆起在北京度过的第一个夏天,我就不寒而栗。一切从零开始,都在摸索之中。"一个给他指点迷津的人对他说,收集有关远东的情报很容易。如果莫理循要发送最新的有关满洲的情报,他可以叫他的贴身男仆来帮忙。他们之间可以用洋泾滨英语进行交谈:

> "满洲有什么坏消息吗?"男仆说:"我不知道。"莫理循的朋友接着问:"你怎么会不知道?俄国人不是对满洲虎视眈眈吗?"男仆回答:"老爷,情况大概就是如此,没错。"当天晚上,一封这样的电报就可以发往国内:今天下午,我和中国的一名高级官员进行了秘密会谈,其姓名恕不奉告。他十分愤怒地提到俄国对

满洲所持的咄咄逼人的侵略态度。

但是,这可不是莫理循的工作方式。尽管一切还很陌生,他还是立即着手工作。《帕尔摩尔公报》记者阿尔伯特·艾德蒙兹回忆起莫理循刚到北京的那段日子:

> 他到北京的第二天,就紧锣密鼓地进行采访。那天晚上,俄国驻华公使馆举行一个招待会,我们所有人都受到邀请。可是莫理循没去。他正忙着修改他的第一篇报道。他派人到公使馆给我递了一张便条,上面写着:"演出结束后,请来看看我。我感觉糟透了。"我来到莫理循家时,发现他还在忙着改稿件,不知道该不该把稿件发出去。他要求我开诚布公地谈谈对稿件的看法。我浏览一遍后,觉得稿件写得棒极了,刚好切中当前中国混乱局势的要点,显示出娴熟的写作技巧,清清楚楚地表达了他对总体局势的全面看法。我对他说:"贝尔先生一定会高兴的。稿件写得非常好。"这是莫理循记者生涯中的第一篇报道。他一生中写过无数非常精辟的报道,正是这些报道使莫理循成为他那个年代最有远见卓识的外国记者。

[三]

莫理循写道,他一开始工作就得到刚刚上任的英国驻华公使克劳德·窦纳乐① 爵士的帮助和鼓励。窦纳乐爵士45岁,身材修长,长着大鼻子,眼睛里常流露出责备的神情,蓄着一副可爱的、像上了蜡似的细长胡子。他在埃及和苏丹打过仗,任过坦桑尼亚桑给巴尔

---

① 克劳德·窦纳乐(1852~1915):封爵士,英国驻华公使(1896~1900)和驻日公使(1900~1912)。

市的英国总领事和棕油河保护领地行政长官,在香港还当过枪炮射击教练。他所接受过的训练虽然多种多样,但还不足以胜任驻华公使这样重要而又困难的外交使命。莫理循写道:"所有知情的人都批评这一任命,说他没有受过良好的教育……性格软弱,轻浮无礼,饶舌多嘴……行事作风像个军人那样武断随意。莫理循本人或许赞同人们对窦纳乐爵士的普遍评价,但是他在一篇准备拿去发表的手稿里却这么写:"这些针对窦纳乐爵士的批评是不公平的。他是个有独特魅力的英国政府官员,本身并没有刻意谋求索尔兹伯里勋爵任命他担任的职位。我相信,他很快就会以自己的杰出表现,获得索尔兹伯里勋爵的高度信任。"不过,和这有关的一篇日记却没写得如此娓娓动听:"海军上将布鲁斯问托马斯·桑德森爵士……窦纳乐能否获此任命的秘密时,桑德森回答说,'您不知道吗? 我想所有人都知道,索尔兹伯里相信窦纳乐手里掌握着他和撕人魔杰克是同一个人的证据。'"

罗伯特·赫德① 爵士是莫理循在北京很快就交上的另一个朋友。赫德爵士62 岁,北爱尔兰人,非常注重外表形象,是当时中外关系的最重要人物。大清帝国海关的收入占中国总岁入的三分之一,而他是大清帝国海关的真正缔造者。从1863 年开始,他就担任大清帝国海关的英籍总税务司,大权在握,管理这个庞大而又复杂的机构,控制着中国所有海关的运作。中国海关雇佣了大约1 000 个外国人,其中一半是英国人,另外还有大约4 500 个中国雇员。虽然他是个中国政府的雇员,但是维多利亚女王却授他以骑士和准男爵的称号。清政府也授予他红顶珠、顶戴花翎、双龙图案的补服,甚至太

---

① 罗伯特·赫德(1835~1911):封爵士,1854 年来中国,任驻宁波英国领事馆翻译,后调任广州海关副税务司。1863 年继李泰国为大清帝国海关总税务司,制定由外国人管理的海关制度,控制中国的财政收入,得到洋务派李鸿章的信任,是最有影响力的来华外国人,人们通常称他为"总税务司"。1908 年请假回国,至死始卸职,任中国海关总税务司达48 年之久。

子太保的头衔。总理衙门①（相当于外交部）常找他磋商要事，实际上他是总理衙门的主要顾问。莫理循认为，中国的总理衙门结构极为累赘，管理国务效率极差。与此同时，正如《泰晤士报》在1900年写信给他说的那样："整整四分之一世纪，每一个新任英国驻中国公使所接到的最后一条指示都可总结为简简单单几个字："有问题，找赫德爵士。""

在外人眼里赫德的立场比较模糊。英国评论家指责他亲中国，而中国评论家则指责他亲英国。1854年赫德以见习译员的身份来到中国，打那以后他只回过英国两次。他在中国度过的岁月如此漫长，以至《泰晤士报》甚至认为"他已过于习惯用中国人的眼光看中国问题"。但是对许多中国人来说，他深受英国王室的宠信，因此他来华的惟一目的就是把西方的利益更加渗透进中国。当代历史学家伯塞尔非常赞同这种观点。他认为，大清帝国海关是"外国政治势力对中国进行直接控制的重要工具"。不可否认，罗伯特·赫德爵士对中国怀有一种真诚的爱，对慈禧太后怀有一种奇怪的崇敬之心。和中国的其他机构完全不同的是，中国海关在他的管理下，效率极高，而且没有腐败现象。他在北京的社交界起举足轻重的作用。《泰晤士报》也不得不赞扬说，他的地位"无论从社交还是从政治方面来说，都是独一无二的"。在持续不断的外交官之间的争吵中，他的海关是个公认的中立地带。他多才多艺，对音乐有种狂热的爱好。他组织了一支由20个中国人、葡萄牙人和菲律宾人组成的"组合乐队"，每周都在海关花园里演出一次，给冷漠的北京社交生活带来值得赞赏的温馨色彩。在莫理循眼里，他有"无限的工作能力、远大的抱负和强烈的权力欲"。

---

① 总理衙门：总理各国事务衙门的简称，也简称为"总署"和"译署"。1861年初（咸丰十年底）清政府为办理洋务而设立的中央机构。

[四]

1900 年 3 月 30 日,下院议员约瑟夫·沃尔顿先生(刚从中国实地考察茶叶贸易回国)在英国国会下议院的茶室里摊开一张大地图,邀请尊敬的议员们和他一起观看,力图说明他那天所发表的有关英国政府忽视英国在中国贸易和政治利益的演说是正确的。他指出,1899 年中国的外贸总值达 7 000 万英镑,其中和英国的贸易值达 4 300 万英镑。沃尔顿的看法是,"中国是个有四亿人口的大市场,土地肥沃,矿藏资源丰富",因此对英国来说,从贸易的角度来看,中国比印度重要。他认为,如果英国不能制定出一项坚定不移、明确的对华贸易政策,那将是一场"灾难"。

沃尔顿先生是个典型的英国人。在英国人看来,为了能获得更大的利润,就可以把中国这个大西瓜永远切下去。可是,他们似乎从来不动脑筋想一想,尽管中国政府腐败无能,但是中国毕竟还是个文明古国,是个有主权的国家。在英国那些浑身铜臭的势利人的眼中,中国的儒家学者和苦力劳工竟然没有任何区别,都是野蛮国家的国民。在他们眼里,可以不管中国人愿意不愿意,英国都可以把贸易强加在他们身上,获取暴利。因西藏探险而闻名的荣赫鹏[①] 上校在义和团围攻北京使馆期间,曾给《泰晤士报》写了一封信,声称:"地球太小,中国人所占的这一块却太大、太富饶。现在世界各国间的交往是这么密切,因此不能允许中国人独享中国这片富饶的土地。"

要想知道英国民众对政府外交政策的看法是不可能的。其实,即使民众了解政府的外交政策又有什么用呢? 因此,所谓英国对华

---

① 荣赫鹏(1863～1942);英国人,生于印度。1889 年到洪札"考察",1892 年英国占领该地后任政务官。1903 年奉印度英国政府令,率军侵入我国西藏,强迫西藏地方政府签订《"藏印"条约》。著有《大陆的心脏》、《印度和西藏》等。

态度倒不如说是一些有权势的英国人的对华态度。利奥波德·阿莫
利在他所撰写的《我的政治生涯》一书中,曾对这种态度做了生动而
又天真的总结。阿莫利从 1900 年 10 月到 1901 年 6 月一直担任《泰
晤士报》国外新闻部主任。他在书中写道:

> 大约 50 年来,我们一直致力于打破中国闭关自守的状况。
> 我们把香港建成……一个世界上最繁荣的中转港。我们虽然没
> 有吞并上海,但是实际上已把上海变成一个繁荣的英国殖民地,
> 控制着整个中国中部地区的贸易。女王陛下的军舰在长江
> 1 600英里的河道上巡逻……多亏了"常胜军"戈登统带的勇敢
> 和才能,摇摇欲坠的满清王朝在太平天国革命中才免遭毁灭。
> 另一个英国人罗伯特·赫德爵士在中国海关里建立起一套庞大
> 的英国金融管理体系,控制着作为中国中央政府经济命脉的海
> 关……所有这一切似乎都顺理成章……如果这一切能延续下
> 去,我们都会很满意。但是,如果脆弱的满清王朝完全崩溃……
> 我们所承担的责任就更大了(尤其在长江流域),或者通过各省
> 总督,或者采用更直接的方式来控制中国。没有人会公开表示
> 希望在中国和印度建立维多利亚女王领导下的中国女王政府。
> 但是,在维多利亚女王执政 60 周年纪念之际,没有人会认为这
> 种想法是难以想象的……

这就是一个聪明的英国人对英国在 19 世纪中国所起作用的解
释。但是一个聪明的中国人可能会持完全不同的看法:

大约 50 年来,英国以及其他追随英国的列强一直致力于瓜分中
国。香港是中国的一块战略要地。但是英国政府用武力和外交压
力,强迫中国政府割让香港,租赁了这块面积达 355 平方英里的中国
领土。在上海(和其他地方),英国剥夺了中国人在财政上的独立性,
把不合理的关税强加在中国人身上,使外国商品在中国市场上泛滥,

牺牲了中国民族工业的利益。英女王陛下的军舰在长江(和其他河流)巡弋,保护英国的利益,把中国的船只驱逐出这些航道,却不给船主以任何赔偿。在"常胜军"戈登统带的帮助下,摇摇欲坠的满清王朝才免遭(或部分免遭)毁灭。为什么英国要出手相助呢? 原因很简单:英国为了维护自己的商业利益,愿意支持任何政府,甚至不管这个政府是多么不得人心或腐败。罗伯特·赫德爵士在中国海关所建立的庞大的英国金融管理体系,实际上是外国对中国进行间接控制的强有力的工具……

任何一个历史学家现在都不会对这些事实提出任何异议。但是,尽管莫理循对中国事务非常熟悉,对中国人民怀有深切的爱,他却没能意识到这一些,因为他过于沉迷在帝国主义的信念中。

[五]

在当时一个作家的笔下,拥有 200 万人口的北京是座"充满神奇而又破烂肮脏的城市"。北京城的内城城墙高 40 英尺,底部宽 50 英尺,墙头可四匹马并驾齐驱。城墙拱卫着的城池内是红墙黄瓦的皇城。皇城里又有红墙围着的紫禁城。紫禁城里亭台楼阁错落有致,美不胜收,其中最重要的是中南海。任何人未经批准擅自通过紫禁城的任何一道门,要受鞭刑 100 下;误闯任何一座宫殿,都要被处绞刑。北京城的城墙有雉堞状的胸墙,是欧洲人散步的好场所,因为你可以远离狭窄街道的尘土。北京城里除使馆区外,到处都没有卫生设施。街道都没铺路面,走起路来尘土飞扬,烂泥没到踝部。太阳下山后,9 道城门统统关闭。皇城南处是汉城,也有城墙围着。

莫理循到北京后,注意到的第一件事就是外交官们生活在自己制造的孤立的生活环境里。各国外交人员都和自己的同胞生活在一起,完全和中国人相隔离。11 个国家的使馆挤在一块只有四分之三平方英里大的地方,三面为高高的城墙所环绕。使馆区里有自己的商店、银行、旅馆、教堂、俱乐部、剧院和运动场。也许英国人所制造的孤立的生活环境最为典型。他们把英国的生活环境都搬了过来，用宴会和舞会、聊天和高尔夫球来减轻思乡之情，对中国人的风俗习惯、语言和情感完全置之不理。虽然中国人的食物是全世界最精美可口的，可是生活在使馆区的英国人却只懂得享用自己具有民族风格的食物。6月里一个酷热的晚上，莫理循参加了英国人举行的一次盛宴，庆祝维多利亚女王即位60周年。筵席上端出的都是英式食物：喜庆汤、牡蛎馅饼、烤牛肉、通心面、水煮火腿、舌肉冻、烤羊羔、童子鸡、葡萄干布丁、香橼色冰淇淋和奶酪。宴会结束时他们同声高唱：

> 六十年的风雨沧桑，
> 六十年的悲欢离合，
> 主啊，
> 您一直保佑着我们的女王。
> 您指引她
> 历经变幻莫测的人生，
> 直到尽善尽美，
> 愿上帝保佑女王。

毫不奇怪，当莫理循在离使馆区不远的一个中国人住宅区找到住所时，一些外交官颇有微辞。他在给母亲的信中描述了自己的住处：

> 我租了一套中国人的房子，并把它改造成欧式住房。我一个人住，只有书和我做伴，到使馆区要走过好几条肮脏的街道。我有一辆马车，养了两匹马，雇了一个车夫(月薪两英镑)。另外我还雇了一个男仆(月薪一英镑)、一个主厨(月薪一英镑)、一个

小厨(月薪 12 先令,由主厨付)、一个小工(月薪 14 先令)和两个马夫(月薪共三英镑,其中副马夫的工资由正马夫付)。

北京的生活条件是不怎么好,但却不乏仆人可用。

[六]

莫理循刚一安顿下来,就动身前往西伯利亚,"考察铁路线以及铺设铁路的可能性"。他乘船去海参崴(1858 年俄国从中国攫取的大片领土中的一个港口城市),然后乘火车去依曼(铁路才修到这儿),从那里乘一艘内河轮船去伯力。在那里,俄国人对他的接待虽然谈不上有礼貌,但还算较得体。他视察了正在修铁路的 1 200 个犯人的住宿地,对他们的生活条件表示满意,并做了报道。从伯力,他又乘上一艘拥挤的轮船,沿阿穆尔河上行 1 000 多英里,抵达水路航行的终点站斯特里顿斯克。在江上航行时,他在三面环水的满洲里转了转。接着他乘上俄式大型四轮马车往东到尼布楚,然后往南穿越中国边境进入蒙古的海拉尔,一路上都是像澳大利亚无树大平原一样的荒野。海拉尔是座有 2 000 人的村庄,里面光有男人,没有女人,出产"被称为中国伏特加"的烧酒。莫理循在这里把俄式大型四轮马车换成轻便的高轮蒙古马车,横穿大草原,穿过兴安岭大森林,到达嫩江流域的齐齐哈尔。那里到处都是俄国工程师和士兵。俄国士兵走起路来像占领者一样趾高气扬,令中国人战战兢兢。俄国工程师都蓄着大胡子,很受中国人的尊敬,因为中国人总是根据胡子的长短来估计年龄。中国士兵扛着"买来的老式滑膛枪……自认为这是英国人在滑铁卢打胜仗用的武器"。

在齐齐哈尔,莫理循买了一辆笨重且没有弹簧的马车,坐着这辆车沿着嫩江江岸驶向白都纳,然后又穿过白都纳到吉林省省会吉林市。至于横跨西伯利亚的铁路路线,谁也不能确定线路该怎么走,但是莫理循所遇到的每个俄国工程师都认为亚瑟港(即旅顺口)是理想的终点站。收集到这些情报后,莫理循就回到海参崴,打电报给《泰晤士报》,报告说经初步调查可以确定横跨西伯利亚的铁路的终点站可能是亚瑟港:

> 因害怕中国当局不允许在电报上用"亚瑟港"这个名称,我就用了它的中文名称"旅顺口"。但是电报员不熟悉这个名称,误打为"旅顺坎",因此谁也不懂这究竟是哪里。遗憾的是,没人注意我的报告。根据随后发生的事情判断,这的确是不幸的。

电报发出后,莫理循于 11 月 22 日还从旅顺口发出一篇长篇报道,对电报加以补充。他在补充报道中说,俄国人想尽量把铁路往南延伸,把越来越多的满洲地区和俄国的领土相连接。他还说,俄国人一谈起日本人的要求,都毫不掩饰地流露出嘲笑的神情,但是日本对满洲前途的重要性决不能忽视。几天后,莫理循乘轮船到烟台去。那里的英国领事对他说,德国人已占领了山东省的胶州。莫理循写道:"远东历史新的一章已经开始了。"虽然占领胶州只是三年后义和团起义的原因之一,但在欧洲列强瓜分中国的漫长而又可耻的历史中,这又是一章。导致德国人占领胶州所发生的许多事件是国际大屠杀史中的一个典型案例,很值得一提。

德国在中国的商业利益仅次于英国,长期以来一直向中国施加压力,要求中国提供一个海军基地,最理想的地点就是在胶州。1897年 10 月初,德国驻北京公使冯·海靖男爵(不愧为俾斯麦的门生)乘坐巡洋舰"海因里希太子号"访问了胶州,借口检查船体,派潜水员下到水中考察港口。冯·海靖对胶州的状况感到满意,就前往汉口准备和有关当局继续磋商。但是,一件突发的事情使他用不着通过冗长乏味的外交谈判就能达到目的。11 月 1 日,山东的两个德国罗马天主教传教士被武装的中国民众所杀害。一些历史学家认为这纯属土匪所为,但另一些人认为这是某个秘密团体的成员所为。德国皇帝对此事件立即作出强烈反应:"我决心对中国人采取严厉措施,必要时采用最为冷酷无情的手段,让中国人明白,德国决不能任人玩弄。"他还宣布:"当德国的铁拳重重地落在中国人脖子上时,无数中国人将为此而发抖。"德国海军上将水师提督狄特立克斯接到立即占领胶州的命令。11月14日德国海军陆战队在胶州登陆时,中国的守备部队还完全不知道他们究竟想干什么。德国士兵反穿旧式夹克衫,让人们看不出他们是军人,带着德国人行李,好像来做买卖赚钱。德国以两个传教士为代价,获得中国最好港口的99年租赁期,附加整个山东省的修筑铁路权、采矿权和在山东省承办各项工程的优先权(山东省的面积比英国还大,人口比英国还多)。另外,根据长期以来已有的先例,德国还要求中国当局赔偿其军事费用。

英国驻华公使馆中文秘书戈颁后来回忆说:"殉道者的鲜血有时是能结出奇怪果实的种子。"

[七]

中国正被逐渐瓜分。在许多观察家眼里,大清帝国的最终消亡已成理所当然之事。许多接受西方思想的中国有识之士已开始认识到这一点。他们意识到,不改革中国累赘、陈旧和腐败的政府体制,中国就难以生存。最杰出的改革派人士就是著名的广东学者康有为。他的许多奏折深深地打动了中国皇帝的心。在他周围聚集着一大批支持者,其中包括中国最著名的广东人张荫桓①。他担任过总理衙门大臣,1897年代表中国参加英国维多利亚女王即位60周年纪念典礼,并被英国政府封为爵士,荣获圣迈克尔和圣乔治大十字勋

---

① 张荫桓(1837~1900):清末外交官。1882年在总理衙门任职。1885年任出使美国、日斯巴尼亚(今西班牙)、秘鲁三国大臣,1890年回国,仍在总理衙门任职,后累迁户部左侍郎。1898年,戊戌变法时调任管理京师矿务铁路总局,倾向变法,戊戌政变后,被充军新疆。1900年被杀。

章。康有为六次向皇上提出进行改革的请求。日本支持他,俄国支持顽固派,英国则保持中立。

中国各地纷纷涌现出许多呼吁改革的团体。帝师翁同龢① 是个著名学者和富有影响力的人物。他把康有为引见给光绪皇帝。戈颁写道:"光绪皇帝很快就颁下了许多诏书,狂热地推行改革。短短几星期内,就出台了许多在政府机构、财政、教育、军队和工业等方面激进的改革措施⋯⋯"慈禧太后最初也同意进行改革,不过她还是免去了翁同龢的所有职务。但是当光绪皇帝开始废除旗人的干俸时,她就和改革的反对派纠集在一起,要废掉光绪皇帝和他所推行的危险的改革试验。

到了1898年9月中旬,光绪意识到,为了他自身的安全,为了使改革不至夭折,必须把慈禧太后软禁起来,还得除掉她的忠实支持者荣禄② (据传荣禄是慈禧太后少女时代的恋人)。荣禄刚被任命为直隶总督,兼任禁军统领,但是袁世凯才是直隶最有权势的人物,因为他手里掌握着由他负责组建和指挥的中国当时装备最精良、训练最有素的"新建陆军"。袁世凯表示同情改革运动,因此光绪皇帝信任他,并给他发了一道密旨,命令他发动政变。但是袁世凯背叛了维新派和光绪皇帝,把政变计划密报给荣禄,而荣禄则急忙赶到颐和园,向慈禧太后做了汇报。9月21日凌晨,光绪皇帝被侍卫和太监软禁在中南海瀛台。康有为遭悬赏通缉,只得乘一艘英国轮船仓皇出逃,流亡海外。他的弟弟和其他5名年轻的改革派人士(史称"戊戌六君子")未经任何审讯就被砍了头。无数官员被解职,遭到惩罚,

---

① 翁同龢(1830~1904):清末维新派,咸丰状元,光绪帝师傅。支持康有为维新变法的某些主张,企图实现光绪帝亲政。1898年,慈禧太后将其罢职,令回原籍,戊戌政变后又下令革职永不叙用,交地方官严加管束。

② 荣禄(1835~1903),清末满洲正白旗人。1898年任直隶总督兼北洋大臣,旋充军机大臣,掌握重兵,协助慈禧太后发动戊戌政变,幽禁光绪帝,捕杀谭嗣同等,镇压维新派。1900年又策划立溥儁为大阿哥(即皇储),谋废黜光绪帝。八国联军攻陷北京时逃往西安。1902年返京后,加封太子太保、文华殿大学士。

或者被流放到遥远的西北地区。所谓的"百日维新运动"最终以失败而告终。张荫桓也被逮捕,遭到不公正的审判,被判终身流放新疆。莫理循和英国驻华公使馆的一些官员,其中包括参赞休·格维纳,曾密谋把张荫桓劫持到英国公使馆保护起来。他们声称有权保护一个维多利亚女王曾授予爵位的人,不过他们是否有权这么做很值得怀疑。他们把这计划透露给张荫桓的秘书梁震东爵士①,要他设法转告张荫桓。没想到张荫桓的回答是他不希望有人干预中国的司法程序。两年后,张荫桓在他的流放地点被处死,方式非常野蛮,骇人听闻。

虽然英国人没能救下张荫桓,但是英国的外交斡旋却有可能使被囚禁的光绪皇帝免于丧命。窦纳乐爵士警告慈禧太后,如果光绪皇帝被处死,英国和其他国家对此将会感到非常不满。尽管如此,还是有谣传说光绪已被处死。于是,一些国家的外交使节建议派个欧洲医生前往探视光绪,以便杜绝这些在上海流传不绝的谣言。结果法国公使馆医生戴瑟维博士入选,担负起这次具有历史意义的探视任务,因为他是惟一隶属于外国公使馆的医务人员。莫理循对此感到非常失望,因为他认为自己是"北京的高级医生",资历更高,更有资格担负此重任。但是,窦纳乐爵士认为,莫理循是《泰晤士报》记者,不是恰当的人选。戴瑟维博士探望了光绪,稍做检查后就宣布光绪还活着。

慈禧太后宣布第二次垂帘听政。光绪所颁发的改革政令一项一项地被废除。旗人的干俸被恢复了。袁世凯则因像陈志让博士所说的那样,"在百日维新中起致命一击的作用"而受到褒奖和宠幸。康有为在安全的躲藏地点发表声明,强烈谴责袁世凯和慈禧太后。他

---

① 梁诚(1859~?):广东番禺人。字震东。曾留学美国。纳赀为主事,考上总理衙门章京。1902 年任出使美、西班牙、秘(鲁)大臣。次年免兼出使西班牙大臣,改兼出使墨西哥大臣。1907 年回国。1910 年任出使德国大臣,辛亥革命后,辞职去香港。

从公私两方面对慈禧太后展开全面抨击,指责她和一个"假太监"有染,谴责她的专制暴行。莫理循报道说:"在对慈禧太后所有宠臣的批评中,康有为对袁世凯的指责最为强烈,指控他没有履行自己的职责,背叛了年轻的光绪皇帝。"莫理循还说:"康有为的观点流行了许多年。但是对袁世凯的评价已被历史所纠正。"实际上,莫理循对袁世凯的评价反而被历史所纠正。他对袁世凯的看法是基于几年后袁世凯给他的一篇有关"百日维新"回忆文章。袁世凯在文中说,他的确有接到一道所谓的圣旨,要他逮捕慈禧太后和处决荣禄。但是他没有执行命令,原因是所谓圣旨是用墨笔写的,不是朱批,因此决不可能是皇上的圣旨。他坚持只有得到真正的圣旨才能采取行动。与此同时,维新运动的顽固派不断得到有关改革派要采取行动的密报:

> 袁世凯觐见了皇上,光绪皇帝根本没有提到要采取行动。随后,袁世凯又拜访了荣禄,荣禄说:"你是来要我的脑袋吧。你最好照直说了,因为在你来之前有个人刚到这儿,把所有的事情都告诉了我。"袁世凯回答说:"你所听到的只是一些政治阴谋家的密谋。圣上本人根本没和我提起这计划,他根本不知道这一密谋。"
>
> 第二天早上(9月21日)荣禄拜访了袁世凯,对袁世凯说:"北京的朋友不断向我密报有关改革派的详细行动计划。他们胆大妄为,令人发指。我们必须使皇上摆脱他们的控制。"
>
> 晚上,荣禄派人去请袁世凯,对他说密谋在北京已被揭露。送客时,他指着茶杯说:"你可以喝这杯茶,没有毒。"

莫理循从来没有对袁世凯所做的哗众取宠的辩护提出任何质疑。他有时过于天真,从而丧失了他常有的政治敏感性。

在整个事件的发生过程中,许多外国军队被从天津调到北京,保护各国公使馆。自1860年以来,还从来没有外国军队进入过北京。

也就在这段时间内,查尔斯·威廉·贝思福(通称查尔斯·贝思福,海军少将,当时还未具体任命职务)来到了北京。查尔斯勋爵的海军生涯非常灿烂辉煌,在吃喝玩乐方面和花花公子伙伴爱丁堡公爵一样出名。只有他才能把爱丁堡公爵称作"亲爱的马蒂尔达"。他此行受大不列颠商业联合会的派遣,负责调查英国在中国贸易的地位和前景。从他回国后递交的调查报告可以看出,他的观点十分悲观,原因之一是俄国在远东的影响力逐渐增强,原因之二是他认为慈禧太后所领导的中国政府腐败无能,中国会因此而迅速分崩离析。但是,在中国的那段时间里,他竟然想出一个异想天开的计划来把这个不可战胜的老妇人搞下台。视察了袁世凯能征善战、装备精良的军队后,他摇唇鼓舌建议袁世凯发动兵变,把慈禧太后捆在一张毛毯里,把她吊在宫中一口井的上面,然后威胁她必须在一道退位的命令上签字,否则她就会被沉到阴暗潮湿的井里。这位少将为自己能想出这么个好主意而高兴,就打电报给英国首相索尔兹伯里勋爵,要求能获准和袁世凯的军队一起进军北京接管政府。他还解释说,这么一来,袁世凯就可以成为中国的统治者,对克劳德·窦纳乐俯首贴耳,所干的事情都会符合大英帝国的利益,因为他应当不会忘记是大不列颠商业联合会把他扶上宝座的。可是索尔兹伯里勋爵的回答却相当冷漠:"这个想法在本世纪初可能有点吸引力,但是对英国来说,任何撇开中国人民和欧洲列强接管中国政府的企图都是不可行的。"克劳德爵士把索尔兹伯里勋爵的回答转给查尔斯勋爵,并很简练地添了一句话:"最好还是坚持用商贸方式。"

[八]

莫理循饶有兴趣地注意到,日本和流产的改革运动有着密切的联系。康有为曾极力主张中国和日本结盟,采用日本的改革方式,按日本的模式来重组中国的陆军和海军。"六君子"中的每一个人都和日本有着千丝万缕的联系。在危机期间，伊藤① 侯爵正好在北京。在慈禧太后对改革派发动攻击的前一天，他还觐见过光绪皇帝。虽然他此行属非官方性质，但中国人对此异常关注。莫理循和伊藤进行过一番长谈，并于9月20日把谈话要点向姬乐尔做了汇报：

> 他对中国的变法维新运动感到非常失望，认为中国没有杰出的政治家，没有人愿意负责任，没有人敢在追随者面前勇敢地、公开地站出来，带头冲锋陷阵。皇帝颁发了许多变法维新的诏书，但却从未付诸实施。皇帝颁发的一道政令指出，政府官员应当正直、廉洁，不能贪污腐败。但是这并不能改造那些不可救药的贪官污吏。这些人经过世世代代的世袭遗传，已经腐败透顶，贪污成性。中国必须增加岁入，惟一的办法是改善交通工具，修筑铁路。中国还必须减少开支，办法是削减或者废除大量满族旗人每年吃掉朝廷大约300万英镑的俸禄。要达到这一目的，最简便、最有效而且明智的办法莫过于把朝廷迁出北京。只要皇帝还留在北京，任何改革措施都是水中之月。日本实行改革时，就是把朝廷从京都迁往东京。俄国也可能赞同满清朝廷迁出北京，因为世界各国的重大利益都集中在北京，因此一旦迁都，俄国势力南下就不大容易受挫。

莫理循提出一个大胆的见解。他认为，从另一方面来说，朝廷留在北京，满洲朝廷加强其在全国的权力，符合俄国的根本利益。只要北京仍然是首都，俄国掌握着清廷发祥地的满洲，就必然在清廷的政府机构中享有越来越大的发言权，也必然能通过中国各个省份的统

---

① 伊藤(1841～1909)：全名伊藤博文，日本首相。执政期间曾发动中日甲午战争，强迫清政府接受《马关条约》，夺取中国领土台湾，并将朝鲜置于日本统治之下，1906年任朝鲜统监。1909年在中国哈尔滨车站被朝鲜爱国者安重根刺死。

治阶级来扩大其影响。

伊藤侯爵还说：

> 中国必须有一支军队。鉴于中国人贪污成性，不可救药，这支军队必须由外国人来训练，配备有外国军官——而这件事必须由英、日两国的军官来办。这样，英国、日本和中国的关系会变得更加密切。俄国的侵略何时了？先前她占领朝鲜北部沿岸的一个不冻港，现在她又夺取了辽东半岛南端的一个港口，把势力向南推进了数百英里。没有人能够预料俄国的侵略脚步要走到哪里才会停止。一切都是未知数……英国已承认俄国提出的在长城以北修筑一条铁路所强加的条件。俄国的侵略极限在哪里呢？……

莫理循评论说："伊藤的访华目的可能还没人知道。"

[九]

1898 年，俄国疯狂地巩固她在满洲的势力。莫理循写道，铁路建设正以"前所未有的速度"进展着。14 万多全世界最好的劳工日夜兼程、加班加点忙着修铁路。英国承认俄国的"特别利益"往南至少延伸到长城，并且不太明确地把自己的势力范围定义在长江流域。就莫理循看来，虽然英国政府满怀希望地坚持门户开放政策，但执行起来却变得越来越困难，势力范围的划分变得更加明确，势力范围中各国的权利即使不相互排斥，也会相互干扰。在北京，俄国支持维新运动的反对派。全国各地对改革稍表同情的官员统统被解职：

在总理衙门中,臭名昭著的庆亲王①担任总理衙门大臣,和他一齐处理外交事务的还有五个食古不化、难以胜任此项工作的老官僚。在慈禧太后的眼里,他们的惟一可取之处就在于对外交事务一窍不通。一切都在老佛爷的运筹帷幄之中……耍阴谋诡计灭掉洋人……

莫理循应海军中将爱德华·西摩尔②爵士的邀请,到英国驻香港分舰队的旗舰上做客,并在那儿告别了1898年,迎来了新的一年。当时,还有两个海军将领也在香港,正在回国途中。一个是查尔斯·贝思福勋爵。他垂头丧气,满腹牢骚,因为他提出的推翻满清王朝的建议被拒绝。另一个是普鲁士的亨利亲王。他则兴高采烈,得意非凡,因为他完成了宣扬德国皇帝所嘱托的任务,为德国大吹大擂。莫理循则正在前往暹罗的途中。他此行的目的有两个:一是要报道他上次离开暹罗后那里所取得的进步,二是要驳斥法国报纸所刊登的一些"起误导作用和有害的报道"。当时法国的一些报纸声称,英国正考虑用她在暹罗的利益来交换法国在非洲西海岸的让步,并污蔑说暹罗人没有能力自治:

我很高兴能重返暹罗。我第一次到暹罗时,各国列强在那里的争夺战已经结束,暹罗取得了喘息之机。在法国的占领下,王权遭到摧残和粗暴的凌辱。国王……仍然还在归隐之中。但

---

① 庆亲王(1836~1918):即奕劻,清末贵族,满族。1884年(光绪十年)任总理各国事务大臣。1900年,与李鸿章同任全权大臣,与八国联军议和,次年签订《辛丑条约》。1901年任外务部总理大臣,后又兼管陆军部。1911年(宣统三年)改任内阁总理大臣。卖官纳贿,贪污腐败。晚年避居天津,病死。

② 西摩尔(1840~1929):英国海军将领。1857~1862年间,曾参加第二次鸦片战争。1897年任英国远东舰队司令。1900年6月,率领英、德、俄、法、美、意、奥等国联军2000余人,从天津进犯北京,在杨村、廊房等地被清军和义和团击败,退回天津。1901年回国后,由中将升上将。

是,他已振作起来,在忠心耿耿亲王们的帮助下,他决心重振朝纲……他经过精心挑选,组织了外国专家顾问团……认真听取他们的建议。这种做法在所有东方国家中首屈一指。反复无常地任命官员的问题在暹罗不再存在,而这现象在中国还很突出……暹罗国王和他的亲王们……已摆脱了太监的可耻影响。

暹罗经过"两年令人吃惊的阵痛",在金融和法律上进行了改革,在交通、教育和卫生方面取得了进步。但是,世界各国对暹罗的现状一无所知。在英国专家阿尔福雷德·米歇尔-因斯的控制下,暹罗的财政储备已达 100 万英镑。莫理循很满意地看到英国和暹罗复兴有着多么密切的联系。1899 年 1 月 23 日,莫理循到达曼谷,一星期后就给《泰晤士报》发回了一份简短的有关暹罗所取得进步的报道,随后又寄回详尽的调查报告。达慕容亲王尽其所能向莫理循提供了帮助。国王本人热情地接待了莫理循,在致词时热情洋溢地说:"欢迎您到暹罗来,您是最受我们欢迎的人。"《泰晤士报》赞同莫理循的调查结论,赞扬说,莫理循的报道"改变了英国对暹罗的看法"。为了引起读者对莫理循的"非同寻常的电报"的注意,《泰晤士报》提醒读者注意这么一个事实,仅在三年前,"暹罗已衰败到似乎能对其欧洲邻国构成危险的地步……王国的分崩离析似乎已迫在眉睫"。

莫理循一完成在暹罗的工作就连忙赶回北京,刚好赶上目击意大利首次出现在拥挤的瓜分中国的谈判桌上。他在船上给母亲写了封信:"您看见我刊登在《黑与白》周刊上的照片了吗？有人对我说,和我的照片登在一块的有慈禧太后和罗伯特·赫德的照片。真是太奇怪了,我的照片竟然有资格和这两位大人物一同刊出。"亚历西斯·克劳斯在 1898 年 12 月 17 日刊出的英文周刊《黑与白》上刊登了一篇文章。文中指出,在中国事务中,有四个英国人起重要作用,而莫理循则是其中之一。其余三个是赫德爵士、窦纳乐爵士和铁路工程师克劳德·威廉·金达先生。窦纳乐说,莫理循的报道不但经常打败他的竞争对手,还胜过政府的消息来源。

[十]

半个多世纪以来,中国一直屈从于西方野蛮人的凌辱和无穷无尽的要求。但是,1899 年初,中国拒绝了意大利提出的一项要求,取得了一次小小的,但却是史无前例的胜利。意大利为了满足其作为列强的骄傲感,为了能在中国谋求更大的利益,向中国政府提出租借浙江省三门湾的要求,同时还要求享有优惠的采矿和修筑铁路的权利。英国已承诺要在外交上支持意大利。莫理循接到一封简短电报,指示他要报道这一事件,并要注意英国和意大利的友好关系。电文如下:"莫理循北京记住通心面友谊泰晤士报"。这种电报对中国邮政局的工作人员来说毫无疑问是个谜。莫理循写道:"处理这种局面需要高度的外交技巧和礼貌。"但是,这一使命竟然委托给意大利驻北京公使德·马迪讷。他是个精神高度紧张、好激动而又迷信的人,对预兆深信不疑。他曾出使过日本和巴西。在巴西时,有一天他拒绝签署一项协议,原因是在去外交部的路上他碰到一个斜眼的人。在日本时,他爱上了一个日本女人,还带着她来到中国。他在北京进行谈判时,那女人留在天津。莫理循写道:"我想她丈夫一定很友好地向日本提供了许多帮助。日本人……现在的情报工作比以前灵光多了。"

德·马迪讷在提出意大利的要求时,遇到语义上的麻烦。没有一个总理衙门大臣会认得意大利所要求的海湾的名称。在评论德·马迪讷的信件时,莫理循指出,"European Concert"应当译成"欧洲协作",而非指表演方面的"欧洲协奏",翻译水平实在令人跌破眼镜:

中国方面接到意大利提出的要求时感到非常吃惊。中国人完全不知道意大利在欧洲列强中的地位。在他们隐隐约约的印象中,意大利只是个小国,意大利军队在非洲还被一些黑色的野蛮人打败过。他们讨论了意大利的要求……其中一个自作聪明的大臣建议把信函退回给德·马迪讷,这样既能保住这位公使大人的面子,又能不伤和气。其他大臣都纷纷附和他的建议。

这段时间里,德·马迪讷的心情非常不好。中国人拒绝了意大利的要求,令他非常恼火。另外,他还得应付他远在天津的情妇的要求。更糟糕的是,在这危机期间,碰上了3月13日。每逢13号,他都不想干事情。他甚至不想提这个日子:为了避免提这个在他看来充满凶险的日子,他常用"困惑日"来顶替。他在盛怒之下,未经政府授权,就向中国政府发出最后通牒,派出意大利军舰到黄海耀武扬威,进行示威。英国立即收回对意大利的外交支持。中国方面根本不理睬他的示威行动。德·马迪讷丢尽脸面,只得奉召回国。但是正如颇有远见卓识的美国传教士明恩溥① 所写的那样:"中国这种做法所产生的结果也许比接受意大利的要求更为严重。"因为慈禧太后会觉得中国有能力抵抗野蛮人,甚至可以把他们从中国赶出去。这就为义和团起义所带来的灾难埋下了导火线。

[十一]

恰好是莫理循到北京后一年,他成了外交旋风的中心。1898年3月5日晚,他收到毕德格② 的一封便函,邀请莫理循方便时来看他。毕德格是个颇有成就的美国学者,当了20多年中国政界元老、

---

① 明恩溥(1845~1932):美国公理会教士。1872年来华,最初在天津,后到山东传教,兼任上海《字林西报》通讯员。1905年辞宣教职,留居通州,致力写作。一战后回美。著有《中国的文明》、《动乱中的中国》等。

② 毕德格(? ~1902):美国人。1874年来华,任天津副领事,后辞职为李鸿章的英文秘书,是李鸿章最亲信的外国顾问之一。

总理衙门大臣李鸿章的私人英文秘书。毕德格住在贤良寺里。李鸿章在北京时都住在那里。莫理循发现毕德格情绪不安地在房间里走来走去。他对莫理循说，李鸿章曾指示他给在圣彼得堡的乌克托木斯基① 亲王发过一封电报，并问莫理循是否愿意刊登这封电报，为中国干点好事，但不得泄漏消息来源。电报简述了俄国向中国提出的十分专横的要求：俄国必须享有旅顺口和大连湾的主权，其条款和期限与德国占领胶州的条款和期限相同——租借99年，租借地周围50公里地区为中立区……毕德格没有告诉莫理循(也许他自己根本不知道)一个消息：为了能让中国方面做出让步，俄国驻华临时代办巴府罗富向李鸿章和张荫桓(也是总理衙门大臣)各行贿50万两银子，约合62 500英镑。李鸿章在电报中要求乌克托木斯基亲王说服沙皇收回要求。不过，他这样做可能只是个保护自己的烟幕弹，免得有人怀疑他在谈判中所起的作用。

莫理循同意把李鸿章的电文转给《泰晤士报》，还在报道中夸张地说，俄国威胁中国必须在5天内答应要求，否则就要把军队开进满洲。虽说俄国方面并没有发出这样的威胁，但他的说法还是有点根据，因为莫理循知道俄国军队已经开进了满洲。他在有关满洲的详细报道曾提到俄国军队之事。《泰晤士报》在他发出电报的同一天(3月7日)刊登了他的报道。因为此事对英国来说非常重要，所以莫理循在发出电报前把自己的企图告诉了窦纳乐爵士，但没有透露消息的来源。外交部要求窦纳乐爵士对莫理循的报道做出解释。窦纳乐爵士回答说："根本就没有任何最后通牒，也没有……任何回应最后通牒的时间限制。"

这封电报不但在英国，而且在欧洲，都引起巨大反响。首笔英德

_____

① 叶斯佩·叶斯佩列维奇·乌克托木斯基：华俄道胜银行的创办人和理事长，东清铁路公司董事。《圣彼得堡新闻》发行人和主笔。鼓吹俄国必须在亚洲推行扩展政策。1897年，他率团访华，要和中国政府谈判东清铁路支线延伸到锦州和朝鲜港口的问题，但毫无结果。

对华贷款①当时正在接受英国政府的评估。姬乐尔有点担心地给莫理循发了封电报:外交部认为,你的消息可能是在俄国公使馆的怂恿下由清朝官员向你提供的,目的在于阻碍英国参加谈判……你的电报几乎毁了这笔贷款,引起了金融恐慌。莫理循有点支支吾吾地回答说:外交部是不公正的。我知道清朝官员靠不住,但是我总是在消息得到确证后才发出电报的。

实际上,他的消息并没有得到确证,他这样做简直是拿自己的声誉冒风险。电文发表后两天,银行家爱德华·盖伊·熙礼尔写信给莫理循说,他所掌握的确凿证据表明莫理循的消息有误,并要求莫理循纠正电文,这样贷款谈判才能顺利进行。赫德爵士更明确地指出莫理循的消息有误:梁震东爵士明确表示,俄国人根本没有发出任何威胁,只提出一些"友好的建议"。赫德爵士还对莫理循说,如果他不想毁了他刚刚起步的记者生涯,最好收回这封电文。莫理循回忆说:"我离开赫德时,在花园的墙外来回踱了好几分钟,仔细地思量这回事,然后走到电报局去发了一份电报:'中国政府虽然承认收到俄国提出的要求,但否认俄国人对中国施加了压力,也否认俄国人发出最后通牒。尽管如此,我重申我的消息是准确的……'"外交部更关心的是贷款的命运,而不是莫理循的命运,继续否认莫理循的报道,但是最终贷款还是泡汤了。3月25日,《泰晤士报》刊登了莫理循的一份电报,声称中国已同意俄国的所有要求。当天晚上,外交事务次官乔治·寇松对下议院说,虽然《泰晤士报》的报道说目前的局势"十分令人困惑和扑朔迷离",但政府方面还没有证实这些传闻。其实,寇松自己最为难不过了。作为外交部在议会中的代表,他在发言中不

---

① 注:此处有误,因为"英德借款"(又称"英德洋款")已于1896年(光绪二十二年)3月23日由总理衙门与汇丰银行及汇华银行在北京签订,共18款。主要内容:借款总额1 600万英镑(合银一亿两),年息五厘,以九四折扣付款;偿还期限36年,不得提前或一次还清;以海关收入为担保,并规定借款偿还期内,中国海关总税务司职位必须由英国人充任。

得不对远东的局势表现出乐观的态度,但实际上他并不乐观。正如《泰晤士报史》说的那样:"他的确极其为难":

> 对事件的发展,舆论界……的眼光比政府更为敏锐……正如贝尔福先生所描写的那样,舆论界对贷款之事持有一种"几乎令人恼怒的焦虑情绪"。寇松自己的看法和舆论界相同,和政府的观点却大相径庭……政府一直保持沉默,而新闻界却表现得咄咄逼人,这就更使寇松感到为难。

虽然难以断定舆论界是否非常在乎英国在中国的贸易前景,也不能说舆论界对在中国发生的事有多么深刻的洞察力,但是新闻界,尤其是《泰晤士报》所采取的咄咄逼人的态度的确一直令政府感到愤怒,而政府模棱两可的政策一直给寇松造成困惑。1899 年 5 月 3 日,他在给圣约翰·布鲁德里克(继他之后担任外交事务次官)的一封信中抱怨说:"英国政府过去和现在都没有制定出明确的对华政策。这一点我或者你知道得最清楚。我们只得不断拼凑出一些政策。当然,外交部最严重的教训是对任何事都没有确定的政策。"

3 月 27 日,中俄双方在北京签署了《旅大租地条约》①,俄国得到了自己所要求的一切。两天后,下议院召开会议时,约瑟夫·狄龙先生质疑寇松:"请问这究竟是为什么? 在外交部能获得任何有关中俄关系情报前几天,《泰晤士报》驻北京记者近来总是能多次公布最有舆论重要性的消息。"

实际上,寇松和莫理循都一致认为外交部不称职,但是寇松作为

---

① 《旅大租地条约》:原称《中俄会订条约》,又称《中俄条约》。帝俄强迫清政府签订的关于租借旅顺、大连的条约。1898 年(光绪二十四年)李鸿章代表清政府在北京签订。主要内容为:帝俄租借旅顺口、大连湾,租期 25 年,期满经双方同意仍可延长;旅顺口为军港,只许中俄船只使用;租借地内行政完全由帝俄官吏管理;帝俄获得修筑中东铁路的特权。

外交部忠实的发言人,对狄龙嘲弄性的质疑做了如下回答:"我不明白为什么这个问题要由我,而不是由《泰晤士报》的编辑来回答。不过,我认为答案并不难找。女王陛下派驻国外的代表有责任向我们报告经官方认可的消息,有责任在发电报之前先加以证实……我不能断定现代记者的作用是什么,但是我的看法是,记者在报道时可以充分发挥他们的想像力,对可能发生的事情进行预测。在这种不公平的竞争中,记者的主要责任是提供消息的速度,而外交官主要关心的是事实的准确性,其结果是在下议院眼里记者比外交官更胜一筹。"

《泰晤士报》立即群情激愤地行动起来为其驻京记者说话。寇松在写给索尔兹伯里勋爵的信中又说:"我只想开点小玩笑,变种方式来恭维《泰晤士报》的驻京记者,没想到竟遭来猛烈的攻击。"

英国不想为旅顺口与俄国开战,而是设法把直隶湾对面的威海卫纳入自己的势力范围。日本则对俄国占领了她早已垂涎三尺的中国领土感到耿耿于怀,更何况这块地盘是她三年前被迫交出来的。但是日本也不准备挑战俄国,而是通过迫使清朝政府在福建问题上做出让步,扩大了自己的势力范围。法国则在中国南海岸的广州湾获得一个海军基地,也巩固了自己在中国的地位。根据神圣的均衡势力范围的游戏规则,这就必然导致英国在香港对面的中国大陆获得更多领土。尊敬的前首辅大臣李鸿章在列强瓜分中国的行动中尽了自己的绵薄之力,捞了整整 50 万两白花花的银子。这可不是他第一次从事这样的交易。在行贿受贿方面,他总是肆无忌惮。1896年,他在东清铁路①的谈判中向俄国做出让步,从俄国手中拿到一笔可观的赏钱。次年,他向莫理循行贿,要求他在写给《泰晤士报》的稿件中倡议把进口税提高一倍。莫理循在给贝尔的信中说:"这个老

---

① 东清铁路:亦称"中东铁路"、"东省铁路",东北地区自哈尔滨至满洲里,东至绥芬河、南至大连的铁路旧称。原为帝俄所筑(1897~1903)。

滑头已经日薄西山了。"不过,他的断言似乎还为时过早。李鸿章不但是中国政界元老,也是最贪婪的老人之一。他在运输、采矿、银行和电讯业都有投资,南京和上海的所有大商店和钱庄都归他所有。

几个月后莫理循采访了已 77 高龄的李鸿章,看见李鸿章把鼻涕擤在一个大杯子里。莫理循觉得这种习惯"非常恶心"。他向李鸿章提出有关英俄关系的问题。李鸿章向他叙述了谒见维多利亚女王时的情形(女王和李鸿章一样腿部无力,行动不便),称赞说女王的脸一看就知道是个聪明人。然后他问莫理循:"《泰晤士报》给你多少工资?"莫理循回答说:"太少了,我简直难以启齿。"李鸿章率直地说:"可能比我还多。我担任首辅大臣的年俸禄才 240 两银子(合 30 英镑)。"

李鸿章虽然离开了总理衙门,但在担任勘河大臣之前,还一直保留首辅大臣的职位。勘河大臣是个肥缺,负责制定防洪抗涝的措施。莫理循在评论这一任命时回忆起乔治·温格柔·库克斯写的很精彩的一段话:

> 中国政治家是矛盾的怪物,一方面表现出最美好的情操,一方面干下最邪恶的勾当。他可以一边砍下一万个人头,一边吟诵孟子的文章,高唱人的生命的神圣性。他可以一边把用来筑堤修坝的款项装进自己的腰包,让洪水淹没一个省,一边为农夫丧失耕田而悲痛。

[十二]

莫理循 8 月决定到英国和澳大利亚度个短假。动身之前,他先访问了朝鲜。在汉城时,他问林权助① 男爵,远东是否会发生重大事件,并提醒林权助,《泰晤士报》和他对日本都非常友好。林权助回答说,就他所知,不会有什么重大事件发生,请莫理循尽可放心离开中国。于是,莫理循就放心地回到中国。在渡船上,一名女乘客非常激动地对船长喊道:"快把渡船停下来,有个可怜的苦力落水了!"可是船长却无动于衷地说:"没关系,他已买了船票。"

9月初,莫理循离开上海前往英国,怀里揣着当时英国驻华公使馆代办亨利·巴克斯–艾伦赛写的一大札介绍信。在香港时,他和英国皇家海军"强健号"舰长海德沃斯·兰姆顿共进午餐。兰姆顿替莫理循写了一封给寇松的介绍信:"亲爱的乔治–兹引见莫理循博士……他充满睿智的报道常使您在外交部感到难堪。"莫理循还在《中国邮报》上读到一篇称赞他的文章:

> ……从西伯利亚到暹罗,从上海到云南,从朝鲜到缅甸,从广东到北京,所有外国侨民都知道莫理循博士,都尊敬他,都欣赏他为大英帝国在远东的利益所作出的杰出贡献。这已是公开的秘密:莫理循博士总是把《泰晤士报》的利益摆在第一位,充分展示了他的才干……莫理循博士在工作时,总是从更高的层次去考虑问题,而不是光想用带有震撼性的报道来取宠冷漠的公众……正因为有了他,近三年来,在报道中国事务、北京的政治潜流、各国外交代表的阴谋诡计和吸引许多投机商和冒险家来到中国首都的计划等方面,《泰晤士报》在全世界的同行中才能首屈一指,处处夺人先机。作为一名报社记者,他的成功是有目共睹的——尽管他现在还不是,但他很有希望成为最伟大的现

---

① 林权助(1861～1939):后封为男爵。1896～1898 年间,任日本驻华公使馆代办,1906～1908 年和 1916～1918 年间,曾两度任日本驻华公使。著有《七十自述》,叙述了他在中国时的情形。

代中国问题的权威——我们已习惯于在北京有这么一个能干的、思想活跃的批评家，一个非官方的公使馆官员，我们把莫理循博士看作北京官方生活中不可分割的一部分。

[十三]

10月底，莫理循到了马赛，和他同船的有游记作家亨利·塞维治·兰德尔。他们照传统到旧港附近的妓院逛了逛。他遵循佩皮斯的原则——用外文描述性经历会显得更高尚，用西班牙语记下了在一家叫作"丽贝卡春香楼"妓院的经历。两天后，巴黎的大街小巷都盛传英国在南非遭到挫败。这消息把他惊呆了。莫理循痛苦地写道："为了庆贺这喜人的消息，《祖国报》办公室挂上了德兰士瓦和奥兰治自由邦的国旗。"12月他再次经过巴黎时，内心更加痛苦，因为他发现那里的舆论涌动着一股反对维多利亚女王的邪恶浪潮。他在日记中写道："肮脏、邪恶和卑劣的种族。每个英国人要面对三个法国人的攻击。"

莫理循在伦敦时忙着参加许多宴会、招待会和会见，处处受人欢迎和奉承，但他却感到很没意思。他最先拜访的是《泰晤士报》报社，见到了报社大老板阿瑟·沃尔特（沃尔特家族的第四代）和他漂亮的妻子。沃尔特对他赞赏有加：

> 用不着我说，您已取得巨大成功。我们认为，您所作出的贡献，世界上没有其他人可与您相提并论。您所发来的电文，在伦敦具有巨大的影响。如果您平白撒谎，也会有人相信，因为消息源自您的手。索尔兹伯里对您很恼火。当您的消息已被证实是确实无误的时候，他仍污蔑为"传媒的谣言"。

莫理循应邀到沃金汉姆附近沃尔特的歌特式大庄园贝尔伍德去

度周末。《泰晤士报》的员工经常到那里游玩,受到利奥波德·阿莫利所形容的"友好、有点正式"的殷勤款待。不过,莫理循后来对这次经历却颇有微辞。他简要描述了他的第一次造访:

11月5日。 乘4:45的火车前往沃金汉姆。这一天过得太糟糕了。这趟旅行共花了21英镑15先令,其中包括买衣服、车票和各种必备的行头,几乎是一个月的工资。沃尔特为人和蔼可亲,但自以为是、愚昧无知。他对我相当好。下火车时,看见一辆由两匹马拉的大马车在等着接我。那里的公园真漂亮,建筑物宏伟壮观。参观了一家非常好的画廊。沃尔特太太在那里会见了我。她是一位高贵得像女王似的夫人,非常热情端庄。在和她交谈的过程中,我提到李鸿章向我提出的问题:"《泰晤士报》付给你多少工资?"并陈述了我的回答……我们的交谈进行得很随意,但很得体。沃尔特太太的装束超凡脱俗,很有风度。我的卧室很小,家具相当好。

莫理循在那里还付了一笔小费:男仆4先令,大腹便便的男管家6先令,马车夫4先令。第二天一早他就赶回伦敦,在日记中写道:"早餐很差劲,因此回到伦敦时饿得慌。"

莫理循的日记中多次出现对尊贵的英国女主人的抱怨性描述。离开贝尔伍德几天后,莫理循应沃林顿夫人的邀请去做客。他写道:"宴会糟透了,烹调手艺非常差。陪客个个令人讨厌,很没劲。"他坐在希尔顿·普莱斯小姐和她母亲之间。在他眼里,普莱斯小姐"颚骨宽大,须毛显露,男性气质太足"。她母亲也令莫理循感到恶心,因为她"讲起冻羊肉滔滔不绝"。他还出席了为暹罗皇太子举行的宴会。可是,在他眼里,这同样是个"非常枯燥无味"的宴会,没有一点引人之处。出席宴会的贵宾包括威斯特伯里女勋爵和阿什波顿女勋爵。在莫理循的日记中,威斯特伯里女勋爵是个"脾气不好的老太婆,发型很漂亮,说起话来满嘴尖酸刻薄"。阿什波顿女勋爵在餐桌上的表现则令莫理循大倒胃口。她吃盐时总是先把手指沾湿,然后再一指头插进盛盐的碟子里。更令人恶心的是,她的指甲还脏得要命。莫理循估计,她大概自 1897 年(维多利亚女王即位 60 周年)起就都没洗过手。

在文学俱乐部,莫理循遇见了英军总司令加尔奈·沃尔斯利勋爵。沃尔斯利勋爵在 19 世纪后半叶英国所卷入的大多数"小战争"中都是个英雄人物,他还是克里米亚战争① 和平定印度兵变的老兵。他在军界中声望非常高,人们甚至认为他的判断都是对的。但是,莫理循并不认为他有非常敏锐的军事判断力。1860 年,沃尔斯利曾被派到中国干过事,自称是远东事务的权威,但是,当莫理循告诉他,俄日战争似乎就要爆发时,他坚定地回答:"日本肯定要败北。"莫理循把他的预言告诉了其他同事,姬乐尔说:"我很高兴沃尔斯利会做出这样的判断,因为他经常做出错误的判断。"白克尔的评论是:"沃尔斯利说话时总会说些他不该说的话。"

莫理循从国防部情报局威廉·艾夫里特爵士那里没探听到什么消息,反而使艾夫里特相信了他的看法:"1. 俄日战争不可避免。2. 日本会打败俄国。3. 英国不应当卷入这场战争。4. 为了自己的利益,英国必须挑动日本早日采取行动。"他还把自己的看法告诉了路透社记者德·路透。德·路透"是个犹太人,口音很重,但是知识渊博,洞察力敏锐"。不过,德·路透尽管目光敏锐,却不相信俄日会发生冲突的传闻,甚至不相信两国间的关系很紧张。他更关心的是报道德兰士瓦战争的惊人费用,例如,派个信使要 40 英镑,打封电报,每个字要 4 先令。他曾可怜巴巴地对此抱怨过。不过,他对莫理循倒

---

① 克里米亚战争:亦称"东方战争"。1853~1856 年俄国与英国、法国、土耳其和撒丁王国之间的战争。1855 年 9 月俄国战败。1856 年 3 月签订了《巴黎和约》。沙俄独占黑海海峡和巴尔干半岛的野心遭到严重挫折。

是"非常赞赏"。

罗兹伯里勋爵邀请莫理循到伯克利广场 38 号去拜访他。1892 至 1894 年间,罗兹伯里担任英国外相,1895 担任英国首相后辞职,1896 年辞去自由党领袖的职务。他比莫理循想象的要高些。莫理循在日记中回忆说:"他满头白发,嘴型不太正常,上牙有点龅出——和奥斯卡·王尔德的嘴长得一模一样。"莫理循在日记中还添了一段含义模糊的脚注:"只要一提起他,人们就会联想到奥斯卡·王尔德。阿尔福莱德·道格拉斯勋爵的哥哥德鲁姆兰里子爵是他的私人秘书,后来自杀。听到奥斯卡·王尔德受到惩罚的消息时,他晕了过去。"

罗兹伯里说:"在这动荡的岁月里,您一直都在北京,非常出色地履行着记者的职责。"

莫理循回答说:"我干得并不很出色。我并不像报纸上说的那样总是比政府部门抢先得到消息。我只不过把碰巧听到的重要消息告诉了克劳德·窦纳乐爵士。他和我之间的区别是,他不相信我所相信的事。"

"但是他很快就会发现你的情报是可信的。如果我在外交部工作时情报不灵,我一定会非常恼火。"

莫理循说,有时他会比公使馆抢先得到情报,原因是他经常和中国人交往,而英国公使馆和中国人没有什么来往。

罗兹伯里说:"这太奇怪了。为什么会这样呢?"

"这是公使馆的工作传统。"莫理循回答说。

"这种传统越早忘却越好。"

接着罗兹伯里把话题转向俄日两国冲突的报道。他不明白日本人为什么选择这个时候和俄国人发生冲突,因为她的主要(即使不是惟一的)朋友英国正因南非的麻烦忙得焦头烂额。不过,他也知道,如果日本人要采取行动,就必须在俄国人修完铁路之前就有所动作。他说:"我认为,笼络日本,甚至和日本结盟,并非不明智之举。应当对日本继续采取友好和鼓励的策略——当年在辽东半岛问题上,我们拒绝和其他列强采取一致立场时,他们就一直攻击我这一点。"(在1894~1895年的中日战争中,日本大败中国,夺取了辽东半岛,占领了战略要港胶州。但是后来在法国、俄国和德国的联合压力下,日本被迫退还辽东半岛。当然,俄、法、德三国这么做的目的并不是完全无私的。英国则袖手旁观。)莫理循在日记中评论了罗兹伯里的自鸣得意的讲话:"其目的是为放任和糊涂的行为进行辩解。自称在政治上有远见卓识。"

莫理循和姬乐尔在安妮皇后大厦下榻,但经常在波特兰大街和莫伯利·贝尔一起进餐。他在贝尔那里还遇见童年时代的偶像亨利·斯坦利("威风凛凛,满头银发")、圣约翰·布鲁德里克("耳朵很聋,但似乎是个老实人")和许多名流。这些宴会是他在伦敦最愉快的经历。交谈的话题轻松活泼、无拘无束。有一次,白克尔说:"基青纳为人粗野,对饭桌礼仪一窍不通。"姬乐尔引用温斯顿·丘吉尔[1]的话说:"我父亲还没37岁就当了国防大臣。我呢,没到37岁也要当上国防大臣。那时,我就可以给基青纳一些小鞋穿。"在另一次交谈中,贝尔回忆起《泰晤士报》刊登的一则海报,由于搞错标点符号,意思完全变了样:

> 巴顿伯格的亨利王子
> 不为英格兰而死的人[2]

---

① 温斯顿·丘吉尔(1874~1965):英国首相(1940~1945,1951~1955)。保守党领袖。出身贵族世家。毕业于桑赫斯特军事学院。1900年以后,曾连续当选为自由党或保守党议员,历任殖民大臣、贸易大臣、内政大臣、海军大臣和军需大臣。1953年获诺贝尔文学奖,著有《第一次世界大战史》、《第二次世界大战回忆录》、《英语民族史》等。

② 注:原意应是"巴顿柏格的亨利王子,在英格兰永垂不朽"。

并讲述了拉迪亚德·吉卜林① 和桂冠诗人威廉·奥斯汀的故事:

> 1897 年,为了纪念女王即位 60 周年,皇家海军在斯比特海德举行了海军检阅。这时《泰晤士报》收到吉卜林寄来的一首充满了战争气息的诗——隆隆的炮声,金戈铁马,呼唤皇家海军投入战斗。这首诗不适合在和平的年代刊登。贝尔会见了吉卜林,直言不讳地说,稿费不成问题,再多 10 倍也行,问题是这首诗不合适。吉卜林表示同意他的看法,把稿件给扔到火里去,并另交一首"赞美歌"来替代原诗,而且表示不要稿费。后来吉卜林所送的稿全都没有稿费。贝尔今天和奥斯汀会了面。奥斯汀拿出"从牛津过来时在路上作的一首小诗",并大声朗诵了他的新作:"诗人莎士比亚今夜要咏唱"。

莫理循和著名的水墨画艺术家菲尔·梅的妻子莉莉·梅作了一次长谈。她告诉莫理循,梅花了两天时间为《纪事日报》画了 12 张画,得稿费 105 英镑。莫理循写道:"他钱赚得不少,但很会挥霍,酒喝得厉害,长着酒糟鼻。"

在莫理循认识的许多澳大利亚老乡中,有作家莫尔利·罗伯特和盖伊·布斯比。他亲往汉普顿拜访了布斯比。在 19 世纪,布斯比和艾德加·华莱士(小说家和剧作家)相比,无论在声誉和作品数量方面都略胜一筹。莫理循还写道:"盖伊用口授录唱片的方式写作,同时写三部小说。一天写作进度高达 14 000 字。"

---

① 拉迪亚德·吉卜林(1865~1936):英国文学家。生于印度,六岁被送往英国学习,后到印度担任新闻记者,同时从事文学写作。英布战争时在南非办报,为英国在南非的行为辩护。20 世纪初定居英国。主要作品有长篇小说《吉姆》、诗歌《营房之歌》以及儿童故事《林莽之书》等。1907 年获诺贝尔文学奖。

[十四]

1899 年 12 月 2 日,莫理循离开英国,花 70 英镑坐头等舱去墨尔本。贝尔临别时讲的一番话令莫理循满心欢喜:"虽然我不能做出保证,但是你有希望月薪提到 100 英镑。"尽管有这好消息,这还是一趟"非常令人不愉快的旅行"。航行途中,没人可以交谈,莫理循只得靠写信来打发日子。航行的第一天,他无精打采地在日记中描述了他在伦敦的经历:

> 作为《泰晤士报》的记者,人们总是对我刮目相看,认为我外表严肃、谈吐稳健。因此,当我的朋友莱昂内尔·詹姆斯邀请我去看戏时,他没带我去看情调轻快的滑稽剧,而是去看剧情沉闷的悲剧《约翰王》。在贝尔太太举行的宴会上,我没被安排坐在像卡尔·梅耶太太这样丰满胸脯、轻佻的女性身边,而是坐在她丈夫和一个年老的公爵夫人之间。这位公爵夫人名叫圣奥尔本斯,早已过了更年期,整天板着脸孔。当盖伊·布斯比邀请我和他一起到乡下度周日时,他说:"我很高兴你能来。每逢星期天常有些演员来看我。这次照样有些演员要来,但是我写信告诉他们不要来。"我动情地说:"主啊,千万别那么做,我倒希望他们能来。"他对我的为人大大称赞了一番。但是,女演员终究还是没来,不过来了两个证券商!我到场时,没人把我介绍给美丽的爱丽妮·凡布鲁,而是介绍给年迈的经理约翰·黑尔。

莫理循在海上度过圣诞节。照他的话说,这是"多年来所度过的最没趣、最愚蠢的圣诞节"。他闲着没事时还把过去 20 年度圣诞节的地方列了一张表:

年份	地点	年份	地点
1898	香港	1888	黑廷多
1897	北京	1887	爱丁堡
1896	北暹罗	1886	爱丁堡
1895	西贡	1885	邓弗里斯郡
1894	在"瓦里哥号"海轮上	1884	邓弗里斯郡
1893	日本的京都	1883	季隆附近的柯玉尔
1892	巴拉腊特	1882	步行穿越澳大利亚途中
1891	巴拉腊特	1881	季隆附近的柯玉尔
1890	季隆	1880	乘独木舟漂流墨累河而下
1889	摩洛哥的瓦赞	1879	昆斯克利夫

1899 年 12 月 31 日,莫理循还做了一个相类似的统计,把他的财产列了一张单子。他的财产总值为 1 249 英镑 10 先令,其中他在北京的房子和家具值 250 英镑,他的 2 500 本藏书值 250 英镑,在伦敦的银行的存款为 600 英镑,在北京的存款为 10 英镑。他像佩皮斯一样,每到年底都要把自己的财产理一番。

[十五]

1900 年 1 月 4 日,墨尔本的《时代报》报道说:"莫理循博士昨天从西奥达特市上岸,回到墨尔本,一只胳膊下夹着一杆步枪,另一只胳膊下夹着一杆后装式的枪。"这趟回国不怎么舒服,墨尔本正在热浪下煎熬。《守卫报》报道说,前一天,室内温度高达华氏 105.2 度,10 个人死于"热中风"。莫理循对《时代报》说,俄国不会对英国在远东的利益造成重大威胁,但是日本对俄国在华势力的日益膨胀怀有警戒之心。不过,日本正迅速地变得越来越强大。对英国来说,日本一直是个真诚的朋友。莫理循对《守卫报》的记者说,大英帝国之所以在中国能取得可靠、令人满意的地位,在很大程度上多亏了窦纳乐令人赞叹的外交技巧。莫理循在日记中还写道:"窦纳乐爵士在他的外交生涯中有过许多愚蠢的经历,犯过许多错误,但他还是那么光彩夺目。作为一个政治家,这些都是必然的经历。政治是虚伪的,虽然虚伪是人所特有的。"

莫理循的船造访了星期四岛。他觉得星期四岛看起来更像一个日本人的居住地,而不像英国的殖民地。昆士兰是惟一一块根据协议可以招收日本技工和劳工的一个州。共有3 100个日本工人在岛上和渔船队里工作。

莫理循途经日本和朝鲜回到北京。在日本时,他会见了许多政治家和外交家,和林董① 一起讨论了英日同盟② 问题,双方都持赞同的态度。他还谈到日俄间因朝鲜问题而引发的日益紧张的局势,以及由此而走向战争的可能性。莫理循和他的大多数同胞不一样,他希望日本能和俄国开战,因为他希望在日本的干预下,满洲能摆脱俄国的控制。他在日记中反复表达了这种强烈愿望,成了一个狂热的主战论者。

他从朝鲜首都汉城发出一篇长电文,谈到俄国人在马山获得海军基地这一问题。马山位于朝鲜的南端,在地理位置上会对日本构成威胁。俄国人多年来一直谋取这个基地,但一直为日本人所挫败。1900年3月16日,也就是莫理循到达朝鲜的前几天,俄国人又向朝鲜当局提出这个问题,并施加了压力。一支俄国小舰队停泊在离马

① 林董(1850~1913):曾任日本驻华公使、驻俄公使、驻英公使。1906年,成为第一任日本驻英国大使。1902年英日同盟条约的签订者。

② 英日同盟:1902年英日两国为了对抗俄国在远东的扩张以及为侵略中国和朝鲜而缔结的军事政治同盟。它规定:(1)双方承认彼此有权干预中国和朝鲜的内政;(2)一方如对第三国作战,他方应守中立;一方如对两个或两个以上的国家作战,他方应予以军事援助。日本依靠了这个同盟进行了对俄作战,侵略了中国和奴役了朝鲜。1921年,华盛顿会议上被废止,而代之以《四国协定》。

山 30 英里处的仁川,舰队司令和朝鲜国王举行了两天会谈,终于说服国王在马山给俄国一个加煤站和一所海军医院的租借权。莫理循在电报中报道说,日本人对俄国人的蚕食立场显示出越来越不信任的态度。

[十六]

每个外国记者在异国他乡都有孤立无助的感觉。任何记者都是就近报道所发生的事件,因此总认为自己的报道内容是极其重要的,讨厌任何对稿件的擅自修改,不管这种修改是因篇幅或政策所引起的。莫理循刚到北京工作时,就对姬乐尔删改他的稿件感到不满。几年过去了,他的不满发展成对姬乐尔的愤恨情绪。莫理循的报道越来越严厉地批评英国政府模糊的外交政策。姬乐尔对此早就有所抱怨。更令莫理循恼火的是,有一次他从朝鲜发出的一篇稿件(花了一大笔钱)遭到删改,原因是要为由巴黎发出的一篇有关尚蒂丽游乐厅的开幕仪式的报道让出篇幅。莫理循在日记中抱怨说:"这件事最能说明英国政府对中国事务完全缺乏兴趣。"

3 月 31 日,莫理循乘坐"京都丸"轮船离开烟台。他在睡觉之前正在阅读莫泊桑的一本小说,突然轮船撞上渤海海峡的礁石上。顿时船上一片混乱。朝鲜乘客用救生艇逃生,而莫理循和船长都呆在搁浅的船上,直到第二天上午一艘过路的船把他们救起为止。莫理循的第二次船难激发了他的朋友——烟台海关外科医生 J. L. 莫利诺博士的诗兴:

> 逃脱了万痘之灾
> 撞上礁石他又陷悲哀

第六章

[一]

1900 年 4 月 4 日莫理循到北京时，听到许多传闻。毕德格对他说，李鸿章在广东闹得很凶，还说李鸿章哭哭啼啼、诚惶诚恐地向慈禧太后密报说康有为在香港订做了 6 000 套军装，上面都印着"灭清"的字样。不过莫理循较感兴趣的消息是卜克斯被杀案已得到妥善解决，拳民的怒火正在平息。莫理循在日记中这才第一次提到义和团。

1899 年 12 月 31 日，年轻的英国传教士卜克斯在反洋情绪强烈的山东被砍了头。凶手是"义和团"的成员。"义和团"的英文译名"boxers"为传教士所创，1899 年 10 月才第一次出现在报刊上，但是"义和团"运动的历史至少可追溯到 18 世纪。它是中国民间很早就存在的无数秘密组织之一，利用迷信仪式、咒语等来控制团众，并承诺让愚昧无知、受压迫和贫穷的劳苦大众过上好日子。1898 年中国义和团运动的蓬勃发展有几个重要原因，其中最主要的原因是中国的经济陷入困境。满清朝廷奢侈腐败、中日战争耗费了大量财力、战争失败后的巨额赔款等问题使中国的经济走向了破产的边缘。为了偿付日益高叠的外债，中国政府只得把国土资源抵押给列强。外国势力在中国渗透的速度越来越快。铁路越修越多，铁轨横七竖八地亵渎中国人老祖宗的坟墓，令中国人感到不安。正如傅勒铭所说的那样："外国商人通过谈判迫使中国人做出让步，经常都举止粗野，不懂礼貌；工程的监工经常都是恶棍。"

传教士，尤其是罗马天主教的传教士像铁路工程师一样遭中国人仇视。他们要求并得到很大的权力。根据1899年3月15日颁布的一项法令，罗马天主教的主教与总督平起平坐，赐有全套官服排场——顶戴花翎，跟班侍从，仪仗伞盖，鸣炮迎送，甚至一般的教士也有知县官衔。在上海召开的一次英国国教主教会议上，与会代表一致"警觉地"注意到"罗马天主教传教士干涉中国各省和地方政府事务的现象变得越来越严重"。基督教传教士虽然理论上没有非宗教的权力，但是他们对所入侵国家的人民经常像天主教传教士一样蛮横无情。中国人相信某些地方不能盖房子，因为这会破坏当地的风水，可是传教士却不顾中国人的反对，盖起了屋顶尖尖的教堂。正如一个中国作家说的那样："如果有人在威斯敏斯特教堂旁建一座令人讨厌的皮革厂，一定会引起英国人举国上下的强烈抱怨。在中国人心目中的风水宝地盖一座尖顶教堂同样也会引起中国人的强烈抱怨。"

在中国南方，反洋情绪与北方一样强烈。但在山东，形势最为严峻。那里的军队改革，精简了部队，许多士兵流落到社会上成了散兵游勇。他们找不到工作，常常为了食物铤而走险。粮食歉收引起了大饥荒，另外还发生了大面积洪灾。数十万饥民流离失所，蠢蠢欲动。正是在这种群情激愤的气氛中，义和团运动猛烈爆发了。义和团运动带有浓烈的反洋和反教的色彩，不但针对被称为"洋鬼子"的传教士，还针对被称为"二毛子"的本地教徒。在某一阶段，义和团运动还反对满清朝廷。但是，到了1900年，义和团运动和清朝政府结盟，并得到清朝政府的支持。伯塞尔在《义和团起义》一书中对义和团运动发生这一变化的时间和原因做了十分耐心的描述。正如他所指出的那样，把义和团起义说成是叛乱是很荒谬的。义和团支持满清政府,甚至还屠杀其他反清团体的成员。

杀害卜克斯先生的凶手受到审判,并被处死。在这过程中英国官员都在场。总理衙门对这一事件的发生深表遗憾。但是,正如莫理循在4～5月日记中所写的那样,义和团运动的怒火还远远没有被平息下去:

4月17日 ……拳民的危险正在增加。雨水稀少是造成危险的原因。在中国人看来,正是因为外国人破坏了风水,才使老天不下雨。如果下了雨,拳民很快就会消失。

4月26日 ……见到司快尔(美国公使馆一等秘书)。大街上卖着反洋文学作品。保定府附近爆发了有义和团参加的激烈战斗。传教士尤因报道了这场战斗,并向外交使团提出警告。

5月16日 ……据我的仆人说,将有800万天兵天将从天而降,灭绝洋人……然后就会下雨。秀耀春(京师大学堂英文教习)说:"义和团运动会愈演愈烈。如果义和团有了领袖人物,情况就会更加严峻。"……发生了许多掠夺事件……

5月18日 ……拳民还骚动得很厉害。我对窦纳乐爵士说:"只要能下大雨,义和团运动就会烟消云散。"昨天下了一些雨。我的运气还真不错,早上我才发出电报,提醒有关部门要警惕义和团运动,下午就下雨了。法国牧师报告说,在拳民的骚乱中,有61人(男女老少都有)在位于北京和保定府中间的高洛村死于非命。安肃县也发生了骚乱。许多人从安肃县乘火车逃到北京。有人被活活烧死。整个高洛庄被毁了。

同一天,离北京大约40英里的一座伦敦会教堂被一把大火烧成平地。第二天,天主教北京大主教樊国梁给法国公使毕盛送来一份令人担忧的报告。他在报告中说,拳民暴乱造成巨大伤亡和破坏,成千上万难民为了躲避拳民而流离失所。拳民的计划已众所周知。他们打算先攻击教堂,然后攻击公使馆。"攻击我们总教堂的日期已经定下来。"他的北堂建筑群包括一家孤儿院、一座女修道院、一个门诊部、几所学校、一家印刷厂、一座教堂、一座博物馆、主教的住房、商店、马厩和其他建筑物,位于公使馆西北两英里之处。大主教在报告结束时,紧急呼吁公使派 40 或 50 名水手来保护他们的生命和财产。

莫理循在 5 月 21 日写道:"毕盛为人和善,认为樊国梁完全是大惊小怪。"窦纳乐爵士也同样持怀疑态度。他在给外交部的信中说:"就我所知,没有什么情报可以证实这个法国神甫所散布的悲观消息。"他的中文秘书亨利·戈颁对樊国梁的报告也不以为然。莫理循写道:"我同意他的看法,危险并非就迫在眉睫。"但是他也注意到:"所有刀剑的价格都涨了一倍。为了满足顾客的需要,店铺一天开到晚。"

第二天,窦纳乐爵士对莫理循说,各国驻京使节召开了一次联席会议,要求中国政府镇压义和团和反洋宣传,否则各国公使馆会再次被迫调卫队来北京承担保卫工作。5 月 23 日,莫理循在日记中写道,义和团运动"得到政府和王爷的认可和支持,公开在京师大校场里习武操兵……"

义和团是个宗教团体,义和拳民实行一种咒语和武术混合的怪诞训练法。他们认为神咒和神符能使他们刀枪不入。莫理循在日记中记下这么一件事情。一个 16 岁男孩在训练时,裸着胸膛对北京旅馆的瑞士老板沙孟说:"洋人的子弹可以打在这儿,但是伤不了我。"将信将疑的旅馆老板飞起一腿,朝着这男孩子猛踢过去,他连忙躲开。(山东总督袁世凯更明确地试验过拳民是否会刀枪不入。他的一队士兵在试验中曾朝一些拳民开火,结果毫不费劲地杀了他们。)

5 月 24 日,莫理循和毕德格亲眼看到一个拳民在神坛前俯伏拜倒、祈神作法:"他在那里装模作样,好像有神灵附体,精神恍惚地用刀和剑朝空中猛劈一阵,自认为洋人的子弹和刀剑伤不了他,连洋人投放在井里的毒药也毒不死他。"

那天晚上,莫理循在英国公使馆出席了庆祝维多利亚女王81诞辰(也是最后一个诞辰)的晚宴。共有50个客人出席,每个女士带上两个男士。莫理循和赫德爵士由女主人窦纳乐太太引进。晚宴在一个小剧院里举行,热闹非凡,宾主频频干杯,喝了许多香槟。晚宴过后,在装饰得漂漂亮亮的网球场上举行了舞会,与会者在"组合乐队"的乐曲声中翩翩起舞。义和团的威胁似乎还远在天边。

但是,就在那一天,在离北京80英里远的雄县,发生了一场对传教士和铁路工程师的大屠杀。5月28日,莫理循对此事件做了许多报道:

今天一大早,一名男子瘸着腿,一拐一拐地走进我的房子。看上去,他的腿痛得很厉害。他刚从保定府铁路沿线的长辛店跑了出来。(京津和京汉铁路枢纽站在距北京15英里的丰台,铁路工程总局设在长辛店。)铁路已被摧毁,车站(丰台)被包围,工程师都被围困在他们的房子里……来自涿州的消息非常糟。暴民用恐怖手段和大屠杀来迫使基督徒放弃信仰,强迫他们烧香拜佛,还把他们家中较漂亮的女孩卖了当妓女。

莫理循在两个人的陪同下,骑马穿过跑马厅朝丰台奔去:

我们快到丰台时,看见黑烟滚滚而起。满山遍野都是人,朝车站涌去。机车的库房正在燃烧……四处蜂拥而来的村民正在抢劫。一个中国佬用剑威胁我们,发誓要割断我们的喉咙。我们本可以一枪杀了他,不过我们没这么做。我以后可能会一直后悔当时没杀了他。跑马厅附近的庙宇四周围着许多人,个个看起来都是危险人物。

莫理循的同伴打道回北京，而莫理循则继续骑马飞奔，向司快尔太太和她的客人报警。司快尔太太的客人是个美国女孩，名叫波莉·康迪特·史密斯，正在西山的一座庙里避暑。史密斯小姐（婚后名叫玛丽·胡克）后来在她的一本题为《北京内幕》书中描写了他的到来：

> 我们的处境现在很危险。这里没有任何外国人保护我们。我们要安慰那些吓得惊惶失措的中国仆人，要为我们自己和三个孩子找出路。我们像妇女常做的那样，只能静静地等待。我们的耐心等待终于有了回报。我们隐隐约约看见山谷远处有个人骑着一匹中国马，从丰台方向飞驰而来。他就是莫理循博士。那天一大早听到丰台有暴民骚乱，焚烧车站的消息后，他立即动身去丰台……落实在北京广为流传的传闻的真实性。消息落实后，他打算赶回北京，到电报局去发消息。正在这时候，他突然非常焦虑地想起我们还在庙里，很可能孤立无助，无人保护。于是他就没回北京，而是立即赶到我们这儿来……他在研究怎样守住阳台时，司快尔先生也赶来了，还带来一个从俄国公使馆借来的哥萨克骑兵。我们制订了晚上守卫计划，讨论怎样才能打退暴民的进攻，怎样才能挫败他们的纵火阴谋……我们派出岗哨，通宵达旦戒备着，其他人忙着收拾衣物和细软。早晨 6 点，我们的大篷车队立即动身前往北京。大多数人都坐在中式马车内，一些人骑马、骡子或驴，40 个中国仆人则随意跟队行进。三个全副武装的保护者则在我们身旁策马警戒。

莫理循在西山扮演骑士角色时，各国公使在北京又召开了一次会议，接受克劳德·窦纳乐爵士的建议，同意立即派卫队保护使馆，并要求总理衙门给以正式批准。总理衙门先是拒绝了各国的要求，后来终于作了让步，但提出一个条件：各国公使馆卫队的人数不得超过30人。窦纳乐爵士很坦率地对总理衙门的6个大臣说……莫理循在日记中写道："总理衙门大臣是一批傻瓜。窦纳乐要求他们转告庆亲王（正和慈禧太后一起呆在颐和园），各国公使馆的卫队将于明天动身赴京。如果在赴京途中受到阻拦，卫队人数将增加十倍以上。"实际上，法国公使毕盛已下令要法国卫队立即赴京，其他列强都无视总理衙门提出的人数限制。到了6月3日，在天津从军舰登陆的426名美国、英国、法国、意大利、日本和俄国等国的卫队都已到达北京。莫理循对此没有发表任何评论。波莉·康迪特·史密斯小姐骄傲地说，第一批迈进使馆街的是56名美国海军陆战队队员。63年后，维克托·伯塞尔写道："有一点至少值得争论：加派卫队是否会为反洋情绪火上浇油，反而会危及所要保护对象的生命财产安全。"这么一来，就必须派增援部队，"为了保住退路，就必须夺取大沽炮台。这反过来，就会导致战争。"

克劳德·窦纳乐爵士自己现在也"非常惊慌"。6月2日，他要求莫理循"不要轻视那些令人担忧的报道"。他说英国政府的反应很冷淡，他只接到三封电报：1.我们认为，协调欧洲列强的行动是明智的做法。2.英国不要当出头鸟，让其他国家率先采取行动。3.要毫不犹豫地调兵遣将，保护英国人的利益。这样的指示对窦纳乐来说没什么积极意义，他面对的是前所未有的严峻局势，本身又不聪明绝顶。后来所发生的一连串事件，把他搞得焦头烂额。第二天，从北京南40英里处传来两个英国传教士被害的噩耗，反洋情绪四处高涨，通往天津的铁路线被切断。英国驻天津领事主动打电报给索尔兹伯里勋爵，要求加派强大的增援部队。各国驻京使节也分别打电报给各国政府，要求各国海军采取一致行动来保护公使馆。

6月4日，亨利·戈颁到总理衙门讨论两个传教士被害之事。在发言时，他发现一名总理大臣睡得可真香。一怒之下，他站起来就走了。他对莫理循说："这就是中国。你拿这样的人有什么办法？整个国家都乱成了一团，慈禧太后还有闲情看戏。"

慈禧太后并不只躲在美不胜收的颐和园里看戏，还在更广阔的舞台上扮演居心叵测、两面三刀的角色：她一方面下达含义模糊的懿旨，谴责义和团的暴行，另一方面又下旨赦免他们的罪行，对他们的行为起推波助澜的作用。随着她和义和团结盟的意向变得越来越明显，欧洲人越来越感到担心和害怕。6 月 8 日，北京跑马厅的大看台和马厩被人放把火给烧了。这是一种卑鄙下流的行径，一种灾难性的挑衅，侮辱了欧洲人的情感。窦纳乐爵士报告说，和以前任何事件相比，这一事件使在京的欧洲人更清楚的意识到他们所面临的险境。第二天清晨，海军上将爱德华·西摩尔爵士（克里米亚战争中的老兵）对窦纳乐爵士的紧急呼吁作出了反应，亲率一支 500 人的混合部队离开天津。后续部队 1 376 个官兵分乘四列火车随后跟上，预计当晚就可到达北京。可是他们两个多月后才到达北京。

6 月 11 日下午，一些欧洲人乘马车或骑马到车站去迎接西摩尔的部队。在他们当中有日本公使馆一等秘书杉山彬先生。他头戴圆顶硬礼帽，身着燕尾服，经过永定门车站时，被中国士兵从马车上拉了下来，剁成碎片。他的心被挖了出来，作为战利品送给他们所在部队的长官。接着还有其他暴行发生。

6 月 13 日，德国公使克林德在东郊民巷用手杖为武器，抓了一个拳民。莫理循写道："那是个男孩，穿着全套义和团的服装，当时正用鞋底来磨剑。他身上贴着黄色避邪符，上面写着'一个顶八个洋人'。"

那天后半晌，"从城北涌进了大批拳民，开始焚烧外国人的住房。"从莫理循的日记可以看出骚乱变得越来越厉害：

　　6 月 13 日——义和团发动进攻，能听到他们念咒作法、装神弄鬼的叫喊声。

经过法国公使馆时，我发现那里戒备森严。有人喊："义和团来啦。"我急忙赶回家……整夜都提心吊胆……

城西通宵达旦都能听到可怕的叫喊声，被杀者的狂吼声。抢劫和屠杀。

莫理循的日记通常是条理和明晰的典范，但是从这时开始变得越来越混乱，支离破碎：信手写在书角处、页边和字行间的空白处，完全没有顺序，有时简短到令人难以理解的程度。但是他继续详详细细地记下在那些日子里所发生的重大事件——除开他自己扮演重要角色的事件。他在 6 月 15 日写道："我建议要仔细检查肃王府。我们的确这么做了……我们救了几百个人，并把他们带了回来。"他的这段话写得非常简捷，不经详述难以理解。许多研究义和团危机的历史学家对他的这段日记做了详细解释，其中包括明恩溥博士、罗兰·艾伦牧师（英国公使馆代理牧师）和亨利·塞维治·兰德尔。塞维治·兰德尔写道：

莫理循博士和许多自私自利的难民相比，有颗更高贵的心。下午两点，他听说在南堂附近有许多中国基督徒还在遭受义和团的围攻，就立即要求克劳德·窦纳乐爵士派卫队去救他们。公使馆派出 20 名英国士兵，加上一些德国和美国士兵，组成一支特别行动队，归莫理循指挥，由他率领赶到现场。这将是莫理循博士一生中的一个亮点。正由于他的杰出贡献，100 多个陷于绝境的中国人才能免遭暴虐和死亡。

艾伦先生的叙述是：

莫理循博士带回了一大批基督徒和令人可怕的消息。……他说，拳民挨家挨户搜查，把发现的基督徒——砍翻在地，血流成河。救援队穿街走巷,大声呼叫基督徒出来和他们一块走。许多基督徒因此而获救,其中有许多受了伤,一些是病人。他们被护送到东城,安置在肃王府里,受到莫理循博士、秀耀春① 先生和其他一些自愿者的精心照料。

由高墙围住的肃王府位于英国使馆东面,隔着一条街和一条御河,里面装饰得富丽堂皇。应莫理循的要求,一支搜索队(包括莫理循和秀耀春)仔细检查了肃王府,在肃亲王的安排下,获救的中国基督徒都住了下来。波莉·康迪特·史密斯在日记中写道:"肃亲王非常和蔼可亲,同一天就退出王府,所有贵重物品都没带走,还留下了一半女眷。这一切多亏了莫理循博士的鼎力相助。"

另一个目击者伯·伦诺克斯·辛普森② ("普特南·威尔")高度评价莫理循的"能力和坚强意志"。他描述说,整个下午,数百个中国基督徒不断涌进肃王府,挑着锅碗瓢盆、被褥和大米。

北京遭围困后,肃王府几乎收容了近 2 000 个难民。

艾伦先生继续详述:

莫理循博士把这些人救了出来,还把他们安置在肃王府,为被围困者作出了杰出的贡献。为了保护被围困者,他首先提供了许多苦力。他们的劳动在建路障过程中起了非常重要的作用。在使馆区被围的后期阶段,路障起了非常重要的作用。其次,他设法为基督教传教士获得把他们的基督徒带进使馆区的

---

① 秀耀春(1856~1900):英国浸礼会教士。1883 年来华,1899 年任译学馆英文教习。1900 年义和团运动时,他于 6 月 20 日失踪。他用英文写有《信徒快乐秘诀》一书。

② 伯·伦诺克斯·辛普森("普特南·威尔")(1877~1930):英国人。生于宁波,中国海关税务司辛盛之次子,曾在瑞士留学,能操流利法语、德语和汉语。回华后进中国海关在北京总税务司署任总司录事司。1902 年后进入报界。1930 年协助阎锡山接收海关,11 月遇刺死。著有《来自北京的有欠审慎的信函》、《为中国的共和政体而斗争》等书。

权利。这么一来,我们获得了许多非常有用的工匠。这种权利在此之前一直为各国公使所拒绝……再其次,从军事的观点来说,他占用了肃王府,就等于掌握了一个非常重要的战略要地,因为府中的假山能俯视英国公使馆的东墙,还能对西班牙、日本和法国公使馆的后面起掩护作用。后来,当各国领事馆遭到清兵攻击时,这一战略要点的重要性就充分体现出来了。

第二天早上,莫理循参加了一次战斗行动。他在日记中很简练地写道:

> 6月16日——起得早,精神抖擞。收到窦纳乐爵士的一张便条,问我是否愿意参加一次出击行动。瑞上尉,20个英国人,10个美国人,5个日本人和一名军官,柴中佐(日本武官)。我们袭击了离奥地利哨卡30码远的一座庙。奥地利人随后跟上。45个基督徒遭屠杀。一些基督徒被抓后,手被捆了起来,当做祭品。这实际上是屠杀。死了5个,救了3个,一个意外被杀。所有拳民都杀死了,只有一个敢和我们照面,临阵脱逃。我至少杀了6个。回来时我们都累坏了,在城里转了转,目睹许多地方已成废墟。

虽然莫理循的日记写得很乱,但是他打给《泰晤士报》的电文却仍然很清楚地描述了日益恶化的局势。但是,6月13日从俄国公使馆北部引出的电报线被切断。这是北京和外部世界联系的最后一条线路。通往天津的电报线三天前就已被切断。但是,莫理循设法花了20两银子,请个特别信使把最后一封电报送到了天津。这封电文于6月18日刊登在《泰晤士报》上。电文所注的日期是6月14日,比最后一批外交信件晚两天。电文如下:

昨天晚上发生了严重的反洋暴乱,东城区一些最好的建筑物被烧毁,数百名中国基督徒和外国人雇佣的仆人在离皇宫两英里的范围内遭到屠杀。对所有外国人来说,这是个令人焦虑的夜晚。大家在使馆卫队的保护下,都聚在一起。拳民烧毁了天主教的东堂、伦敦传教团最大的建筑、美国传教团董事会,还有所有海关中外国雇员位于东城的住所。如果增援部队今天还不能抵达,预计还会有进一步的暴乱发生。据传,没有欧洲人受伤。

那天,海军上将西摩尔的部队战战兢兢地乘火车前往北京。上将本人坐在第一列火车上。火车沿途不断遭到攻击。第一列火车才走到半路,其余火车还远远落在后面,可是弹药就耗光了。6月18日,为了避免被包围,西摩尔决定退回天津。时年29岁的大卫·比提和上将同乘一列火车。他在一封私人信件中说,这次行动是"最疯狂、最野蛮、最没用的计划"。

当时面临的一个危险是,在西摩尔率部杀回天津之前,后路可能会被切断。于是,外国列强决定"通过谈判或者武力"暂时占领天津北河口的大沽炮台。北京的公使馆对所发生的这些事情一无所知,但是6月19日下午,11国公使和罗伯特·赫德爵士都收到总理衙门送来的一个红色大信封,里面装有清廷的最后通牒:联合舰队威胁说要炮轰大沽炮台,这就等于宣战,因此各国公使必须在24小时内撤离北京,否则就不能保证他们的安全。如果他们愿意撤出北京,中国政府可以保证他们安全撤往天津。实际上,6月17日,各国的联合舰队经过几小时炮击后,已占领了大沽炮台。

在外交使团领袖公使、西班牙驻华公使葛络干① 的支持下,各

---

① 葛络干(1848~?):祖籍爱尔兰的西班牙外交官,1895~1902 年任驻北京公使,外交使团团长。

国使节又召开了一次会议。会上争论得很激烈。首先,大多数公使都同意克林德男爵的看法,认为接受总理衙门提出的保护就等于自杀。以法国和美国公使为首的一些国家使节则同意接受中国政府的保护,这使世界各国人民感到"非常震惊"。莫理循后来在《泰晤士报》对各国人民的反应作了报道:法国公使毕盛(作为基督教教会在中国的保护者)和美国公使康格① 先生(一个满口人道主义的人)竟然同意清廷的建议。这意味着"要立即放弃成千上万个中国基督徒,让他们任凭义和团宰割。而他们对外国人是多么信任,对外国人的美好意愿是多么深信不疑。"但是,经过长时间辩论后,法、美两国的看法终于占了上风。就在午夜之前,葛络干签署了一封回应信,并派人送回总理衙门:各国公使一致同意撤出北京,但整个撤退行动不可能在 24 小时这么短的时间内完成。他们明确表示根本不知道在大沽炮台所发生的任何事情,并要求第二天上午会见总理衙门大臣,讨论运输、补给和保护等问题。

莫理循对这一决定感到非常厌恶。他在日记中写道:"康格对我说,中国人保证我们能安全撤退,中国方面还向我们提供 100 辆马车。康格丢尽了面子,这是他一辈子的耻辱。"

莫理循很中肯地问康格:"如果你相信中国人的保证,为什么你还要派卫队来保护你们的公使馆呢?难道他们(中国人)没有答应保护你吗?"

他还对康格说:"我们撤走后,中国教民会被义和团杀个精光。"

康格耸耸肩回答:"那不关我们的事。"但这却和莫理循大有关系:

> 这是我所知道的最可耻的决定。我回到家中,不敢面对我的仆人。"这么说来,所有欧洲人要统统跑光?""这愚蠢的主意

---

① 埃德温·赫·康格(1843~1907);美国驻北京公使(1898~1905)。

是谁出的?"我回到公使馆,表示抗议,大吵一通。窦纳乐爵士动摇了。

波莉·康迪特·史密斯写道,公使们"在公使馆间跑来跑去,争论,讨论个不停 …… 看起来好像我们所有的人第二天上午都要走向死亡。"

公使馆里许许多多有识之士,包括工程师、银行家、商人和传教士都认为应当在北京等候西摩尔增援部队的到来。有一次,莫理循作为他们的发言人,直截了当地对公使们说:"如果你们决定明天离开,在转移过程中,这支庞大的、没人保护的、车队中的男女老少都可能面临死亡。你们必须为此负责,你们的臭名声将载入史册。你们是有史以来最没道德、最软弱、最优柔寡断的胆小鬼,将因此而遗臭万年。"

第二天清晨,莫理循来到美国公使馆。康格说:"博士,你今天早上感觉如何?"

莫理循愤怒地回答:"我为是个白人而感到可耻。在我所知道的没人道、野蛮、优柔寡断的命令中,11 国公使作出的决定最糟糕。"

康格还是老调重弹,坚持说中国政府已保证让使馆人员安全撤到天津。莫理循则再次反驳说:"如果你信任中国政府,为什么你派海军陆战队来保护使馆呢?"

"博士,对你的意见我不敢苟同。"康格说。

"但是世界会同意我的看法。"莫理循说。

康格说:"我也非常在意世界的舆论。" 他认为莫理循讲的"世界"指的是《纽约世界报》。

毕德格同意莫理循的看法。他认为,在前往天津的路上,长达两英里的车队很容易受到攻击。他不相信中国人的诚信,认为中国人的安排只是一种屠杀计划。另外,一路上,该去哪里找食物、饮用水和交通工具?

那天早上,所有公使都起个大早,焦急地等待着总理衙门的回音。但是,一直到过了九点半还没有任何音信。他们就决定继续等下去。用窦纳乐爵士的话说,到总理衙门去坐等消息有失尊严。但是克林德①(一个激动型的人)却不这么认为。他用拳头砸着桌子,大喊大叫:"我要走,我要坐在那儿等他们来,即使等一个晚上也可以!"他的中文秘书柯达士要陪他去。莫理循看着他们坐着表示官方身份的红绿色轿子离开,随行的还有两个穿制服的骑马侍从。可是没过几分钟,克林德的男仆冲进莫理循的办公室,凄声惨叫:"德国公使大人被杀害了。"莫理循说:"瞎扯!"但这却是事实。克林德被一个穿全套军装的清军旗手在近距离内枪杀。(6个月后,这个清军士兵被德军抓获,并被砍了头。在行刑前,他怨气冲天地说,他的长官答应他杀了人后给70两银子,而且还要提拔他。可是他只到手40两银子,提拔就更没影了。)柯达士的两条大腿都被子弹击穿。他在前面拼命跑,后面有手持长矛的人紧追不放。他挣扎着跑到美国公使馆,刚一进门就晕倒了。住院期间,他把这事件的前前后后都告诉了莫理循,最后还说了几句话:"我敢肯定,对德国公使的暗杀是精心策划的,是有预谋的谋杀行径,一定有政府高级官员下达过暗杀令……"

现在看来,离京计划已成泡影。克林德的被害就是无可辩驳的事实,说明他要前往总理衙门的做法是十分危险的。总理衙门早上给外交使团送来一张便条,没有提到这起谋杀事件,只是遗憾地说各国公使造访总理衙门是不安全的,但同意延长最后通牒的期限,不过又没具体说明延长几天。尽管如此,下午4点,正好在原通牒的期限

---

① 克林德(1853~1900):德国外交官。1881年来华。1899年再度来华,继海靖男爵为公使。1900年夏被清军杀死。随行的柯达士受伤逃到孝顺胡同美以美会。

结束时,使馆区外响起了激烈枪声,目标对准奥地利和法国的哨卡。一名法国海军陆战队士兵中弹身亡,一个奥地利人受伤。皇家海军陆战队的一名军士向指挥官 B.M.斯特劳兹上尉敬了个礼,报告说:

"长官阁下,战斗已经开始。"

"谢谢你,默菲军士。"斯特劳兹上尉回答。

对公使馆和北堂的围攻终于开始了。

[二]

两个多月后,对使馆区的围攻已成往事。有一天,莫理循和司快尔、克林德太太一块进餐:

> 她伤心欲绝,一直谈起她的丈夫。他的死毫无疑问救了所有公使的命。她的话证实了我所知道的情况:在所有公使中,只有克林德坚决反对他的同事(包括窦纳乐爵士)所做出的离京决定。他认为这一决定过于优柔寡断,简直是自杀。德·吉尔斯对公使馆的决定也持相同的看法,并认为中国驱逐外交使节的举动和文明国家相似——是一种战争行为。这是中国政府要走的惟一道路。克林德耸耸肩,不同意吉尔斯的看法。进餐时,毕德格也在场。他说,吏部尚书徐郙向他透露,中国方面密谋在那天早上杀掉各国公使。只杀掉一国公使完全是一个早产的偶然事件,是可悲的,因为从中国人的观点来看,这么一来,把各国公使一网打尽的计划就破产了。

[三]

英国公使馆占地三英亩,一般情况下,里面大约有 60 个人,许多马和骡子,一些羊和一头牛。现在里面大约挤着 900 个人,包括在京所有外侨和许多中国基督徒,其中还有 126 个中国女学堂的学生。不过沙孟先生和他的美国妻子坚持要住在御河对面的旅馆里。我们之所以选英国公使馆作为守卫的主要据点,原因是它面积最大,暴露面最小,易守难攻。莫理循最后一个进入英国公使馆。第一阵交火过后,奥地利公使馆的守卫部队就过于轻率地放弃了这个孤立的前哨阵地。围攻过后,莫理循写道:"没有充足的理由放弃这个据点。"他在 6 月 20 日的日记中写道:"放弃奥地利公使馆这个据点,就意味着要同时放弃所有海关建筑物。因此,我只得放弃了自己的房子,带上银两和供应品等住进英国公使馆。各国公使都聚集在英国公使馆中,里面还有许多传教士、天主教徒、中国修女、中国人、海关人员、俄国女士和其他人。"

莫理循的房子就在肃王府对面。在房子被摧毁前,他曾赶回去抢救他的藏书。一个性格古怪的挪威传教士内斯特嘉德(人称"最忠实于上帝"的人)和一个"非常冷静、勇敢"的中国人给他当帮手。他们绕了许多路,急匆匆地穿过横跨在公使馆和肃王府间的小桥,才能赶到他的住房。

第二天,莫理循很伤心地看到翰林院被大火烧毁。翰林院位于英国公使馆往北一点的地方,是中国当时最大的图书馆,也是世界最古老的建筑之一。翰林院建筑群中有几座房子离英国公使馆只有几英尺远。当时一阵大风正朝公使馆的方向刮。中国人看准了这个把洋人烧出来的好机会。他们放火烧毁了"北京最神圣的建筑物……学术中心"。在枪声和烈火的呼呼声中,莫理循写道:

……大捆大捆大清帝国最珍贵的图书被扔进了避暑别墅四周的池塘里。这座中国最大的图书馆变成一堆废墟,飘散着撕毁的书页和木灰。世界上其他大图书馆,如罗马的亚历山大图书馆曾毁于征服者之手,但是我们难以想象一个国家,为了报复外国人,竟然牺牲了自己最神圣的建筑、国家的骄傲和光荣,以及数百年有学之士的智慧结晶。这是一场可怕的大火,是骇人听闻的亵渎神圣的罪行。数百年来一直安安稳稳地放在书架上的珍贵手稿被扔得遍地都是,有的被烧毁,有的被偷盗;数吨珍本被扔进了池塘里。

为了保住公使馆,就必须拆除翰林院剩余的建筑物。虽然我们制订了一项计划,抢救较为珍贵的手稿,但是很少有手稿能幸存下来。被当作战利品掠走的书都交到窦纳乐爵士手中(窦纳乐爵士在奥地利公使馆被毁之后,接替奥地利海军上尉冯·托曼的位子,担任了使馆卫队司令官)。翰林院中的熊熊烈火还在烧着,窦纳乐爵士就已派人给总理衙门送去一封信,告诉总理衙门,他已尽力抢救翰林院中的珍贵图书,并要求清朝政府立即派人来监督抢救行动。可是,他的信没得到任何回音。

莫理循对翰林院被毁之事感到愤慨,对犯下如此严重亵渎圣物罪的国家感到愤慨。他的心情是可以理解的。但是,他在记录使馆包围战的插曲时,对使馆方面所犯下的罪行却没有丝毫愤慨之情,对参与犯罪的有关国家却没有展开任何批评:

法国人在公使馆附近的一座庙里俘虏了 18 名中国士兵。一个中国基督徒提供了有关这些士兵下落的情报。这些士兵在法国公使馆里被一个法军下士活活用刺刀挑死,说是为了节约子弹。临刑前,他们遭到审讯,提供了许多情报,但显然都是假的……

[四]

围攻各国使馆的战斗持续了 55 天。好莱坞后来在一部极其荒谬的影片中曾重现了整个围攻过程。好莱坞的狂想和史实一样令人难以置信。在这 55 天中，中国军队包围的只是一个由各国人员组成的松散的抵抗力量。在围攻的初期阶段，使馆区里有 473 个外国侨民，409 个士兵，2 750 个中国基督徒和大约 400 个中国仆人。如果中国军队下决心加紧进攻，一定会很快粉碎所有抵抗。长长的防御工事质量很差，守卫者的武器装备也很差。他们只有 4 门小炮，其中包括一门 5 管的诺登费尔特(打了四发后就会卡壳)和一门意大利的一磅炮(炮弹重一磅)，配有 120 发炮弹。每个国家的分遣队都用不同型号的步枪，这就使统筹弹药的计划成了泡影。装备最精良的卫队成员每人也只配 300 发子弹。攻击者人多势众，不乏小型武器和军火。傅勒铭写道："在围攻期间，中国人大约朝使馆区发射了 3 000 发炮弹。他们每天都可以发射同样多的炮弹，谁也阻止不了。如果他们这么做的话，各国使馆立即就会被攻陷。"

他们为什么不这么做，还是一个大谜。另一个谜是为什么要发动对使馆的疯狂攻击。正如切斯特·坦在研究中国方面的消息来源后所说的那样："很显然，攻击……是由清廷授权的，但是为什么要发动这样的攻击还不清楚。"伯塞尔同意他的看法，认为清廷发动攻击的动机很复杂，很可能是因为仇恨洋人，希望能借此煽动起民众的爱国热情，害怕公使馆的卫队，和需要杀掉所有目睹朝廷和义和团罪行的目击者。朝廷的优柔寡断和分裂是使公使馆免遭毁灭的原因。在慈禧太后的大臣中有主和派和主战派。随着慈禧太后的态度从怀疑转向确信，大臣们的影响也起伏不停。

毫无疑问，慈禧太后的最初目的是要消灭在京的外国人和中国教徒。她之所以愿意和义和团结盟，原因是义和团声称有超自然的法力，但是他们的表现很令慈禧太后失望。所以 7 月 13 日，天津落入联军手中后，她就决定采取较安抚的政策。两天后，突然宣布的非正式停火，令被围困的人大为不解，因为他们对使馆外所发生的事情一无所知。停火持续了两周，中国人开始异常积极地和外交使团接触，而且一直持续到围攻的结束。在这令人难以置信的停火期间，慈禧太后派人给使馆区中她几周来一直想消灭的人送去大车大车的西瓜、蔬菜、冰块和面粉。使馆卫队从敌人手中购买了鸡蛋，甚至还有一些步枪。一个曾在赫德爵士的乐队中干过事的中国号手被允许蒙着眼睛进入使馆区接受医生普尔博士的治疗。他的耳朵被一个军官在盛怒之下撕裂了一半。中国船夫撑着临时扎起来的筏子，在御河里来回划着。英国人甚至打起了板球。

在给窦纳乐爵士的信中，中国人表示了他们保护使馆的强烈愿望，并不断有礼貌地建议，各国外交人员为了他们自身的安全必须离京。他们还邀请各国公使打电报回家报平安。为了不和朝廷中的温和派产生对抗，窦纳乐爵士以温和、模棱两可的语气一一回了信。这些来信的确够奇怪了，但是更奇怪的是总理衙门和赫德爵士的通信。赫德的部属多人被害，两人受伤，职员生活区中有 18 栋楼房被毁。可以说，中国人和他的仇结得可大了。但是，7 月 22 日，中国方面给他写了一封信，彬彬有礼地说已一个多月没收到他的来信，并真挚地向他表示问候。随后中国方面又寄来几封信，就一个非常棘手的海关问题征求他的意见。赫德爵士详详细细地回了每一封信，在一封回信中问起他大衣柜的下落，还把一封写给他在伦敦裁缝的信扔过了使馆墙头："赶快送两套秋装来，然后再送两套同一种料子做的冬装，一套是早礼服，另一套是晚礼服，另外还要一件暖披肩，四双靴子和拖鞋。我的一切东西都丢光了，但是人还顶健康。我们还要在焦虑中熬过两周。赫德，北京，1902[①] 年 8 月 5 日。"

尽管对外通讯中断，这些秋装和冬装还是于 10 月 26 日寄到公使馆。

像讲究服装的赫德爵士一样，被围的使馆人员中还有许多很突出的人物。意大利公使马奎斯·迪·萨尔瓦果·拉吉每天晚上吃饭都要考考究究地打扮一番，只不过餐厅中当天的特别主菜可能只是烤

---

① 注:应该是 1900 年。

马肉，或者喜鹊和麻雀炖蔬菜。美国公使的妻子是个基督教科学派人士。当一粒子弹射进挤满人群的房间，贴着一个婴儿的头皮呼啸而过时，她宣称只有在他们的"感觉思维"中这颗子弹才存在。在整个围攻期间，沙孟先生和年轻的美国妻子一直留在外防卫圈一片开阔地的一家旅馆里，炮弹击穿了旅馆的围墙，他们每天还是忙着磨面粉，烤300条面包。毕盛先生是使馆区中公认的丑角。他为人胆小，是个话匣子，整天神经兮兮地不断到处乱跑，嘴里唠叨着一些不祥、令人沮丧的话："今晚我们就要死了！""我们没救啦！"

另一个顽固的悲观论者是裴式楷。他是赫德的监察副主任和小舅子，以"戚脸骑士"为人所知。莫理循说了些话来振作他："有的人一辈子还碰不上一次像围攻使馆区这样的事件。我们的生活都会有一些里程碑。让我们把这次会载入史册的使馆围攻事件当作一个里程碑……在围攻中，守备人员中有一半会丧生在武力的魔爪之下，另一半会因饥饿而吃尽苦头，备尝艰辛……"在荷兰公使罗伯要给总理衙门送去一封求和信时，葛络干怒斥罗伯的一席话同样令人振奋："我们正在写一页新的历史。让我们不要玷污历史。"

传教士内斯特嘉德是个悲喜剧式的人物。在一次重大的行动中，他身着黑色长袍，头戴黑色高顶大礼帽，出现在路障上，高声呼求正义，呼吁挪威王室为他遭诽谤的名声平反昭雪。无论怎么安抚，他总是静不下来，无奈之下，使馆卫队只得塞住他的嘴巴，不顾他的挣扎，把他强行拉到一座马厩，让他在那里继续发表抗议。一天，他设法跑到清军指挥部。中国人检查了他的证件，里面有封写给俄国公使德·吉尔斯的信。他在信中对他猥亵吉尔斯夫人道歉。四天后，他被中国人送回公使馆，他承认曾把所知道的有关使馆防卫情况都告诉了中国人。一些人主张要枪毙这个叛徒，不过最终还是保住了他的性命，只不过再次被锁在马厩里。

莫理循和司快尔夫妇一起用膳。一连好几个星期，他的日子过得比大多数被困者都好，原因是司快尔夫妇所藏的食品在使馆区里首屈一指:加利福尼亚的水果蜜饯,通心面,腌牛肉,罐装豆子,凤尾鱼酱,李比希记肉汁和许多咖啡。但是到了 7 月 25 日,波莉·康迪特·史密斯写道:"这份菜谱开始黯然失色。"马肉和大米成了主食。5月赛马后留下来的 150 匹骏马中,每天要杀两匹供食用。

波莉写道:"莫理循在操办膳食时是个颇为引人注目的人物。他总是出现在最需要强劳力的地方,搞得浑身脏兮兮的,但总是那么乐观,显得非常健康……"莫理循对史密斯小姐却不那么恭维,在他眼里她是个"胖乎乎、过分热情的女人"。尽管他总是那么彬彬有礼,他在信和日记中对一些人的评论却总是那么坦率,几近于刻薄:窦纳乐爵士的"缺点"是"人不聪明,判断力也差";毕盛阁下是个"胆小鬼";日本公使西德二郎"像只类人猿"。

[五]

公使馆里的人曾多次尝试把消息传到天津,但经常没能如愿以偿。莫理循在 7 月 6 日派人把报道送往天津,整个过程很有趣,原件还保留着。他的报道不但生动地描述了当时公使馆中的情况,还像莫理循在《泰晤士报》的同事 J.B.卡波尔所讲的那样,"用少量的单词……大量的情报可以用高度浓缩、易懂的电报语言来传递。"

莫理循在一张薄薄的长 5 英寸宽 2.25 英寸的纸片上分两面写下了他的消息,然后把纸浸在油里,进行防水处理,最后再把纸片嵌在一个粥盘里。他让一个年轻的中国基督徒化装成乞丐,翻墙而去。此人中途被截,并通过水门① 被送了回来。莫理循取出藏在盘中的报道,把它贴在日记里。报道是这么写的:

---

① 　水门:内城南墙靠近英国使馆的一段大约 100 米左右的城墙,由使馆卫队控制,英国使馆就设在墙内,墙下有一条排放污水的大沟渠,直通墙外。

　　无论谁收到这份报道,都请派特别信使把它送给天津海关税务司杜德维先生。所有费用由我支付。杜德维先生将把以下电文发给《泰晤士报》,如果必要的话,可发加急电报。

《泰晤士报》驻上海记者濮兰德:

　　自 1 月①20 日以来,中国军队一直包围着使馆区。所有通讯中断,使馆区成了彻头彻尾的孤岛。整整 10 天甚至不能和北堂②取得联系。樊国梁主教、牧师、修女和 3 000 名基督徒被困在北堂里,由 30 个法国人和 10 个意大利人保护着。他们的处境非常危险,处在敌人的重重包围之中。饥饿和大火威胁着他们的生命安全。英国公使馆挤满了各国侨民、妇女、儿童和基督徒难民,暴露在敌方从外城墙和皇城墙上发射的炮火之下,每天都遭到敌人的炮击。我们只得昼夜加固工事,用沙袋堆成射击孔,每到晚上就拼命朝外倾泄子弹。一名海军陆战队士兵在公使馆里中弹身亡。意大利、荷兰、比利时和奥地利公使馆被烧毁。法国公使馆曾一度被迫放弃,但后来又夺了回来。我们猛烈炮轰美国公使馆对面的围墙。美国公使馆由 30 个美国人、英国人和俄国人守卫。一些日本人勇敢地防守英国公使馆东面的肃王府,牺牲了 6 个,13 个受伤。英国人也牺牲了 2 个,见习翻译也不幸阵亡。在使馆区的 414 名男子和 20 军官中,2 个军官阵亡,其中一个是日本人安东,另一个是法国人赫伯特;6 个军官受伤,伤势严重,但恢复很好,其中包括哈利德;43 名男子牺牲,65 名受伤,5 个平民被杀,其中包括瓦格纳,他是法国总领事

———————————————————

①　注:应是 6 月。

②　北堂:即北京西什库教堂,位于皇城的西北角,西安门内北侧约 200 米处,是外国天主教设在北直隶教区的总堂。在 19 世纪 90 年代,外国教会遍布中国各地,其中势力很大的天主教在中国划分了几十个教区,每个教区设立一个主教府,供主教居住和传教之用。

的儿子,6个平民受伤。节约弹药,供应不足。增援部队一直未到,大家都很焦虑。健康状况都不错。莫理循,北京,7月6日。

正如卡波尔所指出的那样,这份报道之所以值得注意,原因有两个:"第一个原因是报道写得很简洁,第二个原因是它不知不觉地暴露了莫理循工作的紧张状态。莫理循是个十分沉着镇静的人,但是在这份报道中竟然犯了一个重大错误,把围攻的开始日期写成1月20日。"

这次递送报道的尝试失败后,华俄道胜银行董事璞科第(1898年3月曾安排向李鸿章行贿)悬赏10 000美金,希望有人能突破重围,带回西摩尔部队的口讯。莫理循写道:"一个法国人说,如果神父(满脸长满湿疹,整天就知道吃东西和抽烟)允许他被抓住遭审问时否认自己是个基督徒,他就愿意去。结果没让他去。新教徒可以这么做,而天主教徒则不可以。最终,没人愿意为这笔赏金而去冒风险。"莫理循对神父所持的不妥协的态度感到不以为然,但是对樊国梁主教的远见卓识和为保卫战所做的精心准备却赞赏有加:"我们嘲笑他企图购买能弄到手的所有枪支弹药,对他所写的狂热的信也讥笑一通。但是,他完全有理由这么做。他从不发表别人听不懂的讲话。"在另一页日记上,莫理循写道:"传教士要为义和团所惹起的麻烦负很大一部分责任。"

[六]

7月初,莫理循和一个委员会视察了肃王府。难民在里面挤得像"地毯上的臭虫"。他发现整个王府"臭醺醺的,很不卫生……许多儿童患了猩红热和天花,还染上白喉和痢疾。"莫理循在日记中这么写时,可能读过"伊诺果盐"的朴实广告:

腹泻和肠道疾病的常见原因是胆汁太浓和不纯,在肠道黏膜上产生粘性。为了防止出现这种现象,可以服用伊诺果盐,达到预防腹泻和治愈早期腹泻的作用。

没有此药之预防,生命危险即增加。

[七]

围攻末期,莫理循在写给《泰晤士报》的详细报道中说:"16 日晨是灾难的开始。英军高级军官斯特劳兹上尉在从肃王府前哨阵地返回的路上遭到枪击……送医院抢救一小时,伤重不治而牺牲。"莫理循没提到在陪同斯特劳兹时他也遭到枪击。那天晚上,他在窦纳乐的图书馆里,躺在床上,在日记中记下了这起枪击事件的整个过程:

星期一　　7 月 16 日

大清早,雨还下个不停。斯特劳兹在海关餐厅喝茶,我则在自己的住所用完餐后去找他。他问我:"你要去肃王府吗?"一路上我们穿过深深的战壕和石垒的路障,到达公使馆的南端,然后又进到肃王府,并藉着高墙的掩护,来到前哨阵地。墙上布满弹孔,我简直难以想象昨天在枪林弹雨之下我怎么会毫发无损地来到前哨阵地,那里没有什么大变化,只不过战壕挖得更深一些,走起来会更安全一些。但是,我警觉地注意到前几天我筑的路障没有加高。柴中佐先是和我们一起走,而后我和他一块沿着战壕,上了山坡,来到日本人的战壕里。这当儿,敌人朝我们开火了,我们离路障不到 35 码,看都看得见。我们在那儿等斯特劳兹过来。我说:"快来看日本人的战壕。"他回答说要返回公使馆。我说:"我和你一起去。"我正要走时,柴中佐说:"我也要去。"于是我们三个往下走了几步,跨进了火线。我们正朝路障走去时,突然我听到枪响,具体响了几枪,我说不准,但估计是三枪。我觉得右腿一阵剧痛。与此同时，我听见斯特劳兹叫了一声"主啊！"并看见他一下子倒在当时正站在他左边的柴中佐的怀里。我急忙往前跳了出去，和柴中佐一块冒着嗖嗖飞来的子弹把他拖出了火线。他躺在地上，柴中佐则跑去请外科医生。与此同时，我用手帕扎住他的大腿，并找根嫩枝充作止血带，但效果并不好，断骨从伤口突了出来，撑在裤子上。日本外科军医中川中佐来了后，我们努力按住伤口止血。他躺在血泊中，神志还很清醒，问我什么地方受了伤。我说只是一点小伤。可是，刚说完我就晕了过去。过了一会儿，担架员赶来把斯特劳兹抬走了。我想自己走，可是又晕了过去，也被人抬到公使馆。检查后发现，另一颗子弹炸裂后，碎片击中了我。普尔给我动了手术，把弹片挖了出来。在动手术过程中，我又晕了过去，然后就开始呕吐，痛得非常厉害。不过我认为，这次伤痛的程度还不及在新几内亚受伤时的一半。斯特劳兹被送进了病房，已经奄奄一息了。他什么也没说，只痛苦地发出呻吟声。过了一会儿，他的呼吸声越变越弱，最终停止了呼吸。

前一天，莫理循在日记中记下了他的同伴的脱险经历——几个人在近距离遭枪击和炮击时幸免于难：裴式楷太太和她女儿朱丽叶正在睡觉时，一颗重达四磅的圆形炮弹穿过房间的窗户，正好落在她们两人中间，没有爆炸，有惊无险；一个上尉手里提着一瓶苦艾酒，一颗子弹飞了过来，把瓶颈给打断了；一个军士在磨剃刀的皮带上磨刀片时，一颗子弹把剃刀给砸飞了；一颗子弹穿过柴中佐的外衣，另一颗子弹贴着斯特劳兹上尉的脖子飞过去。

窦纳乐爵士在官方通讯中写道："莫理循博士充当斯特劳兹上尉的助手，提供了许多最有价值的帮助。他精力充沛，积极主动，沉着冷静，总是自愿承担危险的任务，在险恶的情况下总是起中流砥柱的作用。7月16日他受了重伤后，在公使馆保卫战以后的日子里，人们都很想念他所作过的杰出贡献。"

[八]

在莫理循受伤的那一天,英国人,或者那些买到《每日邮报》的人,都读到一篇可怕的发自上海的报道,标题为"北京大屠杀"。报道详详细细地描述了使馆保卫战最后关头的惨烈情景:7月6日晚,在猛烈炮火的掩护下,中国人对欧洲人发动了一波又一波的攻击。第二天早上,公使馆中展开了激烈的肉搏战,最后欧洲人全部阵亡。特约记者的报道最后说:"太阳完全升起的时候,剩下的一些欧洲人紧紧地站在一起,勇敢地迎接死亡。中国人伤亡惨重,但是他们前仆后继,最后终于以极大的优势取得了胜利。所有欧洲人都被用最野蛮的方式处死。"

另一家报纸的报道写得更加耸人听闻:男士在临死前,都枪杀自己的妻儿,免得他们受辱。布鲁德里克先生对国会说:"我们认为,这些有关大屠杀的报道是准确的。"第二天,《泰晤士报》发出了庄严的呼声:"现在是抛弃幻想的时候了。怀疑这些可怕的事实是愚蠢和懦夫的行为。"《泰晤士报》对这一悲剧的报道是:"这些疯狂的野蛮人嗜血成性,势不可挡。欧洲人面对他们的猛烈进攻,沉着勇敢地战斗到底……当他们的最后一梭子弹打出去后,他们的最后时刻也就降临了。但他们都视死如归……他们死得其所,没有给我们丢脸。他们为那些将在他们死后惨遭屠杀、毫无自卫之力的妇女儿童战斗到最后一刻。"

《泰晤士报》以前从没提过莫理循的名字。但是现在这个"忠诚的记者"的名字和窦纳乐爵士、赫德爵士的名字一样光彩夺目。新闻报道、社论和讣告都把他捧上了天。《泰晤士报》在社论中说:

莫理循博士在他38年极具冒险的生涯中,曾有多次死里逃

生的经历,并具有在危急时刻应变的无限机智,因此我们就不能
完全绝望,他有可能乘最后屠杀的混乱之际脱逃出来。无论如
何,假如有某个欧洲人真的能大难不死,那大概不会不是他。他
的生涯是最佳英帝国海外臣民的典型。他在青年时代,曾以流
浪者的身份,游历过许多陌生的土地和沙漠。他经过广泛、耐心
的观察,形成了惊人的洞察力和归纳能力。在远东近代史上最
关键的时刻,他给《泰晤士报》发来许多极珍贵的报道,其价值用
不着我们细说。他的报道展示了一个政治家的最佳天赋,颇有
天才的气派。

讣告几乎占了两个专栏:

> 莫理循博士是个最忠诚、最无畏、最有能力的记者,满腔热
> 忱地为祖国的最高利益服务……在过去关键的三年里,正由于
> 莫理循博士的杰出贡献,英国人才能每天都最早、最准确地知道
> 中国所发生的一切事件,而以往英国人所接触的大体上或者经
> 常是带有偏见的报道。莫理循具有非凡的判断力,这几乎是他
> 的一种本能。正因为如此,他才能在被他称作"充满谎言"新闻
> 气氛中,极其准确地区别真理和谬误。虽然他手头没有一便士
> "秘密活动"经费,但是他是那么精明、那么足智多谋;他工作起
> 来总是那么孜孜不倦、煞费苦心。因此他总是能抢先发出重要
> 消息。而官方渠道都要过两或三天才能迟疑不决地证实他的
> 报道。

《泰晤士报》说:"至于夫人们,毫无疑问,她们在这可怕的时刻都
无愧于她们的丈夫。她们都以高尚的情操忍受了长时间、残酷的痛
苦。现在一切痛苦都结束,她们都尽节而亡……我们所要做的就是
对死者表示哀悼,为他们复仇。"德国皇帝威廉更强烈地发出复仇的

呼声,敦促派出一支远征军到中国去。他说:"一千年前,匈奴人在匈奴帝国国王阿提拉的率领下,横扫欧洲,威声大振。现在他们还仍然因此而赫赫有名,蜚声四海。因此德国人也可以用武力征服中国,让中国人对德国人再也不敢侧目。"但是圣保罗大教堂主教罗伯特·格里高里却持一种更为体现基督精神的看法。一篇报道说,在组织一个为大屠杀的受难者举行的追思仪式上,他刻意避免那些"会煽动起复仇情绪"的圣歌。这一追悼会原定于 7 月 23 日举行,但后来被取消了,原因是越来越多的人对《每日邮报》的报道的真实性产生了怀疑。

利物浦大学的拉丁文教授赫伯特·斯特朗在墨尔本时曾教过莫理循拉丁文。他从利物浦大学写信给周刊《旁观者》,谈到了他的"老朋友和学生"莫理循的许多惊人的经历:

> 可怜的乔治,16 岁时曾来找过我,就有关他的前途问题征求我的意见。他非常崇拜探险家斯坦利,长大后也想当个探险家。他说,只要能实现他的梦想,他愿意放弃一切。我建议他先拿下个学位,在开始探险家生涯之前先找份工作……他面容清秀、身材单薄,看上去就知道是个心胸坦荡的人……他是我所认识的最无畏的男子汉。

在莫理循的家乡季隆,为了纪念他,全市都下了半旗。

年轻的澳大利亚战地记者阿瑟·亚当斯拿到《泰晤士报》时,正和莫理循在一起。报上登有莫理循的讣告。莫理循问:"你对此有何看法?"亚当斯回答说:"《泰晤士报》花了大块的篇幅来刊登你的讣告,对你颂扬有加。这么一来,他们就只得把你的薪金提高一倍。"

[九]

莫理循的床垫里塞满了从酒箱子里拉出的稻草。他一直卧床到 8 月 8 日,才第一次坐在一张椅子上,由四个苦力抬着出来,去看还在马厩里号叫的内斯特嘉德。

直到 8 月 14 日,大约是莫理循受伤后一个月,他才能下床行走。四天前,一个信使穿过敌人的封锁线,带来了解围部队中英军总司令盖斯利将军的一封信:"强大的联军正在前进,两次击败了敌人,振作你们的精神。"增援部队分四列纵队平行前进,预计将在几天内到达北京。8 月 13 日,联军部队已兵临北京城下。中国人发动了最后一次猛攻,想攻占公使馆。莫理循写道:"在最后两天中,我们遭到敌人的猛烈攻击,伤亡人数大增。一颗炮弹甚至击中了克劳德·窦纳乐爵士的卧室。"

8 月 14 日凌晨 3 点,莫理循被城东传来的"密集的枪炮声"惊醒。有消息说,增援部队正在炮击东城门(广渠门)。莫理循和大多数使馆保卫者爬上墙头看炮击。他刚吃完马肉午餐,就听到有人大声喊叫:"英国人来了。"莫理循写道:"盖斯利将军魁梧的身影和他的随从幕僚正穿过水门而入,后面跟着印度军锡克人第一团和拉其普特人第七团。他们沿着御河街而来,怀着难以言形的激动心情迈进了英国公使馆。使馆正式解围了。"

尽管莫理循对传教士一般不怀好感,但是他在一篇报道的后记还是对他们的"杰出贡献"大为赞赏:美国美以美会的贾腓力教士原来是个工程师,负责英国公使馆防御工事的设计和构筑;安立甘会教士鄂方智"经常冒着猛烈的炮火"监督其他防御工事的修建工作;樊国梁主教的"远见卓识"使北堂的基督徒免遭饥饿之苦。

莫理循以这些话结束了他对围困的报道。傅勒铭称赞他的报道写得既优雅又精确。8 月 15 日,他把长达 108 页,约计三万字的报道邮寄了出去。《泰晤士报》在 10 月 14 和 15 日两天全文刊登了他的报道。莫理循对这 55 天围困期的详细报道,大部分都是在极困难的条件下,在医院的病床上写的,但是字迹仍然清晰易读。尽管他的消息来源相当支离破碎,但是他的报道还是相当准确。《旁观者》说:"吉朋的历史教科书不会写得比这更好。他的报道被公认为这段奇异插曲的历史。"在一篇社论中,《泰晤士报》称赞了莫理循报道的"透彻和公正",并幽默地指出:"他的报道只有一处不公正。他没有提到自己在使馆保卫战中所起的高尚的作用,也没有提到他受了重伤。我们只能从其他非官方渠道获得这些消息。我们很遗憾地听说,他的伤使他走起路来还步履艰难,痛苦难当。"莫理循收到《泰晤士报》的一封电报,上面写道:"谢谢您的精彩报道"。他还收到阿瑟·沃尔特的一封长达 8 页的亲笔信,对他倍加赞赏:

> 就我所知,根据我的判断,《泰晤士报》没有任何记者的工作能像您对北京围困所做的报道那么出色,没有任何一个记者能像您所做的那样得到公众的完全信任……您对《泰晤士报》的贡献我难以言表……我很自豪……能把《泰晤士报》和您所获得的崇高声誉联系起来……

伦敦的出版商(其中一些在 1895 年曾拒绝过莫理循的书稿)现在都恳求他写一本书,描述他在北京围困期间的经历。史密斯·埃尔德给莫理循写了一封信,邀请他把有关北京围困的报道编成一本书。他在信中说:"我们和所有英国人都饶有兴致地读过您有关北京围困的报道。我们记得,您曾写过一本游记,题为《一个澳大利亚人在中国》……"图书代理商艾维莱·纳石愿意预付 1 000 英镑购买他的北京围困记的英国版权,预付 400 英镑购买美国版权。这可是一大笔钱,可是莫理循似乎不为所动。

[十]

莫理循的日记不但记录了那段日子所发生的一些重大事件,还经常包含有一些趣闻和笑话。其中一些趣闻和笑话显示,他对幽默的欣赏水平并不像他的其他才能那么成熟。以下是一些他所记下的尚可过得去的有关义和团的趣闻:

俄国士兵在一个义和团号手家里抢劫和蹂躏妇女。这个号手夺过一把短号,吹起了俄国国歌。所有俄国士兵立即跳了起来。国歌吹完后,俄国士兵都恭恭敬敬地敬了个礼,然后走出门去。

一个澳大利亚水兵乘着一艘舢板漂流而下……企图用撑篙把一个法国人拖进舢板,并和他吵了起来。他钩了几次,都没能成功,于是就发火了,站在船尾,挥舞着拳头骂了起来:"滑铁卢①,你这杂种! 法索大②,你这讨厌的家伙!"

利奇说:"我派仆人去送信。他被一个俄国人抢了,被一个法国人鸡奸了,被一个德国人杀了。我惊慌之中向一个英国军官提出抱怨。他戴上眼镜,盯着我说:'真的吗? 这家伙真是个讨厌鬼!'"

---

① 滑铁卢:1815 年 3 月 20 日,拿破仑一世进军巴黎,赶走路易十八重新掌权后,英、奥、普、俄等国结成第七次联盟,进攻法国。6 月 18 日,英普联军在比利时南部的滑铁卢附近,大败拿破仑军队。6 月 22 日,拿破仑宣布退位,被流放到大西洋南部的圣赫勒拿岛。
② 法索大:位于苏丹东南部白尼罗河西岸。19 世纪 90 年代,欧洲列强疯狂争夺非洲时,英、法两军曾在法索大遭遇,战事一触即发。法军在最后一刻做了让步,于 1898 年 11 月 3 日撤出法索大。

[十一]

北京解围四天后,在没有任何德国人参加讨论的情况下,德国元帅瓦德西① 伯爵被推举为八国联军总司令。德国皇帝说服俄国和法国接受瓦德西,尽管他在法国并不受欢迎,因为在 1870～1871 年间,他是法国的征服者之一。六星期后,他到中国时同样也不受欢迎。他用残忍和掠夺的热情来弥补晚到所造成的损失。

8 月 23 日,《泰晤士报》骄傲地宣布:"德国政府向卡尔门石棉和橡胶公司定购了一座移动式石棉房,供瓦德西伯爵使用。房子分 7 个大房间,配有舒适的家具,可折叠起来放在箱子里。公司接到定单后就立即开始加工,并在两周内开始发货。"但是瓦德西伯爵似乎对这英国公司的得意之作不感兴趣。1901 年春,他没住在这石棉活动房中,而是住在紫禁城里,和一个叫赛金花的美貌妓女分享一张龙床②,与此同时,他并没忘记以"讨伐"的名义大肆进行烧杀掳掠。

[十二]

莫理循在"盖斯利街"发现一座"可爱"的房子,坐南朝北,就在扩大的英国公使馆西围墙外的一个角落里。他嬉戏地说这是他的"克朗代克"(宝藏)。原来,一些清兵曾躲在那里,并把一些抢来的金银首饰埋在那里。莫理循在那里挖出两箱"非常值钱的金银首饰",心情非常激动。八国联军攻占北京后大肆进行抢劫,莫理循对此不感兴趣,但是对挖出来的这两箱金银首饰他还是毫不客气地据为己有。

① 瓦德西(1832～1904):德军将领,历任参谋总长、陆军元帅等职。1900 年 8 月八国联军攻占北京时,任联军统帅,次年 6 月回国。

② 注:此处不符合史实。

8月28日,他随同联军部队趾高气扬地进入紫禁城时,也捞到一块精美的镶金玉佛手。莫理循后来遗憾地写道:"不值钱,上面有瑕疵。"但是,他通过杜卡特上校弄到"全北京最好的玉"。后来,他把这块玉以2000两银子的价格卖给了斯奎尔。

8月17日,莫理循给《泰晤士报》发了一封电报:

> 北堂昨天解围,北京现在完全处于外国军队的控制之下。列强军队有组织地进行抢劫。法国和俄国的国旗飘扬在皇城最好的地段。据说,那里埋有许多皇宫的珍宝。日本人挖到一个密窖,据传里面藏有50万两白银(大约62 500英镑)。慈禧太后、皇帝、端王① 和所有高级官员都已逃往山西省太原府,然后再从那里逃往西安府。《京报》13日停止出刊。中国政府在北京已不复存在。

英国人对无政府的个人偷窃行为进行了有组织的控制,显示出英国人的办事特征。盖斯利将军发布命令,派出有组织的搜索队,把所有掠夺物品都接管过来,根据由四名军官组成的战利品委员会的指示进行拍卖。他于8月17日签发的命令如下:

> 英军总司令意识到难以控制多国部队非军事掠夺行为。因此他觉得有必要建立一个管理体系,把在没人居住的房子里所发现的物品汇拢起来,这样才符合所有在华军队的利益。由于所有外国军队都受到诱惑,并且都有不同程度的掠夺行为,盖斯利爵士命令取消以前所颁布的有关掠夺的惩罚条例。

---

① 端王(1856~1922):即载漪,清末贵族,满族,爱新觉罗氏。慈禧太后欲废黜光绪帝,于1900年初(光绪二十五年底),册立他的儿子溥儁为大阿哥(即皇储)。6月任总理衙门大臣,办理外交。因各国公使反对废黜光绪,义和团运动时他主张围攻使馆,坚持处死与他意见不同的徐用仪、许景澄等人。《辛丑条约》签订时,被指为"祸首",充军新疆。

斯科特·蒙克里夫上校负责监督在英国领事馆里举行的拍卖会。莫理循认为,蒙克里夫上校"还是比较忠于职守的"。

傅勒铭写道:"复仇的火焰在燃烧,城里一片混乱,人都逃了一半。从人道主义出发,必须立即制止抢劫,但是这现象一发生就很难停下。"约束各国部队的行为有困难,正如傅勒铭先生所承认的那样,"所有官兵都参与了抢劫"。照道理说,外交官员、他们的妻子和政府官员有可能约束他们的行为。但是,正如一个英国军官所说的那样,窦纳乐夫人"非常热心掠夺"。莫理循和诺曼·罗伯特·斯图尔特爵士在第一旅餐厅共同进餐时,所有人都谴责窦纳乐爵士和他夫人的疯狂掠夺行径……至少有185箱。

印度总督乔治·寇松从加尔各答给熙礼尔寄来1 000英镑,让他帮忙"买点古董投资"。司快尔先生对莫理循说,斯蒂芬·邦索尔在《纽约先驱报》发表文章,批评"美国驻京外交官的掠夺行径",并对这篇报道表示关切。一个曾因其所作出的贡献而获得圣乔治十字勋章的俄国中将,离京时带了整整十个大箱子,里面装满了从皇宫里掠夺来的奇珍异宝。一个不邀自来的英国平民,陪同盖斯利将军的讨伐队到保定府去。他去时骑的马还是借的,回来时发了大财:两匹马,四头骡子,100两银子,两辆手推车,上面装满了战利品。瓦德西伯爵写道:"各国都相互指责掠夺行为,但是实际上各国都在疯狂地大肆掠夺。"他还说,掠夺所造成的破坏真是难以估计。至于英国所采取的拍卖偷盗来的物品和在官兵间瓜分战利品的措施,他冷淡地评论说:"这么一来,英国人对掠夺行为一点也不感到吃惊,认为这是理所当然的。"

9月24日,莫理循给《泰晤士报》发了一封电报:"俄国人洗劫颐和园的行动已经完成。所有珍贵物品都已包装好并贴上标签。"白塔(义和团曾把总坛设在那里)遭到严重破坏。莫理循批评说,这是"可耻的野蛮行径"。他还给《泰晤士报》发了一封"措辞严厉的电报",强

烈谴责掠夺北京天文台中举世闻名仪器的野蛮行为。这些仪器制造
于法国,由路易十四送给中国政府。由于天文台位于德国占领区,瓦
德西认为它们应当看作是"德国的战利品",法国则提出要由两国共
同瓜分,最终两国达成妥协。莫理循的电报说:

> 令人遗憾的是,法、德两国都想把天文台中的珍贵仪器据为
> 己有。在瓦德西伯爵的批准下,两国将领下令拆走了北京天文
> 台的这些超级天文仪器。这些仪器最初是耶稣会的神父安装在
> 天文台里的,200多年来,一直是北京的主要荣耀之一。这些仪
> 器制作精美,巧夺天工,连在暴乱期间破坏一切洋货的义和团都
> 舍不得加以毁坏。这些仪器的一半被送往柏林。其实德国人根
> 本没有任何理由获得这些珍品,只因为瓦德西伯爵当上联军总
> 司令,他们才敢如此胆大妄为。另一半送往巴黎。这种破坏公
> 共财产的野蛮行径是十分令人遗憾的……

莫理循认为法国人犯下的罪行令人发指。他写道:"法国人在抢
劫过程中贪得无厌。他们竟然强迫被抢劫的中国人把战利品运到法
国军营。"他还写道:"史密斯博士或者某个人曾写过一本书,题为《北
京围困——见证上帝之手》。我觉得可以写一本姐妹篇,题为《北京
宫殿洗劫一空——见证人之手》。"

各国列强都在"疯狂地大肆"抢劫,但是俄国人和德国人的行径
野蛮到无以复加的地步。有人对窦纳乐爵士谈起"俄国人所犯下的
一系列暴行,多少男子遭到他们的屠杀,多少女子遭到他们的蹂躏"。
莫理循和一个中国教师一起共进午餐时,那教师亲口对莫理循说,他
姐姐遭到俄国士兵的轮奸,她家中其他7个人在埋好细软,烧掉自己
的房子后,全都吞鸦片自杀了。"这种事在当时很常见。"

莫理循不断揭露德国士兵的残忍。11月24日,他报道说:"德
国军队继续在北京四处骚扰,其目的主要是为了掠夺战利品。德国

官方还把这种袭击粉饰为重要的军事行动。"11 月 27 日，他花了几乎一天的时间，起草一封长达 503 字的电报，强烈谴责德国军队的残暴和野蛮。他在报道中，列举了许多事实，谴责德国士兵不问青红皂白屠杀无辜老百姓的罪行，并指责德军有组织地掠夺那些在德军到来之前早已是安分守己的良民。他甚至建议，英国军队应退出联军，不受瓦德西的指挥。这封电报大大触怒了德国人。莫理循甚至遭到要接受军法审判的威胁。瓦德西怒气冲冲地写道："《泰晤士报》……在这里的代表是个卑鄙的流氓。莫理循先生……妄自尊大，这可能是英国记者的通病。他认为这样就可能引起我的注意。在我的眼里，新闻界的攻击就跟狗叫一样。"但是，明恩溥博士说，莫理循的批评的确使德军的行为有所收敛。德军战地记者鲁道夫·扎贝尔承认，莫理循站在非常客观的立场上进行报道，不但揭露德国军队的暴行，还准备揭露英国远征军的暴行。

莫理循对围困的报道不但触怒了德国人，也使西班牙公使"火冒三丈"，"尤其对报道中提到一些公使临阵胆怯的说法更为感冒"。奥地利公使对莫理循也很恼火，因为莫理循报道了使馆保卫战中奥地利防线的漏洞，以致以后好几年他都不允许莫理循进入奥地利公使馆。意大利公使不断向英国公使馆抱怨说"莫理循很难缠"。

[十三]

议和条款一直争论了好几个月。其中一些只是语义上的争论。例如，各国公使对如何把"comply"（答应、同意的意思）一词翻译成法语就产生了不同意见。日本公使认为应当翻译成"accepter"，德国公使认为应当译成"remplir"，俄国公使则认为必须译成"adhérer"。华盛顿方面指令埃德温·康格要坚决反对使用"irrevocable"这个字眼，可是康格却误译了密码，结果在会上坚持要用这个词。类似的例子数不胜数。

赔款问题非常棘手。每个大国都极力维护自己通过外交和武力手段强取豪夺而获得的利益，都道貌岸然地批评其他国家的贪婪。穆默① 博士指责美国提出不公正的要求。他对莫理循说："美国人只派出一支 1 700 人的部队，只能获得在这儿维持这支军队所增加的费用，而不应当把马尼拉维持驻军的费用也包括进去。因此索赔 500 万英镑完全是荒谬的。司快尔也同意他的看法。(但是，当中国的总赔款最终不可思议地定在 6 700 万英镑时，只有美国想把这数额降低三分之一强。)穆默还指责大英帝国的索赔额也是狮子大开口——650 万英镑和 200 万英镑的个人赔款要求。意大利的索赔额大约为 300 万英镑，其中包括 8 万英镑的公使馆重建费，可实际上公使馆的市场价才值 5 000 英镑。莫理循在给《泰晤士报》的一封电报中估计，如果按照英军和意军的规模比例索赔，英国的索赔额应高达 2 500 万英镑才对。

7 月 21 日，莫理循写道，美国国务卿海约翰给新任美国公使柔克义② 的命令一直是"上帝保佑，赶快敲定赔款事项，我们都感到厌烦了。"柔克义向莫理循承认，这项工作完全超出各国公使的权限，应当交给欧洲一流的智囊去做。

大英按察使司衙门最高法官之子威金森先生被任命为英国审查英侨要求庚子赔款委员会委员。莫理循向他提交了索赔清单。窦纳乐爵士说，莫理循的索赔要求是"轻率的"。尽管莫理循提要求的语气显得轻描淡写，但是其实质和深受批评的列强索赔要求一样，关注的是钱。莫理循要求赔偿 5 804 英镑 10 先令 3 便士，赔偿原因是"在清朝政府、皇帝和慈禧太后的授意下，清军、其他士兵和拳民，使我蒙

---

① 穆默(1859～1924)：德国外交官。1900 年夏德国公使克林德被杀后来华继任公使。1906 年调任驻日大使。

② 柔克义(1854～1914)：美国外交家。罗斯福总统和海约翰国务卿的远东事务机要顾问。先后出任驻华公使、驻俄大使、驻土耳其大使。1914 年曾被袁世凯聘为私人顾问，来华途中在檀香山因病逝世。

受了损失"。赔偿项目包括莫理循的房子(坐落在北京最有贵族气派的地区,共有26个房间),索赔金额为1 500英镑;一批不能替代的珍贵照片(准备用作一本即将出版的书的插图),索赔金额为515英镑;珍贵的中文藏书,索赔金额为484英镑10先令;贵重家具、器材、刺绣品和古玩(多年的收藏品),索赔金额为417英镑18先令6便士;还有为艺术家菲尔·梅购买的6套中国服装,索赔金额为7英镑15先令。

最后一个索赔项目是右腿所惨遭的枪伤。1900年6月我在肃王府里走动时,遭到一名清军士兵的枪击。满清政府是这起事件的罪魁祸首。受伤后我一直卧床到8月15日,记者工作大受影响。留下的伤疤给我造成巨大的肉体和精神上的痛苦和震惊。索赔金额为2 625英镑。

根据我的财产所遭受的损失和个人所遭受的伤害程度,阁下您会一眼就看出我所索赔的金额是多么合情合理。

[十四]

路透社驻南非代表"威尔士人"豪·阿·奎恩在北京就认识了莫理循。他给莫理循寄来一封信,对澳大利亚远征军在战时和和平时期所起的巨大威慑力量大加恭维:

您的同胞太了不起了……他们打得布尔人溃不成军,充分表明他们是世界上最棒的军队之一。我常和他们提起您,并说您将来有可能当上英联邦的首相。听说澳大利亚公使馆要来一个叫丰恩的年轻大笨蛋。你只要看他一眼,就知道他是个什么家伙。他讲起话来和其他外交机器的腔调一模一样……(约翰·查尔斯·图多尔·圣安德鲁·丰恩曾当过罗伯茨爵士政治秘书, 现在正赶往北京赴任, 官衔是公使馆二等秘书。) 澳大利亚是个了不起的国家……老一辈的澳大利亚人已为子孙万代的灿烂前程打下了坚实的基础……

[十五]

1901 年 2 月 4 日是莫理循的 39 岁生日。但是他的心情不佳, 很不满意: "北京的日子过得太没意思, 太令人感到厌倦。" 他还担心自己的体重——186 磅, "超重 14 磅"。

5 月初, 他还是心绪不定, 牢骚满腹: "地位很差, 前途黯淡。" 毫无疑问, 这种心情影响了他对一些同事的看法, 对雷金纳德·托马斯·托尔更是如此。托尔接替巴克斯·艾伦赛的职务, 担任英国公使馆参赞。他长得又高又瘦, 还有点糊涂, 被称为 "碎嘴子托尔"。一天, 莫理循在日记中写下 "托尔" 这个词, 在后面留下了一片空白, 并在空白处后斜斜地写道: "这一空白处象征聪明人和这个可怜的长着鸡胸的外交官经过一番交谈后所能获得的好处。" 至于托尔常在正式宴会上睡着的习惯, 莫理循写道: "人们一点都不感到遗憾。他们宁愿他睡觉, 也不喜欢听他的演说。" (有趣的是, 托尔后来成为一个非常杰出的外交官, 曾在暹罗、巴伐利亚、墨西哥、阿根廷、巴拉圭和但泽工作过, 并于 1911 年被授予高级圣迈克尔和乔治勋爵士称号。)

第七章

[一]

在解决义和团运动所遗留下来的不愉快后果的过程中，慈禧太后和她的朝廷小心翼翼地龟缩在中国中西部陕西省首府西安。经过艰苦的谈判之后，1901 年 9 月 7 日，中国政府和各国列强签订了和约①。同年 10 月 24 日②，朝廷开始走上长 700 英里的回銮路程。从位于黄河边上的西安到正定府的火车终点站共有 250 英里。皇室一行都乘黄色的轿子旅行，随行人员包括大批骑兵卫士、官员、太监和仆人。行李车队非常壮观，大约有 3 000 辆马车，插着旗子，披红挂绿，装得严严实实。这个历史奇观和重大时刻，给莫理循提供了前所未有的施展才干的机会。在发给《泰晤士报》的长篇报道中，莫理循充分施展了他的观察、描写和讽刺的能力：

> 每个亲王都有大批骑兵侍卫随行，人数从 30～100 人不等。中国北方的道路崎岖不平，结了冰后更是难行。装满行李的车队望不到头，在行李的重压下，车辆一路上嘎吱嘎吱艰难地向前

---

① 注：指《辛丑条约》。
② 注：时间有误，应为 10 月 6 日。

滚动。冬天日短夜长;全部人马昼夜兼程赶路。一到晚上,都要由打着火把的士兵在前面引路,非要赶到指定地点才能歇脚。但是,慈禧太后、皇上、太监总管和后宫嫔妃却一路上舒舒服服,所经之路都整得平平坦坦,路面上所有石块都清除得一干二净,甚至还铺上了一层细土,走起路来软松松的,悄然无声。队伍行进时,前头还专门雇了一班人马用羽毛扫帚来轻扫路面。大约每隔 10 英里,就盖一座设备齐全的休息用房,提供各色精美的食品和糕点。这条皇帝的专用道由本地的一个承包商承建,造价每 8 码高达 50 墨西哥元(约每英里 1 000 英镑),铺设路面的泥土都要从远处运来。这种道路根本不适合中国的普通交通用途。在中国这块绝大多数人还生活在贫困之中的土地上,这是中国朝廷和官员奢侈浪费的一个典型例子。

从正定府到北京,慈禧太后有生以来第一次乘火车旅行。她的专列由一个火车头和 21 节车厢组成:四节装有慈禧太后不重要物品的货车车厢挂在最前面,另有 9 节货车车厢,由仆人搭乘,还装满了轿子、马车和骡子等;还有慈禧太后和皇帝专用车厢;年轻的皇后和后宫嫔妃的专用车厢;太监总管的一等车厢和随侍太监的二等车厢:

> 专列车厢都是根据中国铁路总公司督办盛宣怀① 的命令专门制造的,造价非常高。慈禧太后、皇帝和后宫嫔妃的车厢都装饰豪华,摆有昂贵的古董,铺有帝王专用的黄绸;车厢里有御座、软凳和接待室……

＊　　＊　　＊　　＊　　＊

---

① 盛宣怀(1844~1916):字杏孙。近代买办官僚。先后曾任轮船招商局会办、工部左侍郎、会办商约大臣、邮传部尚书、皇族内阁邮传部大臣。著有《愚斋存稿》及《盛宣怀未刊信稿》。

对当地人来说,后宫嫔妃和她们的太监侍从就像外国铁路官员一样令他们感兴趣。瑾贵妃年轻美貌,光彩照人,非常引人注目。她衣着雍容华贵,黛眉轻描,香粉扑面。在她的衬托下,一切和火车有关联的东西都变得引人注意,这预示着中国铁路事业的美好前景。她到各节车厢串门,和宫女们喋喋不休地聊天。所有的后宫嫔妃都戴着许多珍珠饰品,皇后的珍珠饰品尤其精美华贵。有趣的是,她们都扔掉了历史悠久的水烟袋,个个都抽起了香烟。乐观地说,这大概是时代进步的一种征兆吧。

* * * * *

列车开到保定府时还发生了一件事,从侧面很能看出慈禧太后的性格。朝廷高级官员乘坐的一等车厢挂在皇帝和皇太后的车厢之间。大臣们觉得太挤,于是就和铁路官员商量,再挂一节一等车厢。慈禧太后立即注意到这一变化,就要求大臣们做出解释。大臣们的解释不能令她满意,于是她就下令立即把这节车厢脱钩。这么一来,袁世凯和其他大臣只得心不甘情不愿地再挤在原车厢里受罪。

* * * * *

慈禧太后为人十分专横霸道,非常迷信。一方面,清廷的占卜者和占星家不享有俸禄。另一方面,她对他们的建议比对一般大臣的奏折还更重视。御用风水先生并非没油水的职位。这一次,他们把朝廷回迁北京的吉辰定在1月7日下午两点……铁路总工程师指出,为了能做到这一点,保定府的出发时间就必须定在早上7点,但是慈禧太后根本就不考虑工程师的进言。结果,早上6点钟,慈禧太后不顾天寒地冻和沙尘暴铺天盖地,出现在车站。由于天还没亮,士兵只得提着灯笼,打着火把,给轿夫引路……

* * * * *

18个月前,慈禧太后如丧家之犬离开北京,现在终于在御用风水先生选定的吉时回到京城。皇帝比她先到,并像往常一样恭恭敬敬地迎她进城。从北京现有的状况和圣旨中缓和的语气来看,御用风水先生的吉时是选对了。另外值得一提的是,遵照盛宣怀的命令,慈禧太后的卧室车厢装有一张欧式的床铺。但是,与欧洲风格相反的是,床上备有豪华精致的鸦片烟具。

如果把莫理循的一些整篇报道(以上只是一些报道摘录)和他在一些事件发生后立即写下的简要笔记进行比较,那将是很有趣的。以下是他1902年4月29日① 日记的摘录:

今天上午去前门观看朝廷回銮典礼……等了好几个小时。到处都挤满了中国人。等了好长一段时间后,才看到皇驾车队蜂拥而来。先出现在视野里的是步兵队伍,举着许多銮旗,迈着整齐的步伐走来,紧接着是手持长矛的骑兵,骑着从德国人手中买来的澳大利亚战马(看到这样的马上骑着这样的骑手,我感到非常惊讶,有万马奔腾之势),而后才是銮驾。肃亲王身着崭新的黄马褂。通往皇城西北角一座庙宇的路都铺上了黄沙。庙里的僧人都穿上精美的袈裟。皇帝乘坐的黄色轿子装饰得并不豪华,停在寺门外。皇帝捧着唾壶下了轿子后就朝庙里走去,神情十分尊严,但又不显得趾高气扬。他双颊深陷,肩窄胸扁,面孔瘦长,满脸戚容,看起来很虚弱。他只在庙里呆了一会儿,就回到轿子里。他的穿着很朴素,和一般的中国绅士一样。接踵而来的是慈禧太后的全副车仗,富丽堂皇,盛况空前…… 慈禧太后也来到这座庙,不同的是她乘着轿子进了庙门。庙不大,勉强能容得下她的随行人员。她的轿子比皇帝的豪华,上面装饰着许多孔雀翎。她昂首阔步走到殿里。烧香拜佛后,她在侍从的

---

① 注:此处有误。朝廷于1月7日自正阳门还宫。

簇拥下走了出来。在庙门口,她挥手让他们退下。一名侍从替她撑起一把銮伞,她也挥手让他离开。她独自站在那里,用奇怪的目光看着我们。她衣着华丽,戴着满族的头饰,牙齿脱落,显得苍老,没有给人留下好印象。面对城墙上十多个国家穿各种各样稀奇古怪服装的人,她面不改色,显得勇敢自如,真令人情不自禁地感到钦佩。所有随从都对她毕恭毕敬,但是令人惊讶的是,随从之间却洋溢着友好、亲密无间的民主气氛。慈禧太后上了轿子就离开了,没有再到另一座庙去,那里还有许多人站在城墙上恭候她。我在一片烟尘中回了家。

濮兰德和埃德蒙·巴克斯写道:"慈禧太后回到了北京,没有受到任何惩罚,甚至还受到欢迎,这都是因为各国之间早已存在的相互妒忌的因素在作怪。1900年围困使馆区时所造成的恐怖、大清帝国对各国的侮辱和傲慢的态度都已被遗忘。各国代表都争先恐后大挖对方墙角,努力用金钱获得中国的好感。"

各国外交使团的太太和小姐们很快就感激涕零地享受清廷皇室的殷勤款待。在宁寿殿举行的一次招待会上,葛络干太太以外交使团老前辈妻子的身份,发表了词藻浮华的讲话,"欢迎皇太后返回她美丽的北京"。在另一次招待会上,康格太太(美国公使的妻子)和她的日本朋友内田太太获得并排躺在皇后床上的殊荣。皇后给在场的客人递上美国香烟,并说她很想给每个客人一只小狗,但是义和团把它们都杀光了。但是,她给每个孩子100美元。招待会进行得十分愉快。

[二]

1902年,赫德爵士在海关招聘了一些见习翻译,司戴德(威拉德·迪克曼·斯特雷特)也名列其中。司戴德是个美国人,年方22岁,身材高挑，白肤金发碧眼，"思路敏捷，有绘画天赋，生性活泼，喜欢交际"，去年刚从康奈尔大学毕业。在康奈尔大学时，他深受历史教授亨利·莫尔斯·斯蒂芬斯的影响。斯蒂芬斯是个英印混血儿，对亚洲文化有浓厚的兴趣。他说服司戴德放弃成为建筑师的理想，接受在北京的工作。司戴德到北京后，很快就和莫理循交上了朋友，并一直对莫理循满怀敬意。

莫理循现在正忙着构思一本书，题为《一个泰晤士报记者在远东的经历》，并请司戴德根据一些照片为该书制作插图。司戴德在日记中写道："莫理循在工作时，谈了很多有关他自己的事情。他抱怨自己不会写书——写书对他来说是项艰巨的任务。他说，他很难完成写作工作……简直令人难以置信，我能有机会和他一起工作。惟一令我担心的是，他工作起来总是孜孜不倦，很难腾出时间来写书，因此这本书将永远难以脱稿。"

司戴德的担心是有道理的。这本书最终没有完稿。9 年后，莫理循开始写他的回忆录，但是也没完稿。

莫理循的"巨大的政治影响"和渊博的背景知识给司戴德留下了深刻的印象。他在日记中写下了对莫理循(40 岁)的印象：

> 他是个非常有魅力的人——身材健壮结实，肩斜，头大，脖子短。相貌堂堂，五官端庄清秀，蓝灰色的眼睛闪烁着智慧的光芒，嘴角上经常挂着令人捉摸不定的笑容。他的头发从来不梳，即使有梳也看不出来。他交际能力很强，熟的人非常多。更重要的是，他对朋友都了如指掌，而他们对他还只是雾里看花……

1902 年 10 月的一个晚上，司戴德和濮兰德共进晚餐。濮兰德是爱尔兰作家和新闻记者，《慈禧外纪》的共同作者之一。1883 年他进大清帝国海关工作，当了两年罗伯特·赫德爵士的私人秘书；1896 年辞职，担任上海公共租界工部局秘书。从 1897 年至 1907 年，他是

《泰晤士报》驻上海特派记者。餐桌上闲聊所听到的消息使毫无心计的司戴德大吃一惊，使他感到灰心失望。他写道："我听到许许多多消息，其中有美国政府官员在东方的流氓行为、贿赂丑闻以及一个领事和一些传教士的丑恶行径。这些事竟然是一个伟大的、值得骄傲的鹰之国的国民所为；这些贪污腐败的丑事竟然是自己祖国的外交代表所为。我真希望美国政府能采取坚决果敢的行动，把这些污泥浊水清除得一干二净。"

莫理循同样也为中国政府的腐败深感不安。在义和团起义两周年之际，各国使团在北京俱乐部举行宴会，纪念使馆区被围困的日日夜夜。所上的菜很有趣，包括炮弹鱼、万国地雷霜糖、冰冻路障等。莫理循写道：

> 中国有希望吗？完全没有。中国有进步吗？完全没有。中国政府根本不想改革。现在掌权的官员和引起义和团暴乱的那些权贵一样，仍然是那么僵化，那么反动。盛宣怀是中国政府中最开明的官员，但同时又是改革的最大障碍。他一心只想为自己谋利。只要自己能捞到钱，他可不管国家的死活！（盛宣怀是李鸿章的经济和商贸副手，控制着铁路、电报和运输等部门，敛了一大笔财。）

但是，不管他内心对中国多么失望，他在给《泰晤士报》的报道中从来没有表露出来。他的报道仍然洋溢着对中国的乐观情绪，可实际上他和姬乐尔对中国的事务从不感到乐观。姬乐尔不断删改他的稿件，两人间的裂痕日益扩大。莫理循对姬乐尔大肆降低他1902年2月26日稿件调子之事尤感愤怒。他在当天的日记中写道："发去一封有关德国人在山东扩展利益的措辞强烈的电文。我希望这份电报能引起英国政府的注意，不要光把注意力关注在满洲而忽略了其它省份……"

莫理循和代理汉务参赞甘伯乐讨论了他的电文。甘伯乐同意他的看法，认为德国人"正利用克林德被害事件大做文章来牟利"。莫理循说，如果英国制止德国在山东扩展利益，就有可能得到中国的信任，从而获得长江流域的铁路修筑权来作为补偿。但是，当莫理循在《泰晤士报》上看到自己的报道时，他简直认不出这是自己写的电文。他写道："我觉得自己深深地受到伤害，感到非常恼火。主啊，饶恕我吧！"姬乐尔给他寄来一封信，解释为什么要降低他报道的调子：《泰晤士报》不得不谨慎行事。大陆结盟的危险比以往任何时候都更大。在南非战争结束之前，英国不得不量体裁衣……

英国设在天津的中国北方情报部主任艾尔弗雷德·温盖特少校于1902年2月2日给莫理循发来一封电报。从中可以看出，莫理循在情报方面是很出名的。电报全文如下：

> 这里有个人说，他要向我们提供有关远东的重要情报。我们难以判断其是否有价值。您是这方面的大行家。如果您能于星期一来到我处，欧克里将军将深感荣幸。我们会负责安排你的食宿。请回电。

摩尔·欧克里将军参加过1879～1880年的阿富汗战争，曾荣获维多利亚十字勋章。两年前，参加过中国远征军。虽然莫理循对英国情报部门很不以为然，但是他总是愿意出手相助。美国公使馆陆军武官布鲁斯特上尉在1902年11月曾拜访过莫理循。在莫理循的笔下，布鲁斯特"是个乏味、愚蠢到可在英国情报部门服务的家伙"。莫理循对萨道义爵士也没什么好感。萨道义爵士是个著名的研究东方的学者，在远东的外交机构中度过他一生中相当一部分时光，现接替克劳德·窦纳乐爵士的职务，成了英国驻华公使，而窦纳乐爵士则改派为英国驻日本公使。莫理循一提起萨道义就心中有气。他说："萨道义是个自私自利、乏味的老家伙。他只懂得用我，除开请我吃饭(往往质量很差)外,从不给我什么回报……"

8月,在前往旅顺的船上,莫理循遇到一个夸夸其谈的法国香槟推销员。他对莫理循说,海参崴的俄国海关把他所有的英国书都没收了,包括达尔文、斯宾塞、莫利和卡莱尔的书籍。他还透露说,俄国沙皇有根深蒂固的手淫习惯;沙皇的波兰情妇曾抱怨说,他25年来没碰过她一下。法国大旅馆的女业主是个法国人。她早上来到莫理循的房间,开价一卢布就肯莫理循和她睡一觉。她说:"比美国人便宜多了,因为我不喝酒。"

[三]

1902年中,莫理循的健康状况一直很差。12月初,《泰晤士报》批准他回澳大利亚度假。在离开中国之前,他收到澳大利亚探险家伯克的侄子乔治·菲尔丁·孟席斯少校从天津写来的一封信:"谢谢您的关心……我经常觉得,您之所以关心我,是因为您怀念我叔叔的缘故。我绝不会辜负您对我的关心……回到澳大利亚后,请您在高高的伯克塑像前代我行个礼,并转告他的在天之灵,他的侄子有朝一日会用自己的实际行动来表明没有玷污他的威望。"孟席斯在1900年曾参加过中国远征军,而后应袁世凯的邀请,到中国军队任教。在莫理循眼里他是个"疯狂、令人讨厌的人",在莫理循列出的在华最令人讨厌人物排行榜中,他高高在上。莫理循写道:"难怪,只要有孟席斯在屋里,我的鼻子就会流血。"

1903年1月22日一大早,莫理循就抵达悉尼港,面对许多记者和摄影师的连珠炮似的无聊提问。第二天吃早饭时,A.B.帕特森(绰号"班卓琴",澳大利亚战地记者和诗人,刚担任《晚报》编辑)给莫理循来了个电话,对莫理循说,有人私下里从英国给他打来一封电报,告诉他说国外的局势很"严峻"。但是,对莫理循来说,更为关键的是他和一个漂亮的德国女人的关系。她是德国最杰出的演员之

一, 嫁给在悉尼的一个德国商人。他丈夫非常有钱, 但在感情方面却
非常冷漠。她以前和莫理循有什么关系人们不清楚, 但是很显然他
们曾经相爱过 (莫理循在 1911 年写道:"她是我多年的密友。")。莫
理循来到悉尼后, 他们立即找机会重叙旧情, 把她那"愚蠢之极"的
丈夫(这是莫理循对他丈夫的评价)撇在一边。莫理循在大都会旅馆
租了一个房间, 一连款待了她两天。他们的秘密幽会时间是:

> 1 月 22 日(三个时段)
> 　　早上 9:30
> 　　早上 11:30
> 　　下午 6 点
> 1 月 23 日(两个时段)
> 　　早上 11:30
> 　　下午 3 点

澳大利亚的主人大大满足了莫理循的虚荣心。在维多利亚, 莫
理循应州长乔治·克拉克(后来被册封为西德纳姆勋爵, 是个老战士,
打防御战的权威)的邀请, 在离墨尔本 40 英里马希登的政府别墅当
了一晚客人。乔治爵士抱怨住的地方离墨尔本这么远。他解释说:
"这里面有猫腻。"维多利亚总理威廉·麦卡洛克替政府从房主理查
德·瓦格纳那里租来这座别墅。而瓦格纳是麦卡洛克的女婿。乔治
爵士沮丧地说:"在离墨尔本更近的地方完全可以找到更好、更方便
的政府用房, 而且每年还会少花 200 英镑的租金。"他对莫理循说,
《泰晤士报》在澳大利亚非常有影响, 并要求《泰晤士报》派出一名记
者。他说, 白克尔在"一定程度上是个目光短浅的人"。莫理循在日
记中写道, 乔治爵士"体格粗壮, 能力很强, 不善言辞";克拉克太太
"头发花白, 气质高贵, 笑起来就露出雪白的牙齿, 蛮有州长夫人的
风度"。

梅尔芭女士在家乡是个很成功的歌唱家。另一个主人 R.S. 斯迈思(他的儿子卡莱尔是个音乐家和戏剧批评家)对莫理循说,梅尔芭女士是个"不折不扣的坏女人":

> 她大把大把地赚钱,但是她挥霍无度。自从她来到澳大利亚后,她已经赚了 30 000 英镑。她把州长的女儿克拉克小姐给带坏了。她酗酒,满口脏话。在她的餐桌上讲的都是不堪入耳的下流话,会令任何正经女人目瞪口呆。州长不应当让他的女儿和梅尔芭女士这样的人交朋友。

在悉尼,他听到的都是"相同的话题——政府公务员的腐败,尤其是巴顿,他决不应当当总理。"埃德蒙·巴顿爵士当时是澳大利亚第一任总理,曾荣获圣迈克尔和圣乔治大十字勋章。根据以后出版的名人录,他还获得旭日勋章、爱丁堡市民权、牛津大学名誉民法博士学位、剑桥大学和爱丁堡大学名誉法学博士学位,担任过悉尼大学评议会委员和高等法院低级法官。但是,在莫理循眼里,引用一个赫赫有名的悉尼公民诺曼·波普的话说,巴顿是个"酒鬼,粗俗赖账的人"。另一个著名的政治家乔治·瑞德爵士在经济上总是捉襟见肘,因为他要抚养两个家庭:妻子在悉尼,情妇和情妇儿子在英国。伯纳德·林格罗斯·怀斯(澳大利亚最杰出的政治家之一,曾担任牛津协会主席)是个"大骗子,信用扫地的人"。在政府部门中,酗酒几乎和腐败一样普遍。

莫理循避开肮脏、腐败的悉尼政界,把目光转向他的旧识阿尔佛雷德·迪金(一个睿智、文明的澳大利亚人,时任腐败的巴顿政府的首席检察官)。在莫理循眼里,迪金是个"讨人喜欢、善于言辞的人"。迪金说,对大英帝国来说,1903 年可能是充满危机的一年,正因为如此,英国政府才急于把基青纳派到印度去,对付可能与俄国发生的麻烦。

莫理循在他澳大利亚之行日记的末尾,随笔记下在澳大利亚发生的一些事情。在和墨尔本联邦宫殿大旅馆毗连的一家店铺里,晚上经常放几个大皮箱让不速之客来拿。在澳大利亚最常听到的一句话是"如果我要做的话,我可不管后果会是怎么样。"在联邦政府举行就职典礼时,约克公爵(未来的乔治五世)游行穿过悉尼。他面容憔悴,个子矮小,长着一副罗圈腿,没有引起任何轰动。

[四]

1902 年 1 月 30 日,英国和日本终于签订了英日协定。两年前,莫理循就和林董讨论过英日协定之事。英日两国都担心俄国在中国肆无忌惮地扩展势力,因此两国就通过这份协定结成盟国。协定规定,两国中任何一方和第三国发生战争时,另一国就要给以全力支持。协定还道貌岸然地确认了中国和朝鲜的独立地位。实际上,协定等于向日本保证,它完全可以腾出一只手来对付俄国,并承认日本在朝鲜的优先地位。英国驻华公使萨道义对莫理循说,他对协定事先一无所知,他是在协定签订后 12 天,从日本拿到协定的原本后才知道这回事。代理临时代办焘理纳对莫理循说:"太令人惊讶了。签订英、日协定之事竟然没有和萨道义商量过,也没通知过他!"但是莫理循早就对英国外交部的怪异行为习以为常。他写道:"请注意,中国人的看法是,日本人完全有能力把俄国人赶出满洲。但是,中国人又担心,如果日本人取得了这一军事上的胜利,他们会仅满足于拥有已占有的土地吗?"这也未免担心得太早了,但是尽管如此,莫理循还是坚信日本会击败俄国。他非常渴望能爆发日俄战争,并认为英国必须鼓励日本对俄作战。他写道:"要知道,如果俄国被击败,俄国在亚洲的势力就会大大减小,同时英国的势力就会大大加强。但是英国政府只想约束日本,敦促日本政府通过外交手段来解决日、俄间的分歧。英国的政策是维持和平状态,目的是为了保护英国的在华贸易利益。《泰晤士报》也只支持和平政策，不断压制莫理循的好战言论，这令莫理循感到不满和痛苦。

1903 年 5 月，姬乐尔给莫理循写了一封信，称赞说莫理循"比以往任何时候都更透彻地揭露了"俄国的外交手腕，并表示甚至连英国政府也不相信俄国的否认或保证。但是，在没打算动武之前，从形式上来说，英国政府只得接受俄国说法。不过动武目前是不可能的，因为布尔战争已使英国财政不堪重负(这是绝密)，基青纳对姬乐尔说，他还需要两年的和平时间，才能信心十足地把印度军队投入战场。

姬乐尔说，因此他们必须竭尽所能，阻止日本贸然发动战争。他写道："很抱歉，我不能苟同日本渴望战争的说法。"他和莫理循一样，都认为战争是不可避免的，日本一定会获胜。但是，正如圣奥古斯丁所说的那样，他祈祷要学会自我约束，实际上他又不想过早地约束自己。他说，他之所以详详细细写了一大堆，目的是希望莫理循理解为什么他稿件的调子要被降低。莫理循可不理睬他顶头上司的绥靖政策，而是继续为日俄战争的爆发推波助澜。他只要一有机会，就鼓励日本挑战俄国，结果在俄国外交界中，人人都对他恨之入骨。

1903 年 4 月 28 日，焘理纳给莫理循带来了查尔斯·米尔威瑟·杜卡特中校(英国公使馆陆军武官)的一封信。杜卡特在信中提供的证据表明，俄国正在积极备战，迫使日本在秋季交战，这样才有机会摧毁日本。焘理纳还很热心地把这封信也转给日本。7 月底，当戈颁①来和莫理循共进午餐时，莫理循对他说，英国政府没有意识到形势的严峻性。莫理循发现他的客人"非常神经质、软弱和优柔寡断"，并在日记中评论说："中文秘书的年薪为 1 200 英镑。他家里从不雇佣中国人。"他认为杜卡特"完全不能胜任他的工作"。以下是莫理循在年底所写日记的一些摘录：

---

① 亨利·戈颁(1859～1927)：英国驻华公使馆中文秘书。他儿子写过《克劳德一世》一书(1967 年彭温版)，简短地介绍了他和中国的关系。

1903 年 11 月 3 日——给濮兰德写了一封长信，谈的仍然是我所渴望的战争。我甚至说，如果没有战争，我会哀叹自己在中国的工作失败了。

11 月 17 日——焘纳理夫人说，如果爆发战争，那一定是您的杰作！

11 月 18 日——今天最得意洋洋，因为战争似乎很可能会爆发。

大阪的《朝日新闻》驻烟台记者以大块的篇幅发表了题为"战争气息"的莫理循访谈录。莫理循在日记中写到："《泰晤士报》会怎么想呢？"几个星期后，12 月 28 日，莫理循因另一篇报道被封杀而在日记中写道："没有丝毫迹象表明《泰晤士报》意识到远东危机的重要性！绝对不可原谅！会有战争吗？上帝保佑战争会爆发！"

8 月，莫理循在威海卫和海军上将、中国驻地的总指挥官赛普利安·布里治爵士在他的旗舰皇家海军"阿拉克里特号"上共进早餐。莫理循写道："赛普利安爵士似乎并不认为俄国和日本之间会爆发战争。他承认自己得到的情报很不精确。情报如此不灵，我们还能有什么作为吗？"赛普利安爵士得不到精确的情报不值得奇怪。1904 年 2 月 5 日，也就是战争爆发前三天，克劳德·窦纳乐爵士还信誓旦旦地向莱昂内奈尔·詹姆斯保证战争不会爆发。

在一片风声鹤唳的战争警报中，莫理循安详地阅读维多利亚·克罗斯写的《安娜·朗巴德》一书。他认为，这是他所读过的"最不道德的作品"（在爱尔兰，这还是本禁书），做着奇怪的梦（"我的澳大利亚总理梦"）。他还听说，英国驻上海前领事的儿子汤姆·德顿到北京城外的一个妓院联合体当保镖，月薪 200 英镑。（"他的职责是，当美国和其他国家士兵要强行进入禁止他们进入的房间时,迅速赶到排忧解难。")

1904 年 2 月 6 日,埃德温·康格① 对莫理循说:"您真是料事如神。将来我们要指望你了。"两天后,就像 40 年后轰炸美国在珍珠港的舰队一样,日本不宣而战,用鱼雷快艇偷袭了停泊在旅顺港外的俄国舰队。这一消息对莫理循来说是个"大喜讯"。他"兴奋得几乎连字都写不出来"。美国总统罗斯福② 同样也很高兴,不过莫理循可不知道这一点。罗斯福说,日本"正在替我们打战"。美国、英国和日本都想保护他们在满洲的贸易垄断权,坚决抵抗俄国的渗透。罗斯福自己就曾想过美国要和俄国打一场战争。在日本偷袭旅顺港后两天,他写信给儿子说:"俄国对各国(包括美国)的态度……是极其令人难以容忍的。"日俄战争打得非常惨烈,但是似乎并没有使罗斯福或者莫理循感到不安,因为它是在中国(一个中立国,一个应当有主权的国家)的领土上打的。交战双方都毫不吝惜人的生命。正如罗斯福在 1902 年写的那样,"只要有足够的理由,他对人员的伤亡都会无动于衷"。

[五]

当姬乐尔忙着给莫理循的战争调子降调时,莫伯利·贝尔则忙着备战。1903 年底,他要求莱昂内德·詹姆斯一接到通知就要动身到远东去。詹姆斯是一个孟加拉老战士的儿子,时年 32 岁,在吉德拉

① 埃德温·康格(1843~1907):美国驻北京公使(1898~1905 年)。
② 西奥多·罗斯福(1858~1919):美国总统(1901~1909 年)。共和党人。1900 年当选为副总统。1901 年 9 月,麦金莱被暗杀后继任总统。1904 年连任总统。任内开展"反托拉斯战",对外侵略扩展,推行"大棒政策";获取开凿巴拿马运河特权。1912 年组建民主进步党参加竞选,但遭失败。第一次世界大战爆发后,支持协约国。著有《罗斯福著作集》、《总统演说和文件》、《自传》等。

尔战役、马拉根德和蒂拉赫战役和苏丹战役中,担任路透社的特派记者。1899年,他加盟《泰晤士报》,担任该报驻南非特派记者,成为罗伯特新闻队伍中的一员。

1903年12月23日,詹姆斯乘船前往远东。他乘坐"威严号"海轮,横渡大西洋,原因是美国发明家李·德·弗里斯特也在这艘船上,詹姆斯准备和他进行秘密会谈,讨论安装两套无线电装置来报道这场战争:在中国沿海地区安装一个接收站,在一艘包租的船上安装一套发射设备。陆地接收站由戴维·福来萨控制。福来萨是个神情忧郁的苏格兰人,早年当过银行职员,曾骑着拉姆斯登马在布尔战争①中打过战。为了避人耳目,福来萨以詹姆斯贴身男仆的身份住在二等舱。

德·弗里斯特的无线电报装置每分钟能接受40～50个单词,是当时各种接受系统中效率最高的装置。他为人热心,同意安装两套装置只收费250英镑。到了1904年2月底,福来萨在威海卫的英国租界安顿下来,詹姆斯则以月租1 500英镑的高价,租用了一艘1200吨的快船"海门号"(航速可达16节)。船上有5个欧洲军官,44个中国和马来人水手。总支出为每个月2 000英镑,难怪莫伯利·贝尔计算后就发起愁来,因为用这些新装置发送消息,《泰晤士报》每个字要花20先令。对一家奋力求生存的报纸来说,正如《泰晤士报史》说的那样,这场战争报道的费用"几乎是不堪重负"。贝尔动员了一支庞大的记者队伍,其中包括像亚历山大·图洛奇爵士和澳大利亚海军上尉科尔夸恩这样的"专家"。图洛奇将军曾在克里米亚、印度、中国、埃及、西班牙和非洲打过战,还担任过澳大利亚殖民地的军事顾问。莫理循要手把着手教这些新来者,对此他感到非常恼火。他写

---

① 布尔战争:亦称"英布战争"或"南非战争"。英国对南非布尔人的战争。布尔人是荷兰在南非移民的后裔,19世纪在南非建立奴役黑人的德兰士瓦共和国和奥兰治自由邦。由于该地发现重要矿藏,英国就力图吞并这两个国家,于1899年发动战争。布尔人战败。1902年媾和,德兰士瓦和奥兰治被英国吞并。1910年并入英国自治领南非联邦。

道:"我简直变成了接线生,我决不甘心担任这样的角色。"但是,他对詹姆斯总是非常和蔼可亲。在他眼里,詹姆斯是个"能干的好人,不奸诈,性子急,缺乏耐心,还有点固执"。

在东京,各方面人士都以各种理由反对"海门号"的冒险行为:美国公使,英国公使,《泰晤士报》驻东京记者布林克里上尉,日军中的印度军事代表伊安·汉密尔顿少将(所有记者在他眼里都是祸根),赛普利安·布里治爵士(在他看来,詹姆斯公然违背了中立的原则)。

尽管詹姆斯还没有意识到这一点,但是赛普利安爵士的观点是正确的。詹姆斯是个富有冒险精神的人。他说服贝尔支持他的无线电计划,说服日本海军当局在"海门号"上派一名日本军官,乔装打扮成他的翻译,但实际上是个检查员和联合舰队总司令东乡平八郎的情报官。总而言之,为了能从日本方面替《泰晤士报》获得独家新闻,他不恰当地为日本情报部门提供了使用该船的机会。这是一种危险的交易。詹姆斯后来也意识到这一点。一天,一艘俄国巡洋舰命令"海门号"停船接受检查。如果伪装成马来人管家的日本军官被发现,"海门号"就会被俄国方面作为战利品没收,詹姆斯可能就要在俄国军事法庭上遭间谍罪的起诉。

《泰晤士报》没从大胆尝试获得什么。设备经常坏,即使设备都正常工作,日本方面的检查和限制也使詹姆斯无能为力。其他记者的工作进展得也不顺利。从贝尔写给莫理循的信中可以看出,贝尔"感到非常失望……日本人只想限制新闻报道,随意删改"。

为了能打破僵局,詹姆斯要求莫理循在东京为他辩护:

> 莫理循在远东是个赫赫有名的人物。他的影响力在日本非常大……他……是克劳德·窦纳乐爵士和福岛安政将军的密友。用我们记者的眼光来看,福岛安政将军是日本总参谋部的实权派。莫理循的判断能力非常强,甚至几近于神奇。他在辩论中非常冷静……

6月底,莫理循陪同詹姆斯到东京。大多数在东京的记者也都感到沮丧,在酒吧和妓院里闲逛了6个月左右。尽管莫理循威望很高,判断力强,处事沉着冷静,面对沉迷于快速取胜梦想的日本军方,他还是毫无办法。当他们在横滨分手时,莫理循说:"詹姆斯,你已经尽力了。在我看来,和你作对的有日本总参谋部、英国公使、所有记者、布林克里和《泰晤士报》国外新闻部。你还是求主保佑吧,因为如果连他也反对你,你才是彻底完了。"

"海门号"的使命就这么不了了之。詹姆斯待命加入朝旅顺口要塞进军的一支队伍。莫理循本来要和陆军第二军团在鸭绿江登陆,但是在他的任命还没下达前,贝尔又派他回到中国去。詹姆斯的任命直到8月才下达。当他到达前线时,他发现,每隔一天,他只能发送经过千删万改的50字电文。他和日本人吵得一塌糊涂,一怒之下回到北京,给《泰晤士报》发了一封电报,接着奉命回到伦敦。虽然莫理循没能突破日本人的新闻检查铁幕,但是日本人并没有忘记他的帮助。山县有朋元帅对一个日本记者说:"我们非常感谢莫理循博士。他劝我们和俄国交战,而且从不怀疑战争的结果。"1905年1月2日,旅顺口要塞经过长达5个月的围困后,落入乃木希典将军的手中。莫理循应邀陪同乃木希典将军及其参谋部官员参加入城仪式。他骑着一匹借来的马,和萨道义爵士走在一起:

> 日本人用担架抬着俄国伤员,体现了人道主义。俄国人没这么做,只是默默地看着日本人的队伍……击毁的舰只在燃烧,也许难以再修复,法国债主看了肯定心疼,这是一支因无能而被摧毁的舰队……所有英国军官一谈起俄国人投降之事和堆满伏特加瓶子的战壕,就浮现出满脸不屑的神情……莫理循被介绍给乃木希典将军、他的参谋长伊地知和其他人。所有的人对莫理循都满嘴恭维个不停。

第二天早上,寒气袭人,莫理循在一座临时搭起来的圣祠前参加了忠魂祭仪式。20个身着华丽僧衣的僧侣围坐在一张四方形的桌子旁,桌上放着祭祀用的红豆饭。莫理循和乃木希典将军以及其他将领坐在十字台桌旁:"午餐操办得非常好。喝的酒有日本清酒和红葡萄酒,吃的有大米制做的日本食品和糕点等。用的器具有铝杯等。棒极了。还放了焰火。乃木希典站在台子上观看。万岁的欢呼声响彻云霄……一些士兵演了化装剧,其中一个装扮成俄国军官,傻模傻样地跳舞出丑。"

莫理循视察了战场,听到许多有关记者阿什米德·巴特雷特的流言蜚语,说他是个大骗子,为人可耻等等。巴特雷特曾要求和詹姆斯决斗。莫理循给《泰晤士报》发了一篇报道,详细叙述了攻克旅顺口要塞的过程。日本方面对他感恩戴德。在他的笔下,俄国守军个个胆小如鼠,尊严扫地。他把俄军的投降刻画成世界上最丢脸的一次事件。著名英国记者W. T. 斯泰德说,这封电报改变了全欧洲对俄国的看法。

莫理循在回程的路上路过天津。他和一个俄国将领作了一番交谈。那个俄国将领认为,战争会持续两年。莫理循说:"我的看法是,战争不会超过三个月。你的军队在奉天肯定会被打败,而后和平就会在望。你没有丝毫获胜的机会……你的政府犯了错误,决不应当卷入这场战争,现在应当尽早摆脱错误所造成的后果。"那个将领谢谢莫理循能为他提供这一"情报"。

[六]

莫理循在和外交官打交道时都能保持清醒的头脑,但是在处理和女人的关系时,他就像昏了头的学生一样苦恼万分。在他自信和老练的外表下,隐藏的是不成熟的情感和自疑的痛苦。立德① 夫人说莫理循"和女人在一起时显得非常害羞"。尽管莫理循非常讨厌立德夫人,但是他还是对她的话认真地想了又想。第二天,他在日记中写道:"难以抗拒的羞怯感给我造成了很大的思想负担。为什么我不能克服羞怯感呢?"(立德夫人是个百折不挠的旅行家、作家、演说家、女权主义者和慈善家,在东西两半球干了各种形式的善事。例如,她在中国创立了反缠足协会,在英国建立了无数慈善委员会。尽管如此,莫理循对她却不甚恭维,说她是"可怕的女人"或者"令人憎恶的人"。)

在1904年这多事之年,莫理循忙个不停。他要给《泰晤士报》撰写高水平的报道,要把《泰晤士报》派出的各种各样记者组织谐调起来,还要向日本人提出一些作战的建议。例如,2月16日,他告诉日本人,切断通往旅顺口要塞的电缆是件轻而易举的事情。两天后,通往旅顺口要塞的电缆就被日军切断了。尽管他正事忙个不停,他还是有时间和一个美国女色情狂打得火热,他的"难以抗拒"的羞怯感似乎已融化在惊天动地的男欢女爱的情感中。

梅西是美国一个百万富翁参议员的女儿,长着一头漂亮的金发。她当时正陪同"女伴"拉格斯代尔夫人在远东旅行。其实,拉格斯代尔夫人显然只是名义上的女伴。不管是在遇到莫理循以前还是以后的日子里,无论是在日本还是在中国,梅西小姐的床上都不乏仰慕者。1903年,莫理循在北京和她有过短时间的邂逅,很快就迷上了她。他写道:"我感到无比的欢悦,火一般的恋情在心中燃烧。"几个月过去了,莫理循只"偶尔"想起过她。战争爆发后,2月的一天,他在山海关和杜卡特一起用餐时,拉格斯代尔夫人和这个"带着撩人目光的少女"(这是莫理循对她的礼貌称呼)飘进了房间:

---

① 立德夫人(1845~1926):英国人。1902年发起组织中国妇女天足会。常在杂志上发表关于中国的文章。

那天晚上,皎洁宁静的月光撒向大地,四处看起来和白天一样明亮。梅西对我说,她要去长城。我就自告奋勇陪她去。杜卡特同意和我们一块去,因为他发现自己能帮上忙,而且顺便还能带上拉格斯代尔夫人。我和梅西一块走,杜卡特和我们保持一段距离。我们爬上了长城,在最高处坐了下来。而后我们就有了一段以前从未有过的奇妙经历。这是一种启示,令我感到震撼。

2月份的月光所点燃的爱火,在希望和害怕失去她的恼怒情绪的催化下,一直燃烧到6月底,莫理循和梅西小姐分手了,因为她要回美国。

梅西小姐从不掩饰自己的行为,看不起那些虚假的道貌岸然之士。她把自己和众多男子的性行为分了类别,加上许多生理上的细节描写。莫理循很快就从她那里获悉,她现有的情人是他的一个叫马丁·伊根的朋友(派驻在东京的美国记者)。她的直率使莫理循用整整三页日记来描述她,里面还夹有一些她性自传的随笔,另外还有一些较短的日记也和她有关:

她才24岁(生日是1月28日)。在她的记忆中,每天早上她都要自娱,就连月经期也是如此,甚至和男人在床上狂欢一夜后也是如此。在旧金山法国旅馆被一个叫杰克·菲的医生诱奸,生活放荡。怀孕……到华盛顿去摆脱困难(动流产手术后)……一直和议员盖恩斯偷情……堕胎四次。在檀香山和特里梅因·史密斯上尉分别后,在西伯利亚一路上情人从没少过。一连好几天和马丁·伊根寻欢做爱……古德诺夫人对她说,一旦和女人有过性爱关系后,她就再也不要男人来碰她一下。她现在的希望是找个日本女仆陪她回美国,让女仆每天早上都能和她做爱……在天津时,她和荷兰领事齐伯林也有过一段浪漫史……在上海时,她……给我来了一封电报"请到我这里来"……可是当天晚上她遇到 C. R. 霍尔库姆……他和她两小时内做爱了四次。

"和她有性爱关系的人中,最棒的是林顿·特德福德。"莫理循在日记中还列出另外 5 个人的名字,供"以后参考"。在莫理循看来,梅西是他所见过的"最放荡的女人",是个"天生的妓女,从不要钱,也不索取礼物"。不过,她还是接受了莫理循送给她的一些非常漂亮的礼物:一个银烟盒,一条银带,上面还刻了些吉祥如意的字样,半打刺绣手帕,一个象牙伞柄和一只金手镯。

她把自己和霍尔库姆共度良宵之事告诉莫理循时,他感到非常痛苦,在日记中写道:"这痛苦比我于 1890 年在巴黎和诺莉有过一段情后所经历的任何痛苦都强烈。"但是,他对她还是一片痴心,总是召之即来。他很客观地在日记中描述说,他的头"就像一个流血的战利品展示在梅西的枪尖上"。他的一些日记写道:

3 月 30 日——痛苦不安地来到北京。一个多么有个性的人来到我的生活中! 像往常一样,这种事总是姗姗来迟。不过,我现在无论在身体和精神上都处于较好的状态!……

5 月 4 日——彻夜难眠,焦虑万分,炉火狂烧,不顺心之事太多了……热恋的激情和盲目的妒忌令我心慌意乱、头昏脑胀。我想的最多的是,男子汉大丈夫怎样才能使一个难对付的女人变得服服帖帖。

5 月 5 日——睡眠有所好转,但是我的心还在流血。那张富有刺激性的脸庞不断出现在我的脑海里,魅力无穷,令我无法抗拒。我真傻,我真糊涂!她着装时,我的心中没有一丝冲动。但是,只要看到她秀发松垂,看到她的玉体,我的每一根神经就都会兴奋起来。

日军打了个大胜战的消息曾短暂地缓解他心灵上的痛苦——缴获俄国军28尊大炮,俘虏3 000或4 000名俄国士兵。但是,他内心的痛苦还在继续着:

> 6月6日……三天没写日记了,都是因为梅西的缘故。为什么她总是在我的脑海里挥之不去呢?只要一想到她再过一两天就要躺在马丁·伊根的怀抱里,我就感到阵阵心痛……

> 6月9日……明天就要到神户了……等待着我的是什么呢?我该到哪里去见梅西呢?……她还爱我吗?还关心我吗?我是否永远被幸运的马丁踢出恋局之外了?——这可是个问题,使我感到担心和焦虑不安。但是我愿意听天由命。

> 6月10日……梅西和我通了电话。马丁·伊根今天早上离开,要到明天才回来。我要去就餐……然后……我和她在她的105室里幽会。这是一次非常令人惊讶的经历,以愉快而告终,否则我简直会死掉。

一天晚上,流了很多鼻血后("我似乎一烦恼就会流鼻血"),莫理循躺了下来,"在脑海里重温和梅西的奇妙经历,那一叠叠洋溢着柔情蜜意的信,多少激情,多少真爱……奇妙的收藏品,全都仔仔细细地珍藏着。任何一封信都足以判她个不贞之罪。"

在莫理循写给梅西的许多火辣辣的情书中,现在留下的只是一封告别电报。也许,它也能说明一些问题。这封电报发于1904年6

月 25 日,发报地点在下关,没有显示出电文简练的特色,而莫理循恰恰以此而著称:

> 日本横滨大旅馆梅西小姐:我刚动身前往上海,愿你回国路上心情愉快。你回归故里,虽然对远在东方的我来说,留下的是一片凄凉,但是对奥克兰你所深爱的人来说,是一道喜讯。他们是那么迫切地等待着你,欢迎你。我相信,你虽然事务繁忙,但是一定可以找些空余时间给我写信,也不会把我忘得一干二净。我不知道命运是否会允许我们重聚,但是无论发生什么事情,我会永远把你珍藏在我的记忆中,总会心怀感激地回忆起我们一起度过的美好时光。别了,我亲爱的。厄内斯特。

梅西没有给莫理循回过信,他感到"非常失望"。

[七]

1904 年 10 月,姬乐尔在华盛顿拜访了美国总统罗斯福,两人交谈了 3 个小时,几乎都是罗斯福一个人在说。罗斯福的第一句话就是:"必须结束这场战争,《泰晤士报》必须发挥其影响来结束战争。"罗斯福只同情日本,但是他对姬乐尔说:"我们可不希望看到日本的军舰横渡我们的大洋。"姬乐尔温和地提醒罗斯福,太平洋上有些非常大的岛屿并不属于美国,例如澳大利亚和新西兰。

奉天落入日本人手中后,罗斯福越来越担心,打了胜仗后的日本"会骄傲得趾高气扬,转而反对我们"。1905 年 6 月 6 日,莫理循和柔克义一起用餐。柔克义对他说,罗斯福总统和英国政府都不愿意看到日本毫无节制地发展霸权。莫理循的日记评论说:"可怜的小日本。美国和英国都不愿看到它占领海参崴。"早在 3 月份,罗斯福就开始寻求和平谈判,但是英国不支持和谈,这令美国人大吃一惊。俄国人在对马海峡被击败后,日、俄交战双方都同意讨论个解决方案。8月5日,在罗斯福总统的支持下,双方代表在奥伊斯特湾美国船"五月花号"上在友好气氛中举行了会谈。四天后,和会在美国新罕布什尔州的朴次茅斯胜利召开。

6月23日,莫理循接到一封电报,电令他参加原先认为要在华盛顿召开的和会。他"一下子惊呆了"。这一指令使他感到非常不安。他在日记中写道:"失眠了。对赴会之事非常焦虑……觉得非常不舒服。"他在给母亲的信中说:"这一使命完全出人意料之外。虽然这是一种荣誉,但是我非常不喜欢去。"不过萨道义和柔克义向他保证,这一使命会给他带来许多好处。于是他就立刻打电报给贝尔:"随时准备动身。"出发前,莫理循和伍廷芳博士① 进行一番有意思的长谈。伍廷芳毕业于林肯律师学院,曾代表满清政府出使过华盛顿,后来担任过中华民国政府的外交总长。伍廷芳向莫理循征求有关中国事务的意见,因为柔克义曾告诉他,"莫理循的才能比所有公使加起来还要强"。伍廷芳提到直隶总督袁世凯的势力越来越膨胀之事,并向莫理循提出一个问题"这究竟会导致什么后果?"这问题7年后才有了答案。

7月3日,莫理循离开北京,许多外交界的显赫人物到车站给他送行,其中包括柔克义、包沃上校(北京公使馆卫队的司令官)、青木上校(日本公使馆的陆军武官)等。在东京时,他和窦纳乐爵士("夸夸其谈,词不达义,啰里啰嗦")有过一番长谈。在从横滨到温哥华的船上,他在日记中像往常那样精确地描述了乘客中他看不顺眼的女人(西利夫人是个大酒鬼,"人尽可夫","自称还不到40岁",身高

① 伍廷芳(1842~1922):近代外交家。1874年(同治十三年)留学英国。1882年起入直隶总督李鸿章幕府十余年。多次参加清政府的外交谈判。历任驻美国、秘鲁、墨西哥、古巴等国公使。辛亥革命时由各省推为外交总代表,中华民国临时政府成立,任司法总长。1916年由黎元洪委任为外交总长。次年代国务总理。因反对段祺瑞解散国会,参加孙中山的护法军政府,任外交部长。1922年,受孙中山任命为广东省长,6月病逝。

6 英尺 1.5 英寸, 体重 219 磅), 但是他的大部分时间都是用来写信。在一封信中, 他告诉英国驻朝鲜公使朱尔典①, 他要去英国敦促兰斯当(已接替索尔兹伯里的外相之职)任命朱尔典为英国驻北京公使, "不能让对中国基本问题都一窍不通的外交官来胡搅一通"。1876年, 朱尔典以见习译员的身份来到中国, 而后一直在英国驻京公使馆担任中文秘书; 1896 年改派到朝鲜担任总领事。

[八]

8 月 4 日, 莫理循经由温哥华和蒙特利尔到达纽约, 在第 7 大街和第 30 街交叉口的霍澜院下榻:"旅馆高 10 层, 共有 160 个房间; 租金每天 6 美元, 照英国习惯, 这意味着三餐自理; 早餐一美元, 相当不错。到纽约时天色已晚, 花 50 美分乘车到霍澜院, 给行李搬运工 25 美分小费, 让他帮我提手杖……这座用大理石盖成的豪华旅馆的租金是我承受能力的四倍。"

《泰晤士报》还派出另外两个记者来报道和会。一个是《泰晤士报》驻华盛顿记者乔治·威廉·斯马利, 另一个是在姬乐尔之前担任《泰晤士报》国外新闻部主任的唐纳德·麦肯齐·华莱士爵士。莫理循的第一个电话就是打给这两个同事。他们下榻在俯视中央公园的荷兰宾馆。一封贝尔的来信在荷兰宾馆等着莫理循去取。姬乐尔对贝尔说, 莫理循不想回到远东去:

> 他打算让我挪个地方当记者。更重要的是, 要把我派到美洲大陆去。他给我定了个暗号。如果我愿意返回北京, 电文上就写一个"回"字。但是, 不管我做出的决定对与否, 我都决心打

封电报,全文是:"《泰晤士报》伦敦:姬乐尔误解了我的愿望。节日过后返回北京。莫理循。"

莫理循对朴次茅斯赞不绝口:"美丽的林区,风景如画,气候暖和。"但是他感觉到"人口和车流所造成的强烈压抑感"。他丢了钱包,里面有 23 英镑 8 先令 3 便士,后来又找到了,但他没把这件事告诉旅馆经理。他所持的理由有点怪:"不应当让诚实的人蒙受羞辱。更何况,搜查黑人仆人的箱子有可能会发现以前没找到的赃物,惹起更多麻烦。"纽约《太阳报》的尼尔森·劳埃德带他到沃尔特街 51 号的妓院去溜溜。莫理循认为,妓院是"新英格兰城市文明的怪迹象"。两个纽约记者说,在他们的想象中,他一定是个蓄着白胡子的老年人。莫理循惊讶地发现,他竟然这么出名。他写道:"每个人都想征求我的意见。我给他们的建议都是要亲日。"德国的《罗卡兰盖报》记者报道说:"就像在北京一样,莫理循博士正在影响这里的舆论导向。"莫理循和谈判的双方代表讨论了谈判的一些事项。日本谈判代表之一小村男爵对莫理循说:

> 我们把条件降到最低限度……如果这样的条件也没能得到满足,日本政府就不得不退出谈判。维特说这样的条件和俄国的尊严不相容,决不会为俄国人民所接受。但是,日本人民的感受和愿望也必须得到尊重。这就是分歧的根本所在。俄国人民在日本人民有发言权的事务上没有发言权。

俄方代表德·维特("身材高大魁梧……比我高得多")同意莫理循的看法,也认为和谈不会有什么结果:"我们不知道日本人的条件。美国总统也不知道。如果我们政府事先知道日本会提出这样的条件,就不会派代表团来了……日本方面的条件是不能接受的。"莫理循认为这是场多年来所爆发的最愚蠢的战争。莫理循的判断有点令人感到奇怪,因为他认为自己是这场战争的挑起者之一。他还认为,这场战争错在俄国,因此俄方必须做出赔偿来结束战争。这又是个奇怪的建议,因为他正想方设法把战争继续打下去:

> 我们谈到了这场战争。我对维特说,如果战争继续打下去,哈尔滨就会成为孤城,海参崴就会被攻占。他认为双方经过鏖战,遭受巨大损失后,这种可能性是存在的,在海参崴的战役中会有 5 万人丧生,全满洲会有 15 万人丧生。我说:"生命在日本是不值钱的。但是,如果哈尔滨陷落,下一步该怎么办呢?""我们的军队就退往西伯利亚。""日本人会穷追猛打吗? 他们会攻到莫斯科城下吗?"我认真地提醒他,哈尔滨以西没有可供军队生存之地,士兵没有食物,马匹没有草料。他说兴安山脉还是可周旋之地。我说没有粮食可供军用,并提醒他俄军在哈尔滨就是靠一些大型磨粉厂才有粮食吃;满洲大地一到冬天,冻土可深达数英尺。他也同意我的看法。他很想知道日本人的进攻路线。我说日本人的进攻目标可能是哈尔滨和海参崴。然后,他谈起在满洲的日本人,认为他们会像夺取朝鲜一样夺取满洲。我不同意他的看法,争辩说日本人在满洲只要能获得中国人的信任,就能得到一切。他说:"咱们走着瞧,咱们走着瞧。"

姬乐尔派出的新闻记者观点各异,也许他认为这样做会使报道更显得客观些。斯马利("典型的爱尔兰人,塌鼻梁")已 70 高龄。罗斯福说他是个"天经地义的白痴",莫理循说他是个"性情乖戾的老怪物……难以共事"。莫理循很快就把他的来历调查得一清二楚:

> ……出生于 1833 年。在耶鲁大学受过教育。1861 年到《论坛报》工作,直到 1895 年才加盟《泰晤士报》。他的母亲是 A. 伊斯本阁下的女儿。他的妻子是温德尔·菲利普的女儿。一个儿

子长得非常英俊，另外两个儿子非常丑。一个儿子的婚姻很不
如意。菲利普认为百万富翁身后不会留下什么财产。儿子都事
业无成，命运不济。斯马利父亲卖了藏书来周济他，没有用。斯
马利和妻子分居。女儿未婚，最近刚当上速记员，周薪 15 美元。
斯马利心高气傲，脾气火暴，因此遭了不少罪。

斯马利"经常光顾一个赫赫有名、历史悠久的俱乐部……像阿斯
特、范德比尔特这样的百万富翁都和这俱乐部保持经常联系"。他有
点爱虚荣，经常骄傲地展示达官显贵给他的邀请函，例如，"施托伊弗
桑特夫人、菲什夫人、阿斯特夫人、克拉伦斯夫人等的邀请函"。

华莱士（"一个衣冠楚楚的犹太人，上下两排牙齿全是假牙"）和
姬乐尔一样，未进新闻界前都先在外交部任职。莫理循写道："他为
人和蔼可亲。英王爱德华、俄国沙皇、德国皇帝等国家元首和权贵都
是他的密友。他对我非常好，我们的关系亲密无间。"

斯马利、华莱士和俄方代表之一德·维特伯爵同乘一艘汽船来。
在姬乐尔眼里，华莱士非常亲俄，是个讨俄国人喜欢的角色；而斯马
利具有非常强烈的反俄情绪。因此两者搭配起来刚好能维持平衡。
可是没想到，和会召开时，斯马利更认同的是俄国的观点，也许是因
为俄国人对新闻报道采取更为宽容的态度。他对莫理循说："我到这
里是为了采访新闻。我不关心政策。"

莫理循关心的是制造新闻，而不是报道新闻。正如他以前曾不
知疲倦地鼓动战争一样，现在他又孜孜不倦地反对和平。他对华莱
士和斯马利再三说道，战争必须继续下去。他问："为什么要和平
呢?"斯马利说，大英帝国需要和平，因为这样才能保护她的贸易和
银行家的利益。莫理循"强烈质疑贸易会受到影响的说法"，并说：
"除开中国人之外，没有人会对在中国实现和平感兴趣。"他似乎没有
考虑中国人的看法，而战争恰恰是在中国的领土上打的，中国人没有
理由欢迎日本人在满洲横行霸道。他希望和谈失败，希望能在华莱

士和斯马利的帮助下,促使《泰晤士报》制定出导致和谈失败的政策。莫理循坦率地在日记中写道:"他们认为我嗜杀成性。"

达成和约的主要障碍是日本要求赔偿。另一个障碍是日本要求俄国割让库页岛。双方代表在 8 月和会中吵个不停。罗斯福担心谈判会破裂。莫理循对和谈破裂的可能性感到非常满意,这在他的日记中都能体现出来:

8 月 11 日——激动得令我难以自制。但是,最使我感到高兴的是,和谈失败的可能性非常大……俄国不会接受日本提出的和约条款。如果日本不修改条款,和会就会以失败而告终……我非常高兴。

8 月 23 日——和平没指望了。斯马利和德·维特会了面。维特说:"我们一个戈比也不会付。我们不会支付任何形式的赔款。一个女人可能改变她的装束,但仍是女人。"维特这里指的是日方提出的把赔偿改为赎回领土的建议。斯马利在电文中把维特的话改成士兵更换军服。

8 月 26 日——召开记者招待会。我对所有记者说,我坚信和谈一定会失败。

但是,三天后,日本记者大西激动地冲进莫理循的卫生间,大声叫喊:"和约签订了。日俄两国特使在所有条款上都达成一致意见!"出人意料之外,小村同意罗斯福提出的妥协性条款:俄国不必赔款,但是要把库页岛划一半给日本。日俄两国都同意从满洲撤军,除开辽东半岛上受关东租赁条约影响的土地(日本接管了俄国的特权)。日本成了朝鲜的宗主国。莫理循写道:"这消息把我惊呆了。这是彻头彻尾的投降。可怜的大西都快哭了起来。"

莫理循定于 8 月 31 日离开朴次茅斯。他在离开前和小说家尼尔森·佩奇一起共进午餐:

> 助理国务卿皮尔斯当时也在座。皮尔斯是个大个子,为人呆板,酷爱喝酒,得了酒精中毒性颤动症。他是个很重要的人物,在所有政府官员中他的嘴巴最不严。他之所以能爬到目前这一职位,并不因为他能力强,而是因为他是亨利·卡波尔·罗吉的妹夫。他父亲是个著名的数学家,一个在学术上非常有造诣的学者。

出席朴次茅斯和会的人中还有一个很有名气。他就是幽默家欧文·科布,时任《太阳报》记者。科布显然时时刻刻都没忘记自己的角色,讲起话来都很幽默风趣。一天晚上,他在回家的路上穿过公墓,突然停了下来,摆出伤心的样子,掏出手帕边擦眼睛边抽泣,指着一块墓碑说:"可怜的家伙,我和他认识好几年了。"墓碑上写着:"为纪念 J.T. 克拉普"。

[九]

回到纽约后,莫理循下榻在公园街旅馆,日租 5 美元。他给罗斯福总统寄去柔克义为他写的一封介绍信。在等候回音期间,他在许多书店里浏览,参观了大都会博物馆中皮尔庞特·摩根的中国厅和千万富翁施瓦布的"价值两百万美元、美轮美奂的豪宅",还到鲍威利区典当商辛普森的当铺和约翰牛排店转了转,感触很深。第二天,他收到回音:总统先生将在星期一下午 3 点"简短"地会晤他。莫理循在日记里问:"简短究竟是多长时间?"

9 月 4 日是劳工节,那天早饭后,莫理循到第 34 街轮渡码头,登上了渡船。他身着斜纹软呢服,而不是像别人建议的那样身穿外套,头戴大礼帽。他在渡船上遇到一等秘书汉密尔顿·金和他在《太阳报》任编辑的弟弟。他弟弟只有一只手臂,曾发明过制造吉列刮胡刀片的机器。他们两个也要晋见总统。在奥伊斯特湾吃过一顿很好的午餐后,他们三人驱车穿过森林到瑟番屋山,从那里可以欣赏长岛海峡的美丽景色。一棵树下站着两个特勤人员,树的对面就是罗斯福的两层楼的乡间别墅,其他树下摆着罗斯福猎杀的一些大猎物的角。来客被带进一个很大的纪念品室,里面陈列着熊皮、鹿角等,地板闪闪发亮。莫理循注意到书架上摆满了书,里面还有一本慈禧太后送的精装相簿,上面还有慈禧太后的照片。年轻的克米特·罗斯福坐在一张沙发上。他为人和善,相貌清秀,皮肤被太阳晒得黝黑。

汉密尔顿送给莫理循一个小小的牙雕像作纪念。总统很快就进屋了。他比莫理循所预料的还要矮,但是看上去"神采奕奕,精神抖擞"。他穿着一件条纹漂白亚麻布衣,打着绑腿,和客人打了招呼后,亲切地说:"太好了,终于和平了,不是吗?"他邀请汉密尔顿陪同到室外走走。当莫理循被带进他的办公室时,罗斯福说:

> 我看到英国人总是很高兴,遇到一个澳大利亚人则更高兴……你在澳大利亚解决了一些我们以前遇到过的问题……但是,我不喜欢看到的是工党政权。我不喜欢看到政党之间存在着巨大的鸿沟。政党不应当按社会阶层来划分,而应当按政见来划分,要包容各阶层人士。

罗斯福用强有力的手势来说明自己的观点:"我不喜欢看到你们的人口增长率在下降(即出生率在下降)。我们这里也面临这个问题。你们城市人口的增长……全国大约 40% 的人口都在首都。"但是,莫理循来这里可不是为了聊聊澳大利亚。当总统把话题转向远东时,莫理循松了一口气,他写道:

我们谈到和平。他认为实现和平是件大好事,日本放弃赔偿是很明智的。在谈到赔款问题时,他说,如果战争继续打下去,费用就会大大增加,俄国肯定没有赔偿能力。他说:"我没能说服日本人意识到这一点。我向日本施加了压力,但是他们没有让步。你瞧,我没有受到先例的约束。先例有自己的好处,但是你有可能陷在里面不可自拔。"

莫理循从交谈中"清楚地"意识到罗斯福向日本施加了很大压力,这他可没想到。莫理循写道:"他认为俄国会为了和平而付赔款。这一观点显然错得更大了。"

罗斯福似乎对中国人既不同情,也没有好感。他怀疑中国是否有能力管好满洲。他说:"我原来打算把庚子赔款的余额退还给中国,数额还相当大。但是,我很不满意中国政府不合作的态度,因此可能不会退还这笔款。陆军部长塔夫脱① 目前在中国。也许中国人正朝他扔砖头。"

罗斯福说,他希望看到日本人在东亚地区实施门罗主义("当然,菲律宾不包括在内")。英国有可能会归还威海卫。这对英国没什么好处。

而后,我们还谈了很多事情。谈到沃尔斯利时,罗斯福总是带着轻蔑的口吻。他说,沃尔斯利在担任总司令时曾写过一本有关罗伯特·爱德华·李的书。从中尤其可以看出他的无知。这本书破绽百出,不可原谅……他说北方之所以能发生那么大的变化,要归功于南方……他对罗伯特·爱德华·李的评价很高,曾

---

① 威廉·霍华德·塔夫脱(1857~1930):美国共和党人。1904~1908 年任陆军部长,1908 年当选为美国总统。施行"佩恩—奥尔德里奇高额税则",对外推行"金元外交"。加强侵略巴拿马,扩大对门罗主义的解释。著有《美国与和平》、《美国总统及其权力》等书。

在白宫会见过他的孙子……我说："沃尔斯利的书体现出他的无知，简直令人感到惊讶。他所有的书都是如此。"罗斯福说，他有个叫麦尔斯的总司令，也干过同样的傻事。罗斯福从不害怕俄国，不能理解为什么英国会这么担心俄国……他说，任何一个俄国海军承包商都可以被收买，任何一个俄国海军监工都会收受贿赂。而日本人则决不会这样。

莫理循快要离开时，罗斯福提请他注意挂在门附近的一幅画得惟妙惟肖的林肯肖像。那是林肯担任总统前两年请人画的。

纽约热得像个大火炉。莫理循腹泻得非常厉害。贝尔给他写了好几封信，拼命恭维他，一些美国大富豪对他也颇为青睐。尽管如此，他还是觉得"非常孤独和凄凉"。他拜访了花旗银行总裁休巴德（"财产高达 30 000 000 或 40 000 000 美元"）和副总裁费伦（"看起来像是喝多了"），地点是在他们位于华尔街 80 号的"富丽堂皇的大理石办公楼"里。费伦对莫理循说，"美国腐朽透顶，满是铜臭味"；他说自己对中国非常感兴趣。他和莫理循谈起中国提出的买回粤汉铁路特许权的方案（1898 年，美中发展公司已被授予粤汉铁路特许权）。他还给莫理循看了一封美中发展公司总裁惠狄尔的信，呼吁拒绝中国方面的建议。这代表了比利时国王的观点。在粤汉铁路的 6 000 股股份中，比利时国王占 1 800 股，其他 3 200 股由花旗银行和皮尔庞特·摩根各占一半。中国愿意出价值 6 750 000 美元的金子来赎回特许权。这意味着持股者可获 3 200 000 美元的利润。摩根愿意接受中国的建议。第二天，费伦带莫理循到大都会俱乐部和惠狄尔（"一个不可信任的人"）、克拉伦斯·盖利共进晚餐。莫理循对他们说，美国不应当允许中国赎回特许权，因为这样做不但打击了外国人，而且会使铁路永远也建不成。惠狄尔和盖利都同意他的看法。惠狄尔说，最重要的是莫理循必须游说摩根。但是，莫理循没能会晤摩根，中国的建议被接受了。

莫理循还应邀到百万富翁罗伯特·斯特林·克拉克的家里去做客。在一次豪华的宴会上,克拉克把莫理循介绍给一个叫欧文的男子。"欧文是华盛顿·欧文的侄儿,费尼莫尔·库珀的曾孙。欧文为人固执粗鲁,是天底下最没趣、最愚蠢的人。"当时的时尚是有钱的花花公子常常惠顾一些高级妓院。所以,看完戏后,克拉克带着客人到一家漂亮的妓院去消遣一番。莫理循觉得这种消遣方式"既没趣又令人讨厌",于是他就反感地走回家去。他对那一晚的评论是"堕落,浪费时间"。

莫理循打算到英国去度个短假。动身前往英国前,他收到苏珊·焘理纳的一封信(她丈夫被改派到华盛顿)。她在信中说:"我丈夫希望能回到北京工作。当然有个前提,那就是欧内斯特爵士不在北京工作。您回到英国后,请把我丈夫的愿望珍藏在您心中。您在向有关人士推荐他时,一定要说他很适合北京的工作,而且那里的人也需要他。当然,您要这么认为才行。上帝保佑,千万别说是我的意思。"动身前一天,他给母亲写了一封长信:

> 多家报纸都称赞我在朴次茅斯的工作,都认为我的工作是《泰晤士报》在这里的惟一可取之处。我要强烈建议撤换斯马利……我要在英国或欧洲大陆逗留一个月左右……我非常想见到德国皇帝。在他眼里,我是"德国在远东最难对付的敌人"。

他乘坐的是"大洋号"远洋客轮,票价是 105 美元。令他感激涕零的是,他所下榻的旅馆把他的日租减掉一美元,原因是旅馆对面在钻探地基,发出阵阵"令人厌恶的轰隆声"。他给旅馆的行李搬运工和整理房间的服务员每人一美元的小费,其他人则一分钱也不给,付四美元请人把他 8 箱行李搬上轮船。9 月 5 日,他动身前往英国。

[十]

1905 年秋,各种各样社会和政治的流言蜚语在伦敦甚嚣尘上。莫理循费尽心机对付这些谣传。9 月 13 日他到达伦敦,买了一顶帽子,立即开车去报业广场。贝尔在那里热情地接待了他,祝贺他朴次茅斯之行取得非凡成果。贝尔同意莫理循的看法,也认为斯马利是个"令人讨厌的蛮汉"。而后,他对莫理循说,1904 年从远东发往《泰晤士报》的电报共耗资 9 800 英镑。紧接着莫理循拜访了位于舒巷的《正报》报社。他在北京结交的老朋友"威尔士人"奎恩现在坐上了总编的交椅。这可是份"肥缺"。奎恩的业余嗜好是撰写名人录,为此他必须外出四处调查和活动,不过他还有许多活动是在室内、在床上进行的。他是伦敦最出名的花花公子之一(这一特点非常吸引莫理循),还非常喜欢说三道四,传播丑闻。不久前,他曾对莫理循说,前英属海峡殖民地总督弗兰克·斯威腾汉的夫人曾自荐"要和他睡一觉",亚瑟·皮尔森患上"严重的淋病"。他们谈到"社会的腐败",未婚女人的不检点(在这方面奎恩可是个大权威),以及"国王陛下在臣民心中所竖的堕落榜样"。他们都认为,肥胖臃肿的爱德华七世陛下,虽已年逾花甲(64 岁),还是个好色的"可悲人物"。据传,爱德华和乔治·凯珀尔太太的关系很暧昧,这宗丑闻还和另一宗活生生的、以荣誉为交易的丑闻有关连。据奎恩说,爱尔兰百万富翁托马斯·利普顿爵士是爱德华的朋友,在茶叶和橡胶业有巨额投资。虽然他没有显赫的祖先和各种荣誉封号,但是他的钱财足以弥补这一切。皮尔森是沃基一个牧师的儿子,开创了一个报业王国。他把这宗丑闻的来龙去脉详详细细地告诉了奎恩:

> 皮尔森对他说,利普顿邀请他一块用餐。喝了一些酒后,利普顿有点神秘兮兮地问皮尔森对从男爵爵位是否感兴趣,并告

诉他哈姆斯沃思已弄到从男爵爵位(阿尔佛雷德·哈姆斯沃思是皮尔森在报业王国的竞争对手,1904 年获得从男爵爵位,第二年又被封为萨尼特岛的诺斯克利夫男爵)。皮尔森回答说当然感兴趣,因为这是值得骄傲的荣誉称号。利普顿试探性地说,国王有许多私人的慈善基金会,如果有人捐款给这些机构,国王会感到很满意的。他说这番话的要点是:如果皮尔森能给国王的慈善基金会捐款 25 000 英镑,他就会得到从男爵爵位! 毫无疑问,乔治·凯珀尔太太也是通过这方式获得爵位封号的。沃纳·贝特公司的沃纳先生则花了 37 000 英镑买了个从男爵爵位。他是个外国人,因此他多花了一半的钱。

布朗将军离开北京回到英国。一天,莫理循邀请他来共进早餐。布朗在进餐时大肆批评英国国王。他说,爱德华七世是个"彻头彻尾的下流胚",自己不信宗教,却偏偏经常去做礼拜。莫理循应邀到哈利街 79 号做客时,圣赫利尔太太("长的像巫婆一样形容枯槁,满头灰白色的头发")也谈到国王的这一丑闻:

人们开始知道爱德华七世是个怎样的人:他的巨额债务,他的声名狼藉的绯闻,他的富有的犹太债权人。她说,王后去世时,他的债务高达 200 万至 300 万英镑。他没有勇气坦率地向人民承认这一丑闻,他不敢这么做。如果他能坦白地告诉国会,他这个国王已两手空空,国会一定会很高兴地替他偿还债务。当时的财政大臣希克斯·比奇(今晚正在朱恩太太家里赴宴)曾亲口对朱恩太太说,他会建议由国家来偿还这笔债务。我们谈到买官卖爵的丑闻,谈到哈姆斯沃思在得到从男爵封号后又很快获得男爵封号的丑闻。

圣赫利尔太太是典型的爱德华七世时代的女人,精力充沛,在政界的背后起着重要的作用。众所周知,她能通过陆军元帅伊夫林·伍德对国防部起举足轻重的影响。

姬乐尔谈起爱德华七世时,也不怀丝毫敬意。莫理循曾在他的安妮女王风格的豪宅中会见过雷欧·麦克斯(《国家评论》编辑)和J.L.加尔文(《瞭望》编辑)。他们都是"杰出的、非常有魅力的男子汉"。莫理循在日记中写道:

> 姬乐尔最先对国王出言不恭,说他是个十足的流氓。上当受骗的国民认为他到巴黎的目的是为了达成阔戴尔协约,但实际上他是去和乔治·凯珀尔太太幽会。地点是在欧内斯特·卡塞尔爵士特地为他租的一座房子里。姬乐尔忿忿不平地说,他交的是一群狐朋狗友。麦克斯也颇有同感。

姬乐尔从外交官角度对国王所做的评价得到詹姆森(后来被封为斯塔尔爵士)的支持。这位来自金伯利的医生曾在1895年不明智地率队袭击德兰士瓦,并被任命为好望角殖民地议会的总理。他说:"国王是头蠢驴。被称作和平使者后,他会登着鼻子上脸,认为自己的确是个和平的缔造者,把自己和在滑铁卢立下赫赫功勋的杰出祖先乔治四世相提并论。"这些都只是1905年人们背地里对爱德华七世的看法。直到1912年(爱德华逝世后两年),这些言论才公开出现在西德尼·李爵士为《英人传记辞典》所撰写的一篇回忆录中。西德尼·李爵士在回忆录中写道,爱德华是个"肤浅的庸才",在缔结英法协约的过程中没起什么作用,甚至可以说根本就没参加这一过程。

莫理循写道:"多么堕落的大英帝国皇室!国王、乔治·凯珀尔太太、犹太人卡塞尔和萨松、托马斯·利普顿爵士,一群乌合之众。"莫理循对英国君主政体幻想的破灭并没有影响他对英国帝国主义的信仰。他心目中的一个英雄是帝国主义实干家詹姆森,另一个是帝国主义桂冠诗人拉迪亚德·吉卜林。奎恩对莫理循说,"詹姆森的逝世是英国的不幸";他还说,吉卜林认为詹姆森是"他所遇到的最伟大的人"。一些人也对莫理循说,"詹姆森"是个"伟人"。

莫理循曾和奎恩、詹姆森一块去萨塞克斯郡拜访吉卜林,那一天他过得非常愉快("我这辈子过得最有趣的一天"):

> 吉卜林的汽车早已在西斯菲尔车站恭候我们。我们乘上车后就急忙赶往他的住所。那是一座古老的石头房子,较现代的那一部分建于1634年,较古老的那一部分建于13世纪。那里风景秀美,绿草如茵,壮观的橡树令人叹为观止,池塘上漂着小船,把景色装点得如诗如画。吉卜林来到大门口迎接我们,他的妻子随后也从花园赶来。他的妻子长得娇小玲珑,看上去就是个思路敏捷、充满活力的美妇人。一双儿女的肤色都黑黝黝的。吉卜林非常和蔼可亲,平易近人,说起话来妙趣横生。我从来没见过一个人能像他那么才华横溢、思路敏捷。

吉卜林的话题涉及很广,既有对和会的批评("特迪把事情给办砸了"),也有对费希尔(时任英国第一海务大臣)的高度评价,还谈到韦尔·丹斯太太。在他眼里,韦尔·丹斯太太"简直是个妓女,曾和国王在玛丽亚温泉市幽会过……"

罗斯福本人以及他在朴次茅斯和会中所起的作用成了伦敦人谈论的热门话题。姬乐尔认为,罗斯福向日本施加了压力,要求日本人做出让步,这种做法是不公正的;他还自信地说:"是日本方面主动和罗斯福接触,请求他帮助达成和约。"莫理循在日记中的这句话下划了横线,另外又写道:"这说明了很多问题。"莫理循在英国外交部拜访兰斯当勋爵时,兰斯当也表示同意姬乐尔的看法。他说:"总统先生对我说,的确是日本方面主动和他接触,请求他促成和会的召开。"(1909年,麦肯齐·金对莫理循说,日本人请求罗斯福退还日本要求他介入调停的信函,但是罗斯福断然给予拒绝,不过他答应保守秘密。罗斯福后来把此事告诉了金。)

姬乐尔对莫理循说,毫无疑问,"威廉和特迪"(德皇威廉和美国总统罗斯福)的关系非常密切,威廉的确影响了特迪。两人工作起来都很勤奋,精力都很充沛,都带点霸气。约翰·莫莱在白克尔家中和莫理循、贝尔共进晚餐时说,在罗斯福当选为总统后,他曾和罗斯福一块呆过一星期,"罗斯福火一般的热情、充沛的精力和崇高的理想"给他留下了深刻的印象。莫理循写道:

> 白克尔说,遗憾的是威廉对罗斯福产生了很大的影响。莫莱并不这么认为。贝尔说,他们两人间经常有电报往来。这些电报如果公布于众,一定会使整个世界都惊讶得目瞪口呆。罗斯福在一封电报中说:"你控制一个半球,我控制另一个半球……"莫莱说,罗斯福每天都收到德皇的电报,但是总带着轻蔑的口吻说:"又一封威廉皇帝的电报。"莫莱笑了笑又说,罗斯福的口吻就像他的口吻一样:"又一封诺利斯勋爵(英王爱德华的私人秘书)的电报。"

流言蜚语甚嚣尘上。布朗里格夫人① 对莫理循说,弗兰克·斯威腾汉爵士在钱财方面臭名昭著,而斯威腾汉夫人则是个女色情狂。斯科姆博格·麦克唐奈爵士 (国王陛下办公室秘书)对莫理循说,英国新任驻法国大使弗兰西斯·伯蒂爵士相当愚昧无知,从伊顿公学毕业后就没认真读过一本正经书,"所读的都只是用粗俗不堪的英语写的下流故事"。《绘画艺术》杂志的一个艺术家对莫理循说,阿尔马·塔德马和霍尔曼·亨特是他所知道的两个最最下流的作家……

格特鲁德·贝尔(无畏的旅行家、登山运动员和女猎人)邀请莫理循到斯隆街 95 号进餐。他们一直谈到晚上 11 点才作别。莫理循写

---

① 布朗里格夫人:莫理循挚友之一,其夫为英国驻日本东京使馆海军武官。

道:"我们海阔天空地聊了一整天,从大马士革盆地到财政辩论无所不及。她才气横溢,知识渊博,说起话来滔滔不绝,精力充沛得令你感到惊讶。她健谈得令人感到厌倦,以至在交谈过程中我常常走神。这是我的错,对此我深感惭愧……"

格特鲁德认为,日本会吞并澳大利亚,并认为这是件好事,因为日本是个强国。莫理循回家路过皮卡迪利广场时,一路上直打呵欠,困得不行。

在莫理循眼里,多萝西·内维尔女士是个"非常好的老太太……记忆力惊人",和她相处绝不会令人感到厌烦。莫理循曾邀她一块参加莫伯利·贝尔举行的一次盛大宴会。在出席宴会的其他 18 个客人中,还包括圣奥尔本斯公爵夫人、明托勋爵(刚接替寇松的职务,成为印度总督)、在埃及人中赫赫有名的克罗莫勋爵和阿尔吉农·韦斯特(格莱斯顿先生的前私人秘书)。莫理循赴宴后在日记中写道,多萝西女士话锋锐利,谈起乔治王时代就眉飞色舞,不时提到一些名人来显露自己的能耐。例如,她说,有一次她在浴室里遇到迪斯雷利;在爱德华七世还只是威尔士王子时,她常用漂亮的美国女演员布朗·波特作"诱饵"来款待他。莫理循造访她坐落在查尔斯街 45 号的豪宅时,她对莫理循说,她最好的朋友是第二代威灵顿公爵。他是个非常有趣的男人,可惜娶了个漂亮但又非常蠢的女人做妻子,因此他经常嘲笑她。她还说,威灵顿公爵曾向女伯爵伯德特 - 考兹求过婚。(女伯爵伯德特 - 考兹是个非常有钱的慈善家,1881 年下嫁美国人威廉·阿什米德·巴特雷特,因此他就随她姓。)

莫理循和新任外交大臣爱德华·格雷爵士谈到中国的变化,并向新任印度国务大臣约翰·莫利建议,必须逐渐废除印度和中国间"令人厌恶的"鸦片贸易。寇松已辞去印度总督职务,因为他和基青纳的意见产生分歧。他说,重要的是,莫理循必须回到中国去,在那里"引导世界舆论的潮流"。时任英国驻圣彼得堡大使查尔斯·哈鼎峙"非常坦率地"批评窦纳乐爵士,说他是个"无知、无能之辈"。时任加拉卡斯外交代表的亨利·巴克斯－艾伦赛同样坦率地批评了他的同事亨利·杜兰德爵士(英国驻华盛顿大使),说他在担任外交大臣期间,把印度的事情全办砸了,而且"目前在华盛顿也是毫无建树"。

在和斯威腾汉爵士共进晚餐时,莫理循遇到莫尔顿·弗雷温太太。她是个"非常迷人的美国女人,说起话来没有美国口音",可能是因为她长期生活在巴黎的缘故。她是个勇敢的女性,在义和团围困北京使馆开始前是最后一批撤离中国的。她来自纽约,是著名的杰罗姆三姐妹之一:基蒂、克莱尔和利奥尼。大姐基蒂嫁给伦道夫·丘吉尔,儿子就是以后的英国首相温斯顿·丘吉尔;小妹利奥尼嫁给约翰·莱斯利,儿子是谢恩·莱斯利;弗雷温太太是在女儿(也叫克莱尔)的陪同下来参加宴会的。她女儿芳龄19,会抽烟,看起来显得"丰满、容光焕发和性感"(克莱尔小姐后来成为著名的雕塑家、画家和新闻记者)。莫理循后来还遇到伦道夫女士,对她没什么好印象,说她"长着一头黑发,面貌严厉,像个典型的妓院老鸨"。

莫理循还拜访了"乏味、枯燥的戈弗雷·沃尔特"。克拉克女士带着讽刺的语气对莫理循说,这位"操行上一丝不苟的老父亲"在遗嘱中给他的大儿子阿瑟每年留下 30 000 英镑,给二儿子戈弗雷每年留下 14 000 英镑,给其他多得数不清的儿子每人每年都留下 600 英镑。莫理循带着讽刺的口气评论说:"这就是公正和尊严。"

莫理循带着莫伯利·贝尔夫妇一块去科文特加登皇家歌剧院,欣赏澳大利亚花腔女高音歌唱家梅尔芭演唱的歌剧(每张票 1 英镑 1 先令)。莫理循在日记中写道,她"体形臃肿,看起来像个家庭主妇,实在难以和歌唱家的尊号联想起来,但是她的声音绝对甜美非凡"。乔治·克拉克爵士对莫理循说,澳大利亚只出了两个世界名人——莫理循和梅尔芭。他把莫理循摆在第一位。

禧在明(沃尔特·凯恩·希利尔)爵士曾任过英国使馆汉务参赞,时任伦敦皇家学院汉文教授。他认为应当任命莫理循为英国驻北京的新公使,因为莫理循在中国有惊人的影响力。他认为中国驻伦敦使馆是个"十分可笑的"官僚部门。张(德彝)公使(年薪高达 8 万两银子,约合 1 万英镑)深居简出,从不拒绝别人的邀请,但从不回请任何人:

> 他凌晨 5 时才上床睡觉,通常要一觉睡到中午才起床,整天无所事事。从星期六晚上到星期一,他的工作就是打牌,想方设法在牌桌上敲诈他的同事。去年春天他解雇了一半职员,现在把他们的工资统统都装入自己的口袋。他对任何最温和的规劝都听而不闻……到头来,遭殃的是中国。

禧在明建议,英国必须控制粤汉铁路。可是,他的兄弟熙礼尔(香港汇丰银行北京分行经理)却发现,香港政府已贷款给中国当局,让她能赎回铁路的特许权。

莫理循的老上司威廉·里奇热情地邀请他在方便的时候去吃饭,但是莫理循的回函是那么"尖酸刻薄":"尊敬的先生——我在英国的时间全都排得满满的。"他在日记中写到:"我在里黑廷多当医生时,这家伙对我极尽伤害。现在我出了名,他就跑来溜须拍马。"莫理循对受到的善待和伤害都一样记忆犹新。在爱丁堡,他特地跑去看望他当时住在马奇蒙特路的老房东莱顿夫人,并给她和她的女儿带去了礼物。莫理循写道:"可怜的人,他们见到我都喜出望外。"

伦敦的空气品质较差,莫理循难以适应,一直流鼻血。他到哈利街一个专科医生那里看鼻出血的毛病,还乘火车到爱丁堡("一等车厢,往返票价 59 先令 6 便士,很便宜")求诊于他在医学界的老朋友。爱丁堡大学医学院的怀利教授为他做了检查,没发现肝或脾肿大,心律也正常。爱丁堡第一流眼科专家乔治·麦凯博士的诊断结果是,他的眼睛"没有任何毛病"。经过一系列检查后,他放心地去拜访救命恩人约翰·齐恩,不过这次访问给他留下了非常令人不愉快的印象。莫理循在日记里写道:"齐恩教授和他长着一副鱼泡眼的妻子与我共进午餐。齐恩教授显得非常消沉,说起话来布道的色彩非常浓厚。他的妻子显得非常庸俗。他吃起饭来很没风度,呼哧呼哧像只猪……饭菜差到难以入口,连猪也不吃。他喝的是廉价红酒……有两道菜令我一想起来就恶心。"两个月后,他在给母亲写信时,还提起那顿倒霉的午餐:"他们是一对猪,招待我吃了一顿令人作呕的午餐,现在一想起来就恶心。"无独有偶,在伦敦利斯特-凯家中,莫理循又碰上一顿"可怕的午餐"。他在日记中写道:"吃过第一道菜后,我想来点干的,才能填饱肚子,可是端上来的却是布丁,我才知道这下糟了,饥火难耐啊。"更糟的是,对利斯特-凯夫人写的"满纸胡言乱语的大作"还得恭维个不停。

莫理循自己用起钱来精打细算,可是对其他人的吝啬行为却怀有一种病态的憎恨态度。他参加过一个由朴茨茅斯司令官阿奇巴尔德爵士和道格拉斯夫人举行的"极度枯燥的晚会"。他的评价是,这个海军上将是"海军中头号吝啬鬼","他们吝啬、抠门,每一分钱都想省,从不请客。海军要有希望,他就得滚蛋。他的前任约翰·费希尔爵士却非常殷勤好客,随时扫榻恭候来宾。"

对莫伯利·贝尔家的一顿晚宴,他也不甚恭维("饭菜恶劣至极,上菜的方式很不对劲"),幸好来的客人都是他感兴趣的人物:约瑟夫·张伯伦夫妇("他还相当年轻,夫人长得十分清秀、迷人,姿态优雅")、皇家医生托马斯·巴洛爵士("我和张伯伦谈话时,他在一旁毕恭毕敬地倾听着,好像我是皇家医学院院长,而他是一年级新生")、吉卜林和斯特雷奇女士(一个"异常迷人的女人")。

[十一]

1906年1月13日,莫理循在自由党总部观看了全国大选的揭票结果。自由党候选人在投票中大获全胜。阿瑟·贝尔福领导的保守党被彻底击败,原因是约瑟夫·张伯伦所倡导的关税改革计划使保守党内部产生分裂。莫理循在日记中写到："真是报应,我欣喜若狂,只不过没说出来而已。"他穿过皮卡迪利广场时,看见白克尔"心烦意乱,垂头丧气……拖着沉重的步伐穿过人群"。莫理循在日记中写道:

> 他如此垂头丧气是完全可以理解的。他所掌管的《泰晤士报》对新政府充满了敌意和仇视,无人可超过他。他思想狭隘,目光短浅,固执己见,完全可以和阿瑟·沃尔特相媲美。他完全不配担任世界上最伟大报纸的主编。他全然不理睬自由党民众的意见,现在他看到了如此行事的后果和他一贯支持的政党的下场。邪恶势力终于被粉碎,和贝尔福一道烟消云散。

莫伯利·贝尔夫人对白克尔的看法与莫理循相同。她对莫理循说:"我希望你能担任《泰晤士报》主编。你具有白克尔所缺乏的品质。你学识渊博,善解人意,判断力强。"阿瑟·巴里也认为白克尔"不配"担任《泰晤士报》主编,并批评白克尔:"不善理解人,目光短浅,闭门造车,对外交事务一窍不通。让他来主持一份报纸只会导致失败。"

巴里邀请莫理循共进午餐,并为他引见北岩("莫伯利·贝尔认为,北岩和朗斯代尔一样,都是大骗子")。北岩"匆匆而入,非常亲切友好"。邻桌坐的是柔佛州的苏丹和他的英国"妻子"奈尔丽(以前当过配乐表演女演员)。奈尔丽坚决不住在柔佛,一直租住在派克巷34号,现在苏丹已买下这座房子。巴里说,苏丹每年有4万英镑收入,给奈尔丽买的珠宝首饰也价值4万英镑,因此奈尔丽很快就暴富起来。布朗里格女士告诉莫理循,柔佛咨议会全体辞职,原因是苏丹把这么一大笔款都花在奈尔丽身上。后来莫理循也曾与苏丹共进午餐,不过对他的印象并不佳,说他是个"面目丑陋的混血儿",下巴僵直难看。

在伦敦逗留期间,莫理循给自己定下两个目标。一是争取外交部能同意把约翰·朱尔典派到北京去工作,二是争取让日本天皇能获得嘉德勋位。尽管他整天忙着赴宴,会见高官显贵,逛书店,看戏,还得勤于应付另一段耗时甚多的恋情,这两个目标还是都达到了。他想方设法游说乔治·蒂勒尔(外交部中国部主任)、刘易斯·马利特(兰斯当爵士私人秘书,为人和蔼可亲,软弱,戴着眼镜)和兰斯当本人,并很快就让他们相信朱尔典完全能胜任在北京的工作。授日本天皇以嘉德勋位之事就难多了。马利特说,国王陛下绝对不会把嘉德勋位授给非基督徒。伊朗国王曾直截了当地要求能获得嘉德勋位,后来在外交部助理次官阿瑟·哈丁的劝说下,终于让了步,但是伊朗生气地宣布以后再也不会提出这样的要求了。尽管如此,莫理循还是固执地坚持己见,要求授勋位给日本天皇。兰斯当勋爵认为此事还有周旋的余地。结果也是如此。在离开伦敦前,莫理循获悉,正如他所建议的那样,阿瑟·康诺特亲王将率领一个特别代表团到东京,把嘉德勋位授给日本天皇。

[十二]

詹姆森在杜克街有套住房。一天,他邀请莫理循去和他共进晚餐,并把"三个女士"介绍给他。莫理循感到欣喜若狂:

> 我的运气还真不错,能坐在三个英国大美人身旁。殖民地大臣的妻子阿尔佛雷德·利特尔顿夫人像成熟的桃子一样娇艳欲滴,声音甜美动听……爱德华·塞西尔女士是雷欧·麦克斯的姐姐,长的艳美如花,牙齿整整齐齐……舌吐丁香,红润欲滴;利奥夫人是双胞胎兄弟之一戈弗雷·勒欣顿的女儿……她们都非常聪明……总而言之,这是我这辈子度过的最愉快的一个晚上——一个欢乐的夜晚。

　　但是,莫理循和一个匈牙利女人的邂逅才是他感情火山的第二次大喷发。到达伦敦几星期后,莫理循的朋友 A.P. 斯托克斯介绍他认识"漂亮的托妮"——"安东尼娅·索非亚·维多利亚·史蒂芬"。莫理循请她吃饭,并开车送她回家。这只是莫理循和她在 109 天中59 次约会的第一次,是莫理循和她如痴如醉罗曼蒂克乐章的序曲。后来,莫理循把这些经历都详详细细、精确地记录下来。和这段浪漫的经历相比,莫理循以前和梅西的恋情简直是小巫见大巫。莫理循这位护花使者回到自己在杰明街的住所时,对她已有个粗略的了解(不管是事实,还是虚构),并写下了一篇长达 450 字的日记。部分日记摘录如下:

　　1883 年 3 月 27 日,安东尼娅出生在匈牙利首都布达佩斯。肤色较黑,但魅力四射,美丽迷人。她来到伦敦后,体重一直在下降,担心是否得了肺结核。她在柏林的克劳斯教授寄宿学校受过良好的教育。家世十分凄凉。父亲 52 岁死于肺结核,母亲38 岁死于肺结核,姐姐伊米莉 32 岁死于肺结核。幸好还有个妹妹弗里达(26 岁)还活着,而且身体健康。她和梅费尔一个 60岁印度官员是好朋友……在他们交往的 6 个月时间里,他对她非常好。她的人生经历十分凄切。她最早爱上的是一个年龄和她相当的匈牙利男子。他住在柏林,以制造皮革珠宝盒为生。他在她面前说得天花乱坠,声称愿意和她结婚,并诱奸了她。结果他们才交往 7 个月,她就做了一次流产手术。当时她在一个军事部门工作,由于工作过于繁重,不久就辞了职。后来她发现男朋友对她有不忠行为,和其他女人有染。她气得快发了疯,甚至想投河自尽,一了百了。可是她的男朋友觉察到她的思想状况,及时阻止了她。失望之下,她就来到伦敦,口袋里只揣着 25英镑。说来她运气还不错。这点钱用完后,她就遇到那个对她相当不错的印度官员。难怪她长得瘦巴巴的,显得十分憔悴。她的心都碎了,日渐消瘦。这个印度官员身材高挑,禁止她泄露他的姓名。她一直信守自己的承诺。他以前有个情妇,后来死在印度。有一次,他带她到巴黎的一家豪华大宾馆过夜……有一次,她姐姐在格拉德巴赫生了病,他还允许她回到姐姐的病榻旁。他们分手时,他给了她 50 英镑,后来还给她寄了两三封信,并给她汇去 25 英镑。她至少有两个月没听到他的任何音信,担心他可能已不在人世了……他的法语讲得非常好。

以后的一个月中,莫理循几乎每天都和托妮频频幽会。他们常常一块用餐,参观国家展览馆,看戏,在公园里漫步,而且每天都要在莫理循的房子里消磨一段时间。

第一次会面后几天,莫理循花 6.6 英镑给托妮买了一付皮手笼和一套长睡衣,后来又买了一个又大又轻的旅行箱和其他许多礼物。他把所送的礼物都一一登记在册。

11 月 20 日,莫理循退掉租来的房子("租金太贵"),搬到锡福德的一家休闲旅馆去住。令他感到失望的是,托妮没能和他一起去("病得厉害"),但是两天后他们又聚在一起了,一起度过了五天美好的时光。托妮很谨慎,拥有自己的卧室和起居室。五天后,莫理循动身前往巴黎。他再一次觉得"租金贵得离谱——真见鬼"。(托妮当时之所以没有就陪莫理循去锡福德,原因是前一天她刚和一个叫洛斯的理发师结了婚,但是莫理循直到 11 个月后才知道这回事。)莫理循从巴黎又转道前往维也纳、柏林和哥本哈根。在柏林时,他为托妮买了一件小饰物,并因没收到托妮的信而"非常失望"。但是,12 月 8 日他回到伦敦时,他们又有一次"愉快的幽会"。他们一起用餐,一块看戏。

两天后,莫理循被一条消息惊呆了:

非常令人不愉快的一天。听到这消息后,我完全惊呆了。我坐下来写了封回信,接着花7英镑1先令买了块表,用快邮的方式把表寄给她。她要嫁给一个英国人了。祝福她。她是我所见过的最值得尊重、感情最真实的女人。我们的交往以这种结局告终还是不错的。现在她终于有了机会,如果为了和我能短聚几天而错过这一机会,那是很残忍的。

杜卡特和莫理循的许多朋友一样对莫理循都很同情。他和莫理循在杰明街的房东对莫理循恋爱的失败都很关切。他们邀莫理循一块出去吃饭,请他观看一出叫"登山者"的喜剧。莫理循在日记中写道:"事情巧合得简直令人感到困惑。剧情中竟然有个角色也叫托妮。这是一出很有趣的戏剧,但是我的心情十分不好,根本没有心思去欣赏这出戏。"

那天晚上过得"非常糟糕"。第二天,莫理循和柯乐洪共进午餐,在莫理循眼里,这又是一顿"极其蹩脚的午餐"。柯乐洪是《晨邮报》记者,十分令人讨厌。更令莫理循感到不满的是,他竟然用手指来剔牙齿。

第二天,莫理循和"迷人可爱的马克西斯"讨论有关新内阁的事情。没想到,他回家时,竟碰上托妮刚好从电梯里走了出来。莫理循在日记中写道:"她把一切都告诉了我。她的相好是个银行经纪人,年约50岁,长着一头灰白的头发,现住在白金汉门圣詹姆士街。我们一起进餐,还过了夜。她第二天又来了。"莫理循为她在银行里存下了50英镑,两天后,即12月16日,又给了她10英镑,并保证要去德国参加她姐姐伊米莉的葬礼。而后,一直到年底他们就一直都没见过面。

阿瑟·沃尔特夫妇邀请莫理循到他们的贝尔伍德的庄园去过圣诞节。莫理循虽然一直郁郁寡欢,但是为了礼貌起见,还是接受了他们的邀请。这一段时间莫理循一直心绪不安,忧心忡忡,原因是莫理

循在离开伦敦前,就给托妮寄去一张非常漂亮的圣诞卡,上面还有手绘的三色紫罗兰图案,可是一直没得到她的回音:

> 她要再次离我而去吗? 我会收到绝交信吗? 我感到紧张、心烦意乱,我的确很喜欢这位姑娘。她是那么甜蜜、美丽,那么温柔纯情。我彻夜难眠,脑海里满是她的倩影。早饭后,我收到一封信,可是那不是翘首以待的托妮的情书,而是白克尔的指令,要求我立即为《泰晤士报》写一份有关中国局势的文章。天哪,在有可能失去托妮的时候,我哪有心思写什么有关中国局势的文章。

莫理循多年前早就受到沃尔特夫妇的殷勤款待,但并没因此而感到欣喜若狂。同样,这次款待也没能给莫理循什么安慰。他在日记中评论:"又一个极其枯燥无味的招待会"。在座的宾客中还有沃尔特的同事 W. F. 莫尼彭尼。他也赞同莫理循的看法:"人们都不喜欢到这里来做客,因为他们两个都非常粗鲁无礼。"沃尔特太太的确非常坦率。她对客人说,她非常讨厌过圣诞节,希望不会再过一个这么没趣的圣诞节。在圣诞节那一天,莫理循给布朗里格夫人写了一封信。他在信中用讽刺的语气说:"我在这儿度过一个迷人的圣诞节。"他在信中提到托妮,不过害羞地称她是"侄女":

> 天气非常迷人——有点雾,还下点小雨,路上有点滑,但是令人感到舒适……这种天气最令人感到愉快。如果我们能举行家庭祷告会,一切就会更加圆满。尤其令我感到高兴的是,我有可能和侄女一起过个愉快的圣诞节。但是她目前还在德国……我们在这里过得很愉快。我早上七点起床,饭前先去散步……然后一个人出去溜达。一块吃过午饭后,我和阿瑟夫人一起去观赏她的杜鹃花苗圃。然后我满腹牢骚地上了楼,其他三个男

士则开始玩桥牌……我们还一块上教堂。在祷告中,我对沃尔特夫妇送给我的漂亮的圣诞礼物深表谢意。为了嘉奖我为《泰晤士报》所作出的贡献,为了感谢我把《泰晤士报》在远东的地位提升到别家报纸可望不可及的程度,沃尔特夫妇赠给我一个漂亮的镀镍封蜡架,这是沃尔特夫人在一家廉价商品店里买的,里面所有商品都只卖6.5便士。他们还送我一小瓶雪花膏。我可不知道这该怎么用,因此打算把它送给我的侄女,让她美容美容……

附言:明天一大早我就要返回伦敦……尽可能早。乘第一班车。我很担心会赶不上这趟车。

莫理循在日记中写道:"我一脑门心思都在托妮身上。我不敢离家外出,因为害怕我不在时,邮递员会送来她的信或电报。我该怎么办呢?"他心事重重地跑到霍尔本高架桥车站去等快车。没想到车晚点,更令人扫兴的是,托妮没在车上。他回到家中,公寓经理"看到我形影孤单,对我深表同情,并说,托妮可能不会来。"莫理循在1月4日写的日记已丢失。根据他自己制作的图表,我们可以看出,从1月4日到25日,他们每天都有幽会,只有他离开伦敦的那一天例外。他的一些日记摘录如下:

1月5日——和托妮一块共进午餐。我们一起呆了一两个小时。

1月9日——清晨六点,托妮来找我,漂亮极了。她的一个仰慕者追随而来。这个人年已53岁,头发纤细,从中间分开下垂,小胡子有点翘,长着一个蒜头鼻……可能是个证券经纪人。我打电报给贝尔,告诉他我不能和他会合,因为我想和托妮多聚几天。

1 月 11 日——再一次感到失望。托妮……明天不会来。她姐姐反对。她的情人昨天花 14 英镑 14 先令给她买了一件貂皮夹克。今天她穿得正高兴。她说起这位情人时就笑个不停。但是,他似乎是认真的。我不想离开这里,因为我一小时都离不了她。

1 月 16 日——托妮下午来。我们就在我的房间里一起用餐。我现在惟一的乐趣就是和托妮呆在一起。我越和她接触,越觉得她是那么纯朴、坦率、真挚、仁慈和温顺。无论怎样赞扬她也不过分。昨天,她和一个我不知道的仰慕者呆在一起。他很认真地向她求婚。一说起他,她的双眼就闪闪发亮,不过她说不可能嫁给他,也根本不爱他……她还有一个仰慕者也在痴情地苦候着她,可惜他是个天主教徒,而她是个虔诚的新教徒。她不能改变自己的信仰……

离开伦敦的前一天晚上,莫理循一直处于痛苦的折磨之中。第二天早上醒来时,他还在为要和托妮分别而"苦恼,伤心欲绝":

……开车前五分钟托妮赶到车站。她眼里含着热泪,情绪非常低落,伤感之情洋溢于脸上,更显得楚楚动人。她是普天下最甜美、最纯情的女人。她说她会坚强起来。我们依依不舍地吻别。和她告别简直是亵渎神圣。但是,为什么我非得走呢?为什么我不能牺牲自己的前程,和她多聚一年呢?这一年我们会尝遍幸福和欢乐!我觉得自己无可指责。我是真心真意地爱她,对她已非常慷慨大方。她的银行户头里现在有 70 英镑存款,口袋里还有大约 10 英镑零花钱……她所喜欢的礼物我都买给她。自 10 月 9 日以来,她一直是我生命的主宰。但是,现在我不得不离开她。什么时候我们还能再续前缘?

老天爷似乎也懂他的心。莫理循写道:"我在一片大雾中来到伦敦,离开时遇上暴风雨,倾盆大雨整天下个不停。"莫理循把自己送给托妮的礼物详细列了一张单子,留作纪念:(梳妆、休息时罩于睡衣外的)晨衣、女服、皮手笼和围巾,披肩、靴子、手套、旅行箱、小手提箱、三把欧洲大陆制的胸针、一把爱丁堡制的金质领针、珍珠十字架和链子、金表、蓝宝石戒指(上面刻有她姓名的首字母)、中国式的金质袖口链扣、红珊瑚项链、照片和书等。另外,他还记下了从1905年9月13日到1906年1月25日他在英国期间的所有花销,高达1 387英镑,其中花在托妮身上有多少很难估算出来。离开伦敦前,莫理循遵照当时的时尚,到照相馆照了四种不同姿态的相片,冲洗了许多张,分别送给他在英国和美国的亲朋好友。

[十三]

由于托妮的缘故,莫理循的情绪一直很低落,但他还是尽心尽责地对欧洲国家的首都进行了快速考察,但收获都不大。在巴黎时,他见到《泰晤士报》记者"犹太人威廉·拉威诺"和大英帝国国王陛下的代表弗朗西斯·伯蒂爵士。拉威诺认为,虽然德国对法国不怀敌意,但法德之战不可避免。他说:"德国的真正敌人是英国,而不是法国。"伯蒂是个英国人,因饮食过度而满面红光。他谈到了远东,但他的观点"非常无知,表达得极其粗俗,考虑欠周,简直不值一听"。在维也纳时,莫理循见到了《泰晤士报》代表威克汉姆·斯迪德和日本天皇代表牧野。斯迪德告诉莫理循一段有关奥地利皇太子鲁道夫的悲剧故事:鲁道夫有个情人非常漂亮,可是没想到,她竟然趁他熟睡时把他给阉了,而鲁道夫则在开枪自杀前先将情妇勒死。牧野表达了日本政府对莫理循的谢意。在柏林时,莫理循见到了《泰晤士报》

代表乔治·桑德斯和俄国沙皇的代表库朋斯齐。桑德斯对莫理循说，贝尔是个大傻蛋，而姬乐尔则一直被德国外交部所利用，直到德国皇帝致电表示支持古鲁格后，他才转而反对德国。俄国革命的消息使库朋斯齐十分沮丧，变得寡言少语，"一提起俄国的伤心事，他就潸然泪下"。在哥本哈根时，莫理循见到了瓦尔德玛尔公主。她的爱好是收集佛像，闺房里整整摆了400尊佛像。公主告诉莫理循，她拒绝了保加利亚和挪威的两个王位，并祝贺他在中国所取得的巨大成就，不过她认为莫理循对俄国太苛刻。

回到伦敦后，他见到了约翰·朱尔典爵士。朱尔典爵士刚到伦敦，感谢莫理循的鼎力相助，使他最终能获得驻北京公使这一美差。熹理纳听到朱尔典被任命为驻北京公使的消息后，给莫理循写了封措辞十分巧妙的信：

> 一些心怀叵测的人一直在我耳边嘀咕个不停，说您摇唇鼓舌，说服那些愚蠢的人，使他们相信朱尔典比我更合适担任驻北京公使。您这样做未免过于欠妥……当然您发表自己的看法是无可厚非……开始时我感到非常沮丧，但现在已感觉好多了……您不必担心我会因此而对您怀有敌意……

[十四]

莫理循在船上给母亲写了封信："伦敦的日子过得毫无乐趣，议事日程安排得满满的，没留下多少时间供我自由支配。社交活动占据了大部分时间……令我吃惊的是，我竟然那么出名……就我所知，惟有罗兹伯里勋爵拒绝和我会面。他似乎敌视整个世界。我见到许多名人：兰斯当勋爵和爱德华·格雷爵士、摩尔利、阿斯奎斯、敏托以及其他人。我还时常见到乔治·克拉克爵士，眼下他是英国权倾一时的人物，外交部经常向他请教……寇松对我特别友好。外交部新任

常务次官查尔斯·哈鼎峄对我也非常友好。"莫理循在信中没有提到
托妮之事。

这是一趟痛苦的航行。莫理循还深深陷在对托妮刻骨铭心的思
念中。在前往马赛上船途中，他在巴黎给托妮发过电报。到了马赛，
他不但给托妮写了信，又发了电报。在从塞得港到新加坡途中，他每
到一个港口，都给她写了封信，有时甚至一下子发去三四封信或明信
片，经常还附上礼物——"顶针、手镯、银制梳妆用具、银铃、腰带扣、
玻璃丝布、手帕、丝绸和缎带等"。莫理循对托妮的话从未产生过丝
毫怀疑。他痛苦地问自己："她现在打算怎么做呢?"他在日记中
写道:

> 她会去柏林吗? 她会嫁给那个来自圣詹姆斯街的、雄心勃
> 勃的经纪人吗? ……这是个相当不错的人。尽管我和她的关系
> 这么密切，她还是从来不透露这位来自罗希兰心上人的姓名。
> 我只知道他已经 60 岁，个子非常高，可能在法国受过教育。我
> 推测，他可能在林业部门工作。但是，他年事已高，怎么还可能
> 在林业部门供职呢? 我必须搞清楚他究竟是何许人。从性的角
> 度来考虑，他几乎是无能的，但是他是个好心眼的绅士。在关键
> 时刻，他曾帮过托妮的忙，因此托妮欠了他一份情。

他要解决这些令人苦恼的问题，因此就写信给布朗里格女士，但
是他刚写完信，就把信都给撕碎了，因为"他觉得这样做简直是对托
妮的亵渎"。他把托妮给他的所有来信又都通读一遍。"那些信都写
得很简单，文句很差，简直带有孩子气，但是仍然使我心潮澎湃，就像
第一次读的感觉一样":

> 我没日没夜地想着她，觉得非常苦恼，因为她有可能很快就
> 把我忘却，或者在她的记忆中，我只是一个和蔼可亲的朋友，曾

在她遇到麻烦时，出手拉她一把……她是这么软弱，这么容易受
到他人的影响……我对她新旧情人的姓名都一无所知，但是我
完全有权利知道她究竟过得怎样……需要的话，我还可以向朋
友求助……

莫理循所乘坐的船"木尔坦号"正悠悠哉哉航行在苏伊士运河
上。他在日记中写道："我越来越觉得孤独！她的前途何在？"菲尔
森·扬的"非常感人的小说"《欢乐的沙洲》深深地迷住了莫理循，因为
这本书的女主人公是个叫托妮的外国姑娘。

远在赛得港的船上，莫伯利·贝尔对白克尔和阿瑟·沃尔特作了
一番公正的评价。莫理循对此稍感安慰：

白克尔生性无能，缺乏新闻工作者的天赋。这对《泰晤士
报》来说是一种磨难……阿瑟·沃尔特对新闻报道一窍不通。令
贝尔感到惊讶的是，这两个人的无知和无能竟是那么巧合一致
……目光短浅，愚昧无知，无能到可悲的地步。在贝尔眼里，他
们缺乏一个人应有的品质……

贝尔说，如果他有 50 万英镑在握，他就能使《泰晤士报》成为报
业界的强大帝国。他要重建办公大楼，因为这个由约翰·沃尔特设计
的大楼，不但空间浪费极大，而且令人极感不舒服：

和阿瑟相比，约翰·沃尔特显得更无知，思想更偏狭，是个牢
骚满腹的蠢才。贝尔说，自 1891 年 3 月……参与管理以来，他
任何一年的收入都未超过 1 000 英镑，这令我大吃一惊。约
翰·沃尔特在金钱方面的知识比阿瑟更差。他认为莫伯利·贝尔
应该在格洛斯维诺广场区租套房子住。可是我认为，就凭贝尔
的那一点工资，租的只能是地皮，而不是房子。我现在才知道白

克尔为什么抱怨。他要招待客人,花销大,照惯例年薪得有
5 000英镑。可实际上,他的年薪很少能达到1 500英镑。

贝尔以阿瑟·沃尔特的思维方式为例,说明《泰晤士报》有关布尔
战争的政策是如何制定的:

> 战争刚开始,阿瑟突然傻乎乎地认为这场战争毫无必要,因
> 此《泰晤士报》不应当把有关布尔战争的报道放在重要地位。主
> 编心里七上八下的,非常不安。结果报纸受到多方指责,陷入了
> 困境。阿瑟通知贝尔,他要去会见张伯伦①,希望能从他的谈话
> 中得到启示。贝尔得到这消息后,和沃尔特连招呼都没打,就急
> 忙赶去面见张伯伦……敦促他尽力让沃尔特相信这场战争的必
> 要性,以及《泰晤士报》支持的重要性。结果沃尔特会见张伯伦
> 回来后,绞尽脑汁写了一份备忘录,提出的设想完全超出总编的
> 意料之外,比总编走得更远。

"结果《泰晤士报》在布尔战争中成为大不列颠的重要喉舌。现
在我才能理解巴涅尔事件。"莫理循在日记中这么写着,并在这句话
下面划了线。

莫理循在船上只和几个乘客有所来往,其中一个是剑桥神甫,曾
当过柯南道尔的秘书。他告诉莫理循,柯南道尔已通过哈波出版社
出版了8篇夏洛克·福尔摩斯的故事,拿了6 000英镑稿费,"每篇
3 000字,每个字5先令"。另一个乘客是澳大利亚百万富翁准男爵
鲁波特·克拉克爵士。莫理循在日记中写道:"从他的动作可以看出,
他患有酒精中毒性颤动症。他很有说谎的天资,几乎可与朗斯代尔

---

① 张伯伦(1836~1914):帝国主义扩张政策的倡导者,初为自由党急进派,后为保守
党右翼。1895年任英国殖民大臣,推行扩张政策。宣扬保护关税,倡议实行帝国特惠制。

旗鼓相当。"他在印度做马匹生意，想把在澳大利亚的财产统统卖掉，并把所有资金都转移出澳大利亚。一个叫费兹西蒙的矮胖子，最爱谈的是澳大利亚歌手在英国所取得的非凡成就。阿达·库罗斯利是首屈一指的女低音歌唱家。阿梅·卡斯特里斯演唱天赋可与梅尔芭相媲美。

"木尔坦号"于2月17日抵达新加坡，接着莫理循就乘火车到了柔佛，受到摄政王（"和蔼可亲的63岁马来人"）的热情款待。在交谈过程中，莫理循一再强调苏丹必须回国，他的行为是可耻的，殖民部对他与奈尔丽的暧昧关系一直感到不满。令殖民部难以忍受的是，"他花巨金给她买了许多珠宝，竟然在公众面前炫耀她"。莫理循还说，殖民部不愿意把25 000亩极有价值的橡胶园免费赠送给弗兰克·斯威腾汉爵士，因为"他们认为这和施舍没什么两样。"在曼谷时，莫理循受到达慕容亲王（"现在暹罗最有权势的人"）的热情款待。他对莫理循大大恭维了一番，并感谢他对暹罗事务所表现出的浓厚兴趣。为了表示对亲王的尊敬，莫理循倒退着走出房间，幸好没有撞翻任何东西。接着，他又在一个大画室中受到国王的接见。国王的话题主要和中国有关。慈禧太后去世后中国的局势会产生什么变化？光绪是否能控制住局面？他特别问到袁世凯的情况。莫理循对袁世凯的权势作了一番解释，并抱怨说世界舆论对皇帝的评价太苛刻。在香港时，莫理循为托妮买了一个金制小饰品和一副金手镯，并向《泰晤士报》发了一篇关于暹罗的报道。4月15日莫理循回到北京。他在日记中写道："北京展现出一个发展中城市的骄傲，处处呈现出比较健康的道德观念。北京在各方面都在取得进步：道路在改善，警力在加强，马车和人力车满街跑，电信事业蒸蒸日上，沿街修造了许多公共厕所，对有伤风化的广告进行大清洗……"

莫理循在北京展开一系列闪电式的外交活动，渐渐理清了思绪。萨道义爵士对他说："中国的民族精神正在觉醒。"赫德爵士也谈到"新生的民族精神"。但日本驻华武官青木上校则表示怀疑。他说：

"中国龙还只是一条纸龙。"但是，所有的人都认为袁世凯的势力正在迅速崛起，将成为支持王权的中坚力量。莫理循与伍廷芳讨论了袁世凯的兴起。莫理循在日记中写道："伍廷芳说，他现在遇上麻烦了，他得避避风头，因为他不想掉脑袋。他在上海有房产，准备退休后在那里赋闲，他的工作结束了。他也提到慈禧太后去世后中国可能出现的危险局面。假使老太后去世了，他将支持皇帝，但他肯定会有麻烦。"

伍廷芳近来得到的情报显示，袁世凯正在觊觎帝位，所有的权力渐入他的彀中。他掌握着中国最精良的部队，在北京和山东有他自己的军队，在奉天和南京有他推荐的总督，军机处有他的两个拜把兄弟。

伍廷芳和唐绍仪都是莫理循的密友。唐绍仪在后来几年中将起着越来越重要的作用。1884 年唐绍仪与袁世凯在朝鲜会面后，一直是袁世凯的密友。当时唐绍仪是朝鲜海关总税务司、德国人穆麟德的助手。唐绍仪在亲日派一次政变中表现出惊人的勇气，令袁世凯十分佩服。袁世凯于 1885 年被委任为驻朝总理交涉通商大臣。唐绍仪作为他的幕僚，和他一起前往朝鲜。唐绍仪在美国受过教育，同袁世凯一块在朝鲜工作了 10 年，直到 1895 年才回国，原因是中国被日本打败，失去了对朝鲜的宗主权。1895 年底，袁世凯取得督练新军的职权时，唐绍仪是他的秘书。当袁世凯控制了中国的铁路与电报业时，唐绍仪再一次成为他的幕僚。

唐绍仪坦率地承认，自己抽鸦片非常上瘾。他以前每天吸一盎司印度鸦片(24 个烟泡)。抽一盎司印度鸦片他就感到心满意足，但是如果抽的是中国鸦片，两盎司还远远不能过瘾。令人感到惊讶的是，他后来不但戒掉了鸦片，而且把在中国根绝鸦片当作他最大的愿望，甚至雄心勃勃地认为 10 年后可以做到这一点。莫理循却认为他的看法完全是乌托邦式的梦想，根本不切合实际。中国人抽土鸦片的量是印度鸦片量的 10 倍。英国现在要求中国政府镇压鸦片贸易。

莫理循认为英国的这一做法令中国人困惑不解:"过去中国因反对英国鸦片贸易,得罪了英国,结果惨遭失败而赔款。可是现在,英国却要求中国人表现出禁止鸦片贸易的诚意……但是,鸦片贸易一遭禁止,英国政府的收入必然减少,就会后悔不迭。"

《泰晤士报》刊登了大量支持鸦片贸易的文章,并特别指出,如果中国禁止印度鸦片,印度每年将失去 300 万英镑的收入。莫理循继续强烈反对《泰晤士报》的这项政策,1906 年 9 月 20 日,清政府发布了进一步缩减鸦片贸易的诏书。

[十五]

莫理循疾病缠身。从他 1904~1905 年的日记,我们可以看出他患有各种令人担忧的疾病:鼻出血、痔疮、风湿病、痛风、消化不良、阴囊积水和睾丸炎。有一次,他觉得自己病得不轻,体温高达华氏100.6 度,于是就找两位英国医生看病。没想到他们对他病因的诊断以及所提出的治疗方案,竟然有天壤之别。一怒之下,莫理循把他们的诊断和药方并排抄了下来,以泄他冷嘲热讽之气。一天,他在日记中写道:"心情十分压抑,真想自杀。"在另一天的日记中,他写道:"在这被上帝遗弃的城市中,我感到十分孤寂。这里没有真正的朋友。"但是,莫理循是一个渴望猎奇的人。对他来说,北京是地球上最伟大的舞台之一:形形色色的外交官、企业家、特权追逐者、古怪的人、阴谋家、(不切实际的)社会改革家和各种各样独特的无赖,都在这舞台上像走马灯似的转个不停,你方唱罢我登场。流言蜚语在这里漫天飞舞,从没间歇过。莫理循有一本自己制作的无赖名人录,并把一些流言蜚语生动地记录下来。

俄国公使巴府罗富太太赴宴做客时被一名男士搂在怀里,不巧被巴府罗富撞见,于是他就和这个男士展开一场决斗。桑太格小姐向莫理循详详细细揭了巴府罗富太太的老底:

……她母亲家里共有三个姐妹，经常在一家咖啡馆里唱歌。大姐是俄国驻北京前公使喀希尼的情妇，并为他生了一个女儿。喀希尼到北京赴任时，她也随同前往，只不过她女儿的身份摇身一变成了喀希尼的侄女，而她的身份则是家庭女教师。这位叫玛格丽特的侄女现在是爱丽思·罗斯福的密友。二姐是巴黎一个犹太人的情妇。三姐来北京看望她的姐姐，没想到却为意大利公使生了个孩子，就是现在的巴府罗富夫人，并给巴府罗富生了个女儿……财政顾问阿莱克塞夫经常和自己的女儿睡觉。

第五代朗斯代尔伯爵腰缠万贯，拥有两座城堡和175 000英亩田地。他离家前往北京访问时，租了一艘游艇，并邀请莫理循与他一同遨游。莫理循在日记中记下了他对这位贵族的印象，日记的标题是"朗斯代尔勋爵的谎言"：

> ……他是个说谎的大行家，性子很急。他问我对德国人的行动有什么看法，并非常渴望把我的观点转达给威廉皇帝。这位威廉皇帝的朋友为人彬彬有礼，曾因冒昧地邀请我与之同行而向我道歉。我不得不承认，在此之前，我从未感觉到《泰晤士报》的影响力有多大。他对美国人吹牛说，是他发现了克朗代克和黄石公园。他曾故作漫不经心地对我说，他在美国西部各州亲眼看到了卡斯特将军和印第安人之间的鏖战。他对一些人说，他谢绝了印度总督的任命。他对德国人则大谈他与德国皇帝经常保持密切联系，他本人甚至有一本专用密码……
>
> 几天后，缪姆男爵补充说道："朗斯代尔这家伙可恶之极，竟然吹嘘说，他在柏林时曾是威廉皇帝的座上宾，和一些女人在旅馆里寻欢作乐，为旅馆所不齿，要把他赶出去……幸亏宫廷加以阻止。"

一天晚上，莫理循作弥撒宴的主客，坐在北京使馆卫队长包沃将军旁边。包沃猛烈抨击基青纳(自1902年以来一直担任印度军总司令)，莫理循对此深感"惊愕"：

> ……他不但是个饶舌鬼，还是个胆小鬼。在萨瓦金手部受伤后，他哭天喊地，令人侧目。他因组建埃及军而备受嘉奖，可实际上，这一荣誉应当归功于伊夫林·伍德和格伦费尔。他在印度的工作完全是大败笔。印度兵几乎要造反。他所定的计划都是纸上谈兵，根本不切合实际。他曾给所有指挥官发过一封密函，询问印度兵不满情绪高涨的原因，结果指挥官们都瞧不起他。他在军中的多项任命都引起所有军人的愤慨。格比·阿姆斯特朗(窦纳乐太太的兄弟)是匹害群之马，一个大骗子，一个天生的罪犯。任何一个正经女人都不愿意和他交往。他在西姆拉申请加入军人联合会时，投票结果是20票反对，两票弃权，因此被拒于联合会门外(只要有五分之一的反对票就不得加入联合会)。可是这么一个坏家伙竟然得到基青纳的赏识和重用。

莫理循在爱丁堡大学的一些老朋友偶然会给他寄来一些信件，唤起他的思乡之情。邓加特曾从菩提普里德给莫理循写了封信，指责威尔士人是一群"非常卑鄙的野蛮人"。莫理循回信道：

> 我很高兴听到你所发表的对威尔士人的批评。我们这儿有个皇家威尔士燧枪团。义和团起义过后，人们普遍认为，威尔士燧枪团……比义和团更糟，但却没有义和团那么勇敢，贼胆比义和团更大，说起谎来比义和团更是有过之而无不及，是一群卑鄙无耻的盗墓贼……在八国联军围攻北京期间，伯蒂上校因战功卓绝被授予三等男爵爵位。其实所谓战功只不过是他所率领的

部队除了酗酒致伤外,没有遭受任何伤亡。他的士兵作战时谨小慎微,当然毫发无损了……他们个个卑鄙无耻,比爱尔兰人还坏。我在威尔士遇到的惟一"圣女"已有三个月身孕。她向我解释说,以前她怀不了孕,因为每天和她上过床的男人至少有五个。

[十六]

10月初,莫理循收到斯托克斯的一封来信。斯托克斯告诉莫理循,托妮已嫁给那个叫洛斯的德国理发师。对这一巨大变故,莫理循显得十分冷静。他带着自嘲的语气给斯托克斯写了封信,表达了他的痛苦心情,但是在日记中他对托妮还是坚信不移:

> 但是,斯托克斯所讲的事有许多不太真实。胖胖的女房东对我说,托妮是在11月19日嫁给洛斯的。那一天她确实出现在婚礼上,但是那不是她自己的婚礼,而是她在布里克斯顿一个朋友的婚礼。如果她欺骗了我,我也不会生气;相反,我只会为她的绝顶聪明和欺骗的连贯性而赞叹不已。她所表现出来的两面性也几乎令我感到高兴。但是,这一切是不可能存在的,不要认真对待。

第八章

[一]

日本奇胜俄国引起很大反响。在中国,人们都在思考这样的问题:一个亚洲小国如何能一举击败欧洲大国? 通常可以接受的答案是,君主政体被立宪政体所打败。袁世凯等督抚联衔奏请实行立宪政体后,慈禧太后终于接受了她七年前反对过的措施。镇国公载泽和绍英等五大臣被派往国外考察宪政。他们于 1905 年 12 月从北京出发①,8 个月后返回。他们对英国宪法钦佩之至,但并不羡慕英国的君主政体。正像约翰·朱尔典爵士告诉莫理循的那样,爱德华国王不喜欢中国人,他在招待考察团成员时的表现能非常清楚地说明这个问题。对此,唐绍仪讲得更明确:

> 国王只接见镇国公,而且只有两分钟。毫不夸张地说,几位大臣都吃了闭门羹。绍仪也被关在门外,驻比利时公使被引导到接待室等候。

---

① 注:原定 10 月起程,因五大臣被炸事件,行期推迟至 12 月 2 日,人员也有所变动,绍英未成行。

莫理循评论道:"难怪考察团成员回来后都变得极度反英,尽管他们也获得一些殊荣,如授予大学学位并在市政厅进餐"。有关部门设立了考察政治馆来研究考察团的报告。唐绍仪"公然蔑视"撰写报告的 13 位老绅士:一位是首席军机大臣庆亲王"鸦片鬼"奕劻,一位成员已 82 高龄,另一个 79 岁,只有一位留过洋,所有成员对外语都一窍不通。尽管有这些缺陷,而且许多人的耳朵都聋得很,但他们还是写出了报告①。1906 年 9 月,慈禧太后下了一道懿旨,允许立宪,预示着权力极为有限的国会正在谨慎地朝着它的目标迈进。

[二]

1906 年 6 月②,法国使馆新任秘书保罗·克劳代尔先生乘船前往日本东京,同行的还有高野博士。"高野"是一位 40 岁的广东人,姓孙名文,字逸仙,高野是他旅行时用的化名。其实,大多数人都只知道他叫孙逸仙,或是清朝政府所说的土匪孙汶。他在夏威夷受教育并皈依基督教,后在香港学医。1895 年领导了一次广东起义,但没有成功,从那以后,他一直是一位革命家。起义失败后,政府悬赏捉拿他,他被迫到欧洲游历,寻觅支持者、筹措资金和探求政治理论。他在游历中与中国的现实越离越远。莫理循对他含混的理念一直很轻视,认为在他的理念中,占主导地位的是糊涂的理想主义,根本不能产生预期效果。在东京,孙博士建立了一个新的革命组织"同盟会"。在船上,他和克劳代尔进行了一番开诚布公的长谈,后者把这次谈话的内容都告诉了莫理循:

> 孙文说他到过在巴黎的法国外交部(的确有这回事),受到

---

① 注:事实上,考察报告是梁启超和杨度代笔的。
② 注:时间不确,可能是 3 月。

爱德华·格雷爵士的接见(可能不是真的)。他策划了 1903 年 1月的起义,但失败了。他预计另一次起义不久就要爆发,现在去日本是为了筹款,目前已筹款近数百万。

其实,在这"数百万"款项中有一部分是一美元的债券,革命成功后可以按十元的面值赎回,因此当时卖得十分火爆。8 月,克劳代尔给莫理循看了一封孙文的长信。莫理循对这封信的评价是:"内容轻率,乌托邦式的幻想,充满排外情绪,尽是高调。"但革命运动仍在继续积聚力量,滚滚向前。

[三]

1906 年的最后一天,莫理循出现在一艘厘金(海关)船上,当时小船在靠近永州城的湘江上行驶。这是他的又一次定期远足,只不过这次水陆两路都走:从北京途经开封、汉口、长沙和桂林,最后到达河内。

在长沙,海关税务司长奥利佛·瑞迪("一个强壮的诺福克郡人",《中国的生活和娱乐》一书的作者)告诉他"在海关大院发生的一桩令人震惊的谋杀案,使他几天不能释怀,夜不能寐":

> 谋杀案是余某的妻子和母亲干的。余是海关道和长沙租界会审公廨的审判官,和一个漂亮的女仆有染,因此引起她们的嫉妒。可怜的少女被毒打致死。她被折磨了三个小时,哭天喊地,但没人出来干预——人人都自扫门前雪,不管他人瓦上霜。余某本人不在家。第二天早晨,尸体被草草掩埋,但走漏了风声。瑞迪要求调查,却遭到拒绝。当地的官员说少女死于霍乱。瑞迪不肯罢休,强烈要求调查,但再次受到搪塞。死了一个花几块钱买下的女仆不过小事一桩。

但是，固执的诺福克郡人勃然大怒，坚持要调查，地保只得非常勉强地派了两个男人开棺验尸。他们报告说那少女因吞食鸦片自杀而死。事情的结局就是如此。"这事在当时有什么可值得大惊小怪呢?"莫理循写到。"只不过杀了一个女仆罢了。在这个国家里，太监惨遭奴役和折磨，残忍和野蛮的罪行真是罄竹难书。但它对取消治外法权却是那么热衷……取消……这只能是梦想，在我们这一代实现不了……"

旅行中还有许多事使他感到震惊:"街上乞丐真令人讨厌。然而有一件事使我深感不安:一个男孩裸着身子在寒风中哆嗦，侧身躺在泥污的石板上，凄凄惨惨地哼着……"还有缠足的苦痛:"离开汉口后，我所看到的每一个女人或女童都缠着小脚。总督发布了劝导妇女不要缠足的布告，但是他的妻妾个个都缠着三寸金莲，真是可笑。"在桂林，弗兰克·柴尔德牧师("英国人，整洁，善言辞")告诉莫理循，广西有一种风俗，如果一个人因叛逆罪被处死，而且这个人很勇敢的话，人们就喝他的血，吃他的腿肚和心。在河内，人力车夫经常骚扰他，问他是否要去妓院。"当你说'不'时，他就问你是否要男妓，然后就会如数家珍一样告诉你男妓的种类，如有安南人、中国人……这真是座伤风败俗的城市。可以断定，这些伤风败俗的恶习都是法国人带来的，而非本地人固有的。"

莫理循从对中国人的幻想中醒悟过来。他在 1907 年 6 月写道:"中国由迄今为止最无知的人所领导。没有希望。没有一个人对外交事务有任何了解。"当鹿传霖①入值军机时，他写道:

①　鹿传霖(1836～1910):咸丰举人。1883 年后历任河南、陕西巡抚，四川总督，广东巡抚和江苏巡抚兼署两江总督。1900 年八国联军攻陷北京后，亲自护送慈禧太后逃往西安，授两江总督，升军机大臣。次年回京后兼督办政务大臣。1906 年新官制成，罢值军机，不久仍恢复。著作有《筹瞻疏稿》等。

他已年近八十,一个十足的糟老头。

他已老朽不堪,需要两个人扶着才能站起来,还要两个人扶着才能站稳。

太平天国起义期间(1851~1865),他变得又聋又哑,因此他对自己所不知道的问题干脆采取装聋作哑的态度。

[四]

莫理循骑着马和骡子向西安城进发时,考察了沿途各省人民的生活状况,获得许多第一手资料。遗憾的是,所见所闻都使他感到沮丧。西安是义和团起义后朝廷的驻跸之地,通往西安的道路是大清帝国的一条主要交通要道,沿途地区人口密集但非常贫困,凄凉的景象令他感到震惊:"给经过这里的旅行者留下的最坏印象就是中国的贫穷和衰落。虽然这一路上的所见所闻都是真实的现象,但是其他地方则未必都是如此。在中国很难一概而论。"

这些地区历经太平天国和捻军起义的战乱:"贫穷是一种普遍现象。过去富裕繁荣的地区现在是一片衰败惨景,建筑、庙宇、桥梁、浮屠和更楼全部失修……道路状况是全世界最糟的……女人裹小脚,男人中流行着可怕的疾病。没有任何慈善机构,儿童被卖为奴。"

在汉中,养女孩是为了卖钱,不过价格很便宜。有人告诉莫理循:"今天下午,钱庄的乔先生花了 24 两银子(3 英镑)买了一个年方 14 岁的天足女孩,打算养她几年,然后以 60 或 100 两银子的价格卖给他人为妾。"莫理循去过西安一个肮脏的客栈,顶棚用纸糊着,墙壁布满蛛网和小虫;泥泞的地面上,人们成年累月地在上面吐痰;畜栏里满是人粪、烂泥和畜粪,足有两英尺深;院内有一口井,井口比明沟排水道还低。肺痨病在中国"流行到令人可怕的地步",莫理循对此非常担忧。莫理循想:"这些人多么愚昧无知,在这样的客栈和这样的道路上,竟能忍受着痛苦,混混沌沌地生活着。可是他们竟要求有一部宪法,真是难以想象。"但乡村景色美不胜收。"一片片绿油油的麦地令你心旷神怡,这和英国一样"。当地主要土产红柿子,像彩饰一样从枝条上垂下,"用那富丽堂皇的颜色"装点着大地。

他读了一本《澳大利亚诗集》,"思乡的情怀油然而生"。

有一天,路透社的文纳① 问他:"您为什么不回到家乡澳大利亚? 您这岁数正是从政的最佳时期。"他的思乡之情又被勾起。这个建议使莫理循"迅即想起":"我常常想这件事。我想,对我来说,现在是认真考虑是否继续做眼前这项工作的时候了。但是,每当我和姬乐尔提起这回事时,他总是持反对意见。"

他不由地想起麦肯齐·金和奎恩。麦肯齐·金曾认为他有可能成为澳大利亚总理,奎恩也曾敦促他返回澳大利亚。他也曾做过当总理的"黄粱美梦"……

布朗里格夫人督促他,如果他希望从政就别耽搁。莫理循曾送给她宝贝女儿一条缎带做礼物,令她"深受感动"。布朗里格夫人曾写了一篇关于无畏级战舰"克林伍德号"下水的生动报道。阿斯奎斯夫人称那艘战舰是费希尔② 绞尽脑汁设计的产品,不过其效能却颇有争议。莫理循在日记中写道:

> ……战舰下水仪式非常壮观,即使是阿斯奎斯(继坎贝尔·巴内尔曼后为总理)和麦肯纳那样铁石心肠的人也会为之动容。阿斯奎斯显得非常激动。据说,他通常只有在一顿丰盛的晚餐之后才会显得激动……我们坦率地讨论了海军大臣麦肯纳的任命问题——他问了我无数的问题,这些问题说明他对海军事务一窍不通……阿斯奎斯夫人……穿着古怪。她穿了一件灰

① 文纳(1871~?):英国人。生于澳大利亚。参加过南非战争和第一次世界大战。嗣后来华任路透社驻北京记者,直到1928年。

② 费希尔(1841~1920):英国海军上将。1914年任海军部第一海务大臣。他反对丘吉尔领导海军部工作,于1915年辞职。

棕色紧身裙子,显然没穿衬裙,因此当一阵风吹过庆典的看台时,她的身体轮廓(一定程度上显得削瘦)尽显无遗。仪式开始时,她的帽子不停地扑打她的脸,结果她不得不向瓦尔道夫·阿斯特夫人借了一顶相称的帽子——麦肯纳夫人……看起来头发乱糟糟——脸披面纱——头插羽饰——面部表情活泼可爱,好像照顾幼儿的家庭女教师。

布朗里格夫人说,中国正在引进新政体,这可能是您放弃在那儿工作的好时机。如果您不愿意放弃在《泰晤士报》的工作,我认为您完全有权利要求提高工资——的确,您为《泰晤士报》工作了 12 年,应当毫不迟疑地提出您的要求——我想其他报社会给您更多的报酬。如果您能原谅我冒昧提出的意见——放弃现在的职位,在澳大利亚和英国发展您的政治生涯……您就不应当再耽搁——人啦,年过 40 后,每一年根儿就扎得更深些,每过一年都会使您更加难以自拔——有时会更痛苦。

莫理循向布朗里格夫人打听"敏捷号"兰姆顿将军的消息。她回答说:"流言已传回国内,说他在'敏捷号'上金屋藏娇——是一位外国女伯爵。一度传说他因违纪要被召回国。"

[五]

1907 年 9 月底,莫伯利·贝尔的一封信使莫理循"大吃一惊"。贝尔在信中推心置腹地问他是否愿意来伦敦就任《泰晤士报》国外新闻部主任,并暗示他,报社在六个月内将发生"翻天覆地的变化":

……没人知道我给您写信,今后也不会有人知道。接到此信后请您给我回电,文字随您。如果您发的字以 Y 字母打头,我就知道您表示"同意";如果以 N 字母打头,那就表示您"不同意"，如果以 D 字母开头，那就表示您还在犹豫不决……

莫理循没有使用贝尔富有创造力的密码。他花了两天一夜的时间考虑此事，最后决定去伦敦看个究竟。于是他给贝尔拍了电报，并于 10 月 3 日离开北京。20 天后，他途经莫斯科到达伦敦，在温莎旅馆订了房间（"182 号房，双人间，一天 5 先令，收拾房间 1 先令 6 便士"）。

贝尔试图说服莫理循留在伦敦。他说，这里急需"新人"。他讲了报业广场令人沮丧的状况：姬乐尔处于一种"过度激动和神经质"的状态，想要离开；他的助手戈登·布莱恩最近病倒了；另一个编辑麦克都戈尔因神经崩溃而退休；"可怜的白克尔"动了舌癌手术；阿莫利的耳疾变得越来越严重。这么一来，就没人可用了。贝尔认为，莫理循担任国外新闻部主任肯定会大获成功。如果他愿意，可以和姬乐尔交替着做。但莫理循没有被他说服。他和姬乐尔交谈，说自己的抱负是做英国驻北京公使，并"小心翼翼"地透露了贝尔信中的部分内容。姬乐尔说，这些消息他还是头一回听说，并表示自己无意退休，也不能退休。

《泰晤士报》在人员上的不良状况仍在继续。经济上也是每况愈下——目前 38 000 份的销售量比 30 年前少了 22 000 份。各种谣言满天飞，一种谣传说，《泰晤士报》将在一个月内关闭。莫理循想："事态会变得怎么样呢？《泰晤士报》的运转状况糟透了，令人感到绝望。"他从一位富于进取心的新英格兰人霍拉斯·艾夫里特·胡波那儿得到一些启示。胡波与合作伙伴威廉·蒙特哥莫利·杰克逊在 1898 年说服《泰晤士报》重印第九版《大不列颠百科全书》，以分期付款的方式直接卖给大众，这种出版方法在当时的英国还名不见经传。依照贝尔的说法，胡波先生和另一个新英格兰人杰克逊在过去的九年中每年赚 110 000 英镑。《泰晤士报》为《大不列颠百科全书》提供赞助，并为之打广告，每卖一套便从中得到 70 便士，已净得 108 000

英镑:

> 胡波对我说,除非实行改革,否则一年内阿瑟·沃尔特不得
> 不卖掉他在贝尔伍德别墅。他在做生意方面极其无能。管理人
> 员年薪才 1 000 英镑。他把报纸的出版和印刷完全分开。前者
> 一分钱没赚,后者却大把大把地赚钱。如果他不认为自己是个
> 傻瓜,胡波就叫他骗子……阿瑟这个人是没指望了,约翰则愚笨
> 得很……阿瑟拥有《泰晤士报》三分之一的股份和一半以上的印
> 刷股份,戈弗雷拥有四分之一印刷股份。

莫理循不明白《泰晤士报》为什么要参与卖书和印书的业务当
中。它经营着《泰晤士报》图书俱乐部,平均一天卖 1 400 本书,正在
筹划一本《泰晤士世界史》和新版《大不列颠百科全书》。有什么必要
做这些不务正业的事呢？贝尔解释道:

> 当代新闻业竞争非常激烈,单纯办报就难以生存。为了不
> 依赖广告客户,有必要从其他方面开辟财源。他给我举了许多
> 客户怎样才登广告的例子。报纸必须开辟一些和广告内容相应
> 的板块,这样客户才会愿意在上面打广告。比如,诺贝尔提出,
> 他愿意每年提供 2 000 英镑的广告费,条件是《泰晤士报》的一
> 些文章(如"电")在出版前由他过目。《真理报》攻击我们,因为
> 我们没在《真理报》上刊登《大不列颠百科全书》的广告,或者是
> 因为我们撤回了广告。所有的报纸中,新闻栏目都是用来辅助
> 广告栏目的。惟有《泰晤士报》刊登了批评铁路系统的来信。所
> 有报纸都将刊登批评邮政总局的文章,原因是它不打广告。这
> 是一种腐败、堕落并且使人蒙羞的状况。

莫理循见到了伦敦的大部分朋友。雷欧·麦克斯情绪低落并极

度绝望,觉得一切都完了,爱国精神已荡然无存。20 年来,他从未如此绝望。现在德国人正在怂恿美国对日作战,并使英日同盟破裂。(麦克斯是一个疯狂的排德主义者。英国历史学家弗尔德·斯特拉夫说:"英文报纸中两个大笔阀,麦克斯就是其中之一。他领导了反德的群众运动。"另一个是北岩。上流社会的人欣赏麦克斯的文章,而普通老百姓则爱读北岩的文章。)布朗恩将军说,还有一个人非常讨厌德国人。他就是威尔士王子,未来的乔治五世。布朗恩在海军的军事俱乐部喝了过多的红葡萄酒后,"讲起话来变得非常絮叨,观点都很愚蠢":

> 他常常饶有兴致地诉说凯利·肯尼对他讲的有关威尔士亲王的趣闻轶事,表示对"残忍的"德国人的憎恶! 他说他讨厌所有不贞的女人,甚至把乔治·凯珀尔夫人也包括进去。他恨不贞的女人和犹太人,决不让这些人踏进他的屋子……犹太人的许多荣誉都是用钱买的。她的丈夫年薪只有 800 英镑,而她竟然会拥有价值几千英镑的首饰! 这就是我们的现代社会。

"威尔士人"奎恩敦促莫理循回澳大利亚,他说那儿才是莫理循的希望所在。年初,阿尔佛雷德·迪金在伦敦参加帝国会议时,奎恩和他谈起这回事。莫理循写道:"听到这些我很高兴,因为这与我的观点相符。"几天后,他接到奎恩的信。奎恩在信中说:"我非常想和您谈谈您去澳大利亚的事。老兄,澳大利亚才是您真正大展鸿图的地方。它需要真正的男子汉和政治家。我知道,让您离开中国是个痛苦的选择,但澳大利亚有您更重要的事业……"

莫理循还有一些无法避免的社交活动。圣阿尔班公爵夫人邀请他吃饭,要把他引见给亨利·布莱克爵士:

> ……公爵夫人在餐桌上表现得非常没有风度,吃起饭来像

船上的水手长……亨利爵士对他退休后的待遇非常不满；怨气
冲天——担任公职 41 年，管理过大不列颠三分之一的殖民地，
现在退休了，连声"谢"字都没听到！其他人都做了智囊团成员
——他却什么也没得到！

莫理循建议姬乐尔设法使布莱克成为智囊团成员，并建议中国
驻英公使李经方阁下任命柏卓安① 为顾问。莫理循的老朋友柏卓
安在远东担任了许多外交职位，最近被任命为朝鲜海关总税务司。
两天后他及时收到任命书。莫理循对位于波特兰 49 号的中国使馆
印象不好："邋遢的老女仆，门前没有擦脚垫，肮脏的大屋子里家具破
旧不堪。这个傲慢的苏州人一星期也不刮一次脸；他的办公室里，肮
脏的汗巾搭在椅背上……"

他拜访了布朗里格夫人和珀西·斯科特夫人，并在日记中写道：
"后者痛恨和鄙视她的丈夫。前者仍含情脉脉，现在已至少怀孕 6 个
月，已能觉察到胎儿在腹内抽动。"（珀西·斯科特将军于 1911 年和他
的妻子离婚。）

中国协会会长盖德润邀请莫理循在协会发表演说。盖德润曾任
前《字林周报》主笔，1865～1878 年兼任《泰晤士报》驻华通讯员。莫
理循说他要看看是否有足够的勇气。盖德润回信说："我很理解你的
感受……英国人羞于在公众面前讲话，而美国人讲起话来却潇洒自
如。这种区别是心理学上的一个研究课题。"莫理循很快收到了邀请
函，这使他受宠若惊而且惊慌失措。他在日记中写道："我像个小女
孩一样紧张，一想到要站在大厅里有条不紊地讲话，心里就砰砰直
跳。"他殚精竭虑地准备他的演讲，把稿子给邓加特和柏卓安看，读给

---

① 柏卓安(1842～1926)：英国人。1864～1872 年任驻华使馆汉文副使，1871～1872 年
代理汉务参赞。1872 年辞职进中国海关，1877 年升为税务司。1893 年任朝鲜海关总税务
司。1906 年马格里死后继之为中国驻英使馆参赞。

赫顿夫人听，独自一人长途漫步，一边走一边默诵，在要举行晚宴、空空如也的大厅里试嗓子。他取得了巨大成功。"中国协会的年会由于他精彩的演说而生辉。他在演说中痛斥怀疑中国进步的论调"，《观察家报》说：

> 我们过于相信那些未经证实的有关暴行的报道，但是我们也过于容易忘却 1900 年北京被围期间许多有关被困者命运的骇人听闻的报道。在北京被围期间，他"有幸与俄国公使阁下一同在油锅中煎熬"。他不能严加指责英国人、澳大利亚人、加拿大人的一些过激行为，因为他们这么做，是出于对各自国家忠诚，是基于值得嘉许的爱国精神。同样，他也不能指责中国人都具有排外和反动精神。中国有许多方面需要批评，但值得赞扬的地方更多——民族意识的觉醒，西式教育的传播，改编军队的尝试和国内新闻界的成长，举国一致支持政府禁烟的努力。这一切都表现出中国人令人惊奇的坦率和勇气。莫理循博士在总结时坚决反对一些所谓政治上的明智之举：在中国的领土上保留英国和印度军队，使华北人民在精神上永远生活在痛苦之中，从而"使中国人永远记住七年前犯下的罪行"。我们应当承认，"中国人后来已做了诚挚的努力来赎罪"。美国从天津撤军的决定丝毫无损她的声望。中国可能发生一些零星的骚动，但现在没有什么能阻止人民的进步。

当莫理循说下面的话时，从爵士、外交部、殖民部的来宾席中传出阵阵笑声：

> 我们自称是上帝最优秀的选民，把干涉其他没有受到上帝眷顾的国家的内政当成自己的使命。自然而然，我们应当谴责在我们这儿不允许存在，但却在中国发生的一切事情。例如，买

官卖官在中国仍然普遍存在,这当然应受到那些感到莫名其妙的外国资本家的责难。可是,这些资本家若在我们自己的国家当了官,却被认为极大地增加了世袭官僚制度的尊贵和声望。

莫理循在宴会后发表的演讲对中国充满了信心,但是他在日记中所表示的观点却并非如此。至少有两个莫理循的朋友对他的演讲持批评态度。盖德润说:"我恐怕不能苟同您的乐观看法。"禧在明爵士写到:"您的演说……深深吸引了我。但今晚我弟弟熙礼尔的 封来信,把您用雄辩的口才所构筑的美景扯得粉碎。"其他人则充满了赞扬之声。萨道义爵士写到:"您说了许多我自己想说的话,但由您说出来更精彩。"汇丰银行董事长阿迪斯爵士说:"您的演讲是对民众的贡献……我确信,其中的信念和学识……将产生巨大影响。"奎恩形容演说"令人敬佩,有胆量"。莫理循返回北京后,人们告诉他,他的演说在北京引起轰动,有助于恢复英国人在中国人中的威望。英国租借地威海卫大臣骆任廷爵士写到:"我……敬佩您的勇气。您大胆地说出举办宴会的主人所不爱听的话,您明知自己的讲话不会受到在远东的白人的欢迎,但您还是毫无顾忌地说了出来……您的撤军建议是个很大胆的设想,我对此很感兴趣。"

莫理循到达伦敦的第二天,乘坐一辆"自动计费的出租车"去书商所在地马格斯,在大炙肉馆吃完饭后,("3 英镑 6 先令 6 便士,像青年海陆军馆子做得一样好"),去帕尔特尼街 31 号(位于贝斯渥特)看托妮。他在日记中写道:"像是野娟的住所,但孩子们在楼上……也许还过着正经的生活。"但托妮不在那儿,邻居已有一个月没看见她了。11 月 21 日,也就是莫理循离开伦敦的前三天,旅馆的女仆提醒莫理循注意贴在镜子上的电报。"这是托妮的电报。我一看就乐得快晕了过去。电报内容是:您愿意来看我吗? 什么时候? 托妮,贝斯渥特,西莫兰街 24 号。我复函说,明天 3 点在马布尔阿克地铁站和她幽会。"

第二天的日记杂乱而费解,莫理循对托妮精心编织的谎言如何反应,日记并未表现出来:

> 托妮·罗丝——1874 年 3 月 27 日出生。丈夫是维多利亚女王街 126 号理发店的经理,31 岁,德国人,新教徒。万达是她的侄女。
>
> 我送给她的所有的东西,除了红珊瑚项链可能是假的,没当掉,其余都进了当铺。
>
> 约在 1905 年 9 月 23 日结婚。
>
> 与她的第一任丈夫离婚。她的孩子在 7 个月大时死了。
>
> 她还有一套我从邓内加尔的泰莫奈给她买的衣服。

第二天,莫理循在牛津广场的阿潘卓茨又幽会了托妮("托妮……来了,晚了一个半小时。事实上,当时我正想是否应当离去。")翌日,莫理循在伦敦的最后一天,他们又在皇后路见面了。他们先是在弗拉斯卡提餐馆吃了中饭,然后"像以前一样"乘地铁前往皇后路。他们在骑士桥对面一家"非常糟糕的意大利茶室"喝茶,然后找一家餐馆吃了晚餐。柏卓安和莱昂内尔·詹姆斯到火车站为莫理循送行。显然,托妮已回到理发店。

[六]

莫理循在 1908 年 1 月 8 日写道:"今天最令人吃惊的事是路透社的电报,说《泰晤士报》已成为一个有限公司,阿瑟·沃尔特是董事长,亚瑟·皮尔逊是总经理。"第二天,从巴黎来了一封电报:"北京莫理循,应当重组,包括人事变动,请记住,北岩,里兹,巴黎。"一场变更的飓风在莫理循离开后六个星期内刮遍报业广场。1907 年 12 月的一天夜里,北岩去伯克利广场听帕德列夫斯基的钢琴演奏。当一位客人随便提到亚瑟·皮尔逊那行将崩溃的《正报》要与经营不善的《泰晤士报》合并时,他对钢琴家变得兴趣全无。北岩很快了解到皮尔逊和阿瑟·沃尔特一直在讨论两家境况不佳的报社的合并问题,但没有结果。为了造成恐慌和混乱,皮尔逊在当时他拥有的《观察家报》上发了短评,暗示《泰晤士报》已经卖给了他。1月5日消息出现在报刊上。莫伯利·贝尔对《泰晤士报》同皮尔逊之间的讨论一无所知,直到第二天接到沃尔特的一封电报才知道有这么一回事。沃尔特要求贝尔把有关合并的消息刊登在《泰晤士报》上。

《泰晤士报》的职员和沃尔特的合作伙伴甚感迷惑,他们还不知道协议的内容。莫伯利·贝尔伤心地给沃尔特写信:"我一直忠心耿耿地为您工作,一直把您当作我的朋友。可是,您的所作所为表示您并不信任我。我深感受到伤害,请原谅我这么说。"贝尔和白克尔都公开指责皮尔逊的计划在财政上有问题。沃尔特在他们和股东们的压力下寻找另一个计划时,北岩向贝尔建议,如果贝尔肯帮忙,他将买下《泰晤士报》的控股权。贝尔在仲裁委员会提出一项计划,将《泰晤士报》改组为有限责任公司,阿瑟·沃尔特为董事长,贝尔做总经理,白克尔、姬乐尔和莫尼彭尼为总编。在这过程中,北岩一直在幕后操纵。3月16日,贝尔向仲裁委员会提交320张英格兰银行的钞票,每张是1 000英镑,北岩就这么控制了《泰晤士报》。不出几个星期,他的幕后角色就被W.H.斯泰德泄漏了,但是很显然莫理循对此一无所知。直到11月初,濮兰德告诉他,《印度泰晤士报》前主编洛瓦特·福雷泽已加盟《泰晤士报》,北岩是报社业主,报社前景"真的很好",他才对《泰晤士报》的变动有所了解。

姬乐尔后来告诉莫理循,他是怎样帮助《泰晤士报》摆脱皮尔逊的控制。莫理循在日记中写道:"在《泰晤士报》处于生死关头之际,他去见兰斯当勋爵。勋爵在床上接见他,并说:'我在伊顿时和沃尔特一起呆过。他那时是傻冒一个。我经常那么说他。如果这么说有好处,我还会那样说他。'他派人去请沃尔特,果然影响了他。"

计划中的皮尔逊－沃尔特公司的一位董事是查尔斯·田纳特爵士，持有《泰晤士报》1/213 的股份。姬乐尔会晤田纳特时，田纳特说这计划的一个好处是使他们能摆脱莫伯利·贝尔。在他眼里，贝尔是个"假公济私、毁了报社的家伙"：

> 姬乐尔用确凿的证据，改变了田纳特对莫伯利的偏见。书面证据显示：莫伯利于 1890 年进入报社，当时报社连债务都无法偿清，透支 48 000 英镑；16 年后，他为报社挣了 480 000 英镑，可是到头来，他个人却比刚开始时还要穷；田纳特因自己被人误导而感到震惊……于是就改变了主意，后来给白克尔他们以极大帮助。

[七]

9 月，达赖喇嘛①在 300 个小喇嘛和其他西藏随从以及一小队士兵的陪伴下，带着 800 匹骆驼、500 头骡马，来到中央政府向慈禧太后表示敬意。当时太后正在准备庆祝她的 73 岁生日。这是自 1652 年以来西藏统治者第一次访问北京。

莫理循在招待客人时接到外交部的一封短笺。外交部通知他，达赖喇嘛要在中午接见他。莫理循与达赖喇嘛会晤后感到很沮丧。他在日记中写道：

---

① 达赖(1876~1933)：即达赖十三世。1895 年正式亲政，成为西藏地方政教领袖。1904 年侵藏英军占领拉萨后，逃往外蒙古。1906 年返藏。1907 年应清廷邀请赴五台山朝佛并入京觐见。1909 年返藏。次年清廷派川军入藏，复出走印度。辛亥革命后回藏，驱逐川军，暂时中断与中央政权的联系。袁世凯政府采取羁縻政策，任命新的驻藏办事长官，明令恢复其名号。1912 年派代表参加西姆拉会议，受英唆使提出西藏独立要求。国民党统治时期，派代表在南京设立西藏驻京办事处。1931 年下令整顿黄教。1933 年圆寂。

　　我急匆匆到禧在明爵士那儿,请他照顾我的客人,然后乘车到濮兰德那儿,又从他那儿到柔克义家借哈达。然后飞速乘车而去……没等多长时间达赖喇嘛就进来了,外面挤满了跪拜的蒙古人。一幅奇妙的景象。我看见达赖喇嘛在饰以银线、撑着蓬盖的黄色高座上打坐。他长了一脸大麻子——前额微塌——头发剃得精光;牙齿微突,但看起来还整整齐齐;下巴尖尖;身上穿着暗紫色袍子;谈话枯燥无味。我向他献了哈达后坐了下来,他把哈达回赠给我。当茶点用的苹果和坚果质量很差。

　　几天后,蒙古王子(中文称王爷)罕塔经过事先预约拜会了莫理循。莫理循给他看自己的枪支和书籍,王子说:"达赖喇嘛非常想知道英国人对西藏和他本人的态度。"莫理循向王子保证没有什么可值得担心。达赖喇嘛乘专列离开北京时,带走所有能买到的热水瓶。

　　11 月 9 日,莫理循给濮兰德写信说"皇帝便秘,慈禧腹泻,两人都病得不轻,所以帝国的稳定受到威胁。"第二天,他离开北京去桓台打猎。11 月 15 日回来时得知皇帝和皇太后都死了。他觉得自己真"倒霉",竟然错过报道这重要消息的机会。懊恼之中,他整天工作"以补偿过错"。

　　皇帝已经昏迷了几天,有人说是被袁世凯毒死的。但是一位在西方受过训练的广东医生认为,他死于纵欲过度。皇太后的病比较好诊断。皇太后本来整个夏天一直肠胃不适,可是在一次招待达赖喇嘛的化装宴会上,她吃了大量乳酪和沙果,结果病情更趋严重了。

　　正式宣布了国丧期——皇帝 100 天,皇太后 27 个月。北京的记者们关切地讨论皇位的继承问题和帝国重要的支持者袁世凯的前途。袁世凯死对头光绪皇帝恰好先皇太后而逝,如果她先死,皇帝重掌大权,肯定不会放过袁世凯在 1898 年致命的背叛行为。袁世凯与慈禧太后的关系一直很好。就在慈禧死之前,他还为她的生日献上了两件狐皮长袍,一大块镶着宝石的沉香、一对金银丝与珍珠做成的凤钗和一枝齐人高的珊瑚。他为了自己的目的而做的昂贵投资现在不幸都打了水漂。慈禧临终时在病榻上立醇亲王三岁的儿子溥仪为帝,并指定其父为摄政王。摄政王是死去的傀儡皇帝的弟弟,和光绪皇帝一样,对袁世凯没有好感,现在掌权的其他满洲王爷也如此。光绪的遗孀隆裕现在成为皇太后。

1909年1月4日,莫理循正准备去西山他的别墅时,美国法学博士丁家立① 紧张地走进来,带来一份皇帝圣旨的副本,宣布免除袁世凯所有职务。圣旨的文字带有侮辱性:

> 不意袁世凯现患足疾,步履维艰,难胜职任。袁世凯着即开缺回籍养疴,以示体恤之意。

这是首次暗示袁世凯有足疾,但他不会忘记这次虚构的疾病。

袁世凯害怕他可能会遭暗算。在宣读圣旨的那天上午,丁家立接到袁世凯的儿子"小袁"书写潦草的便条,问是否可以随时到公使馆避难。袁世凯本人则逃往天津利顺德饭店,但被说服晚上就返回北京,原因是信使带来的信件告诉他,如果他继续留在天津将会失去面子,但如果回到北京将得到保护。朱尔典爵士认为袁世凯可以用暴力手段来解决问题。他问莫理循:"袁世凯为什么不带上一万人马把对手全部消灭?"但袁世凯不失尊严地在彰德附近隐居,为自己的居所起了一个合适的名字,叫养寿园。他告诉追随者蔡廷干,莫理循拍发的表示同情的电报令他"大为感动"。蔡廷干给了小袁一本《马卡斯·奥里欧斯沉思录》,希望他能像其父一样平静地面对逆境。

尽管鼻子大出血,5月2日早上,莫理循仍然早早地起了床。他

---

① 丁家立(1857~1930):美国公理会教士、外交官。1882年来华,在山西传教,1886年赴天津任李鸿章的家庭英文教师,后担任中西书院院长、天津大学第一任总教习等职。1908年任美国驻华公使馆汉务参赞,1913年回国,后曾来华续职和游历。

穿戴着"设计成丧服"的最好的衣服和帽子,走到哈德门外交人员的位置,目睹已故皇帝的送葬队伍。皇帝的葬礼没有给莫理循留下什么印象。那些"可怜的满洲武士"携弓带箭,衣衫不整,骑在半饥半饱的马上;扈棺者衣衫蓝缕,仪仗破破烂烂。他草拟了一封电报,但未发送。然而,11月举行慈禧太后葬礼时(大约死后一年),他向《泰晤士报》发去一篇关于葬礼的"精心"之作:

> 11月9日凌晨5时是钦天监选择的将已故皇太后的遗体从紫禁城暂厝地移送东陵的黄道吉日。但是,为满足外交使节的要求,时间最后改为早晨7时。

> 笨重的金棺由84名杠夫抬着才能通过城门,但在城外,换了一个更大的、由120人抬着的棺材。前面走着摄政王、王公贝勒和军机大臣。后面是一队彪悍的骑兵,再往后是蒙古人赶着的一大群骆驼,上面载着帐篷及行宫用具。前往东陵需四天行程,因此需要在晚间搭起帐篷,以便暂时安放金棺。蒙古人后面跟着一长溜万民伞队,那是老佛爷1901年西幸西安回銮时百姓恭送的俗丽、表示敬意标志。所有这些东西在16日遗体最终放入陵墓时都要被烧掉。紧跟在飘动的万民伞队后是一队显贵的喇嘛,他们后面是銮仪卫,拿着满族祭器、佛教法器和锦旗。仪仗队中引人注目的是三乘华丽的彩舆,饰以龙凤图案和皇家专用的明黄色,其中两乘和慈禧太后生前在国内巡游时所乘的相同。这些都要在陵寝前烧掉。队列中的显要人物有六个大太监,包括众人皆知的李莲英和一个矮小英俊、经常陪伴在皇太后轿旁的侍从。整体上看,这一景观最为壮观。中国人说,自从武则天的葬礼(约公元700年)以来,中国皇后(女皇)的葬礼还没有这样铺张过。据史书记载,武则天在她的陵墓中活埋了数百名宫女。寂静的东陵离京90英里,四面松柏环绕,后以山为屏障,巨大的灵枢车在铺洒着黄沙的路上走了四天。那儿矗立着

的陵墓原是忠心耿耿的荣禄负责为慈禧太后修建的,据政府记录,花费了 800 万两银子……叶赫那拉氏终其一生,特别是在最后几年,对她的陵墓表现出极大的兴趣和自豪,不时前往视察,对陵墓建筑和装饰物都要求精益求精。1897 年,有一次,陵墓已经全部完工,因为柚木柱子不够粗大,她下令重修。荣禄死后,庆亲王负责保护陵墓以及墓中的陪葬品——装饰停棺室的石五供、巨大的花瓶和金银香炉;放满宝石的棺床,永远站在那里的宫女和太监的雕像……

据官方记载,皇帝的丧葬费为 459 940 两 2 钱 3 分 6 厘银子(约 57 000 英镑)。根据中国的风俗习惯,丧葬费直接反映死者的尊严和他或她亲属的"面子",因此如果把这一数字与慈禧太后的丧葬费(125 万到 150 万两银子)比较一下,一定会令人很感兴趣。谣传摄政王曾试图削减慈禧太后的巨额丧葬开支,但由于有权势的叶赫那拉家族对此举深感不满,他在最后一刻放弃了。

[八]

1908 年 12 月,朱尔典爵士从"办理公使"被正式提为"公使",不过令他感到"极为沮丧"的是,薪水反而从 5 000 英镑降为 4 500 英镑。他邀请莫理循与他共享圣诞节火鸡和葡萄干布丁,以感谢莫理循在这项任命中所起的作用。几个月后,90 年代末在英国驻北京公使馆供职的 P.A. 常斯给莫理循写了一封信:"朱尔典能到北京供职,我很高兴。外交部这回选对了人。如果他也没能完成好使命,您完全可以这么认为,那是因为英国当局根本不想听到任何与远东有关的事……"常斯认为生活"是一件令人厌烦的事,充满了挫折和理想的破灭"。他还对英国政坛和社会状况作了一番简短的评述:克劳默正在癌症的魔爪中苦苦挣扎(直到 1917 年才死去),约瑟夫·张伯伦因瘫痪而变得毫无用处(他死于1914年),罗兹伯里"因言语不当,毁了自己的政治前程"。社会状况不佳……工人阶级尚好,但中下层人士、批发商和小商人,被与美国托拉斯一样的大公司压得粉碎。新闻界同样有烦心事,都是哈姆斯沃斯、皮尔逊和他们"微不足道的报纸"惹出来的。日本人变得越来越不讨人喜欢。常斯不明白为什么《泰晤士报》支持日本人,也不知道日本人该如何偿还借款。

莫理循也对英国失去了信心,而以前他是那么狂热地支持大英帝国的事业。从朝鲜传来的消息十分令人不安,日本在朝鲜的宗主地位必然导致日本对朝鲜的完全统治;来自满洲的消息也非常糟糕,虽然日俄两国已公开表示尊重满洲的独立,但通过密约,两国却在瓜分满洲。伦敦《每日邮报》记者麦肯齐(《朝鲜悲剧》的作者)的报道,以"无可辩驳"的事实,揭露了日本人在朝鲜犯下的残忍、不义的罪行。在满洲,日本人的暴行甚至使满洲人惋惜地回忆起俄国人占领期那"逝去的美好时光"。莫理循在日记中写道:"以前我们谴责俄国人在满洲犯下种种罪行,但现在所有这些罪行却在我们的默许下为日本人所重演。这是一个奇怪的世界。"但是日本人用以征服满洲的武器库中增加了一件新式武器:妓女。在满洲有8 000名日本官娼。有人告诉莫理循:"她们挣的钱比南满铁路还要多,一个月45万美元。"柔克义说:"这比非洲的奴隶贸易还要令人作呕。这是我所听到的最不道德的贸易。"一个直言不讳的日本人解释说,日本娼妓和英国传教士同出一辙,都是商业渗透的先锋:外交干预所引起的争端就和妓院中因争风吃醋引起的争吵一样,都是为了各自的利益。许多中国高级官员(包括袁世凯和军队的铁腕人物铁良)的妻妾中都有日本女人①。

莫理循在他的电报中反映出他对日本态度的改变。美联社伦敦分社社长郭林斯在1907年7月给莫理循的一封信中写道:"我在您

---

① 注:袁世凯的妻妾中没有日本人。

最近的电报中注意到一种倾向。您在刺激我们的好朋友、你们的盟国日本。我想您这么做一定会激怒他们。"日本人盛怒之下竟两次赤裸裸地行事，试图挽回莫理循对他们原有的忠诚。林董伯爵授予他三级旭日勋章，但是他当场就拒绝了（"正像我会拒绝金桃花大绶带一样"），日本交通大臣后藤伯爵差人送给他"一件最精美的艺术品"，他退了回去，并娓娓动听地加以解释：

> 如果我有条件送给阁下一件价值与您送给我的画相称的礼物，我会毫不迟疑地把这幅画挂在我的墙上，但获得一件同等价值的艺术品……实在是超出我的财力之外。因此我别无选择，只得奉还您的礼物。尽管如此，我还是非常感谢您的周全考虑和好意。
>
> 阁下您一定明白，作为一名报社记者，拒收礼物是我的职责。我决不希望任何人存在这么一种想法，认为我会因接受一些人的礼物而改变对其政策的批评或评论……自从我来到中国，我就拒绝接受任何礼物和免费的火车票或船票……

1906 年 12 月，爱德华·格雷爵士给罗斯福总统写了一封信，表达了当时英国对日本的看法：

> 我无法告诉您日本将采取什么政策。他们一直是相当令人满意的同盟者，谨慎但不苛求。但他们很善于隐藏自己的意图，除了英日联盟之外，我实在不知道他们究竟有什么计划。至于我们自己……我们应当谴责任何地方的战争。这不是因为我们变弱或怯懦了，而是因为 30 年来我们所经历的战争已经太多了。布尔战争前，我们热切希望一战。我们准备为暹罗与法国一战，打算因克留格尔电报与德国一战，并且愿意为任何事与俄国一战。这个世纪的最后十年里，任何政府都过于轻启战端，人

民则为之喝彩。他们渴望刺激,热血沸腾。现在这一代人已兴奋到头,开始冷静下来,变得更有理智,更加正常……

莫理循因为满洲铁路的争论对日本人更疏远了。日本在那里绝不允许中国扩展她自己的铁路系统(根据朴茨茅斯条约,日本已获得从长春至旅顺的南满铁路及铁路沿线的控制权)。他继续揭露日本人在满洲的所作所为。当他的电报被封杀或被删改时,他勃然大怒地在日记中写道:"今天我的电报是否能见报,取决于前几天姬乐尔是否在日本大使馆受到款待。"1909 年 4 月,日本驻伦敦大使加藤告诉姬乐尔,莫理循对日本的态度已变得"非常令人遗憾"。姬乐尔回答说,他"很关心"此事。

日本人邀请姬乐尔访问日本,讨论他们的问题,特别是铁路问题和莫理循令人窘迫的敌意。姬乐尔建议日方也必须邀请莫理循,因为这么一来,他"以后就不会对我作出的决定提反对意见了"。

[九]

莫理循在到达东京时写道:"明天将开始巡回访问等一系列活动,乏味得很,谎话连篇。"他们一天到晚忙着参加官方的午宴和晚宴,参加会见和演讲,和日方人士拍肩以示友好,鞠躬以示尊敬。日本人对姬乐尔和莫理循来访的接待规格,就像对来访的政治家一样隆重。他们受到首相桂太郎子爵、外务次官石井(外相小村寿太郎病了)和主要外交人员、银行家、实业家以及总编的殷切款待,甚至还觐见了天皇。这对记者来说可是前所未有的荣耀,不过莫理循对此次觐见的评论却缺乏应有的谦逊。

他穿戴着借来的华丽礼服、帽子和手套,和姬乐尔乘着由外交部派出的马车驶向皇宫:

我们被引进一间华丽的接待室,里面陈列着两幅用花纹丝绒做衬底的富士山巨画。一个身着制服、头戴三角帽的内侍走了进来,对我们说,根据我们的要求,觐见的礼仪将和英国宫廷一样。我从未进过英国皇宫,因此感到特别新鲜。等了15分钟后,我们沿着一条长走廊被引到一个大厅,但须在门外恭候传唤。我们能听见里面低声说话的声音。一切都显得那么阴森可怖。姬乐尔先进去,里面传出庄严的低语声。姬乐尔退出来后,我才能进去。在门口我得先鞠个躬,然后趋步走到天皇面前。他由两位身着制服的内侍扶着站在那里。另一个角落站着两个人,一语不发。这真是阴森,像坟墓,我觉得好像被引领到神的面前。但是我面前的人绝不像神,一副常人的身材,穿着我所见过的最不合身的服装,带着小山羊皮手套。面部抽搐,长满丘疹,睡眼惺忪,我觉得他似乎被酒精折磨得神情呆板。他神情紧张地向前迈了一步,握住我裸露的右手(我的左手戴着手套,右手的手套拿在左手里)。然后他向翻译咕哝了几句。翻译说:"陛下希望我向您转达和姬乐尔先生一样的问候。"这使我丈二和尚摸不着头脑。他对姬乐尔说些什么我一无所知。天皇看起来显得既紧张又窘迫。我抽回了手,想让他放松一点,但是他又把我的手紧紧抓在他无力的手中。我再次鞠躬后退着走出了房间,觉得向这么一个喝得醉醺醺的天皇表示敬意简直是一种耻辱。在整个觐见过程中,我一声不吭。这么一来,记者要撰写这样的访问记实在太困难了。退回到挂着图画的大厅时,内侍说:"觐见一切顺利。"

神户出版的一张英文报纸《日本新闻》尖锐地批评政府通过讨好和盛情款待访日记者,来影响他们的做法。《日本新闻》评论说:"姬乐尔先生和莫理循博士……如果能不为他们在日本受到的殷勤招待所动,将是非常高尚的。如果姬乐尔先生进一步坚定他对日本的善意,或者莫理循博士将来对日本在满洲的政策持赞同观点,那将非常令人吃惊!"当然,姬乐尔不需要说服。在与日本政治家会晤几次后,他向《泰晤士报》发了一条电讯(莫理循对此电文的内容"极不赞同"),为日本的铁路政策辩护。但莫理循拒绝了精致的勋章和名画,根本不为日本人的过度殷勤和握手所动。正像英国驻东京临时代办贺拉斯·拉姆伯报告的那样:

> 日本人非常重视姬乐尔和莫理循的来访,急于解释日中两国间的种种难题。日本人不再保持沉默。他们知道姬乐尔是他们的朋友,希望能把莫理循争取过来,但莫理循是一颗难以开裂的坚果,不是那么容易争取的。

J.H.尼时博士在研究莫理循与日本的关系时说道:"日本档案馆中的许多资料显示,日本人很担心莫理循在 1909 年所能造成的影响,并对此深感疑惧。"

莫理循和姬乐尔一同经日本、朝鲜和满洲到达北京。在横滨外国贸易董事会的年宴上,莫理循阐述了他的新闻工作者的信条:

> 12 年前我被派往北京。当时我还没有任何新闻工作的经验。我得到的指示很简单,就是要讲实话,要无所畏惧,决不趋炎附势。我认为,我在远东工作期间已执行了这些指示,我努力做到不使个人的偏见或爱好影响我的工作,也决没在发给我为之服务的伟大报纸的任何一条电文中,搀杂上任何个人的偏见或爱好。当我看到报纸上说我亲此国、排彼国时,我感到愤慨。我是一个英国人,我所考虑的和我所希望要做的都是为了我自己国家的利益。

他在日记中还写了一条颇具启迪意义的脚注:

我因出了些差错闹了些笑话。我在原稿的末尾曾写道:"我还会想到更多傻话。"但把原稿给一个日本人时,我根本忘了这句话。很幸运,我及时告诉他们删去了。

莫理循对姬乐尔的不满在他们旅行期间变为强烈的憎恨。他对这个上司所做的一个比较温和的评价是:"那个可恶、居心叵测、讨厌、粗鲁的人。"另一句评语是:"姬乐尔在东京行事像一只卑怯的杂种狗。"但是他的憎恨有时因对姬乐尔脆弱身体的同情而有所缓和("他受到沉重打击,要自杀……他整个人正在崩溃,行将就木……真可怜,没几年好日子可过了")。尽管莫理循发现姬乐尔"是一个意气不相投的同伴",并"对他极不喜欢",他还是承认他的"卓越才能"和"非凡经历"。他在日记中写道:"我相信他比世界上任何一个人都更了解世界,但他不了解中国。"姬乐尔对世界的了解使莫理循的日记增添了许多辛辣的味道:

奥斯汀·亨利·莱亚德(当时是英国驻康斯坦丁堡大使)接受了苏丹昂贵的礼物,包括一幅价值连城的贝利尼作品……我们在土耳其长期不受重视,都是他的不义和贪婪所造成的。

柏林是领导欧洲的都市,同时也是鸡奸者的故乡。桑德斯将把几个女儿送到学校,根本不担心她们会被骚扰——而男孩的命运则不一样了。

埃德加·文森特爵士(后来的德阿伯农伯爵)在担任奥斯曼帝国银行行长时,通过用银行资金进行投机买卖,积聚了大约200万英镑。如果投机买卖发了大财,他就把利润据为己有,如果生意失败,他就把这笔账都算到银行的头上。他实际赚了

300 万英镑,后不得不退出 100 万。若不是因为这回事,他可能还会担任英国财政大臣。

这年下半年,莫理循对姬乐尔的反感变得更加强烈:

> 我给姬乐尔这个讨厌鬼写信。他成了我成功道路上的障碍,原因是我能发送世界上质量最好的电讯报道——这是普特南·威尔说的……正是由于这些报道,我才能名扬四海。我不喜欢写信,也写不出好信,而他却故意禁止我发电讯稿,坚持要我写信。我恨此人,但我却不得不假意喜欢他,还得对他溜须拍马,因为那样做对我有利。

莫理循引用普特南·威尔的话是很奇怪的,因为他极不喜欢威尔,就像他不喜欢姬乐尔一样。在这天的日记上,他提到威尔是"讨厌的、肥胖的犹太人,他的情妇布莱登人尽可夫"。在莫理循和姬乐尔还彼此信任的时候,姬乐尔曾神秘地对莫理循说,自己"栽过大筋斗,所以才从外交部辞职"。

[十]

莫理循除了做《泰晤士报》要求的工作,还有各式各样自己的活动。他劝说中国人取消 1899 年那"令人非常不愉快的"法令。根据该法令,天主教不同等级的教士都享有相应的官阶。外务部会办大臣梁敦彦认为莫理循帮了中国一个大忙,对他深表谢意。莫理循感到非常满意。他不断"在外交事务方面"向梁敦彦"提供好建议"。他经常抱怨自己整天"为他人做嫁衣裳"。他的家简直成了中转旅店、情报局和图书馆的结合体。有时竟然会有四个不邀自来的客人和他住在一起,而且几乎每天都有不同国籍的外交人员向他讨教。当中国政府的外国顾问禧在明爵士向他请教对日事务的意见时,他在日记中发牢骚:"禧在明爵士……无知之极……年薪5 000英镑,却一事无成。"不过他还是敦促军机大臣那桐① ("胖得连下巴都看不见")派遣禧在明为专使,到东京去体面地解决中日争端,并建议他把中国海关税务司贺璧理② 调到中国财政部门任职。他指出,贺璧理是美国国务卿海约翰在1899年提出的著名的"门户开放"政策的创始人。莫理循花时间上中文课,时时刻刻与枪形影不离,有时步行两个小时去西山别墅,并花了大量时间和金钱来迅速扩大他的图书馆。他对天主教很感兴趣。他发现"斯科特-哈登上尉"和阿尔佛雷德·泰勒实际上就是同一个人。泰勒开了一家由奥斯卡·王尔德资助的男妓馆,当时这个所谓的斯科特-哈登上尉正带领一批来自波士顿的游客到中国参观游览。他非常耐心地研究平则门外大教堂的碑文。1630年,德国传教士邓玉函(曾帮助修正中国历法)就死在这座教堂里。1638年,意大利传教士利玛窦(北京天文台创始人)也在这座教堂去世。③

他常常请客吃饭,也常常成为别人的座上宾。他有过许多令人不愉快的饮食经历。例如,前总督端方在一间冰冷的房间里请的一顿饭就"令人十分倒胃口":

> 坐在我身边的那个人吃起饭来像头猪,仆人们大声咳嗽并

---

① 那桐(1856~1925):满洲镶黄旗人。叶赫那拉氏,字琴轩。光绪举人。1900年任总理各国事务衙门大臣,晋礼藩院左侍郎。八国联军攻陷北京、慈禧太后西逃时,奉命充留京办事大臣,随奕劻、李鸿章与联军议和。1903年为外务部会办大臣。1909年为军机大臣。1911年清廷成立皇族内阁,任奕劻为内阁协理大臣。同年袁世凯内阁成立时,为弼德院顾问大臣。清王朝被推翻后,居天津。后病死。

② 贺璧理(1848~1939):英国人。1867年进中国海关,美国国务卿海约翰关于中国"门户开放,领土完整"的宣言,据载即是因他建议而发出的。1902年,中国政府派他协助盛宣怀、吕海寰与英国代表马凯爵士修改中英商约。1908年退休回英。写有关于中国社会的文章。

③ 注:此处有误,利玛窦去世时间应为1610年。

吐痰，总督也如此。搞得我毫无胃口，感到非常恶心。饭后我们坐在沙发上的时候，我看见仆人们根据颜色把酒聚拢到一块，把酒杯中剩了一半的酒倒进平底大玻璃杯。因此，他们把红葡萄酒和紫色浓甜的葡萄酒视同一样，把白葡萄酒和酒精成分不多的雪利酒一样看待。毫无疑问，这样的混合液体又会在另一次宴会中出现……我回到家感到有些不舒服……整个晚上痛苦不堪。

给莫理循画过肖像的禧在明夫人也是个烹调手艺平平的女主人。她请的一顿午餐只能算是"一顿粗茶淡饭，便宜得很：一小块松鸡、一小片面包布丁和一条芹菜杆"。

[十一]

1909 年 1 月，莫理循离开北京到上海采访万国禁烟会。他辛勤工作了一整天，又一次抢在外交部和所有其他报社之前写出了 519 字"极其重要"的独家新闻。他与其中的两名代表进行了长谈，他们是布朗里格夫人的父亲塞西尔·克莱门蒂·史密斯和加拿大政治家、社会学家威廉·麦肯齐·金。塞西尔爵士谴责杰基·费希尔解除了查尔斯·贝思福勋爵的职务，原因是查尔斯勋爵强烈反对他的海军政策。克莱门蒂·史密斯说，费希尔"蛊惑国王……解雇了查尔斯·贝思福，一位伟大的海军将军。"爱德华·格雷爵士工作非常出色，但不愿学习法文，也不喜欢出国访问。国王不喜欢他，因为他任何事都对国王守口如瓶。麦肯齐·金说罗斯福允许派出美国大西洋舰队做环球巡航，"以挫日本之锐气"。

［十二］

　　7月，上海公共租界工部局警务、陆军少将卜禄士写信告诉莫理循，基青纳① 勋爵在他本人"毕恭毕敬的陪同下"，将于10月14日到达北京。基青纳已将波那指挥权交与欧莫尔·柯里爵士，正在去往日本途中，代表大不列颠观看日本一年一度的演习，并对澳大利亚和新西兰的防御工作提供咨询。卜禄士写道："他是一个难以安静下来的旅行者，通常在一个地方呆上一两天就心满意足。但我想北京的名胜古迹和文化瑰宝将使他逗留一星期。"莫理循回信说："我希望中国人会以适当的礼仪来迎接他。据我所知，在访问过北京的英国人中，他的官阶最高。"不过他似乎没有想起包沃上校对基青纳曾有过相当刻薄的评价。

　　中国人和日本人，而不是英国人，应基青纳的要求，设仪仗队欢迎他。莫理循报道说，他走下火车，"眼光迟钝，有点斜视，红光满面"，给人的感觉是"他酒喝得太多"。他后来的报道显得宽容一些："但基青纳是一个很害羞的人；我想他是因生病或害羞，所以脸部看起来有点浮肿。"基青纳已写信给朱尔典爵士，表示他想会见"摄政王②、唐绍仪和莫理循博士"。他首先访问了外务部，受到了摄政王的弟弟载涛亲王和陆军部尚书铁良的接见。他对那些不洁、寒酸的房屋表示不满：

---

　　① 基青纳(1850~1916)：英国陆军元帅，击败苏丹，残酷镇压南非布尔人，第一次世界大战时期任陆军大臣，因所乘巡洋舰触雷沉没而溺死。
　　② 即载沣(1883~1951)：宣统帝父。爱新觉罗氏。袭封醇亲王。1908年光绪帝死，他任摄政王。次年罢免袁世凯，设立禁卫军，代为海陆军大元帅，集军政大权于皇族。1911年成立皇族内阁。10月武昌起义。12月被迫辞职，仍居北京。1928年迁居天津。1951年病死。

房间是用石灰水刷的……连印度马夫都不住这样的房间。这难道就是制造出世界上最精美瓷器的国家！一个打扮得邋邋遢遢的侍者给他端上一杯茶，杯上标着"不要忘记我，比利！"他断定另一只杯子上肯定印着"玛嘉特敬赠"。在外务部他们还转错了方向，竟跑到厕所里去。

第二次觐见令人相当沮丧。基青纳认为中国的现有统治者必须下台。莫理循在日记中写道：

> 基青纳说："这些人必须下台。"印度没有一个土王(即使最小的土王也是如此)会在这样污秽、有失尊严的环境中接见他……他们一行走进一扇门时，从另一扇门悄悄地走进一个中国人，从他的装束来看好像是个仆人。基青纳继续向前走……突然才恍然大悟，知道自己到了觐见室，那人原来是摄政王。他显得很紧张，形象一点也不尊贵，问的尽是一些最愚蠢、最陈腐的问题……简直难以想象这就是大清帝国的统治者！基青纳恶狠狠地说，必须把这样的统治者赶下台！

在来华的英国人中，基青纳官阶最高，也是最贪婪者之一。他酷爱瓷器，花钱买了一部分，但更愿意用强取豪夺的手段来占有。他的传记作者菲利普·马格纳说，他在中国花了 1 700 多英镑购买艺术珍品。莫理循说，他设法从唐绍仪那里"弄到"价值 13 000 两银子的瓷器，而且还想多捞一些。莫理循一直想知道，"基青纳从中国人那里得到那么丰富的礼物，他拿什么作回报呢？"不过，莫理循没能找到答案。朱尔典知道基青纳是个贪得无厌的家伙，也知道唐绍仪虽然清贫，但却慷慨大方。所以在基青纳离京时，他对基青纳说，唐绍仪的日子"过得更清苦了……"。真是老天有眼啊！基青纳感激涕零地从摄政王手中接过两对豇豆红花瓶，心想这可值几千英镑。没想到，回伦敦后经行家鉴定却是毫无价值的赝品。他花了 3 000 美元购买的康熙时期的花瓶(上面绘有鱼和鸟)竟然也都是赝品。(两年后,有人告诉莫理循,在奉天举行的一次招待会上,基青纳曾偷偷地将一个桃红色花瓶藏入自己的口袋,将另一个藏在同伴的袋中。)

基青纳与莫理循共同进餐,整个上午都和他在一起,幸好他还手下留情,没有偷莫理循的收藏品。他在波那告别演说中,曾整段整段地抄袭寇松离开印度时所做的演说。受到指责时,他竟然恬不知耻地回答说:"寇松是个伟大的演说家。除开抄袭他的演说,我还能有其他更好的办法吗?"路透社驻北京记者文纳和包沃上校对他毫无好感:"文纳……非常看不起基青纳的军事指挥能力,特别提到他在帕阿德堡时所表现的毫无指挥才能的丑闻,说他是个酒鬼,还犯有大多数埃及军官都有的恶习——嗜好鸡奸。"

[十三]

走遍中华帝国的每一寸土地一直是莫理循的心愿。18 个省中他已去了 17 个,满洲的每个地区他都走过。1910 年 1 月 15 日,他开始了新的旅程,穿越中国遥远的西部地区(新疆)和俄国土耳其斯坦到达莫斯科。他的路线经西安、肃州和乌鲁木齐,穿越木扎提山口,到达喀什和塔什干。他带了三名中国仆人、两匹马和两辆马车。车上装满了生活必需品,有肥皂、宝维尔牛肉干、香肠、听装番茄、鱼子酱、腌牛肉、果酱、蜂蜜和新鲜鲑鱼,还有几打书:当中有《西班牙文圣经》、《海华沙》、《英雄和英雄崇拜》、《亚洲之光》和《澳大利亚诗集》。他对《澳大利亚诗集》还是百读不厌,而且往往读得"泛起思乡情思,黯然神伤"。

他再次被中国的贫穷、肮脏、野蛮和腐败所震惊:"事实上,中国的佛教严重堕落。每个人……都为赚钱而做坏事,农人的大部分收入都给僧侣交了佃租……我相信,中国是世界上惟一在自己的人民中进行奴隶贸易的国家。"

在路上,他看到犯人"被残忍地铐在铁枷上,从脖子至脚踝都拴着铁链"。有时两名囚犯被锁在同一个 8 英尺长、50 斤重(约 66.5 磅)的铁枷上。

从肃州到喀什几百英里的旅途中,他看到的是一片废墟,满目疮痍。这片地区原来都是繁盛的村镇。这是左宗棠将军对回民起义无情镇压的见证,是他使那拥有 3 000 万人口的地区沦为一片荒野:"他是毁灭中国的最大祸因之一。他的远征所造成的灾难和黄河泛滥一样严重,一样触目惊心。他把整个省变为荒漠,然而他却没有因此而受到谴责,反而被当作英雄歌功颂德。"

夜晚,在破旧、灯光昏暗的泥草屋和窑洞中,人们挤坐在油灯周围。莫理循评价说:"如果他们能买到洋油和洋灯,他们的生活将会产生多大的变化。他们可以在夜晚读书以消磨时光。很难说中国人的愚昧无知在多大程度上是因缺乏灯光而引起的,但无论如何,这肯定是一个重要因素。"

在旅途中,他再次遇到"令人反感的传教士"。在兰州时,他在日记中写道:

> 与他们接触后,我觉得他们狭隘的思想会使每个人都成为不可知论者……他们的方法肯定有问题,因为一批又一批传教士已连续不断地工作了 24 年,而他们总共才使大约 20 个中国人皈依基督教……他们用晦解难懂的术语教导人们,使基督教的教义和基督的教诲变得含混不清。他们竭力用图表阐明启示录和罗马书,结果使中国人感到迷惑,甚至连我也感到困惑不解。

圣经卖得很便宜。回教徒或以双倍价格转卖或用来做鞋底。

气温的急骤变化使旅行变得十分令人不愉快。男人们上午还光着膀子，但风一刮起来，穿上羊皮袄还打哆嗦。有时温度降到零度以下，墨水被冻得坚硬无比。有时灼热的阳光会晒得莫理循"苦不堪言"，衣服烫得几乎不能触摸。回忆起他曾在三伏天徒步穿越澳大利亚的情景，他写道："我曾吹牛说自己从不怕热呢！"他的健康不佳，肝脏不适，身体常因风湿症而显得僵硬。鼻子再次出血，腰痛得厉害。食物不足。"没有肉无法旅行"，他写道。但他尽职尽责地为《泰晤士报》写报道，有的达 7 000 字之多。

5 月 18 日，当他到达伊宁时，看到下半旗，得知"大英帝国皇帝"爱德华七世国王陛下的死讯，但他毫无悼惜之意。

在新疆首府乌鲁木齐，人们告诉莫理循穿越木扎提山口的危险性："沿途山高路险，劫匪出没"。在陡峭的山崖上爬了 13 英里后，他终于登上了木扎提山口的顶峰。这是中国西部边境贸易路途中最重要的山口：

> 分水岭距海平面 12 000 英尺。顺着冰川往下走最危险，沿途尽是岩屑，路面裂成成百万个帐篷形状的小山包……道路很不规则，而且非常滑，弯弯曲曲地向冰川底部伸去，路的两旁都是深深的冰川裂隙。一路上到处都是倒毙牛马的骨架……在陡峭光滑的冰面上，驮兽要一只只十分小心地通过……忽略山口的建设是国家衰落的明证。商人需要发扬非凡、不屈不挠的精神，才能面对危险，大量作为运输工具的牲口在这儿堕崖而亡……

从北京出发 158 天后，莫理循到达喀什，比他预计的时间早三天。在乌鲁克恰提，即中国和俄国土耳其斯坦的边境，他发现了中国衰落的更多证据：

> 在所有中亚的地图上，乌鲁克恰提的地位都很重要，因为它

是很有价值的边境要塞。于是我仔细地查看一番。它是一座泥筑堡垒，坐落在没有桥的柯孜勒苏河右岸的盆地，四面环山。堡垒内部杂乱不堪。一切都很破败。窗子用宽大的土坯堵着。倒塌的马厩里没有马匹。这个边境要塞由四个中国士兵守卫，他们代表中国的尊严。可是在我参观的过程中，两个士兵在农田里除草，另外一个在洗小葱，第四个只穿着内衣和裤子，在街上饼摊旁弹五弦琴。没有一个士兵穿军服，而且全都衣衫褴褛。我在一间肮脏的屋子里看到他们的武器，那些生了锈的老式毛瑟枪——只是权力的象征，而不是进攻武器。在士兵的营地之外，立着四顶吉尔吉斯帐篷，里面住着构成第二道防线的 15 名齐尔齐斯人。他们是骑兵巡逻队，装备着同样的毛瑟枪，锯到只有卡宾枪那么长。两个积满水的池塘是要塞的水源。勇敢的吉尔吉斯人就喝这既不煮沸又不过滤的水，比较胆小的汉人还真不敢喝。

我虽然不是军事专家，但我敢断定，只要有三个老太婆敢拿着扫帚穷追猛打，这个边疆要塞肯定就会陷落。这里的状况最能体现中国忽视其边疆的政策。其他国家在边界上用的都是精兵强将。只有中国才把最不幸潦倒的人打发到边疆去。

在奥什，他丢下"所有完全不需要的物品，包括帐篷里的床架、折椅、剩余的药品、衣服和烹饪炉等"。在安集延①，他和仆人算清工钱后解雇了他们。7 月 12 日，他登上了去莫斯科的火车；五天后，他忍受着腹泻和痔疮的剧痛到了俄国首都。此时距他离开北京已过去了六个月零两天。他在报上读到许多消息：查尔斯·哈鼎峙已被任命为印度总督，飞艇驾驶员 C.S. 罗尔斯被杀，俄日协定已经签署。这是两个列强表面上都同意尊重中国领土主权的完整——实际上他们正

① 注：奥什和安集延均在今吉尔吉斯斯坦境内。

秘密瓜分满洲。日本还准备吞并朝鲜。

沿途莫理循写了12篇文章。他在最后一篇中写到：

> 这趟旅行费时174天，行程3 670英里，沿途都受到友善的接待。我回忆不起一点点不愉快的事。土著首领、督抚和鞑靼将军都很热情地款待我。我遇到的人从最卑贱的马车夫到最有权势的清朝官吏都有，所有的人都对我彬彬有礼，态度都非常友好，对我都很尊敬。正像我以前在中国旅行所体会的那样，我再一次深刻体会到自己深受欢迎的原因：我是一个英国公民，而英国以同情中国的每一次变革而为世界所公认。那些变革的目的是为了使中国人民走向进步，为了促进中国的教育，为了传播自由思想和真理，为了主张正义和促进自由贸易。对我来说，英国在中国的影响正在衰落的看法是荒谬的。相反，我认为英国的威望从未像现在这样高。

莫理循在伦敦收到美国驻圣彼得堡大使柔克义寄来的一封感谢信。柔克义在信中说：

> ……我一直珍藏着您在经过土耳其斯坦旅程中所写的文章……我希望您能以书的形式……出版您这些用事实说话的文章。如果您能这么做，您就为中国和世界上其他国家作出贡献了，因为我们——除了您和少数人——对中华帝国现状的认识都是最不正确和最不完全的。世界舆论(我指的是官方世界)正趋于相信，中国又一次处于"无足轻重"的地位，并因此而调整对华政策。远东历史的新时期现在正由强国日本所开启。总有一天，有利害关系的西方列强会采取一项新政策以面对这一全新的状况。朝鲜被消灭只是新时期的开始，多年以后，我们将为没有适时制止这一违反条约的行为而感到后悔——因为它不仅违

背了朴茨茅斯条约，也违背了英日联盟条约——这两个条约都只承认日本在朝鲜的"控制"权。对我来说，这一切很有趣——尽管现在明显地无人关注这些，或者说无人愿意发表意见……我对中国存有一线希望，希望她能明智地开始整顿内务，而不是过于自信和采取强烈的"收回权利"的形式。如果能说服中国在今后十年里把注意力集中在金融、财政、通货等问题上，中国将会有多么辉煌的前景！！

［十四］

1908 年 9 月，北岩在控制报社六个月后给威克汉姆·斯迪德写了一封信："我现在不是，将来也不会是《泰晤士报》的'领袖'；我绝不会干涉报社的经营运作。《泰晤士报》完全由沃尔特、白克尔、姬乐尔和莫尼彭尼先生经营，他们比我内行得多。"但这种大度、谦逊并未持续多久。报社业主都有强烈的权力欲，北岩也不例外。他的狂妄自大随着他成为报业广场的霸主而迅速膨胀。《泰晤士报史》说："早在 1910 年，就有流言蜚语说，北岩的想法并非总是正确。"果然，他开始与白克尔、贝尔和姬乐尔打起了精神战，有时把他们比作"大乌龟"、"黑修士"、"老家伙"，并说《泰晤士报》是一只"附着了甲壳动物的鲸鱼"，搁浅在财政礁石上苦苦挣扎，要尽快地清除老家伙，把附着的甲壳动物刮削掉。

1910 年 8 月，莫理循在《泰晤士报》遇见北岩时，对此尚一无所知。北岩问他何时回北京，他不无讥讽地答道："我认为回去毫无用处，因为我已两年没工作了。"他指的是他的报道被删改或禁登之事。北岩问："给一个人 1 200 英镑的年薪，却不让他在报道中畅所欲言，这有什么用？"他还表示，只要《泰晤士报》不支持德国或不支持自由贸易，自己就绝不干涉《泰晤士报》事务。但莫理循从报社同仁处获悉，他的干涉变得越来越多。

事实上,《泰晤士报》是一个令人不愉快的大家庭。"简直是一团糟",莫理循写道。阿瑟·沃尔特已于 2 月去世,约翰成为公司的董事长。拉尔夫负责经济和效益;他已把国外新闻部的工作费用从一年62 000 英镑削减为 42 000 英镑,在国外新闻部实施了一些大胆的改革措施,如引进打字机和限制人员膨胀。但有一个人在《泰晤士报》中的权力变得越来越大,他就是北岩的密友、来自《每日镜报》的雷金纳德·尼科尔森。1909 年 8 月他成为《泰晤士报》协理。甚至连尼科尔森也对莫理循抱怨说,《泰晤士报》憎恶北岩过多的干涉。莫伯利·贝尔说,除了现款偶尔短缺外,《泰晤士报》一直运行良好。但其他人则并不这么乐观。奎恩和加尔文都认为,《泰晤士报》的管理非常不善,那些贴钱的附属企业使该报的声望大为下跌。爱德华·格里格(后来的奥特林厄姆勋爵)于 1903 年加入《泰晤士报》,先是担任白克尔的秘书,后来调到国外新闻部工作。他说报社缺乏优秀的领导和完美的政策,现在已摇摇欲坠。白克尔有魅力,为人谦和,但政治上优柔寡断。拉尔夫·沃尔特自认为是报社的大总管,可是对政治或报社业务却一窍不通。这是莫理循与拉尔夫谈话后作的评价。莫理循还在日记中写道:

> 拉尔夫·沃尔特和他的观点:新闻报道的快慢和报纸的销售无关……是社论而非新闻在影响着销售量。《泰晤士报》所需要的是,人们每到下午就会想知道《泰晤士报》第二天上午会发表什么社论。

这对世界上最著名的新闻记者莫理循来说并不是令人鼓舞的消息。"浮华不实"的约翰·沃尔特大肆奉承莫理循:"以前,布劳威茨是《泰晤士报》的王牌记者,现在是莫理循。"不过,这也并没有使莫理循感到有所慰藉。《泰晤士报》的社论撰稿快手洛瓦特·弗雷泽(他每篇社论的报酬是 4 英镑 4 先令)同意格里格的意见,也认为《泰晤士报》

缺乏明确的政策。驻维也纳记者威克汉姆·斯迪德(因为待遇问题刚刚辞职)给莫理循写信说:"报社如果要重生,必须彻底改革。正如北岩勋爵两年前对我说的那样,《泰晤士报》的衰落从沃尔特家族去伊顿和牛津时就开始了。他们成为《泰晤士报》的业主,但书生气十足,受愚弄还没意识到经营报社的大权已经旁落。"

开始时,莫理循发现姬乐尔"非常友好和富有同情心"。但后来他在日记中写道:"你肯定不知道,多年来他一直和我作对。他在远东事务中对我造成的伤害几乎达到不能挽回的地步。"但不久,姬乐尔再次做出"令人不愉快的残忍举动"。麦肯齐·金曾敦促格雷勋爵任命莫理循为驻华公使,爱德华·格雷同意并与姬乐尔商议,但姬乐尔反对,因为他认为莫理循过于明显地亲华。这时莫理循发现两人的关系已无法改善。莫理循对这件事的看法是:"的确,我可能有点亲华,因为我太反日。"但姬乐尔最后改变了对日本的看法。俄日协定和日本霸占朝鲜深深地震撼了他。他在盛怒的状态下去找加藤①,愤怒地抱怨日本人背叛了他。格里格告诉莫理循,各国的反日情绪正在高涨。在防御会议上,澳大利亚和加拿大的代表都正式声明,他们的国家决不参加任何一场日本针对白人的战争。

[十五]

莫理循抵达伦敦几天后,和一个朋友花了 5 先令到帝国音乐厅去转转,目的是为了看在那里举行的英国和外来妓女大展。这可是伦敦最著名的景观之一。在众多的窥淫癖者当中,他非常吃惊地遇到了来自纽约的乔·威·斯马利(77 岁)和来自北京的"好色的凯瑟纳

---

① 加藤高明(1860~1926):日本政治家。1887 年任大隈重信的私人秘书,后在大藏省任局长。曾任日本驻英国大使、日本外务大臣。1915 年 1 月 18 日向中国提出所谓"二十一条"。1924 年任联合政府首相,1926 年死于任上。

夫"。后来在日本展厅,他被一个"美丽的少女"所"深深震撼"。那少女在乐池旁孤独地坐着。他正想了解她是"严行操守还是等候雇佣"的时候,有一个人把她带走了。显然,那人与其并不相识。这自然就回答了他的疑问。莫理循想:"现在真的很难区别时尚和邪恶,各种人性重重叠叠,真是雾里看花。"莫理循希望再次见到那个美少女,因此,几天后他又来到展览会,花了几个小时寻找她,但无功而返。可是,他仍然忘不了托妮,很快派邓加特去寻找。邓加特干起拉皮条的活总是非常积极主动。他跟踪到萨瑟兰 33 号。"太高兴了。给她写了信",莫理循在 8 月 8 日的日记上写道。但是,托妮并不急于回信。直到 9 月 1 日,莫理循正在"牛津和剑桥"俱乐部吃午饭时,才"欣喜地"接到了一封电报,上面写着:"您愿意 3 点在马布尔阿克地铁站见我吗?托妮"。"我愿意吗?在英国,还有什么能阻止我去见托妮呢?"他迅即出发,发现托妮"美艳夺魂":

> 她穿着入时,赎回了我送给她的所有的礼物……她自豪地告诉我,她什么也不缺……现住在一座有 8 个房间的小房子里,每年交 45 英镑租金。她的丈夫在柏林有一处买卖,这儿的买卖也做得很好。这个拉皮条的人(指托妮的丈夫)当初就是靠托妮不贞赚的钱才发了财,可是现在却对此有点"耿耿于怀"。但他似乎待她很好,托妮看起来健康、满足,美丽无比。

翌日清晨,托妮发来一封电报:"1 点钟在牛津街的弗拉斯卡提餐馆见我。托妮"

> 我准时到达,耐着性子等到 1 点 55 分,只好进入餐馆吃午饭……我刚吃完,托妮就走了进来。她无法早点儿过来,是要了个小计谋才过来的。她是如此美丽,皮肤白皙,金发碧眼,我被她迷住了。

托妮对莫理循的行踪了如指掌。第二天,她给中国使馆发电报
(莫理循正在那儿吃午饭)说:很抱歉不能前来祝你幸福。"见不到托
妮,我怎会幸福?"他问自己。

还有许多有关托妮的日记,写得不太清楚,但记录了这段恋情的
结局:

9 月 10 日——星期六。邓加特来吃早餐,然后帮我做编
目,之后我们出去淘书……走到威斯波恩路,经过托妮的小房
子,看到门窗大开。她说过星期一去福克斯通,在那里住上一个
礼拜,但她并没有去。门柱上有个铜牌,写的是 H. 洛斯。邓加
特进门时看见洛斯正在给托妮洗头发。他和她交谈了一会儿就
回来,我则在公园里等待。她拒绝出家门,说到我时她毫无激
情。她说她受到了伤害,因为她在我生日或心情焦虑时给我写
了信,但我并不回复……她穿着迷人,面颊无疑地涂了胭脂。她
说最近她在汉堡住了两个星期,在威斯巴登① 住在拿梭旅馆
(世界上最好的旅馆之一)。她说她是成功的,不仅是生意成功,
而且因为她丈夫的彩票中了奖(莫理循在边注中带着讽刺补充
到:"这个鸨儿赢的奖也许是一个退了休的印度公务员,年已
60,甚至更老。")房间里有我的照片,还有我给她的但丁肖像画。
邓加特没有逼迫托妮出来。如果她愿意,她早就出来了。她请
他喝午茶,殷勤周到。她是被金屋藏娇了吗? 被谁呢? ——回
来的路上,我和邓加特吃了一顿烤肉晚餐,散了会儿步就回来
了。我痛苦不堪,不能自拔。我把她从悲惨的生活中拯救出来,
她把我的好处全忘了。我没给她回信,她倒记得清楚。

---

① 威斯巴登:德国西部一个城市,在法兰克福之西。

9月12日——今天大部分时间是给托妮写信——一封能把铁石心肠融化了的信。

我的新秘书来了。她把托妮用德文写给邓加特的信译成英文——是一封客套信，带着友好的口吻提到我送给她的画……下午，我出门几番寻找，在哈罗德首饰店买了一个镶着钻石和珍珠的漂亮胸针，真是好礼物，花了我11英镑15先令。我把这件礼物以特快专递方式随信寄出。

9月13日——和福来萨在斯洛度过一个美好的下午。回来的路上在帕丁顿① 车站旅馆吃的饭，然后回家。我受到沉重的打击，但罪有应得。

回家后，我发现了托妮的一封信(附下)。这是她经过深思熟虑在今天下午5点半写的。这就是她对我那价值11英镑15先令精美礼物的惟一报答。我的礼物是一个赌注，一次赌博，是毫无成效的最后搏击。现在想一想，还有什么人会像我这个48岁害相思病的人那样傻。这很痛苦，但也是爱情故事的结束。这段恋情给我带来的愉悦和给我造成的苦痛和屈辱完全旗鼓相当。事实就是如此，简直令我羞于写出。但是苦果还得自己吞，不管多么令人作呕都是如此！

我亲爱的厄内斯特：

感谢您好意寄来的信和昨天晚上送给我的精美礼品。我戴着它时总会想起您。我非常高兴，间隔几乎四年后我能再次遇到邓博士。他是一个可爱的老头，对您忠心耿耿、赞美有加，简直是崇拜您。我不知道是否还能见到他。我懂的英文不多，无

---

① 帕丁顿:伦敦西部一住宅区。

法回复您的信。我本想回的,但是厄内斯特,我认为这几年您没有像一个真正的朋友那样对我。我总想给您写信,但我怎么能写呢?最近我写的信,您一封也不回,我想您不再希望收到我的信了。我全心全意希望您幸福、愉快,也许有一天我们会再见。

托 妮

莫理循在把这封信抄进日记时加了一个脚注:

这是一封甜美、动人、亲切的告别信。然而我们还是彼此不再相见为好。这么一来,我会不再烦恼,而且还省了钱——肯定会省不少钱。美丽的匈牙利人是多么虚伪,真是古怪。我想知道谁包了她——一个钱袋比我沉的家伙——那是肯定的。

三天后,他给托妮("我真是十足的傻瓜和老糊涂,不长记性")寄去一本费尔森·杨的书《享乐之时》,剧中主人公也叫托妮。第四天,他给"忠实的邓加特"写信,信中言辞尖刻:"我们的朋友托妮给我写信,说她已向您解释了她为什么没有给您写信,而您却寄给她一封形式上的感谢信,而且言辞冷酷、无情。"并附去一封给托妮的信,请他翻译成德文后寄给托妮。莫理循在日记中写道:

我为何如此愚笨?我为何如此着魔?我无法把托妮的形象从我心中驱走。我总是设法把她拉回到自己身边,然而我知道,最好的办法是不见她。但是,她为什么要和我约会,为什么她要和我在弗拉斯卡提餐馆吃饭?难道她见我就是为了要耍我,使我对她的恋情死灰复燃,收到我的礼物和我那些美好的书信之后,然后就冷酷地离开我?这实在令我费解。事实上,我是一个精神错乱的傻瓜。然而我爱她胜过地球上的一切。

三个星期后,大幕降落。托妮演了五年的三幕戏(1905 年,1907年,1910 年)结束了,莫理循的日记写得很简短,但充满忧伤:"托妮来电。2 点半至 5 点托妮来访。我硬着心肠告诉她,我们必须分手,还说我已将她的照片烧毁。"

[十六]

莫理循的活动总是花样繁多。他写信给艾吉有限公司,告诉它从乌鲁木齐到中国东部地区"遥隔约 2 000 英里,所经之处大部分是沙漠,没有铺设公路",现在这条线路上准备发展汽车运输,要求它为正在筹备的汽车公司提供车辆。乌鲁木齐附近有汽油供应。艾吉公司寄回了"令人惊奇的价目表",但认为不值得像莫理循建议的那样与乌鲁木齐的官员联络。

他去拜访赫德爵士。赫德爵士中风以后"浑身抖动得非常厉害,身体很虚弱,大脑和身体均受损毁"。他的状况虽然显得凄凉,但不怎么值得同情。莫理循在日记中写道:"他希望 4 月返回中国,对中国这个大钱窟还死守不放……这个人现在看起来既可怜又虚弱,但他这一辈子给他人造成无穷尽的苦难。"

他饶有兴致地在一家报纸上读到有关赫德内弟裴式楷爵士的报道。在这篇报道中,裴式楷被盛赞为一个"有勇气的人",在义和团运动期间曾因作战勇猛而被授予勋章。莫理循讥讽的评注是"这完全是编造出来的鬼话。在北京被围期间,他是可鄙的懦夫,因此长时间得不到勋章,在中国……因妻子与人通奸,急得直想拼命。"

他与被围困期间真正的英雄司快尔重聚。围困结束后,司快尔担任过美国驻古巴和秘鲁的公使。司快尔告诉莫理循他赚了许多钱,在考斯有一艘 400 吨名为"常胜号"的游艇:

掠夺品。司快尔说,要不是《纽约先驱报》报道说他在北京加入掠夺者的行列,他本来可以成为驻北京公使。不过这篇报道写的是真事,司快尔掠夺的物品价值 20 万美元。

《京津泰晤士报》请莫理循推荐一名编辑,他提名福来萨("40岁,一个才华横溢的作家,一个不折不扣的绅士,品行高尚……")。福来萨接受了这份年薪 500 英镑的工作,满怀感激地写到:"您是一个好人……薪俸多少我不在乎——我需要的是一个广阔的天,让我能发挥上帝赋予我的才能……做一个在对外事务方面可信赖的记者。"

莫理循请查理·里奇(牛津大学硕士,为艺术放弃了苏格兰出庭律师的资格)给他画肖像,还到佩尔西·巴汀爵士(74 岁,《现代评论》主笔)家做客,吃了一顿倒胃口的饭菜。他雇了秘书珍妮·沃克·罗宾去北京。她是一位 21 岁的新西兰姑娘,肤色黝黑,长得迷人,多才多艺,善于社交;她的母亲出生于莫理循故乡维多利亚州一个叫杰里柯的采矿小镇。罗宾小姐会法文和德文,曾是伯尔累的巴尔福勋爵的私人秘书。莫理循给她 15 英镑零花钱,花了 46 英镑 8 先令为她订了"蒙古号"的船票。他给洛瓦特·弗雷泽写信:"我的秘书帮我整理所有我在过去 15 年收集的资料和文件。我有 60 多本大页纸写的日记和笔记。如果我有您那样的文学天才,我会把我在中国最后几年的事写成一部生动、有趣的历史。"

他接受了为北岩《每日邮报》工作的"老牌中国通"和为北岩《伦敦杂志》工作的 F.A. 麦肯齐长时间的采访。"老牌中国通"写道:

这个人是怎样设法获得如此成就,成为国际上关于远东问题的良师呢?如果你能在中国偏远的地方旅行,你很快会了解个中原因。无论你走到哪里,肯定都能发现他的足迹、他的调查和他的朋友。如果你能到驻北京的使馆区外走走,你会来到一所典型的中式房屋前,它的大门面街,里面是个大院子,一边有一间屋,另一边有一长排矮房子……那就是他的图书馆,里面收藏的也许是至今尚存的最珍贵的有关远东问题的图书。从这个图书馆的管理办法,我们可以看出他是怎样的一个人。图书管理系统非常完善,索引做得非常好,无论多么不重要的材料都能迅速查到。这个胡子刮得干净、体格健壮的澳大利亚人喜欢向有鉴赏力的来访者展示他的图书、剪报和分类法。他在这儿工作,与来华工作的各国人士经常保持联络,与各阶层人士进行系统、精确、经常的交流。他的大量信件是他建立知识王国的基础。

麦肯齐所写文章的标题是"四亿支那人的觉醒"。莫理循写信对威克汉姆斯迪德说:"这是一个奇怪、不贴切的标题,因为中国人恨别人称他们为支那人,况且人口也没有四亿,觉醒了的只是极少数。"莫理循的照片上了《伦敦杂志》的黄色封面,那可是一份发行量很大的杂志,随处可见。莫理循言不由衷地说,照片拍得"太糟了",并表示深感不安,但实际上他却满心欢喜,因为他在日记中满意地写道,"六吨"杂志已送往澳大利亚,5万份送到加拿大。

他礼貌地婉拒了许多邀请:做伍尔弗汉普顿文学社的主席;为小型百科全书重写关于中国的文章,大约16 000字,"酬金"为39个金币;开一个由杰拉尔德·克里斯蒂赞助的讲座,邀请信上用大红铅字赫然印着"厄内斯特·沙克尔顿爵士和皮利将军专请"的字样,威尔顿主教、约瑟夫·麦克卡伯先生和比尔霍姆·特里夫人也都加入邀请人的行列;爱伯森先生请他在中国帮助推销商品,表示愿意提供"优厚的佣金",并随邀请函附上一把有龟形鞘的刀子作礼物。莫理循退回了刀子,并附上一封言辞尖刻的回信:"提供佣金的人和接受佣金的人在道德上一样败坏。"

当肯星顿一位房地产经纪人问莫理循,"乔治·莫理循夫人"是否是一位负责任的理想房客时,他以戏言回复:

　　我与您谈论的夫人长期以来关系就非常密切。事实上，从1862 年 2 月 4 日以来就是如此。我有充足理由相信她声望极好。她不饮酒、不抽烟，也不嚼烟草……

　　又及，我忘了告诉您，您所提到的夫人就是我母亲。

　　在一位秘书和"一架超时工作的打字机"的帮助下，他写了一封"非常重要的信"。他还注意到，有人建议澳大利亚新的联邦首都应命名为"坎加鲁玛"，不过他未加评论。

[十七]

　　在伦敦关于莫理循的谣言圈子又多了一个很有特点的新成员，叫威廉·马克斯威尔。他是《每日邮报》神通广大的记者，最近正在调查德国在博克姆新建的海军基地。他把康塔顿女伯爵介绍给莫理循。女伯爵是一个"妖艳的英国妇女，涂抹得像个外国人"。她大部分时间住在埃及，但对伦敦丑闻却如数家珍。她虽然出生在一个著名的外交官家庭，却没有外交家善于保持沉默的气质。她的两个哥哥(爱德华爵士和"阿尔盖"杜朗上校都在印度任职)。她的同父异母哥哥摩尔泰默·杜朗爵士在三个国家做过大使。他们第一次见面时，她就告诉莫理循，她的丈夫是一个嗜吗啡狂，她自己虽然不是瘾君子，但也大剂量地使用吗啡。她的这番话和一些更猥亵的内容倒提起了莫理循的胃口，于是他到拉特兰门 51 号拜访她。他在日记里说她是一个"恶毒的妇人"，但当她说起一些特别的事情后，他还是贪婪地听着。比如，她提到英国国会上院一些很著名的性变态者；她还"尖酸刻薄"地评论莫理循所崇拜的老英雄亨利·莫·斯坦利爵士。她说："……那个鸡奸者在新婚之夜还不忘带上他的土著男孩……斯坦利是谋杀犯，鸡奸者，等等，等等。"

女伯爵的首任丈夫是詹姆森,他曾是斯坦利探险队的队员。她说巴特劳特被一个土人用枪打死,是邦尼给的枪。她的情书铺天盖地而来。"可恨的、头上发出恶臭的女伯爵,她用书信和电报向我示好。"他在二人初次见面两个星期后写道:

> 对作为《泰晤士报》驻京记者的我来说,她是个十分低级的"荡妇"。我没有时间回信。她似乎没有意识到我有多少约会;也没意识到她已人老珠黄,其他人的吸引力比她大得多。当然,她很有趣,有猎取丑闻的天赋,我的朋友无法与之相比。

最吸引他的一个女孩叫朵拉,在陆海军商店工作。通过与她相处,莫理循开始从托妮给他的打击中振作起来。

"我真希望您在这儿!"女伯爵返回埃及后给他写信。信写了七页,用的是贵族使用的淡紫色信纸:

> 我沿着尼罗河漂流而下……利比亚境内金色的沙滩伸向远方,无边无际,直达地平线——黄色的山间是徐缓的山谷,谷地充满蓝色的阴影——实际上,那是风把沙子吹成波浪状,绵延数里——每一个波浪形状或杯子形状的沙包都可能使人想起破碎了的蓝宝石。在这里……当我在沙漠中驰骋时,我只要深深地吸口气,就觉得是在奔向上帝——这使我陶醉……我经常想,这里是多么壮观啊——我从未经历过这种完美的喜悦——如果一个人真能随心所欲……

其他渠道的闲言碎语多如牛毛:皇太后干了傻事,领着乔治·凯珀尔夫人走到爱德华七世[①]的棺床,说"我们都爱他",莫伯利·贝尔对此深感哀叹。塞西尔·克莱门蒂·史密斯爵士说弗兰克·斯威腾汉做橡胶生意赚了 25 万。澳大利亚驻英国代表郭林斯(罗伯特·柯林斯)上尉说,罗斯福的钻石别针是其母送给他的珍贵礼物,却在伦敦被他的女友偷走了,她"是阿尔罕布拉大酒店楼上漂亮的酒吧女"。奎恩说贝尔福[②]是阴阳人……

[十八]

当莫理循在文学俱乐部演讲"中国的觉醒"时,他乘机对比了觉醒了的澳大利亚和昏昏欲睡的英国:

> ……通过澳大利亚新近采取的每一项措施,通过澳大利亚人,特别是劳动人民的幸福生活,通过澳大利亚做出的保持种族纯洁的决定,通过澳大利亚所表达的愿意参加世界性军事合作的意愿,我们可以说……澳大利亚……觉醒了……而英国,却还在蒙头呼呼大睡,无视外国不良分子正无限制地移民英国,甚至拒绝培养人们自我保护的意识。与此同时,正如我们的敌人所说,"给我们以教训"的准备工作正在我们门前迅疾地进行呢。

莫理循提醒他的尊贵听众,当他们畅谈欧洲的黄祸时,却忘了直到现在中国还存在很明显的灾祸:欧祸。他告诉他们,一方面中国正从三次农民起义的灾难中恢复过来,正在发展交通和教育,但另一方

---

① 爱德华七世(1841～1910):大不列颠和爱尔兰国王,是一个极受人民爱戴的君主,以讲究穿着、喜爱交际、为人和蔼可亲著称。其母维多利亚女王一直不允许他掌管国家、宫廷和王族的任何事务。维多利亚女王去世,爱德华七世即位。

② 贝尔福(1848～1930):英国保守党领袖,曾任首相(1902～1905)、外交大臣(1916～1919),1917 年发表"贝尔福宣言",支持犹太复国主义,1922 年封伯爵。

面她仍然在中世纪的统治体系、折磨、奴役和缠足的苦痛中苦苦挣扎。他批评英国外交部支持日本反对中国在满洲建造铁路。演讲过半后，莫理循因为鼻子大出血而不得不停顿，对此他"深感懊丧"。但他还是满怀诚意，高度评价在华英国传教士的"高洁品行和良好的工作"，赞扬英国除了满洲铁路以外的对华政策，不过他的诚意令人怀疑：

> 莫理循博士总结道："许多人都和我持相同的看法。我对中国这伟大国家的未来充满希望；我相信英国政府在与中国打交道时所奉行的政策，打心眼里是为了中国好。（好哇！好哇！）我们对中国一贯采取温和、公正的态度。在过去的50年中，我们有过许多扩张领土的机会，但我们从未利用这些机会去获益。我们与中国人的交往建立在公平、诚信的基础上。（好哇！好哇！）当中国政府破天荒认真禁止种植罂粟时，我们给予积极的支持；我们以理性的精神来满足他们的愿望，一心一意和他们重修旧好；我们允诺做出巨大牺牲；我们被告知应采取富有建设性的对华政策，不要顾忌中国是一个独立的帝国；我们鼓励所有会产生进步的运动；我们支持每一项意欲改善人民生活条件、增进他们的财富和幸福的措施。我们忠实地遵守我们的诺言，我们极力要求的是中国方面应忠实地遵守条约，就像我们所做的那样。"（欢呼）

禧在明爵士承认他个人更喜欢已逝岁月中的古老中国，荣赫鹏爵士宣称在西藏问题上中国不是好邻邦（达赖喇嘛在2月15日被中华帝国颁诏废除，逃往印度），"科学骨相学家"伯纳德·贺兰德博士则对中国人的头颅构造大加赞赏。他说，任何人看到有教养的中国人的头部结构后，必定为他们所拥有的巨大脑量所震惊。因此，从人类学的观点看，中国人必定会建立丰功伟业。

莫理循的演讲在《晨邮报》上全文刊载，还配上一篇社论，但《泰晤士报》没有报道。《晨邮报》说："在外国入侵危险的刺激下，中国人已从睡梦中惊醒，致力于重整国家的工作"：

　　西方国家现在才刚刚意识到瓜分中国的想法是多么幼稚，开始有点担心中国人觉醒会有什么结局。有时他们会不安地想起赫德爵士的预言：中国人觉醒的时候，一定会偿还欧洲列强给中国造成的伤害和侮辱，而且还会奉上利息。中国的进步和发展现在处处可见。这些现象很容易被夸大，毫无疑问这种做法是愚蠢的。但是，忽视和嘲弄中国正在蓬勃发展的新精神，认为中国的改革只是无意义的欺骗，则更为愚蠢。莫理循博士无论如何不赞成这样的观点……他坚信中国人民有一个光辉的未来。

　　北岩拍来一封电报：演讲极好，不明白为什么《泰晤士报》不报道。演讲给 J.L.加尔文和多情的康塔顿女伯爵留下了"极为深刻的印象"。女伯爵写到："您的演讲深深吸引了我，我不知怎么说才好——您是神仙——您肯定发现我们所有的人的生活都是那么单调。"有趣的是，莫理循这位神仙在收到女伯爵的来信时仍在想法止住鼻血。斯坦厄普勋爵写到："我带着浓厚的兴趣读了您的演说。"他"殷切希望"莫理循能在周末参加在七橡树雪维宁开的射击聚会。他还写道："您认为我们在远东的声威没有受到损害，我真的很高兴。我原来担心，我们所采取的软弱的亲日政策可能会产生那样的结果。"

　　英国驻北京公使馆的医官德来格博士认为莫理循的演讲"既好又中肯"。但德来格对中国的看法并不令人鼓舞。他在一封标着 1910 年 10 月 21 日的信中写到："政府改革进行得不顺利——虽然叫得很响……实际上，进步和改革较慈禧太后时为小。现状是每个人都为他自己和亲属着想……"美国人把庚子赔款余额用于中国人留美,这种"极有远见的方式"使美国在中国很得人心,"因为每个回国的留学生都会把美国看作天堂……国家热衷于教育,令人惊奇的是,许许多多受过良好教育的年轻人纷纷涌进北京……大家都渴望去美国。"但德来格确信,中国目前财政困难重重,要求改革的呼声普遍高涨,这一切必然使中国很快就出现一场危机:

> 腐败、投机、贿赂和卖官鬻爵等现象还在继续,领干薪挂名在册的军队在膨胀。所有这一切都使政府感到越来越难以偿还外债。人民不会再忍受多久。资政院的权力变得越来越大,其方式完全出人意料之外,缩短预备立宪的期限和立即召开国会的呼声在高涨。在所有这些压力之下,政府正在衰亡。我相信人民会有他们自己的解决办法,这将是一场不流血的革命;尽管他们在开始时可能会犯些错误,但是我认为这是拯救国家的惟一办法……现在财政问题比其他任何事都重要。在这方面,不能依靠来自上面的改革,只能依靠人民,他们是官僚阶层的敌人。现在的趋势是人民准备以暴力扫除高层的腐败和日益增加的拿高薪的冗员现象……我现在很同情迅速建立立宪政府的运动;如果事态如他们所做的那样发展,我想我们很快将面临一个十分糟糕的选择。

莫理循给在北京的福兰奇勋爵的一封信中概括了英国的情况。福兰奇和卷入满洲铁路论争的英国承造商包令公司有关系:

> 就我所知,与德国的战争是不可避免的。……我不明白我们怎能忍受海上霸权受到挑战。基青纳不再任职。他希冀印度总督的职位,并受到已故及现任国王的支持,但摩尔利强烈反对任命基青纳为印度总督。如果真的任命了,他恐怕要辞职。在摩尔利的控制下……印度总督已沦为摩尔利的傀儡,而不是印

度殖民部的代理人⋯⋯

> 《泰晤士报》因日本政府资助一万英镑出版了日本增刊而信
> 誉大减⋯⋯英国在满洲的活动(或者说不活动)看起来完全错误
> 的。英国的反日情绪确实在增长⋯⋯英国似乎比从前富裕。各
> 处都有富裕的明证⋯⋯英国有许许多多德国犹太人,不受限制
> 的外国移民是如此之多,以至于伦敦的许多地区挤满了不会讲
> 英语的欧洲地痞流氓。

　　莫理循在这里用到的"德国犹太人"的字眼,反映了使他痛苦一
生的幼稚的反犹思想。他的日记中不断有这样的例证。有时他不说
姬乐尔是一个"狡诈的耶稣会会员",而给他贴一个"可恶的犹太人"
的标签,但他从未这样说他早年的朋友和伙伴——犹太人西奥多·芬
克。北岩也犯了同样的毛病,尽管为了否认自己有排犹思想,常常把
"我一些最好的朋友是犹太人"这句话挂在嘴上。莫理循在巴黎拜访
他时,北岩形容"老莫伯利·贝尔"(比北岩更像英国人)是个"狡猾的
东方人⋯⋯犹太人,而且是最坏最狡猾的黎凡特犹太人。"

　　他们谈到达德利·狄斯莱里·布拉姆,他于1897年就已加入《泰
晤士报》,并从1901年到1903年任驻圣彼得堡记者,1903年他因报
道了基石奈夫大屠杀而被驱逐。当时他在北京。"布拉姆也是犹太
人",北岩说,"他决不能担任国外新闻部主任,那是不可能的。我不
会叫一个犹太人控制国外新闻部。他们都能理解。派一个犹太人去
圣彼得堡是一个致命的错误。谁负责?"莫理循说布拉姆在远东的工
作"棒极了——冷静、公正和理性"。然后北岩无拘无束地谈起《泰晤
士报》:

> 《泰晤士报》是个家族性产业。白克尔、卡波尔、格里格、布
> 鲁斯·里奇蒙德都是坐在一条板凳上的,每个人掌管一个部门,

只求不受干涉和不出差错,多负点责任都不行。这种现象必须改变。如果不能从内部加以改变的话,就必须从外部改变。我要把我的人安插进去(J.B.卡波尔和布鲁斯·里奇蒙德现在成了白克尔的助手)。不管您相信不相信,直到不久以前情况都是如此:星期六上午报纸付印后,一直到星期日下午五点,报社中竟然连个人影也见不着。不过,现在我已改变了这种荒谬的现象。

莫理循与北岩共同进餐,并遇到一个叫莱恩的人。莫理循在日记中写道:"莱恩个子矮小,是个美国人,担任《每日邮报》巴黎版负责人;最近写了一本题为《伟大的幻想》的书;此书倍受关注,已被译成十国文字。"(其实莱恩不是美国人,他的另一个名字诺尔曼·安吉尔更为人所知;他的书是对战争有力的控诉,后来被译成五种文字——北印度语、孟加拉语、乌尔都语、马拉地语和坦米尔语)北岩继续发泄。他因胰腺炎而痛苦,但相信会好转。阿瑟·沃尔特承诺职员每工作一年就增加1英镑退休金。"因此一些人的年退休金已增加了42英镑!"议会休会时,所有议员都自由了。阿瑟·沃尔特如果活着的话可能已进了监狱。他在五年里,每年骗取《泰晤士报》4.2万英镑。泰晤士读书俱乐部是个沉重的负担,有800名会员,每年赔了2.8万英镑。"这是个名称冠冕堂皇的情人幽会所,在离婚法庭上大名鼎鼎。"

莫理循第二次拜访北岩时,他正为《伦敦杂志》设计海报。他问莫理循:"今天您有空吗? 愿意看一场决斗吗? ——那么我们去,然后到布伦的树林里散步。"决斗使人失望。一位决斗者的大腿被刺了一下,决斗就可笑地结束了。另一个决斗者告诉莫理循,这是他第22次决斗。

[十九]

阔别 21 年后,莫理循又来到西班牙,并在那里逗留了几星期。展现在他眼前的是一个肮脏、落后和贫穷的国家,甚至与中国对比也相形见绌:

> 西班牙人和中国人一样贫穷,但国家显得更落后。和中国一样,村庄里都是千篇一律的低矮茅舍……小村庄里却盖着大教堂,显得不成比例,教堂大到足以容下整村的人。村庄多岩石而且光秃秃。没有水资源保护设施。不允许妇女工作,比中国更落后。教育比中国更欠缺。随地吐痰的坏习惯和污浊的空气使肺结核横行肆虐,不过这倒是有效地控制了人口的增长。一个正在衰败的种族!军队地位明显低下。没有金本位制。固执偏见。这不是他们衰败的一部分原因吗?或是主要原因?首要行业似乎是卖彩票,其次是销售外国明信片……擦鞋是重要的行业。

还有另一项繁荣的贸易:卖淫。在巴塞罗那,莫理循去了几家酒馆,"看到同样的妇女,我猜 21 年前她们就常到这里。"他厌恶地离开了。而后他去了巴伦西亚,那是他所见到的最兴旺发达的城市("那里的人都吃得好,穿得好,没有穷人,没有乞丐")。他在那里拜访了一位来自马德里的女士。莫理循对她的评论是,"她芳龄 18,美得毫无瑕疵"。马拉加是一个破败的镇子,"肮脏而邋遢,比中国还糟"。"一半人愿意为你擦皮鞋,另一半人乞求施舍。乞丐纠缠着你,名声不好的泼皮跟在你后面,要带你去'一间特别的屋子里'看'非常漂亮'的 15 岁妙龄少女"。

马德里的普拉多博物馆"通风不好。画挂得很糟。两个讲解员

都是文盲"。州立烟草工厂有 3 200 个工人,却没有机器,是国家衰落的典型例证:

> 那里的景象令人感到吃惊——许多相貌丑陋的老太婆从孩童时代起就在那儿工作。空气污浊而压抑,环境极糟——妇女们随意往地上吐痰,因为污浊的空气增加了唾液的分泌——掉在地上的烟丝头和吐在地上带有肺结核病菌的唾沫统统被扫起来制成烟卷。我忍不住要呕吐。儿童们在工厂劳作。妇女们疲劳地把头埋在她们面前的烟草堆中睡着了。

西班牙政府的医药投入少得可怜,医药业落后 100 年。从国王以下全面腐败。肺结核和梅毒十分流行。

莫理循在西班牙做全国旅行时,继续把西班牙和中国做了一番比较:

> 腐败是全面的。压榨百姓的政府体系比中国更糟。没有公共卫生的意识……虐待动物的行为甚于中国……卵石大街落后法国或比利时 100 年,死亡率高得惊人,原因是政府不顾人民的死活,人民普遍缺乏卫生知识……私生现象严重……非婚生人口占一半以上。报业地位低下,邮政服务如日本一样腐败。

> 教会为这个国家做了些什么呢? 它对教育人民有过帮助吗? 它使人们不再犯罪吗? 它能救助漂亮的女孩,不使其成为妓院的奴隶吗? 在那些导致国家毁灭的弊端中,它制止过一项吗? ……有钱人过着富足的生活,而穷人却半饥半饱……

"为什么不该有场革命呢?"莫理循问自己。惟一的希望是建立一个共和政府。但英国公使莫利士·德本森与他一同吃饭时说的一番话给他留下了深刻的印象:"共和政府需要受到良好教育的人民。无论是西班牙还是葡萄牙,人民都未受到教育。"

莫理循从西班牙到维也纳和柏林做了一次短暂旅行。在维也纳,他见到了满腹牢骚的威克汉姆·斯迪德。斯迪德抱怨说,他无心在《泰晤士报》干下去。莫伯利·贝尔和姬乐尔都攻击他。他说,由耶稣会士养大的姬乐尔一直想重回外交部。但外交部给他的最好职位是给爱德华·格雷爵士或"类似的人"做私人秘书,年薪600英镑。姬乐尔希望到某个大使馆工作。《泰晤士报》驻巴尔干记者 E. B. 布尔塞也被姬乐尔造谣中伤,几乎自杀。"多么卑鄙的阴谋!"莫理循在日记中写到。"心胸多么狭窄的卑鄙小人。姬乐尔是这样一个不可信任的好嫉妒的耶稣会士!"

他在圣诞节回到报业广场时,发现这是一个令人更不愉快的地方:洛瓦特·弗雷泽曾因酗酒接受过咖啡因疗法,现在又旧瘾复发,正接受催眠治疗。莱昂内尔·詹姆斯过去曾"名扬四海",年薪为600英镑,现年薪被降到200英镑,他所主持的栏目也每况愈下。卑鄙的犹太人、耶稣会士姬乐尔的处境也非常不妙。莫伯利·贝尔被人称为"渐趋死亡的巨人"。北岩勋爵正在折磨所有这些人。他告诉莫理循,贝尔的父亲曾想给贝尔起的教名是"Miserly Bell(麦斯利·贝尔)"——这是对一个曾为《泰晤士报》鞠躬尽瘁的人无耻的诽谤。①

[二十]

北岩在对《泰晤士报》的"原班人马"进行精神战时,把莫理循引为同盟。他邀请莫理循到他租的萨顿街的伊丽莎白豪宅("非常奢华,1521～1526年由名叫韦斯顿的富有的酿造商建造"),又对他们

---

① 注:Miserly 这个词在英文除了可作名字外,还有"贪婪的"含义,因此贝尔若被名为 Miserly Bell,就可以被理解为"贪婪的贝尔"。

发起了猛烈攻击,说白克尔"优柔寡断,不惜任何代价要和平",说贝尔是"狡猾的黎凡特犹太人",说姬乐尔"非常能干,非常固执,非常有偏见,并像女人一样好嫉妒——别忘了,他是一个耶稣会会员"。北岩还说,他们都依恋高薪的职位,决心不惜任何代价坚持下去。他们都对莫理循有敌意:

> 他们对您恨之入骨,我可不愿重复他们的话。但他们想把您一脚踢开。他们认为您性格软弱,因此可以随意摆弄您。他们认为,您在遭受摆弄后还会去求他们,他们还可以像以前那样折腾您。他们不准您说真话,也不准您倾听别人的意见。我昨天与贝尔和白克尔呆了六个小时。您必须用大棒敲打他们,只有这样才会使他们倾听理性的呼声……我坚信您会快乐而满意地回到英国。我说过您为《泰晤士报》和大英帝国作出了巨大贡献。我在董事会任董事长,董事会认为假使不得不解聘某人,那也决不会是您这个北京记者……您不能信任这些人……他们想赶你走,您必须坚持下去。

北岩说莫理循必须坚持三件事:出版他所有的电文,除非外交部特别要求禁止出版;在恰当的时候出版他75%的信件;不能出版时应说出理由。

回到伦敦后,莫理循接到"心绪不宁的"莫伯利·贝尔的一个电话。北岩已告诉莫伯利·贝尔夫人,莫理循指控了姬乐尔许多罪名。"这么一来我把自己卷入了争吵之中",莫理循在日记中写道,"北岩的言行多么轻率。他搞什么把戏?"

莫理循发现,"尽管北岩挑拨离间",莫伯利·贝尔"仍然兴高采烈,心满意足",北岩的分而治之的政策显然在《每日邮报》取得某种成功。莫伯利·贝尔的印刷商(北岩的老同学,名叫布兰德)形容《每日邮报》是"一张阴谋的温床,每个人都是告密者,每个人都图谋撵走他的顶头上司"。

根据北岩的建议,莫理循向莫伯利·贝尔发了一封长信,并给了姬乐尔一个复件,强烈抗议国外新闻部的政策——"一个不是根据记者的观点,而是根据外交部的观点制定的政策"。他像威克汉姆·斯迪德和布尔塞那样抱怨说:"当他们的报道与姬乐尔先入为主的偏见产生矛盾时,报道就被彻底禁止。"他说他惟一的兴趣在于《泰晤士报》的效率,但被姬乐尔破坏了。他询问《泰晤士报》是否继续反映姬乐尔提出的"日本永远没错,中国永远不对"的观点。

莫伯利·贝尔深怀歉意地回了信,莫理循不由地担心起这个"可怜人",就给贝尔回了一封电报:"我的信使您苦恼,我很抱歉,因我并无此意图或想法,我深感震惊。"姬乐尔的回信写了整整八大张纸,强烈谴责了莫理循。他说他经常特别照顾莫理循,热心地指出他工作的不足之处,并说莫理循是报社惟一获准带薪请假一年的记者。

"他断定我横穿中国的旅行……是我的私人旅行",莫理循写信告诉威克汉姆·斯迪德,信中装有他给莫伯利·贝尔信的复件:

> 我的信使报社苦恼……姬乐尔无比愤怒,说他再也不会原谅我……显然,《泰晤士报》认为压制事实和不刊登事实完全是两回事。姬乐尔是一个非常敏感的人(顺便说一句,没人认为……一个外国记者要具备敏感的秉性)。为了给姬乐尔留些面子,《泰晤士报》表示愿意尽量满足我的要求,但要求我写一封信,说明我所指的压制事实……只局限于我的领域中我所知道的范围内。

他在给斯迪德的信中写道:

> 他们似乎愿意再把我派到北京去,因为这样才会使我感到心满意足。其实,在许多方面我比几年来任何时候都更感满意

……我的信深深地"刺痛了姬乐尔",适当地震撼了他们……更重要的是您应当有与北岩勋爵说话的机会……我当然希望今后能与他自由交往。他是一个富有同情心的人,鼓励奉献精神。您不必担忧将来您在《泰晤士报》的职位。

斯迪德回电说:"布尔塞也对您在英国逗留期间所写的文章表示感谢。"他还给莫理循写了封信:

> 过去十年中,陈腐、虚伪的外交理念使国外新闻部每况愈下。我们没有成为主要的消息来源,因此也没有成为舆论的先驱,相反,我们却渐渐结成一个没有丝毫诚信的小团体。您不畏权势所表达出来的立场决不会徒劳无功。您的立场鼓舞了那些从未能像您那样把事实真相剖析得入木三分的同事……

莫尼彭尼认为莫理循走得太远了,但他也批评国外新闻部是"外交部的喉舌",批评国外新闻部迫使记者屈从姬乐尔的观点。

当莫理循第一次遇见从远东回来的国外新闻部代理主任达德利·布拉姆("胡子刮得精光,引人注目的犹太人相貌")时,布拉姆就对他说,在北岩的管理体制中,人人都前途未卜,因此他一直犹豫不决,是否要租一套租赁期为七年的房子。他老调重弹,抱怨个不停:"北岩的秉性就是如此,总是挑拨离间,让手下争斗个不停。"布拉姆同意莫理循对中日两国事务的许多看法。他认为中国革命不可避免,因为中央政府过于软弱,无法控制各省的咨议局。他说日本人恨莫理循,特别提醒他要提防本多熊太郎,因为本多熊太郎曾说莫理循是一个"政治冒险家"。布拉姆说自己是自由主义者,令他感到遗憾的是,自由主义者只要一提到《泰晤士报》的领导层总是火冒三丈。莫理循对布拉姆的评价是:"才36岁——能干且幸运的人,前途无量!一个才华横溢的记者。"

几天后是莫理循的 49 岁生日。"岁月如梭啊",他写道。他的健康状况一直不佳,这使他不由地感叹时光的短暂。他的健康恶化,情绪沮丧,花了一整天时间到哈尔利街找医生看病。一个医生发现他"肝充血",血压高,要他光吃牛排,喝热水。他吃饭时吃了一块 12 盎司重的牛排,感觉好多了。再吃饭时,他吃了两块牛排,仍然感觉不错。但好转是暂时的……有人建议他做一次"电淋浴":

> 所谓"电淋浴"就是坐在椅子上接受电流的冲击。医生在谈到尿蛋白、糖尿病和类似的可怕恶症时,我昏了过去,我如此虚弱,只好整个早晨在医生的客厅的沙发上休息……

他在日记中失望地写道:

> 很不信任医生,怀疑他这样做是否对我有益。我感到无精打采、焦虑和沮丧——我想大部分是因为天气的缘故。阴沉的天气几乎使人发狂。

> 天阴沉得可怕。浓雾。我急需变换环境。精神萎靡不振。我想晒一小时的太阳可能会比电疗法更有效。

但好几个晚上,"朵拉的到来使我深感欣慰"。她似乎不像托妮那样索求无度。莫理循给她买了一件短衫和一个价值 6 英镑 6 先令的手镯。1911 年 2 月 16 日,莫理循要去圣彼得堡。他在开车去车站时,在"斯宛和埃德加"街角与她告别。他走之前,《每日镜报》为他拍了照片,刊出的图片说明是:"《泰晤士报》驻北京的著名记者莫理循博士,他了解中国,比任何欧洲人知道的都多。昨天他有两项新体验。医生为他拔牙时给他注射了笑气,在西南区阿蒂乐里公寓大楼打包时有人给他照了相。"

莫理循的告别信中有一封是给北岩的：

> 我回到英国后，您和您的夫人对我关怀备至，对此我深表谢意。您给我与您会面的机会，并和我畅谈对《泰晤士报》前途的展望，我为此深感荣幸，因为这是我在英国享受到的最高礼遇。我将与您保持联系，使您随时了解情况的进展。我相信，与国外新闻部主任偏见相左的报道再也不会遭到封杀。多亏有了您，我才能心满意足地回到中国，很长一段时间我都没这么满意过。因为我知道，一旦需要，我总是可以和您联系。

他还给塞西尔·克莱门蒂·史密斯写了一封信：

> 《泰晤士报》的状况不容乐观——我指的是财政方面。北岩勋爵正尽其所能发展报社的业务，消除员工的"强烈不满情绪"，提高报纸的格调，使报社摆脱一些不幸的负担(如读书俱乐部以及类似的事情，这些都是北岩走马上任前就存在的现象)。现在报社花钱如流水，在加拿大和美国的业务尤其如此。我恐怕增加的发行量与增加的支出很难相符。姬乐尔做我们的主任很不合适……我们所有的人都知道他的能力，但都认为他是大英帝国中最不公平和最狡诈的国外新闻部主任……难以相信，国外新闻部在这么一个反复无常家伙的管理下会变成什么模样。他每天只在下午三点到五点之间才到办公室转一转(不是每天都去)……北岩勋爵说自己要给泰晤士报社立两条格言：一条是"新闻像酒，越旧越醇"；另一条是"献身《泰晤士报》"。

塞西尔爵士回信说：

> 您在信中所讲的《泰晤士报》的情况，非常有趣，也非常可

悲。作为一个英国人,我总是为《泰晤士报》感到自豪,但以后是否还有这种感觉就难说了……

[二十一]

在圣彼得堡,莫理循拜访了英国大使乔治·布坎南爵士。他有38年的外交经验,是"憔悴的酒色之徒,骨瘦如柴,上牙突出,鹰钩鼻子,高颧骨,典型的笨蛋。即使人们想起他是英国派出的大使,还是认为他是大使馆令人吃惊的怪物"。乔治爵士给人以"软弱、无决断"的印象。但他认为与俄国外交部长萨索诺夫先生的一次谈话却"极为有趣"。莫理循在一封写给布莱克夫人的信中说:

> 他和我进行了一番开诚布公的交谈,特别是谈到中国时更是如此。他谈话的核心内容是"我们想看到一个繁荣昌盛的中国,但不是一个强大的中国"。他看起来像所有我见到的俄国人那样害怕中国人向西伯利亚移民,担心西伯利亚没有防御的状态;害怕边境还未加强防御,而中国就已成为强大和富有侵略性的国家。我指出在未来许多年里,中国不可能变得很强大,因为尽管在过去的几年中,她的部队发展迅速,但她拥有现代化装备的有效力量不到20万人,而这对保卫中国这么大片疆土来说是个微不足道的数字。

[二十二]

莫理循离开伦敦前,在1911年1月26日的日记中写道:"从北京传来令人吃惊的消息,哈尔滨发生了瘟疫。不是腺鼠疫,而是致命的肺鼠疫。"他马上与柏卓安、中国公使刘玉麟和鼠疫专家威廉·辛普森教授在中国驻英使馆忙起来。辛普森已同意到中国服务,条件是聘金 2 000 英镑,月工资 500 英镑,他需要一个助手以及两个人所有的花费和实验室及抗毒素所需资金。莫理循向公使建议把聘金减到500 几尼。

辛普森说瘟疫是由家禽和鸽子传播的,因为野鸡已几乎从满洲消失。他认为这种传播途径非常有趣。在东英吉利,他在猫、兔、白鼬和鼠身上发现瘟疫病菌。他讲话的依据是他在南非、华南和印度工作时所取得的经验。

由于辛普森不愿意减少聘金,后来就聘请李斯特学院的皮特里博士前往满洲处理瘟疫事项。他还带上地方政府董事会的法拉尔博士作为助手。莫理循和他们从莫斯科旅行到哈尔滨。法拉尔的父亲是个著名作家,而他自己"矮小而强悍,夸夸其谈",无知、做作,喜欢高谈阔论;皮特里尽管是一名非常能干的细菌学家,却是一个"迟钝的、极其乏味和无趣的"谈话对象。莫理循觉得这次火车旅行相当难捱。谈话主要内容都和瘟疫有关。例如,跳蚤、老鼠携带瘟疫病菌问题;一个人如果吃了染上瘟疫的土拨鼠,是否会通过吸收或接触而被传染致死。莫理循在日记中记下这些学术性的讨论后,补充了一些自己的奇特发现:笛福的《瘟疫年日志》中除了瘟疫造成的毁灭外没提到老鼠……还有那些令人费解的"深受痔疮困扰的"男人(《撒母耳记》上,第五章)和"玷污地球的五个金痔及五个金老鼠"(《撒母耳记》上,第六章……)

在哈尔滨,剑桥大学极有造诣的毕业生伍连德博士[①] 前来迎接

---

① 伍连德(1879~1960):中国近代医学卫生事业的先驱者,现代防疫体制的奠基人。他早年毕业于剑桥大学,获医学博士学位,1908 年回国任天津陆军军医学堂副监督。1911年,他领导、参加了扑灭东北鼠疫的工作,主持召开了万国鼠疫大会。他一生著作甚丰,有《中国医史》、《鼠疫概论》等以及数百篇论文,蜚声中外。1937 年日寇侵华,他被迫离开中国,后在马来西亚行医。著有自传《与鼠疫作战的斗士》。

莫理循,他负责消灭瘟疫的工作。他们一起视察了医院和隔离站。莫理循看到苦力们在茅舍里"污浊的环境中,一个挨一个裸着身子躺在一个高出地面的土炕上,挤得满满的……或成排地躺在从地面到房顶支起的上下铺上"。他报道说,哈尔滨政府当局"为了遮掩北京政府的视听,编造起虚假奏章,表现得出奇的愚昧、踌躇和虚假。"莫理循在电文中纠正了这样的报道。伍博士说,莫理循的报道"引起了世界的关注",《英文北京日报》说,莫理循的电文与其他记者一直在报道的"异想天开的流言蜚语截然不同"。

俄国人,特别是为了政治缘故的俄国人,发送了"大量荒唐的、言过其实的"报道。莫理循给伍博士写信,建议他直接向《泰晤士报》披露真相:

> ……在过去相当长的时间,俄国的策略是在欧洲报纸上夸大满洲不尽如人意的状况。无疑,你知道他们在这方面说了多么令人震惊的谎言……我已在《泰晤士报》纠正了许多类似说法……你能做点我建议的事吗?我们对瘟疫相当感兴趣;我们也对中国本身维持满洲领土的完整感兴趣。

瘟疫没流行多久,但已有67 000人死亡。

[二十三]

莫理循于3月12日回到北京。在他离开的15个月里,这里有了进一步的改善。"市容正在改观",他在给布莱克夫人的信中写道:

> 到处都在修筑碎石铺的马路,每一座重要的建筑都装上了电灯,街道被电灯照得通明。电话系统相当不错,邮政服务也很好,一天投递八次。警务工作大为改观——工资优厚,装备精

良,纪律严整。我昨天亲眼看到一个运粪工(地位最低的苦力)的手推车打翻在路上,一个警察小队长连忙跑过去,帮助他把车扶正。过去你能想到这样的事吗? 所有的部办公楼,或已被安置在一些气势雄伟的西式建筑中,或很快将搬迁进去。自来水的供应很好,我毫不怀疑不久将出现有轨电车……这里的中国人现在正大量地使用现代物品。例如,英国床架销售得极好。全城都能看到胶皮轮的东洋车。信件由骑着自行车的苦力投递,车胎是橡胶的。你可以见到上千辆的马车,汽车不多,但很快会像上海一样多。全城到处都在修建大楼……

他相信这个国家更加繁荣昌盛了,金融方面虽然已有"非常大"的进步,但改革仍迫在眉睫。铸币现在能在全中国使用;纸币到处都可通用,不过有五花八门的折扣。铁路发展取得了实质性进展。最近的粤汉、川汉铁路1 000万英镑的大贷款是中国所签定的最重要的一个贷款合同。有了这笔钱,铁路三年内就可修成。这条长12 000英里的铁路将通过长江流域最富庶、人口最稠密的地区。列强间的摩擦比以前小,英、法、德、美为了他们的"四国"贷款而共同合作:

> 我们努力劝诱中国人通过签合同贷款的办法来建造他们自己的铁路,因为这是惟一的明智之举……我们要他们建造铁路。铁路建成并偿还了贷款后,铁路就是中国人的,他们爱怎么做就怎么做——就像他们建造战舰一样。

但海军处于"毫无希望的衰败状态":

> 除了庆亲王,北京最腐败的高官也许是贝子、海军部大臣载

振①，一个傲慢、生活堕落的最坏的寄生虫。他在环欧旅行时，向殷勤款待他的列强发出了"优惠定单"，从每个国家购买一艘不同类型的战舰，可是这么一来，连一颗螺栓都难以置换。海军部被说成是"海军博物馆"。他现在拥有英、德、日、美、奥地利和意大利等国不同类型的战舰。

日本海军照理说来应当很讲效率，但据驻东京的英国海军专员道格拉斯·布朗里格爵士所说，日本海军同样很腐败。道格拉斯在给莫理循的信中说：

> 一些轻信别人的白痴竟认为日本人是不会贪污受贿的。我的看法是，持这种观点的人，要么轻信到荒谬的程度，要么无知到可悲的地步！总的说来，如果不从他们预定的项目中贪污大宗款项，任何品种或种类的武器、机器，当然也包括战舰的生产线都不会开工。

[二十四]

奥地利驻北京使馆已有 11 年拒绝与莫理循来往，因为莫理循报道说，在义和团运动初期，奥地利指挥官托曼上尉惊慌退缩。现在，英国驻北京使馆武官柏来乐将军请莫理循去会见正在北京访问的前奥地利驻罗马大使鲁周伯爵："鲁周伯爵急于见到您……因为昨天他说，您是那种有能力左右和平或战争的人，所以我希望您能在这非常时期为和平而努力。"伯爵对他称赞有加，并提议想出一个办法来结束外交僵局。他建议"由我给他写封信……这封信将呈给奥地利皇帝。我要在信中说'许许多多奥地利人已在 100 次战争中英勇地血

---

① 注：海军部大臣应是载洵，封为贝子的是载振，莫理循将两人搞混了。

染沙场'等好听的废话。我应当心情愉快地极力促成此事。"

莫理循的活动大见成效，他在"辞藻华丽的信"中不仅颂扬奥地利士兵的英勇行为，而且提到奥地利皇帝是世界上最值得崇敬的人。信发出后，他在英国使馆问到，奥地利是否单独打过一回胜仗呢？没有人能回答这个问题。"这样瞎扯是为了消除奥地利驻京使馆官员11年来对我的抵制！"他评论道。

莫理循向外交部的加耐特报告，他与其他国家公使的关系还是和谐的。德国公使"非常热情友好"；法国现公使是马士理，一个"能力非凡"的人；"诡计多端"的日本公使本多熊太郎已被伊集院彦吉①接替。莫理循很冷淡地评论伊集院彦吉："希望他偶尔说实话"。7月15日，伊集院彦吉送给莫理循一份两天前新缔结的英日协定的复件。莫理循回了一封言不由衷的感谢信：

> 英日联盟补充协定签订后，各方人士都对您表示祝贺。谨此，我也要对您表示祝贺。此件对维护世界和平以及我们两个帝国的和平发展至关重要。您送给我这个划时代的协约全本，想得真周到，衷心感谢。

朱尔典爵士给莫理循写信说："我没有接到新指示，也没想就这个问题向中国人通报。"

[二十五]

一些老相识通过信件还一直缠着莫理循不放。马修·朗特里（莫

---

① 伊集院彦吉(1864～1924)：日本外交官。1893年来华任驻烟台随习领事，1901年后任驻天津总领事，1907年转任驻英大使馆参事官。1908年再度来华，任全权公使。1916年调任驻意大使。

理循在徒步穿越澳大利亚时认识了他)从昆士兰的查尔维寄来一封信:"我们一起在凯布拉克里克的哈蒙兹呆了两个星期……您还记得吧,为了给马匹驱赶毛蠓,我们不得不燃起篝火。"朗特里先生在澳大利亚许多地方做过赶牲口的畜牧工,想在北京谋一份牲畜检验员的工作。他对日本有可能入侵澳大利亚的说法不屑一顾。他在信中说:"让小日本试试,他们决不敢再来第二次……乔治万岁! 澳大利亚万岁!"玛丽·卓普林又面临窘境,她从加尔各答写信来说:"我祝您在德比马赛中走好运,如果您真的很幸运得了大奖,可别忘了我。"玛姬·雷顿也同样困顿不堪。她从爱丁堡来信说:"很难把房子租出去……如果我向您要点儿小钱,也许您不会见怪……"莫理循寄了张邮政汇票,后来接到了雷顿夫人深表谢意的信函:"万分感谢,因为直到我女儿做完此事才告诉我,所以我一直蒙在鼓里……几个租住我们房子的有色男子令她坐立不安,不过后来我们把他们赶走了……"

他没忘记托妮——或朵拉。一回到北京,他就请神通广大的邓加特博士转告他对托妮的问候。他给朵拉寄了些钱买礼物。邓加特没有找到托妮的地址,但完成了另一项使命。他在给莫理循的信中说:"我立即把信寄到特哈维塔,这是她的回答。"特哈维塔的回函没写给阿尔弗雷德,而是给"约翰·布朗"的。这是莫理循与她交往中使用的名字:

> 今晨通过您的朋友邓加特博士,我收到您给我的钱。当然,收到后我很吃惊,因为我原先认为您已把我忘记。巴尔克夫人经常谈到您,想知道您的近况。用不着我说您也知道,我是多么思念您,经常盼望您能在伦敦。您知道我喜欢我的约翰·布朗。我要赶快到罗丝夫人商店去买一件上好时装。每当我穿上这件衣服,我就会想到您。我从来都忘不了您,因为我身边有许多礼物都能使我不断想起您。我没有当掉您给我的手镯,以后也不

会当掉。为什么您不给我写信？我天天都盼着您的来信。这里天气很好。我盼望着能有机会参加加冕典礼，不过我想可能没有这种运气。如果您能来参加加冕典礼，我可能就有机会参加了。我请您的朋友把此信转寄给您。就此搁笔。

     爱您，吻您，

               朵拉

又及，再一次感谢您的好礼物。

朵拉的信写得激情奔放，而康塔顿女伯爵的邀请函却写得矫饰含蓄，两者差别很大：

> 您何时再回国？归国途中请在埃及停留，来我这里——或者明年夏季到希腊群岛，在那儿与我共度几个闲散之日。
>
> 每个人都必须时不时归隐到僻静处——在那儿休息，在大自然的怀抱中康复，把世间男女因全力应付紧张生活而失去的一切都重新夺回……一定要给您繁忙的生活腾出几天——来欣赏畜牧神潘的芦笛声——来倾听从希腊闪闪发光的海面飘浮而过的勒斯波斯梦幻者的叹息声。

几个月后，莫理循又给邓加特写信，谈到托妮：“我想知道她的近况。没有谁像她那样卑鄙，那样忘恩负义。这是我的错，没有必要抱怨，尽管我非常后悔失去了精美的珍珠首饰。”但他在9月份写到：“别再为托妮而烦恼了。当然，我再也不会给她写信了。”那时候，他有两件可以分心的事——另一场革命和另一次恋爱。他的生活又一次与外交事务和性的危机相撞了。日俄战争时，他为梅西所扰；中国发生辛亥革命期间，他又被蓓西所惑。蓓西是一个澳大利亚女孩，他月月处于惶恐之中，怕她怀孕。在满洲的秋季，他的日记中大段大段地记录着他迷乱的情感：

9 月 27 日——多年来从未有过的烦恼——并非杞人忧天。如果下个月能平安过去,我会欢欣鼓舞……我为何如此敏感?

10 月 5 日——更有希望。有前兆……两胁痛。

10 月 6 日——蓓西……昨晚很美,但今天染了头发,变得不那么有吸引力。对我有他人无法理解的吸引力。还有一大群爱慕者。

10 月 25 日——烦恼,焦躁,因为蓓西抛弃了我……

10 月 26 日——蓓西……没有提到我们恋情即将结束,谈的是明天的马赛和她要穿的衣服。

11 月 7 日——应当是今天——上帝也认为是今天!

11 月 24 日——今天,蓓西离我而去,这是多年来我经受到的最大的痛苦。她是那么聪明、迷人、善良而又富有同情心,那么甜美、高雅、成熟、自然……

一整天迷迷糊糊,她的金发碧眼总在我眼前晃动,悦人的声音总在我耳边萦绕。上帝啊,为什么我会变得如此神情迷乱——大为反常!

11 月 25 日——我的思绪随着蓓西而去。我是如此热切地思念她和她一切迷人之处,她灿烂的笑容和她使人着迷的坦诚……我何能何德竟能享受到如此的幸福;一旦幸福离我而去,我又要承受多大的苦痛啊。

12月3日——她现在一定过得很快活，但是我没有她的任何消息。在6日星期三之前没必要担心。

12月7日——还没有任何托妮的消息，我越来越挂念。

第九章

[一]

1911 年 4 月,中国历史上的首届内阁成立了。莫理循在给英国外交部加耐特的信中写道:"新内阁的出现无疑向立宪政府迈进了一步。"清政府允诺在中国建立立宪政府的话已说了五年。两年前成立的各省咨议局发起过一个要求速开资政院会议的请愿运动,要求在国会成立前立即召开资政院会议。1910 年资政院会议开幕,中国似乎已经开始有条不紊地朝建立起类似日本政府管理体系的方向前进[①]。在这个政体中,皇帝仍然是绝对的帝王,拥有宪法允许范围内最为广泛的权力。但是,1911 年 10 月 10 日,汉口俄租界内一间平房里发生了一次意外爆炸事故,结果导致革命党第十一次也是最后一次反对清王朝的起义,结束了中国 2 000 多年的封建帝制。[②] 负责调查爆炸案的巡捕搜查现场时,发现了许多储藏的武器和一份准备一周后发动起义的人员名单,其中有当地驻军的军官。为了逃避缉捕,

---

① 注:此处作者搞混了。各省咨议局国会请愿代表团在 1910 年先后三次发动速开国会的请愿运动,反对以资政院代替国会。资政院于 1907 年由清政府筹备设立,1910 年 10 月正式成立。

② 注:爆炸事故发生在 10 月 9 日,武昌革命军起义是在 10 月 10 日。

他们迅速发动兵变,而且几乎未遇抵抗就轻取武汉三镇:汉口、汉阳和武昌。第二天,莫理循向《泰晤士报》发出电文:"革命爆发和军队叛乱的消息已使北京陷入极度惊慌之中……"清廷惊恐万分,因为中国中、南部城市接连不断地加入到起义的行列。10 月 13 日,莫理循又给《泰晤士报》发去电文:"清王朝危在旦夕。中国大多数知识分子都同情革命。很少有人同情那个至今还保留着太监和野蛮律法的腐败无能的没落王朝。满朝文武十分惊慌,皇权统治……摇摇欲坠。"

摄政的醇亲王惊恐万状,只好求助于两年零十个月前被他无礼罢免的袁世凯,命他为湖广总督,指示他镇压叛乱。莫理循在 10 月 14 日的日记中写道:"皇上起用袁世凯肯定是迫于无奈。"可是,袁世凯并不急于上任,他想起了他那非同寻常的足疾,于是郑重地对外宣称自己"足疾未愈"。与此同时,革命者也在试图争取他的支持,许诺革命成功后将奉他为共和国大总统。袁世凯听任革命风暴持续了 9天,才宣布了他复出的条件(不再提他所谓的足疾问题):朝廷必须授予他指挥军队的全权,保证粮饷充裕;建立一个由他任总理的责任内阁,取代现存的皇族内阁;赦免革命党人。摄政王犹豫不决,于是,袁世凯便继续在养寿园疗养他那非同寻常的双脚。随着革命声势的日益扩大,摄政王终于妥协了。袁世凯的足疾又奇迹般地痊愈了,10月 31 日①,他奔赴前线指挥军队。

尽管莫理循还热恋着蓓西,他仍然狂热地投身于新闻报道工作。他在汉口逗留了 5 天,从 10 月 11 日至 11 月 24 日,他总共发给《泰晤士报》8 113 个字的电文(合 591 镑 11 先令五又二分之一便士的邮资),可是只收到一封回电:"谢谢,来电请简练些。"不过,莫伯利·贝尔夫人来信说:"您的报道又一次在伦敦赢得了读者。"11 月 13 日,莫理循目睹袁世凯乘坐专列抵达北京,"一队手持长剑、威风凛凛的卫兵紧随其后"。美国公使馆汉务参赞丁家立博士在袁世凯的私人

---

① 注:10 月 30 日袁世凯自彰德南下,31 到信阳,11 月 1 日,抵湖北孝感。

官邸恭候他的到来,从前李鸿章曾在此地居住。丁家立向袁世凯转交了革命党议和代表伍廷芳从上海寄来的一封书信。伍廷芳请他将该信转交给摄政王。信中说,若清帝退位,革命党人将完全保证他们的人身安全并优给岁俸。丁家立劝袁世凯不要将此信交给摄政王。袁世凯说,伍廷芳的做法没有任何意义,并告诉丁家立,他不会支持任何旨在推翻清王朝的做法。

但是,袁世凯的兴趣既不在拯救君主,也不在创建共和政权。按照伯塞尔的说法,袁世凯这个"善于权谋的老布鲁斯特①"只有一个目的:由他自己做中国的统治者。就像利用 1895 年的中日战争、1898 年的维新运动和 1900 年的义和团起义一样,他企图再一次利用这次革命实现自己阴险的政治图谋。这就需要熟练地驾御和利用彼此冲突的各派力量。当时中国有三种主要的政治势力,都反对满清政府,同时又彼此对立:四处流亡的孙逸仙(武昌起义爆发时逗留在美国科罗拉多州丹佛市)领导下的激进革命派、改良派或君主立宪派,以及那些沉迷于权势而不关心国家前途的袁世凯的追随者。

袁世凯首战收复了汉口,消除了叛军对北方的直接威胁。但是,他并没有进一步扩大战果。革命军于 12 月 2 日攻占古都南京后,又恢复了与清军的均势。当南京尚在清军手中时,约翰·朱尔典爵士很"直率地"向袁世凯指出他的军队在那里的野蛮行径:"他们将男子斩首,然后将他们的首级悬挂在城门外……如果这类事情继续下去,中国将破坏它在整个世界的良好印象。"袁世凯似乎颇有触动,答应调查此事。

11 月 16 日,海军部军制司司长蔡廷干拜见莫理循。蔡廷干是广东人,曾留学美国,不仅能说一口流利的英语,还能用英文作诗。多年来,他一直追随袁世凯,袁世凯已委派他到武汉与革命党首领大都督黎元洪进行和谈。当黎元洪在蔡廷干指挥的一条鱼雷艇上担任

---

① 布鲁斯特:罗马政客及省行政官,暗杀恺撒者之一。

三副时,二人就已是知交。蔡廷干向莫理循讲述了他到达武汉时受到革命党接待的具体情形:

> 有人给他敬茶,然后把他引到一间屋子里并把他让到上座,开始与大约 40 名代表进行交谈……给他印象最深的是,那些谈判代表都很年轻,来自长江流域的各个省份……黎元洪年龄最大,有 48 岁(按中国虚岁计算),几乎所有代表都到过日本并在那里接受了革命思想……大家先请蔡廷干说说自己的观点。蔡廷干说,他这次来是努力使双方和解,恢复和平,如果可能,希望达成和平协议。他强调中国不适合建立共和政权,如果每个省都成为联邦政府的一个州,又如何保证他们将来不会一个接一个地分裂出去?……他进一步强调说,袁世凯的观点是,保留拥有有限君主权力的清王朝统治,才是保证国家完整与统一的最佳方式。他申明袁世凯从不反对革命党提出的任何一项改革措施。随后,代表们轮流发言。他们都极力主张废除清王朝统治,并且激动地表示:"绝对不能相信满人",中国的惟一出路就是要彻底推翻清朝统治……可以保证朝廷的安全和岁俸,但退位让权势在必行……代表们一致主张建立共和国……部分参照美国和法国的模式,部分参照瑞士的政体,不过要稍加修改。共和政权的总统应由人民选举产生,任期三年。

蔡廷干答道,英国现行的君主立宪政权是最稳固的统治方式,也是保证政府廉洁的最佳典范。他说现行的法国共和政权存在着许多腐败现象,并援引巴拿马运河的丑闻① 来说明问题。他提醒他们注意,当他在美国求学时,耳闻目睹的都是美国社会生活各领域中猖獗的贪污腐败行为。革命党代表要求蔡廷干举出君主政权比共和政权

---

① 注:指 1892~1893 年被揭露出来的巴拿马运河公司舞弊的丑闻。

336 / *Morrison of Peking*

更稳固的例子。所有的人都热望中国政局的稳定持久。他回答说，看看墨西哥所发生的事情吧，你们都应该了解在那里刚刚发生的革命。请别忘记，南美诸国家自建立共和政府以来就一直战事不断，每二三年就出现一场革命。

到了晚上，蔡廷干与代表们共进晚餐。他们围坐在一起，"亲如一家"，促膝长谈。虽然他极力为袁世凯和他所主张的君主体制争辩，但他也承认代表们并不为他的游说所动。他说，所有的代表都高度评价袁世凯，但对袁世凯在遭满人排挤后仍继续为清廷效力表示惊讶。蔡廷干为袁世凯申辩说，当广大民众呼吁袁世凯拯救国家免遭破裂时，如果他再一味退缩，那就是懦夫的表现。

听了蔡廷干近一个小时的陈述之后，莫理循深信蔡廷干实质上是一个共和主义者："他发表长篇大论，极力支持君主立宪政权，但与此同时，他和那些谈判代表们一样强烈排满。"他不仅没有影响那些革命党人，相反，却被对方在辩论中所表现出来的坚定意志和真诚所打动。

蔡廷干和莫理循讨论了袁世凯所面临的困境。莫理循表示，他不赞同保留被剥夺各项权力的清廷，也不能将这种观点与南方革命党人建立共和政权的主张相调和。他问道，要解决当前的纷争，有比清帝退位更好的办法吗？但假如清帝真的逊位，袁世凯会被举荐为大总统吗？蔡廷干不能肯定。他谈到当前中国拮据的财政状况。外务部无钱为雇员发放工资，邮传部简直应当关门了事。他说，袁世凯曾向他提起莫理循为中国提供的帮助：

于是，我建议，也许应该通过列强暗示清政府，它不可能指望外国政府的干涉来维持其摇摇欲坠的政权，最好的选择是接受革命者的建议,放弃权力,体面退位。

　　这次交谈给我留下的印象是:(1)建立一种保留清廷的君主立宪政权是毫无希望的;(2)袁世凯的亲信蔡廷干反对保留满人地位;(3)清廷已经意识到自己的处境毫无希望,打算撤往热河。

　　在武汉,当蔡廷干问起孙逸仙在这场革命中扮演什么角色时,他们说他没有起任何作用。这次革命纯粹是一场武装起义。与蔡廷干交谈的那些革命党人几乎都用一种轻蔑的口气说孙逸仙只不过是革命的吹鼓手,为了保全自己,他总是远离革命。他们还说,尽管革命党中的一些人曾在留学日本时加入了孙党,但绝不能据此断言孙在这场革命运动起了什么作用。

　　几天后,蔡廷干再次拜访莫理循,说袁世凯想见他。于是,莫理循雇了一辆马车造访袁府。在那里,他受到袁世凯的儿子、邮传部秘书袁克定的热情款待。克定恳求莫理循劝说乃父"放弃对清廷的愚忠,选择任总统或者干脆当皇帝"。莫理循评论说:"袁世凯之子有野心,但是愚蠢之极。"

　　袁世凯("比以前更加结实。患有支气管炎。大半时间低声耳语")显得"热情而友好"。他透露的最重大的事情是,"如果再施加一些压力,或许朝廷就会选择撤往热河"。莫理循告辞时坚信清廷将撤往热河,而袁世凯也希望这样的结局:"袁世凯的周围都是革命派,包括蔡廷干、他的儿子还有其他一些人……小袁虽然几乎成了一名激进的共和派人士和反满先锋,但拙于心计"。充当袁世凯和革命党协调人的朱尔典爵士承认莫理循"洞察局势"。

　　莫理循依靠洞察局势的能力和他与中国领导层的频繁接触,有机会获取最为可靠的消息。1912年1月10日,他在一篇题为"皇帝下诏宣布共和"的电文中预测皇帝马上退位,因而被陈志让博士誉为"这是当年的独家新闻"。自蔡廷干密使武汉之后,事态发展得很快。

　　清军收复汉阳之后,莫理循于1911年11月30日给上海工部局的警务处长卜禄士写信说:"在我们看来,革命似乎已经失败。黎元洪通知我国领事,他现在愿意接受以前袁世凯提出的条件。"虽然黎元洪准备接受君主立宪体制,但袁世凯不以为然。莫理循写道:"很难洞察袁世凯的内心世界。他的两名特使已前往汉口,规劝那些革命党人支持他做共和国的大总统。"袁世凯的真实意图是,保留革命胜利的假象,以便利用革命党压迫清廷。他那半心半意的革命态度是他通往权力之巅的捷径。革命党人光复南京后,在朱尔典爵士和英国驻汉口领事的斡旋之下,双方休战了三天,之后又持续了三周。

12 月 8 日,蔡廷干给莫理循写信,兴奋之情溢于言表,"感谢你讲的伯斯威尔① 的约翰逊……唐绍仪已于昨晚在火车的 4 号卧铺车厢中剪了辫子,梁士诒② 和其他一些人大概也在那里剪掉了辫子。"

留长辫子(就是英国人常称的那种"猪尾巴")是鞑靼人的传统。在 17 世纪的中国,清政府严格要求国人蓄留长辫子。剪去辫子是忠于革命事业的象征。

12 月 13 日,莫理循作为袁世凯的客人,坐着由阿斯特旅馆提供的马车,带着厨子③ 和仆役,抵达汉口。他"吃大餐,喝美酒",完全

---

①　伯斯威尔:苏格兰作家,与约翰逊是好朋友,曾为他作传,后指为知己友人作传的人。这里可以理解为,莫理循认为蔡廷干与袁世凯的关系密切,是为袁世凯作传的合适人选。

②　梁士诒(1869～1933):广东三水人,号燕孙。光绪进士。1903 年应袁世凯之聘,任北洋编书局总办。1907 年任京汉、沪宁等五铁路提调和交通银行帮理。1911 年武昌起义后,署袁世凯内阁邮传部大臣。1912 年 3 月任总统府秘书长。5 月,任交通银行总经理。1916 年袁世凯死后被列为帝制祸首,受到通缉,逃往香港。1918 年回到北京,出任安福国会议院院长。1921 年出任内阁总理。1925 年参加段祺瑞执政府的"善后会议",再任交通银行总理。1928 年被国民党政府通缉,后死于上海。

③　注:此处似有误,据蔡廷干给莫理循的信可知,原准备为莫理循提供厨师,后未做到。

失去了对赠与的敌意①。在汉口他写道:"民众死亡不多,但财产损失惨重;革命军秋毫无犯,清军却恣意淫掠。"他由此得出结论,清王朝不可能以任何形式保留下来。"对中国来说,袁世凯是做大总统还是做皇帝似乎并不重要,重要的是清王朝必须退出历史舞台,这似乎是民心所向。"

12月初,摄政的醇亲王引咎辞职,隆裕太后下诏允准。袁世凯被委以全权与革命派进行和谈。12月18日,袁世凯派出以唐绍仪为首的代表团与以伍廷芳为首的革命党代表团在上海英租界市政厅举行会谈,讨论伍博士提出的四点和平条件:清帝逊位,建立共和政体,清帝优给岁俸,救济年老和贫困的满人。

圣诞节这天,正当和谈延而未决之时,革命的吹鼓手孙逸仙博士抵达上海。为了缓解革命党内各个派别之间的矛盾,孙逸仙被选为临时政府的大总统。1912年1月1日,他在就职宣誓时郑重声明,一旦共和政府正式建立并得到各国的承认,他将立即辞去临时大总统的职位。

当孙逸仙及其随从离开上海前往南京时,中国铁路公司总提调阿尔弗雷德·博普在给莫理循的信中写道:"哦,这群乌合之众。"

> 他们完全失控。不可能承认由孙逸仙统领的这群饭桶所组成的政治内阁。请注意对汤寿潜②的任命,像他这样一个臭名昭著的骗子竟被任命负责中国的铁路运输,甚至当上了交通部总长,真是一个不祥的开端。

---

① 注:在1908年、1909年日本曾试图以赠画、授勋等形式买通莫理循,使他不反对日本,但莫理循不为所动。可此时,他却改变了做记者不接受赠与的信条。

② 汤寿潜(1857~1917):浙江山阴人。1905年任沪杭铁路总理,1906年与张謇组织预备立宪公会。浙江咨议局成立后被推为议长。1911年11月5日杭州新军起义,成立军政府,被举为都督。1912年南京临时政府成立,被任为交通部总长,未赴任,托故去南洋游历,归国后病死。

1月8日,莫理循在给布拉姆① 的信中写道:"到目前为止,孙逸仙制造了一个非常完美的假象。很难说这一假象在多大程度上是由于他使人们相信他带回了巨款。事实上,我就根本不相信他带回了任何资金。"但是,他带回了一个不可靠的美国同盟者李何默"将军"②:

> 他是个小罗锅。关于他的报道只要有一半是真实的,他就是一个骇人听闻的大骗子。我从来没有听人说起有这么一位美国人在中国军队服役过,而他却在接受记者采访时声称,在1898年他曾组织四个师前往北京去营救政变后被囚禁的皇帝。他之所以得到"将军"头衔恐怕是基于这样的事实:他在洛杉矶居住时,教一帮中国洗衣工人怎样正步走……

南京的一个承包商查尔斯·马贵尔先生认为,孙逸仙得到美孚石油公司的资助。他在1月14日给莫理循的信中写道:

> ……我希望给您提供一些有用的情报……美孚石油公司一直向革命党提供经费支持,现在也同样。其目的是获得山西以及中国其他石油产区的原油开采权。该公司的布赖克几天前从上海赶来谒见孙逸仙总统,双方长时间的会谈一结束,据说革命党就得到了一笔多达4 000万两银子的现款……这一做法把充满激情和爱国精神的革命运动降到一种唯利是图的境地。

> 您当然知道,美孚石油公司曾为墨西哥革命提供了大量的

---

① 布拉姆(1875~1951):英国新闻记者。此时任《泰晤士报》对外新闻部编辑。

② 李何默(1876~1912):美国人,容闳的好友。参加中国革命,曾在海外协助编练"维新军"。1911年以军事顾问身份随孙中山来华,翌年重病返美,死于美国。

资金,企图谋求在迪亚斯(墨西哥总统)统治下无法得到的利益。我认为这笔赠款的背后隐藏着恶意。观察一下这里的情况就会发现,美孚石油公司的一伙人与革命党关系密切……正是在他们的吹捧和支持下,孙逸仙虽然在国人心中失去了威望,但还是如愿地当上了大总统。他们支持他,是因为把他当成一个易于摆布的弱者。如果没有美孚石油公司的支持,我想孙逸仙在总统交椅上……坐不满六星期。很显然,他这个人缺乏个性。这一点不难从他与一流乞丐李何默"将军"保持的密切关系中看出。人们已经厌恶他了,要全力把他撵下台,但美孚石油公司却甘做他的后台。

颜博士告诉莫理循,伍廷芳自称坚决反对腐败的满清政府,但自己却非常腐败。他把向美国走私的苦力说成是自己的仆人,带进了美国,从而大捞一把,同时还在修建粤汉铁路过程中大发横财。伍廷芳是一个受过洗礼的基督徒,却有两个小老婆。①

[二]

莫理循的新任秘书罗宾小姐在北京大受单身男子的青睐。莫理循对她的工作能力非常满意,但对她的广泛社交却颇有微词。他回到北京一个月后写道:"已有苗头显示,罗宾小姐将会给我招来不少麻烦。她实在太惹人喜爱。"福来萨是她的众多追求者之一。她到北京6周后,他就带她游览天坛公园,而且向她求婚,但是遭到了拒绝。"福来萨的行为伤害了她对雇主的责任心。虽然她担任秘书工作的时间非常短,但是她已无法离开雇主半步了",莫理循自鸣得意地解释说。他自己对罗宾小姐的兴趣也越来越浓厚。他在日记中记述了

---

① 注:此说失实。

许多关于罗宾小姐能力和魅力的词句("一个出色的助手……举止温柔可亲而且充满智慧")。当他接到怡和洋行"无耻和缺心眼的"布兰特的来信时,他感到非常"恶心":

> 北京正在风传您在考虑给您秘书的办公室安装一台电扇。我们乐意呈上报价,但在此之前,我们需要您提供以下参考数据:
>
> 秘书的年龄和性别
>
> 已婚还是未婚
>
> 如果是单身,是否有追求者?
>
> 他(或她)是否养狗?
>
> 这只狗是否健康?
>
> 按照平方英寸计,您秘书的表面积是多少? 也就是她(或他)需要冷却的面积是多少? 这可以通过他(或她)速度的立方,加上手套大小,减去眉毛的长度来计算。
>
> 秘书当前的体温
>
> 需要多高的温度(最低温度为零下 40 度)
>
> 秘书是否感到脚冷?
>
> 秘书是否有点过分害羞?
>
> 您希望您的秘书能说会道而且活泼可爱吗? 建议您来买我们的热风扇,这种热风扇能节约 75% 的能量;如果需要他(或她)热情似火,我们的精神吹风扇一定能使您满意,一台 14 英寸台式吹风扇约需 30 美元。收到以上有关资料后,我们将为您报个实价。

[三]

莫理循向上海的革命党领袖指出,不要指望孙逸仙领导的共和国能早日得到世界列强的承认，因为他对中国国情一无所知。他说，只有袁世凯才能得到列强的信任和支持。革命党领袖对莫理循明确表示，袁世凯当然会当选首届总统。然而，袁世凯愿意接受这个职位吗？1911 年 12 月 29 日，莫理循在给布拉姆的信中对这一重大问题进行了讨论：

> 袁世凯曾对朱尔典爵士强调他不会当大总统，并将这一消息通知了其他外国政府。他说他家几代人都是清王朝的忠实臣民，因此他不能充当篡位者而遗臭万年。但是，假设清政府愿意他来担任大总统呢？如果是他而不是帝国的其他汉人就职，他们的利益一定更加有保障……我认为这也许是最佳的解决途径。我不明白，为什么不能设法使清政府主动支持袁世凯就任大总统。这只是我的一些个人观点，还没来得及仔细推敲。

由皇太后下诏实现共和的思想实发端于此。这一思想导致中国漫长历史上一次重大变革。12 月 31 日，莫理循将这一设想告诉蔡廷干，蔡廷干表示愿意转告袁世凯。三天后，蔡廷干打来电话向他求教："采取什么方式使皇帝逊位最为妥当？皇帝逊位后接着应该做什么？"可是当时莫理循患了严重的流感而呕吐不止。

五周后才再次讨论这个想法。1912 年 2 月 5 日，蔡廷干告诉莫理循："袁世凯听到你的建议后喜出望外。按照你的建议，由皇上对外宣布建立共和立宪体制，既符合中国的传统，也维护了皇上和袁世凯的面子。这可能是解决目前困难的最佳途径。这一途径有利于新政权尽快得到列强的认可。因为现任各国公使都经过朝廷认可，因此他们也就不便拒绝承认由朝廷委任组建的政府了。这样，共和国就将合理合法地建立起来。"

当天晚些时候，莫理循又接到蔡廷干的电话，说他刚刚收到一封从南京发来的电报，要求彻底镇压敌对势力。莫理循写道："最大的变数是孙逸仙。他会接受我们的主张吗？蔡廷干说他对中国一无所知……这个'夏威夷华人'……这个所谓的基督徒。"

当莫理循在北京向袁世凯献计献策之时，另一名澳大利亚记者威·亨·端纳① 也在上海为革命党人出谋划策。莫理循在给朱尔典爵士的信中写道："他是一位无法捉摸的人物。这位与革命党人关系密切，却拒绝担任伍廷芳私人秘书的外国人，就是《纽约先驱报》驻上海的记者端纳"。他与英国驻上海领事馆总领事法磊斯② 爵士"交情深"，是法磊斯"了解革命党情况的主要情报来源"。端纳出生于新南威尔士州的利斯戈，在 1902 年来华之前，曾在悉尼做过记者。与莫理循一样，他对中国人民怀有一种深厚的感情，他不仅给革命党人以忠告，而且积极参与他们的军事行动。孙逸仙被选为临时大总统四天后所发表的那篇精深广博、雄辩有力的《共和国宣言书》③，就是端纳借着一瓶波旁威士忌酒的威力，在一台破旧的打字机上完成的。

[四]

"我们都非常兴奋"，莫理循在 1912 年 1 月 16 日给布拉姆的信中写道："逊位诏书应在明后天对外宣布。"

---

① 端纳(1875~1946)：澳大利亚新闻记者。1902 年以悉尼《每日电讯报》通讯员身份来远东，后任香港《德臣报》记者。辛亥革命前到上海，任《纽约先驱报》记者。辛亥革命时任孙中山私人顾问。1911~1919 年任上海《远东时报》月刊编辑兼伦敦《泰晤士报》驻北京通讯员。1920 年就任北洋政府顾问。1928 年为张学良私人顾问。1934 年转任蒋介石顾问。西安事变发生后，在劝蒋接受和平解决上起了一定作用。1938 年辞职赴南洋。后死于上海。泽勒著有《中国的端纳》一书。

② 法磊斯(1859~1922)：英国领事官。1880 年来华为使馆翻译学生。1901 年任驻汉口总领事，1911 年任驻上海总领事。法磊斯能用汉文起草公文。著有《左传索引》。

③ 注：1911 年 12 月 29 日，孙中山被选为临时大总统。1912 年 1 月 1 日，孙中山宣誓就职，接受印玺后，在宣言书上盖印，宣言书由胡汉民代读。

袁世凯的机要秘书① ······来访并告诉我，前天晚上袁世凯终于接受了这个不可抗拒的命运安排，而且还同意在四天之内由隆裕太后颁布逊位诏书，将政权移交民国······袁世凯将被委任执掌新政权。······同时，清廷不离开北京。我极力主张应迫使清廷退避热河。至于朝廷的岁俸问题，袁世凯正在与亲王们进行研究。他准备每年支付他们的数额高达 500 万两银子，一笔荒唐的费用······我说，100 万两银子足矣······而且举波斯和土耳其的例子，波斯废王的岁俸也只不过 2 万镑。

这天晚些时候，发生了一起令人震惊的事件。刚刚过了晌午，莫理循和罗宾小姐站在莫理循大街他们的寓所② 门前等待袁世凯的马车通过。袁世凯刚刚代表内阁议会去皇宫请愿，要求隆裕太后尽早退位。突然传来巨大的爆炸声，街道的一角顿时冒出滚滚浓烟：

我马上意识到有人投掷炸弹。一匹马冲过追赶的人，片刻沉寂之后，只见袁世凯乘坐的马车在卫兵的保护下迅速从出事地点冲出来，袁世凯的马车从我们的面前一晃而过，看到他坐在里面。感谢上帝，袁世凯安然无恙。但是，又一匹马从街上狂奔而过，可以看到士兵也狂奔而来······我迅速向出事的街角跑去。被炸断的电话和电报线缆散落在地，纠缠在一起。士兵和警察迅速控制了出事地点，一队士兵向靠近街角的第三所房子冲过去······他们用枪托砸破窗户，破门而入······一个卫兵倒在马路正中间，面部朝下，如同一头刚刚被宰杀的猪一样，一股股鲜血不断涌出，他很快就要死去。没有人注意这位身受重伤的卫兵，

---

① 注：指蔡廷干。
② 注：寓所在王府井大街西侧，在今菜厂胡同南，大致位于现在百货大楼旧楼东北角及相应东部广场和它们以北至菜厂胡同的位置。

也没有人试图将他挪到安全一点的地方。距离消防泵和灭火水龙头不远处躺着一个被炸伤的士兵，眼看也活不成了，同样没有人去关心他。往远处一看，还有一匹被炸死的马。炸弹是在消防泵附近爆炸的……在临街的一家商店里发现了多枚炸弹，路上还有一枚没有爆炸的炸弹，士兵们小心地将这枚炸弹放进路边的一只篮子里严加看管。士兵和警察迅速在这一带集结……场面混乱嘈杂，但是他们很快就制定了搜查附近商店和居民住所的方案。一名肇事者很快就被逮捕了，不久，另外两个投掷炸弹的凶手也被抓获，他们中间有一个是留着小胡子、穿着中式长衫的年轻人。他酷似日本人但不是……显然，一个来自蒙古卖圣经的商人和我是现场的第一目击证人。

肇事者是革命党的一些地下党员①，他们无法忍受袁世凯与清廷没完没了的谈判，于是，将自制的炸弹放在四分之一磅重的三炮台香烟盒里，企图暗杀袁世凯。他们很快就被枪决了。一名紧跟袁世凯马车骑在马上的卫队长也被炸死，而袁世凯却一点也没有受伤，并且镇定自若。"他下马时说，'炸弹离我很近'。蔡廷干站在那里啜泣。"

第二天早晨，当莫理循在他的图书馆工作时，罗宾小姐也向他扔来一枚"炸弹"，告诉他，她已经接受了赫伯特·菲利普的求婚。菲利普是领事馆中文秘书——还是个犹太人！（"据我所知，他在男人、女人中都不受欢迎，卑鄙、自私，但在领事馆有升迁的希望……目前工资约一年600英镑。"）

真没想到她竟突然变得如此冷酷，像生意人那样讲究实效，让我们的浪漫恋情随风飘散……他（菲利普）陷入热恋之中，而

---

① 注：在东华门附近的丁字街炸袁世凯者为同盟会会员杨禹昌、张先培、黄芝萌等。

她却一如托妮那样,镇静熟练地周旋于男人之间……他就要得
到至爱了。她还说永远不离开我呢。

真是祸不单行。罗宾小姐订婚后,莫里循和蓓西的关系也莫名
其妙地破裂了:

2月28日——"以前,你一到这里,一切都显得多么美好。
现在你成了最令人讨厌的人!"这是今晚我向蓓西说的话,很粗
野但很真实。她好嫉妒,爱唠叨骂人,简直使我发狂……真是个
泼妇! 我很沮丧,无法工作,被逼得勃然大怒。华盛顿·欧文①
说:"坏脾气决不会随着年龄的增长而有所改善,惟有女人的舌
头才是越用变得越锋利的利器。"……蓓西委身他人,使我如释
重负。她是个头等寄生虫,烦得我几乎无法忍耐……她满嘴污
言秽语,身体也不干净。我无法改变她!

《每日邮报》有个布什先生,曾与蓓西相处过,也勇敢地编排了蓓
西的不是。他对莫理循说:"您完全解脱了,毫不费劲就摆脱了她
……她这人想要什么就开口索取。她从我这儿捞走了50墨西哥元、
香皂和一个灌肠器。她想诱惑我,但没成功。"然而她成功地俘虏了
伦敦经济学院一个叫芬利森的年轻教授。他送了她两枚戒指,自认
为已和她定了婚。

[五]

1911年3月20日,莫伯利·贝尔在给莫理循的信中写道:"我正
在严格控制自己的饮食,七周之内体重下降了18.5磅……我计算

---

① 华盛顿·欧文(1783~1859):美国散文家、小说家和历史学家。

过，如果我的体重照这个速度减下去，一年半后我将从地球上彻底消失。我希望《泰晤士报》也能维持这么久。"

4月8日，莫理循收到这封信。一周之后，莫伯利·贝尔就猝死在报业广场他的办公桌旁，手中还紧握着一支钢笔。一个纠缠不休的人就这样消失了。

莫理循与北岩的合作也没有维持多久。北岩先前所作的承诺也没有兑现。他们合作不久，莫理循就开始抱怨他的新闻稿没有及时发表。莫理循在8月15日给格里格的信中写道："北岩善变。他有着奇特的才能，善于挑拨离间，我害怕给他写信。"几周之后，莫理循给已经退休、定居英格兰的甘伯乐写信："北岩的工作方式令人无法接受。例如，他会把姬乐尔在背后说我的坏话透露给我，又对他人说我讨好中国人是为了谋求最佳职位……"

莫理循与姬乐尔之间的仇恨丝毫没有减弱。莫理循写道："多年来，姬乐尔总是给我的工作设置障碍。听说他已离开伦敦前往中东地区旅行六个月。真希望他就永远呆在那里，无论是在地上还是在地下都可以。"而在给莫伯利夫人的信中，莫理循写道："布拉姆给我的来信总是非常友好——与姬乐尔的恶意攻击形成鲜明的对比。"他还补充道："我从来没有收到北岩的任何信……"几个月以后，他又开始抱怨布拉姆："……不值得给他写信。布拉姆的来信除了草草的几个字外，实无其他内容，他没有提供任何对我的记者工作有所帮助的信息。"

莫理循的不满与日俱增，他的病体和经济拮据加剧了他的不满情绪。8月，莫里循这个办事有条有理的人承认："我的账目一塌糊涂。我的钱总是花得很快。"他甚至无法负担住宅和图书馆的日常开支。"我已经透支200元，欠书商200元……前景很不乐观。"莫理循在给莱昂内尔·詹姆斯的信中写道：

尽管我从不抱怨，但《泰晤士报》所付的薪金已经无法保证我在北京的正常生活了。我指的是按照我习惯了的生活方式生活，如要雇很多仆人，购买很多书籍，还有进行《泰晤士报》记者应有派头的旅行。我正在翻新我那座位于乡村的别墅，因为我不这样做，极有可能无别墅可住。这套房子最初是由一名来自南卡罗莱纳州最虔诚的卫理会教徒修建的，可以看出当初他们建房子时很节俭，房子不是用砖头而是用太阳晒干的土坯堆砌而成，不是用石灰而是用普通的花园土粉刷的。看到房子翻修一新，他肯定会大为高兴。我雇佣的承包商也是一名基督徒，或者说他很可能会皈依基督教，前提是他为伦敦会承担的合同有利可图。

他考虑变卖一些收藏品，据他自己估计价值约在 5 000 英镑左右。于是，他给伦敦的英国皇家陆军和海军物资管理部门写信，询问他们是否愿意收购如下珍品：

> 一批已故皇太后手绘的花卉，一帧乾隆皇帝收藏的画卷，上面画的 20 个人物都是当年在收复台湾战争中建立赫赫战功的将领，题字为皇帝手书。这幅画出自西苑，当时标价是 750 英镑……一个相当精巧的中国木雕艺术品——一乘皇帝的轿子。毫无疑问，这是我在北京见到的最好的雕刻艺术品。

莫理循在给格里格的信中写道："我回到北京后就一直致力于完成我的《回忆录》。我一直保留着所有寄来的片言只语，因为，我需要借此回忆过去 30 年的经历。通过仔细研究它们，用朴素无华的文字记录下我的生平凡事，一直写到 1897 年 3 月 15 日我刚刚抵达北京的那一天。从 1897 年到 1898 年，我的记录很不完整，但是，从 1899 年 1 月开始，我保存了所有有价值的谈话记录……我想，在今年年底之前，应该能完成自传的大致框架……"

赫德爵士回到北京这回事足以"令人感到不安"。莫理循在日记中写道:"如果这个老骗子回到北京,简直就是一场灾难。他会恢复海关的颓败风气,而现在海关的风气已焕然一新。"同时,他给仍然居住在英格兰的朱尔典爵士写信说:

> 他带着老年人的固执观念,认为只有他回来才能"解救海关"……事实上,现在的海关工作比以往任何时候都出色。赫德爵士回来只会带来灾难。他毕竟已 76 高龄,三次中风瘫痪后已身心俱毁。如果他回来……只会使海关恢复以前的腐败和任人唯亲的现象。

"这个老无赖"又从中国人那里骗取了一年的休假期,赚了一年薪俸。据莫理循计算,1863 年以来,赫德从中国捞取了 426 000 英镑的报酬,外加义和团运动战争赔款 20 000 英镑。9 月,赫德病逝,莫理循收到《泰晤士报》一份电报:电告中国人对赫德之死的感受。"我能写什么呢?"他在日记中问道,"谁会为他的死而感到悲伤呢? 难道他从中国人民身上敛取的财富还不够多吗? ——也许超过了百万英镑……这些财富全部被他的家族成员所瓜分。世上没有人能比赫德先生更能假公济私了。于是,我胡诌了几句电文传回伦敦,告诉他们,对于他的死讯没有人感到哪怕一点点的悲哀……我花了整整一个晚上,才挤出这几句可怜的电文。"

10 月 3 日这天,莫理循收到好几个晚宴的邀请,他都一一拒绝,理由有点"伤感"——这天是他 1883 年在新几内亚岛被刺的纪念日。"我的上帝,时间过得如此之快",他写道。

[六]

清朝统治下最后几天发生的事情颇具戏剧性。隆裕太后答应袁世凯的要求准备退位,同时却要授予他非常罕见的一等侯爵的封号,这是汉臣所能得到的第二等爵位的封号。懿旨对封爵的态度是"毋许固辞"。这一诡计是为了向人民证明袁世凯效忠皇帝,结果使袁世凯在处理与主张共和的革命党的关系时,处于非常尴尬的境地。因此,尽管朝廷明确要求他接受这个封号,他还是拒绝了。他递给朝廷的奏章说得娓娓动听,非常自谦,还故意夸大了革命形势。"国事土崩,人心瓦解,千疮百孔,无术补苴。……而咎愆已积,涓埃无补……"袁世凯的这道奏章用词华丽,洋洋 2 000 字,要点在于说明无法将革命镇压下去。他的奏章在随后的几个月内收效甚微。如果他真的接受了这个尊贵的荣誉封号,他必将被套上沉重的历史枷锁。"恳恩准收回成命,使臣之心迹稍白,免致重臣之罪……"

朝廷没有理会这一令人感动的请求,跟着又发布了第二道诏书,说他"具见谦抑之忱",同时坚决要求他不能再次拒绝这个任命。但是,袁世凯第二次予以拒绝。他的第二道奏章仍然十分生动,点缀了许多历史典故。然而,第三份诏书接踵而至,对他的博学大加赞赏,同时也指出目前中国的危机为前所未有:"当恪遵前旨……毋再固辞"。袁世凯还是慎重地予以拒绝,但很快又接到第四份诏书。"朝廷担心丢了颜面,而袁更担心接受这个摇摇欲坠的朝廷封侯会对自己造成不利影响",莫理循这样评述道。袁世凯在他第四次拒绝爵位时这样辩解道,"俾举世免致贻笑,而臣心亦得自安。"清廷最后一份诏书写道:"袁世凯奏叠奉恩旨,未敢坚辞,恳俟时局稍定,再行受封一折。知道了。钦此。"

隆裕太后终于在袁世凯和小皇帝溥仪面前宣布退位,并用一纸辞藻华丽的诏书宣布承认中华民国。清朝文武官员个个情绪沮丧,长跪不起,面露恐惧和担忧之色。隆裕太后满含泪水宣读了这份宣告清王朝覆灭的诏书:

　　　　人心所向,天命可知。予亦何忍因一姓之尊荣,拂兆民之好

恶。是用外观大势,内审舆情,特率皇帝将统治权公诸全国,定
为共和立宪国体……予与皇帝得以退处宽闲,优游岁月,长受国
民之优礼,亲见郅治之告成。

三天后,袁世凯当上了民国大总统。他告诉莫理循,他相信"真
正的中国人"是支持他的,像革命的发起人之一黎元洪,才能出众、通
晓时务的张謇①,以及伍廷芳等人。而那些对中国国情一无所知、
"算不上完全的中国人",像孙逸仙,似乎不会支持他。"他充分肯定
《泰晤士报》曾给予他的帮助,我想他是真诚的,因为自从他返回北京
以后,我们经常地、几乎是每天交换一些意见。"

1 月底,莫理循在给柔克义的信中写道:"当前动乱局势中有一
个奇怪的特点。在华的绝大多数英国人都支持革命党,而绝大多数
在华的美国人却赞同延续君主政权——当然是经过改良了的政权"。
那么,这两个国家政府的态度又是如何呢? 许多历史学家认为,只有
美国政府真正同情共和政权。费子智教授② 认为,所有的欧洲国
家,"要么是隐蔽地、要么是公开地表示敌意"。而英国与日本一样,
对共和国持明显的敌视态度。费子智教授认为:"作为当时日本的盟
国,英国政府认为改良而非推翻君主政权,才是真正适合东方进步的
模式。"但是,莫理循解释说,无论英国政府的态度如何,在对待袁世
凯政权的态度中并没有反映出来。

---

① 张謇(1853~1926):江苏南通人。字季直。1880 年结识袁世凯。从 1901 年起,从
事立宪运动,是年著《变法评议》。1906 年拥护清廷预备立宪组织预备立宪公会并任江苏
咨议局局长,成为国内立宪派领袖。辛亥革命后,任南京临时政府实业总长。1913 年任熊
希龄内阁农林、工商总长等职。1915 年袁世凯推行帝制,他辞职南下,继续在南通地区办
理实业并主持江苏教育文化事业。著有《张季子九录》、《张謇日记》等。

② 费子智(1902~?):英国学者。20 世纪 20 年代来华,在昆明经商。不久弃商从事
学问,研究中国文化史。抗战胜利后,费氏再度来华,担任北京英国文化协会主任。1950
年后任澳大利亚国立大学东方史研究员。解放后曾多次来华访问。著有《中国革命》、《关
于中华帝国的发现》等书。

法磊斯在上海给予革命党以很大的帮助,向他们提出忠告、提供会场和保护。据莫理循介绍,朱尔典爵士有能力抵制日本对共和国的反对并使袁世凯相信,英国政府无论如何也不会支持没落的清廷。他说,英国政府虽然极力调和双方的矛盾,但"对成立共和政权还是君主政权并不十分在意"。朱尔典爵士处境尴尬,由于英、日两国存在着联盟关系。他在行动上必须和日本人保持步调一致,但实际上他又不赞同日本人的对华政策。莫理循给《泰晤士报》发去一封电报,谈到了朱尔典爵士的为难处境。英国外交部将此电文转给朱尔典爵士,要求他作出解释。"我的电报无疑是正确的",莫理循在给布拉姆的信中写道:"结果朱尔典爵士与伊集院彦吉直率地交换了意见。"后来,当他们见到清廷退位的诏书时,朱尔典爵士直率地表示赞同,而伊集院彦吉则谨慎地答应不反对——尽管日本天皇担心中华民国的建立也许会刺激日本的共和运动。

共和国建立起来了,但斗争还在继续。虽然孙逸仙如约将总统位置让给了袁世凯,却反对由清朝颁布诏书成立共和政府,同时坚持将首都迁至明朝故都南京。共和国诞生两天后,莫理循在给朱尔典爵士的信中写道:

> ……袁世凯愤慨之极,不打算剪掉辫子。他收到孙逸仙的电报,孙逸仙否认了以前的承诺,坚持说袁世凯不能从清朝手中接管权力,并且要求他立即前往南京就职。很明显,这仅仅是孙逸仙和他的一群年轻追随者的幼稚想法而已,因为伍廷芳已经给袁世凯发来了贺电……唐绍仪也致电梁士诒表示祝贺。

袁世凯婉言拒绝了迁都南京,因为他留在北京对维持整个局势和控制北洋军队非常重要。事实上,他根本就没有打算离开相对安全的北京而冒险前往前途未卜的南京。莫理循支持他,指出迁都不仅要花去一笔巨额费用,也违反了与各国公使馆的合约。而且,由于

南京的恶劣气候也可能使各国公使在一年之内有四个月被迫去外地
……但是,对革命党人来说,北京就是满清政权的象征,使人无法接
受。梁启超是 1898 年的维新志士,不属于革命党,他写道,北京"汇
集腐败社会之毒瘤与暗疮","政治中心留于彼处,中国将难见廉洁政
府"。[①] 南北双方各执己见,于是,莫理循再一次自告奋勇,呈献妙
计,并交给蔡廷干:

> 黎元洪已通电力争将首都建在武昌。我想一定还会收到从
> 济南府、开封府、河南府、西安府、成都和广州发来的电报,强调
> 各自城市作为未来国都的优势。在这些城市中,至少有三个条
> 件较为有利,因为它们在清朝以前曾是不同朝代的首都。当你
> 手中有一打申请成为首都的城市时,也许各地都会认为北京将
> 是第二个理想城市。

> 在世界上最伟大的战役之一马拉松战役开始之前,曾出现
> 了谁将出任统帅的问题。每一个雅典将军都毛遂自荐,但都把
> 米尔泰底的名字作为第二候选人,因此决定性的一票就给了米
> 尔泰底[②]。这个故事对北京很适用。

蔡廷干回信说:"感谢您对定都提出的建议,这才是绝妙的想法。
您将被称为中国改革运动中的澳大利亚英雄。"作为回报,他向莫理
循透露了一些重要消息:"由于总统深感窘迫,因此同意由我而不是

---

① 注:此段话没有出处,难以查证,故据英文原文译出。
② 注:莫理循将两个故事混淆了。米尔泰底是雅典将军和政治家。马拉松战役开
始前,10 位雅典将军为是否应该离城前往马拉松平原迎拒波斯军队争论不休,米尔泰底说
服凯利马科斯投了决定性的一票赞成出击。他们在萨拉米大获全胜。10 年后,希腊人要
给智勇者发奖。每个将军都把自己的名字写在第一位,大多数人把 10 位将军中的狄密斯
托利克写在第二位。由于相持不下,最终没有发奖。

理发师为他剪辫子。这是您的独家新闻。"

没有再出现定都方面的问题。孙逸仙派出一个代表团前往北京，试图彻底解决这个问题。在他们抵达北京的几天后，大约在下午8点之前，莫理循正要离开俱乐部，突然，他听到一阵枪声。有人说："哈德门发生了枪战。"

> 我没有丝毫犹豫，一路奔回寓所。佣人们站在门口，情绪相当激动。步枪的咔哒咔哒声持续了将近半个小时……枪声离我们这里越来越近。看见躁动的士兵从我的门前向北跑去。街道西边我住所北侧的大杂院着火了，整个街道布满了士兵，而所有的警察都不见踪影。第三镇士兵发生了兵变并实行抢劫，他们正对这座古老的城市进行洗劫。到处都是呼啸的子弹，但似乎没有人受伤。后来，我们才明白开枪只是为了恫吓而已。

始创于1895年的第三镇是袁世凯的嫡系部队，曾在危急关头被调入北京维持秩序。莫理循的寓所离使馆区只有半英里。司戴德就住在莫理循的隔壁，他担任美国驻朝鲜汉城副总领事不久，调任驻中国奉天总领事。他与多萝西·惠特尼结婚后，作为以哈里曼为首、对中国铁路感兴趣的美国银行团的代表返回北京。枪响时，多萝西·惠特尼正在梳妆打扮，准备参加一个晚宴。司戴德先生在给他一个朋友的信中写道："北边整个天空似乎都在燃烧，战斗愈打愈烈，附近传来步枪的咔哒咔哒声，不时还有炸弹的爆裂声，中间还夹杂机关枪的嘎嘎声。"

> 不远处传来玻璃的破碎声、木板的爆裂声和步枪子弹打在门板上的嘭嘭声。一群士兵正在洗劫一家离我住所很近、仅隔一条胡同的银店。突然，门口传来一阵急促的敲门声……只听见一个人用汉语说，"开门，我是莫理循博士"，我担心那些士兵

一定跟在他后面。仆人哆哆嗦嗦地拿出钥匙，我打开了门。莫理循从外面推门进来，还好没有出现什么麻烦。莫理循满怀慈悲之心地走过来说，多萝西最好去他的寓所，因为那里已经聚集了一大群外国人。我们……向他的寓所走去。整个街道被战火照得如同白昼。值得庆幸地是，当时没有风，从南边烧起的火焰没有朝我们这里烧来，否则，我们的日子可不好过。三五成群的士兵肩扛一捆捆抢来的东西在大街上行走或奔跑。他们不时地停下来整理一下战利品，或者又冲进另一家他们认为值得洗劫的商店。一些士兵举着火把照明，随即又将火把随手扔在地板上，于是又引发了另外一场大火。战斗还在继续，但我们到了莫理循这个不被士兵们注意的寓所中。直到一支美国海军陆战队赶来才把我们从困境中解救出来。

住在内城哈德门以东的裴式楷夫人就没有这么好的运气了。丹麦驻华公使阿列斐率领一队英国士兵前来救她。他们到了之后，为了不让那些强盗将屋内的食品抢走，决定先将其全部吃光，地窖里封存多年的许多上好的香槟酒也没有幸免。当这些英国士兵吃饱喝足之后，却彻底忘记了他们的此行目的。后来，他们全部撤走了，留下裴式楷夫人一个人，没有任何人保护她，也没有食品和饮料。

正当莫理循忙于给《泰晤士报》拟稿时，临时在他这里借住的《每日邮报》记者威廉·马克斯威尔先生突然急冲冲闯入他的房间。与他一起进来的还有英国驻华公使馆汉务参赞巴尔顿和一名英国士兵。巴尔顿正式命令莫理循立即撤离他的寓所，但莫理循拒绝了。这时，两名被子弹击中肺部的商店老板被人抬了进来：

> 我们尽量使担架上的伤者躺得更舒服一些。空气从他们的伤口灌了进去，我认为他们活不到明天早晨……就在这样一种嘈杂、不安的环境里，我匆匆完成了一篇极其糟糕的报道。

第二天早晨,莫理循写道:"昨晚我彻夜难眠。我的房子灯火通明,附近传来的楼房倒塌声使我难以入睡。"

蔡廷干送来一封充满外交辞令的信:

> 整夜与总统在一起——无法预料的事件。昨晚我一直打电话试图找到您,但没找到。担心您的生命和那些珍贵书籍的安全,当我们得知您安然无恙时,终于松了一口气。

> 令人遗憾的事件终于爆发了。但是,既然已经发生了,我就不会放过这个可以增加阅历的机会,同时也可以研究在这种局势下的袁世凯。

莫理循又收到一份官方信函:

> 袁大总统得知您于2月29日晚在贵寓所救助几个受伤的百姓并照顾他们,提供膳食,把贵处当作临时医院,他十分感激您的仁慈和人道主义精神。虽然这封信无法充分表达他的谢意,但他还是希望能借此对您高尚的品质和情操表示衷心的感谢。信后附上他的名片并祝您身体健康。

当莫理循在燃烧的街道上漫步时,他所见到的一切令他震惊:

> 一大群抢劫嫌疑犯被枪决了,大多数都是穷人,其中有一个小女孩、一名妇女和一个老妇人,她们仅仅是因为在已经倒塌的楼房残骸中拣拾了几块废木料。另外三名贫穷的妇女由于拿走了几块烧焦的木块和废铁皮,就被击毙。有一个是12岁的男孩。还有三个男人正在等待处以绞刑的宣判。八具被砍掉脑袋的尸体……这时,你不难发现中国人残忍的一面,也是最糟糕的

一面……

中国人的另一面性格也许可以通过这张长 10 英寸宽 12 英寸印刷精致的通告反映出来。这份通告以神奇的速度传播开来：

通　告

各教会、商会及居京侨民鉴：

　　此次事变，出人意料之外，余心甚以为憾。盖维持北京之治安为余最重之责任，君等寄籍外邦，受此惊恐，余实抱歉，故特致书表达谦忱。现已采取一切预防措施，防止类似事件再次发生。

袁世凯(签名)

中华民国临时大总统

1912 年 3 月 1 日于北京

袁世凯采取的预防措施收效甚微，当那些妇女和女孩子们只因拣拾残物而被判处死刑的时候，那些真正的抢劫犯却逍遥法外。三天后，莫理循在给蔡廷干的信中写道：

　　今天早晨，我和四名英国人骑马去了我的别墅……然后朝丰台奔去……

　　丰台一片狼藉……整个地区被洗劫一空。我目睹一列火车满载被掠夺来的财物在一队第三镇几个士兵的押运下前往良乡县。

　　到处都是第三镇第十二标的士兵，他们就是昨晚洗劫保定府的那一伙人。他们没有随带任何抢来的财物，因为所有抢来的东西已经用火车运走了。一想到那些本来是受命保护这一地区的部队却有组织地进行抢劫就不寒而栗,现在他们又将奔赴长辛店和良乡县进行新一轮的抢劫了……这些抢劫者就这么轻松逃脱应有的惩罚,简直就是中国的悲哀,中国的军队太多了。中国最需要的是一支数量少但受过严格训练、军饷充足、具有良好的团队精神和真正精干的部队,每个士兵应该由他的家庭或他的村民予以担保……

我对你们目前的局势深表同情,但我希望坏事变好事。

当代史学家们认为,是袁世凯亲自策划了这场"兵变",目的是企图向代表团证明自己不能迁往南京。而当时的官方解释是,军队由于缺饷而哗变。莫理循似乎看不透袁世凯的骗局,他对此解释深信不疑,就像轻信袁世凯对自己1898年所扮演的犹大角色的解释一样。而其他人,包括卜禄士上校、法磊斯和福来萨对此都心存疑虑。"您认为袁世凯是否应该对这场骚乱负责?"卜禄士上校写道。"看起来,袁极可能就是幕后的主谋",法磊斯写道:

袁世凯的两面派手段一直令人怀疑,大多数稍有头脑的人似乎都怀疑袁世凯是北京这次骚乱的主谋。刚从北京返回的代表团认为不是袁世凯,而是他身边的亲信直接策划的。他们似乎被袁世凯的甜言蜜语所欺骗,而不是被收买。但袁世凯可能收买了上海的许多报纸和北京的一些国会议员,这就在某种程度上,形成了将首都留在北京的舆论倾向。

莫理循在给福来萨的信中试探性地评论说:

还有比认为袁世凯为了抵制迁都南京而策动兵变的看法更荒谬的事情吗? 法磊斯不致于轻信这种谬论。这次兵变发生在袁世凯发布遣散令不久,是他一生中所遭受的最为严重的打击。我认为,他正由于整个事件而心灰意冷,也许更乐意退隐。他的健康糟糕透顶,气色不佳,住在一间过热的屋子里,不讲究卫生,也不运动,穿戴得就像是在南极过冬。依我看,传说代表团被袁世凯收买的消息未必可靠——没有人真正相信袁世凯此时会离开北京。对他来说,策动兵变,损害他在世界上的声誉,就像使用铁锤去敲醋栗一样不合逻辑。法磊斯总是猎取这些荒诞无稽的奇谈,其实他根本就不会相信,因为他是领事馆中的卓越人物……

住在离南京约七英里的一节列车车厢里的戴维·福来萨正在为《泰晤士报》工作,他与革命党人过从甚密。他写道:

> 这里有两种看法。一种认为是反动分子挑起的兵变,另一种则认为是袁世凯策划的……却没能控制局势。然而,无论这些看法正确与否,或者仅仅是军饷问题……都足以证明袁世凯与自己部队的联系并不密切,没有掌握军队的活动情况,兵变发生时,他也无力进行阻止,而他对兵变的姑息,也足以证明他不可忽视的软弱的一面。

尽管莫理循对袁世凯忠心耿耿,也无法忍受袁世凯对那些叛军的纵容态度,他努力奔波试图使那些叛军受到应有的惩罚。他给仍在为袁世凯军队工作的孟席斯少校写信:

> 就在我寓所附近的兵营里……驻扎着袁世凯的嫡系部队,他们在这里囤积了大量抢来的财物……那些士兵强夺马车……强占火车,将这些财物运往保定府,没有一个人受到应有的惩罚……就在昨天,袁的部队就在此肆无忌惮地挨家挨户掠夺钱财

……我从一个朋友的屋子里赶走了两个士兵，从另外一个朋友家中赶走四个士兵……我还了解到那些警察都脱掉了身上的制服，加入到这些抢劫的士兵队伍中。这一切都是有预谋的。中国未来的命运将取决于如何处理这场兵变。如果仅仅采取安抚的政策使那些士兵保持沉默，这个国家就真的没救了……

我希望您能利用对政府的巨大影响力，将那些参与抢劫的士兵绳之以法，不要指望给钱而使之不再重复以往的行径。

袁世凯告诉威廉·马克斯威尔，他害怕惩罚这些士兵；但又表示将采取"适当的措施"来处理这场骚乱。蔡廷干给莫理循的解释基本一样："那些抢劫者跑不了"，他写道，"只是时机尚未成熟。"当然，他所说的时机永远也没有到来。

袁世凯嫡系部队的士兵们保住了脑袋和掠夺来的钱财，而袁世凯也实现了将首都留在北京的愿望。街面上的尸体都被运走了，这个平静的城市于3月10日见证了中华民国第二任临时大总统袁世凯的就职典礼。下午2点，莫理循匆匆赶到靠近皇宫、举行典礼仪式的外交部礼堂。在礼堂内，前清的贵族们"满意地目睹了这个伟大的新政权正式建立"。这个良好的政府保护了他们的生命、岁俸和财产，难怪他们对此政府倍加爱戴。

莫理循草草地记录了这次盛典的大致情况：

唐绍仪——所有的与会代表都身穿礼服。

1. 赞礼官宣布就职典礼开始。

2. 袁世凯入场，像鸭子一样摇摇晃晃地走向主席台，他体态臃肿且有病容。他身穿元帅服，但领口松开，肥胖的脖子奓拉在领口上，帽子偏大，神态紧张，表情很不自然。

3. 有人呈上一份大号字体的文件，他紧张地宣读就职誓言——宣誓完毕，他将文件交给趋步上前的蔡廷干。军乐队演奏新国歌。

4. 蔡廷干致欢迎辞。

5. 袁世凯致答谢辞，措辞相当谦逊。

6. 人们排队经过袁世凯面前，对他弯腰致敬。第一批过来的是两个喇嘛，他们先后给袁世凯献上白色和蓝色的哈达，紧跟着是两名蒙古人(据说是亲王)，他们呈上用丝绸包着的画像。

7. 会场秩序井然。

8. 不再有磕头之礼。

袁世凯与所有代表一一握手。

不再有辫子。

没有人穿官服——中国人穿戴一般都很简单。

莫理循在给布拉姆的信中写道：

除了美国，没有其他驻华的外国使节出席这次就职典礼。按照原计划，就职典礼并不准备邀请任何外交使节参加，但是美国可不理这一套，美国公使馆派出了美国驻华公使馆一等秘书卫理、汉务参赞丁家立和身穿制服的武官黎富思。有些外国人出席就职典礼，大部分是记者，而日本人占了大多数。袁世凯看起来很紧张……兵变对他是个沉重的打击。也许没有比这个打击更严重的事了……旧的地方部队依然效忠于他，包括畿辅和京城在内的清军约 25 000 人……秩序井然。警察已恢复工作，偶尔走过的外国军队……起着良好的威慑作用……这是根据中国人的意愿而安排的。

[七]

3月26日，莫理循给福来萨写信说："目前，中国的灾难也许比全世界所有的灾难加起来还要严重。国内的报道令人恐慌和沮丧。
中国建立了一支她已无法控制的强盗武装……帝国惟一还算稳定的
地方……似乎是满洲和蒙古。"袁世凯的就职典礼并没有开创新局
面。他拥有约100万人的部队——是革命前清朝部队的两倍——他
无力向他们提供军饷、衣物甚至食物，如何遣散他们这一恼人的问题
使他寝食难安。许多士兵仿效第三镇的样子解决他们眼前的问题。
整个国家充满了兵变、抢劫和暴力。上海的铁路工程师 F.W. 塔基
写道："据我所知，有个大城镇已经被抢劫了七次。"（没人指出，义和
团运动中洋人的抢劫给中国人以多么沉重的教训。）莫理循向福来萨
说出了他的失望和疑问：

> 目前事态的发展使我非常失望，看不出未来有什么光明之
> 处。国家还没有崩溃，但这是一个欠债的国家，一个接着一个的
> 贷款使她负债累累。庚子赔款已经拖欠了一年。我非常怀疑列
> 强是否会听之任之……我真希望孙逸仙在出国前能在中国大地
> 到处走走，亲眼看看他的国家目前的处境……

朱尔典爵士也"非常消沉"。前景真是暗淡。法磊斯从上海发来
电报，说那里有 15 000 名没有发饷的士兵。在长沙，士兵得到每年
30 元大洋的承诺后被劝说遣散。中国面临着全面的财政危机。袁
世凯完全意识到局势的危险性。唐绍仪却愚蠢之极，盲目乐观。
福来萨更悲观。"局势糟透了"，他在 4 月 12 日写道：

长江流域有三支军队，分别由黎元洪、黄兴① 和陈其美②
率领，他们之间相互独立。再向南是广州、汕头和其他地区，他
们不理会长江流域的队伍。而长江流域有一些小股部队相互争
斗、抢劫，各霸一方……我想这场革命是有史以来最侥幸的一
次。如何收拾局面的问题使我惊恐不安。但有一点是确定无疑
的，中国将面临一个灾难性的混乱时期……

来自英国上议院的夸奖使朱尔典爵士精神振奋，而莫理循痛苦
地写道，《泰晤士报》对他的辛勤工作没有一句赞美之辞：

尽管我在这场危机中一直在精神上支持着可怜的朱尔典爵
士，却没得到半分赞许……我相信，若不是因为我，他早就精神
崩溃了……袁世凯高度评价朱尔典爵士对他的支持。他对朱尔
典爵士说："我之所以能当上总统，多亏了您的帮助。"（然而袁世
凯也对我说过同样的话。）

不久白克尔寄来了使他稍感安慰的信："您在这场革命中的工作
一直是最出色的"，还传来了报业广场有所变动的消息。姬乐尔被封
爵，马上就要退休，还要出席一个对他表示祝贺的宴会。白克尔在给
莫里循的信中写道："也许邀请您参加这个宴会是个愚蠢的想法。但

---

① 黄兴（1874~1916）：湖南善化人。1905 年与孙中山在日本筹划成立中国同盟会。
之后组织、参与、指挥多次起义。1911 年武昌起义爆发后，被任命为战时总司令。1912 年
1 月，南京临时政府成立，任陆军总长兼参谋总长。临时政府北迁后任南京留守府留守。8
月被推为国民党理事。1913 年 7 月，"二次革命"爆发，任江苏讨袁军总司令，失败后至日
本，与孙中山政见不和，旋赴美，宣传反袁并为云南护国军筹款。袁世凯死后，1916 年由日
本回到上海，和孙中山恢复往日关系，10 月 31 日病死。著有《黄兴集》。

② 陈其美（1878~1916）：浙江吴兴人。1906 年在日本加入同盟会。"二次革命"期间
任上海讨袁军总司令，失败后亡命日本。1914 年加入中华革命党，任总务部长。1915 年后
屡次反对袁世凯帝制自为。1916 年 5 月，被刺杀于上海寓所。

或许您愿意就此机会来个贺信——我知道你们之间不时有摩擦。"莫理循以假意的宽宏大量应付了过去。他果然写了一封贺信,祝贺这个信奉耶稣的犹太佬获得爵士头衔,夸奖了几句,并言不由衷地道个歉:

> 我认为您在我所认识的人当中最有头脑,如果您不介意的话,我认为您还是最有善心和交友能力最强的人。在我过去的生活中,没有什么比在我们的友谊上蒙上阴影更令我感到遗憾。如果说我们之间没有隔阂,那是愚蠢之极,但那是我的错,一切都过去了,我希望您能原谅我,原谅过去所有的一切……想到多年来我能在这么好的一个上司领导下工作,我就感到自豪。

姬乐尔回信说,莫理循的信使他非常高兴。他说:"坦白地说,我为一些往事感到十分痛心……让我们和好如初吧。"莫理循给白克尔寄去一封信。白克尔在萨伏伊歌剧院举行的告别宴会上宣读了这封信,姬乐尔激动地答谢:

> ……有一点对我触动很大……那就是当您说到我的交友能力的时候……将来怎么样我还没有计划……但我不知道是否能抗拒今年秋天再出去走走的诱惑……在近处看看中华民国——如果它能持续那么久的话,因为我认为我对这个政权抱怀疑态度,而且我深深地担心清王朝的覆灭只是噩梦的开始,在此之后会有更大的混乱,中国历史上有过这样的例子。

布拉姆给莫理循的信中写道:"在这场持续了很久的危机中您确实比其他人的表现都出色。我们都很信任您,您没使我们失望。"但布拉姆和姬乐尔一样,对中国的前途不抱任何希望,经过一番认真思考后,他发表了一篇表示怀疑的社论:

　　一些真正了解中国的人不能不怀疑，一个既不符合东方理念又与东方传统相悖的共和国政府，是否能够突然取代拥有4亿臣民的君主制。在中国的历史中，自古以来，君王就一直以半人半神的形象在统治这个国度。

　　另一个持怀疑态度的人是柔克义，他已被调任为美国驻土耳其大使。"您认为大多数在华的美国人都支持君主政体"，他在给莫理循的信中写道：

　　　　我完全同意这种观点，因为我看不出没有君主的中国将如何存在，无论从伦理上还是从政治上——亦或是从国民狂热的崇拜上说——它是整个国家结构的基础。我相信这种共和国的形式是不会长久的。它是一个新王朝的过渡。是袁世凯建立的王朝还是他拥立一个王朝？……

　　柔克义正考虑辞去外交官的工作，想知道袁世凯是否愿意聘他担任中国驻华盛顿公使馆的顾问。如果一年能得到1 000或1 500英镑的收入，他愿意马上辞职。不久，莫理循有机会向哈佛大学的查尔斯·伊利奥特①博士提起柔克义。伊利奥特博士是著名的"五尺文化书店"的创办人，中国政府曾请他推荐一个美国名人做顾问。莫理循和伊利奥特博士在美国使馆共进午餐（"英俊的男子，身高六英尺或许更高，78岁但看起来显得年轻得多，面颊刮得干干净净；右半脸因从右眉到右上唇有一个草莓型赤痣而显得很难看，但左半脸异常英俊"），并催问柔克义（"通晓汉语和藏语的语言学家"）的事。莫

---

① 查尔斯·威廉·伊利奥特(1834～1926)：美国教育家。曾任哈佛大学校长，卡内基基金管理机构的成员。

理循发现这位博学多才的教授竟然对柔克义"全然无知",就对他的名声起了怀疑。他还发现伊利奥特博士毫不机智,"处处都遭人谴责"。例如,伊利奥特博士向一群新教的传教士发表一神教的演说时,其中竟然有"上帝为父,众生为兄弟,基督为师"这句话,使他们很尴尬。

[八]

莫理循在信中向姬乐尔深表歉意,此信由白克尔在姬乐尔的告别宴会上大声朗读:"正由于他写的那份过早发表的讣告,正由于他对我的品质和能力的充分肯定,才使得《泰晤士报》无法把我赶走。难道这不是实情吗?"

然而就在莫理循写这封幽默信的同时,他也正在考虑离开《泰晤士报》返回澳大利亚。这个念头已在他的脑海里盘旋一段时间了。他厌倦了中国,厌倦了工作,甚至厌倦了他自己。他50岁了,身体不好,滑膜炎使他的疾病复杂化。还有,他不知不觉地又坠入爱河。珍妮·罗宾已经取消了和菲利普的婚约。莫理循不再光把她看成秘书,而是越来越为她的女性魅力所倾倒。

也许是为了安慰自己,他给许多朋友写信发泄不满。他给在香港《远东评论》杂志任编辑的澳大利亚老乡里昂内尔·普拉特写了封信:

> 我厌倦了没完没了的紧张工作状态。每天总是很晚回家,工作没有规律,艰难地从流言中摘出事实,费尽心机了解中国人的行为动机。我想在澳大利亚找个乡村平静地定居下来,饲养……家禽,还想能和乡村警察一块参加园艺比赛并获奖。我希望能在山城吉普斯兰买座小房子,那里离铁路终点站不远,还可以俯瞰南海。我可以打野鸭,钓鱼,还可以随心所欲地锻炼身

体。我曾去过吉普斯兰,在那里度过几天美好的时光,悠哉游哉地焚烧灌木堆……

普拉特想起莫理循曾经谈到要介入联邦政界,就回信说,如果他在殖民地的立法机关把他有关远东的独有见识虚耗掉,那将会令人感到"万分遗憾":

> 众议院有您的位置,而且联合党非常愿意给您一个席位。在澳大利亚——尽管他们隐约感觉到一种来自远东的威胁——他们没有意识到问题的严重性,结果是联邦议会浪费所有的精力来处理那些无关紧要的事情……我坚信,您在与世界上重要的人物与事件有了密切接触以后,会厌恶澳大利亚在政治上的狭隘……他们需要的是心地偏狭的那种人,他们的精神境界都带有很大的地域局限性……

普拉特是一名"狂热的保皇派"。他在信中对中国局势作了一番令人沮丧的评论:

> 我希望中国能从共和纷争的混乱中恢复过来,希望中国人能忘却这突然而起的"爱国热情"。中国人现在非常悲观失望。共和政体在国人中仅有的一点威望正一天天削减。在乱成一团的重建工作中,那些政府新贵所表现出来的无能,日渐被国人所认清。

针对普拉特提出的联合党会在众议院给他一个席位的说法,莫理循感到惊讶,并写了封回信:"我的确隐瞒了自己的政见……我支持工党,支持最低限度工资、公民普选权、地方自治、废除政府对国教教会的支持、禁止外来劳工以及其他与联合党方针格格不入的政策……"莫理循的政治观点是什么？他仍然狂热地崇拜鲁迪亚德·吉卜林。他同意寇松关于英帝国命运的说法。他在伦敦有个叫雷欧·麦克斯的密友，是个火气十足的保守党党员。但与此同时，他给赫顿写信："我十分同情煤矿工人的罢工。我发现我年龄越大，就越同情劳工阶级。"

> 如果两年前我能不失体面地离开《泰晤士报》，我早就离开了。但由于我和报社主编的观点不同，如果我那时离开，报社会说我是被迫辞职……我的确厌倦了我的工作：没完没了地讨论贷款问题、上海城市发展以及各种地方问题。对这些问题我都只在理论上感兴趣，都只能在口头上讨论这些问题，而没有做任何实际工作。我打算……在不太老之前做点儿事情……我现在一心一意只想尽快回到澳大利亚。

"我实在感到无聊"，他给甘伯乐写信，"北京一度成为世界关注的焦点，但现在只不过是远东一个平淡无奇的首都而已"：

> 我返回中国时，就打算在4月1日离开北京，做一次从西藏到印度的陆路旅行，然后回到澳大利亚。现在这个计划泡汤了。我现在所想的就是尽快返回澳大利亚……

他突然意识到自己恋爱了。一天，他抱怨珍妮通宵跳舞，引人注目而忘乎所以。他在日记中写道："我真傻，竟把这么年轻而又娇滴滴的美人儿带出来。"两周后他写道："主啊，我竟爱上了她！我爱她胜过一切。"

> 我再也不能在北京呆下去了。我对一切都深感不满，陷入痛苦之中。我坠入了爱河。如果我还在这儿，我的心将备受折

磨……我对工作失去了热情。说句实话，我所看到的记者文字水平都不错，但个个唯唯诺诺，缺乏立场和主见。见到这些人……我就烦透了记者这一职业。

在他眼里，这些记者包括路透社记者艾·欧·文纳，《京津泰晤士报》总主笔伍德海和《纽约先驱报》记者 J.K. 奥尔。

[九]

4 月晴朗宜人的一天，当莫理循和珍妮在宽敞的城墙上散步时，莫理循向珍妮倾吐了他的爱慕之情。珍妮告诉莫理循，她曾经在伦敦请一个神奇的星象师算过命。星象师对她说，她将去世界上一个遥远的地方，嫁给一个名人；婚后会不幸守寡，不过她还会嫁人，大约会在 45 岁时死去。莫理循在日记中写道：

> 同珍妮相遇真是一段奇缘。她母亲在火炉旁读一份《每日电讯》报，上面登有我的雇人广告。她母亲看到了这则广告，就拿给她看，并让她和刊登广告的人联系。她果然去应聘，并深深吸引了我，于是我就雇佣了她。现在我们终于走到一起来了——我完全俯伏在她的石榴裙下，将不惜一切代价带她回澳大利亚。

但他仍在疑惧中消磨时光，在日记中苦苦反思：

> 我整天忧心忡忡，但对我和珍妮的恋情还是满怀希望，原因是：1. 她心地善良。2. 她相信将与一个名人结婚，而我恰恰是她的最佳选择。3. 她敬重我。但是如果所有这些因素都在起作用，为什么魔鬼还在捣乱呢？……爱情的力量是伟大的，但我还

是觉得抑郁寡欢。我一直在想,"什么时候我们才能携手步入婚姻的殿堂呢?"——所有这些思绪看起来没什么关联,但一个明显的事实是,自1882年以来我还从未这样迷茫过,我的生活模式要有所改变。

我提职无望,心情苦闷,厌倦那东飘西荡的工作。今天我终于下了决心:

1. 从《泰晤士报》退休
2. 卖掉我的图书馆
3. 离开中国返回澳大利亚

他再次想卖掉图书馆。卫理希望美国买下来。司戴德正计划在美国建立亚洲学会,希望得到购买权。日本人和中国人都很感兴趣。莫理循把价格定在40 000英镑。

如果中国人能买下我的图书馆,我愿意把我在北京的不动产,即建有防火设备的图书馆送给政府……楼上我自己的住处用来做一个外国图书馆员的住处,直到他把图书目录编完付印为止。楼下的房子可以改为阅览室……我决定要求图书馆仍然以我的名字命名。

莫理循在日记中写道:"为什么我生命中第二次真正纯洁的爱情对我是如此残酷? 她心中有我吗? 我渴望把她揽入怀中,告诉她我爱她。"两人年龄上的"巨大悬殊"(50岁和23岁)困扰着莫理循。他用不知从哪儿得来的公式来衡量婚姻是否和美。妻子的年龄应该是丈夫年龄的一半加七。根据这个公式,50除以2等于25,加上7等于32,看来珍妮的年龄偏小9岁。他在胡思乱想之际,收到赫顿的一封信。赫顿在信中半认真、半开玩笑地提出一些让他不高兴的建议:"结婚吧,结婚吧,您不适合单身生活……但无论如何不能同一个

非常年轻的女性结婚。再重复一遍，不能是年轻女子。您会发现她
太幼稚了。"照赫顿的看法，莫理循应当在澳大利亚找一位保养良好、
年龄在30到40之间的女人，"年收入不少于600或700英镑"。赫顿
还为他介绍了一位英国女子：

> 我的信中附有她的照片。我把您的情况告诉了她。她已经
> 爱上您了。她是我们教区牧师的大女儿。很有教养。她曾是
> "击球手"——在朴次茅斯。但您不必介意，我相信……她非常
> 适合您。她父亲虽说是教区牧师，但头脑解放。他说："告诉厄
> 内斯特，他可以和她相处一周试试！！"

赫顿博览群书，除开在信中向莫理循提出婚姻忠告外，还评论了
世风日下的当代小说和宗教信仰："几乎所有畅销书都因有色情描写
才能出名……世界真是起了大变化。与此同时，教会的影响正在迅
速减弱。各个阶层人士都在嘲笑教会的迷信教义。我怀疑天主教是
否能再苟存10年。"

莫理循很严肃地回了信：

> 根据我的理解，您的建议是，我应该和一位38岁、关节（特
> 别是尾骨关节）已经僵硬的女人结婚。她必须谙于家事，趋附时
> 尚，宗教观点僵化，戴眼镜和假牙，但一年有600或700英镑的
> 收入。这个数目和她本人的吸引力成反比……

珍妮要莫理循给她父亲写信，表达向她求婚的意愿，说明他的身
体状况，并保证他的家族没有疯癫病史。莫理循给罗宾先生写了一
封"直率而热情的信"，告诉罗宾先生说，他已决定让珍妮乘快车回
家，让她先征求双亲的意见，然后再决定是否嫁给他：

我在信中谈到我们年龄上的差异。我比实际年龄显得年轻，她又比实际年龄显得成熟，因此使我们的差异变小……她和我相处时间很长，足以了解我的优缺点。我这人优点很少缺点很多。我向她父亲保证，她此趟回国不必对我履行任何义务。相反，我有责任让她回国一趟，这是对她的一种奖励，因为她在工作中给予我极大的帮助。

莫理循建议柔克义担任中国的外国顾问。柔克义对此深表感激，但认为时机尚未成熟。他详细地解释了他的担忧：

> ……毫无疑问，在适当的条件下，我应该很高兴能为中国政府略尽绵薄之力……但是一想到自己对公共事务所具有的平庸知识和经验，尤其是对中国事务缺乏了解，我就怀疑自己能否很好地胜任这一工作。没有人比您更了解中国政府的现状。中华民国政府才刚刚建立，还没得到任何一个列强的承认，更要命的是财政状况极其糟糕，参议院大权在握，总统和内阁都要受其节制。但是，参议院里却没有真才实学的实干家，只有一群从美国、日本或英国回来的年轻梦想家。他们戴着眼镜，身穿大礼服，脑海里充满了乌托邦式的改革梦想，个个急功近利，意见很不统一。如果外国顾问提出的必要、稳健而有调和性的建议总是遭到强烈反对，那他还能起什么作用？难道外国顾问都只能像禧在明那样，只能领干薪，干些编纂汉英字典的工作？这样的角色不会使任何人满意，那关乎他一生的名誉……在一个稳定的政府建立并得到认可之前，讨论这件事似乎毫无用处……
>
> 孔子说"慎言其余，则寡尤；慎行其余，则寡悔"。假如有一种情况是必须谨慎行事的话，对我来说似乎就是此事……

这是一个非常好的忠告。但是，接到柔克义的信大约一周左右，尽管柔克义和孔子的告诫还不绝于耳，莫理循自己却开始考虑是否接受担任中国政府外国顾问的邀请。蔡廷干在一封信中邀请莫理循担任中国政府的外国顾问，莫理循对此"大为惊讶"。他在日记中写道：

> 我立即去见朱尔典爵士，向他保证，虽然中国政府提出这一邀请，但我并不一定会接受，而且我从来没有试图得到这个职位，也没有怂恿中国政府这么做。中国人知道我即将离开中国返回澳大利亚，他们邀请的目的是希望我能留下来为中国政府服务。朱尔典爵士说他了解此事。我说，袁世凯认为我总是给他以帮助，还认为我是共和国的中流砥柱之一，因此他希望我能留下来，在他担任总统期间做他的顾问。

[十]

莫理循在 5 月 17 日给白克尔的信中谦逊地提到他为《泰晤士报》所做的工作，并且询问，如果他退休能得到什么待遇：

> 我在 1895 年 11 月 1 日之前就为《泰晤士报》工作。这些年来，我的足迹遍布整个东亚，从南部的曼谷到北部的海兰泡，从东部的日本和朝鲜到中国最西部的每一个地方。刚开始为《泰晤士报》工作时，我的年薪只有 500 英镑，不过我离京的花费都可以报销。后来有两年，我的年薪提到 1 000 英镑，离京费用照样可以报销，不过我把花费都固定在每年 200 英镑。1900 年初以来，我的年薪提到 1 200 英镑，但是，除了偶尔像参加朴次茅斯会议的费用能报销外，所有的旅差费和其它费用都得自己掏腰包。从 1895 年 11 月到 1912 年 5 月 1 日，《泰晤士报》给我的工资和其它费用总共约有 19 000 英镑。在此期间，《泰晤士报》

长期把我所提供的新闻转卖给其他报纸,其收入大大抵消了报社给我的费用。我想没有人认为我是一名要价很高的记者。其实,和我的知名度相比,我简直是一个廉价记者。在许多人眼里,我的报酬肯定比我实际所得到的高得多。曾经有一家伦敦报纸邀请我加盟,开出的报酬是年薪2000英镑。北岩勋爵也曾邀请我参加他的班子,报酬是前者的两倍。这当然是在他领导《泰晤士报》之前。有一次,他对我说,他给我的报酬可以高到《泰晤士报》连做梦都不敢想的地步。

我从未要求过加薪。北岩在伦敦曾问我,是否想到加薪这一问题。我的回答是,我的工资与工作很般配。自10月中国政局动荡以来,北京的生活费用是如此之高,我发现已入不敷出。事实上,在这种状况下,一年1200英镑的工资完全不够花。最近报社经理好心地给我补贴,以弥补我因汇率下降所造成的损失。革命前,1金镑值11.15美元;但自爆发革命以来,只值9.55美元了。

我深思熟虑过,《泰晤士报》把我留在北京已没有多大意义。不可否认,我的知名度高,我很胜任记者这项工作——许多人承认我是最棒的记者。许多名人访问北京时都来拜访我……我与我国使馆、外国使馆以及中国人的关系都非常密切,远非任何在京记者可比。但是我确实厌倦了这里的生活。我已经50岁了,事业上不可能百尺竿头更进一步了。我不想再当记者。这种工作干起来没日没夜,时刻都得集中注意力,而且还不会得到什么好评。报社不允许我天天发电报。对我来说更困难的是,在发出这些电报时,我不得不有所选择。

我希望您能告诉我:当我离开《泰晤士报》时,我能否得到一笔退休金?如果能,有多少?为能拿到退休金,我需要做什么?这些年来,我一直鞠躬尽瘁地为报社服务,不止一次患上重病,一度负过伤,甚至落下残疾。在暹罗,我染上疟疾,整整折腾了两年之久。所有这些都降低了我的赚钱能力。

我想离开中国返回澳大利亚。在那儿，如果有机会，我希望进入政界，因为在某种程度上，我在远东的经历使我能在政界游刃有余。在为《泰晤士报》效力期间，我几乎没攒下几块钱。现在，我偿还所有债务后，还剩不到250美元。我收藏有关于中国的书籍。虽然我实在不想卖掉我的图书馆，但我别无选择。我在北京市区有一座低档次的中式住宅，在农村有座别墅。这些就是我退休时的所有资产了。

我想说的是，希望您能在我离开《泰晤士报》时给我一笔钱，证明报社对我多年工作的承认，使我能够满意地离开中国，去开始一种新的生活。您会发现这样安排很合算，因为接替我的记者不会要求得到和我相同的工资——我敢说我的位置提高了报纸的声誉。中国人总认为我的报酬肯定非常高，不过我从没有说穿。

我希望您回信时能坦诚相告您的看法或可行的方案。

"我到底怎么啦？"莫理循在6月29日问自己，"我最缺的是钱。"他把自己的财产列表分类如下：

1. 我的图书馆保险金额是15 000英镑，开价是40 000英镑！
2. 我在市内的房产价值2 250英镑。
3. 我的乡村别墅价值1 250英镑。
4. 我的家具什物、古董字画总价值约1 000英镑。
我没有理由沮丧！《泰晤士报》会给我什么吗？

他的问题很快有了答案。白克尔用2页半的大页纸给他写了回信，清楚地表明了《泰晤士报》的态度：感谢莫理循对报社作出的贡

献,但不能接受他的要求,因为他参加工作时年纪已太大,而且又想过早离开报社:

　　《泰晤士报》的权威人士(已故的沃尔特先生,业主代表北岩勋爵,以及作为经理和主编的莫伯利·贝尔与我)都通过信件和口头形式一遍又一遍地对您15年来出色的工作表示感激。您的离开将使《泰晤士报》失去一个最杰出的记者。您在远东多次危机中发出大量电报和信件,构成本报当时最与众不同和最有价值的特色;您在远东所展现出来的个性和品德,维持并提高了报社声誉。我真诚地感谢您,并希望您在新的领域(我推测是在澳大利亚政界)取得成功。尽管失去您是件令人痛苦的事,但我理解您。您希望在健康和体力允许的情况下改变你的工作。至于您从《泰晤士报》退休后是否会得到退休金这个问题,您征求了我的个人意见。这真是一个微妙的问题。您知道,我从不介入报社的业务,自然是经理负责此事。不过我将提出几点在我看来和这事有关的看法。

　　那些青年时代就为报社服务,而且工作了一辈子的人,以及那些虽然不在青年时代进入报社,但一直为报社工作到因年龄或疾病问题而不能工作的人,他们退休时可以申请报社的特殊照顾。但那些步入中年才进入报社的人,工作若干年后,由于自己的原因,人到中年就自愿离职,就不能与前两类雇员享受一样的待遇。前两类雇员因需要可提出申请,通常可得到报社的退休金,但我不知道第三类雇员是否有过拿到退休金的先例,也不知道这种申请是否合理。

　　当然,遇到像您这种情况,为报社工作了这么长时间,而且成绩斐然,报社有可能在您退休时给以一定的物质补偿,以表示对您工作的认可和感激——问题是报社得在财力能支付得起时才会这样做。不幸的是,正如您所知的那样,公司成立以来发行了股票，但现在还没有付出普通股的股息，仅仅付出优先股的股息。在这种情况下，只能由尚未收回资金的大老板们才能决定是否批准这项额外的花费。目前，他们自然要求我们在各方面节省开支。

尽管我知道，您承认作为一名驻京记者待遇已经很丰厚，而且拒绝了北岩给您提薪的建议，但您目前还得为退休金而忧虑，对此我深表遗憾。自然您不愿意卖掉您的图书馆。但从另一方面看，您的书籍是用您的收入购置的，如果您放弃远东记者的工作，这些珍贵的中国书籍对您也没有特殊的用途。实际上，在转让图书馆这事上已有过许多很好的先例，例如已故斯宾塞勋爵和阿尔索普图书馆。当然我知道那对您来说有多痛苦……

莫理循以非常克制的态度回了白克尔这封不寻常的信。但他让白克尔知道中国政府给他的工资是《泰晤士报》的四倍，在这一点上他肯定感到快慰：

亲爱的白克尔先生：

非常感谢您在 6 月 20 日写的友好而又考虑周全的信函。

您如此谨慎地摆在我面前的理由是那么充足，那么令人信服。我终于明白，如果我辞职，除开算到离职之日的工资和回家的旅费，我将一无所获。

您收到这封信之前，会收到一封袁世凯总统邀请我做顾问的电报……为我提供了一些优厚的条件。我已告之外交大臣，他电告了外交部……给我的条件是：我离开《泰晤士报》后，至少要为中国政府服务三年；在我为中国政府工作期间，中国政府提供我从伦敦到北京的费用，以及所有旅行车马费；房屋津贴是一年 250 英镑，工资是一年 3 500 英镑；政府出钱为我配备一名秘书和一名翻译。

有人向我透露,南北双方一致希望我能成为替他们工作的第一个外国人……

几个月后,他给 F.A. 麦肯齐写了一封较为情绪化的信:"《泰晤士报》对我可真够大方。我为它鞠躬尽瘁了 17 年,结果它只为我付了北京到伦敦的行李托运费 73 英镑! ……看来……报社对记者比以前更吝啬,更抠门了。"

莫理循在他的《回忆录》中对他过去 17 年的记者经历进行了简要总结:

毫无疑问,我在远东工作期间出过不少差错,判断也经常失误,但回忆自己的工作经历,我可以断定自己从未给《泰晤士报》发送一条我当时认为不是事实的电文。当然我得罪了人——如果一个记者要为他的报社做点有价值的事,他肯定会得罪人……在我任驻京记者期间,我无法做到同时和所有使馆都友好相处……

[十一]

蔡廷干在 8 月 2 日证实了对莫理循的任命。他在给莫理循的信中写道:"随信附上文件。它既不是协议,也不是合同,更不是契约。它是中华民国政府和中国人民主动、由衷地向您发出的一份聘书,已由您签名表示接受和认可。这是中国向外国人发出的最为荣耀的聘书,而且用最礼貌的语言来表达……"当莫理循表示感激时,蔡廷干写道:"应当是我和中国感激您,我支持您是因为您正在支持我们,因此我是在支持自己。"

[十二]

　　莫理循在等待罗宾先生的回音时,受不了7月北京的酷暑,跑到了北戴河。在这里他给"最明智、最有远见和最有哲学头脑的朋友"赫顿写了封长信:

　　　　长期以来我感到非常孤独,我渴望爱情和同情。我渴望幸福。我也希望得到荣誉。当然如果"出名"也算一种荣誉的话,我已经得到了一些。但是我不感到幸福。我需要结婚……

　　他把珍妮的优点详细地列了一下:"一个单纯美丽的英国女孩,受过良好的教育……沉稳而值得信赖……有美妙的歌喉和优美的舞姿……是我所遇到的最可爱、勤奋好学的姑娘。"

　　　　不知不觉中,我觉得离不开她了,而且我也坚信她对我的真爱……驻北京的每个使馆都欢迎她。她会成为一个好妻子……中国人提到要雇佣我,不愿意我离开中国。英国公使曾答应帮我获得爵士封号,但我根本就不指望他会为此而努力。他说至少可帮我这个忙,用以报答我为他所做的一切。但这事没有确定……再说,即使有封爵,我也未必接受……

　　罗宾先生从南克罗伊登的利斯摩尔路写信表示,作为珍妮的双亲,他们同意这桩婚事("既然她那么爱您,我们没有理由反对")。他们在信中提出的惟一建议是为珍妮和"这个新家庭"增添些必需品。

　　莫理循返回北京时,发现有一大堆信件要处理,可惜没有珍妮熟练的帮助, 费事多了。有一封信是马克沁爵士① 写来的。他把自己描述成"世界上最伟大的枪炮专家", 渴望把自己的后半生奉献给"中国和中国人民":

> 在上次的巴黎武器博览会上, 我获得火炮设计个人最高奖。
>
> 我能够以相当低的价格帮助中国购置来复枪。我可以亲自去中国训练军官。
>
> 我与罗特希尔德以及许多其他大资本家都很熟……可以用非常优惠的条件帮助中国获得贷款……

但最有趣的信件和孙逸仙有关。上海的一个铁路工程师 H.T. 福尔德写道:

> 听说孙逸仙有一套修建铁路的计划, 于是我就主动与他结识。在我的印象中, 他缺乏政治家的才能。与他交谈之后, 这种印象更加强烈。我发现他头脑简单, 当然不是一个危险人物, 只是一个徒有虚名的党魁。该党受到广东势力的控制, 可能惹麻烦。

端纳也和孙博士讨论过铁路问题。他对孙博士的能力更没有留下什么印象:

> 他是个傻瓜……他告诉我他已决定尽自己的毕生精力来发展铁路。他说他几个月内还不能公开他的计划, 我摇唇鼓舌磨了好一阵子, 他最终……拿出一张 6 英尺见方的大地图, 铺在地上。从这张地图完全可以看出, 他不仅狂妄透顶, 而且简直是个

① 马克沁(1840~1916):英国富于创造力的发明家, 因发明马克沁机枪而著名。

疯子。他完全不切实际,缺乏常识,对自称目前正在开创的事业没有最基本的了解。这幅地图包括西藏、蒙古和中国西部最边远的地区。孙煞费苦心地用毛笔在各省及其周边地区的地图上画了许多线条。他用双线标出从上海到广东沿海岸方向的铁路线,方向一转,铁路线越过崇山峻岭直抵拉萨,然后穿过西部直抵边界,又蜿蜒曲折地进入新疆,到达蒙古!他画的另一条铁路线是从上海经四川到达西藏。还有一条经戈壁滩的边缘抵达蒙古。他还画了从北到南,从西到东的许多线。无数细线遍布各省,经过孙加工过的地图成了一幅怪诞的中国智力游戏拼图。孙席地而坐,向我介绍他的计划。当他坐在那儿的时候,我想,这个中华民国第一任大总统竟会演出这么愚蠢的一幕,简直不可能。他真的疯了!唉,问题不在于他画的地图。如果有足够的时间和资金,他画的每一条线路、即使是更多的线路,都可望修建。问题在于,他竟异想天开,认为外国资本家能够提供充足的资金,在5到10年内将这些铁路建成!……"您认为外国资本家会为此而投资吗?"他急切地问到。"那要看什么条件。"我回答。"哦,"他说,"我们可以给他们40年铁路使用权,不过期满时,他们要将铁路权无偿地还给我们,而且保证运行良好!"我告诉他,除非有一个稳定的政府,否则即使在中国几个人口稠密的省份,修建最切合实际、最有前途的铁路,也别梦想得到外国的一分钱。出人意料的是,他竟回答说,"只要各省同意,政府是否稳定又有什么关系呢!!!"只有处于孙这样地位的人才会讲出这样的话,显示出他的聪明才智。博士,这些该死的计划是不可能实现的……即使吉尔伯特和沙利文的喜剧① 中也从没有这样可笑的角色……我真想花100美元请人给孙画张像——他坐

---

① 注:吉尔伯特是英国剧作家、诗人,写过富于幽默感的打油诗,以与作曲家阿·沙利文合写喜歌剧闻名,开创了讽刺时弊的艺术风格。

在地板上,旁边摊着一张地图,幻想着 10 年后中国布满铁路线。从(越南的)老街到(中国)云南省的小铁路就花了 800 万英镑。凭良心讲,一条从云南到拉萨的铁路要花多少钱呢? 除了到世界屋脊做夏季远足或供达赖喇嘛逃跑时提供方便,这条铁路到底有多大用途呢?

端纳在信的结尾说:"请您原谅我的愤怒情绪。这个狂热之徒竟然认为,他能够一方面在这愚昧的国家宣扬排外主义、社会主义和其他形形色色的主义,一方面只要他孙逸仙一伸手……全世界的金融家都会解囊相助。一想到这些我就怒火中烧。"

现在台北的国民党和北京的共产党都把孙逸仙奉若圣明,给他以独一无二的双重荣耀。看看端纳对他的评价,再回忆一下黎元洪在 1913 年 7 月对他的评价会很有启发:

> 世人对孙逸仙有错误的认识。在推翻清王朝的革命中他根本没做什么实际的工作。他返回中国时,革命已经结束。除了一些道听途说的模糊印象外,我几乎没有听说过他这个人。除了听到一些他的煽动性演说外,我也不知道他的政治观点。我对他的认识只有这么多,我认为他是个空想家。南方党(或共和党)决定以南京为首都建立一个名义上的政府。此举是为了在道义上影响国内外视听。他恰好到了上海,做了名义上的总统。当时真正的革命领袖找各种理由拒绝临时大总统的职位,因为他们认为这一职位不会存在很长时间。孙逸仙离开中国时间长,与这里的任何势力均无关联。他在国外名气很响,因此他似乎适合这个位置。我从未听说他对革命工作提供过什么实质性的帮助。他的名声在很大程度上是虚构的……

在上海,端纳被孙博士惹火了。在伦敦,贺璧理则由于这个革命运动而怒气冲冲。虽然他"充分认识到清政府的极端腐败",但是他仍然不能相信共和政体适合中国：

> 我也看不出有何必要进行如此剧烈的变动。1908 年 8 月 27 日，朝廷下诏，规定在 1917 年颁行宪法，并提出一个完整的改革计划。在筹备立宪期间，每年都要推行一些改革措施。到 1917 年，政府机构将高效率地运转起来，至少将有一半国民受到教育，足以理解他们的责任和义务。于是，立宪派尽一切可能用和平方式保证君主立宪政体循序渐进地建立起来。然而，与此相反……他们却消灭了历来受到普遍崇敬的帝制，将国家置于无政府的混乱状态……在颠覆了现政府之后，他们又没有训练有素、富有经验的人员替代那些被撤任的职员。我承认，我对于中国的前途十分悲观。

莫理循挺身而出，捍卫中华民国。他认为，把民国说成是将国家"置于无政府的混乱状态"并不公正；虽然他承认，在撤消前政府"所有不称职、腐败"的官员之后，很难另选贤能，他仍然对民国的前途充满希望。贺璧理没有被他说服，反而引用莫理循写信当日《字林西报》上的一篇文章进行反驳：

> 从一个地方……传来的报道说，发生了抵制财政改革的骚乱；从另一个地方传来的报道说，军队面临欠饷和被遣散的危险；从第三个地方传来的报道说，出现兵变和抢劫；从第四个地方传来的报道说，官吏冗积，勾心斗角，贪污腐化；从第五个地方传来有关人民抗捐抗税的报道……面对如此局势，还否认中国没有全面陷入无政府状态，那才是逃避现实。

[十三]

莫理循离京前夕，与袁世凯有过一次长谈。袁世凯非常担心，在当时国内动荡不安的局势下，俄国和日本会乘虚而入。莫理循再次安慰他，使他消除疑虑。他们讨论了银行问题。在闲聊的过程中，总统告诉莫理循他爱好园艺。

我说俄国人也困难重重。他们正在西伯利亚招募劳工。他们对中国移民的恐惧感远远大于中国人害怕俄国人入侵的心理状态。俄国有广大缺乏保护的地区……我建议派遣聪明的年轻军官和士兵在边界驻防，并要经常调防……当我告诉袁世凯有关乌鲁克恰提的武备废弛的状况时，他感到非常痛心。

莫理循不但在军事方面提出建议，还在袁世凯的健康问题上也独有见解。他告诉蔡廷干：“您应该找人给总统按摩。”

每天半小时的专业按摩会使他的健康状况明显好转……会使他年轻好几岁……按摩必须是由专业人员来做……起床前躺在床上，叫按摩师从脚趾按摩到头顶。这样按摩半小时抵得上锻炼两小时。我是个医生，真诚地建议您这么做。

随信附有一位日本男按摩师的名片。他每小时收费1美元，按摩质量没得说。您不知道按摩的作用有多大，它会使人的周身血液畅通，觉得飘飘然。

莫理循启程的当天收到总统的贺信。总统还给未来的莫理循夫人送了四匹丝绸，以示“真诚的祝福”。

[十四]

　　莫理循继续在有意无意地逃避现实。1912 年 8 月 19 日莫理循抵达伦敦。随后他做的第一件事(几乎可以这么认为)——甚至在他预定结婚礼服之前——是以自己的名义给《泰晤士报》写了一封长信,向读者保证新中国的政局是稳定的。英国人对共和国的未来大都持怀疑态度。报纸的号外成天散布中国内战在即和政府行将崩溃的消息。

　　莫理循嘲笑了那些"忧郁、不负责"的悲观论者。他们预言"由于外国的干涉和无政府状态,中国将分裂成许多军阀割据的小国。到那时,中国会乱成一团,财政破产……无力偿还外债……不可避免地四分五裂"。莫理循信心十足地宣称,共和国里人民的生命财产都会得到保障。柏卓安写到:"您的来信在新闻界掀起了轩然大波,所有晚报似乎都对此发表评论。"莫理循在给蔡廷干(不知用什么手段,他已经是海军中将了)的信中说:"我的信……在英国产生了异乎寻常的影响。自从……以来,我还没有看到一段有利于中国的报道。英国是个受报纸舆论影响的国家,因此我们的当务之急是消除英国报纸给读者造成的错觉,这正是我已经开始着手的工作。"

　　他继续在英国这个受舆论蒙蔽的国家里四处游说(也就是开展现在所说的"公共关系"工作),而且卓有成效。F.A. 麦肯齐代表《每日邮报》采访了莫理循。占整版篇幅的访谈录是这样开头的:

　　　　英国人普遍认为,在新生的中华民国里,一切都糟糕透顶。有关内战的消息我们已经听得太多了……以至任何一个平民百姓都认为……中华民国没治了,我们这一代最了不起的政治和社会实验已经毁于一旦。但是,与莫理循博士的谈话……是治愈这种悲观主义的一剂良药。莫理循博士对中国的未来充满信

心,对那些系统地发表恶毒报道、毁损中国的人深感愤慨……他
离开时,中国局势日趋稳定,中央政府的权力在加强,各地的贸
易在恢复,革命时庞大的军队正在逐步被遣散,转化为平民。

洛瓦特·弗雷泽请莫理循回答《帕尔摩尔公报》(该报一贯敌视新
生的中国政权,主编是 J.L. 加尔文)提出的一系列问题。"这是当前
最流行的报纸,"弗雷泽说,"最近六个月来,它的发行量已经增长了
三倍。"当莫理循把订正过的访谈校样还给弗雷泽时,莫理循坦率地
承认,自己主要效忠英国,而非中国。但他的态度自相矛盾,令人难
以理解。他不喜欢在中国人面前批评英国,也不愿意在英国人面前
批评中国。"我可以对您敞开心扉",他在给弗雷泽的信中写道:

> 但是,在中国人面前,我总是(而且还将继续……)坚决支持
> 英国所采取的一切行动——总是竭力使他们明白,我们英国人
> 是他们的最好朋友,我们是列强中的佼佼者,我们总是小心翼
> 翼、公正地履行自己的义务。要是中国人与英国产生矛盾,要谴
> 责的应是中国人……
> 我决不会做任何在中国人心目有损英国政府的事——恰恰
> 相反,我在所有的通讯中,总是强调英国官员的友好态度,强调
> 英国外交部对中国和中国人民的同情,强调英国政府希望看到
> 强大、统一的中国,并愿意帮助中国为达到目标而奋斗。

令莫理循极感欣慰的是,9 月 16 日的伦敦街头显眼地张贴出
《帕尔摩尔公报》浅黄色的号外:莫理循博士论新中国。

莫理循再一次为中国进行一场特别辩护。他的辩护与其说是基
于事实,倒不如说是基于对中国的忠诚:

> 莫理循博士说:"英国人总在批评中国局势不稳。我倒要问

问：它在哪些方面显得越来越不稳定呢？以商业为例，尽管甘肃和安徽出现了巨大的洪涝灾害，但今年中国的贸易仍将创纪录。以保护外侨为例，外国人在中国从未感到像现在这样安全……以现役部队为例，他们被有步骤地遣散，没有变成散兵游勇，也没有像过去那样因缺粮短饷而去掠夺百姓……对袁世凯总统的统治，目前各地都没有什么激烈的争议。今日中国举国上下风平浪静，这就证明中国的局势是稳定的。"

面临袁世凯的惟一真正难题是财政拮据，说他志在独裁完全是荒谬的论调。他所做的一切都有宪法可循。现在对他的主要不满是他急于摆脱《临时约法》的束缚：

> 莫理循博士继续说："人们还会告诉你，中国革命是由一群头脑发热的学生和不切实际的空想家发起的。这实在荒谬……革命运动领袖都是中国一些最开明的人士。难道你认为，几个头脑发热的学生就能够得到全国各地、甚至遥至喀什的直接支持吗？这些革命领袖都是善于认真思考的有学之士……其中一些人与世界历史上的领袖人物一样有渊博的学识。这场革命是理性的结晶，而非暴力的产物。"……
>
> 有人会问："那么孙逸仙呢？"莫理循博士说："您又接触到西方的另一个谬见。这里盛传孙中山是个不切实际的人。但实际上，他对他要做的事思路清晰，并且都付诸行动。您还有什么疑问吗？他坚定地支持总统。在其他方面，他正按照自己的方式从事着他自己的事业。他意识到中国的当务之急是发展工业，现在他正全力以赴地投入其中。"

J.D. 格里高里从外交部给莫理循写信说："我兴致勃勃地看了您在《帕尔摩尔公报》的谈话录，并把它交给了爱德华·格雷爵士。我希望谈话录能准确地反映您的观点!"

莫理循为写《回忆录》而准备的一篇未注日期的笔记,比较真实地概括了中国的现状:

> 目前——也许我得说任何时候——中国最急需的是钱。政府在财政上已陷入困境……虽然各省都汇来款项,但都只是救济金,而且各省都督都清楚地告诉北京政府,这还要取决于他们的心情好坏,任何时候都可以撤销。中央政府的收入主要充作北京驻军的军饷,各省当局还发现他们的财源主要耗竭在军队上。都督们由于拥有军队而掌握实权,但军队是否效忠很难捉摸。不过有一点可以肯定,军队只效忠那些发给他们军饷的人。欠饷不发,则难得效忠。在这种情况下,士兵只得靠抢劫平民百姓的财产来维持生计。遣散工作难度很大,因为军队宁愿过着以掠夺为生的快活日子,而不愿意过那种自食其力、被人抢劫的生活。各省当局总是反对裁军,因为他们的权力来自于军队,没有军队他们的权威便不复存在。

"总统急需款项并准备不惜一切代价取得贷款",莫理循写道,"袁世凯相信,只要有 500 万英镑,他就能确保自己的地位并控制住军队。"袁世凯于 9 月 8 日电告中国驻伦敦公使,说他急需贷款,询问一周内能够得到多少。莫理循得知中国政府正和英国著名金融家克利斯普① 进行谈判,准备以盐税为担保,贷款 1 000 万英镑,但英国外交部不赞成。莫理循经常在《泰晤士报》批评英国政府的这项奇怪

---

① 查理斯·伯迟·克利斯普:英国金融家,英 - 俄信托公司和英国外贸银行的创始人。1912 年 9 月,中国政府在莫理循的帮助下,和以克利斯普为首的英国金融集团达成一笔贷款,称为克利斯普贷款。由英、法、德、日、俄、美六国银行组成的"六国银行"把克利斯普贷款看作是对它所享有垄断中国政府对外借款权利的威胁,强迫中国政府撤销克利斯普贷款。中国因此付出 15 万英镑的赔偿金。

的政策:尽管汇丰银行与德国银行合资经营,但英国政府却将贷款的垄断权授予汇丰银行中国分行,而不许英国银行垄断贷款。莫理循在伦敦为获得这笔贷款也尽了份力,结果克利斯普贷款谈判成功了一半,余下的 500 万英镑后来在英国外交部的压力下被迫取消 。由于莫理循为克利斯普贷款而奔波,他与英国驻北京使馆的关系变得紧张起来。莫理循以相当激烈的口吻给朱尔典爵士写信:"我认为垄断是极端有害的。我支持打破汇丰银行垄断的做法是正确的……因此我认为……虽然我在贷款谈判中起的作用很小,但我还是为英国尽了一份心,从而增强了英国使馆在华的影响。"

《帕尔摩尔公报》曾允许莫理循发了大块篇幅的文章颂扬中华民国,后来又发表了一篇也是由洛瓦特·弗雷泽撰写的社论,语气温和,表达了报社的保留态度。这篇社论对莫理循博士关于煤油灯"远比孙逸仙及其追随者逍遥式的改革运动更能启蒙中国"的说法甚感兴趣,并认为莫理循为使读者相信共和政体并非不适合中国传统而作出的"勇敢努力"至少值得"尊重":

> 我们与莫理循博士真正的分歧是:他坚信代议政体能够统一中国;我们却怀疑,如果不仿效日本建立君主立宪制,代议政体统一中国的理想能否实现。同时,我们愿意承认莫理循博士笔下的共和国在某种程度上显现出一片光明。通过他的介绍,我们更能了解这场生机勃勃的革命运动。英国不应该有意扼杀这场运动……我们有理由担心,英国的政策的确会妨碍中华民国的领袖得到他们所希望的公正机会……我们要为某些财团的利益去剥削中国吗? 或者我们应当坚决反对束缚中华民国的手脚,任其为某些怀有政治目的的高利贷者摆布呢? 英国的看法非常明确,但外交部似乎已经深深地陷入这场无法摆脱的困境之中……

《帕尔摩尔公报》对莫理循博士的怀疑采取了谨慎的态度,而艾弥尔·约瑟夫·狄龙对莫理循的访谈录却表示了明确的反对意见。他在十月份的《十九世纪》杂志上发表了一篇文章,谈到了自己的看法。狄龙曾是驻美国、西班牙、克里特岛、法国(在德雷福斯事件期间)和中国(1900 年)的特派记者。他博学多才,拥有东方语言及文学博士、古典语言硕士学位,担任过比较哲学教授,在因斯布鲁克大学、莱比锡大学、蒂宾根大学、彼得格勒大学、卢望大学和哈尔柯夫大学任教过。他在《分裂的中国》一文中,将"世界上最大的共和国"说成是"当代最大的政治骗局",是一场濒于崩溃的政治混乱。他认为莫理循视而不见中国已陷入重重危机这一事实。莫理循曾写道:"攻击袁世凯的人声称他的目的是独裁,他们无视他的经历。"狄龙反驳说,在某种意义上这是事实,因为袁世凯已经当上中国的独裁者,许多人怀疑他正在计划建立自己的王朝:

> 为了实现自己的野心,他会不择手段地清除绊脚石。他做过的一件事完全可以证明这一点。他常常兴致勃勃地向我的一位朋友、已故的俄国驻北京全权公使璞科第讲过一件很能体现他性格的事情:义和团运动兴起之时,袁世凯时任山东巡抚。他为了达到自己目的,决心彻底消灭义和团,而且做得非常干净利索。璞科第说:"袁世凯是我遇到的最残忍的人。他多次告诉我他处死了 4 万义和团民,对此我没有丝毫怀疑。"而莫理循博士却执着地鼓吹此人的仁慈和友善,就像诺亚的孩子一样,怀着虔诚之心为他们裸体的父母亲盖上一层遮羞布。

最近发生的一个事件更能证实袁世凯的残忍无道。莫理循对此事件的辩护则更显得苍白无力。8 月中旬,袁世凯邀请一些革命党要人进京,其中有张振武[①] 和方维[②] 将军。张振武是武昌起义的英雄,但他和方维与革命军最高领导人、中华民国副总统黎元洪产生了矛盾。袁世凯为了笼络黎元洪,使之成为自己的左膀右臂,未经任何审判程序就杀害了这两个难以驾御的将军,而且手段非常残忍。据北京报道,就在事件发生前,负责处死他们的官员还在一个西式饭店招待他们。莫理循在《泰晤士报》上的解释很巧妙。他写道:"副总统向总统提供了确凿的证据,指控他们二人是密谋反对政府的首犯,极力在军中散布不满情绪。毋庸质疑的事实……证明了当局最高层下令警察逮捕并处决他们的做法是正确的……"当这两个将军被"处决"时,莫理循正在横穿西伯利亚的途中,因此他根本不可能证实当局所提供的证据是"无可争议"和"不可否认"的,甚至在事件披露后也是如此。最专一不二的辩护者也不愿意说袁世凯这样做符合宪法。

北京的参议员可不像莫理循那样容易受骗,他们要求对谋杀做出令人信服的解释,否则就要弹劾黎元洪,但他们一事无成。这段令人不快的插曲很快就被人遗忘了。针对狄龙的批评,莫理循只在日记中写道:"狄龙博士在《十九世纪》上撰文猛烈攻击了我。"

一位上海记者在《字林西报》上撰文反击狄龙。莫理循给他写了一封信:

> 非常感谢您在我被迫放弃论战的情况下坚定地支持我。狄龙博士的文章带有极大的个人偏见。我与他认识多年。他是一

---

① 张振武(1877~1912):湖北罗田人。早年入湖北省立师范学校,后留学日本,加入同盟会。归国后宣传革命。1911 年 10 月参与领导武昌起义,被推为湖北军政府军务部副部长。次年,与孙武在上海组织"民社",又分别在武昌与汉口设立支部。他藐视黎元洪,于 1912 年 8 月被杀害。

② 方维(? ~1912):湖北随县人。早年投新军。1911 年加入文学社。参加武昌起义。先后任湖北军政府军令部调查员、军务部参议、将校团团长。1912 年 8 月,黎元洪勾结袁世凯把他和张振武骗至北京杀害。

个怨气冲天的卑鄙小人,总是把事物的发展朝坏的方面想。他于 1900 年底到过中国。据我所知,他对中国只访问这一次,而且只呆几天。他是以那次对中国的深刻印象来看中国的。

[十五]

美国驻奉天前副领事乔治·马文在《哈波周刊》上发表了一篇回忆文章,题为"共和国新巨轮的舵手——记一位澳大利亚博士":

8 月下旬是秋季狩猎的好季节,莫理循来到禽鸟的栖息地。候鸟每年夏天迁到西伯利亚,秋天迁回此地。北陵附近的平原上坐落着奉天城,其北部的沼泽和湿地为这些候鸟提供了生活天堂。在那儿,经常可听到莫理循的枪声。秋季是满洲里最美妙的季节,白天阳光明媚,夜晚月光如霜。他常和我们一道去野鸡栖息地狩猎,因为他认为那是一项最有意义的狩猎活动。在北满到处布满蕨类植物的草地上,可爱的禽鸟反应还很迟钝。莫理循的目标是,自己动手把鸟从草丛里轰出来,一天打下 100 只。结果他如愿以偿。

虽然莫理循是个优秀射手,但禽鸟只是他这趟表面上狩猎之旅收获的一小部分。莫理循的收获比所射杀的鹬和野鸡大得多。一个月或更长一段时间之后,伦敦《泰晤士报》发表了多篇简短、有力的电讯,使他成为著名的外国记者。实际上电讯报道只罗列了他所收集材料的要点。其余的所有背景资料(自从义和团运动这一世界上最引人注目的事件发生以来,中国舞台上所有变幻莫测、丰富的经济政治和人物的资料)你可以从他详细的笔记中找到。这些笔记存放在他在北京的图书馆里。

* * * * *

多年来,他形成了自己的独特生活风格。他宁愿远离内城和舒适的公使馆,住在中式房子内,但他并不像中国人那样生活。他的住所是个自在、舒适的四合院,中间有个天井,高高的砖墙把它与街道隔开,墙上开一旁门供你进入。从混乱、肮脏、嘈杂、拥挤的街上,跨过门栏进入莫理循那安宁的庭院,总有一种令人惬意、明显的变化。院内洒满阳光,鲜花盛开,像医院一样洁净。

＊　＊　＊　＊　＊

在北京那样的社交环境里,人们把衣着看作一件大事来认真对待,而莫理循则穿着简单,完全是个戴奥真尼斯① 式的人物。熟悉他的人都知道,他常常身穿柔软的绒布衬衫,普通的亚麻布或卡其布西装,脚登俄罗斯皮子做成的靴子。他这人喜欢安静,举止和讲话都很简洁和直率,这和他的外表很一致。他不像苏格兰人那样倔强,但他具有苏格兰人的直率和幽默。尽管他平时显得沉默寡言,但他却有非凡的演说天赋。

[十六]

人们纷纷对莫理循的新职表示祝贺,许多贺词都用上了华丽而庸俗的暗喻。用得最多的暗喻是:把中国比作一艘危机重重的船,把莫理循比作领航的著名舵手。奎恩用另一种方式写道:"我相信您会在最险恶的海洋中开辟出正确的航线。"其他人在贺词中以"国务之缰绳"代替"国家之船"。许多人认为,尽管这项工作并不轻松,但莫理循能够在中国留名青史。乔治·基斯顿从驻君士坦丁堡的英国使馆来信说:"当今世界缺乏杰出人才,中华民国……却有幸得到一个。"塞西尔·克里门蒂·史密斯爵士坦言,长期以来他一直坚持不懈地为中国新政权服务,中国政府对莫理循的任命使他现在更加充满

---

①　戴奥真尼斯:希腊犬儒学派,哲学家。

信心。朱尔典爵士写道：

> 您在过去 15 年发出的电报已经被看作是最具权威的意见
> ……他们已形成《泰晤士报》一道独特的风景线。遗憾的是《泰
> 晤士报》上再也看不到如此优秀的报道了……您的新职位会给
> 您带来忧虑和失望,但它也会给您带来很好的机遇。我所能想
> 到的最好祝愿是,您的名字将与中国的复兴休戚相关,在世界范
> 围内,则将与《泰晤士报》的名声紧密相连。

爱德华·格雷爵士请朱尔典爵士将他的贺信转送给莫理循,并补
充说"对于莫理循竭力帮助中国渡过难关",他表示赞同和衷心的祝
愿。贝尔比·艾斯敦① 从英国外交部写信来说:"我向您,向我们自
己,向中国政府表示热烈的祝贺。上至爱德华·格雷爵士,下至……
这里的每个人都感到由衷的高兴。"

正在伦敦为贷款协议而努力的司戴德认为,对莫理循的任命是
中国人长期以来"首次明智之举":

> 如果有谁能帮助他们,那就是您,因为他们最相信您,在这
> 方面无人可与您相比——就中国事务而言,您在世界上拥有独
> 一无二的地位 ……自去年中国发生革命以来,我恐怕没有几个
> 朋友愿意容忍她,考虑她的观点。她迫切需要您——我们都为
> 您能在她的艰难时刻为她工作而万分高兴……

① 艾斯敦(1868~1929):英国外交官。1911~1912 年任驻华公使馆参赞,曾数度代
理馆务。1920 年继朱尔典爵士为公使。1922 年辞职离华。

　　庄士敦① 从威海卫来信说:"您的选择是《泰晤士报》的损失,是中国的巨大收获。非常高兴您没有在澳大利亚的政治事务中浪费光阴。"威克汉姆·斯迪德发电报来:"为《泰晤士报》感到遗憾,为您与中国感到高兴。"他随后寄来的一封信写道:"可怜的《泰晤士报》,这家历史悠久的报社呀! 它的中坚人物一个接一个被迫弃它而去……国外新闻部显然处于危难时刻……如果这只大船注定要沉没,至少我将为它竭尽全力,也希望自己能找块救生板。"

　　《泰晤士报》最后一位杰出人物白克尔,在总编交椅上坐了28年后已于8月份退休。他给密友寄去许多印制精美的告别信:"我已为报社鞠躬尽瘁。我祝愿《泰晤士报》随着时光的流逝,无可争议地成为世界上最著名的报纸。"他和姬乐尔比莫理循要幸运。莫理循给斯迪德写信说:"我知道,白克尔每年有1 000英镑的退休金,姬乐尔有500英镑。"

　　莫理循在9月底正式离开《泰晤士报》。他的日记和信件中没有任何关于他在报业广场最后几天的记载,但是两年前对他表示友善和赞赏的北岩,竟然会没时间口授一封正式的告别信——或是贺信。

　　9月初,莫理循给他在北京的一位朋友写信说:"每个人都想有一份工作。许多人认为我来英国的目的是用高薪聘请愿意为中国政府工作的人,征求各方人士的意见,从基督科学派到战舰制造各个方面的建议都行。"即使在两个秘书的帮助下,他也没能回复这些信件的十分之一。9月正是许多英国人纷纷跑到苏格兰去猎取松鸡的季节,但还有许多人(包括军官、股票经纪人、银行家、武器制造商、邮票印刷商)表示,为了中国,他们愿意放弃这一神圣的活动,并对莫理循表示崇高的敬意。他们个个都情绪高涨,愿意为中国复兴添砖加瓦。

---

　　① 庄士敦(1874～1938):英国人。大学毕业后考入殖民部,历任香港政府官员及威海卫行政公署长官员。1918年被末代皇帝溥仪聘为英语教师。回英后任伦敦大学汉文教授。著有《紫禁城的黄昏》、《威海卫狮龙共存》等书。

陆军中将雷金那德·波尔·卡鲁爵士是个老兵,参加过阿富汗战争、坎大哈战役和布尔战争。他邀请莫理循到他在蒂帕雷里的城堡做客,并问莫理循,中国"是否需要一个谦卑的英国军人"来帮助她训练军队,使她的军队能和日本和俄国的军队相匹敌。他还说:"我希望能有一个英国骑兵军官、一个炮手和一个步兵给我当助手,三者我都要。"

老中国通艾尔弗雷德·温盖特上校,现在是印度第九师的助理军需部长。他从欧塔卡芒德写信来:"有我的空缺吗? 我宁愿放弃现职(1881年开始服役),选择去中国军队任职,从而为中国做点实事而不是有名无实……"《骑兵的过去和未来》的作者福里德里克·纳塔茨·毛德上校于1873年加入皇家工兵部队,不仅自荐,而且推荐了一个精选的班子:"孙逸仙博士和李何默都是我的朋友,也许他们两人的大名可作为引见我的依据? 他们去年离开伦敦的时候,曾要求我尽快加入到他们当中来……"莫理循回复说他尚无见到孙博士和李先生的荣幸。

前皇家海军陆战队上士J.默菲先生曾在义和团运动中打过仗,时任海军部通信兵,他没有太大的野心,只准备以他当过"通信兵队长、行李搬运工和勤务兵的经验"为中国服务。

让莫理循头疼的不仅是要他帮助找工作的人,而且还有那些想让他为他们做各种各样事情的人。他应邀去格拉斯哥为中国协会演讲"基督文献",为自由教会机关杂志《传教团国际评论》和《国内通信》撰写有关传教士在中国的作用的文章。《慈善组织》杂志副总编奥斯伯特·伯德特先生请求他撰写一篇关于中国慈善机构的文章。H.J.艾尔维斯送给他五本《英国和爱尔兰之树》,请求他在《泰晤士报》上写一篇书评。住在多塞特郡布罗德斯通的L.E.道格拉斯女士要求莫理循为她买一只北京狗——"一只红色带暗条纹的小狗,重约4~5磅,价格约10或15镑"。这些要求都被莫理循婉言推掉了。

另一名记者甚至敦促莫理循说服澳大利亚政府资助"6艘时速

27 节的船"：

> 澳大利亚人思路简洁，对世界上发生的一切事情都了如指掌。澳大利亚的近邻离得太近，最强壮的亚洲人用不了几小时即可乘船到达澳大利亚！在英国和澳大利亚之间……只有一种防御工具，那就是速度很快、而且越来越快的轮船。现在一趟航程要 20 天，以后肯定会缩短。这些速度飞快的远洋巨轮是马力巨大的商船！不过，它们可携带一尊或两尊射程 10 英里的大炮……成为威力巨大的武装船只……

面对那些要求会面的请求，莫理循有时采取回避的态度，直到临行前才给他们回信。例如，维克公司总裁 V. 维克先生曾约莫理循会面，他说他"愿意在任何时候等待……召见"。

兴奋当中也有令人不快的事，有封信是一个叫唐纳德·莫理循的人发来的。此人 67 岁，是莫理循的堂哥，在"爱丁基里的阿道奇老家"长大，但目前住在金斯路的圣潘克拉斯贫民习艺所。莫理循的父亲于 1858 年前往澳大利亚时，唐纳德曾开车把他送到车站。他写道："我极想见您，我很不幸……"

人们祝贺完莫理循被任命为中国政府的顾问之后，又对他的婚姻表示祝贺。比阿特丽丝·布朗里格的来信很有感触："在我们没完没了的人生旅程中，这是惟一安全的港湾。"但她又意味深长地补充到："当然这是一种矫揉造作的关系，因为在婚姻中表现出的忠贞总是做作的！"

邓加特写信说，莫理循 50 岁结婚打破了记录。莫理循回信说：

> 根据我所收集的数据，我绝没有打破记录，打破记录的是道内加尔侯爵。他在 88 岁结婚，6 个月后生了一个儿子，对这个尊贵的贵族来说，其妻的贞操是值得怀疑的。还有许多人都比

我更晚步入婚姻的殿堂,其中包括最尊贵的诺曼比侯爵,但我想您并不像我那样了解贵族爵位,也不像我那样崇敬它。

在繁多的社会与政治活动当中,莫理循抽空看了话剧《范妮的第一个角色》("非常有趣……我不停地发笑");《班提的影响》("愚不可及……没等第二幕演完就回家了……");在亨顿(英格兰东南部城市,在伦敦附近)看了飞行表演("三个外国人驾驶单翼飞机,一个驾驶双翼飞机——没有英国人——太壮观了");还到蒂尤索太太家中看了杀人犯的蜡像;给陆海军商店写信,强烈抗议他们用两英寸宽的橘黄与黑色相间的带子包扎五个盒子,竟索价30先令。莫理循对这种做法的评价是:"索价太高。我自己花2先令6便士即可做到。太没有道德了。"

莫理循一辈子就结这么一次婚。尽管他很忙,他刻板的记日记习惯却没有中断。结婚前一天,他乘火车去黑斯尔米尔,走到欣德黑德预定度蜜月的房间("房间很好……一天13先令6便士……这是我在英国住过的景致最美的小旅馆……坐车回去花了3先令6便士,小费6便士,我怀疑受骗了。")结婚那天,他鼻子出血,把他搞得很烦,对记者"相当没礼貌"。结婚仪式在南克洛顿(英格兰南部一城市)的基督教堂举行。《每日纪事报》在头版报道了莫理循的"浪漫婚礼":

新娘……温文尔雅,穿着旅行服从汽车中走出,后面是她的双亲……男方有莫理循的母亲,柏卓安,总共有12个人。新郎穿着考究,但他并没有感到不自在。他由车上下来,身穿浅灰色格子西装,头戴柔软的毛毡帽,胳膊上搭着雨衣。既没有女傧相,也没有花束、音乐或五彩碎纸。教区牧师(R.F.N. 菲利普主教)主持仪式,没有讲话也没有念祈祷书中的训喻:夫妇双方都要为对方负责。

莫理循当天晚上在旅馆的吸烟室里写日记("被两个 80 岁老人大声的讲话声所扰,一个是聋子,另一个喋喋不休。"),用他典型的细述风格,弥补了报纸的简要报道:

> ……R.F.N. 菲利普牧师,文学硕士,长相英俊,他的兄弟在福州的传教士协会工作了 24 年……教会由酿酒商华特尼家族赞助,牧师年薪 1 000 英镑……10 点,珍妮和她的父亲走进教堂,10 点 20 分……仪式结束……10 点半乘车去欣德黑德……我们在吉尔德福特停下来……买了两本《鲁滨逊漂流记》,我没有这种版本。愉快地吃了顿晚饭……用了一个小时。到旅馆后,珍妮去睡觉,我穿过火红夺目的石南花,痛痛快快地散了会儿步……在紫罗兰茶室喝了午茶,味美可口,之后与珍妮在黑斯尔米尔溜达了一会儿。在白马客栈吃晚餐等了很长时间,后来坐车回家。给了教区牧师 5 英镑 5 先令,给教堂司事一个金镑,他似乎不知所措。

第二天他和珍妮在早餐前漫步了 14 英里,经彻尔特到法恩善,午饭是在户外池塘边吃……

[十七]

1912 年 12 月 31 日午夜,莫理循写完一天的日记后,翻开新的一页,写下了他的"新年祝愿":

> 愿珍妮和我都健康长寿,生活幸福美满。生一个健康的小宝宝——仅此一个——十分健康,能给我们带来快乐。
>
> 愿我自己健康、强壮和充满活力,口腔卫生,呼吸清新,早日

摆脱那些五脏六腑的小毛病——远离痛风症和风湿病。

愿我精力旺盛，远离烦恼——远离鼻衄。鼻子里不要出血。

愿我婚后的身体更加健康。

愿我来年身体更加健康，愿我越来越健壮，空闲时间积极锻炼以保持体型。愿我的视力、体力没有任何减退。

愿我的头皮健康，头发保养得很好。

愿我会有更多的财富和更好的运气。

愿我能名声大振。

愿我平安，免遭不测。

愿我的住所免于火灾和意外的破坏，旅途一路平安。

愿我图书馆的藏书日益丰富，不丢一本书。

愿我不再为健康状况所困扰，不再为吞咽困难而时常心神不宁。

愿我在中国的工作大获成功，树立足够的威信，产生巨大的影响力，让人们感觉到我的威力，敬畏我。愿我能得到荣誉。

最后，愿我在今年的生活充满成功和荣耀，与珍妮幸福美满，相亲相爱。

愿上帝垂青于我，因为我已归于您的名下。

把我交给上帝，相信他会帮我渡过任何艰难险阻！！

第十章

[一]

　　拥有一个年轻、迷人、忠实的妻子，一笔可观的薪水，还享誉世界。不但从报业广场给他的刺激与烦恼中解脱出来，还能为他从内心感兴趣的国家服务。可以肯定，对于 50 岁的莫理循来讲，如果这些不算幸福的话，至少也令他心满意足。可是，他在就任新职后不满三个月就写道："我无法忍受这种工作，我打心底里厌烦它，只要还清债务，我会尽快离任。""阴谋、谎言和无能"包围着他，这些令人不满意的情况总是不断发生。他在 5 月份写道："我在这儿年薪近 4 000 英镑，但完全被人忽视，这促使我下定决心尽快离开这个国家。我根本就无法给这些不知好歹的人以任何启示！他们对我还算感恩戴德，但对别人却显得那么忘恩负义。这些胆小鬼……"

　　他向蔡廷干发牢骚说："巧妇难为无米之炊，我不能从外交部弄到足够的资料……我知道，在解决云南边界问题方面，我本可以提供重要帮助。但是，和当记者的时候相比，我现在简直是孤陋寡闻。"6月份他又写道："我还得在这个不可救药的腐败国家呆下去，我还得为这些堕落的人服务！由于我是端纳的朋友，就受到他们的怀疑，不愿发给我进入中南海的通行证……无所事事……端纳认为蔡廷干是个最口是心非的家伙!"

当袁世凯以莫理循"作出了无可估量的贡献"为由,授予他二等嘉禾勋章时,他也不感到有所慰藉。他反感地将勋章说成是"一文不值的装饰品":

> 我渴望工作,但又无事可做,没人把工作交托给我。这些生性好疑的东方人,彼此之间互相猜疑,尤其不信任外国人,他们个个都城府很深,根本不愿意知道事实真相,只信任那些卑鄙无耻、阿谀奉承、只拣好话说的外国人。在中国人手下工作不可能享有威信和权力,真不值得做。我的顾问一职形同虚设。我对于现任职务的厌恶与日俱增,难以忍受这种清闲。然而我仍旧被拴在这儿。或许随着时间的推移,我会变得麻木不仁。可是,一想起这种可怕的情景,我就发愁。珍妮最担心我会丧失能力和抱负,仅仅为五斗米而折腰。说我满脑门心思都扑在薪俸上,那是不真实的。但是,如果继续清闲下去,我就要一蹶不振了,能力和雄心也会逐渐丧失。你没法让东方人忙乎起来,也不可能向袁世凯这样的东方人进呈忠告,因为他现在正被一群猜忌外国人、厚颜无耻的中国官僚包围着。

莫理循不是惟一拿高薪而又感到受之有愧的中国政府顾问。他上任后,曾经向中国政府引荐了许多地位显赫的外国人来帮助中国的重建工作。他们包括担任宪法顾问的日本最著名的国际法学家有贺长雄[①];出任过法国外交使节、曾经为泰国的行政改革作过卓越贡

---

① 有贺长雄(1860～1921):日本国际法学家。历任日本陆军大学、东京帝国大学、早稻田大学教授及《外交评论》主笔。1912 年袁世凯聘其为法律顾问。1916 年袁世凯称帝,他首先上表称臣。1919 年辞职回国。著有《最近三十年外交史》等书。

献的宝道① 先生;哈佛大学毕业生、日本上议院议员、日本铁路公司常务经理平井晴二郎博士。在军事方面,中国还聘请了法国杰出的外交武官、陆军中校布利索·美尼兹当军事顾问;在关于治外法权的问题上,聘请在埃及积累了丰富经验的比利时人亨利·德考特当顾问。美国教授古德诺② 被"卡内基国际和平基金会"提名协助中国起草宪法,这是伊利奥特博士访华后的推荐结果。这些专家当中,谁也没有足够的工作可做,很少受到咨询。古德诺一周仅工作四个小时。莫理循写到:"他们不是来拿干薪的。可是,中国人虽然聘用外国人,却不信任他们。"

拥有广泛读者的澳大利亚周刊《悉尼公报》,在 1913 年 7 月 31 日刊登了一则新闻:

> 著名的澳大利亚新闻界人士、《纽约先驱报》驻北京记者端纳在最近给悉尼一位朋友的信中说:"我每天都见到莫理循博士。他对于是否辞职还拿不定主意。他的日子很不好过。他的感受是:提建议容易,可中国人听了你的建议后,仍然自行其是。革命期间,他在上海问我,为什么不到革命政府中任职。当时,革命党人开给我的月薪是 250 镑。我回答说,任何人只要一受雇于中国政府,他的影响就消失了。莫理循听后不以为然。现在他才承认我说得对。他的经历就是一个痛苦的见证。作为一名《泰晤士报》记者时,他的声誉是现在的两倍,影响力是现在的三倍。"

---

① 宝道(1867~?):法国人。1905~1914 年任暹罗政府法律顾问。1914 年来华任北洋政府审计院顾问,1919 年任司法部顾问,一度兼华洋义赈会副会长。1928 年后为国民党政府司法部顾问。

② 古德诺(1859~1939):美国大学教授,行政法专家。1913 年被聘为北洋政府宪法顾问。1915 年,他曾写过中国适宜于君主政体的备忘录,被译为英文发表,袁党把它作为帝制运动的理论依据和对外宣传的好材料。他著作颇多,关于中国的有 1926 年出版的《对中国的分析》一书。

莫理循恼怒了。由于端纳披露的情况大半属实，因此他更怒不可遏。他想起《圣经·旧经》中《诗篇》第41篇第9行的一句话："是的，我所信任的、最亲近的朋友，吃了我的巴思面包，却抬起腿来将我踢走。"他给蔡廷干写信说："这个人自称每天都和我会面，其实并非如此。您完全可以想象他的话在澳大利亚对我造成的伤害有多大！后来端纳充满歉意地解释道，他根本就没想把这种非正式的看法公诸于世。这么一来，这两位原本互相敬重的澳大利亚人才没有立即决裂。

马克沁爵士是位固执的专家。他曾提出许多建议，但莫理循都不打算采纳。谢缵泰[①]生于悉尼，毕业于格拉夫顿高中，自1887年起即投身革命。他曾向莫理循举荐马克沁，但莫理循的反应是："您真以为中国目前需要这个人吗？"他还在日记中写道：

> 作为一个对中国怀有良好愿望的人，我渴望看到的是……不要再盲目购买各式武器。近25年来，中国已经成了步枪的倾销市场。在这25年中，甚至在拳乱之后禁止进口武器的年代，每年也有近65 000支步枪运入中国……数百万英镑耗费在购买武器上。在中国各地，您可以发现世界上每一种型号的步枪……
>
> 中国当前真正需要的是发展工业——建筑铁路、公路；疏浚运河、灌渠；架设电话线路以及改进卫生条件。还应该实实在在地做些工作，避免淮泛区每年大量饥民死亡。现在那里饥馑不

---

① 谢缵泰（1872～1938）：广东开平人。生于澳洲，1887年到香港，肄业于皇仁书院。1892年与杨衢云组织辅仁文社，议论时政。1895年加入兴中会，负责过广州起义的准备工作。1898年绘《东亚时局形势图》，指出列强瓜分中国日亟的形势，以警国人。1903年曾计划起义，事泄失败。后任《南华早报》编辑。著有《中华民国革命秘史》。

断,哀鸿遍野。如果河泛得以控制,就可以避免发生这种悲剧
……

[二]

　　如果说莫理循没有夸大他的失败,起码也夸大了他无所事事的
说法。当时各种争论无休无止,如贷款和租界、鸦片和铁路、西藏和
蒙古等问题。他为此殚精竭虑,提供了许多咨询文件。即使他的建
议不受重视,他也照提不误。他在没会见总长、银行家和商人的时
候,就为《泰晤士报》的福来萨、路透社的文纳和《纽约先驱报》的端纳
撰写关于中国的电文,写了无数的信函,其中有给布拉姆的很长的背
景资料。当然,他还每天记日记——内容详尽而且颇有见地。他在
日记中对紧张的财政问题做了精深的分析。与此同时,他还会在日
记中记下几句从一些社交俱乐部听来的幽默话语,如"外交官和处女
的区别":

> 　　如果一个外交官说"是",他的意思是"也许"。
> 　　如果一个外交官说"也许",他的意思是"不"。
> 　　如果一个外交官说"不",他就不是外交官了!
> 　　如果一个处女说"不",她的意思是"也许"。
> 　　如果一个处女说"也许",她的意思是"是"。
> 　　如果一个处女说"是",她就不是处女了!

　　他在国际事务方面的通信也不都很重要。他与一个叫威廉·明
的人有过大量的信件来往。明先生住在伦敦克劳奇的希尔费尔德
街。他虽然是个英国人,却自称是明朝皇帝的皇位继承人(明朝最后
一个皇帝统治到 1643 年)。明先生解释说:"我可没想继承皇位。"
他要的是一个侯爵头衔和任何能够追回的贵重物品。只要能得到这

些,他就心满意足了。应莫理循的请求,他寄来一张照片。从照片上看,他是一个典型的伦敦小店主,长得肥肥胖胖,留着胡子,一副谄媚相。

邓加特总是占用莫理循的时间。他不断给莫理循写信,内容就像他的生活一样离奇古怪。有一次他信马由缰地写了15页,并在信中问莫理循:"您认为我古怪吗? 如果是,就直说得了。"不管是否古怪,他毕竟是一位敏感的观察家:

> 古老的英国发展迅速,劳合·乔治还像以往一样起主导作用……有钱人憎恶他……但这类人其实应当好好感谢他,因为这样伟大的民主领袖如不出头露面,就会发生不好的事情……在澳大利亚,著名的工党领袖向我表示,他们想知道为什么英国工人阶级运动那么不活跃……他们喝啤酒喝得晕头胀脑,对一切无动于衷……大约7年前,我从澳大利亚来到这儿,看到这个国家里工人阶级的状况,我深感惊骇……富裕的中产阶级对劳苦大众没有丝毫真正的同情心……他们对工人的生活没有切身的体会。

另一个死缠着莫理循的记者叫考迪·尼尔森。他是上海《世界报》的业主,努力寻求放映电影《中华大地》的特许权。他手头有200万墨西哥元可供调用,向镇议会交纳的税金只是他全部收入的5%。尼尔森说:

> ……只要影片中没有淫秽和不道德的内容,这部生动的影片就会对人民起到有益的教育作用,这是毫无疑问的……通过放映吸食鸦片所产生的恶劣影响,影片可以起到道德宣传作用。该影片还揭露了裹小脚、腐败以及许多人共用一条热毛巾所产生的恶劣后果,指出随地吐痰会传播疾病的危险,剖析了爱国精

神可能产生的结果，以及背信弃义和其他许多事情的后果。

尼尔森先生指出，除了严肃的说教，"教育和知识的传授必须和无害的娱乐活动紧密结合。人们在笑声中嬉戏娱乐时，更能接受那些真正重要的思想，因此影片中轻松有趣的镜头至少要占30％。"

［三］

莫理循对于袁世凯的忠诚基本上是始终不渝的，因为他把袁世凯看作中国的未来。然而，他并不总在委曲求全。他接到过总统府寄来的一篇文章，请求他设法在外国报纸上发表。文章诋毁国民党是"暴徒"、"谋杀犯"、"吸血鬼"，他将该文寄还蔡廷干，并附上几行潦草的批语："这种文章根本不值得发表。我决不支持发表这样愚蠢庸俗的谩骂文章。该文竟然出自总统府，这说明袁总统正受着恶势力的包围。"

袁总统的恶劣程度难道就比他周围的恶势力轻吗？在后来的几个月中，莫理循有许多机会可以思考这个问题。不过，他好像不愿做出这种结论，甚至在袁世凯的残忍本性又一次真实地暴露之后，他还是不愿意面对现实。

中国有一个强大的政治组织叫国民党，该党于辛亥革命后在南方① 建立，由孙逸仙领导的旧的地下组织同盟会联合一些小党而成。其方针经常混淆不清，不切实际，有时派性多于爱国心，但基本方针是拥护人民民主。其势力分散在南方各省。北方的共和党坚决主张必须成立一个在总统强有力控制下的中央政府，而国民党则坚决反对。北方人全力支持袁世凯，南方人则持谨慎态度。在第一次参众两院的选举中，国民党轻易地赢得了多数席位。这个胜利是在

---

① 注：国民党于 1912 年 8 月在北京成立。

宋教仁的领导下取得的。宋教仁年轻有为,博学多才,负责制定民主宪法,曾任民国首届农林总长,极有可能成为下一届内阁总理。袁世凯惧怕宋教仁日益增高的声望和国民党日益增长的力量,当心他的政治野心受到挑战。

宋教仁时任国民党的代理理事长,经常穿梭于京沪间。1913 年 3 月 20 日,他在上海站拥挤的月台候车时,被"一个穿黑衣的矮个子"刺杀。这起谋杀案激起南方共和派人士的强烈愤慨。国民党人举行了哀悼活动,正在日本旅行的孙逸仙疾速返回,在葬礼上发表了慷慨激昂的演说。袁世凯因职责所在,不得不签发了缉捕凶手的通缉令。谋杀案当天①,一个古董商走进上海中央巡捕房,提供了极有价值的线索。他说,最近他把一些古董交给老主顾江苏驻沪巡查总长应桂馨。"当时他拿出一张男人的照片给我看,要我在某时某地杀掉他",古董商人说,"他许以事成后给我 1 000 元(约 95 英镑)作报酬。你知道,我只是个商人,从未杀过人,所以拒绝了。今天早晨,我在报上看到相同的照片……"

上海巡捕房似乎很了解他们这个同行的嗜好,以迅雷不及掩耳之势在上海一个妓女家中逮捕了应桂馨,在他家中搜到一支只有两发子弹的左轮手枪,还有许多应桂馨与赵秉钧总理的机要秘书洪述祖和一个名叫武士英的人之间的函电。3 月 21 日,应桂馨给洪述祖的最后一封电文写得很简单:"魁首已灭,我军无一伤亡……"电文用的全是国务院的密码。应桂馨和武士英在上海地方审判厅受审,武士英是凶案主犯,应桂馨不服罪。二人在审讯后被拘禁,但武士英死在牢中,应桂馨被上海"一群流氓"劫狱救出。

宋案发生后,舆论普遍怀疑袁世凯是同谋。伦敦《每日电讯报》记者普特南·威尔虽然经常由于不负责任和危言耸听而遭到莫理循的谴责,但是,他在 3 月 23 日所发的电报却实事求是、一针见血。他

---

① 注:应为 3 月 23 日。

写道,"毫无疑问",宋教仁是被政府下令枪杀的。是谁下的命令呢?威尔指出,546名国会议员中有368名国民党人,能够控制即将召开的国会。该党忠于"政党内阁与地方分权"两个指导思想,"与袁世凯在北京建立独裁统治的野心针锋相对"。谋杀之所以发生,只能从它给即将召开的国会所带来的后果来考虑。当然,宋案的作用是威吓国民党,该党的不少党员,有的因政党首脑惨遭厄运而灰心丧气,有的受到袁世凯的慷慨贿赂,纷纷宣布退党。

莫理循手头掌握了大量当时贿选的证据。国民党的6名华侨议员之一、澳大利亚出生的华裔律师阿凯特说,有人出100美元买他的选票。后来,选票的价格大幅度上升,根据有的史学家考证,平均一张选票值1 000英镑。"这种组织政府的方式真是新颖别致,令人感到莫名其妙",莫理循评论道。可是,他对于社会上普遍认为袁世凯要对宋案负责这件事却缄默不语。袁世凯与赵秉钧难以洗刷自己。开始,他们捏造了一个谁也不信的恐怖组织。然后,赵秉钧又分辩说,虽然他确实给过应桂馨一本国务院密码,但动机纯正。他对武士英和应桂馨之间的联络一无所知。上海检查厅发出传票,通知赵秉钧出庭作证,但他却对传票置之不理。他虽然辞去总理之职,但却转任直隶都督,甚感欣慰。

宋案发生近两个月后,逃到青岛德国租界避难的原国务院秘书洪述祖,作了一番巧妙的、富有想像力的辩解。他承认曾假冒国务院的名义进行了一次爱国行动。莫理循在日记中写道:

> 洪述祖说他满怀报国之情,在得知宋教仁旅日时犯有伪造罪并且受到日本警方的通缉后,就与应桂馨互通消息,"以便揭露宋的罪状","使世人认清这位革命领袖的真面目"。他咬定自己的动机仅仅是公布宋的劣迹,欲毁其名,从未考虑过要杀害他……他自愿提供的辩词已电送给总统、副总统以及各省当局,在各方面引起巨大反响。

莫理循给文纳发过一封电报,打算通过路透社发表,其中部分内容就是洪述祖的这派胡言乱语。莫理循只转述了洪述祖的辩词,而没有告诉后人他对此事的看法,真是遗憾。

两个月后,莫理循收到一份国务院备忘录,从中可以明显看出许多中国人对这一事件的看法。该文称:

> 国务总理赵秉钧呈称:自宋案以来,舆论纷纭,为此具呈申请援照欧美各国成例,请总统指派德高望重,精通法律之中外人士彻查宋案,并据实报闻。查伍廷芳及莫理循博士皆谙习中外律例,着即委任二人对宋案详尽调查具报。

> 国务院(总理签名)

赵秉钧在致莫理循的公文内委婉地说:"宋案证据公布后,尽管一般有智之士都相信该证据不足以牵涉政府,但仍有好斗分子企图以此兴风作浪,制造麻烦。"出于某种隐衷,莫理循谢绝了赵总理的委任。他是一个聪明人,中国政府七拼八凑的有关宋案的解释当然不能使他信服。可是,他答复国务院说,他"与伍廷芳博士阁下协商后"认为,既然没有人提出反对赵总理的确凿证据,那么赵总理如去反驳就显得小题大做。至于成立调查委员会之事,他说道:

> 我认为,这次调查涉及到一位政治家声誉,因此情况特别微妙。让一个外国人以官方身份出面调查,不符合中国的利益,非常不可取的。我希望人们不会因此认为我是想逃避委托于我的工作。这些指控模糊不清,含沙射影,应由中国方面自己展开调查……就我所知,没有任何一个外国人加入过这样委员会的先例。我想我的看法是正确的。

赵秉钧先生希望由一个公正的法庭来调查此案。这就足以证明他是无辜的。我认为，为了国家的尊严和人民的声誉，在这种时候进行调查是不明智的……

中国的尊严与人民的声誉保住了，调查并没进行。宋教仁的遗体，就像张振武与方维的一样，成为另一块袁世凯走向独裁的垫脚石。

[四]

4月27日，北京政府与五国银行团签订了2 500万英镑的善后大借款。此时，由于宋教仁遇刺而加剧的南北对立也变得更加尖锐。借款行为是违法的，因为合同并未得到国会的认可，而且拒绝国民党领袖人物参加借款谈判。于是，国民党领导人就抵制贷款，理由是这么大宗的贷款会将中国置于列强的控制之下——其实他们担心的是，这笔钱会用来加强袁世凯对付南方的军事力量。"这是中国所做过的最糟糕的一件事"，端纳对莫理循说，"中国签署了自己的死亡证书。"在上海，孙逸仙告诉法磊斯，如果不经国会批准，政府擅自签订借款合同，就会发生内战。早在5月份，他就向"英国的政府、议会及欧洲各国政府"和新闻界发表了一项不是由端纳，而是由切斯尼·邓肯起草的宣言① ——迫切要求他们制止银行家为袁世凯提供"战费来源"。孙博士说，据查明，北京政府在宋案中犯有重大嫌疑：

人民因此大为愤懑。现在大局岌岌，最为恐慌之危机即在目前。政府自知罪大恶极……势必难保禄位，于是以迅雷不及

---

① 注：5月2日，孙中山自上海致电英国友人康德黎，请代发英文《告各国政府与人民书》。次日，伦敦《每日邮报》予以发表。

掩耳之手段,缔结 2 500 万镑之大借款……国人因宋教仁君横遭毒手,已不胜愤懑,而政府复有此种专横违法之举动,舆情因之益为激昂。现在国人怒火中烧,恐不免有激烈之举,大局之危,已属间不容发。全国人民之愤激一致爆发,旦夕间事耳……余丞欲维持全国治安,故不惜殚精竭虑,以求一善良之政府。今银行团若以巨款借给北京政府,若北京政府以此款充与人民宣战之军费,则余一番苦心尽付东流矣!

故北京政府未得巨款,人民与政府尚有调和之望,一旦巨款到手,势必促成悲惨之战争。

莫理循对孙逸仙的宣言评论是:"毫无效果,惟一受到损害的人只能是孙逸仙自己。我敢断定,孙现在已追悔莫及。"莫理循的话已经被历史充分证明是正确的。善后大借款的债券在发行的当日就已经超额认购 12 倍,袁世凯完全有理由庆幸自己得以利用政治顾问的影响,尽管他很少听从该顾问的忠告。

就在那个"臭名昭著的"贷款签字之日,发生了一件令人振奋的事,基督徒在那天为共和国做了祈祷。北京的基督教会为"中国和国会"做完联合祈祷之后,国务院向各地的都督等高官发出了电报:

他们为会议期间的国会、为新成立的政府、为行将选出的总统、为民国的建立而祈祷;为中国有可能得到列强的承认、为全国的和平、为品德高尚之人将被选入政府、为政府将在坚实的基础之上建立起来而祈祷。接此电报,即公布 4 月 27 日为你省所有基督教会的民国祈祷日。务请全体参加。

莫理循在给路透社起草的关于这些虔诚举动的电文中指出,这是一个非基督教国家首次发出的号召。他认为,那封电报在英国起到了巨大作用,"甚至坎特伯雷大主教也对此深表欣慰"。邓加特却是冷嘲热讽：

    我一看到电文就说："这个莫理循……开了个小玩笑！"我不禁对人们如此幼稚地轻信而感到惊讶。他们竟认为被他们称之为"上帝"的超然力量能够受到跪拜和乞求的影响……的确，即使在神人同形的基础上，他们的这一上帝在评判他们介入世俗是否合宜方面，比起杜金镇上的牧师来，或者说，比起邦加瓦洛地区的大主教来，要好得多。

当时社会上对国会议员享有的大笔津贴有过议论，《英文北京日报》基于"社会现行标准"列出了一项带有讥讽意味的预算：

		美元
1. 一辆胶皮轮马车的租金	……………………………	100
2. 房租	……………………………	100
3. 私人秘书的工资(可能是其连襟)	……………………	40
4. 会计的工资(可能是其小妾的兄弟)	…………………	50
5. 博役的工资(可能是其舅舅)	……………………	4
6. 2名门房	……………………………	8
7. 4名厨师和仆人	……………………………	16
8. 2名女仆	……………………………	10
9. 妾用的新式胶皮轮马车的租金	……………………	140
10. 妾的支出	……………………………	100
11. 妾的马车夫所需衣服及小费	……………………	80
12. 为获得议长职位设宴款待宾客的费用	…………	200
13. 向当地报界行贿	……………………………	100
14. 歌舞厅的享用	……………………………	100
15. 给妓女的礼物和小费	……………………………	300

针对参议员刚刚投票通过他们自己年薪 6 000 美元的议案，《英文北京日报》的伍德海尖锐地指出："他们把大部分钱财在前门外的妓院里挥霍掉。每天都有一个'教堂的敲钟人'在妓院外来回走动，把参议员叫起，敦促他们回到议院去履行职责！！国内报界大肆报道，称赞这个敲钟人。"

[五]

1913 年 10 月 10 日，莫理循站在清朝皇帝保持了几百年尊荣的太和殿，看着矮小、气喘吁吁、固执的袁世凯作为中华民国的正式总统头一次坐上龙椅。袁穿着陆军元帅的军服，帽子上插着羽饰，脚穿长统靴，腰佩军刀。莫理循戴着勋章，佩着一条 6 英尺长的黄色绶带，上面绣有中国字，头戴高顶丝质礼帽。其他宾客戴着凹顶毡帽。柔软的帽子成为人们喜爱共和国的象征。各国制造商戴着便宜的软呢帽、洪堡软毡帽、博尔萨利诺帽和斯泰森帽涌进北京。莫理循在日

---

① 注：数字有误。

记中写道：

> 让人断魂的雨天……与曹上尉在雨中行驶，我戴着二等嘉禾勋章，但稍感羞愧。在典礼上遇见代理英国驻华使馆馆务的艾斯敦和日本公使、嗜酒如命的山座圆次郎。从我来到中国到现在，使馆从未管过一个有失身份的人。出席的人很多，但大厅中并不拥挤。总统在此发表了世界上最好的一个就职演说。梁士诒也参加了仪式，不过他的装束有点古怪，高帽一直戴在后脑勺上。

莫理循没有对这个值得纪念的事件做更深的探究。但意大利驻华使馆代办华蕾① 写道："袁世凯并不讳言君主政体最适于中国。"在汉口，英国总领事、消息灵通的老中国通务谨顺爵士搞不懂袁世凯是在扮演拿破仑三世还是华盛顿的角色？

就职典礼后进行阅兵的时候，袁世凯邀请艾斯敦和华蕾站在他的面前。当华蕾向夫人提起袁世凯的礼貌之举时，华蕾夫人说："说句实在话，他很害怕有人扔炸弹。你和艾斯敦成了他的盾牌。"典礼仪式在酒会中结束，上的菜有燕窝——鱼翅——虾——炖鸡——菠菜——蛋糕——炖鱼——炖鸭——蔬菜——罐头水果——水果——咖啡。山座圆次郎"喝得酩酊大醉"，以致看不懂用英文写就的"菜单"。

[六]

总统选举是一场含有悲剧情调的闹剧。投票整整进行了一天，

---

① 华蕾(1880~1956)：意大利外交官。1912~1920 年任驻华使馆头等参赞，曾兼代办。1927~1930 年任驻华公使，1928 年代表其政府与国民党政府签定《中意友好通商条约》。著有《含笑的外交官》等书。

前两轮投票都没有结果。国会大厦被数千名武装人员包围,有"军警"、"公民团成员"和"袁世凯雇来的流氓"。表面上,他们的作用是维护秩序,实际上是不让任何人离开会场,直到袁世凯被选为总统为止。在这种异乎寻常的"劝服"下,第三轮投票时,759位议员中有507位投了袁世凯的票。许多议员对选举表示轻蔑,他们在选票上写下额外的、未经提名的候选人,如两位死于非命的将军和一个北京名妓。

袁世凯一当上总统,就视国会如草芥。11月4日,他宣布国民党为非法团体。警察搜查了国民党议员的住处,收缴了他们的党证。这样,就将438名由选举产生的议员逐出了国会。几天后,当莫理循见到袁世凯时,看到他"兴高采烈,踌躇满志"就不足为怪了。"国会是一个难以运转的机构",袁世凯解释说,"竟有800人之多! 其中200人是积极的,200人是消极的,此外的400人毫无作用。他们干过什么正经事呢? 甚至在会议的程序上也不一致。"

[七]

莫理循的第一个孩子是男孩,出生于1913年5月31日,7月初受洗时取名伊恩·厄内斯特·麦克列维·莫理循,尽管珍妮曾建议叫马可·波罗。莫理循举办了一个小型的施洗宴会("限于朋友,除了华蕾全是英国人"),端纳也在受邀之列。伊恩在仪式过程中"很乖巧",可是,当弗朗西斯·诺利斯牧师增添了一段说教时,"婴儿以某种奇妙的方式察觉到这不是仪式的内容,于是使劲地抗议起来。"莫理循在日记中说,端纳是个"萎靡不振"的客人:

> 他悲观失望,为中国动荡不安的政局而担忧;看问题总喜欢看丑陋的一面,对国民党也怀疑。抱怨袁世凯用人不当,靠贿买以及将三党的残渣余孽拼凑成一个大党的手段而取得成功。他

还谈到某日有一个中国人去拜访他,告诉他有人出 9 000 两银子(合 1 125 英镑),让他收买三个国民党议员的选票……端纳说这三个人均为他的好友和忠实的国民党员。

几天后,莫理循和袁世凯详细讨论了日益恶化的时局问题。莫理循敦促袁世凯与国民党领导人进行 沟通,并要以理服人。袁世凯却说,你无法同他们讲理,他们"厚颜无耻"。他不理解孙逸仙和黄兴为什么忘恩负义。莫理循在日记中写道:"他对此二人可谓百般迁就:要说钱,孙逸仙月薪 3 万两银子,黄兴 10 万两银子[①];要说职,前者筹办全国铁路,后者任川粤汉铁路督办。然而,他们仍然阴谋反对他。"

袁世凯更难理解,为什么日本政府请求他"优待"孙、黄二人。莫理循本人也为 3 月间孙逸仙在日本受到的礼遇而感到迷惑,他在给布拉姆的信中写道:"在富有特点的远东事务中,没有哪一件事比日本人对这位革命党领袖所表现出来的尊敬更奇怪了。他受到桂太郎亲王、金融界巨亨、高级法院法官以至内阁部长的款待。对于他的敬重或许超过了任何国家非亲王级的代表……"

[八]

袁世凯通过谋杀、恫吓和贿赂等手段削弱国会。他对付国民党的下一个步骤是用他的亲信替代仍然效忠该党的三位南方都督。结果导致内战再次烽起。7 月 12 日南北双方的军队在江西重新开战,"二次革命"爆发了。战争持续了不到两个月。袁世凯在 8 月 13 日告诉莫理循:"叛乱现在基本平定。"孙逸仙、黄兴和"其他政治煽动

---

① 注:此处有误。孙逸仙的 3 万两银子并非月薪,而是督办铁路费用。黄兴的 10 万两银子可能也是督办铁路费用,但查无出处。

家"已亡命日本,张勋的辫子军正迅速向南京进发。9月初他们占领南京,进行了肆无忌惮的掳掠。南京的陷落宣告了"二次革命"的失败。

日本企图利用中国被内部矛盾削弱之机,加强其对华控制,因此以多种方式援助革命党人。蔡廷干告诉莫理循,日本人向革命党提供武器并与之并肩作战,试图炸沉一艘北洋海军的巡洋舰和用气球炸弹炸毁河南新乡的军械库。日本报纸大肆宣扬革命党人的"胜利",猛烈抨击北方领导人,有时还言过其实地吹捧革命党人。例如,被革职的都督李烈钧① 被描述成"声若洪钟,美如处子,仪表似天神,智慧赛圣贤"。

"我向欧洲新闻界发回一则有关日本的消息,因为只有通过舆论的力量……才能迫使日本改变其对华政策。"莫理循在9月28日给蔡廷干的信中写道:

> 各国反日情绪的高涨确实是当今的一个显著特点。澳大利亚总理在一次公开演讲中宣称,如果日美之间爆发战争,澳大利亚将站在美国一边。澳大利亚人忧虑地注视着日本在中国的侵略行径,因为这一行径妨碍了对英国人,和更广泛含义上的英国臣民澳大利亚人来说致命攸关的贸易和商业利益。

次日,伦敦《每日电讯报》刊登了莫理循的电报:

---

① 李烈钧(1854~1923):江西武宁人。1902年入江西武备学堂。1905年留学日本学习陆军,不久加入同盟会。1910年毕业归国,任江西新军54标一营管带,宣传革命,事泄赴云南。1911年秋去北京观操。武昌起义后回九江联络新军宣布独立。旋到安庆,被推为安徽都督。次年改任江西都督。1913年宋案发生后,主张武力讨袁,被袁撤职。7月在湖口起义,掀起"二次革命",失败后逃亡日本。1915年12月到昆明参加护国运动。1917年任护法军政府总参谋长。后任国民党中央委员、革命政府委员、军参院院长。

中国人认为日本正在寻找侵略中国大陆的借口,目的是转移国内舆论的视线。到过日本的人都感受到其国内局势的严重性,这是由于日本青年的独立精神增长了,他们要求实行改革,尤其是扩大当前被限制的选举权。

这个问题严重地影响了英国的利益,因为日本的活动主要是针对长江流域。冒险成性的日本人在最近的"二次革命"中从革命领导人那里获取了重要的协议和特许权。

目前,日本正在向中国各地,特别是向汉口增兵,一支750人的部队正向该镇集结。其总方针近于侵略,引起了英中方面的忧虑。

莫理循得知孙逸仙已离开日本前往香港后,立即写信给爱德华·格雷爵士,建议英国政府不准孙逸仙入境,因为他"公然在英国友邦中国策动叛乱"。当北京政府发出悬赏通缉令时(黄兴、陈其美和其他南方领袖,每人10万两银子,无论死活),莫理循给蔡廷干写信道:

> 到目前为止,通缉令中没有孙逸仙的大名。你知道,没有什么会比嘲弄更能伤人。如果不以高价,而是用几片小钱(如150个墨西哥洋)悬赏捉拿他,那对孙逸仙不是一种嘲弄吗?这份通缉令会引起全世界对他的嘲弄,也说明政府藐视这个误入歧途的人。

莫理循看不起思想糊涂的孙逸仙是可以理解的。他夸夸其谈,不切实际,即使是积极支持他的端纳也很清楚这一点。莫理循信任工于心计的袁世凯,因为他认为中国正处于动荡时期,袁世凯是惟一可以胜任的领袖。这也是可以理解的,因为莫理循的许多同事也都这么认为,当代的史学家也很赞同这一观点。例如陈志让博士在他那本持严厉批评态度的《袁世凯传》中写到:"要公正地评价袁世凯,我们就必须承认,1912 年初,没有其他任何人具备一丝一毫统一中国的可能性……袁世凯当上总统后的首要任务当然要加强自己的统治,维护中国的统一。"

袁世凯从清廷和革命运动的手中接过来的是一个混乱、破产的烂摊子。只要能创立一个统一、秩序井然的中国,他就有希望得到列强的承认和中国迫切需要的贷款。陈志让博士说:"但是,在历史进程中,他在处理反对党和拒绝限制个人权力方面犯了严重错误。"高尚的莫理循眼睁睁地看着袁世凯犯下包括暗杀、恫吓和用贿赂作为政治武器在内这些"错误"而不置一词。说他宽恕袁世凯的错误也许并不公正,但他确实没有提出批评。

[九]

将近年底的时候,莫理循再一次考虑卖掉他的图书馆。他在给日本公使伊集院彦吉的一封"私人密信"中写道:

> 大约在一年半之前,朱尔典爵士告诉我,您曾向他提起日本政府可能愿意购买我的图书馆……当时我尚未编目。自从我为中国工作以来,我在三个秘书的帮助下紧张地编辑索引。现在已完成了 1 600 页打印纸……图书馆里还有许多手稿,例如马戛尔尼勋爵出使中国的手稿。我还把所收藏的中国名人、风景和图片的印刷品和雕刻品做了编目。这是一个举世无双的收藏……

> 图书馆里的藏书不但能跟得上时代的发展,而且藏书量每天都在增加,但我发现这项工作占据了我太多的时间和精力,我已经感到力不从心了……有人询问我是否准备……卖给一个美国学术机构,我说可以。但是……我宁愿……看到我的图书馆永久地留在远东。美国代表问我索价几何,我回答说 40 000 英

镑……但如果有可能留在远东,我准备以较低的价格出售……

　　他在日记中记道,15 个月里,他用于书籍收藏的花费是 1 500 英镑。"从今天起,我要中断这一嗜好。我承受不起这笔费用。"

　　莫理循在他 1913 年日记的结尾表示,要在新的一年里与他的敌人"福来萨——濮兰德——姬乐尔以及其他人"做朋友,要完成他的《回忆录》。现在他已把《回忆录》写到 1898 年了。这一年他最后一篇日记是对在中国生活心灰意冷的另一种反映:

> 　　中国的赋税很轻! 没有什么说法会比这更误导人。赋税轻? 纳税人得到了什么呢? 他们受到警察的有效保护吗? 他们有纪律严明的军队吗? 道路、桥梁的状况良好吗? 铁路和电报价格便宜吗? 汇率和政府期票稳定吗? 他们享有良好的卫生设施、排水设备和劳动保护吗? 奴隶制消失了吗? 看看纳税人得到些什么,你就会知道,这是一个世界上课税最重的国家。冲毁了的拦水坝是否修复? 防洪堤是否得到很好的维护? 河流是否得到疏浚,运河是否通畅? 那些厘卡① 或运河水闸的收税人员,面对诸多问题,却懒散地坐在那里,无所事事,只知道祈祷交通畅通。这是何等令人伤心的景象呀。

[十]

　　很多来莫理循家造访的客人都让他心烦不已。但值得注意的是,女权主义作家、旅行家维奥利特·马克汉姆是个例外。她拿着麦肯齐·金的介绍信来到北京。麦肯齐·金在信中说:"我认为她是英国

---

　　① 厘卡:旧中国征收厘金的基层机构,一般分为三级。据统计,清末全国 18 省厘卡总数约 2 500~3 000 处,所用工作人员 25 000~26 000 人。

最伟大的妇女之一。"莫理循与她会见后也认可这一观点。马克汉姆小姐是"水晶宫"设计师约瑟夫·帕克斯顿爵士① 的外孙女。她在1943 年出版的一本回忆录中写道:"在莫理循夫妇可爱的住所里,你可以见到所有值得在北京见到的人。"她回忆了30 年前中国的局势:

> 各省都督……依仗各自强大的军事力量形成可怕的地方势力,威胁着中央政权。独裁者袁世凯的帝位摇摇欲坠,要仰赖这些地方统治者的鼻息才得以暂时保全。这些极具破坏力的私人军队在中国这片不幸的国土上肆意横行,残害百姓。像许多通过卑劣手段获取权力的人一样,袁世凯发现必须安抚邪恶的集团和个人,才能维持他危在旦夕的地位……腐败——如我所知,就像鼹鼠一样令所有的中国人民不得安宁,但没有人认为这是一种罪恶。以权谋私对中国人来说司空见惯,人们并不认为有什么不道德。至于说到官僚阶层的腐败,中国人从未想到过批评这种"勒索"体制,它从上至下已经弥漫于整个远东人的生活中。这个奇怪的民族对诚实采取似是而非的态度,就像他们对待其他每一件事情一样。

她的一段总结显示了她非凡的预知能力:

> 毫无疑问,共产主义思想已开始传入中国。人民生活在贫困之中,缺衣少食,痛苦万分。这种现状有利于共产主义思想的传播。但中国人仍然是坚定、狂热的个人主义者,因此我认为,不管中国人愿意采纳何种本土化的共产主义制度,他们决不会接受莫斯科或任何一个遥控中心的摆布。

---

① 约瑟夫·帕克斯顿(1801~1865):英国园艺师、温室设计师。1851 年伦敦大博览会"水晶宫"的设计人。

第十一章

[一]

袁世凯解散了国会,但他仍然面临着许多问题。其中一个是他的老战友张勋将军。1900 年,张勋坚决执行袁世凯的命令镇压了山东的义和拳。他以江南提督的身份刚刚彻底地摧毁了"二次革命",因而被提升为江苏都督。他是一个令人畏惧、毫无趣味的粗野之人,喜好屠杀、嫖妓、酗酒和发财。他把军队看作私人财产。这是一支难对付的军队,士兵能征善战,只忠实于他们的将领张勋——只要给钱。然而张勋并不忠于袁世凯,而是对已经灭亡的清朝忠心耿耿。他和属下还保留着辫子,这表明他并不赞同共和,因此他们以"辫子军"而闻名。尽管莫理循一再督促袁世凯必须遣散张勋的部队,但袁世凯却一直不敢动手。不过后来袁世凯在日本的压力下,把张勋改任为长江巡阅使,原因是一些辫子兵在攻入南京城时误杀了三名日本侨民,日本人极为恼怒。尽管这份差使可以捞很多外快,但捞起钱来不像都督那样随心所欲,而且地位也不那么显赫,因而张感到忿忿不平。

当日本人要求罢斥张勋时,莫理循给蔡廷干写了封信:

　　……如果能把张勋免职，就外人看来似乎是对中国大为有利。他是中国目前最大的危险。一想起他那些野蛮的士兵给无辜的南京人民所带来的痛苦，任何人都会感到难受。张勋拒挂共和国的国旗使各国使馆忧心忡忡。他们害怕这是又一场内战的前奏。来自南京的报告都令人苦恼。

　　莫理循告诉返回美国的奥尔："这里局势不妙，如何处理军队是当前中国最严重的问题。所有收入都填了军队这个无底洞。要维持军队这帮人马，就得耗尽一个富省的财力，而中国的财政几乎已不堪重负。"

　　袁世凯的财政问题并不因为有了颇具争议的2 500万英镑的贷款而稍有减轻。偿付了当前的债务后，他只剩下850万英镑——为此中国需要在今后47年内偿还4 200万英镑。

　　1914年1月底，莫理循给在英国已退休的亨利·戈颁写信说："有时我认为自己对总统有点儿影响，但我很失望。我看不出中华民国的国民与15年前我们所知道的中国人有何不同。"他在日记中大发牢骚说，他对政府的许多重要决策一无所知，其中包括美孚石油公司开采石油的特许权。他在日记中写道："没人向我咨询有关财政方面的问题……也没有人向我询问过那些追逐国外特许权者的信誉问题。实际上，我只能在像总统帽子形状这样鸡毛蒜皮的小事上发表自己的看法。"也许总统帽子形状并非无足轻重之事。蔡廷干给莫理循的一份备忘录上写道："您能把您的俄式帽子拿来给总统的制帽匠做式样吗？我保证绝不会弄脏。"

　　"对所有人和所有事情都打不起精神"，莫理循在3月初写道。几周后他又写道："现在对收藏图书感到厌倦，想卖掉我的图书馆，来个彻底解脱！哦，上帝，最好能快点出手！那样我就能无牵无挂地去加拿大了。"

　　但是，他在接受澳大利亚墨尔本市《生活》杂志的记者W.W.洛克的采访时，并未表现出内心的焦躁。洛克形容他"高个子，金发……眼中充满奇特的'恍惚'神情"：

> 莫理循博士是典型的澳大利亚人。性格文静，有点儿矜持寡言，给人的印象不像政治家，更像学者。他热情欢迎满屋的来访者，复又陷入沉默之中。这里有各式各样的人——美国商人、铁路工程师、传教士、战地记者……他们在那里高谈阔论……而莫理循博士，除开偶尔回答一些问题外，一般都不凑热闹。

针对洛克的提问，莫理循祖露了他对共和国的看法：人们普遍认为，袁世凯"最适合当总统"。新政权虽然犯了一些错误，遭受到一些失败，但"二次革命"（莫理循委婉地说成"最近在南京的骚乱"）完全是由"多年来从事革命和造反活动的职业煽动分子鼓动起来的……"袁世凯授予孙逸仙的每一项荣誉大家都有目共睹，但最近孙反对袁，在一项宣言中要求他辞职。如果袁世凯辞职了，国家将陷于无政府状态。袁世凯政府的目的在于建立这样一个共和国，它融合了美、法两国制度的精华，瑞士的部分宪法，以及大不列颠诸多制度产生的自由。"两院下的一个委员会正在起草宪法，美国著名教授弗兰克·古德诺被政府聘来帮助他们商议。"莫理循说。但他没说，古德诺像他一样正苦于失意呢。

4月初，莫理循对上海、广东、香港和汉口做了简短的考察。在汉口（"华中的首府，世界最大城市之一"），他前往总领事馆时碰上了一具死尸"倒在臭不可闻的污秽中无人照看"：

> 茅舍简直比云南罗罗族土人居住的棚子还要简陋。没有马路，没有下水道。这些未开化的生活环境正是外国人最鄙视中国之处。形成鲜明对比的是附近美丽、洁净、卫生的外国租界，那里马路宽敞、排水设施良好，还有电灯……中国的现状竟如此

可怕，难怪西方国家认为中国甚至还比不上最低程度的西方文明。当这些现象还存在时，高唱废除治外法权和平等相待只能是空话。有幸的是，中国人也开始采取补救措施，重视公共卫生，铺设下水道，改善照明状况……不过即使这些问题都解决了，中国这片肮脏的国土还是每天都面临被外国军队占领的危险。任何时候外国列强都能轻而易举地找到侵略中国的借口。

莫理循回到北京后，把他在汉口看到的情况报告了袁世凯。总统"似乎很震惊"，要他尽快写一份详尽的报告。

[二]

变革在报业广场迅速展开。北岩把《泰晤士报》的价格降为一便士。布拉姆和管理层闹翻了，于是就另谋他就，接受了悉尼《每日电讯》主编的职位。威克汉姆·斯迪德代替了他。莱昂内尔·詹姆斯也辞职了，并于4月给莫理循写了封信："您还记得北岩的许诺吧，你曾深感兴趣。可是，没有任何兑现的迹象。"莱昂内尔还在信中写道：

> ……报社的营运每况愈下……我递交了最后通牒，然后就离开了报社。我可能对报业广场怀有偏见，但我有理由。我已为他们完成了11次重大使命和无数次其他任务，没有一次被对手打败过……然而结局如何呢？他们告诉我"报社无力支付我较高的薪水"，也不能履行阿瑟·沃尔特提出的给我养老金的许诺。一个喜好奉承、靠谄媚北岩过活的卑鄙小人(原美国电报公司职员)告诉我，新《泰晤士报》的政策是"看一个人将来能有什么作为，而非看他们过去有什么成就"。于是我就无话可说了，再也没有跨进报业广场的大门。幸运的是，我终于挣脱了北岩和那帮可悲的傀儡人物的控制。他们正忙着用《每日邮报》低

劣、庸俗的经营方式来破坏《泰晤士报》的古老传统。

"很幸运我能当机立断离开报社",莫理循在回信中写道,"否则,我现在需要养家糊口时却会无能为力。"

珍妮已把孩子带回英国,因为她的父母想看看外孙。莫理循在5月底给蔡廷干写信:"我想我应当回英国,看看能否做点儿事,以消除外界对中国和总统政策……不真实的看法。"对他来说,较为明智的做法是,以民间人士的身份(不以官方身份)去英国把妻儿带回。他在回去的路上,可以研究加拿大和英属哥伦比亚的亚洲移民问题,审慎地探听革命党人在日本的活动。他在正式请求总统应允时,极尽东方式的阿谀奉承:

> 我充满信心地递此申请,因为情形似乎比我第一次到中国时好得多。在阁下您的英明领导下,全国已经稳定,不必再为将来所要面临的财政问题而忧心忡忡,铁路和工业建设在各处受到鼓励,同时中外关系极为友好。

总统在礼节方面并不比他逊色:

> 您自任职以来,工作上一直勤勤恳恳,呕心沥血,作出很大贡献。您的工作成就有口皆碑……特准您三个月假期,望届时返回中国……继续给我以帮助,提供宝贵意见……

[三]

莫理循于6月26日给袁世凯写信说:"昨天抵达伦敦,同日下午接受《泰晤士报》采访。许多报社的记者都希望采访我。采访录很快在报上刊出,发行总数估计不少于350万份,中国证券的价格都上涨了……总数达数百万美元。如果不是传来了……张家口兵变的消息，价格会上涨得更令人满意。据报道，叛军对妇女和儿童犯下了滔天罪行，可是当局并没有惩罚溃逃的叛军。"

尽管莫理循向袁世凯保证，他只会向外界披露事实，但他又一次粉饰中国的现状，忽视了一些令人不满的真实情况。他告诉《泰晤士报》和其他报纸，中国局势稳定——可是几乎是同时，张家口却遭到袁世凯的一些正规部队的抢劫。濮兰德很快在《观察家》上发表题为"中国之矛盾"的文章，毫不客气地指出莫理循的失误。几天后，他在《泰晤士报》上发表文章，将莫理循对袁世凯 70 名参政的介绍与端纳对参政院① 更为精确的描述加以比较。莫理循称那些参政代表包括中国革命党精英在内的"全国各方人士的意见"。端纳却说中国革命党——孙逸仙的追随者——在参政院中没有任何代表，参政院"仅仅是总统的工具……旧势力的一次常规动员"。

正在为《泰晤士报》撰写关于远东事务社论的洛瓦特·弗雷泽把濮兰德的文章拿给主编和威克汉姆·斯迪德看。他们都同意应当继续向袁世凯提供"稳定但经过细心选择的支持"。洛瓦特·弗雷泽在给莫理循的信中写道："请正确理解我们的态度。《泰晤士报》不希望打击中国现政府。任何违背严格'立宪'道路的偏差行为，只要袁世凯认为是必要的，我们都毫不在意。我们免不了偶尔批评您所服务政府的某些特殊行为或微小错误，但我保证，《泰晤士报》将继续给中国政府以全面支持。"莫理循在伦敦商业会所的演讲中为袁世凯做了全面辩解。许多听众是两院的议员。

莫理循说："这里流行的观点似乎是，中国……目前正处于无政府状态；中国在野心勃勃的独裁者的统治下，正迅速走向毁灭。对我

① 注：1913 年 11 月 15 日国会停会，12 月 26 日袁世凯操纵的政治会议开会。1914 年 3 月 18 日，约法会议成立。5 月 24 日，发布约法会议议决的参政院组织法，任命黎元洪为院长，汪大燮为副院长，参政 70 人。

来说,这样的观点似乎与我知道的情况相矛盾。"他十分详尽地介绍了中国目前财政、经济和外交的状况,小心翼翼地粉饰袁世凯玷污共和的丑行:

> 北京有一个国会,由参、众两院组成,大部分议员是没有安邦治国经验的学生(在满族统治下他们怎能有安邦治国的经验呢?)。他们对自己的国家没有全面的认识,但接受了日、美、英政府的先进思想。麻烦也就随之产生了。国会推举一个由40人组成的宪法起草委员会来制定正式宪法,代替先前在南京起草的《临时约法》。所有这些人都是进步学生,他们满怀热情,决心把一个过时的专制政体急速转变为最先进、现代的议会政体。他们无视中国的国情。没有人对他们的爱国心表示异议。但他们没有意识到,他们代表的不是现在中国人的思想,而是他们所希冀的未来中国人的思想。他们设想的宪法剥夺了政府所有的职能,赋予国会以至高无上的权力。尽管中国为起草宪法聘请了两位大法学家——日本的有贺长雄教授和哥伦比亚大学的古德诺教授,但委员会并没有向这些被聘来帮助草宪的著名学者请教。他们是总统聘请的,因此受到怀疑,被撩在一边。当宪法行将完成时,矛盾发展到了顶峰,他们甚至拒绝总统的代表参加听证会。他们想方设法干预政府行为,给政府设障碍,出难题。……由这些政敌组织的叛乱终于爆发了。他们的目的很明确,就是要实现南北割据。

但是总统一直保持克制的态度,只在万不得已时才发动反击:

> 他迅速取缔了叛党,中止了国会活动,解散了各省议会。然后他组织了一个由70名精英组成的专门委员会,要求他们在有贺长雄和古德诺教授的帮助下,将在南京草就、在北京修改的宪

法加以修订。修订过的共含 68 项条款的宪法就是现在的《中华
民国约法》……这个约法给以总统五年的任期。总统已宣誓效
忠经改组后的政府。总统过去的所作所为并没有玷污他的誓
言。这个宪法赋予当选总统的权力和日本天皇一样大。

在演讲结束时,莫理循提到最近英国报纸对中国事务的评论。
他说,袁一生中"最糟糕、最令他后悔的一件事"是 1912 年 2 月他的
精锐部队对北京的抢劫:

> 这一事件使他在国内外的声望受到贬损。然而最近我在一
> 份一流报纸上看到……英国人普遍相信这一兵变是袁世凯为恫
> 吓南方代表而蓄意谋划的。我认为这种揣测未免过分。

莫理循的一些听众则认为,他的辩护相当过分。

伯迟·克利斯普先生一心一意想为中国争取更多贷款。他不仅
祝贺莫理循对"杰出的听众"所做的"精彩演说",而且自己出钱在《每
日电讯》上全文发表莫理循的演讲稿(该报的发行量高达 20 万份)。
他在给莫理循的信中写道:"当然,您的演讲会使人们不由地想起这
些问题:中国首先将采取什么步骤筹款,才能偿还今年到期的贷款,
其次是如何偿还庚子赔款。"莫理循试图按这一程序解决问题,却发
现一切正陷入混乱之中。当时大约有 28 个贷款合同在伦敦酝酿,其
中有一些像莫理循给袁世凯的信中指出的那样,利率过高,人也靠不
住,如:一个是美国领事馆前职员,一个是天津乳牛厂厂主,另一个是
上海市市政当局的四等工程师。莫理循写道:"英国银行家认为,中
国政府必定已陷入严重的财政困境,才会用这种会惹来笑柄的特殊
办法来谋求贷款。"中国在伦敦有两个官方代表,一位是公使,一位是
财政专员,但所办之事却不互通信息。这种做法同样授人以笑柄。
莫理循告诉总统:"以上所作所为给人留下的印象是,中国没有一个

团结政府,国民分裂成两半,互不信任。"

寻求有名无实的财政改革,与外交部讨论贷款问题,与英印当局讨论西藏问题,接受采访,回复大批信件,搞得莫理循没有空闲时间。他给已获得"海军中将"头衔的蔡廷干写信(中国有 30 位海军将领和 5 艘战舰):"我没有假日。事实上,我从早工作到晚。"

一大群求职者和特许权追逐者围着他转:工程师、勘探者、前军人和文职人员、发明家、怪人和传教士。一位退休的塞拉里昂司法部长,自称要为弱小的中国海军引进声波定位系统;另一个人自称发明了无线电报新系统。行为学会请莫理循就中国人的性格做演讲,并为《崇高的思想》杂志写一篇文章。他出席了许多的正式宴会。在道格拉斯·斯拉登邀请的一次宴会上,他认识了一些广受欢迎的作家:耶罗姆·耶罗姆;"布莱登小姐"和她的儿子罗 W.B. 马克斯威尔;"维多利亚时代小说《山地的卢》的作者"艾利诺·摩尔当;维多利亚时代畅销书《沉默的梅特兰主任》的作者马克斯威尔·格雷。另一个宴会是由圣海利尔夫人邀请的,客人中有基青纳,他已离开埃及返回英国,还有查尔斯·贝思福,他"又矮又胖,畏缩不前"。布利思夫人邀请他上午 8 点 45 分在白金汉三号门吃早餐。76 高龄的布利思子爵,以前是钦定民法讲座教授、爱尔兰大臣和驻华盛顿大使。他"吃起来狼吞虎咽",但说起中国的临时约法来却清楚明白。他指出约法的重点要放在政府职能部门,而不是立法机关,并认为袁世凯应以墨西哥总统迪亚斯的历史为戒,因为他从未规定接班人……

莫理循应澳大利亚老乡亚瑟·林奇上校的邀请在下议院喝茶。他是西克莱尔委员会成员,在墨尔本上大学时就认识了莫理循("我记得看见您参加过一英里的赛跑项目")。林奇还是个医生、电气工程师和诗人,也许是惟一一位曾被控犯叛国罪的澳大利亚研究生,因为他在布尔战争中指挥一个爱尔兰旅,为布尔人效力。现在他是"为维护中华民国的利益……而建立起来的一个中国特别委员会的秘书……"。西德尼·韦伯夫人邀请莫理循与他们夫妇共进便餐。她在给莫理循的信中写道:"您听到这消息一定会很开心。我们认识了您以后,自己也办了一份报纸!"她的报纸就是《新政治家》。

他把一份"非常有趣"的中国人手稿交托给大英博物馆馆长助理劳伦斯·宾岩。宾岩应允会"十分珍惜"这份手稿。他去了动物园和剧院,并在五花八门的活动中挤出时间在伊令西部的西伦射击场打了五次靶,每次 25 先令("这 25 先令包括 100 发子弹、100 只鸟、枪支及来回场地所用汽车的费用")。

[四]

1914 年 7 月,英国人更关心爱尔兰事态的发展,而不是中国事务。爱尔兰自治议案在 5 月已经三读通过,厄尔斯特人威胁要造反,决不接受自治。7 月 15 日,莫理循在莫伯利·贝尔夫人那里与 J.B.卡波尔共进午餐时,大家都在问同一个问题,国王是否赞同议案?卡波尔认为肯定赞同。贝尔夫人却认为:"签署法案就意味着战争! 那将意味他王权的终结。"英国正准备给爱尔兰难民提供住宿,而发生在 6 月 28 日的奥国皇储弗朗西斯·斐迪南大公遇刺似乎倒并不重要。

不久前,赫顿就爱尔兰危机发表了一篇很有特点的评论:

> 厄尔斯特的基督教新教徒非常愚顽,疯狂地反对罗马天主教。如果他们受到足够的教育,有知识和见识,就会知道宗教并不可怕。在整个西欧,宗教正在迅速衰败。每星期,你都会接到许多印刷品,宣传宗教怀疑论和宗教淡化论。牧师、主教和宗教团体仍在为教理而争论不休。天哪! 耶稣已诞生 1 914 年,而他的教义还是那么脆弱。这难道不是宗教无能的最好证据吗?雪莱说:"如果上帝发了话,为什么世人还不相信呢?"……牧师通常都是一群既自负而又无知的大笨蛋。

几个星期后,厄尔斯特和爱尔兰自治运动随着战火横扫欧洲而被人遗忘。

7月27日,莫理循和奎恩在巴兹俱乐部吃中饭,这一天是奥地利和塞尔维亚开战的日子。奎恩说英国人没有意识到英国应在道义上帮助法国——实际上,英国卷入的程度远比一般人知道的更大。他不断敦促政府把事实真相告诉人民。莫理循在日记中问道:"战争规模能得到控制吗?尽管证券交易所一片恐慌,我还是相信有这种可能性。德国将吓得俄国不敢卷入战争。俄国本身也不想卷入战争。无论事态怎么发展,英国必须作壁上观,只能老老实实地当个调解人。"

奎恩问莫理循,基青纳是否真的在中国军队中任职。莫理循在日记中写道:

> 我说事实绝非如此。奎恩告诉我,基青纳极力说服他向政府交涉,让基青纳能在政府部门任职;基青纳还说,如果他们去其他国家工作,那将是英国的损失。在人们的一再追问下,基青纳说中国政府已邀请他参加军队重组工作。奎恩总认为基青纳在撒谎,很高兴现在终于得到证实。

第二天,莫理循与阿莫利夫妇、奥布里·赫伯特先生、劳氏银行的乔治·劳埃德共进午餐。大家一致认为德国不希望有战争。有人引用姬乐尔的话说,比如北岩疯了,但还没有足够的理由把他关进疯人院。

8月1日,德国向俄国宣战的消息震惊了这些餐桌上的预言家。第二天,莫理循在日记中写道:"报纸非常畅销。海军动员起来了。德军侵袭了英国的船只。2万德国人被击退了(消息有误)。德军分三路入侵法国。卢森堡被占领了(这是最糟糕的消息)。"

这时，大战的烽烟从莫理循在伦敦时写的日记中消失了。他没有提到英国在 8 月 4 日的宣战。接下几天的日记只有一行："路透社说《泰晤士报》一个月损失一万英镑。"8 月 13 日，他和珍妮及孩子乘船驶往魁北克。

他在离开英国前给罗纳舍勋爵写信：

> 总统已给我拍电报……我很抱歉没有时间去看您……也很遗憾没去看爱德华格·雷爵士……袁世凯已感到事态的严重性，海关收入的缩减使财政前景暗淡。他尤其惧怕日本，但我看不出他害怕的缘由。我将按照他的意愿顺道访问日本。
>
> 英国外交部的一位高官告诉我，贝尔比·艾斯敦将是下一任驻北京公使。我知道您了解他。他是一个喜好社交的人。但……我在中国的 17 年里，他却是在英国侨民中制造不愉快事件的使馆官员。他对工作漠不关心，兴趣全无。据估计，他在北京一天要花 5 个小时陪伴女士。我相信大家都认为他是个大笨蛋，决不能胜任任何必须负责任的工作，甚至使馆人员也这么认为。我有时想，如果英国政府任命一位有印度工作经验的人到使馆工作倒是明智之举。我不认识麦克马洪①，但我认为像他那种人很适合担任公使。荣赫鹏也是个不错的人选。他具有处理不发达地区问题的知识，有可能在未来几年中，在驻北京公使这一极其困难的职位上作出贡献。
>
> 我相信在华的英人团体……会认为任命艾斯敦这样和蔼可亲的无用之人为公使……是一场灾难……
>
> 我认为，中国人最担心的是缺乏资金，没有能力支付军费，

---

① 亨利·麦克马洪(1862~1949)：出席西姆拉会议的英国政府代表。1914 年 3 月 24 日，他与西藏地方政府代表背着中国政府在印度德里秘密换文，擅自划定中印"边界线"。后此线被称为麦克马洪线。

结果会导致兵变。

[五]

8 月 14 日,莫理循在船上接到消息,德军在比利时列日和法国之间遭到包围,125 000 人被歼灭。莫理循评论道:"尽管德国人走了厄运,但恐怕他们会继续战斗,另一场更大规模的滑铁卢战役将在滑铁卢附近打响。德国人准备牺牲数十万人。他们能坚持多久?"每位乘客都成了预言家。"比利时将接管卢森堡。""法国将得到阿尔萨斯和洛林。""德国将出现一场革命,一个共和国将建立起来。"珍妮的预言简单扼要:"霍亨索伦王朝完蛋了。"

9 月 2 日,他们得到消息,说日本已向德国宣战,青岛已被封锁。与莫理循同船的迈克卡瑟上尉对日本的动向深表怀疑。他在义和团围攻使馆时正在旅顺,现在要去圣彼得堡任海军武官。他认为日本人横插上一腿是"毫无道理的"。他说从这事件可以看出,如果美国也遇上什么麻烦,美国人在菲律宾的利益也就可想而知了。如何防止日本人把德国人从新几内亚驱逐出去并取而代之呢?

第十二章

[一]

莫理循返回北京一周后被授予一等嘉禾勋章。英国白厅① 内政部建议,依照 1891 年通过的印花税法,莫理循博士只要付 10 先令,国王乔治五世阁下就允许他佩戴相应的勋章。中国尚未授给他比这更高的荣誉——虽然袁世凯高薪聘他当顾问,还给他授勋,但仍然不信任他。8 月 4 日英国宣战后不久,袁世凯曾主动和外交使团领袖朱尔典爵士联系,表示愿意提供 5 万部队,帮助英国占领德国在山东的大本营青岛。朱尔典爵士非常不负责任地(也许只能用老糊涂来解释他这一举动)拒绝了袁世凯的主动请缨,甚至没有和法、俄、日使馆的同僚商议一下。(难怪,一年多以后,协约国的公使们第一次听到这件事时,都直言不讳地表示愤慨。)朱尔典爵士建议袁世凯保持冷静,不要采取任何行动。这对总统来说是个极大的挫折,使他觉得大大地"丢了面子",犯了明显的外交错误。但当莫理循去拜访袁世凯,报告他的伦敦之行时,总统并未将此事告诉他,以至他还在日记中发牢骚说:"中国热衷于中立,简直热昏了头。"

---

① 白厅:指英国主要政府机关所在地。

日本军队正在向青岛发起进攻,其阴险目的是为了进一步控制整个中国。日军不顾中国政府的抗议,以"军事需要"为借口,占领了德国租界外的山东铁路,并积极向济南府推进。日本驻北京使馆参赞小幡酉吉告诉莫理循,日本政府并不想占领铁路,但军方势力太强。他说:"战斗打得很激烈,政府根本无法约束军方。"有关日军暴行的消息从山东传来("虐待中国人,抢劫、强奸、焚烧家具以取暖"),令人忧虑。但袁世凯说,尽管日本人想制造事端,中国却绝不能做激怒他们的事。他表示"绝对不相信日本人"。莫理循认为此举"非常明智"。

中国驻美全权公使顾维钧说日本人的行为"使中国蒙受耻辱"。莫理循在一次不公开场合谈到中国的缺点,批评中国人"拘于小事,大事糊涂"。他的这一说法和几个月前他在伦敦发表的以救世主自居的演说大相径庭。他还指出中国所蒙受的许多耻辱:

允许德国在山东建立军港、控制铁路是耻辱!

外国人受治外法权保护,不信任中国司法部门是耻辱。

允许家庭蓄奴是耻辱(中国是世界上惟一允许买卖亲骨肉的国家)。

为了能获得贷款,不惜让外国人在经济上卡住脖子是耻辱。

修铁路要在外国人的监督下进行,不相信中国自己的信誉是耻辱。

由外国传教士兴办中国惟一的医疗慈善机构是耻辱。

中国没有为国民提供保护,没有法律和治安的保证,只有外国人修建的马路或铁路,没有对从事做危险工作的工人提供保护措施,没有对儿童的生命给以保护,没有为精神病患者设立医院,都是耻辱。

严刑逼供是耻辱。

[二]

中国的财政状况极糟,莫理循知道后并不吃惊。袁世凯告诉他,政府财政收入每月是 200 万美元——大约是 19.5 万英镑——但花费却是它的三倍。熙礼尔证实中国的确在财政上"陷入困境"。当莫理循自己的薪金也被拖欠时,这一状况就进一步得到证实。然而袁世凯却准备耗巨资于 10 月 10 日庆祝他当选总统的纪念日,而且他最近又娶了 10 个妾,使他的妻妾总数增加到 24 名①。据说袁世凯的年轻妻妾经常争吵不休。

当《曼彻斯特卫报》邀请莫理循写一篇关于中国财政的文章时,他拒绝了,不是因为稿酬少("每千字 2 英镑 2 先令"),而是因为新的财政总长周学熙恢复了"邪恶的旧官僚作风",以无能的朋友代替称职的官员。他回信说:"我为中国政府工作,必须竭尽全力提供帮助,因此不能在英国报纸上攻击他们。"他"整个晚上"都在"自责",觉得"为这个腐败的国家服务"是在浪费时间。他发现中国还有许多值得批评之处:

> 中国人特别懒散。
> 缺乏纪律。
> 缺乏仪表的自豪感。
> 凡事拖拉,不讲效率。
> 缺乏克制精神,明显地比以前缺乏爱国精神。
> 不敢面对现实。胆怯,怕负责任。

他一次又一次地自忖他那"名不副实的地位",为一年 3 500 英

---

① 注:此处失实。

镑而死心塌地为"腐败的政府"服务,做"徒有虚名的政治顾问":

> 我的健康状况在好转,也许我比过去有钱,还大大地丰富了我的图书馆,里面有许多新书。尽管我决不会受到外界对我看法的误导,但我知道自己失去了影响和声望,有时害怕连自尊也会失去。现在袁世凯要我准备中国战后参加联盟的办法……中国自己能提出什么理由呢? 中国能使自己得到什么赔偿? 中国很好地履行了条约的义务了吗? 中国政府实施了改革了吗?

> 中国政府的外国专家顾问继续在挫折中煎熬着。宝道年薪4 000英镑,"却无事可做"。他告诉莫理循,要不是因为战争,他早就回法国了。他是治外法权和中立方面的专家,但没人向他征求过意见。古德诺教授在合同期满前愤怒地离开了,其职位由韦罗贝① 顶替,他是普林斯顿人,长相和"伍德罗·威尔逊② 非常相像"。

[三]

1915 年 1 月的头一个星期,莫理循来到满洲牛庄的阿斯特王朝旅馆。在那里,英国人和日本人都友好地款待他。餐厅提供了大麦汤、煎鱼、炖兔肉、炖牛肉、烤羊肉和薄荷酱,馒头和时令布丁。卧室里有"一个可爱的日本女孩儿"为旅馆客人服务,一晚要 15 先令。

莫理循在回北京的途中,参加了天津业余戏剧俱乐部为救济比利时难民而举办的一场演出。一个男高音唱"甘噶仃",一个男中音

---

① 韦罗贝(1867~1960):美国人。1912~1914 年任普林斯顿大学政治学教授。1914~1916 年在华任北洋政府宪法顾问。

② 伍德罗·威尔逊(1856~1924):美国总统(1913~1921)。领导美国参加第一次世界大战,倡议建立国际联盟并提出"十四点"和平纲领,获 1919 年诺贝尔和平奖。

唱"某处有人在呼唤",一个魔术师巧妙地变着纸牌和金鱼……但最后的节目才是高潮,唱"协约国之歌",温萨·哈特小姐代表日本唱到:

> 日本作为吾盟国,
> 郑重履行其誓言。
> 逐敌兵,出青岛,
> 大力援助不列颠。

不幸的是,作为协约国的日本,其诚心和誓言的有效性很快就使人产生了疑问。

[四]

莫理循拜见袁世凯,讨论日本在满洲开展贸易的报告时——主要包括鸦片、赌博、假春药和妓院——发现总统"特别高兴"。袁世凯先和莫理循讨论了金融和煤矿等问题,然后问莫理循,英国如何看待日本在长江流域的扩张现象。他说日本人头脑发胀,没完没了地惹麻烦。但他没提两天前,日本这个所谓友邦蛮横地向他提出一系列要求——实际上就是最后通牒。

陈志让博士所说的"历史上最为偷偷摸摸的外交打击"发生在1月18日下午三时,日本驻北京公使日置益没有遵照外交惯例将一份文件草案递交中国外交部,而是直接送交袁世凯本人。这份臭名昭著文件(现称"二十一条")所用的纸上有无畏级战舰和机关枪的水纹印。对中国人来说,这份条约将产生灾难性的后果。

莫理循说这些要求"比一个战胜者向被他击败的敌人提出的许多条件还要糟",事实上,将把中国降为一个附庸国。根据这一条约,日本将获得山东、南满洲和内蒙古的控制权;在福建省建立海军基地、港口的专有权,以及长江口的控制权。日本还将控制中国最大的兵工厂和钢铁厂。中国不得不委托日本训练她的陆军和海军,聘用日本人做她的政治和经济顾问,在日本人的控制下布置警察力量,从日本购买军火,允许日本人在中国办学校和传教,承认日本在中国重要铁路的使用权。日置益用手杖敲击着桌子,警告袁世凯,必须马上接受这些要求并绝对保密,尤其不能向日本的盟国英国透露任何密约条款,否则将引发一场战争。"在北京很难保守秘密",莫理循写道:"大家很快知道,日本公使在施以惩罚的威胁下……向中国提出了骇人听闻的'二十一条'。袁世凯的一个卫士向我透露了此事。我历尽周折才说服袁世凯让我看到文件的原本。"

1月26日,莫理循在与朱尔典爵士谈论"二十一条"时,爵士显得"步履蹒跚",而且局促不安。他说:"这是中国人自找的。中国人什么条件都会接受。"朱尔典爵士在给外交部的电报中说:"他们(中国人)今天与我商议,问我英国政府事先是否知道此事,我说毫不知情,但我告诉他们一定要妥善处理,千万别冒险。"三天后他去拜访莫理循,显得"非常伤心":

> 日本人把他完全蒙在鼓里,对他只字不提"二十一条"……他所知道的一切不比街谈巷议多多少。他认为外交部可能知点内情,但不敢断定是否如此。他不停地说,希望日本人不要那么守口如瓶。显然,他的畏缩作风使他对日本人毫无影响,也很少与他们交流。他为什么不与日置益谈谈,反而依赖报上的流言蜚语呢?他正处于可悲的衰弱状态。

莫理循对同胞的评价不大宽容——他一贯如此。朱尔典爵士得到过莫理循的提携,但在莫理循的眼里,他现在是一条"被压扁的虫";福来萨(驻华记者)也受到莫理循的提携,但莫理循对他的评价是"一头面目丑陋的蠢驴"。此外,在他眼里,弗兰奇勋爵是一个"鬼鬼祟祟的伪君子和耶稣会会士",罗纳德·麦克莱的妻子是"一个浓妆艳抹的耶洗别①"。

在莫理循说服袁世凯给他看"二十一条"的那天，他和外交部总长孙宝琦夫妇一同吃饭。孙宝琦说了两件有趣的事，但与现在的危机不沾边："马可·波罗第一次在中国看到煤当作燃料来使用……俄国人因为宗教的原因不吃鸽子。"

[五]

莫理循在 2 月 4 日过 54 岁生日。他心情郁闷地想："这些年来我把时光浪费在政治顾问这个丢脸的职位上。当初我是盛情难却才勉强接受这个职位，不过当时我还是充满了希望和热情。"他在日记中写道，袁世凯"情况糟糕"，"威望没有了。他怎样才能摆脱困境呢？"

尽管中国新闻界开诚布公、激烈地讨论着"二十一条"，可英、美报界持怀疑态度，整整两个星期没有对此发表评论。莫理循为端纳制作了一份"分量极重的报道"，送到《泰晤士报》，并通过弗里德里克·摩尔送到美联社。《泰晤士报》回复说："小心核实。有理由相信来自北京的报道有意夸张。"美联社的反应更令人沮丧。摩尔接到一封冷酷的电报："消息过激，欠思考，不能发表"，一怒之下他回电辞职。莫理循建议袁世凯把日本人的文件拍照之后送交给威尔逊总统和海外记者。袁世凯认为这是个"极妙"的主意。朱尔典爵士"颤抖得厉害并有点儿神情恍惚"，懵懵懂懂地重复着，"我为中国感到遗憾……非常遗憾……"

一开始，日本断然否认曾向中国政府提出什么要求。在其他列强向日本施加近一个月的压力后，日本才承认曾提出过要求，但不是

---

① 耶洗别(？～公元前843年)：以色列王亚哈之妻，以邪恶淫荡著名。见《圣经·列王记》。

"二十一条",而是十一条,并郑重其事地将文本加以发表,但实际文本和官方发表的文本有着惊人的不同。日本官方发表的文本把一些最不能令人容忍的要求完全删去,其他条款也修改得缓和了许多。即使从灵活的外交标准来看,这也是极其不诚实的行为。莫理循给熙礼尔写信说:"把两份文件对照着看一看,你只能得出一种结论,这是外交史上最可耻、最卑鄙的行为……"直到5月初,以"二十一条"原有版本为基础的谈判仍在继续,中国人抗拒,日本人坚持。北京有许多人害怕日本会通过武力实现其意愿。蔡廷干找莫理循商议如何处理存在横滨银行的一笔款,他怕战争一旦爆发,这笔款会被日本政府没收,但袁世凯从不向他的政治顾问咨询民国史上最严重的政治危机。谈判一直拖延未果,莫理循不得不从得到会议记录的美国公使馆那里了解事态的发展。"我难以忍受这种状况",他在5月7日抱怨地写道:

> 自从危机出现以来,中国官方没有问过"政治顾问"一个问题。我对危机的发展一无所知,那些抢新闻的记者个个时间宝贵,因此都不会浪费时间来找我。英国公使馆也是如此。朱尔典爵士和其他人都不愿费心到我这儿来,他们这么做自有理由。我不能给他们提供什么消息,除非我能像普特南·威尔那样凭想象杜撰出"事实"……
>
> 这几天感觉不好——一个原因是人老了,另一个原因是越来越不满意顾问这个虚职!

尽管莫理循在痛苦和幻觉破灭中苦苦挣扎,他在4月底仍然和中国政府续订再任职三年的合同。东亚最有名望的英文报纸《字林西报》向他和中国表示祝贺:

> 在围绕着善后大借款而激烈争论的日子里,莫理循博士是

最引人注目的批评对象。当时莫理循博士极力主张促成这笔特殊贷款,但人们至今对此明智之举仍然意见不一。现在那些使他痛苦的日子早已过去。我们应当坦率地承认,就中国而言,莫理循当时所列举的需要贷款的理由现在大都被证实是正确的。当许多人对中国的未来失去信心的时候,莫理循博士仍然坚信,中国有能力像往常一样,克服一切艰难险阻,勇往直前。莫理循成功的主要秘诀,在于他能把中国的实情、可靠和永久的因素与虚假、暂时的现象区别开来。这使他的批评变得毫不刻薄,使他仍然尊重中国人,尽管笔端时有谴责之意。没有谁能比中国人更敏锐地评价一个人。他们从来都认为莫理循博士是一位朋友,尽管有时他因直言不讳而惹人讨厌。

[六]

中国继续抗议日本侵犯她的主权和其他列强的在华权利。但日置益在5月7日递交了一份最后通牒,威胁说,如果中国政府不在两天内做出答复,日本将以武力相逼。不过密约的第五条,也是最恶毒的一条,暂时收回了。爱德华·格雷爵士在说服日本减缓其要求方面起了一定的作用。朱尔典爵士建议袁世凯接受修改过的条约。袁世凯别无选择,只能接受。

日置益坦白而别致地表明了日本的态度:"现在遍及全球的危机迫使我国政府采取长远的行动",他说,"当一家珠宝行起火时,邻居不能不自救。"

中国屈服于日本最后通牒两星期后,袁世凯派人去请莫理循。莫理循发现袁世凯"身体还不错,但有咳嗽,痰比平时多"。莫理循有许多重要的事要讨论——需要制定更宽松的采矿条例以吸引外资,美孚石油公司的"灾难性"垄断行为,锑垄断,一些规模较大的英国发展计划——但袁世凯对这些问题毫无兴趣,只谈和日本有关的事。

莫理循在日记中写道：

> 萦绕在他脑中的都是日本问题：日本的阴谋，日本和英国作对，日本过度自负，企图在亚洲挑起战争等等。他被日本吓破了胆。对这个野心勃勃邻国的恐惧感使他不敢采取任何行动。因此，当我向他说起修订采矿条例时……他未置可否，但眨眨眼说："那么日本会占有我国的所有矿山。"我得承认，这次会见使我感到非常扫兴。总统没有进一步的政策，没有积极的治国方略。他的意图（这是必须保守的最高机密）是，必须努力争取部分协约国，必须理解或与日本达成协议，设法使列强与日本达成协议，保证中国在 10 年或 20 年内领土完整，这样中国可以在这个时期致力于发展建设……对日本的恐惧使他惊魂未定，不敢有所作为，就像青蛙见了蛇一样动弹不得。他没做什么建设性的工作，整个国家没有新建一家像样的工矿企业。

［七］

从人力车夫到学生，从商人到苦力，所有中国人都对中国政府的屈服表示愤慨，开展了罢工、游行和抵制日货的运动。（在济南府，日本领事正式抗议中国妓院抵制日本人。）许多民间团体纷纷要求将 5 月 7 日[①] 定为"国耻日"，动员家庭主妇抵制日货。一个名叫张仲良[②] 的中国记者给莫理循写信说："刚刚签署的条约充分显示了奸猾的日本人要亡我中华的狼子野心。"信中还提到他在抵制日货方面所作出的努力。袁世凯非常不喜欢这场风起云涌的民族主义高潮。尽管莫理循极不喜欢普特南·威尔，但对他的"精彩文章"表示"真心

---

① 注：应为 5 月 9 日。
② 张仲良：又名张敏之。北京新闻社的发起人与经理。

的赞同"：

> 中国的建设之路不能通过义和团运动，也不能通过消极的抵制来解决，而应当通过在财政、金融和教育诸方面采取积极措施来实现。中国问题多多：原始的课税方式，可怜的货币，交通缺乏，可悲的开矿法，全国各地有3 900万少男少女目不识丁，而在校生只有100万，人治而非法制。这些都是导致15万人统治4亿人口的一些悲剧因素……
>
> 必须尽快建立国会，必须唤起，而不是压抑议员的精神……如果中国要新生，要在东亚重振雄风，全体国民必须积极参加政府事务。

但袁世凯并不欣赏更民主的政体，而是朝更专制的体制迅跑。他野心勃勃要当皇帝。他的这一狼子野心，在他第一次接受总统职位的时候，一些观察家就已经注意到，只不过现在昭然若揭了。

[八]

6月初，莫理循在日记中对中国自1884年以来的悲哀史畅快淋漓地进行了评述。他写道，中国没有从中法战争或10年后的中日战争中吸取教训。"愚蠢的义和团起义"之后，中国没能建立起正常的秩序。1904年至1905年，中国竟然眼睁睁地看着俄国和日本在自己国土上开战，蒙受奇耻大辱。经过这段痛苦的经历后，中国的国力更加衰败：

> 1911年的辛亥革命是开创中国新纪元的曙光。当时，中国人都希望能因此而横扫一切腐败现象，充分发挥国民的潜在力量。但是，中国人的力量体现出来了吗？革命以来，中国失去了

外蒙、外藏和她在满洲的虚幻主权,东蒙和内蒙的情况还很不明朗……中国的统治阶层如此无知和腐败,国家如何能强大? 中国没有海陆军,没有战略铁路,疆土被强邻军事控制的铁路分割得七零八落;没有工业,没有……货币,没有警察机构,没有公共事业;地方政府和课税形式非常落后,人民对政府毫不信任,因此政府除了横征暴敛别无岁入途径;没有教育制度,没有矿业法;教育总长对教育管理和西方教育一窍不通,财政总长连基本的算术知识也没有,交通总长因过多地吸食鸦片而无精打采!……

让中国反省一下自己的工作吧。看看朝鲜是怎么做的。人们指责朝鲜当局屠杀了16 000名暴动者,但和中国死于饥荒和起义的数十万、上百万人相比,却是微不足道的。

莫理循似乎已有醒悟,在给西赛尔·克莱门蒂—史密斯的一封信中表达了同样的看法:"……事态不好,几乎一事无成,没有治国安邦之才,目标没有连续性……精力都花在制定没完没了的规章上了……"他还推测了英日同盟的前景。他写道,每个日本兵都认为德国人是不可战胜的。他还写道:"如果日本相信英国将被打败,而且不再是远东最强的势力,那么日本自大战开始以来所采取的政策和她漠视英日盟约的态度就都可以得到解释。"

端纳也对这个国家的情况感到沮丧。他说"中国仍在走下坡路"。莫理循在日记中写道:

端纳认为中国将爆发另一场革命,因为人民已忍无可忍。我倾向于他的观点。我们倒退到旧的清廷统治时期,甚至连委派官员的做法也倒退了:为了给政治支持者或老朋友、外省同僚找到职位,事先不通知或不给辩护机会就免除高级官员的职务。

莫理循决定开始批评中国的政策——或者说缺乏政策。7月初他去海边住了一星期,尽管他右眼有毛病,还是给交通银行总经理、袁世凯的亲信梁士诒写了一封长达6 500字的信,强烈谴责中国政府的无能、因循守旧和腐败现象。梁士诒说他看完后两夜没有睡好觉。莫理循把信的副本送给朱尔典爵士,并在封面加了几句话:

> ……我正在准备一份详细的报告,陈述在我任顾问三年间,中国有哪些该做的事没做。我准备这些文件的目的是为自己辩护——这样人们不能像评论其他外国顾问那样指责我,不能说顾问总是在开马后炮……

[九]

8月17日,莫理循见到袁世凯时,发现他"浮肿并患气喘病"。法国使馆的贝熙业博士[①]认为他传染上了梅毒。他妻妾成群,讲不同的语言,整天争风吃醋,纠缠不休,这可能是导致他身体不适的部分原因。莫理循又一次敦促他接受按摩治疗。莫理循后来在日记中写道:

> 这次会见毫无实效,十分令人不快。他的讲话空洞无物,令我沮丧,一直抱怨宪法极大地束缚了他……他大话连篇……他对日本怀有极度恐惧感,而正是这种恐惧感妨碍着他的全部行动……我无法和他谈些实际问题。

袁世凯除了对日本人深怀恐惧外,现在有个强烈的愿望——当

---

① 贝熙业(1872～1960):法国医师,中国文化造诣颇深。1912年来华,在北京行医,兼法国使馆医师。1954年返法。

皇帝。一些由机会主义者和逢迎拍马之人组成的小团体支持他当皇帝。其中一个是袁世凯的顾问杨度。他们组织了一个"筹安会"——会名暗示只有君主立宪政体才能给中国带来和平。另一个意料之外的同盟者是古德诺教授。袁世凯邀他回到中国,起草政府体制方面的备忘录。古德诺在备忘录里宣称,只要国内外均无强烈反对意见,他就支持君主立宪政体;必须立法明确规定皇位的继承方式;建立一个在皇权统治下的立宪政府。他之所以主张建立君主立宪政体,原因是他认为中国人在政治上尚未成熟,而且还担心中国在选择袁世凯的继承人时,会陷入混乱的危险局面。

古德诺的备忘录引起了轩然大波。他情绪低落地告诉莫理循,回到美国他要做很多解释工作。他告诉美联社,他的观点"被歪曲了",但莫理循认为他在备忘录中所陈述的观点"明确无误"。"我想他肯定觉得自己被人当枪使了——人家把他从美国诱来只为这个目的,他被巧妙地上了套。"

几天后,《大陆报》转载了路透社的一则显然是莫理循写的消息:

莫理循博士反对新的君主立宪政体:认为现在做此事是失策的

北京,8月26日——古德诺博士深感苦恼,因为他写给袁世凯总统的备忘录不断被错误地引用。对此,本报深表理解。古德诺博士从未坚决主张必须建立君主立宪政体,只认为在一定条件下可以这么做。古德诺博士的朋友认为中国政府利用了他。

本社得知莫理循博士反对君主立宪政体,认为现在实行是不明智的。

朱尔典爵士在给莫理循的信中写道:"君主立宪活动甚嚣尘上,

愚蠢之极,完全为私利追逐者所操纵,是一场闹剧。"但是,不管愚蠢与否,活动却在有条不紊地进行着,聚集着力量。在袁的命令或授意下,各省督抚们纷纷向北京发电报,敦促他当"中华帝国皇帝"以拯救国家。莫理循递交给袁世凯一份备忘录,力劝他推迟考虑君主立宪问题。莫理循还与日本使馆代办小幡酉吉讨论此事:

> 我告诉他我反对改变现状,认为时机极不成熟,会搞乱人们的思想,精力应当用在工作上,而不是忙于改变统治者的头衔。只要有四分之一国人反对,就应当停止。据说这个方案是总统一手谋划的。但实际上,如果袁世凯不能向全世界庄严保证他会维护中华民国,会信守就任总统时所发下的誓言,这个方案就会严重地损害他的声望和荣誉。小幡酉吉说,袁克定(袁世凯的儿子,半瘫,愚蠢之极)是这场运动的煽动者。他完全是为了自己的利益,就在不久前,他要把觊觎总理职位的段祺瑞毒死,但被发现了……见到明恩溥博士,明恩溥情绪激动地问道,这些流言蜚语说明什么呢?中国正迅速走向毁灭。为什么你要跟着沉沦呢?我说,我认为比较明智的劝告定能奏效,袁世凯不会允许这种宣传继续下去。

有贺长雄是个德高望重的日本法律顾问。莫理循拜访他时,他对莫理循说,他曾警告总统,改变政体将产生"灾难深重"的后果。他还说,将一个共和国变为君主国完全没有宪法依据,但中国人是"那么足智多谋",也许可创出一条新路。袁世凯最近的一个计谋使莫理循在日记中大发其火:

> 为中国政府服务。我担心自己正在一步步堕落。在骗子编织的谎言氛围中,被背信弃义和卑鄙伎俩所包围,你如何能保持自尊呢?在中国的外国雇员有谁做了与其能力相称的工作?工

作有什么动力呢？有什么工作是允许你做的？瞧，我是政治顾问，却一直被蒙在鼓里，直到运动开始后才有所知晓。这场运动是在总统授意下展开的。他这么做违背了他的所有誓言，将他的所有理念都抛到九霄云外。袁世凯自己原先并不想当皇帝，但在其子和被他冷落的原配夫人的影响下，他正为登上皇帝的宝座而调兵遣将。这与日本人和孙逸仙的预言一致。他使自己、他的国家和他的顾问成为笑柄。

日本、英国和俄国，紧接着是法国和意大利，先后提出"非常恰当和适时的建议"——应当缓行君主立宪政体。"我不止一次地劝诫袁世凯，应当重视这些建议"，莫理循写道。

[十]

11 月份的头一个星期，愚蠢的君主立宪运动还在紧锣密鼓地进行，而莫理循正致力于他自己的活动——以德国人不断侵犯中国的中立地位为由，努力说服中国断绝与德国的外交关系。"我坚信中国必须站在协约国一边参战"，他给在伦敦的澳大利亚老乡、北岩的广告部经理詹姆斯·缪芮·亚利森的信中说道："日本是值得怀疑的因素。很显然，日本人不希望这场战争很快结束。"

他把这一计划告诉了满腔热情的蔡廷干、德考特、库朋斯齐（现任俄国驻华公使）、麻克类（英国驻华公使参事）、朱尔典和总统本人。朱尔典爵士并不热心。他告诉莫理循，日本正在极力支持协约国，因此列强不能做任何激怒她的事。日本把中国看作她未来的势力范围，不想看到一个强大的中国。莫理循说，战争结束后，日本会发现全世界都在反对她。朱尔典爵士表示同意，但认为日本同时是胜利者。尽管如此，莫理循还是力劝他设法使中国参战。"我想我有些说服他了"，莫理循在笔记中写道。库朋斯齐和德考特不需要说服。他们都向本国政府拍电报,认为应当建议朱尔典爵士鼓励中国参战。

莫理循在与袁世凯一次长时间的会晤中列举了中国加入协约国的好处:

所强调的要点是:起到提高国家声望的作用。中国的民族意识刚刚苏醒,当国民知道他们的国家与世界强国结盟为文明而战时,他们的新生爱国热情将得到鼓舞。另外,中国将通过为协约国制造武器而得到应得的利润;她的兵工厂将得以重组,并装备上现代化武器;在战后涉及中国命运的谈判中,中国会在和会上拥有发言权。在此之前,列强间签订涉及中国的条约时,从未与中国政府磋商过,而且还习以为常;参加协约国将使中国多个边疆问题易于解决;中国可以拒付德、奥两国总数达1 400万英镑的庚子赔款,而且还不违反国际法;战争期间,中国可以拒付德国出资修筑铁路的使用费以及从德国借的善后贷款,加上庚子赔款,中国一天可少付6 000英镑;中国将收回被德、奥两国占据的天津和汉口的租界;中国将能够挽回谈判自主权,战后可以通过互惠的方式与德、奥缔结条约……中国可以打通国内的许多贸易通道,使商品得以流通,包括以前的禁运品;大量中国人将有机会到俄国工作,而以前中国人不得越境半步。换言之,如果中国保持中立,她将一直沉沦下去。她将受到外部威胁,并越来越得不到列强的信任。协约国已因中国严守中立而不满。

袁世凯被说服了,并保证要让中国参战。他还悄悄地向莫理循透露,日本最近已两次向他提出建议,希望中日两国能达成秘密谅解。他还告诉莫理循,中国已向英国提供了来复枪和机枪,他原打算无偿供给,但英国坚持付款。袁世凯还透露说,大战爆发时他就提出中国愿意参战,但他的建议被朱尔典爵士一口回绝。他明确表示,他不希望再次遭到拒绝,而且英、法、俄、日四强都必须出面邀请中国加入协约国。

莫理循忙着游说英、法、俄三国政府同意中国加入协约国。11月24日,三国大使在东京拜会接替了加藤高明的石井菊次郎子爵①,正式要求日本政府与他们共同邀请中国参战。"大使们了解的情况不多",莫理循写道,"三人中没有一个了解中国。英国大使康扬罕·格林爵士非常无能。他能当上大使这么重要的职务,不是因为他有学问,而是因为资力深。"(康扬罕爵士1877年进入外交部,在雅典、德黑兰、普勒多利亚和瑞士都任过外交官,而且在工作中步步高升。)

三位大使无法阻遏日本的反对声浪,其中一个反对理由是,"日本不能漠视四亿中国人的解放事业"。日本政府发出照会,坚决拒绝中国参加协约国。莫理循写道:"从1915年底到1916年初,日本报界展开一场声势浩大的运动,攻击大英帝国和协约国。如果说这场运动不是日本政府策划,起码也是日本政府默许的。"实际上,这场运动在此之前就开始了。年初发表在《远东》杂志上的一篇文章引用了大石政直先生的一句话:"大不列颠的纸老虎本质已经暴露在我们面前。"大石先生接着说:

> 直至今日,其他国家还对英国这个世界上最强大的海军强国深怀恐惧。但在现代战争中,海军只不过是军用运输工具……在目前的战争中……英国无力防守其海岸就是明证。至于英国陆军,全是一群胆小鬼。参加青岛战役的英国士兵……畏缩不前,甚至来福枪抵住后背……他们也只是后退……

---

① 石井菊次郎(1866~1945):日本外交官。1897年来华,任使馆二等参赞,翌年升头等参赞。义和团运动后返日。1915年任外相,1917年同美国国务卿蓝辛交换关于侵略中国的换文《蓝辛石井协定》。著有《外交余录》、《外交随想》等。

相反的是,德国的战术真令人钦佩,尽管她今日已成为我们的敌人……

日本为打了胜仗的德国谨慎地开启了一扇和平修好之门。美国驻东京记者卡尔·克劳说:"在青岛战役中被日军俘虏的近千个德军士兵受到日方的良好保护和优待,其程度在整个战史中是前所未有的。德军战俘的住房条件,即使称不上奢华,也可算是舒适,不愁吃,不愁穿。除此之外,日本政府还精心挑选了一批日本慰安妇来犒劳他们,这对战俘来说也许是绝无仅有的待遇。"

[十一]

珍妮·莫理循希望第二个孩子是女孩儿,还把她的名字暂定为"佩姬",可是 8 月 24 日,她生的还是儿子。在几十位表示祝贺的人中,亚力斯戴尔·奎恩安慰她说,由于战争的缘故,生男孩比生女孩好。维奥利特·马克汉姆寄来一封富有代表性的信:

哦,我亲爱的,你没有赶时髦生女孩,我真是高兴。可悲的是,女孩子已经生得够多了!现在,男人正像苍蝇一样被杀掉,因此人们都珍爱男婴。令人感到奇怪的是,战时偏偏生了那么多的女孩,尽管这么说有点迷信色彩……北京似乎是这世界上惟一剩下的世外桃源……事态糟透了——这是事实。你只要听到俄国的消息,就会知道情况是多么严重。俄军真是英勇,但……由于必需品供应不上,俄军溃败,官场的严重腐败要为此负主要责任……我们这儿的政治形势令人非常不满意。

比阿特丽丝·布朗里格的丈夫道格拉斯现在是海军总检察长。她一直与莫理循保持通邮,让他了解后方的情况。她在 6 月 18 日给他写信说:"总觉得我的丈夫在提防我。"

皇家海军对于迟迟未能投入战斗感到厌烦,他们渴望一场大战——但我认为德国在外海的舰队不会离开他们的安全躲藏地——他们的潜水艇最可恨,最难攻击——我们缺少驱逐舰,因此难以有所作为——幸好现在驱逐舰的数量在迅速增加……我们在法国拥有庞大的军队——但我对我们在那儿的战术感到不解——我们一直摇摆不定——我们死伤无数,我们总是大叫:"再多一些炮弹,再多一些人"。我对约翰·弗伦奇爵士[①]没有信心——但我并不想严厉批评他……与此同时,几乎每一样必需品的费用和课税都在增加,除此之外,英国人的生活仍很正常——每个人都在工作,很少"娱乐"……道格拉斯厌恶所有北岩帮的人——没人关心《泰晤士报》——我知道很多人都不再订阅了——如果我开始讨论前政府(激进派),我肯定会滔滔不绝,内阁的每一位成员都应当被枪决——第一个原因是,正由于他们的失策,英国才会对战争毫无准备,第二个原因是,在战争开始后的几个月中,他们措施失当、腐败,还有亲德倾向,直到联合政府成立后才有所改善——你简直难以想象,他们的政策有多混乱,而且还犯了那么多错误。甚至现在,如果不是微不足道的老恶棍阿斯奎斯当首相,而只是由奥里佛·克伦威尔进行铁腕控制,我们一定能更有作为!整个国家应处于军事管制之中——到处都在"罢工"——简直搞得我要发狂……温斯顿·丘吉尔[②]

---

① 约翰·弗伦奇(1852~1925):英国陆军元帅,第一次世界大战中指挥西线英军。因作战不力被撤换,后任爱尔兰总督。

② 温斯顿·丘吉尔(1874~1965):英国政治家及作家。1940~1945、1951~1955 两度任首相,1953 年获诺贝尔文学奖。1904 年脱离保守党,成为自由党议员,1906 年参加自由党竞选获胜,担任自由党政府殖民副大臣。第一次世界大战爆发时,他担任海军大臣。1915 年主张派兵攻打达达尼尔海峡,结果战事失利,损失惨重,因此被迫辞职。

干得最棒的一件事就是搞垮了他的政党并导致他自己败亡——他在海军部任职太危险——应为我们在达达尼尔海峡的重大灾难负责——感谢老天儿,费希尔勋爵也离职了,我们有了第一位明智的海军大臣亨利·杰克逊爵士①……

莫理循在北京的老朋友萧上尉曾为他建了乡村别墅,现在寄来了澳大利亚驻埃及部队的消息。信的开头是"1915 年 6 月 19 日,亚力山德拉联合俱乐部":

我现在希望有朝一日能离开这儿去加利波利……我遇见许多您勇敢的老乡——他们当然都久仰您的大名……他们在街上出现时,你只消看上第一眼就会感到吃惊:他们穿着像是澳大利亚乡间的衣服在走动。这些衣衫褴褛的巨人留着长发、袒裸着毛茸茸的胸脯,浑身上下都晒成深褐色。大多数人有一种特殊的神采,他们浅灰色的眼睛带有殖民地的品性。所有目睹他们战斗的军官都说,他们是伟大的战士。我非常渴望亲眼看到他们参加战斗。他们缺乏团结精神和严明的纪律,因此登陆后遭到不必要的损失。他们分成许多小队,紧跟着土耳其人,几乎从加巴台坡跨越了半岛,不过许多士兵遭拦截而掉了队。昨天一位军官告诉我,其实德国人和土耳其人已经知道他们的确切登陆地点,当他们在黑暗中接近岸边时,他清晰地听到岸对面有人用嘲弄的语气大叫:"快上呀,袋鼠。"没错,他们不但来了,而且还留下标志。

---

① 亨利·杰克逊(1855~1929):英国海军军官。1915 年任英国海军大臣。

[十二]

和莫理循在一起的《芝加哥论坛报》的奥斯卡·金·戴维斯已为西奥多·罗斯福工作了三年，而且还成了他的密友。他说，罗斯福在柏林吃惊地发现，德国皇帝除了谈战争和黩武政策，"军备、军事行动、战略"外，别不多说。当威廉·贝尔德·赫尔于 1908 年与德皇进行了一次激动人心的会见时，他更感到吃惊。此事发生时，戴维斯正在《纽约时报》报社，他把此事的内幕告诉了莫理循：

> 赫尔会见了罗斯福并大获成功，心想和德皇会见大概也是如此。经人牵线安排，赫尔去了柏林，而皇帝正在挪威乘游艇潇洒。赫尔连忙赶往卑尔根①，并在游艇上和德皇会了面。他在游艇舷梯旁见到德皇，和他在甲板上散步交谈了 2 小时，气氛热烈而且无拘无束。2 小时内，皇帝尽情吐露了他对英国及其统治者、大臣、人民、报纸的看法。会见内容相当令人感兴趣，但不可能发表。赫尔返回岸上，根据记忆全面写出整个谈话过程，然后给《纽约时报》发电报说明事情的经过。柏林的外交部见到后惊骇之极。戴维斯坐轮船回纽约后，已接到全部文本，外交部建议他应交给罗斯福，他如实照办。罗斯福吓坏了，严令不准发表！戴维斯也认为不能发表，但解释说他只不过是拿来给总统解解闷而已。这份访谈录再也没出版过，但后来赫尔加以修改，使其语气变得温和、不那么刺激人，并将修订本卖给了《世纪杂志》，准备登在显著位置。德国政府得知访谈录出版的消息后，立即指示驻美大使买下全部杂志，赔偿世纪公司重出一刊的全部费用……现在，为什么《纽约时报》还要使这份采访录安然沉

---

① 卑尔根：挪威西南部港市。

睡呢？总编辑敦促出版，但报社业主犹太人阿道夫·欧克斯却拒绝了！

[十三]

1915 年 11 月底[①]，1993 名国民代表大会代表——国民代表大会是为袁世凯的称帝野心而成立的橡皮图章式组织——一致投票赞成实行君主立宪政体。袁世凯假惺惺地至少婉拒了三次，正像他拒绝慈禧太后给他的爵位一样——但是没过多久，在事先训练好的一致恳求声中，他勉强向全民的要求让步，或向 1993 个早已训练好的、代表全民的声音让步。莫理循写到，12 月 11 日早晨，袁世凯"满怀怒火和决心"地拒绝了代表的乞求。"他表示惊异。这出乎他的意料，使他深感吃惊。"但下午闹剧又重演了一遍，莫理循简短地写到："袁世凯今天接受了帝位。真令人吃惊！装模作样，愚蠢之极。"

观察家们评论着当时出现的所谓吉兆。一场发生在上海、受日本人指使的暴动失败了。风水先生预言的那一天果真下雪了。在宜昌岩洞中发现"神龙"化石，据说这是神奇的预兆，是帝王统治的象征。不幸的是，在政府发布特别通告宣布此重大发现后，有人证实这头龙其实只是一根普通的石笋。更不幸的是，一场严重的反帝制运动在南方爆发。军纪也许是全国最好的云南宣布独立，叛乱波及到其他省份。蔡锷将军[②] 于 1911 年至 1913 年任云南军政府总督，他指挥的反叛武装在前线节节胜利，袁世凯发现就连他最信任的指挥

---

① 注：据《中华民国大事记》，11 月 8 日，筹备国民大会事务办理国民会议事务局通告，已投决定票数 1276 票，"一律赞成君主立宪"。12 月 11 日，参政院代行立法院自称"国民代表大会"总代表，向袁世凯上总推戴书。

② 蔡锷（1882~1916）：湖南邵阳人。字松坡。维新志士梁启超的学生。1911 年初至云南，10 月 30 日发动新军响应武昌起义。旋成立云南军政府，任都督。"二次革命"后被调到北京担任虚职。1915 年袁世凯称帝，他化装逃出北京，转道日本至昆明。12 月 25 日通电宣告云南独立，声讨袁世凯。1916 年 11 月病逝。

官也不可靠。

但是当莫理循在 1916 年 1 月 13 日见到他时,发现他精神很好("尽管他正飞快地奔向灭亡"),轻蔑地谈起云南的骚乱。他说 20 天后就可以把叛军消灭得一干二净。他更感兴趣的是,那个月就要进行的登基典礼,以及如何平息妻妾间随着加冕的临近而日趋激烈的矛盾。莫理循在日记中记述了在怀仁堂盛装预演时所发生的事:

> 袁世凯戴着皇冠坐着。他旁边是三位夫人的宝座,按顺序往下排。第一夫人盛装而入;磕头;坐到她的座位上。过了好一阵子,第二夫人(朝鲜人)还不见踪影。严令之下,她才姗姗来迟,但拒绝坐到指定座位上,抱怨说袁世凯曾许诺她和第一夫人平起平坐。一听这话,第一夫人立即就从宝座上跳下来,张牙舞爪地扑向第二夫人。司仪王湆年负责登基仪式,但不能出手制止后妃们的争斗,因为那将显得有所不恭。结果,袁世凯只得亲自从宝座上蹒跚而下,拉开扭成一团的两位夫人。最后总算恢复了秩序,但预演只得推迟……

莫理循"极其灰心丧气地"离开袁世凯,前往南方调查。袁世凯对云南的情况毫无所知。那些阿谀奉承之徒包围着他,从不告诉他事实真相。为了了解真相,莫理循决定去南方走一趟,临行前给蔡廷干留了一份临时密码:

> 南方需要机器以图发展………………云南人或反叛者缺乏枪支弹药等。
>
> 据说昭通有金矿…………………………据说蔡锷在昭通。
>
> 我将勘测金矿………………………………我将会见蔡锷。
>
> 庐州周围富含铁矿……………………反叛势力在庐州。
>
> 寒风冻死 1 000 棵长势很好的植物……政府军在……杀死

1 000名反叛者。

> 发现铁矿，我的生意难以为继…………反叛者不准我前进。
>
> 天国………………………………………云南
>
> 油与蜂蜜之地………………………四川
>
> 石峰之地…………………………………贵州

2月初，莫理循返回北京时，对叛军的势力和决心有了较为深刻的认识，又一次敦促袁世凯放弃君主立宪政体的计划。

20天——或60天后革命并没有被镇压。叛军遭到挫折，但他们的反击很成功。到了3月中旬，局势渐趋明朗，摧毁叛军已成泡影。在历来行之有效的"维护和平"的藉口下，日军对中国的军事行动也威胁着袁世凯。3月7日，莫理循与陆军中将、"日本驻中国军事特工首脑"青木进行了一次"极其有趣"的谈话。莫理循在日记中写道：

> 他昨天见到了声望已江河日下的袁世凯。青木说，日本反对他，是因为他违背孔子的教诲。他过去对皇帝不忠，现在对人民不忠，"二次革命"由他而起。我冒昧地指出，"二次革命"是日本策划的……他说完全不是，袁世凯的所作所为以及他一手策划的宋教仁谋杀案才是"二次革命"的真正导火线。
>
> 两天前，黎元洪对他说，君主立宪政体的闹剧完全是袁世凯个人策划的。我指出袁克定是个重要因素，但他说实情绝非如此，因为中国人的习惯是不允许儿子对父亲指手画脚……他认为袁世凯下野似乎已成定局。他深表遗憾，因为他的朋友袁世凯竟会铸成如此大错……他说必须彻底抛弃君主立宪政体，而不是缓行帝制，并表示，如果袁世凯愿意退回到共和体制，他的权力还可以得到保留。

三周后,袁世凯花巨资买来的冒牌帝国正式寿终正寝,仅苟存了83 天。以前各王朝共持续了 2 137 年[①]。3 月 22 日,袁世凯以中华民国总统的身份,宣告了帝国的覆灭,正像三年前隆裕太后宣告民国成立一样。他在申令中说:

> 民国肇始……多主恢复帝制……佥谓中国国体,非实行君主立宪,决不足以图存,倘有葡、墨之争,必为越、缅之续……中国数千年来史册所载,帝王子孙之祸,历历可征,予独何心,贪恋高位? 乃国民代表既不谅其辞让之诚,而一部分之人心,又疑为权利思想……予实不德,于人何尤? 苦我生灵……

莫理循与这篇精心起草的文告无关。袁世凯放弃帝位并未与他商议,尽管他屡次建议过。即将登基的皇帝自从 3 月 8 日,即出席新成立的咨询委员会以来,从未会见过莫理循。这个委员会是无数专家组成的顾问委员会中的一个,里面的专家都是说的多做的少:

> 袁世凯穿着旧的丝绒大衣走了进来。据我所知自 1912 年初以来,无论冬夏,他都如此打扮。大衣长及脚踝,下面穿着一条不合身的卡其裤和一双普通的中式软帮鞋……总统向我们发表演说。照理我们应当提些建议,但是他说现在我们需要的是行动而不是空谈。他可能引用了我信中的话……如果我们每次开会只完成一件事,那就意味着一年 50 件……他讲的全是废话。

在帝制运动的一次检讨会上,蔡廷干告诉莫理循,真正的问题是杨度和梁启超之间关于一位天津妓女的一场"激烈争吵"。那妓女是

---

① 注:从公元前 221 年秦帝国建立起算,至 1916 年,计 2 137 年。

湖北人，长着一双大脚，受过良好的教育。杨度创立了鼓吹帝制的"筹安会"，梁启超是前司法总长。杨度"从锑矿中获得巨额财富"，也许还从"筹安会"活动经费中所获甚丰，花了 12 000 元买此尤物。同样垂涎于她的梁启超被激怒了，决定凡是杨度支持的，他就反对。他已辞司法部之职，在给袁的告别信中援引了中国经典中的话语："礼义廉耻乃统治之基本法则，无此，政府则亡。"不过，他只字不提湖北妓女之事。

[十四]

4 月底，莫理循告诉蔡廷干，他羞于向使馆的人承认他已近 3 个月没能见到袁世凯了，这"实在是丢面子"。蔡廷干向他保证，这不是因袁世凯对他有意见。他说总统忙于处理"私事"。这可能指的是袁世凯正忙着解决令他头痛的女眷间的争吵，但实际上，最令总统头痛的是军队问题，为此他忙得不可开交。中国的三分之一财政收入用于军事，由于云南、四川和广东三个富庶省份的独立，财政收入锐减。袁世凯在京畿拥有 3 万部队和享受双俸的 8 000 护卫队。他允诺在举行加冕礼时给部队加两个月军饷。登基典礼取消时，部队威胁说如果得不到奖金他们就要劫掠北京城。莫理循一贯认为，"军队是中国的祸因"，"为了保住权力，袁世凯建立了庞大的军队，这真是作法自毙"。但是，尽管财政困难，袁世凯为筹备登基已花费了 3 000 万元，还花了数百万元来贿赂反对帝制的日本议员。"见过这样的内阁吗？"莫理循问自己。"人们相信梁士怡的资产肯定高达 2 000 万元。袁世凯拥有巨额财富，在国外大量投资。"

就在莫理循向蔡廷干发牢骚的第二天，袁世凯把他召到怀仁堂，并像往常一样"友好地"接见了他：

自从上次会面后，他变了许多，体重下降，脸也变长了。由于被牙痛所扰,他用筷子裹着药棉,蘸着酒精擦牙……他说他已很长时间未见到我了,但他很忙,工作繁重,身心俱惫。他想退休颐养天年……但谁能继承他的事业?……我问能否为他做些什么。他说,我曾在克利斯普财团贷款谈判中出了一把力,拯救了中国(指我拯救了他)。现在,他意识到不可能再有贷款了。只可能从美国贷些款……

莫理循问袁世凯是否有可能与南方达成协议?袁世凯说不可能,因为南方没有领袖,内讧得很厉害。他是否该下野?——那是个问题。袁世凯像矮胖的哈姆雷特一样,不停地思考这个问题。莫理循在日记中写道:

> 南方说,如果袁世凯下野,中国就有可能恢复秩序。北方声称,如果袁世凯下野,中国只会分崩离析。如果他下野,谁来维持中国的秩序?我对他说,如果北京的秩序无法维持,如果兵变在北京引起骚乱,日本就会直接进行军事干涉……日本已经准备向北京派遣部队……他知道这事。我说南方领袖肯定也知道,如果让目前的混乱局势继续下去或者扩大开来,那就意味着日本的干涉。他说南方领袖们似乎更愿意出现这种干涉……他问我日本人会用武力把他赶下台吗?我说不会。然而南方领袖们是否认为他应下野?我说的确如此,但会用其他方式……他说日本人想用财政手段来逼他就范……

莫理循要求袁世凯透露中国的财政状况。例如,他需要多少钱才能维持驻京部队的费用?袁世凯说大约要 400 万元。"这个月您手头有多少款项可供调拨?"莫理循问。袁世凯说不知道确切的数目,但知道前一天只有 100 万元。许多存款已从中国银行取走,资金有点紧缺。莫理循在日记中评论说:"这只是政府无力拨款的委婉说法。"

> 我向他介绍了欧洲现状……告诉他德国试图在凡尔登给法国以重创……但惨遭失败，并解释了这一失败对日本军方的明显影响。我告诉他俄国不再仅仅依靠日本的军火，她更加自给自足了，将改善与日本的关系。他插话说日本也正向叛军供应军火。我说那是毫无疑问的，并解释说，日本对南方的政策不很乐观，南方一盘散沙，没有全部对她俯首帖耳，相反却形成了互相攻奸的小军阀。

会面结束离开时，莫理循深信袁世凯正准备放弃权力，不是因为他日益不受欢迎，而是因为他的身体变得越来越虚弱。5 月 11 日，中国银行和交通银行停止付款，并公告宣布不能兑换政府纸币，很显然袁世凯不能再延迟下野了。中国破产了。蔡廷干拜访莫理循，讨论延期偿付之事：

> 蔡廷干也顺应潮流，改变了对袁世凯的态度。他谈起袁世凯，火气十足，说袁世凯尽己所能搜刮钱财，用来满足私欲。帝制运动和加冕礼的准备工作浪费了大量钱财。袁世凯从不敢利用权力和军阀抗衡。那个凶残的张勋已……抢劫了数百万税款，在北京和天津置下几条街的房产……

莫理循说他厌恶所有这一切，如果他能把他的图书馆卖给日本人，他就离开。他长期的不满在前天与日置益的一番谈话中爆发了，当时这位驻华公使将莫理循现在政治顾问的地位与他当《泰晤士报》记者时的地位做了一番比较。莫理循在为其《回忆录》准备的一份未注日期的"备忘录"中写道："他彬彬有礼地提起这件事，而且显然对我深表同情，但给我的触动很大。不过，他的评论是有充分根据的，我首先得承认这是事实。"他在"备忘录"里倾吐了一些三年来他幻想破灭的痛苦：

> 我满怀希望接受了为中国政府服务的建议！我清醒得多快、多彻底呀！其他先后于我为中国服务的人，我不知道有谁的经历会和我不同。我原来认为，自己会在别人失败的地方取得成功。徒劳的幻想！我失败得最惨，因为我的抱负比其他人都大。我对中国的未来真诚地充满信心，我渴望能把自己和中国的崛起紧密相连……希望能在这个半文明的国家走向成功和荣耀的过程中，起到一定或重要作用。1912 年我满怀希望开始为这个政府服务，现在我的失望和当时的希望一样大。我简要地写出这段自己的心路历程，不是为了警告其他同样满怀希望、跃跃欲试的外国人，而是为了告诫中国人……

莫理循告诉另一个来访者徐恩元①，他"烦透了"自己的工作，不知道自己为中国服务有什么价值。徐恩元说他大可不必有这种看法。照徐恩元的说法，袁世凯之所以愿意退位，莫理循给袁世凯的备忘录起了很大作用。中国驻日本公使陆(宗舆)告诉徐恩元，如果袁世凯不退位，日本就将采取行动。

> 他问我延期付款的事是否找我商量过？我告诉他，没有，大错铸成之前从未找我商量过。他说这是一个重大的错误，这意味着中国的毁灭，为日本统治中国开辟了道路。甚至财政总长孙宝琦直到第二天才知道。

---

① 徐恩元(1885~?)：中国经济学家。伦敦经济学院毕业生，1910 年回国。曾任审计院副院长和中国银行总裁。

[十五]

6月3日，当英国侨民正准备庆祝国王生日时，三天前爆发的日德兰半岛战役的消息传到北京。麻克类认为这场战役是英国海军有史以来最惨重的失败。在公使馆举行的生日酒会给人以"毫无喜庆，战事令人沮丧"的印象。但是，德国人的庆祝活动却搞得火爆，人人酩酊大醉。他们在醉酒狂欢中放火烧了自己的兵营。莫理循写道："澳大利亚人和美国人帮着救火，奇怪的是，连日本人也出手相救"。

[十六]

6月6日下午3时袁世凯去世，时年56岁①。当时流行的说法是，他因"胃火"而卧病，但三名法国医生的诊断结果是尿毒症。"袁世凯自己找到了解决危机的办法"，莫理循写道。据说治病方案过多，加速了袁世凯的病亡。有人对莫理循说："袁家的每一位成员都推荐了医生，不同的医生都建议用自己的中药。不过，所有医生都认为袁世凯不可能康复"。当时一位姓方的记者描述了这位大人物的最后几天的状况。他的描述虽说有点不大恭敬，但却非常生动：

> ……袁世凯腹鸣如鼓，扯着嗓子叫人扶他上厕所。如果他是南方人，事情还比较简单，只要扶他去屋角的便桶就成，但是……他是个河南人……习惯在屋外蹲着上厕所。仆人扶着他到了厕所——很费劲，因为他非常胖——但他刚一到那儿，就一头栽倒在地，当仆人把他扶起来时那副模样真难看。听到叫声，袁世凯的所有小妾都跑了过来，但她们很快都停住脚步，捂住了鼻

---

① 注：袁世凯(1859~1916)，去世时应为57岁。

子……

袁世凯在死去的前一天,据说费力地说出"约法"这两个字。他带着巨大痛苦说的最后一句话是:"他毁了我。"不能肯定这个"他"究竟指的是他的长子(人们一般都这么认为),还是指他的一个医生。

[十七]

历史学家仍在争论袁世凯的功过是非。他是一个怎样的历史人物呢? 一种看法是,他仅仅是一个寡廉鲜耻的机会主义者,毁于贪婪和野心。另一种看法是,他是一个失意的政客和爱国者,毁于无能和环境,在政治利益的驱使下,才会背信弃义和借助于暴力。正像陈志让教授提醒我们的那样,问题在于,评判一个历史人物是按照当时的标准还是按现在的标准。莫理循曾和袁世凯有过密切接触,因此他与陈志让教授的意见相同,认为批评袁世凯的错误时,批评家必须能指出:"一种在当时情况下,更好、更明智、更实际的可供选择的办法。"当然,这就牵涉到道义问题,就不能把手段和结果问题考虑进去,但是手段和结果问题在我们这个时代却有非常重要的意义。不过朱尔典爵士似乎并没有为这个问题所困扰。他给外交部的沃尔特·郎利爵士写信,为袁世凯解散国会这一无法为之辩护的不义行为辩护,并说:"我的朋友已撒手人寰,他的光辉业绩数不胜数——作为朋友,我永远怀念他……他卷入不公平的争斗中,对我来说,他在逆境中甚至比他在权力之巅更伟大。"

莫理循给正在撰写袁世凯传记的蔡廷干写信:

> 对这位著名统治者的许多可爱品质,我还记忆犹新:他的慷慨,他的仁慈,他对朋友的忠诚,他对其他人的体贴,他在困难之中所表现出来的无与伦比的幽默和勇气。在我看来,他在与外

国人打交道时最突出的特点是：谨慎，从不愿意给予全部信任，总是不肯透露重要实情。因此他不会得到公允的评价，因为他从不说出所有事实真相。在我与之交往的 4 年中……从未得到过一次完整的消息，而这在财政问题上尤其突出……在日本的"二十一条"事件中，有关消息我首先是从端纳那里得到的。我认为这一直使我难于提供有效的服务——这是对外国人根深蒂固的不信任。梁士诒先生、陆征祥先生，甚至像施肇基①和顾维钧② 这样年轻的一代，也有这个特点。

当莫理循用"仁慈、忠诚、体贴"这些词来形容袁世凯时，光绪帝、慈禧太后、宋教仁、张振武及其他人会对莫理循嗤之以鼻吗？

[十八]

莫理循对他 1915 年的收支状况比较满意。这一年他的余额结

---

① 施肇基(1877～1958)：浙江杭县人。留学美国华盛顿大学及康奈尔大学，获得文学硕士、哲学博士等学位。回国后，入张之洞幕府。1908 年任天津海关道。1910 年署理吉林洋务局总办，旋任外务部左丞，出使美、墨、秘、古大臣。1912 年任唐绍仪内阁交通总长等职。次年被派为驻英公使。1919 年为出使巴黎和会代表。1921 年调驻美公使，同年兼任出席华盛顿会议全权代表。1924 年赴欧参加国际联盟禁烟会议。此后任中华文化教育基金会委员会董事。1934 年任驻英公使。以后历任驻美大使、国民参政员等职。

② 顾维钧(1887～1985)：江苏嘉定人。早年留学美国，获法学博士学位。1912 年回国任大总统英文秘书、外交部参事等职。1915 年任驻墨西哥公使，旋调任驻美国兼古巴公使。1919 年任中国出席巴黎和会全权代表。1920 年任驻英公使、国联非常理事。次年任国联理事会主席、中国出席华盛顿会议全权代表。1922～1927 年学习后任北京政府外交总长、财政总长代理国务总理等职。1931 年任国民政府特种外交委员会秘书长、外交部长。1932 年起任驻法公使。其间先后兼任海牙常设仲裁法庭法官、出席国联大会中国首席代表。1937 年赴布鲁塞尔参加九国公约国会议。1940 年起任驻英公使。1945 年任出席联合国国际组织会议中国首席代表。1946 年调任驻美大使，兼任中国驻联合国代表团团长。后任海牙国际法庭法官、国际法院副院长等职。著有《顾维钧回忆录》、《外国人在中国之地位》等。

存是 3 648 英镑——比上年增加了 1 770 英镑。他在一系列希望中增加了新的内容:"但愿我的投机买卖和投资能得到高手指点,但愿我总是鸿运当头,福星高照。"

第十三章

[一]

1916 年 6 月 9 日,莫理循和其他一些顾问来到坐落在东厂胡同黎元洪的家里,对这位新总统表示祝贺。黎总统的家有个可爱的花园,里面有座假山,上有一座精致的凉亭,他们在那里受到接待。黎元洪总统身材魁梧,髭须浓密,穿着黑色套装,戴着圆顶高帽,"不苟言笑,神情肃穆"。莫理循认为他与德国陆军元帅兴登堡极为相似。他由私人秘书郭泰祺陪伴。郭是一位"从美国宾夕法尼亚大学毕业的中国青年,英俊、聪明,非常友善"。

> 我向总统表示祝贺……他作了简短演说,谦虚地说自己孤陋寡闻、缺乏经验,并表示愿意依照法律与约法来治理国家。他还提到教育(国之根本)和军事问题。他要求我们给以支持……恳请大家畅所欲言。

莫理循回答说,顾问们的愿望是工作,能为中国的发展添砖加瓦。但是到目前为止,他们并没有得到机会,很少有人找他们磋商,他们的意见更没人听。他还谈到了迫切需要考虑的军队问题,军队支出已占"财政的 40% 或 50%";还应解决中国在西藏、云南以及蒙古的边界问题,这样中国才可以腾出手来致力于国内事务。

莫理循在给蔡廷干的信中详述了他使中国重生的计划:

> 中国的前途何去何从? 工作起来必须脚踏实地……不要再做漫无边际的空谈……如果我们能……使所有的中国人和外国人共同奋斗……我们就能够弥补现在似乎不可挽回的损失,我们就能建立起一个强大的新中国……

> 你可能已经知道,罗斯福再次谴责了威尔逊总统的政策,他在指责中用了他所能使用的最有侮辱性的词语……"这个书呆子,胆小鬼,正把美国中国化",使美国在列强中陷于软弱无能的状态。

> 我坚信,只要中国能彻底实施改革,就能改变列强对中国的态度。但是,如果由那些不理解外国人及其工作方式的人来实施改革,必将一事无成。中国具备所有可以想象到的优势:疆域辽阔,气候多样,土壤肥沃,水路密布,人民勤劳、睿智。但她缺乏最新式的政府和管理办法。她在与教育高度发达的西方各国的竞争中,其力量对比有如弓箭比速射炮。

> 百废待举。须一致努力才能完成。

当新总统搬进居仁堂时,迎接他的是空洞洞的屋子。袁世凯的几个儿子掠走了所有能够搬动的东西,拱卫军卖掉了所有宝贝,甚至连窗玻璃也难以幸免。

[二]

里昂内尔·普拉特感谢莫理循送给他的礼物,那是一本澳大利亚诗人C.J. 丹尼斯用俚语写的史诗《伤感的舰长》,非常畅销。"它的到来就像黑暗中的一线友好之光",普拉特一丝不苟地写道。他一直是月刊《远东评论》的编辑,端纳拥有这份刊物的一半股份,而且是名誉主编。最近他在莫理循的帮助下,为《曼彻斯特卫报》和《评论季刊》写了有关中国的特别报道。普拉特是个成功的男人和记者,莫理循对他很尊重,但当普拉特借酒以慰乡愁的时候,深受加尔文教教义影响的莫理循就直言不讳地对他提出批评。为了感谢莫理循送给他诗集《伤感的舰长》,普拉特送给莫理循一些他自己写的诗,其中一首读起来"就像扭曲的灵魂发出的哀鸣"。几个月后,普拉特恳求莫理循借他 130 英镑,并愿意以一份保险单和家具作抵押。莫理循回电,无情地拒绝了他的乞求,并给他写了一封长信,详述了他拒绝的理由,一本正经地训诫了他一顿:

> 您的信相当不诚恳……作为一名记者,您具有谈吐清晰的天分和远非常人可比的推理才能,但是您却准备为了喝啤酒而牺牲一切……您完全可以通过自己的意志来摆脱现有的窘境……但是您只要有美酒在杯,就根本不关心自己和妻子儿女,宁愿就这么沉沦下去。这太可怕了……您应当清醒过来,振作起来,否则您将永远堕落下去。

普拉特寄回电报钱,可是莫理循显然没有意识到其中的讽刺意味,还在复信中说:"非常感谢您寄还电报钱。我根本就没想让您还我。很少有男人会像您这么刻板。"他在日记中写道:"我对借钱的态度很坚决——没门。"

[三]

莫理循仍然决心把中国引入战争。6 月初他向黎元洪请假两个月,东渡日本。他在东京的帝国旅馆给加藤高明子爵写信,请求私下里和他会面。他在信中写道:"我还在为中国政府服务,但我并不因此而想见阁下,而是以一个愿意澄清误会的英国人的身份求见。"加藤尽管已不在位,还是日本一个大党的领袖。他曾任日本驻伦敦大使,于 1911 年 7 月在伦敦签署了英日条约,"二十一条"送达中国时他任外相。莫理循与他是 17 年的老朋友,认为他值得信任,言行谨慎。

他们在加藤的住处会面。莫理循随后交给康杨罕·格林爵士一份有关这次会面的详细报告。他告诉康杨罕爵士,俄国公使库朋斯齐曾游说加藤让中国加入协约国,但没能成功。库朋斯齐根本不了解日本的政策,只揣测可能是因为日本相信德国会赢得这场战争才没能游说成功。但针对同一个问题,莫理循却从一个"崭新、令人感兴趣的角度"来阐述,给加藤留下了深刻的印象。

莫理循谈到美国人在中国所进行的大量活动,谈到铁路和道路特许权问题,谈到贷款和开垦计划,谈到美国的工业发展以及美国人渴望向中国贷款之事。他认为美国人的强大贸易攻势不利于日本。然后他列出中国加入协约国后日本可获得的种种好处。他描述了德国人在中国的活动及其战后扩大商业的计划。从日本人的立场看,中德关系结束后会产生一系列影响,日本肯定会从中获得好处。中国和德国断绝外交关系后,将没收德国的庚子赔款,总数高达 1 300 万英镑。以此做担保,中国可以向协约国列强贷款 1 000 万英镑。而美国作为中立国,如果贷款给中国,就表示对德国不友好。日本最好在这一事务中起到主导作用。日本将填补德国在中国政府中的所有空缺。然后是回教徒问题——这对英、俄来说极为重要。中国有 1 500 万至 2 000 万回教徒。如果中国这个拥有众多回教徒的国家能加入协约国,就会对印度、波斯和美索不达米亚的回教徒在心理上产生重大影响。中国对土耳其的抵御,真的将在整个奥斯曼帝国引起恐慌吗?

莫理循交给康杨罕·格林爵士的报告长达 13 页打印纸。康杨罕爵士来到帝国旅馆造访时,莫理循刚好外出,于是他就"偷偷留下"一封信,只有四行字。莫理循对此评论道,态度如此不明朗,"倒不如干脆用显隐墨水写更好"。康杨罕信上说:"我今天本想打电话给您,感谢您友好的来信及附件,但听说您去了恩模特。因此我谨改为写信以表达我的谢意。"

莫理循对康杨罕爵士的外交辞令并不怎么在意,离开东京回到北京继续为中国加入协约国而奔走。日本公使林权助伯爵说,他已从加藤那儿接到莫理循的访问报告,并表示他现在赞同中国加入协约国。他说自己"不愿意做任何帮助袁世凯成为皇帝的事",并断言说,日本政府先前反对中国加入协约国,完全出于对袁世凯的敌意。莫理循评论说:"然而他没有采取任何行动。他赞同我的观点,但行动却没有跟上。"

莫理循给英国外交部寄去一份长长的备忘录,附有他给康杨罕爵士的报告。他在备忘录中说:"尽管澳大利亚人一直认为日本人会把马绍尔群岛归还给澳大利亚,但日本人并不打算这么做。"马绍尔群岛已处于日本的管制之下,被日本人看作是"我们的南海诸岛"。他们正在杰路依特港构筑防御工事,一个强大的海军基地就要在那儿建成。"这会对澳大利亚产生什么影响呢?"莫理循很有预见性地问道。"至于德国",他写道,"日本的态度是对其保持中立,对盟国英国却公然持反对态度。"莫理循在日记中写道:

> 日本人……为他们在这场战争中为协约国所做的一切大吹法螺。他们拼命鼓吹日本的"武士道"精神有多么了不起。如果"武士道"只指他们没对朋友和盟国发动攻击,他们说的还有些道理。在协约国的帮助下,他们恢复了财政平衡。由于向协约国提供武器得到巨额利润,他们现在从崩溃的边缘进入了繁荣时期。谈到他们的海军对协约国的支持,那真是荒谬。他们的海军拯救了克拉多克舰队吗?他们的海军支援了福克兰群岛战

役了吗？他们没有保护自己的贸易吗？日本报纸吹嘘说，日本人在远东海域作出贡献巨大。人们读到这些消息，很可能会认为他们只是为英国的商业利益而战。他们制止了发生在爱滕城的抢劫吗？或者他们私下里有所交易。只要劫匪不伤害日本的利益，日本政府就绝不予以干涉？无论日本人如何吹牛，事实总归是事实，他们没有与一艘敌舰交过火。

说到日本对中国加入协约国的态度，在战争的关键时刻，日本阻止向协约国提供物质援助。难道这就是日本对协约国的亲善举动和帮助吗？中国愿意支援大英帝国，而日本却横加制止。难道人们会忘记日本的这一举动吗？

在青岛战役中，6 000 名匆匆忙忙拼凑起来的德军要塞守备部队，其中包括了大量文职人员、大腹便便的厨子等非军事人员，因此防御力量非常低劣。强大的日军包围了要塞，只稍加攻击，很快就攻克了要塞，而且伤亡极小。战役结束后，日本政府极力夸大这次军事行动的重要性，吹嘘攻下了一个"固若金汤的要塞"。为了表彰有功之士，他们册封了两位伯爵……给参战士兵发放了 145 000 枚勋章，擢升了上百名军官，还给 380 名护士授勋。每一位内阁大臣都获得崇高荣誉和饰有黄金的礼物，每一位国会议员也得到了低一级别的馈赠。其所作所为目的何在？这难道不是为了给人民造成一种印象——日本为征服强大的德国，在军事上作出了重大贡献吗？

在我与加藤子爵谈话的备忘录中，加藤说的一句话我没敢记进去，因为我必须把副本交给康杨罕·格林爵士。加藤说："三位大使中似乎没有一个对此事了解甚多。"其实，他说的另一句话更难听："俄国大使似乎比英国大使还知道得多一点！"

莫理循在 10 月 14 日给布朗里格夫人写信：

　　您肯定知道,日本在这场战争中的态度很值得怀疑。德国在日本的贸易正常进行,德国在日本的银行三周前才被关闭,而且我们相信,那还是因为《每日电讯》上发表的一封电报(莫理循授意的)的缘故,肯定和胆小如鼠的英国大使馆所采取的行动无关。为什么日本会采取这种态度呢? 一种解释是,德国与日本三菱公司的关系非常密切,而且日本海军又有那么多见不得人的丑闻,因此日本人不敢触怒德国人。另一种人们普遍相信的解释是,日德之间签了一个协定——日本政府允许德国人继续在日本开展商贸活动,不反对在华的德国人。作为回报,德国潜艇应确保日本船只的安全。自从战争爆发后,只有三艘日本船被击沉,日本没有一艘军舰与敌舰交火。谈论日本对协约国的巨大帮助实在荒唐……中国准备而且也应该加入协约国。如果英国政府能更果敢一点采取行动,日本将被迫顺从我们的意愿。我们已把一些无用的将领解职,然而在北京这样重要的职位上还保留着糊涂而又昏庸的公使,无人不知他胆怯懦弱。他应当被解职。

布朗里格夫人以维多利亚女王为榜样,喜欢用一些语气较强的词句。她回信说:

　　我完全同意您对日本人的看法,但他们是彻头彻尾的投机者,因此我们不能指望他们会采取和我们一样的对德态度。对他们来说,正像对美国人一样,战争给他们带来无尽的财富和繁荣。我认为他们并不在乎战争会持续多久! 他们当然要占领胶州,建立一个庞大的海军基地,以便将来对菲律宾构成威胁! ……我担心,在战争结束之前,外交部都不会对中国感兴趣。欧洲各国的纠纷已使英国不堪重负。我不知道贝尔福先生会有多大成就,但他必定比爱德华·格雷爵士要好得多。格雷勋爵是

1908 或 1909 年以来英国最差劲的一个外交大臣——当时他允许奥地利吞并波黑。他的政策腐朽至极——他是一个不抵抗主义者——一个幻想者——一个理想主义者——一个社会主义者。每一样都是外交大臣不应有的！感谢上帝,他终于下台了!

刚被任命为法国驻华盛顿公使的贾尔牒先生对格雷的看法与布朗里格夫人相同。他说,格雷是"所有外国使节中最无能的蠢材"。

[四]

从政治上讲,中国可能一直停滞不前。但是,正像莫理循 1916 年 10 月给他一个朋友的信上说的那样,北京的面貌还是有所改变:

> 除非通过历史遗迹,否则你简直无法认出北京。碎石子铺成的道路,电灯,广场,博物馆,各种形式的现代建筑,其中一两座在规模上可与白厅媲美,汽车(我认为北京至少有 200 辆)、摩托的数量远远超出我们的想象,毫不夸张地说,已有 1 000 辆自行车。城内各处正在修筑道路,城墙现在有十几处豁口用以通车……

社交状况也正在改变,但大体上还是一样。"北京是个令人吃惊的闲言碎语之地",莫理循相当自然地写道。其实他自己就很热衷于收集猥亵的花边新闻。他在日记中提到几个主要的流言蜚语散布者:德·豪叶尔——"俄国人,既抽鸦片烟又搞同性恋,还偷养了个日本情妇";荷兰公使之妻比拉尔慈夫人和丹麦公使之妻阿列裴伯爵夫人,戴着巨大的根兹伯罗帽,是公认的北京社交界能手。其他值得一提的长舌妇尚有比利时代办的姐姐雷恩·爱沃兹小姐和麻克类夫人。爱沃兹小姐曾在一间不通风的画室里款待莫理循,室内空气污浊,以至于如果"我把帽子抛在空中,它就会停在那儿"。她在一次特别聚会中告诉莫理循,比利时使馆参赞威仑帕涅男爵是个"令人难以置信的低级侏儒",一个职业牌手和喜欢自虐的性变态狂;意大利公使史弗查伯爵与美丽的葛飞业夫人同眠(她的丈夫在比利时银行驻外机构);葛飞业夫人和蔼可亲,以驻外金发比利时人而闻名。

外交使团有许多匪夷所思之事。个子高高、衣着华丽的俄国公使库朋斯齐住在一所非常大的房子里,以一种帝王气派待客。华蕾说,"香槟、放在冰块中成堆的鱼子酱和来自黑龙江的大鲟鱼"把宴会桌堆得满满的。据说两个哥萨克士兵在西伯利亚和北京间频繁往来,仅仅是为了给他提供新鲜黄油。他的副官、英文秘书莱昂纳多·胡斯基森负责具体操办款待客人的事务。胡斯基森长着突出的大门牙,单独一个人时喜欢穿女服。库朋斯齐对他特别喜欢。莫理循坦言他是公使的"娈童"。但是库朋斯齐眼光迷乱,当他还亲昵胡斯基森的时候,却与来自香港、胖得没下巴的枪炮官凯利中尉关系暧昧。葡萄牙公使符礼德将头发与胡须染了,"有些令人讨厌,恶贯满盈"。莫理循写道:"……在日本时,他靠妻子卖淫过日子。其妻曾是葡萄牙国王的情妇,与国王生下一个儿子,由符礼德抚养。在东京公使馆他不做本职工作,却进口香烟倒卖,符礼德牌香烟成为市场上的名牌货。"

莫理循对葛飞业夫人赞不绝口:"她在北京社交界非常活跃,最善于捕获男人的心,适应力极强。"他在日记中写道:

> 她的密友麻克类夫人把法国使馆的玛德伯爵、库朋斯齐、朗德(一个银行家,和玛德夫人生了个孩子)和胡斯基森的魂都勾走了。这三个男人的品性甚至在北京社交界也为人不齿……目前这几个朋友们的关系有些疏远……上周的一个晚上,库朋斯齐带上他的两个娈童,和玛德、史弗查、葛飞业夫人一块到山里举行一个野餐会。麻克类夫人因未被邀请而生气,讽刺地评论

说:"这种野餐会操办起来可真容易,他们只需要三张床就够打发了!"史弗查听到这一评论后愤愤不平,曾与库朋斯齐商量对策。这就是北京的现代社交界。

史弗查伯爵夫妇离开北京时卖掉了他们的所有家产,包括伯爵夫人的袜子和内衣裤,伯爵的靴子、皮鞋和背心。莫理循和珍妮还赶到甩卖现场。他的评论是:"一个滑稽的场面。"

麻克类夫人非常健谈,而且想像力丰富。在一次晚宴上,她讨论了一夫多妻和一妻多夫的相对优势,男人与母猩猩杂交以及女人与公猩猩杂交的可能性。她告诉莫理循,她的朋友、英国驻里斯本公使之妻卡内基夫人具有倾城之貌。婚后一周,她在非常境况下献身给阿尔瓦公爵,那是"一个面肌抽搐、面目可憎的人……据麻克类夫人说,他们被卡在电梯里,呆了整整一晚!!!"柏西·沃尔沙姆说,他的侄子阿秉热伯爵六世,刚与"声名狼藉的法国交际花斯坦叶小姐"结婚。而法国总统福尔① 则经常躺在斯坦叶小姐的怀抱中,"在性爱后的疲惫中喘息"。在德雷福斯事件② 的关键时刻,一天福尔在总统办公室与漂亮的玛格丽特·斯坦叶调情进入佳境之时,突然听到一声尖叫。一位没有浪漫情调的历史学家描述说:"斯坦叶小姐匆匆整理好衣服,被总统从一个秘密的侧门送走。"福尔夫人在几小时后去世,为她举行了隆重的国葬,巴黎圣母院为她举行了宗教仪式。

[五]

1917 年 2 月初,德国宣布,见到不列颠群岛附近的船只,不管竖

---

① 福尔(1841～1899):法国政治家,1895～1899 年为法国总统。
② 德雷福斯(1859～1935):法国军官,犹太人,著名的德雷福斯事件当事人,因被军事法庭以叛国罪判终身监禁而激发要求释放他的政治风波,经重审予以平反昭雪。

什么旗帜,都要立即击沉。2 月 3 日晚,英国驻华盛顿海军武官刚特上校向英国海军情报局长威廉·里吉纳德·霍尔将军发了一份密码电报:"波恩斯道夫(德国驻华盛顿大使)刚得到他的护照。我今晚可能喝醉!"第二天是星期天,美国公使芮恩施博士① 回忆,他借着北京"天朗气清"的好天气,到莫理循的乡间别墅拜访他:

> 午餐后,公使馆派来一个信差捎信说,使馆收到一封重要电报,正在译码。我回到城里后……译好的电报……说:美国政府不仅已经对德断交,而且相信中立国家会和美国政府采取一致行动……

莫理循赶回北京,接到了端纳的便条:

> 我亲爱的博士:
>
> 现在美国已经断绝了与德国的外交关系,中国应该在 24 小时之内萧规曹随。
>
> 我正尽最大努力联络我所认识的中国人,敦促中国政府采取行动。
>
> 机密。几分钟前芮恩施带着同样的使命去了外务部。
>
> 您今晚能见到总统吗?

莫理循发现总统"显得虚弱、犹豫不决和怯懦,为德国将要胜利的想法所困扰"。他认为德国很快就会打到奥德萨。"情报不灵。令人沮丧的会见",莫理循评论道。令他同样沮丧的是与艾斯敦爵士的

_____

① 芮恩施(1869~1923):美国外交官。1913 年任驻华公使。1919 年辞职,被北洋政府聘为法律顾问。1920~1922 年,又两次来华。死于上海。著有《一个美国外交官在中国》等书。

会见,他向爵士汇报了他与总统的讨论内容:

> 他似乎毫无兴趣,只在谈起劳合·乔治时才兴奋起来,边傻笑边作着手势,起劲地告诉我首相的"暧昧事",说首相去为教会杂货店剪彩时,总是与浸信会牧师之妻"关系暧昧"!

莫理循哀叹道:"在危机的最紧要关头,英国驻中国使馆的头面人物竟如此行事!"艾斯敦的同事巴尔顿也没多少用处。中国人优柔寡断,英国人不负责任,莫理循周旋于两者之间,苦苦挣扎。他给布朗里格夫人写信,大吐苦水:

> ……我们正竭尽所能,促使中国参战。不幸的是,我们的使馆很糟糕。按照使馆惯例,大部分责任放在首席翻译(汉务参赞)的肩上……我们的现任汉务参赞是巴尔顿,一个头脑狭隘的40岁男子,除了在中国作过领事工作外别无经验。他的妻子在社交界出尽风头,非常骄傲,把他管得服服帖帖。他的岳父是一个破产的商人,后成为怡和洋行驻上海经理并发了大财。无论中国人或英国侨民都不喜欢巴尔顿。由于他的不称职,使馆对中国人影响甚少……代理公使是一个从外交部调来的叫艾斯敦的人,一个讨人喜欢的家伙,48岁,中国人把他看作是小丑。

艾斯敦告诉莫理循他已给伦敦发去电报,但没有回音。外交部关门了,因为是星期天,所有的人都出城度假去了。然而美国使馆的勤勉刚好和英国使馆的懒惰相媲美。芮恩施博士作了不懈的努力来说服中国与德国决裂。他受到莫理循、与总统关系密切的福开森①和与国民党关系密切的端纳、孙明甫的支持。另一个急切的热心人是正在中国访问的美国记者萨姆·布雷斯。"这些人",芮恩施博士说,"对不可容忍的做法进行抵抗是合乎基本正义的,而且这样一件大事对中国也有好处,可以使中国人民团结起来。他们在此基础上自动地向中国人发出呼吁。"这是一种奇怪的联盟。端纳和孙明甫尽管与南方领袖友好,打心眼里却是君主立宪制主义者。美国人福开森为人"圆滑",是上海《新闻报》的业主,中国政府一名"油腔滑调的顾问"。照莫理循的说法,他替一些中国人"干些卑鄙无耻之事",发了大财,"在中国是最不可信赖的人"。

在他们的联合游说下,中国政府渐渐、但有条件地屈服了。经过6个小时的讨论,内阁在2月8日同意向德国提出抗议,并"表示要同德国断交,除非德国放弃目前的潜艇战"。正像芮恩施指出的,这是一个历史性的决定。"这是中国第一次独立参加世界政治活动。中国终于摆脱了长期以来所采取的沉默超然的态度……"第二天晚上,萨姆·布雷斯在瓦根里旅馆举行宴会庆祝这一决定。除了端纳和莫理循,所有的宾客都是美国人。莫理循在日记中写道:"芮恩施博士殚精竭虑并取得了胜利。"芮恩施博士在日记中说:"莫理循在向我打招呼时说:'这是迄今中国完成的最伟大的事情。它意味着一个新时代的到来。它将使中国人具有民族意识;不是为了狭隘的、自私的目的,而是为了维护人权!'"

莫理循的乐观又一次妨碍了他的判断。北京政府的决定尚须得

---

① 福开森(1866～1945):美国人。1888年被美国美以美会派到南京传教,创办汇文书院,为第一任监督。1897年辞教职,到上海协助盛宣怀创办高等工业学堂,为第一任监院。1903年助吕海寰、盛宣怀同美国代表订《中美通商行船续订条约》。历充盛氏和端方的顾问。曾是上海《新闻报》大股东。民国成立后为北京中国红十字会董事。1917～1928年任北洋政府总统府顾问。1936～1938年任国民党政府行政院顾问。他好中国美术、古玩,写有许多关于中国的文章。著有《中国绘画》、《中国美术大纲》等书。

到各地方政府的支持,还需要有人使黎总统相信中国参战可以获益多多。他还一直担心德国会取得胜利。2月27日,莫理循在日记中写道:"昨天晚上,总统说四个月内德国将占领英国,德国潜艇将腾出手来直取中国。"外交部总长伍廷芳博士(莫理循形容他是"老得不中用的骗子")威胁说,如果中国打破中立,他将辞职。伍博士对唯灵论、长寿和素食像对外交事务一样感兴趣。在一次关于战争的讨论中,他这样向芮恩施博士解释国际事务:"一种灵气正逐渐从欧洲扩展到世界各地,进入人的头脑,并渗透进人的灵魂,使他们成了战争狂……"

另一个反对中国参战的是孙逸仙。日本报纸《朝日新闻》引用他的话说,中日两国必须团结起来把欧洲人驱逐出亚洲。孙在宣言中警告劳合·乔治,如果中国被卷入战争,排外的骚乱会接踵而至。芮恩施博士(现在莫理循把他看作能人,尽管他在家中讲依地语)认为,这份宣言是在诡计多端的日本人的授意下炮制出来的,其目的是为了给劳合·乔治敲响警钟,让他说服中国不要卷入战争。盐务稽核总所会办丁恩爵士①也认为,如果没有日本人的鼓动,孙逸仙决不敢那样行事。他说:"他的债都是向日本借的。他要政府退还的260万元是向日本借的。"

德国拒绝放弃不问青红皂白的潜艇战。3月13日,中国政府不顾孙逸仙和唐绍仪的反对,还是与德国断绝了邦交。第二天德国船只在上海被扣押,德国在中国的租界被中国人占领。

---

① 丁恩(1854~1940):英国殖民地长官。初在印度负责盐务行政,1913年,北洋政府与五国银行团缔结善后借款后,被聘为财政部盐务稽核总所会办,1918年回国。

[六]

6月初,张勋将军带着他的五千"辫子军"到达天津。将军留在他位于德国租界富丽堂皇的居所,与此同时,3 000凶汉闯到了北京,在各条街道上耀武扬威,恐吓店主,甚至入侵神圣不可侵犯的使馆区。莫理循写道,北京城处于"极度的恐慌"之中。张勋受到总统的召唤,居间调停总统与北方黩武军人之间的争吵,军人的代表人物是国务总理、袁世凯的北洋大将段祺瑞。这是新旧中国之争,是相信和反对宪法政府之争。当段祺瑞在督军——军事总督的支持之下,要求黎元洪取消国会并以军事行动相威胁时,黎则威胁要撤消其内阁总理之职。

张勋在矛盾中看到了恢复清朝的机会。他在天津采取的第一个行动是支持督军解散国会的要求。黎元洪连忙召唤莫理循(大约有4个月没见面了)和有贺长雄讨论这场宪法危机。他说,他准备签署解散国会的命令,但没有一位总长愿意副署。他应当怎样做? 莫理循的回答令人吃惊:"撕毁它!"宣布解散国会的命令会使黎元洪变得臭名远扬,甚至会遗臭万年。有贺长雄则建议由陆军总长或司法总长来签署这一命令。莫理循觉得,黎元洪显然已决心向军队实权派妥协,因此第二天他在《政府公报》上看到已签署的命令后,丝毫不感到奇怪。不过这一命令"不是由代总理伍廷芳而是由步军统领副署"! 据报道说:

总统立即向全国发出通电,说明他迈出这致命一步的理由。他愿意承担所有罪责,因为他相信,只有牺牲他的名声和辜负政府对他的信任,才能使国家不发生迫在眉睫的流血冲突,才能把国家从督军背叛造成的灾难中拯救出来。

昨天张勋警告总统的代表,如果不在"今天早晨"签署命令,他将不对"各省督军"可能采取的进一步行动负责。

总统目前处境孤立,受到威胁和恐吓,只得向天津叛党的阴谋屈服。我们获悉,昨天下午总统又一次与他的顾问莫理循博士和有贺长雄博士讨论此事。

英国人强调要按法律程序来处理这个问题,并指出,纵有威胁和恐吓,出于责任和信用,总统必须遵循法律程序行事。

日本人的态度则更为灵活。他们再次重申,总统有权解散国会,如果伍廷芳博士拒绝副署命令,可以让其他愿意的人来副署。

命令得到副署后,张勋坐着大汽车到达北京,受到盛大欢迎。他的第一个行动是疾驰到紫禁城,在11岁的小皇帝溥仪面前叩头。

[七]

这是一个难耐的夏天,莫理循记忆中最热的一个夏天,莫理循一家人都去北戴河避暑。7月的第一个夜晚,莫理循与伍廷芳博士在山海关共进晚餐时,接到一封由"聪慧的珍妮"转来的电报,上面写着:皇帝复位,2点,端纳。莫理循把电报交给伍博士。伍说不可能,还补充说:"如果情况属实,这将是中国的灾难。"莫理循也不相信。但消息无误。前一晚,张勋和他的一些部属在江西会馆受到款待,那里是张的江西老乡联谊的地方。他们在那儿开了堂会。张在凌晨醉醺醺地离开,决定现在就复辟清朝。东方破晓,他和一群主张复辟的官员手忙脚乱地穿上为复辟而准备的朝服后,立即朝紫禁城进发,得到允许后进入皇宫。当时的一份报纸作了报道,不完全属实但十分生动,请见下文:

太监满身冷汗地到处跑来跑去。瑾太妃和内务府总管惊慌地走出来,看看究竟发生了什么事情。张勋大声宣布:"今天要复辟了,我得告诉小主人,马上到养心殿去。""这是谁的主意?"内务府总管结结巴巴地问。张勋咧嘴一笑:"这是老张的主意,所以你不必担心,没有掉脑袋的事。""真的,复辟是件好事",内务府总管说,"但人民怎么说? 他们愿意吗?"张勋回答道:"不管他们愿意不愿意,如果你不问这些问题我会感激你的。走吧,请小主人到养心殿,我们谁也不会有麻烦。"内务府总管把眼光可怜巴巴地转向瑾太妃,这会儿轮到她亲自对张勋讲话。"此事需要审慎商议",她严肃地说,"我们必须在行动之前仔细考虑。"……说到这儿,瑾太妃流出了眼泪,内务府总管简直不相信他自己,激动得说不出话来。当张勋的卫兵迎接皇帝时,院子里突然传来一阵喧嚷声……几分钟后,内务府总管再次出现,护卫着11岁的皇帝,帮助他登上皇帝的宝座。张勋马上跪下叩头,他的部下也随之模仿,一些人的动作似乎有点生疏。顿时宫廷里响起一片"万岁!"的欢呼声。

总统公府被张勋派兵包围后,总统本人设法逃到法国医院,但贝熙业大夫不在,夜班护士不知就里,因此不许他进去。他急忙驱车又去了日本公使馆武官斋藤少将的官舍。日本使馆非常友好地允许他暂住在日军营房内,条件是不得从事政治活动。总统做出了保证,但他离开公府前写了一道起用段祺瑞为国务总理的命令,责成他领导北方军队讨伐张勋。据说段接受命令时出言非常不恭,但他立即服从了。两天内,他训练精良的2万人马包围了北京。帝制只持续了12天。复辟闹剧来也匆匆,去也匆匆。枪声大作但没有交火,伤亡人数极少,其中包括几个好奇的外国人。一架飞机掷下三枚炸弹,一枚落入湖中,一枚没有爆炸。张勋的大部分士兵都逃跑了。俘虏被缴械遣散,还给了3个月的饷。

莫理循在给韦罗璧①的一封信中讥诮地说,他亲眼目睹了"地球上发生的最激烈的一场战斗":

> 双方伤亡很少,大部分为流弹所伤,25 人饮弹而亡。我猜至少打了 5 000 万发子弹……当代中国军队没有在枪械方面得到良好的训练。现在美国作家罗德尼·吉尔伯特正极力鼓吹恢复使用弓箭。他的观点是,一个蹩脚的来复枪手所造成的危险还不如一个娴熟的弓箭手大。配备来复枪的中国士兵在 25 码外不会有多大威胁,而经验丰富的弓箭手在 300 码内都可形成威胁。那是他的看法。他认为,如果能恢复使用弓箭,就不可能出现两军手持弓箭,对垒 2 英里的局面,国家也用不着耗巨资来兴办大学和医院了。他认为使用弓箭有助于镇压叛变,因为那时叛变是危险的。

张勋声称要战斗到底,结果却跑到荷兰使馆避难,但被拘留。他在绝望中请求贝拉斯公使②进行调停。福来萨在给莫理循的信中同情地说:"他只是个过惯了好日子的中国老人。"但在第二年的一次大赦中他重获自由,带着他强取豪夺的巨额财富隐退,在天津做起了寓公,逍遥自在地度过余生,过着正像亨利·麦克阿利维说的"他天性渴求的那种独特、野蛮堕落的生活"。溥仪于 1934 年第三次做了皇帝,登上了满洲国的皇位,但他是日本人的傀儡;多年以后,他在北京的一个劳改队当花匠,令人惊讶的是他被改造成新人,在毛泽东时代的中国曾被广为宣传。

---

① 韦罗璧(1867~1945):美国人,韦罗贝的孪生弟。霍普金斯大学政治学教授。1916~1917 年任北洋政府宪法顾问。1921 年任中国出席华盛顿会议代表团法律顾问。1924~1925 年和 1931 年出席国际鸦片会议和国联大会的中国代表团又聘他为顾问。著有《外国在华特权和利益》等书。
② 贝拉斯(1872~1956):荷兰外交官。1909~1918 年任驻华公使。

[八]

中国于1917年8月14日(1900年北京使馆区解围纪念日)向德国宣战。几天前,当比利时公使麦叶希望与艾斯敦爵士讨论这一宣言的可能性时,"傻瓜透顶的艾斯敦"竟然说:"太热了,简直无法忍受。咱们去北戴河吧。"于是他就去了海边。

英国国王乔治五世从温莎城堡向中华民国总统发来了电报:

> 我非常高兴地得知中国终于能站在协约国一边参战,衷心祝贺您伟大的共和国所做出的决定。中国终于能在您的领导下,和其他国家并肩作战,共同反对同盟国所奉行的侵略政策。

中国人对这一电报并不很满意。莫理循指出,他们更愿意被形容为"伟大的强国",而不是"伟大的共和国"。

珍妮从北戴河来信说:

> 亲爱的厄内斯特:
>
> 谢谢您发给我中国宣战的电报。亲爱的,我真高兴。您过去两年半的努力没有白费。我一直记得您曾对朱尔典爵士说,"我一定会促成此事"。在未接到电报前,我一直为没有促成中国宣战一事感到伤心。我希望德国人不要像在日本那样被轻易放走……
>
> 如果不是因为朱尔典爵士,早在3年前中国就对德宣战了!您必须向澳大利亚总理指出英国政府所犯的一系列重大错误!——迟迟不能说服中国参战,现任公使的无能——他竟然会在这么关键的时刻去避暑——还有一件事您必须强调,那就是去年您在日本时康杨罕·格林对您的愚蠢态度——还记得他

给您的便条吗?——没有地址,没有称呼语,没有信尾客套语,签名特简单,只有"康·格"两个字。我一想起就生气。现在该是外交部多动点脑筋的时候了。如果外交部能派您到北京工作,情形就会开始好转。您在设法使中国参战这件事上干得非常漂亮,我确信这件事会对您步入外交界起一定作用。任何英国殖民地国家的政治家,特别是澳大利亚人所提的建议,英国政府都愿意照办。我正向尊敬的威廉·休斯① 发送强大的思维电波,为您口后回澳大利亚铺平道路!! 我现在觉得,图书馆卖掉后,我们的运气正在好转。

莫理循给 23 年未见面的弟弟阿瑟写信:

……如果我有更大的权威,如果英国驻北京公使不是那么软弱,如果英国驻东京大使(康杨罕·格林,一条可怜、友善的社交吧儿狗,在南非很出名,和他在日本一样无能)不是那么无能,中国可能早已在 1915 年 11 月就参战了。尽管中国人对我待遇优厚,我的年薪 3 500 英镑,但生活费用是如此之高,银价上升到无与伦比的程度,我几乎无法生活下去,这样讲有失体面,但我的工资折算起来确实只相当于两年前的一半。

两天后,莫理循在日记中记下了更多消息:"中国驻彼得格勒公使发电报说俄国爆发了革命,海陆军都参加了! 矛头直指沙皇。最好能把国王赶下台。正像丁恩爵士说的,君主制是有害而且不合时宜的——甚至我们的君主制也是如此。"

---

① 威廉·休斯(1862~1952):澳大利亚联邦总理(1915~1923),第一次世界大战时期著名的战时总理。青少年时代生活清苦,体质下降,导致耳聋。

莫理循在给南澳大利亚州莱伊尔湾凯特船长回信中，没有表明英国君主制是有害的还是不合时宜的。凯特船长在信中签名为"男童子军，为了国王和帝国"。凯特船长看到一份介绍莫理循探险的有趣报道，在给莫理循的信中写道："使我最感兴趣的是，您的生日与我的相同。对您的大名，我早已如雷贯耳。您是个伟人，能使外国和我们帝国建立紧密的关系……请原谅我给您这样伟大的人物写信。"莫理循拘板地回了信："亲爱的凯特船长，我非常高兴地知道我的出生日月与您相同，只是早了几年。我希望您能成长为帝国忠诚、坚定的拥戴者，全力为您的国王和国家服务。"

另一个与莫理循通信的人是总税务司戴乐尔①。他非常清楚为什么英国要加入这场战争。他在信中写道："我们英国正在为了英国的利益和安全而战，不为别的……这就足够了，但我们可不想让别人知道，我们之所以付出努力和牺牲完全是为了自己的利益，说成我们为了比利时等国而战似乎更好。"然而，英国即使是"为了曼彻斯特等的利益"，也不应该采取短视政策，从而否认中国通过加强关税保护建立自身工业的权利：

> 我们应当把眼光放在 50 年以后的中国……与中国商人竞争无疑会损失一些贸易，想一想中国的工业活动所带来的巨大的潜在市场。日本是榜样。看看向日本进口如何扩大了日本的工业。帮助中国使之富裕，她会增加世界的财富……

戴乐尔认为中国人在两件事情上对外国人怀有"真正的怨气"：进口关税被固定在5%，传教士"强迫他们接受教义"。

---

① 戴乐尔(1855~?)：英国人。1877 年进入中国海关，1900 年任上海海关造册处税务司。义和团运动期间为代理总税务司。1902 年，清政府又派他与海关税务司裴式楷、贺璧理三人助吕海寰、盛宣怀和英国代表马凯签定中英通商新约。1919 年辞职回英。

在第二件事上当然众说纷纭,但正如我所相信的那样,马太福音的故事和阿逊斯、阿多尼斯、奥斯里斯和佛陀等一样,都是神话。因此我认为,用地狱之火的威胁,用违背中国政府意愿的手段,来强迫无知的平民百姓再接受一种迷信,对中国人来说,是一种粗暴野蛮的行径。特别应当指出的是,内地一些没有受过教育、不择手段的宗教狂热分子常常惹出大麻烦。但对进口关税这件事,大家都无异议……

[九]

中国参战并没能减轻莫理循的不满情绪。8月27日,他给《字林西报》主笔葛林[①] 写信:"像我这样的人,刚开始工作时总是满腔热情,相信在别人失败的地方我会成功。我们的经验都一样。第一年热情,第二年悲观,第三年漠不关心。"他再次决定卖他的图书馆。现在他已是自由之身,可以考虑返回澳大利亚。哈佛和耶鲁的校友渴望为他们各自的大学获得这批图书,加利福尼亚大学非常干脆,愿意出资 35 000 英镑买下他的图书馆,但是莫理循希望把优先权给日本人,他把图书馆以同样价钱卖给了岩崎久弥男爵。"我有理由相信,我可以以 40 000 英镑把图书馆卖给一个东方大学",莫理循后来写道。岩崎久弥男爵接受了他的出价,于是 20 000 本书,4 000 本小册子,2 000 幅地图和刻本,用了 57 个箱子装船运往日本,莫理循保留了 3 000 卷英文书。图书被暂时存放在东京车站三菱大厦的仓库里,使莫理循极为气愤的是,有一半书由于洪水侵袭而受损。《英文北京日报》在题为"因小失大"一文中尖刻地评论道:

① 葛林:英国新闻记者。1907 年来华,任上海《字林西报》主笔。1931 年辞职返英,任该报驻英通讯员。著有《中国同独裁者的斗争》等书。

买主的代理人把书装在普通箱子里从北京运走，随随便便扎成捆，堆在东京的一个仓房里，好像它们是兽皮、成箱的军用牛肉罐头、肥皂、蜡烛、狗头道钉或其他十分不重要、绝对不会损坏的东西一样。洪水来时，也没人去搬动，结果造成无法弥补的损失。这些书多年来一直得到精心保护，存放在安全的地方，留意免遭有意或无意的毁损，现在所付出的关爱和心血都付与东流。如果有大约300美元的额外支出，可能就不会发生这起灾难，这批珍贵的图书就有可能像在北京那样受到完好的保护。

这真是因小失大的一个典型例子！但这绝非仅有。在中国，这种例子也很多。举个读者能立即想到的例子——中国政府宣布参战这件事。中国宣布参战时，人们都强烈认为，政府有可能更完全地履行它应承担的职责。但是，为什么不对国内的敌人采取更严厉的措施？为什么不采取更积极的方案向欧洲派兵？或者以政府对在南方叛乱的态度为例。为什么不把叛乱镇压在萌芽之中？的确，小规模的叛乱不足挂齿，但星星之火可以燎原。

"因为卖图书馆我受到批评"，他在给税务司庆丕① 的信中说。"但我已55岁，有妻子和三个孩子，我哪有能力保留这价值35 000英镑的癖好呢？这笔钱对我来说不是一笔财富，而是给我一种能力，使我能够相当自主。"莫理循写道。他现在只想尽可能为将来做些准备工作，然后去澳大利亚度假。至于他是否要在澳大利亚永久地定居下去，这要等到他回京后再做定夺。他的妻子宁愿住在英国，孩子们在那儿会受到更好的教育。"图书馆"，他坦白地补充道，"将是一个

---

① 庆丕(1853～1938)：英国人。1874年考入中国海关，历任帮办、代理副税务司、代理税务司、税务司及中国海关驻伦敦办事处税务司等职。著有《在中国海关：四十七年的中国经历》一书。

永久纪念,当然不是纪念我的学术造诣,因为我的学术水平不值一提,而是纪念我作为收藏家的天性。"

[十]

当中国财政总长梁启超设宴为莫理循饯行,并为朱尔典接风时,莫理循发现朱尔典度假后健康并未改善。他仍然显得那么"怯懦、暴躁、心事重重",他的思维紊乱,使人无法预测。第二天,莫理循请假六个月离开北京。他给赫顿写信说:"中国人对我很好,一如既往。假期全薪,额外还给我一星期20英镑的津贴。"他还得到了总统的一幅肖像,作为给他母亲的礼物。

莫理循离京时,中国仍然是一个破败、分裂的国家。北京已经召开了国会,但南方领导人拒绝承认,甚至在孙逸仙的领导下,在南京① 成立莫理循称之为"分立的假国会"。孙逸仙在一家水泥厂设立了大本营。莫理循是这么评论孙中山的:"那个开明的勇士曾计划率领一支300万人的部队进军俄国,梦想通过发行纸币来改革中国的财政,而这些纸币既不能兑换,也没有以金银条为后盾。他以大元帅的身份出现时,引起了人们对他的嘲笑,但这是中国政治趋势最重要的标志之一。"

莫理循在离开北京前几天,给阿瑟·贝尔福写信。贝尔福当时是著名的雪非耳钢铁制造商、财政部实业顾问委员会委员和战时军火委员会委员。莫理循说,他很想知道澳大利亚对日本的态度:

> 战时的新闻检查制度使新闻界对日本及其行动都不做任何报道,但是决不能说日本履行了一个盟国的义务。日本的一个大党企图让日本加入敌方的阵营,但日本并没有这么做……因

---

① 注:应为广东。

此日本在这一点上还能称得上是一个非常合格的盟国。

在朱尔典爵士离京期间,爱德华·格雷爵士从外交部派员到北京做临时代办这件事做得最离奇不过了。这个可怜、软弱的家伙堪称轻浮的交际花,对大英帝国一无所知,对工作不感兴趣;中国人和在华英国侨民都把他看成小丑。想想爱德华·格雷爵士竟把他派到这儿来接替朱尔典爵士……若不是因为他无能,中国目前可能正在为维克公司造船——六艘非常有用的标准船……爱德华·格雷爵士所任命的官员似乎都很糟糕,这是最糟的一个。他派他的私人秘书去君士坦丁堡,结果把事情办得乱七八糟!尽管他知道艾伦赛有以骗术赌牌的前科,还是派他作了保加利亚的公使。尽管北京公使的职位极其重要,因为中国必定是英国在世界贸易中最大的未开发市场,他还是派了一个和蔼可亲、结巴的傻子……这简直是耻辱,简直是以个人友谊拿大不列颠的利益开玩笑。您是一个很有影响力的人。您一定能帮助找一个合适的人选接替朱尔典爵士,担任英国驻华公使。这个人必须以英国利益为重。决不能让一个大笨蛋当公使,否则我们大家都有可能受累……

[十一]

在广东,莫理循在"吃了糟得惊人的午餐后",给基督教学院的学生作了演讲,建议威尔逊总统指定一个斡旋者调停南北分歧。他说,芮恩施博士是受中国人喜欢的外交官。他认为南北方的分歧不会很大:"没有像奴隶制对反奴隶制或共和制对君主制那样的原则问题。"惟一真正的分歧是重建共和政府的程序。在目前的冲突中,双方都输了,只有日本是个大赢家。

[十二]

　　莫理循坐"秋丸号"从香港起航去澳大利亚，船上有个旅伴名叫苏塔尔，是苏格兰军火商。他在墨尔本呆过一段时间，对澳大利亚人不事节俭的作风深感痛心。莫理循在日记中写道：

> 　　水力资源没有得到充分利用，数百万马力白白流走。浪费马口铁罐、果酱罐和煤油罐，财富就这样丢失了。劳资分离，雇主与雇员之间隔阂，没有同情心。所有的人都尽力索取，只懂得坚持自己的权利。他还着重提到普遍的无能和不好学习的现象。

　　他们还谈到许多类似的澳大利亚不足之处。船到昆士兰海岸时，莫理循给端纳写信：

> 　　离开祖国15年后，我在船上听到的一切丝毫没有给我增加些重返故土的欢乐。我听到的只是：游手好闲和懒怠，大主教公开宣示不忠不义的异端言论，政客使国家陷入这场战争中最为危机的阶段……

　　"秋丸号"于11月30日在星期四岛靠岸时，对祖国的第一瞥使莫理循这个游子相当沮丧：

> 　　这是一个可怕的地方，以"星期四岛"而闻名……男人比以前更会喝酒，整天醉醺醺的。居民大部分是领航员以下的贩夫走卒。今天刚好是圣安德鲁节。官员整日在船上游荡，只要有人给酒，就开怀畅饮。所有的房子都关了门……一个警察喝得

醉眼矇眬,要求日本水手按捺指印,这种做法太侮辱人了。船长
来到澳大利亚的第一个港口,看到的竟然是一个喝醉酒的警察
在实施法律,不由得勃然大怒……

在昆士兰州"富裕繁荣的北方重镇"汤斯维尔城,莫理循以非难
的态度在日记中写道:"大量精力充沛的年轻人,本应为国效力,却在
酒店里游荡。"在新兵训练站里只有一个 55 岁的男人四仰八叉地躺
在椅子上,"乐不可支又口干舌燥",错把训练站当酒店,坐下后就醉
得起不来。澳大利亚人都很踊跃讨论招募新兵这一话题,很快就要
对征兵这一做法进行全民公决。在布里斯班,莫理循听到支持和反
对征兵两派人士的演讲,都感到不满。反对派的联邦领导人,"一个
名叫图多尔的演讲者",发表了一通"哗众取宠和不足以致信的"反征
兵演说,认为征兵真正的目的是用廉价的亚洲劳力来顶替澳大利亚
人。联邦检察长威廉·艾尔文是爱尔兰叛军约翰·米歇尔的侄子,没
有其著名的叔叔那种演说家的热情。莫理循发现,他所发表的赞同
征兵的演说"沉闷、枯燥无味、令人厌倦并且不足以服人"。

战争的消息也令人沮丧:

在康布雷附近,德国人在一个宽达 4 英里的战线上,把我们
往后赶了 10 公里。新斯科舍半岛哈利法克斯城之战一败涂地。
俄国人休战。罗马尼亚濒临和平的破裂。意大利又一次击败我
方。真是一连串的灾难。空袭伦敦。长期以来航运状况最糟的
一周。

第二天,莫理循继续哀叹:

我对前景很悲观。澳大利亚的状况非常糟糕。背信弃义。
不受胜任的人把持着国家大权。酗酒。卖淫。昨晚上很迟才回

家。许多穿着军服的士兵醉醺醺地强行闯入商店,不给钱就不离开。没有纪律。警察拒不服从联邦官员的命令……世界产业工人组织、新芬党和其他组织反对征兵。昨晚艾尔文说:"德国几乎获得了澳大利亚。"他谈到德国每年有80万人到其他国家谋生……他没讲日本每年有68万过剩人口——比昆士兰的总人口还要多。日本将阻止德国人进入澳大利亚,我们得为这种保护付出多大的代价呢?小日本漠视工党。工党似乎失去了根基。最近每个省的选举对工党都是灾难。我的消息还不确切,不能先入为主。

昆士兰铁路局局长查尔斯·伊文思上校有爵士头衔,曾获得三等圣迈克尔和圣乔治勋章士。他给了莫理循一张去悉尼的免费车票和一根漂亮的无脉相思木做成的手杖。总督汉密尔顿·古尔德·亚当斯爵士是个陆军少校,曾荣获圣迈克尔和圣乔治大十字勋章。莫理循对他的评价是:"一个白发苍苍的的勇士,但脾气很坏。"他请莫理循吃了一顿"令人作呕的午餐":

> 我猜这顿饭是由花匠做的,才会如此不堪入口。总督的菜先上,他把大部分端上来的粗劣饭菜都吃个精光。交谈空而无味。"这是您第一次访问澳大利亚吗?"总督阁下问到。"不",我回答,"我第一次到这儿是1862年2月4日。"他还问我在中国做些什么?整一个不舒心的午餐,离开时我很高兴……

在悉尼,罗纳德·门罗·福开森总督(苏格兰人,衣冠楚楚,谈吐文雅,穿着咔叽布服装,讲话声音短而尖,大概睾丸发育不良)请他在总督官邸吃午饭。海伦娜夫人("长脸,颧骨突出,不讨人喜欢,像阿斯奎斯夫人")天真地问他是谁,职业是什么?罗纳德爵士谈到澳大利亚公务员的低劣素质和准许14岁男少年辍学的愚蠢行为。米格尔市长大人准备了一辆汽车和汽车司机供莫理循使用,并授他以荣誉市民称号。米格尔原是律师,因在著名的教务长谋杀案的辩护中表现得厚颜无耻而被除名,但他仍是市长大人和议长。"老百姓多么宽宏大量",莫理循评论道,"竟然允许这个被取消律师资格、众所周知的骗子担任市政府的两个最高职务。"客人中还有当选市长卓恩顿·史密斯阁下和其他"有着不光彩过去的名人"。在米林俱乐部的一次午宴上,代理联邦财政部长瓦特为莫理循三次举杯,把他比作罗兹。莫理循把日本的真相告诉悉尼报业俱乐部,向中国商会32名领袖呼吁,不要支持中国南方的行动,说那是"一个正在削弱国家和为日本入侵开辟道路的运动"。32位中国人除了香槟没喝别的,对莫理循20分钟热情洋溢的讲话报以掌声。

莫理循获得一张新南威尔士铁路线免费乘车证。"我被当作'贵宾'",他在日记中写道。"所有这些太使我惊奇了。"想到他的服装与所受的欢迎不相称,他从东道主家溜出,在理查德·哈特公司买了一顶"受人尊敬的帽子"。"价值32先令6便士",他记道,"一顶价格不菲的帽子。"但他到哈德兄弟公司为珍妮买珠宝时却一点也不心疼:钻石垂饰价值200英镑,钻石胸针价值54英镑,珍珠项链价值162英镑。

在墨尔本,莫理循"非常高兴地"成为墨尔本俱乐部的名誉会员("一种通常授予总督和像基青纳那样著名来访者的荣誉")。他在这儿见到了州总理阿瑟·斯坦利爵士("好争吵的小个子")和墨尔本法律、医药和农业各界名流。阿瑟爵士邀请他出席7点开始的晚宴("因为这儿的法律规定8点后俱乐部不供应酒水"),莫理循就远东问题讲了半小时。宴会宾客包括约翰·格里斯("墨尔本最热心公益的人"),海登·斯塔克("出庭律师,精通普通法")和俱乐部主席爱德华·米歇尔("维多利亚法院院长,与我的侄女莉齐结婚")。

莫理循极为关注全民公决征兵一事。他在12月16日星期日的日记中写道:

周四是我国历史上一个具有决定性意义的日子,因为在那一天,作为一个国家,我们将决定是走光荣之路,还是耻辱之路,是遵循卡迪纳尔·梅西耶的理想(他是慈悲的教士,曾经目睹对比利时天主教教徒不人道的处罚),是遵循民主国家的总统制,还是遵循马列主义,或者说布尔什维克主义和无政府主义的制度,他们在短短几个月里就令人难以置信地将俄国这么强大国家的政权全部捣毁。

莫理循还对这篇能引起共鸣的日记加了注释:"有时还得高谈阔论(如果我还记得的话)。"在墨尔本 4 天后,莫理循写道:

今天举行全民公决,绝大部分选民肯定反对征兵制……什么样的国家推行征兵制呢?征兵制的失败并不令人感到奇怪,奇怪的是那么多人投票赞同。大部分妇女、所有逃避兵役的人和天主教徒都反对征兵制。我走在威廉街上时,听到一个年轻的澳大利亚人对另一个说:"你听说新西兰革命了吗?警察起义了,把监狱中的犯人都给放了。"听到这些,我冒昧地打断他们的话,问起事情的原由。他说:"征兵引起的。"我愤怒地抛下一句话:"胡说八道!"然后就走了。

工党领袖反对征兵制,他们害怕劳力减少将使政权落入资本家之手;曼尼克斯大主教领导的天主教徒也反对征兵制……他到澳大利亚的目的是为了挑起派别纠纷,鼓吹新芬主义,现在是澳大利亚反征兵制的领袖……但最应当受到指责的是从英国传出的使人产生误解的消息……我们每天沉醉于德国行将崩溃的报道。

曼尼克斯大主教是一位杰出的爱尔兰神学家和激进的爱尔兰民

族主义者,坚决反对征兵制,而且坚持不懈,巧言善辩。那些支持威廉·莫里斯·休斯总理歇斯底里式征兵运动的人都怕他。新南威尔士州州长威廉·霍尔曼(像休斯一样脱离了工党)给莫理循讲的一则笑话,可以充分体现出他们对这位大主教的态度:

> 在霍尔曼爱讲的笑话中,一个妇女在讲到新的抽水马桶时抱怨说,陶制的马桶太凉无法坐上去。"但不是有木头盖吗?"人们问她。哦,她的丈夫把木制的马桶盖拿去做曼尼克斯大主教的像框了。

莫理循乘火车返回悉尼时,看到这个令人敬畏的大主教正在大肆活动。曼尼克斯先生("这位干劲十足的天主教大主教给澳大利亚带来许多烦恼")当时和莫理循同乘一车:

> 车每到一站,他都受到热烈欢迎。我听到他的演讲,带有明显的爱尔兰口音。在我看来,他的演讲很差劲,用词粗俗而平庸,然而他的每一句话都得到喝彩。大部分听众都是冒冒失失的女学生,似乎只把他的演说当成玩笑,对他没有些许尊敬,听一个不切实际的文人发表演说,逗逗乐而已。

[十三]

莫理循没有发表经过深思熟虑的演讲,但在12月的最后一个星期日,他在墨尔本的威斯利教堂做了长篇演说,这是他第一次不打草稿的即兴演说。他很紧张,后来写道,这是"另一次令人不愉快的经历":

> 雨下得很大。教堂很拥挤。起码有2 500人——也许有

3 000人。里面热得令人窒息。在我发表演说前,听众先听圣乐、做祈祷,还唱了两首赞美诗。我渴得无法忍受,嘴唇干裂,一动舌头就感到十分疼痛,嗒嗒的雨声更增加了我的困难……我难以提高声音,相当痛苦地尽力演说。

他刚开始演说,就有一个坐在大厅中后部的男人站起来窘迫地说他听不见。莫理循竭力讲下去,觉得他的听众即使能听得见他的声音,也无法理解他的意思,因为对"这群工匠和纺织女工"演讲简直是对牛弹琴。但他还是用低沉而沙哑的声音警告他们,远东问题"迟早"会引起所有澳大利亚人的注意。他们迷失在眼前的繁荣中,无视在不设防的边境之外,其他国家正对澳大利亚虎视眈眈的迹象、征兆和事实。中国有3.25亿人口,每年递增不少于500万。澳大利亚有500万人口和不设防的海岸线。如果明智的话,应将自己的产品运往那人口众多的市场。他把澳大利亚描述成:

> 这个可爱的岛屿还在发展初期,由其母国保护着,500万人民过着懒散舒适的生活。这里是目前世界上最大的不设防地区,是全世界最难防御的国家,而且大多数国民认为不值得防卫;会沦入侵略成性的邻国或获胜敌国之手,成为他们最肥美的猎物。

他敦促澳大利亚,慎重考虑针对中国和日本的反亚洲法,"极其慎重"考虑中国和日本的联合:

> ……必须警惕会造成或倾向于造成这种联合的政策……中国有极其充足的人力和物质资源——若加上日本高级管理天才的帮助,工作起来必然卓有成效;两者一结合必定产生真正令人忧惧的危险。

中国有 13.5 万日本人,英国人则只有 8 900。日本完全效法德国,因此她自然不会同情英国,尽管日本能跻身列强还多亏了大英帝国,但还是对德国军国主义表示同情。日本人的势力在不断南扩,现在海陆军都很强大。她的商船总数在战争中增大,海上漂浮着她最大的无畏级战舰……

演说结束后,墨尔本两家主要报纸《守卫报》和《时代报》的记者焦急地等待着莫理循。《时代报》记者承认他耳聋,什么也没听见。"《守卫报》的记者极为尴尬,因为他根本就没来听演说。两人都很窘迫,因为他们接到命令,报社让他们发送'半个专栏或更多'的新闻。"莫理循觉得被怠慢了,但他同意帮助他们搞出来,当面口授他的报告,节省了他们的时间。

"我不舒服,讲得很糟",他给端纳写信,"但我确实为美国说了好话。如果哪个列强与其他国家的关系可以说是无私的话,那就是美国的对华政策……我简直没有假期。我一直在谈论中国问题,撰写有关中国问题的文章。"

[十四]

莫理循与澳大利亚许多重要的政治家和防御专家交谈,包括休斯总理("非常精明和思维敏捷,言语清晰,不过有时有点结巴");国防部长皮尔斯参议员("纯朴,谦逊");参谋长、陆军少将 J.G. 莱格("迟钝但诚实")和海军委员会主委海军少将威廉·克里斯威尔("老年昏聩,智力衰退")。当莫理循讲到日本的南扩意向和她作为盟国表里不一时,他们有礼貌地听着,但显然既无兴趣也不相信。幼稚轻信的人相信日本完全遵守她的条约义务,不幸的是,这种看法在澳大利亚一直残留至 1941 年,那时日本人以排山倒海之势,把势力南扩到泰国。(当休斯在一次"战时顾问委员会"会议上对日本是否诚信表示怀疑时,柯廷总理① 举出日本在第一次世界大战中尊重英日联盟的诚信做证明!)

克里斯威尔("这个年老的海员")强烈抨击前澳大利亚总督、"声名狼藉的"杜德利伯爵,说他在英国拥有 3 万亩土地和大钢铁厂,在牙买加有大量房地产,但却不愿在澳大利亚投资。他指责杜德利伯爵:"放荡不羁,厚颜无耻,欠债不还,被道尔智逊公司催讨汽车债款。早些时候,拒绝清偿他在悉尼联合俱乐部的欠款……"

马绍尔群岛问题困扰着莫理循,但没人和他有共同的兴趣。前工党总理约翰·克里斯琴·沃森② 是个例外,约翰·斯多利形容他是"工党的无冕之王"。莫理循发现他"特别谦逊,没架子,与声音洪亮的煽动家形成鲜明的对照":

> 我告诉他日本、朝鲜的人口情况和增加速度,以及日本的南扩趋势。他说,以马绍尔群岛问题为例,日本的策略是:首先宣布将把群岛交还给澳大利亚,并声称具体事项正在安排之中!第二,然后要求延期归还,因为还有其他事体得优先安排。第三,她努力使人们相信,群岛肯定会归还……
>
> 他"推心置腹地"和我展开讨论,充分显示出他的"聪明睿智"。

莫理循从军事情报局局长、陆军少校皮耶斯的来信中获悉,澳大利亚对她亚洲邻国的情况了解不多。皮耶斯在信中说:

> 我不得不处理从不同渠道得到的许多关于东方事务的情

---

① 柯廷(1885~1945):澳大利亚联邦总理(1941~1945),第二次世界大战时期著名的战时总理。二战期间,休斯等反对柯廷的亲美政策。

② 沃森(1867~1941):澳大利亚联邦第三任总理(1904),澳大利亚工党的首任总理。

报。大部分情报对我们相当重要，但是没有一个总参谋部的官员曾到过东方，因此我们有时很难对这些情报的重要性做出正确判断。正因为如此，我才利用一切机会与熟悉东方事务的人会面……如果您在哪天能赏脸和我一块上公园吃顿午饭，或者喝点午茶，我们就可以在令人赏心悦目的环境中，讨论令我感兴趣的事情。也许我应当补充一句，我对中国事务不是特别感兴趣，我想我不会问任何您可能不方便回答的中国问题……

莫理循与皮耶斯少校在墨尔本"美丽的"植物园（"世界首屈一指"）喝茶，并和他谈起日本的南下趋势。皮耶斯谈到日本在荷属东印度群岛的活动，以及日本外交官大谷伯爵到那儿访问后所产生的令人担忧的状况。

威·莫·休斯告诉莫理循，他已经建议用赤道来分割太平洋，但他没有告诉莫理循，当年2月7日，他已经告诉英国政府，澳大利亚不反对日本占领赤道以北的岛屿。英国在与日本签订有关这些岛屿归属和德国在山东权利的秘密协定之前，已经征询过澳大利亚的意见。莫理循没有意识到这一既成事实，继续反对日本占领这些群岛。

[十五]

莫理循还到新西兰展开反日宣传活动，但他发现新西兰人普遍不愿意批评日本。检查总长约翰·芬德雷爵士认为，"现在不适合"批评日本对德国军国主义的同情。然而新西兰远征军总指挥、陆军少将亚历山大·郭德利爵士却同意莫理循的意见，认为日本的确构成威胁。但是，许多和莫理循交谈的人却认为亚历山大爵士本身是个危险人物。莫理循在日记中写道："新西兰人恨他，厌恶他。他还没被谋杀真是个奇迹。"《奥克兰先驱报》的一名记者（"可爱的C.C.尼克尔"）在加利波利半岛服役时曾是郭德利的下属。他说：

　　士兵们恨他。他知道他的士兵会毫不犹豫地去冒险,就利用他们,驱使他们做无谓的牺牲,粉身碎骨,为国捐躯。他告诉我,有一天军方命令枪决一名爱尔兰士兵,因为他胆怯而离开战壕。这事件在士兵中产生非常坏的影响。士兵们因此而紧张不安。任何人都有惊慌的时候……

　　莫理循的新西兰之旅充塞着访谈、演讲、午餐、晚宴、欢迎会等枯燥的内容。在惠灵顿参加一次活动后,他在日记中写道:"这些讨厌的城市招待会,除了对市长有好处外,对其他人无任何益处。我在演说中本应该强调,到目前为止我在新西兰看到的都是市长和议员矫揉造作的身影。"(一个朋友诙谐地说,他正惨遭"市长的折磨"。)但他接到奥塔戈大联盟的演讲邀请后,却在另一页日记中写道:"我很乐意去。进步可大了! 以前还有点紧张,但现在很高兴演讲。如果没人邀请,或者没有头面人物出席我的演讲会,我倒会感到烦恼。"

　　他告诉奥塔戈听众,其中至少包括两名重要人物——国防部部长詹姆斯·阿伦爵士和首席法官罗伯特·斯涛特爵士——日本的军方领袖"宁愿与德国合作,而不愿反对德国在欧洲的行动";另外,战争爆发一年后,日本报纸就掀起了恶毒攻击英国的浪潮。尽管《奥克兰先驱报》刊登了莫理循的一些演讲,但《奥塔戈每日时报》却拒绝刊登。《奥克兰星报》总编"忍痛砍掉了"他的另一篇反日演讲:

　　我强烈反对日本人,谴责他们的背叛、寡廉鲜耻和拒不履行协约国的责任。贝尔谈过这些问题,还忿忿不平地举例为日本人辩护。他说战争爆发时,德国军舰"夏恩霍斯特号"和"奈斯诺号"给新西兰造成很大威胁,恰恰是日本军队护送了新西兰部队,恰恰是日本巡洋舰出现在惠灵顿时才给新西兰解了围。(但实际上日舰只是在德舰驶向南美洲途中才到达。)不过,很显然,可为日本人辩护的例子也只有这么一个。

第二天，詹姆斯·阿伦爵士要求莫理循解释，说日军同情德国人究竟用意何在。上院领袖弗朗西斯·贝尔爵士向内阁汇报了莫理循咄咄逼人的反日演说。但马西首相同意莫理循的观点，认为决不能让日本占据马绍尔群岛，并允诺把此事提交伦敦的战时内阁。

在惠灵顿，莫理循参观了"绝妙的"亚历山大·霍斯伯·滕布尔私人图书馆(现在是亚历山大·滕布尔公共图书馆)，里面有 55 000 册图书。他对藏书比对收藏者的印象更深("世界上最好的一个图书馆")：

> 滕布尔是……相貌可憎的隐士……糟糕透顶的瘾君子。滕布尔最要好的朋友赫伯特·威廉姆斯告诉我，滕布尔有时每周消耗价值 5 英镑的可卡因。简直令人难以置信。他把这些费用都记到公司的账上，这自然是导致他退休的原因……滕布尔是个令人讨厌的家伙，满身狐臭，不锻炼，靠毒品度日……我告诉他，我有《鲁滨逊漂流记》第二部的第一版。他告诉我他有头五版。

[十六]

莫理循返回墨尔本后，抽空拜访了休斯首相。休斯边吃午餐边和他进行了一番"推心置腹"的交谈。莫理循在日记中写道："他要求我做点儿事，提出给我一份密码，允诺推荐我得到圣迈克尔和圣乔治勋章，还主动问我那是否会对我有所帮助。我说是的。"

但威廉·艾尔文爵士的一番话彻底动摇了莫理循对休斯所许下诺言的信心。爵士带着"愤怒和轻蔑"的语气谈起休斯：

> 一半国民强烈反对他，另一半国民极度不信任他——寡廉

鲜耻……人们总是用怀疑的眼光看他。"支持休斯,休斯第一!"政府这样号召大家,可他简直一无是处,甚至连演说也不行,从不信守诺言。

现任墨尔本《先驱报》总编辑的西奥多·芬克想帮助莫理循谋得英国驻北京公使的职位。他认为能够通过《先驱报》驻伦敦记者凯斯·穆道奇影响劳合·乔治和宝纳尔·罗。穆道奇"要与宝纳尔·罗的女儿结婚"。但穆道奇并没有娶宝纳尔·罗的女儿,莫理循也就没有被任命为公使。

埃德蒙·巴顿爵士①告诉莫理循,他与阿迦·韩讨论了白澳政策②——声称自己制定了这项政策。阿迦·韩说印度人之所以不高兴,并不因为禁止劳工,而是因为不允许印度学生和游客进入澳大利亚。莫理循建议,为了解决影响澳大利亚、中国和日本的一些问题,有关国家必须展开直接谈判。他说:"直接谈判会产生较好的结果。澳大利亚的谈判代表必须对澳大利亚的情况十分了解……巴顿表示赞同。"

莫理循还力劝休斯和其他部长向远东派出澳大利亚高级专员。此人必须有外交官头衔,还得配上一批精明强干的助手。

莫理循向墨尔本商业旅游协会发表了"引人入胜的演讲",充分体现了他无法抑制的乐观主义。他说,中国处于发展阶段,而非革命的阵痛之中。报纸上所渲染的冲突,都只是有关建立议会政体形式

---

① 巴顿(1849~1920):澳大利亚联邦第一任总理(1901~1903),联邦运动的创始人和著名领袖,1902年被封为爵士。

② 白澳政策:巴顿政府施行的最重要的政策。联邦成立以前,特别是19世纪50年代淘金热兴起以来,各殖民区政府就对大量涌入的外国移民深感头痛,并多次召开联席会议商议对策,采取各种限制措施。鉴于移民问题上的这种历史传统和联邦建立初期的现实需要,巴顿政府成立不久便意图统一各州的移民政策。在"澳洲是白种人的澳洲"的基本原则指导下,议会于1901年12月正式通过《限制移民入境法案》和《太平洋岛屿劳工条例》,从此使白澳政策成为澳大利亚近半个世纪以来的一项国策。

的宪法冲突。恢复议会政体只要几个月。起草美国宪法用了 11 年，因此如果中华民国成立 6 年后还不能制定出一部完整的宪法，他们不应当感到不耐烦。他以雄辩的事实，说明中国有无穷无尽的资源和巨大的贸易潜力，从而大大吊起了听众的胃口——有人描述他是"墨尔本商界中最有头脑的人"：

山西的煤储量足以供应全世界两千年对煤的需求。那些在英国、日本、比利时和德国赞助下建成的现代煤矿，在世界上当属一流。全国的铁储量和宾西法尼亚的储量相当。中国的锑产量占世界总产量的 70%。至于铜的储量由以下事实可见一斑。中国通用的钱币是"铜钱"……战争以来，每吨铜钱的价格为 31 英镑。只有一个国家有胆量从事这项贸易。日本一年购买了 65 000 吨铜钱。你们可以看出这是多大的利润。那里有汞，还有锰。中国人还在中国、缅甸和暹罗开采了大量锡矿。蔬菜资源也极为丰富。美国政府多年来雇佣了福兰克·梅耶这样的专家，对中国的蔬菜种植进行研究，把中国的紫花苜蓿、梨等各种各样产品引进美国市场。仅柿子，他就引进了 600 个品种。他发现，中国枣比以前所知道的任何枣都大 8 倍。从中国引进英国的花卉引起了英国的园艺革命。乔治·富雷斯特从中国向英国引进大量花卉，其种类之多简直令人难以置信。科学家多年来致力于把富雷斯特的发现归类。此外，中国的内陆交通也有无限商机。世界上任何国家都没有像中国这么四通八达的内陆水域交通线。你可以驾一叶扁舟从北京出发，走水路穿越中国，到达印度支那……

就在最近几年，中国仿照西方的发展方向行事。中国人开始使用欧式床，穿西服，吃西餐，喝洋酒，服西药。西药的进口占最大的进口份额。你们可以发现，从中国西部向西藏拉萨进发的商队都满载着"为面色苍白的人用的红药片"。(笑声)我听说,那个公司在中国每年光广告费就花了4万英镑,但利润非常丰厚。应当做些努力使澳大利亚商人能和中国商人直接打交道,现在正是最好时机。任何去中国的外国人都受到自己国家法律的保护,他的贸易利益也受到自己国家的公使或领事的保护。在欧洲列强对中国的司法状况感到满意之前,这种受条约保护的特权将继续下去。中国参战后,大大地提高了她在国际上的地位。(好哇! 好哇!)她已经把所有德国人从政府部门中驱逐出去。(好哇! 好哇!)她已将13艘德国船只没收。她摧毁了德国的贸易。她取消了与德国签订的所有条约。战后,如果德国再与中国签订条约,与其他在华贸易国相比,必然居于不利地位。(好哇! 好哇!)

莫理循在演说中,还努力使墨尔本商界精英相信,中国在财政上还从来没有像现在这么充裕过。

中国外债总数将近1.7亿英镑。其中,3 300万是因为1894~1895年日中冲突而导致的战争赔款。其余6 750万,是外国列强针对1900~1901年义和团之乱的赔款。可是,在这笔款项中,德国的1 250万英镑已被没收——(好哇! 好哇!)——奥地利应得的60万也落得了同样下场。(好哇! 好哇!)中国已经参战,通过向德奥宣战,她已经作出了应有的贡献。列强一致同意将与义和团有关的赔款推迟5年。(好哇! 好哇!)余下的3 600万外债是中国的铁路贷款。中国铁路之兴隆,在一定程度上可与你们自己的国家相媲美。(笑声)

商会主席华伦·柯尔先生对莫理循的演讲表示感谢,并带有启发性地说:"他使我们意识到一种我们大多数人很少梦想到的力量,在正常情况下,这种力量必然会得到发展,必然会影响到世界历史和国

际交流。"轮船业主联合会主席约克·赛姆从植物学的角度说:"莫理
循博士今天播下的种子……肯定会长成一棵茂密的大树。"自行车旅
行协会主席帕特森先生很实际地说:"现在是我们行动的时候了。"

[十七]

莫理循写道:"我在墨尔本快要死了,正处于崩溃的边缘。"风湿
病使他举步艰难,但他还是挤出时间,振作精神,满怀激情地访问了
季隆,受到热情款待;他访问了巴拉腊特,那里的议员想带他参观角
斗场;他甚至还访问了阔别 35 年的昆斯克利夫("我童年的海边嬉戏
地"),但是他在那儿感到"极其孤独"。古老的小屋外张贴着一张告
示:"林地——头等膳宿"。虽然是仲夏,但天气潮湿而寒冷,他——

> 迎着凛冽的寒风,朝码头走去,想打听沃尔特·山普特的消
> 息。他是渔民中鹤立鸡群的人物(不管意味着什么)……我小时
> 候他常带我射塘鹅,在捕龙虾的陷阱里设诱饵。迎面走来一个
> 无精打采、只会发单音节的青年渔民……没想到他竟然是山普
> 特的孙子,山普特已于 6 年前"多半由于酗酒"而去世……然后
> 去教堂……一个拙劣的牧师正在喋喋不休地念着《圣经·创世
> 纪》中的一章,但念得很糟……所以,我满心不高兴地走了出来
> ……

在墨尔本,一个礼拜日,莫理循怀着年轻时就显示出来的促进世
界基督教大联合的精神,由犹太人西奥多·芬克陪同,访问了圣帕特
里克大教堂("只三分之二席位有人坐")、苏格兰教堂("到者更少")
和英国圣公会大教堂。

莫理循到他的连襟亨利·波恩斯·黑金斯法官的家中过圣诞节。
黑金斯的家位于卓马纳的霍龙斯伍德海湾边。这几顿饭实在没给他

留下什么好印象。莫理循在日记中写道：

> 9点15分才吃早餐,在澳大利亚……应当7点就吃早餐,而且是丰盛的热餐。可是我吃的这顿早餐真令人感到吃惊:烧糊了的麦片粥、不冷不热的鸡蛋,发酸的面包,佐以我姐姐端出来的一杯粗茶……
>
> 午饭非常可怕:昨天剩的冷牛肉切成薄片,令人大倒胃口,带皮的土豆和一些干奶酪……
>
> 圣诞大餐:没有酒,没有威士忌,只有一瓶苏打水,吝啬鬼——令人厌恶的大餐……最糟糕的经历……
>
> 最后一天的饭菜同样令人倒胃口。一想到明天要离开这里,我就感到很高兴……我压根没吃饱,只有花匠才会烧出如此不堪入口的饭菜。我一直很恼火……如果他是个穷牧师,为几个便士精打细算,我也无话可说,但他是联邦高级法官,一年有2 000或3 000英镑的丰厚收入,因此当我发现他和妻子……总是绞尽脑汁省那几片小钱,我就感到相当恶心。

莫理循还和另一个著名的司法部官员、首席法官萨缪尔·格里芬斯爵士共进午餐。他还记得,1883年在南太平洋诸岛土人案的纠纷中,时任昆士兰州总理的格里芬斯说他是"藉藉无名的毛头小青年"。他在日记中写道,格里芬斯现已垂垂老矣("半身不遂,备受煎熬,老态龙钟,用右手握手,但用左手写字,说话还是装模作样,现年72岁"),拒绝从高位退休,因为没有养老金。

有许多东西都使他回想起逝去的岁月。阿格尼斯·郭德玲夫人住在新南威尔士州的亚斯。她的一封信使莫理循回忆起36年前乘独木舟飘流墨累河的壮举:

> 尽管我们相交甚浅,而且还是很久以前的事了,但我从未忘

记您。我那时是个五六岁的小女孩，与父母同住在维多利亚西南部一个叫德里克·德里克的地方。一天，您背着行囊来到我们家，脚痛得很厉害……您在我们这儿呆了几天，我母亲还帮您治脚痛。几年前我最后一次见到母亲时，告诉她我正在读关于您的文章，她说："啊，我给他洗过脚，我太高兴了。"您和我说过几句话，还给了我几颗糖果，使我非常高兴，但母亲要我给老师留两块。上学路上我忍不住舔这些糖果……我为我们有过这么一小段交往的经历而感到非常自豪。

莫理循充满感激地回了信：

那一定是在1881年2月。我顺着墨累河而下，在墨累河口走出我的独木舟时，我踩上了碎玻璃瓶，脚割伤得很厉害。当我背着行囊返回季隆和甘比亚山时还觉得痛。如果您能告诉我德里克·德里克在哪里，我将非常高兴。

没有什么会比令堂给予我的赞美更好的了……我非常想得到进一步的详情……

郭德玲夫人回信说，德里克·德里克位于甘比亚山东南约20英里的格莱乃尔格河畔，离河边小镇达特摩尔9英里。

尽管身体状况不好，莫理循的活动还是很繁多：应付没完没了的拍照、签名、写文章和要钱的请求；答复工作和做生意的建议；发表五花八门的看法——从对一本短诗集的评论到对骗人的中草药商的意见，无奇不有。莫理循耐心地回答所有人的问题。新南威尔士州巴瑟斯特的米格先生询问有关中国天主教文献的问题，莫理循给他写了一份3页打印纸的情况说明。新南威尔士州格莱堡波因特的波菲特先生送给他一本澳大利亚羊毛工业史时，莫理循告诉他，前英国驻北京使馆参赞罗纳德·麻克类是澳大利亚羊毛之父约翰·马卡瑟的直系后裔。"我经常奇怪，为什么我们伟人的后裔得不到更多的关注"，他写道。怪癖的墨尔本书商 E.W. 柯尔先生送来一大捆他自己的出版物，包括一本关于中国人优秀品格的书。莫理循表示感谢，但转眼就把它们丢到废纸篓里。他收到新西兰惠灵顿的斯科特·布兰顿先生写给他的信，并郑重地表示感谢。布兰顿在信中说，他发现了中国人缠足的两个理由："使妻子不能四处游荡，促进臀部健美——任何年龄的男子对此都很赞赏"。

马特·朗特里先生(1882 年和莫理循在澳大利亚北部一起被洪水困住)从欧班种植园经由昆士兰北部的克朗克里给莫理循寄来一封信：

> 欣闻您事业有成，希望幸运与您常伴……我现在 62 岁了，由于在西澳大利亚金伯利斯时常患热病，再加上坐骨神经痛和生活困难，我现在已有点弯腰驼背，博士，但也许这是自然现象。我现在只能打点零工，再过两年才能拿到养老金——如果我能活到那一天……
>
> 自我们相遇以后，变化太大了。那时一头肥牛值 3.1～7.1 英镑，现在值 17～27 英镑。
>
> 过去普通工人的周薪是 25～30 先令，现在是 50～60 先令。那时被称为"男子汉"的牛贩子，周薪才 35～40 先令，现在为 120～140 先令。
>
> 我这里连电报都送不到。
>
> 我这里什么都缺，人也不像过去那么好了，博士。那时人人都以诚相待——慷慨大方——敢于坚持己见，富有个性，每个人都是那么诚实、实在，但现在人都变了——拒绝帮助别人——你争我斗，城市的渣滓都跑到这里来了……我的老伙伴都去世了——或像您一样移民走了——我知道您见过大世面——上帝知道——您一定能帮我一把。我思量了很久才决定向您借点钱，

我要过更长一段时间才能还给您,也许永远还不了了——我们
一起在水中跋涉——当时为恶劣天气所困——现在我为高龄所
困……因为我破产了,现在没人帮助我——看在童年的生活和
老交情份上。

莫理循寄去 10 英镑,希望朗特里接到这笔款后能"想起逝去的
岁月"。

[十八]

又一次突发瘟疫的消息从北京传来,莫理循决定缩短他的"假
期"。"我的健康状况很糟",他于 3 月底在悉尼写道,"离开墨尔本之
前发作的风湿病一直没好。多年来我没有这么虚弱无力过。我没有
力气或精力,情绪低落,痛苦不堪。西线传来的坏消息令我更加
沮丧。"

但他还是兴致不减地记日记、辩论和写信。一封写给威廉·艾尔
文爵士关于日本对华政策的信——许多信中的第一封——用了 55
张打印纸。他注意每一则传言。他特别兴趣有关悉尼政界连绵不断
的丑闻。从"一本正经的"诺尔曼·波普那里,可以听到许许多多
丑闻:

诺尔曼·波普告诉我的所有丑闻都和我国政客的普遍腐败
有关……州总理霍尔曼好像和每一件卑劣行径都有关联。他受
休·麦金托什的控制。麦金托什曾是一家小餐馆的服务员,后很
快成为露天体育场和梯沃里的业主。他为霍尔曼筹措资金,因
此摇身一变,成了上院议员休·麦金托什阁下。霍尔曼通过麦金
托什与一个来自南澳大利亚州的苏格兰承包商蒂斯戴尔·史密
斯过从甚密。史密斯用最恶劣的营私舞弊的手段得到价值数百

万英镑的粮仓合同。皮尔斯参议员似乎是最无可救药的无能之人,也许只能说他是笨蛋,不能说他是恶棍。

霍尔曼的贴身秘书偷偷告诉莫理循,家庭的不幸导致霍尔曼酗酒,在麦金托什"邪恶的影响"下,他不加节制地疯狂酗酒。达德利·布拉姆直截了当地把霍尔曼的毁灭归因于"女人和酗酒"。

在写给詹姆斯·阿伦爵士的告别信中,莫理循说:

> 中国肺鼠疫蔓延的消息使我不安,最新的报告说,肺鼠疫已传播到距北京只有 80 英里的保定府。因此我急着回去……我相信肺鼠疫是世界上最严重的流行病,中世纪蔓延全欧洲的"黑死病"就是肺鼠疫。笛福① 对鼠疫的描述据说是一个目击者写的,因此准确无误。1910 年 11 月,北满鼠疫肆虐,据说是从俄国的中亚地区传来的……尽管有些人免疫,但没听说有人康复。我见到一家中国人的房屋被隔离为传染病院,里面收容了 1 400 名病人,结果抬出 1 400 具尸体。在此期间,两个年岁大的男看守与患者朝夕相处,还好他们都没染上鼠疫。我自然忧虑疫情,因为如果它在中国和日本生了根,其毁坏性将是可怕的。

莫理循还随信附上一篇长长的批评日本活动的报道。他在报道中问:"难道我们没有理由怀疑,日本保护德国在中国和日本的贸易和日本不受德国潜艇打击之间有所关联吗? ……事实就是如此,击沉英国船只对日本的商业利益有好处。每击沉一艘英国船,日本商船队的价值就增加一分。在战争期间,没有几艘日本船被德军击沉,而且大多数被击沉的日本船当时都已包租给盟国……"时任新西兰

---

① 笛福:英国小说家、报刊撰稿人,代表作是《鲁滨逊漂流记》,还写过《大疫年日记》等著作。

代首相的阿伦回信说：

> 我想您也知道，我不太信任日本人，多少年来我一直认为，我们最终不得不在太平洋上和他们对抗。因此我很想知道，"二十一条"究竟是怎么回事……我想英国应该很感谢您，因为您揭露了"二十一条"，并为"二十一条"的最终修改出了大力。
>
> 当您提到澳大利亚和新西兰现在对日本的态度时，您就触到一个非常微妙的问题。您知道，我们有我们的方式，对有可能损害大英帝国政府与日本关系的行动我们必须谨慎。然而我理解您的看法。您认为英国必须制定一项政策，明确规定大英帝国决不允许发生某些事情，这将比安于现状要好得多。您可能是正确的，但依我看，当我对一个人指手画脚，命令他做这做那时，首先我得有这种权力才行……

1918年的最后一篇日记清清楚楚地记下他的财政状况：

> 我的资产：
> 战争公债15 000英镑，生息750英镑 买价14 233英镑。
> 善后大借款公债贷款10 000英镑，生息500英镑 买价8 525英镑。
> 铁路公债贷款20 000英镑，生息1 000英镑 买价15 500英镑。
> 汇丰银行债券2 590英镑，生息156英镑买价2 590英镑。
> 总计47 500英镑①，生息2 406英镑，买价40 848英镑。
> 伦敦账户2 612英镑18先令9便士。
> 北京存款透支2 367英镑。

---

① 注：数字有误。

他在日记的背面，信笔潦潦草草记下一些关于澳大利亚和日本的事情：

澳大利亚

除了在非常有限的阶层中，总督或代理总督普遍不受尊重。人们对这些高官的评论是"他与一条肥皂没有区别"。没有纪律。我在轮船上喝午茶时，服务员坐在那儿，把脚放在椅子上读报纸，让我自个儿去端。服务员也在大社交厅和乘客一起吃饭……没让乘客待候他们倒真是奇迹。

纯洁的政务！高级法院法官黑金斯侮蔑休斯是个骗子。

日本新闻界和澳大利亚、新西兰新闻界间有明显区别，一方傲慢无礼、妄自尊大，另一方是逢迎谄媚、卑躬屈膝。

维多利亚州总督富勒(Fuller)经常喝得酩酊大醉——人们嬉称他"Fuller and Fuller"（"越喝越醉"）。

澳大利亚人最不愿意走路。总想要一辆汽车。

诺尔曼·林塞讲了一则绝妙的中国笑话：一个上了年纪的老公回家时发现房门反锁，过了一会儿，门开了，他看到屋角摆着一个以前从没见过的大麻袋。"袋子里装着什么？"他问。妻子没有作答。"袋子里装着什么？"他紧跟着又问了一声。他一连问了好几遍，可是妻子总是一声不吭。这时，袋子里发出了微弱的声音："没别的，只是大米而已。"

新西兰人和澳大利亚人茶喝得非常多。早上7点、8点半、11点都喝茶,还喝午间茶、午茶、晚茶。这样的习惯肯定非常有损健康,难怪女士们普遍患有贫血症,个个面色苍白。

巴尔德温·斯宾塞教授请一些学生吃饭,男学生问他是否能告诉他们海豹交配的情况。教授在讲课时因有女生在场而省略了这部分内容。他说,公海豹想交配时,就找一块浮冰,然后斜卧在上面,轻轻地发出"咕咕"的声音。母海豹听到后,也发出同样的"咕咕"声。正在这时,门开了,斯宾塞夫人探进头来问:"您叫我吗,亲爱的巴尔德温?"

在澳大利亚,晚饭必须早吃,以便让仆人有时间看电影。

澳大利亚苍蝇很多。没有纱窗,没有捕蝇器,只有捕蝇纸。正如一位退休的印度军医说的那样:"对待苍蝇像对家里的宠物而不是害虫。"

少女的贞操观念很差,甚至16岁就开始购买避孕套和可溶性子宫套。

铁路上的偷窃行为猖獗。车站和火车上普遍存在偷窃行为。

对战争漠不关心。对回国的参加第一次世界大战老兵没有丝毫热情……生活照样讲究,甚至工人都要用整洁的小提箱携带工具,或者骑着自行车去上班。剪羊毛工骑着摩托车从一个牧场到另一个牧场干活。

哈里森·摩尔无意中听到两个人在议论休斯:"我不知道这头牛还有哪些招数?"

在纽加塞尔,矿工一周工作 3 天,每班工作 6 个半小时。其余 4 天都花在冲浪和钓鱼上面。煤矿业明文规定不允许轮班。

澳大利亚旅馆侍者的周薪为 2 英镑 13 先令 6 便士,其中要扣除 2 英镑 6 便士伙食费。

日本

当澳大利亚舰队乱糟糟的时候,日本乘机占领了磷酸盐储量丰富的马绍尔群岛。

允许德国"狼号"军舰攻击英国运输船队长达 15 个月之久,到 1918 年 1 月 25 日才结束。这究竟是什么政策?

在共同的事业中,日本人曾帮助把澳大利亚食品运往协约国吗?

马绍尔群岛向英国人(而非向日本人)投降。澳大利亚舰队占据了关岛等地后,马绍尔群岛才可能被占领。日军是从我们背后溜进去的。

威廉·艾尔文爵士在 1918 年 3 月 1 日告诉我,日本明确保证,决不保留太平洋岛屿的占有权。然而,此承诺与 1918 年 2 月 7 日发表在《曼彻斯特卫报》上的文件吻合吗?

在回答一个问题时,贝尔福先生说,在攻取马绍尔群岛时,日本政府没有保证把它们交给澳大利亚联邦(英国国会下院。1918年5月3日)。

彭斯·菲尔只准许一艘轮船访问马绍尔群岛——不是一个月一次,而是三个月一次……现行状况不可能开展贸易。

日本舰队在没有危险的水域中,护送澳大利亚军队到法国去战斗,直接对抗日本人不敢面对的盟国敌人。日本人执行的任务没有任何危险,能有多少损失?日本人可以毫无凶险地完成他们的护航任务,而12 000名澳大利亚士兵却已长眠沙场。

第十四章

[一]

1918 年 5 月，莫理循返回北京后，立即给詹姆斯·阿伦爵士写信："中国的形势不妙，日本的势力迅速扩张。"日本从各个方面加强对中国的控制，以灾难性的条件，把一些特许权转让给只懂得伸手借钱的中国人。日本贷出 1 000 万日元，中国得偿还 2 000 万日元。莫理循补充道："我在新西兰时，因提到日军中某些亲德倾向而受到责备。实际上，我关于远东的看法无疑是正确的。"

南北冲突仍未解决。尽管莫理循看不起孙逸仙，而且自己又在为北京政府工作，他还是认为英国驻云南总领事葛福爵士关于协约国应当支持南方的建议"非常明白事理"。葛福爵士最近刚和孙明甫①就"一些政治宣传问题"交换过意见。孙明甫曾去过云南，而且还一直为"合约和租界的事四处打探"：

> 他赞同我们和美国联合起来支持南方，这也是我长期以来

---

① 孙明甫(1885～1925)：美国商人。美国监理会教士孙乐文之子，生于苏州。第一次世界大战期间任北京美孚石油公司经理。1923 年曾代表江苏督军齐燮元赴山东临城与孙美瑶接洽释放被绑架的外国人一事。

的看法。目前南北双方的确没有多大区别,但我认为中国最有头脑的人都支持南方,特别是我们要支持的那些革命领袖。无论如何,他们拥护民主之真谛,那是协约国公开宣布的目标,而北方督军原先大部分是土匪。他们亲德,支持独裁政府,忙着把国家拱手让给日本人。伦敦来的一封私人信件说,朱尔典爵士在国内也持这种观点,并提倡这一做法,但受到外交部……的批驳。这当然是秘密,但我想很可惜。在青年土耳其党和俄国革命问题上,我们的外交政策犯了错误,看来对中国革命党我们正在犯同样的错误。如果没有得到其他方面的支持,中国革命党将被迫求助于日本。

"中国还和以前一样腐败",莫理循给伦敦的库寿龄写信:(库是前山东浸礼会教士,在莫理循的帮助下,编成了很有学术价值的《中国百科全书》)。"我实在不知道谁在代表政府。整个国家因为两败俱伤的争斗而分裂。有六个督军蹂躏着中国大地。中国的许多地方比比利时还要糟。"

他在给英国驻曼谷公使赫伯特·德尔令爵士的一封信中对中国的问题作了详细说明(赫伯特·德尔令和莫理循从义和团运动起就一直相交莫逆):

中国危机四伏。两院选举已经进行了一段时间。7月10日必须选出总统,10月10日将宣誓就职。参加竞选的有三位候选人。最可能入选的是徐世昌①。您在北京时，他是袁世凯在天津小站练兵时的策士。他在清朝发祥地任东三省第一任总督。他做过高官，是袁世凯的"嵩山四友"之一②。对外国人来说，他做总统实在不合格，民众如果选举这样的总统真是可叹。另外两个候选人是代理总统冯国璋和现任总理段祺瑞。两个人中谁都比他强。很难相信随着国会的召开，中国的争斗会停止，因为大部分中国人认为这次选举是非法的。

莫理循接到阿瑟·摩尔·贝耐特先生寄来的一篇有关英国的报道，读起来令人沮丧。贝耐特先生是一个企业家，对莫理循和中国都很了解。他说，200万人被杀，60万人伤残，尽管他们对此命运从未有过怨言。对死亡的每一个人，英国政府平均赔偿200英镑，现在政府已债台高筑。政府受到"防空检查制度"的保护。任何一个想戳穿内幕的人就会被戴上一顶"亲德"的帽子。工会被迫放弃经艰苦奋斗才获得的特权，新闻界被迫放弃他们最珍爱的言论自由。人民的健康正受到威胁。姑娘们在未受管制的工厂里辛劳，不但工作时间长，而且还吃不饱。各种不道德的事在英国公众中出现。"浪费、肆意破坏、不负责和无知在横行肆虐"，摩尔·贝耐特写道，"我相信，自17世纪以来还从未有过的骚乱现在却笼罩着英国。"

摩尔·贝耐特先生曾努力使政府和工会相信——"几乎所有举足轻重的人"他都找过——英国的每一个工人都是"经济战线上的士

---

① 徐世昌(1855~1939)：直隶天津人。早年结识袁世凯，由袁资助入京应考中举。1886年成进士，授翰林院编修，先后兼充国史馆协修、武英殿协修。1895年成为袁世凯的主要策士。1901年后，先后任国子监司业、练兵处提调、兵部左侍郎等职，1904年授军机大臣、巡警部尚书。1907年任东北三省第一任总督、钦差大臣兼管三省将军事务。1909年调任邮传部尚书兼津浦铁路督办。次年再任军机大臣。1911年任皇族内阁的协理大臣。1914年任国务卿。袁世凯帝制自为，他辞职退隐。被袁封为"嵩山四友"之一。1918年被选为总统，1922年下台，迁居天津租界，以编书、赋诗、写字遣兴。1939年病死。

② 嵩山四友：袁世凯称帝时封徐世昌、赵尔巽、李经羲和张謇为"嵩山四友"。

兵",应该受到最好的培训,享受最好的工作和生活条件,应当设立一个商业董事会或商业部,负责协调从工人福利到出口市场发展等对英国来说极为重要的工作:

> 对此,一个明显的结论是,有必要实行更开放的外交政策,但调查结果显示,英国政府各个部门齐全,惟独没有商贸部。商贸工作为各个部门提供服务,但却受到十几个不同部门的制约。这些部门帮不了忙,只会起妨碍作用。这种现象完全不合逻辑。

那些常任官员是英国真正的统治者。外交部存在一种"心理上只顾眼前利益"的状态,没有明确的政策,不打算展望未来:

> 整个政策似乎是把中国和东方(包括澳大利亚)的命运抛给他们自己,把目光从中国转向非洲,建立一个庞大的非洲联邦,让大批大资本家和金矿业主统治威特沃特斯兰德。①

[二]

一批心怀善意的人士,其中包括丁家立博士、娄斯先生(英国旅行家和领事)和莫理循,带着帐篷、寝具和蚊帐,从北京坐了3个小时的人力车,来到西山的一座庙宇安顿下来,在令人不舒适的环境中会诊中国问题。莫理循发表了题为"中华民国七年——进步、现状和未来趋势"的讲话,为这次研讨会开了个头炮。有两位发言者认为,召请中国积极支持协约国已为时太晚,在中国的命运为欧洲战场的其他国家所决定之前,她就只能是个消极而且有点受到轻视的牺牲者。

---

① 威特沃特斯兰德:南非德兰士瓦省南部高地,海拔1 500~1 800米,是世界最大金矿区。

但多数与会者都认为，如果能制定一项明确而且具有前瞻性的政策，还是能够促使中国更积极地投入这场胜利的战争，促使中国实现和平：

> 中国问题之根源在于各地督军的行为不受制约，他们仅仅为了个人的利益而争权夺利；在于他们为各自的利益，而把国家的可利用资源抵押给某个国家(例如日本)，以转让富饶资源为条件，从该国获得稳定的经济援助；在于否定门户开放政策。与会者还建议由美国(应邀其他国家参加，主要是英、法、日三国)提供 2500 万英镑真正的重建贷款，由协约国监察员负责管理，首要任务是把她的 90 万军队遣散 70 万，使这些人立即投入到生产中去——修路、资源保护、食品生产和发展工业，剩余 20 万组成一支有效的宪兵队，负责监督各省的税收。中央政府对各省事务要有建议权。各式各样的铁路系统必须统一规范化。其次，应允许重新考虑治外法权问题。

5 月 23 日，莫理循像往年一样，每到这一天都要去"朝拜"娘娘庙旁的一棵大松树。这一次他觉得"精神不佳、紧张、虚弱而且很沮丧"。六年前他和珍妮曾在那里海誓山盟过。尽管他的精神状态不佳，但至少他的家庭生活是宁静的。他已经搬到了离旧家靠北约 1 英里"一座很好的中式大房子里"。他现在有 3 个儿子，老三柯林于 1917 年 4 月出生。但当 6 月初，伯尔纳·法尔克造访莫理循那"可爱、华丽的豪宅"时("英国任何一个记者都无法与之相比")，他发现"莫理循的情绪是那么低落，那么抑郁寡欢，甚至我应他请求而讲的有关北岩的趣闻逸事也不能驱散他的忧郁之情"。法尔克是《每日邮报》驻远东特派记者，自称是北岩的代理人。莫理循形容他是个"大胆傲慢的粗鲁小人……带着明显的曼彻斯特口音"。

田夏礼① 带来的消息使莫理循深感不安。田夏礼此番来京的目的是为了了解情况,以便向威尔逊总统和国务卿兰辛汇报。他对莫理循说,威尔逊和兰辛已经改变对日本不信任的态度,现在深信日本的诚意。日本通过优惠条件和"其他办法",向美国提供运输工具,赢得了他们的同情。美国新闻界也越来越倾向日本。不过,《日本公告》上刊登的一则 6 月 1 日发自纽约的报道使莫理循的不满情绪有所缓解。报道说:

> 休斯先生昨晚在纽约联合俱乐部举行的一次晚宴中讲到……他会在即将召开的和会上要求美国对澳大利亚实行门罗主义。美国、澳大利亚和新西兰在太平洋拥有共同利益,他希望美国像在战场上一样在和会上支持澳大利亚,因为澳大利亚作为一个自由世界的联邦,需要得到对抗敌人侵略的保证,而这一保证只能通过在南太平洋建立门罗主义而获得。休斯先生说,为了保证澳大利亚领土的安全,有必要使其东部和北部海岸的岛屿受到澳大利亚的直接控制,或者让一个友善而文明的政府来管理。他宣称,澳大利亚期望美国能承担起这一责任。

[三]

徐世昌在 9 月被选为总统。莫理循写道:"……一个头脑中没有共和思想的人。清朝遗老,前邮传部尚书。我于 1910 年 1 月离京横穿中国去俄国时,他为我举行过告别晚宴!"

莫理循在选举之后立即带上一名翻译前去祝贺:

---

① 田夏礼(1861～1936):美国领事官,驻华公使田贝之子。1885～1889 年任使馆二等参赞,1894～1897 年为头等参赞,1894 年和 1896 年两次代理馆务。

我们走进一个十分别致的楼阁。徐穿着老式的中式服装正等着我们。我们握了手……客套了几句。我只讲自己感兴趣的事。为和会做准备了吗？明年和平可能会降临。出席和会的中国代表的发言都准备好了吗？他回避了所有这些问题。我还从未经历过比这更愚蠢的会见。

徐世昌(65 岁)的当选并不能阻止中国分裂。军阀统治时期开始了，遗憾的是，莫理循还没能活到看见这一时期的结束。在军阀统治时期，地方军事强人掌握实权。正如法国律师让·艾斯卡拉(一位亲身经历这一时期的观察家)指出的那样，军阀之间"把战争和联盟当成家常便饭，随心所欲地互相背叛"：

有时，某个军阀会击败其他军阀，在北京建立政府，专为自己的利益服务。外国列强会支持那些眼看会得胜的军阀。军阀之间连年混战，耍尽阴谋诡计，政府像走马灯似的换个不停。

国内状况很可怕。莫理循写道："无政府状态，没有像样的政府，骚乱四起，盗匪横行，海盗肆虐，拦路抢劫，等等。"山东也惨遭劫匪的蹂躏：

土匪绑架了邮政督察，索取赎金，连邮袋也要抢。官匪一家，没什么两样。只不过土匪抢得毛毛躁躁，官兵抢得更加仔细。土匪袭击了延长镇后，当局派部队前往镇压。部队赶到时，土匪早已溜之大吉，于是这些勇士们就不慌不忙地把这个城镇洗劫一空，放火烧个精光。

[四]

美国代办麻克谟[①] 离开北京六个月后于 9 月中旬返回北京。莫理循告诉他威尔逊总统调停中国纷争的时候到了：

> 如果能说服各方接受调停就更好了。我会和徐世昌谈起这件事，建议他说服南北双方都和威尔逊总统联系……我说现在是恰逢其时，日本媒体正敦促日本扮演调停人的角色，然而美国人才应该是调停人。威尔逊总统是当今世界上最著名的人物，而美国又是第一个承认中华民国的国家，因此如果中国要求这个盟国展开调停，肯定不会丢面子。

莫理循接到广东"中华民国军政府外交部长"赵世武[②] 的一封信，力劝他说服列强承认南方。信中说，要公平地评判哪一个是真正的中国国会并不困难。南方支持约法和两次被非法解散的国会。北方召开了由"贿选"议员组成的国会。但因为北方恰好占据首都，所以列强遂继续与他们来往。南方除了拥有可贵的合法性，还控制着五个富庶和具有战略意义的省份，并在其他七八个省中拥有武装部队：

> 北京政府无能到令人恶心的地步，完全缺乏爱国心，其情形几乎等于叛国；他们恢复濒临灭亡的鸦片贸易，他们把可爱的国家一点一点地卖掉，他们公开、猖獗地进行贿赂。真是很难看出

---

① 麻克谟(1881~1960)：美国外交官。1913~1917 年任驻华公使馆头等参赞。1917~1919 年转任驻日大使馆参事。1921~1922 年华盛顿会议时，在中日交涉中充美方观察员。1925~1929 年任驻华公使。在驻华使馆任参赞期间，编了《列国对华约章》一书。

② 注：应为伍廷芳。

北京政府还有哪一点值得继续得到外国政府的支持。就我目前
所知,惟一可能的解释是,他们是协约国名义上的盟国……我曾
经不止一次地想知道,如果世界大战今天结束,明天谈判桌上等
待中国的将是什么命运。甚至在现有的状况下,我们也应该利
用我们的资源为协约国的事业出一份力。我们应当为了整个中
国的最高利益,为南北双方,为了中国在未来世界上的外交地位
而作出贡献。

我坦率地给您写信,像朋友一样推心置腹,毫不保留自己的
观点。您名义上是北京政府的顾问,但我宁愿您是中国的顾问
……我相信您会尽最大努力,为了中国的最高利益而施加影响。
我愿意尽力与您合作。我相信,只要我们能携手合作,定能干出
一番事业。

莫理循没和北京方面任何人打个招呼,就去了南方和一些南方
领袖磋商。在南京,他与江西督军李纯将军共进午餐,重复了应该邀
请美国调停南北双方的意见。他指出,这方面已有许多先例,最显著
的例子是日本在日俄战争中请求罗斯福总统调停。日本情报官对莫
理循的使命极感兴趣。他们向李将军问起莫理循来访之事,将军轻
描淡写地予以否认。

在上海,莫理循来到法租界,"费了九牛二虎之力"找到孙逸仙的
家。奇怪的是,他的日记并未透露这次会见内容,尽管日记反映出对
孙较为宽容的态度:

孙逸仙热情地欢迎我。我得承认,他的真诚与热情,以及他
所展现的某种我以前从未注意到的魅力给我留下了深刻印象,
这都是我以前没有感觉到的。他穿着中式服装,不显老,他的表
述既有力又充分。他提醒我,在上一次访问时,我力劝他站在协
约国一边参战,讲了参战的益处,而他反对中国参战。他的论点

是"列强总是支持错误的一方,过去他们支持过太平天国,现在
又支持北方党"。列强总是错误地介入。他说他就像一个被放
逐者,并且痛苦地谈到英国人对他的打击。以前他把一切归功
于英国,而且还非常感激英国。我对他谈起我对中国的计划。

莫理循的南方之行止于香港,在那儿他受到两位著名的英国人
的款待。一个是殖民部大臣"阁下"——"政府部门的高级官员"。莫
理循在日记中写道:

> 克劳德·赛文不但有殖民部大臣的显赫头衔,还获得了三等
> 圣迈克尔和圣乔治勋章,实际上是个香港大傻瓜。他个子矮胖,
> 挺着个啤酒肚,长着一副娃娃脸。您绝对想不到这样的人竟然
> 会被选出来担任此重要职务。他的任命……是我们这个时代的
> 一个笑话。整个殖民地的人都知道他是个骗子,喜欢在饭后茶
> 余讲些猥亵故事,可是他却渴望成为教会中领读经文的信徒。

另一个帝国建造者是弗朗西斯·魏椎斯少将,几年(1903～1906)
前他曾在天津坐镇。

> 他在天津时就显得老态龙钟,以后更是衰老得一发不可收
> 拾。现在他患了老年痴呆症,几乎已经瘫痪。毫无疑问,正因为
> 他处于如此精神状态,英国政府才打发他去指挥驻华英军。

在香港一条拥挤的街道上,莫理循看见三个小男孩("年龄和我
的孩子相仿")手拉手愁眉苦脸地跟在一个工匠模样的中国人身后。
原来这些孩子都是小奴隶,正被奴隶贩子送到市场去。莫理循得知
内情后"深受刺激"。

[五]

11 月 12 日清晨,路透社北京站发布一条消息:公使授权新闻处宣布,交战各方已签署停战协定,从 11 日起停战 5 个月,11 日中午起所有前线部队立即停止敌对状态。

但是在后来发布的消息中,"5 个月"被改正为"早晨 5 点"。第二天,吃了一顿美餐之后,莫理循去观看推倒克林德碑的行动。前天晚上,他向北京的一家报纸口授了一段话,敦促采取这一行动:

> 推倒克林德碑的行动已开始进行……法国士兵个个都很兴奋,昨天晚上晚些时候就开始动手了……受到中国劳工的帮助。在北京还未见过这么巨大的石牌坊。应当把它们尽可能地保留起来,在社稷坛重新树立起来,纪念协约国的胜利,当然中国也作出巨大贡献,功不可没。事实上,协约国之所以能取得胜利,中国人起了决定性的作用,因为 11 月 5 日中国一宣布参战,11 月 11 日就达成停火协议。

停战两天后,悉尼《中澳先锋报》业主和主编孙·约翰逊给莫理循写了一封信,极力奉承他:

> 我写此信的目的,是为了表达我和这里的澳大利亚同胞对您的谢意,感谢您在大战这些年引导中国走向正确的道路。
> 我得承认,有时我害怕中国会受到低能顾问的误导,但由于您的坚定和政治上的远见卓识,这个国家才能体面地从黑暗中挣脱出来。
> 上帝保佑,世界终于走向和平。但不幸的是,中国的南北分裂使您的麻烦日益增加。

对您所经历的艰难时期我深表同情,我们这里的人都知道
您的痛苦。

请允许我带给您一则舒心的消息。

今天每一个中国人的内心深处都对您深表感激,请您接受
我们的谢意,感谢您为中国所作的巨大贡献。

[六]

为了能挤入参加和会的中国代表团,许多人不顾脸面地你争我
抢。一位官员告诉莫理循说:"所有人都抢着要去,困难的是费用。"
费解的是,莫理循竟然不在邀请之列。他评论入选代表时所用的那
种怨恨语气是可以理解的:

> 我高度赞扬他们,特别是德考特,一个对中国一无所知而且
> 毫不讳言的老实人。我……认为他会成为最尊贵的助手,特别
> 因为他的耳朵聋得很。他最爱说的话是"我一无所知"——这倒
> 是句实话。我还高度评价丹尼斯,他同样不了解中国。至于那
> 个油滑的无赖福开森博士,我认为有他在场,一定会给中国出些
> 好主意。我无法想出比他更合适的代表了。

莫理循的朋友因为他不在入选之列而恼怒。文纳说:"我们都认
为您应该去。"他没有与莫理循商量,就给伦敦发电报说日本人反对
莫理循去。莫理循在日记中写道:"多么不合适的电报,我会因此而
受指责,说我在背后鼓动。"几天后,代表团的一位高级官员陆征祥告
诉莫理循,总统要莫理循去,但没有正式发出邀请,因为总统担心有
贺长雄和宝道(他们都希望参加和会)会借机也要求加入代表团。
"因此很显然,我可以去参加和会,但只是在这有趣的会议上偶尔露
露面而已。"莫理循评论道。

　　他对这个不光明正大的决定既不表示惊奇也不感到满意。他觉得自己病得很厉害，很为自己的健康感到担忧。不久前他发现，自毕业以来，他"贫乏的医学知识"一直使他把自己的疾病看得较严重，几乎成了他的焦虑之源。"如果我从未学过医也许倒好了"，他写道。现在他忧心忡忡地把自己的焦虑作了一番概括：

> 　　近年来在不同时期，我一直担心自己患有以下疾病：舌癌，直肠癌，阳痿，蛋白尿，前列腺肥大，沙眼，动脉硬化和糖尿病……忧郁、沮丧，非常口渴。我思想负担很重，但我是个懦夫，不敢鼓起足够的勇气去医院，因为我怕珍妮知道了会为我担心。

［七］

　　12月底，日本驻北京代办芳泽谦吉以非官方身份拜访了莫理循，两个人"坦率地交换了意见"。芳泽谦吉说，他愿意坦诚相见，当然这不是外交官员所常有的风格。同时，他希望莫理循也畅所欲言。莫理循的确也直言不讳地表达了自己的看法。莫理循先举出一些例子，指责日本士兵攻击在华英国侨民，造成无法弥补的损失，然后把话锋一转，谈到涉及面宽的政治问题：

> 　　我说，凡知道事实真相的英国人都认为日本未尽作为盟国的义务，都为此感到痛苦。我说，直到去年4月，我们英国人还一直想知道日本会采取什么行动。我们知道日本军方在很大程度上同情德国。我还指出日本海军没有履行职责，日本军队没能阻挡德军突袭队的攻击。现在日本的态度产生了变化，但这并不是因为日本是协约国的成员，而是因为德国的崩溃。我告诉他，英国政府格外注意，决不让英国或她海外领地的任何一家英文报纸刊登对日本怀有敌意的批评言论，但是日本却利用了

我们的友善行动，没有采取任何补救性措施来控制日本新闻界对我们的敌意，对此我们深表愤慨！

芳泽谦吉对我的意见表示感谢，还引用了良药苦口这句成语来表达他的看法，并作了解释。我相信他所讲的也是实情。他说日本军方的确同情德国；其次，日本仍处于不完善的发展状态，文明的鸿沟仍需填补，外交工作比军队打战要复杂得多。军方难以控制……这次交谈是一次非常有趣的经历。我只是谈了个大概。

莫理循在横滨时度过1918年的最后一天。当时他正在回欧洲的路上。他在日记中写道，和平"来得这么早，又是那么出人意料之外"，把日本的经济生活甩进了混乱之中。"莫理循图书馆"馆员石田干之助在横滨迎接他，并带他参观了"美丽的图书馆"中已装订一新的藏书，原来破旧毁损的装订已不见踪影。在"伏见丸号"的舱房内摆着一个配着红丝带的大花篮，这是"乔治·厄内斯特·莫理循博士图书馆赠给乔治·厄内斯特·莫理循的礼物"。

他在1918年的最后一篇日记中，用一页半的篇幅为健康、幸福祈祷——另外还加上一些其他祈祷内容：

> 愿我的孩子能继承他们父亲所有优秀品质，摒弃所有缺点和虚弱的方面……
> 我祈祷能得到已应允我的圣迈克尔和圣乔治骑士勋章，愿主能极丰富地赏赐我，使我能出任英国驻北京公使……
> 愿我对糖尿病的莫名恐惧是毫无根据的……

在日记末尾，他零星记着："阿斯奎斯以'老香槟客'著称——真是有心共鉴，好极了。"

[八]

莫理循离开横滨之后,带着一封英国前驻朝鲜总领事、老朋友亨利·伯纳的介绍信,到伦敦找到皇家海军志愿者预备队司令官塞罗柯尔德。随信附有一封给海军情报部部长雷金纳德·霍尔爵士(将军)的介绍信和一个封口的呈送给霍尔的信。伯纳在给塞罗柯尔德的信中写道:

> 谨表问候。请将一封有关莫理循的附信交与霍尔将军。他在信中所揭示的战争初期英国的对华外交政策的确令人感到震惊。我希望他能直接告诉您这些情况。我认为海军情报部部长全面听取莫理循的意见是非常有用的,因为作为一个澳大利亚人,他对默许日本占领南太平洋区域的做法持强烈的反对意见,把日本人的所作所为全部按年代记录下来。作为中国政府的顾问,他坚决反对日本的野心。这么一来,他的看法就显得非常有价值——事关重大。他这人相当害羞,有问才有答,但说起话来明明白白。听听他对我们驻华外交官的看法,一定会给您一种耳目一新的感觉。

给霍尔的介绍信说,莫理循"的确是个东方的智者……只要他愿意开口,您就能听到许多消息"。封了口的信中说:

> 我除了为莫理循博士写介绍信外,还希望您能给他说话的机会。
> 我和他推心置腹地谈了有关日本秘密军事盟约的事。他把1904~1905 年间所发生的事都精确地按年份记在脑海里,他对旅顺的陷落有自己的独特看法,这些都使我们能从十分有趣的

角度解读那些盟约文件。他和我的看法一致,也认为那些盟约文件都是真的。他认为英国政府应当利用这些情报。

但是,要想使外交部对此感兴趣肯定是无望的。

在目前这个阶段,能了解这方面的事实真相有可能成为一种强有力的武器。

如果您觉得方便并愿意听听他的观点,您可以邀请他讨论这个问题。否则他肯定会保守秘密。

莫理循仔细查阅了盟约的胶片副本,发现一件令人吃惊的事情:俄军司令官斯特塞尔因接受日方的贿赂,才决定放弃旅顺——莫理循认为俄军放弃旅顺是"历史上最耻辱的事件":

> 1904 年 7 月 7 日,日本……由于舰队和运输船队受到重创……与三位著名的俄国人……可能包括斯特塞尔本人……签定了一项协议……如果双方能达成和约,日本就给这三位俄国合约签署人每人一张 4 600 万日元的期票,1915 年 3 月 22 日可以支付。
>
> 为什么期票兑现日期要定在这一天呢?
>
> ……和约签定以后,三张期票在东京……由枢密院议长山县有朋公爵签字。据查这些文件都保存完好……他们能得到 15 000 英镑……整套卷宗的照片……已提交给艾尔·克鲁(外交副国务大臣助理)。克鲁建议不要把这些档案给康杨罕·格林看,因为他知道了肯定会"勃然大怒"。

[九]

莫理循在"伏见丸号"上的同舱旅伴是 W.R. 贝切尔。他是芝加哥最大的马歇尔·费尔德百货公司的丝绸部经理。贝切尔先生谈起话来无拘无束。他刚认识莫理循几个小时，就告诉他，马歇尔·费尔德家族中的第二代当家人在一个妓院被"俗艳的美国妓女"枪杀，死在医院中，不过报界对此一无所知。马歇尔·费尔德的姐姐艾赛尔与大卫·比提爵士结婚。

一两天之内，莫理循就和许多乘客都熟悉了：近藤男爵是日本贵族院成员，还兼任 N.Y.K. 运输公司总裁。他去欧洲的目的是为了索赔，因为他的五艘货船在战争中被敌方击沉。曼尼尔·奎松博士"是个菲律宾人，相貌引人注目，胡子刮得很干净，鹰钩鼻子修短适度，目光清澈、锐利"；他去美国要求威尔逊总统履行菲律宾独立的承诺。M. 克林夫人"体形优美，穿着华丽"，向人频抛"媚眼"，爱玩扑克牌，好饮鸡尾酒。一个晚上有人听她说，"是船还是我在摇晃？"E. 格丽森小姐是纽约罗彻斯特街一家银行的总裁，是个"活泼的 60 岁老处女，嗓门粗得像个男人，跳舞时彬彬有礼，头微垂，臀部向后，尽可能与舞伴保持一定距离"。同去参加和会的代表丁文江告诉莫理循，他的津贴是 7000 元，而陆征祥是 6 万元，"最大的骗子"陆军中将梁善同丝毫没有军事训练的经验，却有 3 万元的津贴。"没有人知道怎么回事"，莫理循写道。"代表团是闹剧……我必须承认耻于与之为伍。"

珍妮在他离开后很快就写信来：

> 罗斯福总统之死……使我深感震惊。他真是一个宽宏大量的好人……我非常钦佩他，我知道您也一样。我非常讨厌威尔逊总统，每个人都这么认为——他的话太多了！
>
> ……我希望您回家时能见到北岩。我总认为（尽管我的直觉告诉我您会那样做）如果您觉得现在这份工作没什么奔头，我倒希望您在北京重操旧业，做记者的工作。我认为，一定得有人如实地把中国的消息告诉世界。北岩也许会高兴得叫您留在北京不让您回来，还可能给您高薪！我觉得您目前的职位是无法

忍受的,您知道,多年来我一直为此感到伤心。这是份毫无奔头的工作……

珍妮不喜欢美国人也不喜欢日本人。她在另一封信中写道:"您可能会认为他们一同赢得了战争,而没想到他们在战争的头三年赚了几百万,只在战争快结束时才参战。我希望欧洲会议能煞煞威尔逊的气焰……"

[十]

海上航行没有改善莫理循的健康状况。在多伦多,三位"无知得惊人"的记者采访了莫理循,结果他累得筋疲力尽,几乎说不出话。他问自己:"为什么我的健康状况竟如此之差?我记得远在 80 年代我也感到非常疲倦。现在我恢复健康的能力一定比以前差。"在蒙特利尔,他租了一辆用野牛皮做的雪橇,绕城跑了一周。经过卡丢街一间房子时,一个法裔加拿大驭手说,这家妓院的 31 个妓女都是法裔加拿大姑娘。"他似乎对同胞能在蒙特利尔垄断高级妓院而由衷自豪。"

莫理循受不了纽约"可怕的熙攘与喧闹",在普特南书店买了 9 本《鲁滨逊漂流记》之后,很高兴地离开这里去了华盛顿。在国务院的一次谈话使他确信美国在玩弄两面手法:"支持日本对中国的态度,同时诱骗中国向美国寻求支持反对日本。"他与日本驻美大使馆参赞出渊胜次交谈过,后者承认日本在 1914 年不希望中国参战("日方第一次承认……朱尔典爵士当时反对中国参战,并非独自行动!"),他还访问了中国驻美公使馆,"一个肮脏的外国门房连扣子都没扣好,就跑出来开了门——真是一个破败的地方",莫理循评论道。然而顾维钧公使的月薪却是 1 800 元,招待津贴是 2 400 元,还有"来自古巴的大笔外快。驻古巴总领事一年可捞到 10 万元外快"。

他在 2 月初一个冰冷潮湿的夜晚到达利物浦,没吃饭也没生火炉就上了床。睡前他还看了一份报,得知 F.E. 史密斯被任命为大法官。在他眼里,史密斯是个"最不负责任的政客,好酗酒、嫖妓,两毒俱全"。

在伦敦的朗翰旅馆,旅馆的女仆("一个非常漂亮的姑娘")告诉他,她的周薪是 10 先令,平均每星期还能拿到 5 先令的小费("饭菜不堪入口,而且只有早上 6 点到晚上 10 点才有供应")。但她的景况比福里德里克旅馆的姑娘们强多了,她们年薪才 14 英镑。在他要会见的第一批人中有赫顿("33 年的老朋友")。赫顿正负责"照顾一个发了疯的男爵,一切费用全包,一年还可舒舒服服地得到 440 英镑"。他们在哈凯特餐馆吃饭时,莫理循觉得非常难堪,因为赫顿的"吃相非常难看"。

莫理循与斯坦利太太和莫伯利·贝尔夫人的谈话很有趣。斯坦利太太最厌恶威尔逊总统和"他对大不列颠的憎恨":

> 他的政策是有意谋划拖延和平的到来,损害大不列颠的利益,使她越来越深地陷入美国的经济罗网。她坚信英国将得不到赔偿。威尔逊总统不得不图谋德国和爱尔兰的支持。她一遍又一遍地说,威尔逊痛恨英国,搞得福煦元帅① 很尴尬。

莫伯利·贝尔夫人说《泰晤士报》报酬甚丰。她已经得到 5 000 股股息,已多年没有支付,现在以 6% 支付给她。

《泰晤士报》宣布总编辑杰夫里·道生辞职,由威克汉姆·斯迪德继任,没有说明任何理由,但其他报纸刊登了道生给《泰晤士报》社长约翰·沃尔特的一封信,说道生与北岩意见不和。莫理循心怀不满地

---

① 福煦(1851~1929):法国元帅,曾任高级军事学院院长,第一次世界大战时任法军参谋总长、协约国军总司令。著有《战争原理》等。

想起北岩曾这样评论道生:"《泰晤士报》终于有个能和他心息相通的人做总编辑了!"

莫理循给姬乐尔发了一封贺信,祝贺他在诽谤诉讼案中获胜(在该案审理过程中,爱德华·喀生爵士为他辩护,写辩护状赚了2 000几尼,外加每天250几尼的暂付律师费)。但莫理循没有找报业广场以前的同事,而是在《泰晤士报》刊登了一则广告——"乔·厄·莫理循博士从北京前往巴黎,现已到达伦敦,现在朗翰旅馆下榻。"以前刊登一条公众都感兴趣的消息可以免费,但这次他却花了21先令,因此他难免耿耿于怀。

珍妮和孩子们正在回英国途中,莫理循向他的连襟兰斯·高特租用了位于萨西克斯郡的林荫精舍,每周9英镑,"附带一匹可爱的马和一条狗,风景十分美丽"。

[十一]

莫理循在巴黎明星广场附近的麦克马洪豪华大饭店预定了房间。这是个"宽敞的双人间,长20英尺,宽19英尺,带浴室和餐具室",一天45法郎(约34先令),"不包饮食"。他在这儿受到"令人愉快、83岁的柏卓安爵士"的欢迎。柏卓安告诉他中国代表团乱七八糟,"他们的座右铭是个人利益高于国家利益。每个人都绞尽脑汁出风头,简直像个马戏团。"但其他列强的代表团也有像马戏团之处。

看到"三巨头"——威尔逊、劳合·乔治和克里孟梭①——在一张地图上指指画画,参加英国代表团的一个年轻的外交官哈罗德·尼克尔森写道:"这些无知和不负责的人像切蛋糕一样瓜分小亚细亚不是很可怕吗?……上百万人的幸福以这种方式决定不是很糟糕吗?……"福煦同样对三巨头的作法表示不满。他强烈抗议和约中没有

———————————
① 注:三人分别为当时美、英、法国的首脑。

与保卫莱茵河边境有关的条款。他认为防卫工作做得不够。"难以想象，政治家们不与最高军事权威商议就起草与防御法国有关的条款"，莫理循评论道。

三个切蛋糕的人中，劳合·乔治也许最无知。当山东的命运处于决定性时刻时，莫理循写道："我们的首相在决定这些重要问题时似乎能力不足。"如果说劳合·乔治对外交事务只是大体上不了解，那么他对中国则是一窍不通。在与威尔逊总统举行的一次重要讨论中，他承认从未听说过"二十一条"。威尔逊给他读了其中的要点后，他像哥伦布发现新大陆似的宣布："这意味着中国的日本化!"威尔逊提醒他，在讨论任何事情之前，他都应当先研究一下。美国资深记者、美联社梅尔威尔·斯通评论道："劳合·乔治对国家间的重大事务如果不是无知的话，就是极端的漠不关心。"当得知在美国只有国会而不是总统才有权宣战时，他表示惊讶。在和会的一次会议上，他竟然问："罗马尼亚急于得到的特兰西瓦尼亚①究竟在哪里?"照伦敦大银行家阿迪斯爵士的说法，阿瑟·贝尔福也十分不适于那样重要的职位。阿迪斯爵士是伦敦银行总裁、汇丰银行董事长。他告诉莫理循："贝尔福极端精明，但他不应当做外交大臣。他十分懒惰，下午6点钟才到外交部，把脚搭在壁炉架上，8点钟又拍拍屁股走了。他相当坦率地承认自己一点也不了解中国。任命他为外交大臣可真是不幸。"

莫理循在旅馆与威·莫·休斯和澳大利亚代表团的其他成员共进午餐，其中包括"英俊潇洒的"海军部长约瑟夫·库克爵士②和"迂腐的"海军少校约翰·拉萨姆。"饭桌上大家调侃得很热闹，拿休斯打趣。休斯对威尔逊总统和美国人怀有强烈的敌意。"尽管休斯以机

---

① 特兰西瓦尼亚：罗马尼亚中部一地区。

② 库克(1860~1947)：澳大利亚联邦第九任总理(1913~1914)。1917年起任海军部长，1919年1月与休斯共同出席了在凡尔赛举行的巴黎和会。

智闻名,但他的幽默感却经常像莫理循一样不到家。莫理循在日记中写道:

> 他在报上看到一则有关威尔逊总统"身体不适"的消息。他知道一个妇女"身体不适"指什么,但用于指男人究竟意味着什么? 他求助于我……后来报道说威尔逊先生精神抖擞地在甲板上来回走了5英里。"啊",休斯先生说,"现在我明白会发生什么事了。他竭尽心力那样做,一定会猝死倒下,裹着国际联盟的旗帜葬身于海!"

> 一些美国人夸大其辞,趾高气扬,好像是他们打赢了这场战争似的……针对这一现象,他兴奋地说起最近在查林·库罗斯发生的骚乱,当时50名英国警察驱散了1 000名美国人。他一直强调当时对峙双方人数对比之悬殊,并宣布去伦敦时一定要去伯街警察局,向全体警员表示敬意。

莫理循在日记中没有说明这些尊贵的代表团成员是否因这些笑话而笑得抽筋起来。澳大利亚新闻社的A.J.弗雷泽告诉他,总理的另一句妙语:"比利·休斯在雪非尔接到那么多礼物,以致他对报道此事的澳大利亚记者说:'说得少点,杰克,否则他们会认为我在抢劫这座该死的城市!'"

威尔逊总统和休斯总理两个人都不喜欢对方。有一次,威尔逊愤怒地说:"这么一个不读书,不看报,又不愿意倾听别人意见的人,你拿他有什么办法吗?"

莫理循与澳大利亚记者凯斯·穆道奇一起在布伦森林漫步。穆道奇曾在加里波利半岛与司令官伊万·哈密尔顿将军(爵士)卷入一场违约活动中。他没有给莫理循留下什么好印象:

> 穆道奇长得很难看,为人庸俗,表面上他和劳合·乔治、休斯

的关系都很好,但尽管他自卖自夸,努力使西奥多·芬克相信这一点,实际上并非如此……他告诉我他与《泰晤士报》的亚当是同事,曾给过亚当两份非常重要的文件,还说他看过所有文件,并研究了英国《渴望》杂志上刊登的绝密件。他的薪水是1 500英镑,外加悉尼《太阳》报的200英镑股份。他还谈到许多其他相类似的事情。他谈到澳大利亚人对英国军官(特别是下级军官)的仇视,谈到英国对澳大利亚人的不公正做法,例如最难打的战役让他们打,让他们服从英国军官的指挥。戈德利……是另一个使他的战士遭受不必要牺牲的刽子手。休伯特·高伯爵最坏,然而海格还尽最大努力去挽留他,幸亏后来劳合·乔治免了他的职……最大的麻烦是贪污舞弊和结党营私,海格拒绝撤换那些没有能力的将军。

提到"瓦尔齐战役",穆道奇说澳大利亚军队焚毁开罗的妓院是无比正确的行为:

澳大利亚派最优秀的男子汉到那种性病肆虐的地方。他们请求英国人遣散有性病的妓女,但英国人断然拒绝。于是不久,澳大利亚人袭击了妓院,放火把它们烧个精光。妓院重建后,他们又放火烧了一次。

珍妮到了巴黎,把孩子们留在了萨西克斯,莫理循带她到拉叙餐馆吃饭("巴黎最昂贵的餐馆,据说这是福煦将军最喜爱的餐馆")。"我们要了豌豆浓汤,太咸;鲭鱼,又腻又老;芦笋,有芜菁的味道,切得又粗又大,味道很古怪;珍妮要了咖啡,实际上是菊苣泡的。"这顿没有酒水的饭竟然花了50先令,可他清楚地记得,在北京吃这样一顿饭不会超过5先令。

穆道奇和阿瑟·威乐特爵士(《泰晤士报》驻华盛顿记者,曾任英国赴美国战时使团秘书)谈论起找一个合适的英国驻美大使的难处。克鲁勋爵？莫理循说他半身不遂，不能胜任。温斯顿·丘吉尔？威乐特记得罗斯福曾说丘吉尔是个英裔美国人，融合了英美两国最坏的品质。其他候选人是威灵顿勋爵、芒罗·费尔格森和罗伯特·西赛尔(北岩很喜爱他，不过他妻子是聋子)和北岩本人(许多美国外交人员都喜欢他)。莫理循评论说："英国外交界中存在着惊人的能力缺乏现象。"威乐特猛烈抨击威尔逊总统："他的机会主义，他的无耻，他的虚伪……"令威乐特感到高兴的是，多年来对威尔逊的看法现在普遍为人们所接受。

[十二]

莫理循的健康状况糟糕到再次令人担忧的地步。4月2日，他感到"非常不安"，因为他发现体重只有158磅，比5周前少4磅。他感觉"不舒服，精疲力竭"，疲惫得连拿手提包都有困难。4月16日，他在日记中写道："身体状况极差——极可能患黄疸病"，几天后又写道："感觉非常不舒服，浑身黄得像张羊皮纸。男按摩师来看过了，但没有任何好转，非常担心。我不能四处走动，这对珍妮来说尤其不幸。对我来说，工作是不可能了，因为我看起来真的病了。我的皮肤像老羊皮纸……我以前从未这样过……"

一位中国医生诊断为结肠膀胱炎——一种胆管结膜炎——开了两粒甘汞和含盐的泻药。一个英国医生诊断是传染性结膜炎黄疸症，也开了甘汞和含盐泻药，还建议莫理循要大量喝水、茶和咖啡(这使莫理循感到惊讶，因为医生认为咖啡是一种最好的利尿剂)。医生认为莫理循的病情在五六天后就会好转。

[十三]

停战协定签署 9 个多星期后，1919 年 1 月 18 日，和会才正式开幕，认真讨论一些具体事项。威尔逊决心不管耽搁多久，也要把国际联盟盟约写进和约。"整个世界要和平，总统要国际联盟。我认为世界不得不等待"，兰辛于 3 月 20 日在日记中写道。全世界都在等待着，总统最终得到了国际联盟——而中国却成了祭坛上的祭品。听到凡尔赛和会上各国代表勾心斗角、大耍阴谋诡计时，已经退休的爱德华·格雷爵士写道："我很高兴没参加和会，代表们都热衷于劫掠。"日本要抢掠的是山东和北太平洋诸岛。除了莫理循，没人对那些岛屿有什么特殊的兴趣，但中国人对山东至为关注。直到会议开始，中国人才知道，由于有 1917 年 2 月 16 日的一项秘密协议，[①] 英法两国承认日本对山东和北太平洋诸岛的要求。劳合·乔治为这一令人吃惊的协议辩护说："那时，潜艇的威胁巨大。我们大部分驱逐舰都在北海，地中海没几艘。我们需要日本的支援，因此在日本的强大压力下，我们只得同意日本的要求。"他还补充说："这是一次艰苦的交易!"不过，他没有加上"为了中国"。

麻克类爵士向莫理循承认，在起草秘密协议时，贝尔福并没有和朱尔典爵士商议。他说在海军部的巨大压力下，贝尔福只得做出让步，这是英国向日本必付的勒索费。谈到日本对青岛的迅速占领，麻克类爵士强调说："那是粗鲁的温斯顿不与其他人商议，轻举妄动的结果。"他猛烈攻击兰辛，说他"粗暴、恶毒"。

尽管健康状况不好，莫理循还是奋力反对日本的要求。他希望

---

① 注：指《日英山东问题密约》。1917 年 2 月，日本政府利用英国急切希望中国参战的心情，与英国就山东问题进行幕后交涉而签订的密约。该密约成为日后中国在巴黎和会遭受外交失败的重要原因。

美英自治领能支持中国抵制那些要求。威尔逊总统发表了亚得里亚宣言，强烈谴责英日秘密条约。最初，大家都认为，他在宣言中所用的崇高言语似乎不但适用于南斯拉夫，也适用于中国。他说："和平应当建立在……正义的新秩序上。"还有什么会比把德国从中国窃取的领土还给她更合乎正义呢？中国代表团相信，威尔逊站在中国一边，澳大利亚（即使不包括她的姐妹自治领）也一定会支持友善的中国反对侵略成性的日本。但没想到休斯却是日本最有价值的盟友，这可以从他的虚荣心、煽动作用和愚蠢行为看出来。

日本提出一项相当合理的呼吁，要把承认国家与种族平等当作一项条款写进国际联盟盟约。这一提议得到中国和压倒多数列强的支持，但是威尔逊总统在英国的游说下，以一个站不住脚的技术性问题为借口，拒绝把日本的要求列入盟约。英国之所以拒绝日本的呼吁，可能是因为害怕这会影响到她的殖民地印度。比利·休斯也坚决反对日本的要求。他的目光紧盯着"白澳"选民。他把"种族平等"曲解为黑种人、棕种人和黄种人（这些种族被称作大澳大利亚之怪）的"无限制移民"。他威胁说，如果在种族问题上有一丝让步他便退席抗议。美国观察家帕特里克·卡拉格尔的看法是，顽固坚持这种惺惺作态的煽动在"物质上、政治上和精神上都顽固不冥"的行为，恰恰上了日本的当。牧野男爵宣称，日本只能受挫一次；如果在山东问题上再次受挫，日本将抵制国际联盟。为了得到日本的支持，威尔逊就把中国最重要的一个省拱手送给了日本。这么一来，威尔逊满意了，他珍爱的国际联盟保留下来了。休斯也满意了，山东相对于澳大利亚的众多选票来说毫无价值。中国应当也满意了。拿山东交换，她得到了和平解决的傻瓜奖，要回了德国人于1900年从北京天文台偷走的古老的天文仪器。

威尔逊挥舞着大棒，对英法关于山东的秘密协定施加影响。他一度威胁，如果他的意见没有被采纳，他就带上代表团打道回府，而且还要大不列颠立即归还8亿英镑贷款（大部分是短期贷款）。

日本大使松井带着谴责口气告诉莫理循,日本派军舰护送澳大利亚船只,帮助了澳大利亚。莫理循的回答和以前讲过的一样:

> 我指出日本的护送行动都是在没有敌人的和平水域中进行。他说那儿有"爱登号"。我毫不客气地指出,"爱登号"根本没有骚扰日本船只。我说澳大利亚人认为日本没有为这场战争作出什么贡献。他争辩说,说日本人远离战场,对战争的感受当然不会与欧洲人相同,因此不应当指责日本没有为这场战争作出更多贡献。我还和他说起日本把中国排除于战争之外的行为……

莫理循在日记中写道:"毫无疑问,威尔逊总统为了他自己的政治目的捉弄了中国人,无情地愚弄了他们。"在莫理循的"迫切要求下",美国代表团顾问史蒂芬·邦索尔上校拜访了他。他们相识于义和团起义时期,当时邦索尔是《纽约论坛报》的一名记者。在莫理循眼里,邦索尔是个"声音洪亮、吵吵嚷嚷的美国人"。邦索尔在日记中写道:

> 他得了黄疸病,显然病情严重,但他希望几天后离开法国前往英国。他说他不愿意表示个人意见,但他认为我们应当知道,在威尔逊和贝尔福两个人中,中国代表团成员更恨的是威尔逊。他们认为贝尔福只是威尔逊的爪牙。顾维钧和所有代表团成员都一直说:"威尔逊曾向中方保证'你们可以信赖我',但是我们相信了美国人,现在我们被惟一的朋友所出卖。"莫理循坚信中国人不会签字,中国人得知被卑鄙地出卖后会团结起来,美国利益会受重创。

[十四]

5月7日,哈罗德·尼科尔森于在日记中写道:"美好的一天,高大的栗树沐浴在阳光下。"在这美好的一天,蕴藏着另一场世界大战种子的厚厚一大叠和约文件,在特莱安农豪华大旅馆交给了德国代表团。美国代表团的豪斯上校说:"真是奇怪的巧合,条约是……在'卢西塔尼亚号'豪华客轮(英国)被击沉的纪念日交呈的。"遗憾的是,勤于记录巧合事件的莫理循忽略了这一历史巧合。在这美好的一天,"可怕的疾病"还在折磨着莫理循。他正前往英国多找些医生为他诊断。他看起来"面色深黄,瘦弱憔悴,形如枯槁",无精打采地想人们怎能与他同乘一节车厢。但是,列车高速驶过肯特的啤酒花藤栽培园时,他被《泰晤士报》上的一段话给逗乐了。在巴黎,最近有人哀叹,英国外交部的门槛太高,难以迈进。现在莫理循看到报上说,门槛已降低一点了,外交部公布了一套新的外交部人员聘用暂行规定:"肢体残缺不能算是条件不符,但失明、失聪或严重口吃者不宜担任外交工作。"莫理循赞赏地在这个句子下面划了线。

在伦敦,莫理循一边与沮丧、虚弱作斗争,一边忙着与不计其数的人会面,还写了许多信。他到伦敦后第二天就给奎恩写信:

> 中国人在和会上完全失败。他们在美国人的唆使下相信了威尔逊总统,可现在陷入了困境,这完全与一开始我警告他们的一样。威尔逊总统完全愚弄了中国人。为了……使日本不反对国际联盟中不包括国家平等的条款,他和日本人做了一笔交易,表示愿意全面支持日本对中国提出的要求,而日本则不对他施加压力。结果日本在中国所得到的比他预期的要多得多,比他愿意接受的还多。现在威尔逊总统正在竭力劝诱中国人,相信他自始至终都是他们的捍卫者,但是遭到劳合·乔治和法国人的

反对,为了挽救他心爱的国际联盟,他不得不做出让步。

莫理循因不能参加皇家殖民协会举办的"澳大利亚铁路发展"讲座,深感遗憾。他在日记中写道:

> 我希望能活着看到从阿德莱德到达尔文纵贯澳洲大陆铁路通车的那一天,并能乘着列车在这条铁路线上飞驰。有了这条铁路,从澳大利亚南部的阿德莱德到中国北部的北京,12天内即可到达。在正常情况下,北京到伦敦要多达20天。如果西伯利亚铁路能重修并再次开通,那么从伦敦到北京还不要10天。这么一来,伦敦的来信经过西伯利亚送达澳大利亚的时间可大大缩短……我不明白为什么从香港到北京不可以在3天内到达。从香港出发如有着高效率的邮船服务,应可以在5天内到达达尔文……交通如此发展,在澳大利亚和人口众多的东亚地区之间开启了无限商机……

"前几天您问我,日本的胜利会在经济上产生什么后果",丁文江从巴黎写信说,"我认为所产生的后果比人们所能想象的要严重得多。"

> 尽管日本已建立起良好的国家体制,但是缺乏自然资源。美国参战后宣布禁止出口钢铁,这才使日本真正意识到自己的致命弱点。正如您所熟知的那样,最近几年日本一直致力掠夺中国的物质资源。和会把中国3 000万到4 000万吨的优质铁矿划给了日本,另外还有10亿吨优质煤矿,而且这些矿区全都靠近铁路。这些铁路线延伸后,可再跨越3个煤田,里面有数十亿吨的炼焦煤。因此日本确保了她对中国钢铁工业的垄断。毫无疑问,在不久的将来,日本将有能力用自己的钢随心所欲地建

造船只。她将在一些向上(如种族平等)采取与英美不同的态度
……

　　我想知道有多少英国人了解日本对印度的心态？我清楚地
记得，1903 年在东京的印度学生组织了一个晚会……许多日本
名流公开演讲反对英国，告诉印度人日本一旦足够强大就把英
国赶出印度。许多印度学生对他们的演讲报以长时间的鼓掌喝
彩……目前日本仍未动手(至少是表面上)，那是因为她全然意
识到她在资源上的缺乏，但是当她能够生产 500 万吨钢而不是
50 万吨时，她就会等待合适的时机成为您的敌人而不是您的盟
友。不仅是印度，甚至澳大利亚，如果没有强大的海军，将不会
有安全。

　　一想到这些事情，我就不得不相信命运了。日本统治亚洲
似乎是命运使然，因为在巴黎和会上，在所有国家中大不列颠本
应当为了自己的利益而反对日本，结果却全力支持她的要求。
劳合·乔治竟然支持日本，这究竟是命运所致，还是因为他愚昧
无知呢？

　　赫顿从罗汉普顿的小修道院写信说，他刚买了第三架鲁特
琴——1838 年产于伯诺尔莫，质量上乘，花了 21 英镑。他哀叹说，这
件"精美的乐器"给他带来那么多欢乐，可是竟无人赞赏。他刚从多
金镇度假归来，深信英国将有更多的麻烦：

　　　　就说雇员使用不善吧。看看多金镇——阿什蔻姆勋爵的别
墅就在小山上。当勋爵住在别墅时，那里就会竖起一面旗帜。
我曾与一个老实巴交的马车修理工聊过天。多年来他的周薪一
直是 16 先令。他靠这些钱养活妻子和 4 个孩子。甚至在战争
开始之后，工钱还是没变。勋爵也没给他提供一间小屋。勋爵
本人则忙着开狩猎宴会，大宴宾客。任何闯入他领地的人都将

受到起诉。在这种情况下，如果工人阶级要展开不屈不挠的抗争活动，您能责备他们吗？这位阿什蔻姆勋爵没有为人民做任何事情……我敢预言，在今后几年中，在出现使我们吃惊的变化之前，劳动人民是不会满意……

中国盐务稽核总所会办施格兰[①] 写来了另一封信，预言中国社会将发生另一次变革：

> 只要各国使馆能注意人道主义这一重要问题……在华外国人就能为中国人谋福利，就能遏制中国劳苦大众中日益增长的排外情绪。中国的劳苦大众总有一天将左右国家的政策。目前，他们具有霍布斯[②] 在《利维坦》一书中所讲的一项"权利"——"革命权"。他们迟早都会起来革命，我们称之为布尔什维克主义。在霍布斯的笔下，他们的现状（如果我记得准确的话）是："肮脏、孤立、贫穷、野蛮和浅薄"。报纸上所谓的"中国人民"其含义不包括这"成百上千万在饥饿中煎熬的穷苦百姓，他们祖祖辈辈贫穷潦倒，在绝望中死去"……在一个热带国家中，如果一磅盐价值比一个人一天的工钱还多得多，这个国家还有什么指望？

"中国人民"对山东被出卖反映强烈。5 月 18 日从北京姗姗来迟的一篇报道于 5 月 28 日刊登在《泰晤士报》上：

---

① 施格兰(1879～1922)：英国人。1908 年来华，为使馆翻译学生。1913 年辞使馆职，进北洋政府财政部盐务稽核总所，1921 年代理总所会办。溺死于加拿大。
② 霍布斯(1588－1679)：英国政治哲学家、机械唯物主义者，认为哲学对象是物体，排除神学，从运动解释物质现象，拥护君主专制，提出社会契约说，主要著作有《利维坦》、《论物体》等。

　　中国人经过一番反思，强烈感受到和约的不公正之处给他们带来的痛苦。他们哀叹政府的无能、软弱和腐败堕落。他们认为如果在和约上签字，就是出卖了国家的前途。他们感到极端的失望。除了极少部分官僚之外，全国有识之士在得知巴黎和约的结果之后，都愤怒起来，群情激昂。全国各民众团体纷纷拍电报表示抗议，许许多多城镇都举行了示威游行和集会。一些重要的金融机构拒绝兑换日元，全国掀起一场声势浩大的抵制日货运动。一些中文报纸拒绝刊登日本广告。旅客拒乘日本轮船，甚至黄包车夫也拒拉日本人。

　　《国民报》说："本周最有意义的事是中国人的抵制运动……早已在意料之中，这是中国对盟国所犯罪行的惟一回答。"

　　尽管国家陷于如此深重的灾难之中，南北双方还是没能统一。北方不准备向南方让步，南方本身则是一盘散沙。年轻的中国政府与南方军事领袖没有联合起来。南方军事领袖与北方督军的目标非常相似。他们都热衷于用手中所掌握的权力，拼命进行掠夺，丝毫不想建立一个联合的、富有代表性的政府。莫理循要实现他的梦想还是遥遥无期。

[十五]

　　德国医生奥斯卡·莱顿（他的竞争对手叫他"德国佬"，战前他的名字叫格兰宝姆）确诊莫理循患的是严重的黏膜炎黄疸症，但莫理循发现他"冷酷又无情"，于是又求助于圣·巴多罗马医院的斐甘医生。他"热情而又饶舌"，"确信"莫理循是因为胆结石而得了阻塞型黄疸症。但 X 光的结果否认了他的诊断。于是莫理循又转诊于另一个圣·巴多罗马医院的医生托马斯·吉福·霍尔德尔爵士（著名的细菌学家和癌症专家）。他的定论是"恶性胰腺炎或胆囊阻塞"。英国的一位著名外科医生克雷顿·格林爵士同意霍尔德尔爵士的诊断,两周后为莫理循动了手术。6月1日,他住院时体重是123磅2盎司。莫理循在手术前写道:"我的体温正常,脉搏86,一点也不觉得焦虑、沮丧或消沉……害怕给我施用氯仿或乙醚……氧气或麻醉剂。"手术中莫伯利·贝尔夫人与珍妮坐在一起,当医生没有发现恶性肿瘤时她们欣喜无比。医生说是"大面积炎症引起器官粘连,包括胰腺、左边肝部、隔膜和胆囊,导致胆汁浓度过高"。手术一周后莫理循付了账单:"住院费13英镑13先令;麻醉师10英镑10先令;手术助手5英镑5先令;克雷顿·格林105英镑。"

探望者络绎不绝,其中包括斯坦利夫人、麻克类夫人、麦肯齐·金、陆军准将派雷拉、卜禄士上校、姬乐尔、赫顿、柏卓安、奎恩和中国公使施肇基。施肇基对莫理循说,外交部高级职员蒂雷已奉命负责远东事务。在莫理循眼里,"蒂雷之所以会获得这么一份美差,可能是因为他从未去过远东"。一个受欢迎的来访者是医院老板克莱珀顿小姐,因为她给莫理循讲了许多鲜为人知的社交界流言蜚语。她说,摩纳哥公主是她的一位高贵病人。公主有个情人叫伊西多尔·德·拉拉,是个上了年纪的钢琴家。"他对公主忠心耿耿,关怀备至。当公主对他变了心时,他气得连肠胃都疼起来了……"

[十六]

1月21日,莫理循出院后即被送到福雷斯特鲁夫,"有点憔悴、虚弱,但坚信会好起来"。他的体重是118磅12盎司。麦肯齐·金从巴黎来到英国,现在又要动身去加拿大。遗憾的是,航程的改变使他无法前去拜访莫理循。他给莫理循寄来一本自己写的书《工业和人类》,"略表"对莫理循的"无限钦佩和崇高敬意"。没有任何一个澳大利亚政治家给他拍过电报。6月28日,莫理循在日记中写道,和约已在1914年萨拉热窝谋杀事件的纪念日签订。出院后他几乎又轻了 1 磅。

几周后，莫理循自己"觉得大有好转"，就前往伦敦看望厄内斯特·杨格博士。1910 年莫理循曾求诊于他。莫理循后来在日记中写道："他的诊断结果是慢性胰腺炎，而不是糖尿病，使我信心大增。他言语欢快、机智。我没有先去他那儿就诊，真是个大傻瓜。"他沿着圣詹姆斯街走着，在前往茅草屋俱乐部的路上，经过濮兰德（"肥胖、自负"）的家。他把自己和濮兰德做了一番对比："他身体健康，扬扬自得，营养良好；而我忧心忡忡，哆嗦颤抖，憔悴哀愁。"回到家后，莫理循向福雷斯特鲁夫和平庆祝会捐献了 5 几尼。这一庆祝会有三项生动活泼的内容：

1. 卡车、马车、轿车、婴儿车、自行车等彩车游行。

2. 为所有复员军人、休假中的军人和 14 岁以下的儿童提供清茶。

3. 各种运动项目。

姬乐尔从切尔西写信来：

大雨破坏了今晚的焰火活动，但我们度过了美好的一天，特别是从雅典娜神殿顶层俯瞰游行队伍，更是美不胜收。我不能说这些和平庆祝活动和当前的局势很协调，因为世界仍然没有和平，甚至国内也没有。但我衷心感谢福煦、比提和黑格以及一切在战争中表现得英勇顽强、作出了重大牺牲的优秀国民……难道我们就可以挥霍胜利成果吗？

法国记者马赛尔·冯·勒贝日也持悲观论调。他和莫理循相识于北京，现在已回到法国。"终于签署了和约"，他写道。"非常可怜的和平，使法国处于可悲的处境……我急忙用打字机给您写下这封短

信":

> 这儿的生活费用出奇的昂贵……我们看不出有什么光明的未来……相反,工人的工资增加了,工作时间却缩短了;完全可以确定,除了工人阶级,其他任何人都没有光明的未来……另外,法国已有财政危机的迹象……我看不出不久的将来会有可能恢复正常。我只希望在俄国爆发的灾难不要在这里发生,但这只是希望而已。只有上帝才知道我们的前途何在! 可恶的德国人的确毁了整个世界,搅得一切都混乱不堪。我认为古老的欧洲很可能会再爆发一场革命……实际上,现在一个最差劲工人的工资也比一个地方行政官、律师、法官、警察局长高,但工人们还是不满足。他们想要的似乎是不干活和长期罢工,但丰厚的工钱却得照拿。

> 许多众所周知的事情都会令你大吃一惊。"资产阶级"在挨饿,没有足够的食物扶养孩子。不敢买鞋子或衣服,看起来就像乞丐。但是在此期间,失业工人却有钱买最贵的商品……他们身穿丝绸衣服,脚着华丽的鞋子,晚上决不拉下任何舞会,当时的舞会多如牛毛。整个局势看起来像场"萨拉班德舞",每个人快乐地旋转直到曲终。

> 和平没有改善任何事情。相反物价却上涨了很多……

> 一些人发表了哗众取宠的演讲,谈到未来每一场战争的结局。我读到这些演讲时就感到可笑。您还记得几年前我告诉您有关日本的事吗? 现在以日本为一方和以美国、中国和英国为另一方正发生剧烈冲突。这一点您不是看得很清楚吗? 这些冲突很快就会引发战争。相信我,没有任何国际联盟盟约能阻止这场战争的爆发。到那时,我们将看到日本和德国、俄国结盟。这就是将来世界的格局。您一定会看到我对您所作的预言成为现实。

但我们却无能为力，因为人类面临的将是一股无法与之抗争的、致命的力量。

《芝加哥每日新闻》的威廉·吉尔斯发表了一篇有关日本统治朝鲜的直接报道：

> 日本人的凶残完全超出欧美人民的想象。朝鲜人民惨遭谋杀、暴虐、强奸和酷刑……监狱拥挤不堪，令人发指。我在监狱里看到三四十人挤在一间12×6平方英尺的牢房里……犯人根本没有躺下睡觉的空间，只能挨个挤着坐在地上。嫌犯被捕后在警察局第一次被审问时通常遭到最残忍的严刑拷打。日本人没有区别对待男人和青年女学生。事实上，日本人在朝鲜的所作所为比德国人在比利时的暴行要坏得多……朝鲜人一直采用和平的示威方式，只有一次和平示威被激化成暴力行动，原因是日本人殴打参加示威的妇女并朝她们开枪射击……朝鲜人民在当今世界上受的压迫最深。

莫理循的母亲已85高龄，从墨尔本给莫理循寄来一封信，谈到流行性感冒和劳工状况，深感忧郁："这是一个多么动荡的时代呀！到处都在罢工。家政服务员几乎找不到，而且要求的工资太高，所以许多家庭都放弃了这种奢望。"不过这个问题在英国不很严重。莫理循的姐姐转让了6个家政工给莫理循，并详细列了张工资表：

墨德的年薪	48 英镑
库克的年薪	40 英镑
富丽德的周薪	15 先令
奥里弗的周薪	15 先令
斯坦第夫妇的周薪	30 先令

[十七]

莫理循的健康状况时好时坏。有一次他到伦敦看病,克雷顿·格林医生对他的健康状况感到"非常满意而且很高兴"。然而他找杨格博士看病时,杨格博士则对他的健康状况感到"不满意"。莫理循在日记中写道:"我觉得这些检查非常草率,很不科学,缺乏精确性。医学是一门很不精确的学科。我的健康状况没有什么改善。"他对杨格博士的诊断感到不满,就转诊于伊斯特博士。遗憾的是,他的诊断报告也"令人感到灰心丧气"。

8月7日他在日记中写道:"35年前的今天,我从皇家医院出院。我在医院中整整住了80天,动了手术,治疗矛伤。多希望我能像当时那么健康!"他在给杨格博士的信中说:"我准备不再服药,停止所有复杂的治疗方案,打算在新鲜的空气中做轻微的锻炼,并注意调整饮食,以便达到自我康复的目的。"

莫理循在出院的周年纪念日把思绪转向了苏格兰。8月中旬,他在爱丁堡就医于弗朗西斯·凯尔德教授(皇家指定的临床外科讲座教授)。凯尔德则向莫理循推荐了威廉·罗素教授(爱丁堡大学临床医学教授)。莫理循发现罗素是"一个苏格兰国教徒,为人单调,反应迟钝,患有麻痹震颤症,但办事尽心尽责"。莫理循在日记中评论说:

> 我对他说我大约重12英石。听完我的话后,他对我发了一通议论,其中只有一句话还算精明。他眉毛浓密,头有点颤抖,盯着我点着头,一本正经地说:"但您现在没这么重。"他说,他读过我给凯尔德的信,而且按习惯在睡觉时一直在想我的事。其实他好像还没睡醒,没给我什么帮助。他糊里糊涂,建议我去班夫郡达夫医院,找斯普利哥博士看病。这个可怜、啰嗦、颤巍巍的老先生竟然还在给新一代医学院的学生上课。看到此情景,

我才真正明白为什么爱丁堡大学医学院会可悲地从巅峰状态
跌落。

莫理循在罗素博士所在医院的门诊经历更坚定了他的这种
评价:

> 如此的不称职,如此的无效率,没有任何值得患者信任之
> 处! 没有任何仪器能正常工作。细针筒堵塞不通,高倍显微镜
> 不起作用,试剂过期,甚至连衡量器也出了毛病。工作作风普遍
> 马虎、懒散。从我右耳垂取血样就花了一个多小时,记数的近似
> 值算法几乎和东方人一样……看来我去达夫医院就诊之前,得
> 依靠自己先完成一系列检查、诊断和治疗过程。

在等候床位时,莫理循见到了达夫医院资深医生爱德蒙·斯普利
哥博士,确诊结果是胰腺炎而不是糖尿病。斯普利哥博士说,莫理循
的病情肯定会好转起来,可以继续工作,并劝告莫理循不要"意志消
沉"。但莫理循问自己,体重"一直在减轻",怎能振作起来呢? 幸好
他的胃口还很好。他被"不同医生的建议搞得糊里糊涂,而且所有这
些建议都只是猜测,还有待于实践来证实"。于是,他决定采取"正常
饮食"方式,并记下他一天三餐的典型食谱:

> 早餐:麦片粥,牛奶和乳酪,吐司和黄油,黑线鳕,熏肠,茶和
> 奶。
> 午餐:扁豆汤,炸牙鳕,炖羊肉,西葫芦,李子馅饼,燕麦饼
> 干,2品脱浓烈黑啤酒,没有土豆。
> 晚餐:汤,煮熟的大菱鲆,炖鸡肉,花椰菜,草莓冻,燕麦饼
> 干,1品脱浓烈黑啤酒。

实施"正常食谱"几天后,莫理循在日记中写道:"不理会医生的所有建议,感觉强壮些了。这些相互冲突的建议使人无所适从。"

但很快他又"情绪非常低落",体重仍在减轻。8 月 26 日正逢他结婚 7 周年纪念日,他在日记中写道:"多么可怜的丈夫,健康状况一塌糊涂,双颊凹陷,抑郁寡欢,骨瘦如柴,毫无生气,对未来忧心忡忡;而珍妮却是那么的健康,充满活力,清新而美丽……"

英国圣公会没有给他以慰藉:

> 没有谁的布道比缪尔海德牧师先生更令人扫兴了。在整个布道期间,我测算了一下他的语速,每分钟高达 225 个单词。他在布道中攻击了科学学说,谴责放弃古典文学教学的愚蠢做法,但他的论点却显得苍白无力。他的逻辑是,教育已经把公众从自由引向惟命是从,现在又把他们从自由引向流氓习气。教会竟然允许这样一个不负责任的笨蛋对有较高智力水平的人讲道,难怪教会正失去其影响力。

[十八]

达夫医院收费昂贵,非常时髦,能到那里就诊的都是社会名流和达官显贵。在莫理循到这家医院就诊前一年,美国驻伦敦战时大使沃尔特·H·培芝因患痨病也到那里求诊过。在那里看病的患者都被委婉说成是"宾客"。和莫理循一起在那里就诊的有一大群神情忧郁、患黄疸病的殖民地行政官,患疟疾的印度军官和患糖尿病的茶叶种植园主。

莫理循的体重降到 97.5 磅——比他刚到班夫郡时少了 15 磅。他"非常讨厌周围的那些病人,因为他们一聊起天来都和疾病有关,三句话不离洗胃器、洗肠器、糖分泌、节制饮食和十二指肠溃疡。阑尾炎是他们最喜欢的话题……"斯普利哥医生像节制饮食一样严格控制燃料的使用。"天寒地冻多雨",但莫理循室内的温度从未高过华氏60度。珍妮在萨西克斯享受着"宜人的小阳春",写信来对莫理循说:"您在达夫医院挨饿。您的病友似乎惹您生气。您越早离开他们越好。"她随信附了一张《每日快报》的剪报,并在信中写道:"您看了这一段剪报后一定会乐起来。我认为,就不准确而言,没有任何报道能超过它。"

艾斯敦是末等巴斯爵士,刚被任命为英国驻日本公使。相对其他外交官而言,他年纪还比较轻,但已有了辉煌的外交经历。他的朋友甚至预言,他的前途会更加飞黄腾达。他父亲是弗朗西斯·艾斯敦爵士(维多利亚时代的一个大人物)。在少年时代,艾斯敦先生在他父亲位于艾克莱斯顿广场的房子里见过那个时期主要的外交官。艾斯敦先生在欧洲大陆受过教育,是个著名的语言学家。他的东方经历在目前这一时期是无比珍贵的——因此他才能得以升迁。

可是莫理循一点也乐不起来。他在日记中写道:"归根到底,外交部的做法引起了公愤。任命一个不能胜任工作的江湖骗子当公使,的确令人汗颜。"

莫理循给珍妮写信,希望他们一家人能取道加拿大和英属哥伦比亚尽快返回北京。珍妮回电说,现在惟一可乘的客轮只有"毛里塔尼亚号"和"朝鲜丸号",而"朝鲜丸号"要到12月30日才从旧金山起锚,而且船票都非常难买到。莫理循回电同意她的看法,并在日记中写道:"我们一行六个半人(包括一个男仆,一位家庭女教师和一名护士),浩浩荡荡从伦敦到上海的费用是806英镑,到北京至少需要1 250英镑——这笔费用要毁了我。但我非常渴望能离开动荡不安的英国,回到北京去。死在那儿也比死在英国好。我的大部分利益都在北京。如果我死在那儿,中国政府可能会给珍妮整整1万美元抚恤金。"

10 月 8 日，莫理循向对他的病情持乐观态度的斯普利哥博士道别。珍妮吃惊地发现他是那么瘦弱、憔悴、无力。他们的一个孩子对她说："我保证不向爸爸吹气，因为他有可能裂为碎片。"

[十九]

莫理循还在和疾病作不懈的斗争，但没什么效果。11 月 5 日，他在日记中写道："状态极差，但必须拼搏。"一周后，另一位专家怀特·罗宾逊博士的诊断给莫理循带来了希望。他认为莫理循患的是"肠内细菌感染症"，嘱咐他吃带皮葡萄，以便"排出链球菌"。莫理循的岳母一口断定他患的是"胆汁病"。莫理循对她的忠告已经深以为苦，并不欣赏她的好意判断："她话语悲切，令人觉得比伦敦的大雾还更使人压抑。她简直不是在说话，而是像磨床一样吱吱嘎嘎响个不停。不管你是否听得进去，她总是自告奋勇提出各种各样的建议。"

约翰·马休斯博士为莫理循做了一个瓦色尔曼氏反应检验。结果出来后，厄内斯特·杨格博士"高兴地"叫了起来，因为报告说发现大量链球菌。莫理循在日记中写道："发现链球菌给我带来了希望。现在医生正将链球菌导入试管，在实验室中进行培养。"杨格博士给莫理循开了一个含有吗啡的处方（"我认为几个月前我就该服用此药"），还送他到查尔斯·克拉克博士那儿做牙齿的 X 光检查。病理学家约翰·马休斯博士在莫理循的肠内发现了霍乱杆菌，杨格医生给他打了抗毒针剂。莫理循的牙医克里伯先生对杨格博士评价不佳，敦促他去找王室外科医生休·日格贝爵士，还有人催促他找盖伊医院的阿瑟·贝达德博士。斯坦利夫人督促他在茶、咖啡或汤里放一茶勺奶蛋白粉。克劳默夫人说她不相信英国医生。莫理循在日记中写道："医生多，建议多，乱成一团。"遗憾的是，没有任何建议对他有好处，他的身体"一天天虚弱下去"。

12月12日，莫理循进入安妮皇后街巴特曼夫人的私人疗养院，求诊于巴特曼博士。莫理循在日记中评论巴特曼博士："他说起话来很有条理，常识很丰富。他给我的指令是：多吃黄油，多喝牛奶；饭后40分钟吃生胰脏外加两片火路啶；乳酸钙常吃。"

几天后莫理循在日记中写道：

> 我不能像目前这样继续在困境中苦苦挣扎。饭菜吃起来味同嚼蜡，没有胃口，整天饿得慌。饮食的作用似乎是为了清洗肠胃，结果使我变得日益消瘦憔悴……我多么希望生命之火能燃得更久，因为我还有未尽的事业要完成，还有许多事情等着我做。"哦，上帝，留下我，不要抛弃我！"我的希望在哪里？

莫理循希望食用猪的生胰脏能弥补胰腺分泌的缺陷，结果却没有什么效果。他"明显地瘦了下来"。但病情时有好转。两周后他觉得"健康状况确有好转，人也壮实些了，心情更加愉快，觉得更有希望了"。

[二十]

"新的一年我病得很厉害，住进了一家私人疗养院。"莫理循在日记中写道：

> 我患的是最严重的胰腺炎。现已确诊，问题就好解决了。体重能不再减轻吗？……如果体重能增加，还是有希望康复的。如果体重继续下降，那我就在劫难逃了……上周日，我的体重是7英石10磅。下周日，在同一时间和相同的状况下，我将再量一次体重。我必须勇敢而又镇静地面对结果，这将决定我的命运。

"我希望贝达德博士能负责我的治疗工作",他写信给杨格博士：

> 如果您认为……我对自己的疾病判断有误，那是因为疾病把我折磨得苦不堪言，使我产生错误的判断力，使我没能保持清醒的头脑进行判断……自从去年7月以来，我一直受到您的关照，我真的非常感激您……但是事实上，我的健康状况时好时坏，总的趋势是在不断恶化下去。我所接受的试验性疗法只是一种权宜之计，没有取得任何效果。……您现在打算试用名气颇大的肠内杀菌剂肉桂油来给我治病。您给我制定的治疗方案都没有产生预期的效果……我服用了各种各样药物，从高岭土(服用两天后，我就便秘)到活性胰岛素。同样的药物可能会对其他病人产生令人愉快的效果，但对我这重病号来说，却全然无效。那个吹牛大王(他的名字我一时想不起来)把解毒疫苗的功效吹得天花乱坠，可实际疗效还没得到证实……
>
> 我愿意把账结清。我必须付清马休斯先生的验血费和其他费用。至于另一个病理学家，有人向我指出，在为我做的详细病理报告中，他竟然假设，在任何肠道中都能发现的链球菌具有病理意义。
>
> 请原谅我信中的冒犯之处。再次感谢您为我所做的一切……

杨格博士很有礼貌地回了信，没有"丝毫感到不安"。他说，病人完全有权向他所喜欢的医生求医，并告诉莫理循："至于费用问题，我愿意免费为您服务。"

[二十一]

莫理循没花多少时间去考虑他的病情。他每天要忙着和许多来客谈话。没有来客时,他就忙着写信,为他人的文章提建议,还阅读各类书籍:

1月1日——全神贯注地阅读《威廉·希基回忆录》。读了麦克卡尔西的《乔治一世》,斯宾塞·雷·休斯写得不太好的回忆录《宣传政纲和国会》。浏览了伊安·考尔文写的《英国历史上的精神世界》。T. 桑德斯的《我在日本的岁月》(言语亲切,但很无聊)。A.G. 加德纳的《军阀》(棒极了)。E.M. 斯塔德菲尔德的《坚忍不拔的恶作剧者》(不错)。

1月3日——今天大部分时间在读书。阿斯奎斯的《应景演讲》。一本关于爪哇的惶惶巨著,由唐纳德·麦克凯恩·坎贝尔编排和选材,结构有问题,选材不好。F.A. 麦肯齐的《韩战,为了自由》。

他花了一两个小时阅读了"自我主义怪才薇达"的传记。薇达(寇松的情人)说,寇松曾为她在巴里·圣爱德蒙的纪念馆题词。C.T. 丹尼斯的两本诗集《澳大利亚士兵史密斯》和《内陆民谣》常常浮现在他的脑海中——他是"澳大利亚最有创意、最有见识的诗人"——还有斯卡文·布朗特的《1888～1914日记》("妙趣横生,引人入胜"),但他的革命观点是"很可恨的,不讨人喜欢"。金斯利的《最终》是"语言最生动,最具诗情画意的一本书……作者富有修养,堪称独立的思想家、学者和绅士"。

当他在受勋者名单中看到"尊贵的悉尼市长"迪克·理查德被授予勋爵爵位时,他在日记中评论道:"这种人会被授予爵位,真令人感到惊奇——除了新南威尔士,世界上任何国家都不会发生这种事。他出身于贫民窟,醉醺醺的令人生厌,然而竟像他所说的那样,成功地爬到社会顶层。"朱尔典爵士和威·莫·休斯曾答应为莫理循争取爵位,但他们早已把自己的诺言抛却脑后。当新年授勋的消息公布时,邓加特对莫理循说:"所以,在为中国人勇敢战斗之后,你不得不为自己而奋斗,而且还得孤军作战。至少中国人会给你荣誉。尊贵的英国人好没良心,在给有资格者授予荣誉的问题上,往往成了健忘的大呆瓜……"埃德蒙·巴顿爵士于1920年1月去世时,莫理循在日记中写道,伦敦报纸忽视了这么一个事实:他是"白澳政策的制定者和不屈的斗士……白澳政策是澳大利亚最重要、最具全国性意义的政策……得到了全国人民的支持"。

道格拉斯·布朗里格爵士也到安妮皇后大街看望莫理循。他刚出版了一本书,题为《鲁莽的海军检察员》。莫理循给布朗里格夫人写了一封信,督促她为她父亲塞西尔·克莱门蒂·史密斯爵士写回忆录:

> 您有非凡的文学天赋。令尊一生德高望重——他是他那个时代的伟人之一;殖民部和外交部都很信任他。他完全靠自己的功勋,才荣登海峡殖民地① 总督的宝座……他拒绝了驻北京公使的美差,谢绝了从男爵的封号,在上海召开的万国禁烟会中起过重要作用……

布朗里格夫人回信说,她父亲对回忆录不感兴趣,因此没有保留任何必要文件。但她同意莫理循对她父亲的评价:"他的确是个伟人。我不知道还有谁像他那样具有崇高的理想并为之奋斗……他无论在私生活还是在社会生活方面都是楷模……"

---

① 海峡殖民地:英属南洋旧称,包括新加坡、马来亚、槟榔屿等。

几天后,"豪放、友善、健康"的白克尔也加入了造访者的行列。莫理循在日记中写道:

> 见到他十分高兴。从他身上可以看出英国人孔武力、精力充沛和豪放的形象。想想 1907 年 10 月……他动了舌癌大手术;医生说他最多只能再活 1 年 9 个月。可是现在他 70 岁了,一点病容也没有……几天前还去打了高尔夫球……

另一个著名的来访者是布里斯勋爵。他已 82 岁高龄,但还能稳稳当当地登上陡峭的楼梯,来到莫理循的房间,向莫理循了解了喀什、蒙古、中国、日本、东土耳其斯坦的布尔什维克主义。莫理循对他的评价是:"我所见过最聪慧、最伟大的知识分子。"《泰晤士报》驻华盛顿特使威克汉姆·斯迪德也来看望莫理循。他看起来"非常快乐和友善",为《泰晤士报》的成功而欢欣鼓舞。他和莫理循聊到自己在华盛顿的工作。连大法官瑞丁伯爵也想谋到此职。北岩承认,斯迪德作为派驻华盛顿的特使,在一战中干得很出色。瑞丁为了谋求更大的发展,后来要求派驻巴黎,最后进了外交部。斯迪德附和着他上司说:"我们不想让犹太人在那儿有太大的影响!"

北岩在莫理循离开《泰晤士报》后,没有给他写过一个字,莫理循事先未经联系,却在 1 月底拜访了北岩(北岩还未从 6 个月前甲状腺瘤的手术中恢复过来)。莫理循在日记中写道:

> 他说爱德华七世去世那年,他得了胰腺炎,比我现在还病得更重,虚弱得连水都不能喝。瞧了许多大夫,在许多疗养院都疗养过,后来还是靠自己的意志恢复了健康。他认为是泉水、新鲜空气和阳光使他有了康复的希望。吃蔗糖不要紧。每个人都吃糖。至于淀粉,他是限制食用的……胡言乱语……

北岩的话鼓起了珍妮的勇气,但她很失望,因为莫理循"怎么也不能接受北岩的话。北岩说他自己得的就是胰腺炎,而且完全恢复了"。莫理循在日记中写道:

> 我相信我们的状况是不相同的。他44岁,我快58了。他体重为14英石,减到11英石。我则从11英石减到8英石。而现在他的体重又恢复到14英石,而且养得又肥又胖。

一周后,莫理循躺在床上,"精神萎靡不振"。他"非常感动"地收到"伟大的北岩勋爵满怀善意的一封信"(用铅笔写的):

我亲爱的莫理循,

造访尊府后,我时常挂念着您。所有可行的医学技术您都试过了吗?我们许多最好的医生思想狭隘,对世界上其他地方(如美国)的新发现孤陋寡闻。情况不正是如此吗?

去年10月,格雷爵士起程去美国时,我给他送行。当时他几乎是个瞎子。上周我看见他时,他简直变了个人,他视力恢复了,能看见我。为什么?因为美国著名的眼科医生威尔默发现,格雷眼疾的病根不在眼上,而是在牙齿上。格雷现在看起来年轻了10岁。我国眼科医生对这个该死的例子深恶痛绝,因为这病例以无可辩驳的事实说明他们是多么无知。这是个奇迹。

您到户外活动吗?外出活动对您的健康有不良影响吗?有办法通过皮下注射增加营养吗?如果您继续衰弱下去,没有其他治疗办法或其他医生可找吗?我不认识给您看病的医生,因此不能对他们妄加评论。

我觉得您需要很长时间才能康复,您要自己行动起来才能得以康复。在您还有能力旅行时(必要的话),一定要努力把握住机会。

　　我这样讲似乎不合时宜,其实我完全是出于对您的爱和关切才冒昧提出这些建议,我的老伙计。

　　莫理循在日记中评论了北岩的这封信:"这种善意行为有非常强的诱惑力,吸引人们与他接近,鼓励人们对工商业巨头竭尽忠诚,肝脑涂地,不过这种现象罕见之极。"

　　他给北岩回了信:

　　　　惠书悉收,内子和我不胜感激……我们十分重视您的建议。我已开始试用您建议的通过皮肤吸收脂肪的办法,但有点敷衍了事。我在伦敦买不到澳大利亚用来按摩的儒艮油。

　　　　我决心依照您的提议行事,天气转暖时,到美国走一趟……我希望自己能恢复健康。我对身边的事还从来没有像现在这么感兴趣过,也从来没有像现在这么渴望和远东(特别是中国人)保持接触。自从我生病后,中国人对内子和我一直极其友善,而且关怀备至。

[二十二]

　　英国外交部的阿士敦·盖特金("伊顿大学学者和纽第盖特奖金获得者,娶了一个没头脑、不讨人喜欢的芭蕾舞演员")给莫理循看了一封少将达德利·莱德奥特爵士的来信,对日本人的行为和野心极表忧虑。陆军少将比尔熙已在新加坡一个月了,为了澳大利亚的利益在研究日本的活动。莫理循将盖特金所写的"日本和战争"一文修改成一篇"优秀而重要的"文章,建议他送给乔·沃·普罗瑟罗。文章于 1920 年 10 月发表在《季刊》上。其中一段写道:

　　　　四年的欧战使远东发生了巨变。白人国家的影响似乎濒于瓦解。过去这些国家十分可耻地欺凌中国,现在他们对中国的控制产生了严重动摇……日本迫使中国在所有事务上都得事先和日本磋商,还没有哪个列强敢对日本的这一蛮横做法提出挑战。中国人民眼睁睁地看着他们的铁路、工矿企业和领土被一帮腐败的政客抵押给日本。他们目睹白人列强没能力而且也不愿意在和会上保护中国的权利。他们得出的结论是,威尔逊的理想主义只是一通鬼话……强权就是真理,而日本就是强权的象征。这是东亚的关键时刻。中国这只夜莺已经哑了……

在另一次拜访中,盖特金问莫理循是否能对续订或修改英日盟约提些建议。英国方面若不能在7月3日前对此事作出决定,盟约就会自动生效10年。盖特金提出以下续订盟约的理由:

1.如果不续订盟约,香港就得设防,英国政府就得为此付出数百万英镑。

2.如果不续订盟约,日本就有可能与苏俄、德国结盟。

3.如果续订了盟约,英国对日本的活动和侵略(如日本的对华政策)会起到抑制作用。

莫理循不同意盖特金的观点。他认为:

1.有了国际联盟后,英日盟约完全是多此一举。

2.在整个战争期间,日本是靠不住的盟国。在亚洲,日本是我们的敌人而非朋友。看看日本的所作所为,就会明白这一点:日本舰队在太平洋上无所作为,日本的西伯利亚政策,日本敲诈英国的方式,日本极力把中国排除在战争之外,在英国最需要帮助的时候日本却置之不理。

3.日本虽然和我们结盟,但却与德国达成秘密谅解! 我们的船只惨遭击沉,而日本的船只却可以在海上大摇大摆,安全得很。

4. 假设真的占领了香港。不可否认日本有可能而且也有能力这么做。澳大利亚有可能有一段时间也会沦入日本之手。但是,日本的繁荣依赖于海上贸易,只要对抗一两个星期后,日本的海上贸易就会消失。

5. 只要有英日盟约这个拦路虎在,我们怎能发展与美国的友好关系呢?

6. 把日本撇在一边。此行动将受到美国、加拿大、澳大利亚,尤其是中国和全亚洲的欢迎!

但他在日记中透露:"我相信盟约肯定会续订,因为海军部和国防部都坚持要续约——当然要有所修改。只有殖民部还在观望,正等待海外自治领的意见。"(盟约在1921年被英、日、美、法四强的太平洋盟约所取代。)

莫理循的按摩师亚瑟·罗伯森曾为卡尔米柯尔勋爵(1908~1911年任维多利亚州州长)打过杂。罗伯森虽然有贵族身份,虽然有"极其宝贵的手艺",却没有体现贵族地位的华丽礼服。他准备花30英镑买套二手货。与此同时,他还恳求卡尔米柯尔向英王侍卫队长考乐布鲁克勋爵借了一套。罗伯森好传播流言蜚语,告诉莫理循说,维农是艾夫·布莱板球队队员,脾气暴躁,有个儿子。有一次,维农出于嫉妒,在昆士兰的一个种植园里,用板球拍猛击一个白人伙伴的头部,结果把他给打死了。罗伯森说:"经过费尽心机的辩护,结果把罪名强加在一个澳大利亚黑人头上。此人被怀有偏见的陪审团判了绞刑。后来,维农良心发现,来到英国,向英国人供认自己的罪行,然后自杀了!"

莫理循继续收集藏书,最注意收藏《鲁滨逊漂流记》。一天,他甚至走到坐落在玛丽勒本大街上的弗朗西斯·爱德华兹书店,"极为满意"地花 75 英镑买到一本牛津巴赛尔·布莱克伍德公司出版的头版《鲁滨逊漂流记》。另一天,他好不容易打起精神到中国公使馆拜访了施肇基公使。施肇基谈到了三位英国外交大臣对中国驻英公使的态度——"格雷,富有同情心,热情友好;贝尔福,有哲学家风度,冷漠;寇松,自负傲慢"。莫理循看了两场戏,一次去普莱豪斯剧院,观看萨摩塞特·毛姆的滑稽剧《家与美人》。剧中格拉迪·库柏和查尔斯·郝特利两个角色令莫理循笑得前仰后合;另一次去伦敦东区意第绪剧院,观看了《威尼斯商人》中莫利斯·莫斯考维奇精彩的表演。他在日记中开玩笑地写道,他在爱丁堡的一个老同事厄内斯特·梯特伯尔德·白克库克(医疗器械制造商)已改名为"厄内斯特·格里威尔"。

1 月初,珍妮参加了中国公使馆的舞会,用莫理循的话说,遇见了"粗俗的康德黎爵士① 夫妇"。康德黎爵士是一个精力充沛的苏格兰外科医生、作家和旅行家,是孙逸仙的老师和拥护者。1896 年,中国驻伦敦公使馆绑架并囚禁孙逸仙时,他曾救过孙的命。在莫理循一丝不苟、详细的日记中,没有在别处再提到康德黎,但在内维尔·康德黎和乔治·西佛写的康德黎爵士的传记中却提到了下面一段话:

> 莫理循一直对孙逸仙和新政权深怀敌意,但他在伦敦逝世前,请康德黎来看他,并对康德黎说:"如果我在多年以前像现在一样欣赏孙逸仙的人格,中国的历史就可能改写。我希望您能把我这看法公布于众……"

"在伦敦逝世"这几个字就是莫理循和康德黎戏剧性交往的最好凭证。

---

① 康德黎(1851～1926):英国医生。孙中山在香港从之受业。1896 年孙中山在伦敦被中国使馆拘禁,康氏多方营救使其恢复自由。著有《孙逸仙与中国之觉悟》一书。

[二十三]

莫理循发现猪胰脏杂碎（"以前曾敬送给碧特丽斯公主殿下！！"）令人作呕，于是就悄悄停止服用，谁也没告诉。两星期后他在日记中写道：

> 今天我感觉心情愉快多了，觉得更有希望了，还带着一种能自我控制的感觉……这可是我到这儿来头一次有这种感受。这是……病况好转的明证。在我看来，这都是因为我不再服用那些可怕的药物（医生把我当作下水槽，拼命往里面倒药）；在医生看来，这多亏我生服了猪内脏（为这脏东西我还付了5英镑2先令6便士，希望以此保全护士长和医生的面子）。一听到猪内脏这几个字我就一阵作呕。自2月12日作出决定后，我就再也没有沾过一口。

3月初，莫理循觉得"更有活力，更有希望"，设法去朗翰，去远东俱乐部，甚至又逛了一次弗朗西斯·爱德华兹书店。他继续搜寻《鲁滨逊漂流记》，并将1 400本书装船运往中国。3月9日他在日记中写道："谢天谢地，贝达德医生很明显地暗示我，护士长已告诉他，我已停止服用他的猪内脏秘方。他觉得丢了面子。在他看来，丢面子比病人丧失生命还严重！"

莫理循给北京发了一封电报：医生认为我康复很快，因此可携带家小旅行，"俄国皇后号"于7月29日从温哥华启航，请作好准备。英国前驻北京武官布朗上校邀请他到林斯第访问。莫理循在日记中评论说："二流乡镇……除了美丽的乡村外别无引人之处……不必担忧牛奶、黄油或鸡蛋不够。"但珍妮在德文郡西德茅斯市埃斯普兰德大街相中一幢配有家具的房屋。3月18日莫理循夫妇搬了过去。

租金是一星期14几尼,"包括炉火等等"。一份典型的周账单能说明"等等"指的是什么:

公寓等	14 英镑 14 先令
起居室炉火	14 先令
厨房炉火	7 先令
卧室炉火	1 英镑 1 先令
起居室瓦斯	6 先令
卧室蜡烛	3 先令 6 便士
盘碟破损费	1 先令 3 便士
管政	12 英镑 10 先令 8 便士
洗衣	15 先令 10 便士
7 瓶酒	1 英镑 9 先令 6 便士
一盒止痛药	2 先令
苏打水	5 先令 6 便士

合计:32 英镑 10 先令 6 便士

[二十四]

朱尔典爵士于 3 月离开北京。莫理循饶有兴味地阅读福来萨刊登在《泰晤士报》上对朱尔典的颂扬文章。他在日记中评论道:

极端片面。如果他是中国问题的大权威,为什么他的成就如此之小?他的英德合作政策非常愚蠢和短视,后来因克利斯普贷款而最早泡汤。他的怯懦使中国拖了两年才参战。在1918 年 10 月《泰晤士报》揭露德华银行问题之前,正由于他的无动于衷,才使该银行发展迅速。现在他已卸任离开中国,除了

《鸦片协议》外,他没解决任何问题……

朱尔典爵士刚一抵达英国,就给莫理循送去一张便条,对莫理循的健康状况深表关切。他在便条中写道:"英国人似乎对远东不感兴趣,英国媒体对一些小地方的事务比对中国更重视。但中国迟早会屹立于世界民族之林。"莫理循在5月6日回了一封信:

> 尽管我一定要回中国,但我是如此憔悴、虚弱,因此我对自己是否能回到中国持悲观态度……我正在死亡线上挣扎,无视这一事实是没有用的。

[二十五]

来自中国的消息大同小异。德来格博士于3月14日从北京写信说:"徐世昌不是个强有力的领袖人物,议会是闹剧,召开时间已被推迟了。"但学生正准备组织一次全国性罢课,"以表达中国人民对山东问题的强烈愤慨"。"政府比我1908年到北京以来的任何时候都糟",施格兰从盐务稽核总所写信来,"现在中国的交通系统正处于总崩溃关头。"

刚回北京的卜禄士上校不那么悲观:

> 北京的变化很显著……自从我上次到这儿以来,各处都修筑了优质大马路,警务力量配备相当好,轿车的数量惊人。
>
> 很难说这里的氛围怎样,但我还是感觉有明显的改变。我敢说官员比以前更腐败,似乎没有人考虑国家的事,人人只想为自己和朋友捞钱,别的全不关心。中国官员玩忽职守的现象很普遍,但中国的舆论力量正在明显增强。我不记得以前有过这种现象。中国的舆论力量只要经过我们和美国人的精心培养和

处理，就能在推动这个古老国度前进的过程中起巨大作用。

英国领事馆的哈罗德·波特在给莫理循的信中写道：

　　我认为把我的观点说出来已属欠谨慎，写下来就更为欠考虑。但我对中国的确没有多少信心，中国需要像您这样的人为之大喊大叫。我希望对自己的工作也能更有信心，但是我们或多或少都犯了些时代错误，这是我长久以来的观点。只要我们对中国当局还仅局限于采取武力外交的手段来谋求权利（其中许多对中国来说是不公平的），我们和中国间的相互敌对情绪只会增长，我们只会妨碍中国的发展。中国人知道我们已经衰落，而且决不会再和他们开战。长期以来我一直认为，我们必须改变对中国的态度，必须学会平等相处，必须给中国人一个公平的机会。除了 1900 年，中国从未作过任何伤害我们的事。我们得到非常优惠的条件，在中国生活和做生意……

福来萨一直在报道日本人在西伯利亚的活动。他给莫理循写信说："远东的事情一团糟。《泰晤士报》几乎压下了我所有关于山东问题的报道，并且指责我实际上在从事反日活动。这可以解释为什么报上很少这方面话题。"《泰晤士报》还是像往常一样慷慨大方。福来萨已向社方报告说，除非报社方面能为他解决"实质性的难题"，否则他将宣告破产。他现在靠亲戚周济度日。莫理循回信说："《泰晤士报》没有理由不慷慨地帮助您摆脱经济困境，因为该报目前办得欣欣向荣，财源滚滚而来。"北岩曾对莫理循说，《泰晤士报》是世界上最富有的报社。

自从莫理循离开中国以来，财政部越来越拖延支付他的工资。3月，当他已经 3 个月没有拿到薪水时，在北京帮他照顾事宜的一个朋友写信给汝人鹤先生① 请求帮助。汝先生回信说,财政部已"捉襟见肘",并哀叹地抱怨,他自己的薪水也被拖欠。他在信中还写道:"又及,您要是知道财政部已有半年没向国库解款,可能会大吃一惊!"

5月12日,北洋政府林业顾问佘佛西② 给莫理循写信说:"我认为政治和财政状况——以及国际形势——已糟到无以复加的地步了……各省督军已不再向北京政府索款——知道没有希望,因为北京政府已经被榨干了——他们在各自控制的省份,以封建主的方式搜刮钱财,来供他们挥霍,来维持他们的军队,北京政府除了从山东还能得到一小部分款项外,从其他省得不到一分钱……它的威望像它的财政状况一样低。"

[二十六]

4月底,莫理循给熙礼尔写信说:"在私人疗养院一呆就是好几个月,许多医生给我看过病,但都意见相左,而且固执己见。我遵循北岩勋爵的建议,丢掉药物,来到海边,希望比较温和的气候……能使我恢复足够的体力回到中国。"但是"阳光明媚的西德茅斯"其实名不副实。23天里,只有3天是晴天。气候根本谈不上温和,气氛几乎与达夫医院一样沉闷。在阴雨绵绵、寒风嗖嗖的海滩上,蹒跚着一队神情忧郁的"残疾人、麻痹症患者和80余岁的老人"。

在80多岁的老人群中,莫理循遇见了85岁高龄的老将军约翰·邓恩爵士。他是最后一批还健在的1860年占领北京的英国军人。将军告诉莫理循他在皇宫中妇女的帐子里发现一只小狮子狗的

---

① 汝人鹤:莫理循任中国政府顾问后的英文秘书,也是莫理循与中国政府之间的联络员。

② 佘佛西:美国人。1912~1928年任北洋政府农商部林业顾问,写有关于中国林业的文章。

过程。他给这只狗起了个名字叫"夺夺",并把它献给了维多利亚女王。"夺夺"是最早被带到英国的两只北京狗中的一只。女王下令让兰赛尔惟一的学生 F.W. 基尔给它画了两幅肖像。一幅于 1863 年在皇家艺术院展出,另一幅送给了将军。

莫理循自作主张服用木炭和哥罗丁,但体重仍在减轻。他向当地的一位医生波拉德博士咨询。尽管和莫理循关系不好的连襟、法官黑金斯先生认为,他患的是口炎性腹泻,这种"由不明细菌引起的东方疾病",波拉德博士并不这么认为。黑金斯被形势问题搅得心烦意乱。"世界局势令人困惑",他在给莫理循的信中写道:

> ……威尔逊努力使世界变成"民主的安全堡垒",但结果徒劳无功。和约——以及各相关国家自己签订的条约——都给未来的战争埋下了导火线。我承认我总是朝好的方面看——希望各国人民作出的牺牲不会付诸东流(包括我儿子的牺牲)。但我们的领袖们被自私的国家主义和其他利益所左右。
>
> 我们这里有劳资纠纷,但不像英国和美国那样糟。人民发现,在澳大利亚成立经过认可的"工业竞争特别法庭"益处多多,但目前还有许多缺陷;由休斯领导的政府行事极不明智。休斯徒有虚名,骄傲自负。

[二十七]

5 月的一个下午,莫理循躺病榻上,试图找回自 14 个月前他在巴黎发病以来所没有体会过的"快乐感觉":

> 这是一种长期的折磨。希望中的奇迹一直没有出现,转而变成了无可救药的绝望。我现在的一个希望是回到中国。我不愿意死,但如果死也要死在中国,死在多年来对我如此体恤的中

国人中。

莫理循高兴地收到里昂内尔·普拉特从温彻斯特寄来的一封信：

> 总的说来，英国人对中国极其缺乏了解……例如，他们似乎都隐隐约约地认为，日本在战争中是个勇敢、有武士精神的盟国。不能不……钦佩小日本的宣传工作……

莫理循回信说，尽管气候非常糟糕，他还是感觉好多了，而且已经能够走将近一英里。他决定在 6 月 18 日离开英国，准备 6 月 5 日星期天去伦敦做准备工作。

5 月中旬，他不幸染上重感冒，变得非常虚弱，颤抖不止。但他不顾珍妮的规劝，要珍妮去伦敦办理护照和聘请家庭女教师事宜。她在高耸于卡文迪什广场的旅馆订了一个房间，并于 5 月 23 日给他写信：

> 今晨我去西敏寺做大弥撒，庄严的仪式使我深受感动。您整日萦绕于我脑海中，我的最爱。八年前那美妙的一天，当时您第一次告诉我您爱我——我将永远怀念这幸福的一天。亲爱的，今天我从内心深处为您的健康祷告，为恢复我们的幸福祈祷。我相信我的祷告一定会起作用。离开西敏寺后我感觉慰藉和轻松，相信我们还有幸福的日子……我不喜欢把您孤独地留在那里……

前一天，莫理循在日记中写道："1912 年这一天我们订婚。对珍妮来说是 7 年的幸福生活和 1 年照顾典型病人的磨难和奉献。"接着他写道（精确性丝毫未减）：

郡法院法官爱德华·布雷爵士之子布雷(44岁,一个相貌英俊,个子高高,干净清秀的英国人,好体谅人,给人以好感)来访。他在圣彼得堡做了23年笋瓜生意,后被布尔什维克驱逐。他告诉我乔治·布坎南爵士对他说的话(别人已对我讲过):"我在俄国做了7年大使,对俄国肯定有些了解。然而外交部不接受我的建议,甚至听也不听,理由是我有偏见,认为我在俄国时间过长而失去了洞察力!"——这些都是原话。这就是外交部的特点……的确外交部设有一个俄国委员会,但没有一个委员会说俄语;除一人之外,没有一个委员去过俄国,那惟一例外的人却一直呆在华沙!

这是他厚厚日记中的最后一段。4天后,莫理循在一本小笔记本中,像往常一样精确而又详细地记下他的病况,并写道:"波拉德简明、客观地讨论了赞成和反对手术的双方意见。"5月27日星期五,他在笔记本中写下他一生中的最后几句话:

> 几乎可以相信与死神的搏斗又开始了……上午10时体温华氏95.4度。几乎要崩溃了。要死就现在死,从而可让珍妮有时间从容安排。

莫理循从季隆学院学生时代开始就一直写他的"奇特日记",整整耕耘了42年。

同一天,珍妮接到一封电报,连忙乘头班火车赶回西德茅斯。她后来给德来格博士写信说:"我意识到我亲爱的人再也不能与我长相厮守。他周日下午去世之前,我一直守在他身边……他和生前一样,那么高贵而又极其勇敢地走完了他人生的最后一段路程。"

莫理循在日记的结尾,在他通常加进各式各样批注的地方写道:

> 主啊,你已回天无力,
>
> 逝者如斯夫,
>
> 我的人生旅途已到尽头。
>
> ——罗素伯爵引自德莱顿

这几行字是在"1920 年 1 月 21 日"写的,也许他想以此作为他的墓志铭。

[二十八]

莫理循下葬的那一天,"阳光明媚"。珍妮在给他母亲的信中说:"他安息在宁静的小西德茅斯墓地,恰在山顶,从那里可以俯视萨尔蔻姆山及河谷。"主持葬礼的西德茅斯牧师,从宗教角度高度评价了莫理循博士的一生。他说:"教会是开化和教导其他种族的神器。在过去八年中,他热情支持教会国外传教团的工作。"他的这段话肯定会使莫理循大吃一惊。参加葬礼的人有莫伯利·贝尔夫人,施肇基博士,朱尔典爵士,柏卓安爵士,弗伦奇勋爵,邓恩爵士(将军)夫妇,佩尔汉姆·华纳爵士,丁恩爵士,戈颂先生,海军中将厄内斯特·冈特爵士,海军少将道格拉斯·布朗里格爵士和萨道义爵士。约翰·沃尔特代表《泰晤士报》,阿士敦·盖特金先生代表外交部也参加了葬礼。澳大利亚高级专员因公务繁忙不能亲临,由阿吉尔少校代表。中华民国总统送来兰花做成的花圈,上书"哀悼与感激"。朱尔典爵士、北岩勋爵、瓦伦丁·姬乐尔爵士、约翰·邓恩爵士、安格联爵士夫妇、莫伯利·贝尔夫人和《泰晤士报》也都送了花圈。澳大利亚联邦没有送花圈。

赫顿的一封信在莫理循逝世后才送达,很能体现出赫顿的个性:

> 所以您(指莫理循)了解巴克尔……他英年早逝,太可惜了。

肺病！他是个多好的研究员啊……一个真正的学者。毫无疑问
自由意志全是空言……现代巨大的失败是宗教。受过良好教育
的人都承认这一点。一般人都把这问题丢在一边，采取人云亦
云的态度……

"作为一名医生，几个月来他已知道自己肯定在劫难逃，曾平静
地告诉朋友结局会是怎样"，《泰晤士报》的一篇特别报道说：

> 甚至在身体日趋衰落的几个月里，他对中国的热情非但没
> 有减弱，反而在增加。他身体虚弱，饱受病痛煎熬，却还硬撑着
> 坐在椅子上，或者躺在病榻上坚持工作。他一边在死亡线上苦
> 苦挣扎，一边还在憧憬着中国的未来。看到和听到这一切，你一
> 定会觉得很奇怪。他的分析能力，他那政治家特有的建设性洞
> 察力，他那昂扬的斗志，在这世界上只有少数人能与其相比，而
> 这些人个个都身体健康。这时，你一定会意识到，仅是"北京的
> 莫理循"这一光荣头衔还不足以表达人们对他的尊敬。他是那
> 么渴望大英帝国能在中国的发展过程中起作用。在他看来，任
> 何机会只要能引起人们对中国的兴趣，无论这机会有多小，也大
> 有可为。中国从未有过比他更忠心耿耿的雇员了。

"一个老牌中国通"在《泰晤士报》上引用梅瑞狄斯的诗句赞美莫
理循：

> 亲切的幽默，智慧之火，
> 你慈爱的目光中洋溢着一片爱心，
> 尤其为那被摒弃的弱者。

"慈祥而幽默，那是他的本性"，那个老牌中国通说：

爱意因幽默而升腾;幽默因爱意而芳醇。一个人要了解中国,二者不可缺一……莫理循一谈起这片他为之献上一生中最好年华的土地时,言语之中总是明显地洋溢着对中国人民的无比同情和理解……

尽管他从未把这种感情付诸文字,但他终其一生热爱中国和中国人民却是铁铮铮的事实,他的爱是那么深沉、真挚。

"如果你自称能了解莫理循,那完全是不可能的",莱昂内尔·詹姆斯在《十九世纪》中写道,"甚至那些自认为是莫理循密友的人,也会突然发现有一个他们仍然完全不理解的莫理循":

我真是三生有幸能与莫理循相处了几个月……在此期间,笔者被他卓越、多才多艺的魅力所倾倒;被他严肃认真的工作态度所感动;被他诙谐幽默的言语所振奋;为他无穷无尽的辛劳能力而赞叹不已;被他高贵的品格所净化;为他的和善和对子女之爱而欢欣;被他准确无误的记忆力所惊叹;被他对人与事的冷静判断所震惊;被他特有的自负所吸引;被他为澳大利亚和作为澳大利亚人而骄傲的情感所折服。

这是一个观察入微的结论。尽管澳大利亚忘了莫理循,但他的心中一直装着澳大利亚。他在逝世前几天给珍妮的最后一封信中说:

我把所有文件、信函和日记都留给您,由您全权处理。从中您可以看到我所走过的人生旅程,这是值得记录在案的一生。您应当仔细阅览,然后由您将它们赠给悉尼米歇尔图书馆。它们是远东现代史有趣而又直接的记录,对历史学家颇有参考价值,最好要保存在米歇尔图书馆里。

在同一封信中,他表示要把自己收藏的中国珍品赠给墨尔本博物馆。莫理循开始他记者生涯的墨尔本《时代报》以 1/3 版刊登了他的讣告。对莫理循来说,不幸的是这一天墨尔本有一则头条新闻:威尔士王子与 800 名伤残士兵握手,观看 1 000 名学童用粉、黄、绿、淡紫和蓝色的字母拼出"我们的王子"的字样。

后　记

[一]

莫理循去世后不久,许多伦敦出版商纷纷建议莫理循夫人出版莫理循传记。乔纳森·开普先生说:"这本书一定得写。"约翰·墨累先生建议莫理循夫人,传记应当是单行本,大约 8 万至 10 万字。他说:"一般人都对两卷本的传记感到厌烦。"莫理循夫人决定写传记前先把日记整理好,并请白克尔推荐一个编辑。他推荐了《泰晤士报》的退休编辑 J.B. 卡波尔先生。卡波尔在《泰晤士报》上了 38 年半夜班,后来带着"微薄的"养老金退休。他仔细分析了材料后,同意接受整理日记的任务,但是他告诫莫理循夫人:"进展不会很快,因为早年的字体小而潦草,难以辨认。"但他"很感兴趣,被这项工作深深地吸引住了",从 1922 年底开始从事这项工作。6 个月后(1923 年 6 月 20 日)莫理循夫人去世。直到 1925 年,头两卷日记(1899～1901 年)的编辑工作才完成。康斯塔伯公司同意出版,但财产受托人收回了出版日记的决定,理由是"自莫理循去世到现在时间还为时过短"。很奇怪,在卡波尔一丝不苟地从事了三年编辑工作之前,他们并未做出这一决定。

[二]

比阿特丽丝·布朗里格于 1937 年 12 月(当时日军已占领了上海,正在攻打中国的首都南京)在《泰晤士报》上写道:"乔治·厄内斯特·莫理循从未停止预测日军有迅速扩张的危险。他在 1919 年最后离开中国时,就意识到从北京取走日记所要冒的巨大风险,因为事关日本的国际声誉,日本方面决不允许他公布他所知道的日本在国际事务上所耍的阴谋诡计。"

"莫理循博士请我编辑并出版他的日记。尽管我深感荣幸,但我感到难以胜任这项巨大工程……希望不久就有人意识到它们对 20 世纪远东历史的重要价值……"

日记存放在悉尼米歇尔图书馆,同时还有大量各种各样资料:信件、电报、剪报、卡片、照片,甚至有莫理循不加选择地保存起来的当票和旅馆账单。当他的母亲于 1932 年去世时,她保存下的所有信件都被充实进去。所有资料包括 255 个箱子、装订册和袋子。莫理循夫人在遗嘱中说,她希望日记和文件能够封存 25 年。40 年后在获取这些资料时我遇到一些困难。然而我对米歇尔图书馆工作人员还是深表感激,因为我一打破受托人的专断禁令,他们就能和我密切合作。我还愿意对以下人士表示感谢:已故的爱迪斯·莫伯利·贝尔小姐;高级档案保管员哈里·纳恩先生和前维多利亚州立图书馆高级研究员菲里普·加里特先生;澳大利亚国立大学远东历史系的骆惠敏博士;都柏林国立图书馆书籍管理员 P. 亨奇先生;艾塞克斯郡罗木福德市的利昂·舍洛先生和墨尔本的乔治·萧先生及苏·阿兰小姐。联邦图书馆基金会帮助我得到研究补助金。然而,《泰晤士报》编辑威廉·哈雷爵士草率地拒绝让我查看档案,妨碍了我的研究工作。我专门去了趟伦敦,想查看莫伯利·贝尔小姐委托《泰晤士报》保管的莫理循写给莫伯利·贝尔的信。尽管它们是贝尔小姐的财产,尽管她十分友好地替我进行交涉，但是威廉爵士依然固执己见，因为他对莫理循丝毫不感兴趣。我把这些经过写了下来，是为了给将来有可能寻求《泰晤士报》合作的学生提个醒儿。

［三］

1923 年，帝国大学所在地东京文京区竖起一座建筑，"莫理循图书馆"就设在里面。《泰晤士报》报道说："每册书……都贴上莫理循的藏书标签，用的是醒目的袋鼠图案，以纪念莫理循的出生地澳大利亚。"尽管莫理循深为这些藏书标签感到自豪，但它们更具有动物学价值，而非艺术价值。莫理循曾向阿士敦·盖特金解释说："图案并不很有创意，是由一个据说毕业于英国艺术院，在海陆军军人服务社服役的人为我画的……它的蓝本是三卷本《图说澳大拉西亚》中的两副伟大作品……"

《泰晤士报》还罗列了图书馆中一些比较令人感兴趣的资料：

> 莫理循的藏书包括 400 多本早期字典和语法原稿，20 000 本印刷品，4 000 本小册子和 2 000 幅地图和雕版图。善本中有 5 本 17 世纪晚期在澳门用宣纸印刷的珍本样书，1 本完成于 1724 年的中文－拉丁文字典原稿，一篇出版于 1685 年的景教碑文的拉丁译文，《马可·波罗游记》41 个版本，包括 1496 年意大利文的第一版，英文、法文和德文的第一版，1793 年约翰·巴罗爵士用过的字典手稿，还有载着马戛尔尼勋爵和巴罗到中国的"狮子号"战舰上的航海日志。收藏的书籍涵盖 20 多种不同的语言，包括最完整的传教士文献和其他学科的书籍，其中与鸟类学有关藏书特别好。

"莫理循图书馆"的一个特点是，收藏有专门的小册子、报告、社会名人录。仅小册子就装满了几百盒。1565 年以来的地图非常珍贵;其中一幅显示朝鲜曾是一座岛屿。

研究中国史的著名学者和语言学家石田干之助博士,当时是个年轻的大学毕业生,负责监督把"莫理循图书馆"从北京迁到日本,而且一直负责管理到 1934 年。1964 年我见到他时(我们面前放着柠檬茶、大香蕉和纸巾),他告诉我二战中"莫理循图书馆"被转移到日本北部一个偏远的村庄,才逃脱了厄运。但 1949 年 1 月,《泰晤士报》报道说,这些还放在日本北方的书籍"仅仅用草绳捆着,不能防雨雪"。日本人害怕莫理循藏书有可能成为战争的赔偿品,所采取的态度是"宁愿藏书毁损,也不允许它落入外人之手"。据说澳大利亚外交部部长赫伯特·伊瓦特博士曾要求日本把"莫理循图书馆"归还给澳大利亚,但遭到麦克阿瑟将军强烈谴责,认为此动议不符合民主原则。

虽然"莫理循图书馆"的创建者希望它能保留下来,并和历史同存,但是它已不再存在了。莫理循希望他的藏书能集中存放,但此愿望不受重视。现在莫理循的藏书被分散收藏在东洋文库——东京远东研究院——只能通过藏书票上带有悲哀、责备神情的袋鼠才能辨别出莫理循的藏书。

精选参考书目

以下所罗列的只是部分参考书目,不包括不重要的参考书和所引用的英国、澳大利亚、美国和东方的一些报刊杂志。想看其他研究内容,请看上述《后记》。

Allen, Roland: The Siege of the Peking Legations. London, 1901.
Amery, Leopold: My Political Life. London, 1953.

Bland, J. O. P. and Backhouse, E.: China Under the Empress Dowager. London, 1910.

Bonsal, Stephen: Suitors and Supplicants. New York, 1916.

Ch'en, Jerome: Yuan Shih'-kai. London, 1961.

Chirol, Sir Valentine: Fifty Years in a Changing World. London, 1927.

Cowan, James: Suwarran Gold. London, 1936.

Crow, Carl: I Speak for the Chinese. London, 1938.

Curzon, George: Problems of the Far East. London, 1894.

Dickinson, G. Lowes: The International Anarchy. London, 1926.

Douglas, Robert K.: Society in China. London, 1901.

Dunbabin, Thomas: Slavers of the South Seas. Sydney, 1935.

Escarra, Jean: Le Droit Chinois. Peking, 1936.

Fitzgerald, C. P.: Revolution in China. London, 1952.

Fleming, Peter: The Siege at Peking. London, 1959.

Gammie, Alexander: Dr George H. Morrison: His Life and Work. London, 1928.

Green, O. M.: The Story of China's Revolution. London, 1945.

History of the Times, The, 4 vols. London, 1935 – 1952.

Hooker, Mary: Behind the Scenes in Peking. London, 1910.

James, Lionel: Times of Stress. London, 1929.

Kitchen, F. H.: Moberly Bell and his Times. London, 1925.

Landor, Arnold Henry Savage: China and the Allies. London, 1901.

Lansing, George: Old Forces in China. Shanghai, 1912.

Magnus, Phillip: Kitchener:Portrait of an Imperialist. London, 1958.

McAleavy, Henry: A Dream of Tartary. London, 1963.

Moorehead, Alan: Cooper's Creek. London, 1963.

Morrison, G. E.: An Australian in China. London, 1895.

Nicholson, Harold: Peacemaking, 1919. London, 1933.

Purcell, Victor: The Boxer Uprising. Cambridge, 1963.

Reed, S.W. : The Making of New Guinea. Philadelphia, 1943.

Reinsch, P.S. : An American Diplomat in China. London, 1922.

Smith, Arthur H. : China in Convulsion, 2 vols. New York, 1901.

Tan, Chester, C. : The Boxer Catastrophe. New York, 1955.

Trevelyan, G.M. : Grey of Fallodon. London, 1937.

Varé, D. : Laughing Diplomat. London, 1938.

Waldersee, Count Alfred, von: A Field-Marshal's Memoirs. London, 1924.

Ward, J.M. : British Policy in the South Pacific (1786 – 1893). Sydney, 1948.

Weale, B.L.P. : Indiscreet Letters from Peking. New York, 1922.

Weale, B.L.P. : The Fight for the Republic in China. London, 1918.

Whyte, W. Farmer: Williams Morris Hughes, His Life and Times. Sydney, 1957.

Wingfield-Stratford, E.C. : The Victorian Aftermath, 1901 – 1914. London, 1933.

Witte, Count S.G. : Memoirs, ed. by A. Yarmolinsky. New York, 1921.

Wright, M.C. : The Last Stand of Chinese Conservatism. Palo Alto, 1962.

译 后 记

《北京的莫理循》一书的作者西里尔·珀尔(1906～1987)是澳大利亚记者、作家和文学评论家。他于1967年出版的这部传记至今已再版三次。该书是迄今为止研究莫理循生平比较著名、完整的一部。现已出版的研究著作如日文版的《北京在燃烧——义和团事变》、《推动日俄战争的人莫理循》,英文版的《北京的隐士——巴克司爵士的隐蔽生活》(有中译本,1986年齐鲁出版社出版)、《慈禧太后的生平与传说》,以及中文资料中关于莫理循的介绍等,均将这本《北京的莫理循》列为必备参考书。究其原因,该书除了全面再现莫理循从一个喜好冒险旅行的少年成长为世界知名的新闻记者和中国北洋政府政治顾问的传奇历程,主要在于书中援引了大量的原始资料。莫理循在中国工作、生活了20多年。1897年至1919年间,正是中国政治、社会急剧变化、空前动荡的时期,莫理循保留了相当数量的史料和与他相关的资料。珀尔在描述莫理循这20年经历的过程中,引用了他的日记、通信、笔记、通讯、回忆录、备忘录和欧美、东方的报刊、档案等原始资料,为我们从新的角度审视清末民初的历史与社会提供了鲜活的内容。其中,由于莫理循的日记、笔记、回忆录等尚未公开出版,对于中国学者来说,就显得弥足珍贵。

珀尔无论在再现莫理循的一生,还是在提供相关史料方面,都有其独特的贡献。但是,从历史研究的角度来看,他的叙述略显琐碎,大量有价值的资料淹没在描述莫理循的日常生活及其所关心的流言蜚语之中,读者需摈弃枝节,抽取精华,方可一睹这段历史的本来面貌。同时,一方面由于作者已于20世纪80年代去世,80年代以来的史学新动向,作者已无法掌握;另一方面,作者对80年代以前出现的研究成果并未加以吸收,《北京的莫理循》虽三次再版,却始终保持初版的原貌,未作任何修改或变动。也许是作者坚持自己的观点,但从今天的角度看就显得落后了,如关于戊戌维新时期历史事件和人物的评价,关于对以孙中山先生为代表的革命派的认识与看法,引用不很符合事实的史料等等,在此不能一一列举。译者在翻译该书时力求符合原义,忠实原貌,除对个别史实加以订正外,没有对作者的论述和观点做过多的说明,读者在阅读时可根据自己的认识加以分析与鉴别。

该书内容在中外学者的研究著作中时时被引用,程为坤先生摘译了书中第九、第十两章的部分内容,以《辛亥革命中的莫里逊》为题在《辛亥革命史丛刊》第八辑发表。但对于反映莫理循与近代中国关系的整体历程,目前尚无人涉及,因此,把这本书译出介绍给国内的读者是非常必要的。

在本书的翻译过程中,中国的人名、地名的还原给译者造成很大困难,原因是人名和地名用的都是旧式广东拼音,因此要反复考证,才能正确译出。清朝官衔被译成英文后,也要经过反复考证才能恢复原状。一些外国人当时在中国取有中国名字,如果按英文直译,读者就不明白说的是谁,这些人名的考证,更是艰难。另外,书中大量引用的莫理循的日记也给翻译工作造成困难,因为许多日记是莫理循信马由缰随手写的,结构松散,指代不明,只有经过仔细斟酌,才能译得正确无误。

本书由福建师大外语学院檀东鍟先生和北京社科院窦坤女士合译。其中1~7章由檀先生翻译,8~14章由窦坤女士翻译。在译书过程中,檀先生不仅译出前七章,而且还对全书进行文字的润色、加工、核对,使全书的翻译自然流畅,颇具可读性。

　　译者对书中的一些人名、史料作了注释，书末附外国人名、地名英汉对照表，以使读者更便捷地理解该书内容。

　　本书蒙中国社科院近代史所所长张海鹏先生赐写序言，在此深表谢意。

　　福建教育出版社时时给予鼓励和鞭策，保证此项工作顺利完成，在此也一并表示感谢。

　　由于译者学识有限，谬误之处在所难免，敬请读者不吝指正。

译　者

2003 年 2 月 12 日

主要外国人名英汉对照表

A 部	
Adams, Arthur	阿瑟·亚当斯
Allen, James	詹姆斯·阿伦
Alston, Beilby	贝尔比·艾斯敦
Amery, Leopold	利奥波德·阿莫利
Anderson, Roy	孙明甫(罗伊·安德森)
Aoki	青木
Armit, William	威廉·阿米特
Armstrong, Charles	查尔斯·阿姆斯特朗(即梅尔芭)
Asquith, Herbert Henry	赫伯特·亨利·阿斯奎斯
Austin, William	威廉·奥斯汀

B 部	
Backhouse, Edmund	巴克斯(埃德蒙·巴克斯)
Balfour, Arthur	贝尔福(阿瑟·贝尔福)
Bartlett, Ashmead	阿什米德·巴特雷特
Barton, Edmund	埃德蒙·巴顿
Bax-Ironside, Henry	亨利·巴克斯－艾伦赛
Bell, Joseph	约瑟夫·贝尔
Bell, Moberly	莫伯利·贝尔
Beresford, Charles	查尔斯·贝思福
Bertie, Francis	弗兰西斯·伯蒂
Bland, John Otway Percy	濮兰德(约翰·奥特韦·珀西·布兰德)
Bonsal, Stephen	斯蒂芬·邦索尔
Braham, Dudley Disraeli	达德利·狄斯莱里·布拉姆

Bredon, Robert	裴式楷(罗伯特·布莱顿)
Bridge, Cyprian	赛普利安·布里治
Brodrick, St. John	圣约翰·布鲁德里克
Brown, John McLeavy	柏卓安(约翰·麦克列维·布朗)
Brownrigg, Beatrice	比阿特丽丝·布朗里格
Brownrigg, Douglas	道格拉斯·布朗里格
Bruce, Clarence Dalrymple	卜禄士(克拉伦斯·达姆林波·布鲁斯)
Buchanan, George	乔治·布坎南
Buckle, George	乔治·白克尔
Bunsen, Maurice de	莫利士·德本森
Burke, Robert O'Hara	罗伯特·伯克
Bussiere, J.A.	日·阿·贝熙业

C 部

Campbell, Charles William	甘伯乐(查尔斯·威廉·坎贝尔)
Cantlie, James	康德黎(詹姆斯·坎特利)
Carew, Reginald Pole	雷金那德·波尔·卡鲁
Carter, Elisabeth	伊丽莎白·卡特(爱称莉齐)
Chalmers, James	詹姆斯·查默斯
Chamberlain, Joseph	约瑟夫·张伯伦
Chamot, August	奥古斯特·沙孟
Ch'en, Jerome	陈志让
Chester, Henry	亨利·切斯特
Chiene, John	约翰·齐恩
Chirol, Valentine	瓦伦丁·姬乐尔
Churchill, Winston	温斯顿·丘吉尔
Clarke, George	乔治·克拉克
Claudel, Paul	保罗·克劳代尔
Cockburn, Henry	戈颁(亨利·科伯恩)
Collins, Robert	郭林斯(罗伯特·柯林斯)
Cologan, Señor	塞诺·葛络干

Colquhon, Archibald Ross	柯乐洪(阿奇博尔德·罗斯·科尔夸恩)
Conger, Edwin Hurd	艾德温·赫德·康格
Cooks, George Wingrove	乔治·温格柔·库克斯
Cox, Horace	霍拉斯·考克斯
Creagh, O'Moore	欧莫尔·柯里
Crisp, C. Birch	查理斯·伯迟·克里斯普
Cross, Victoria	维多利亚·克罗斯
Curzon, George Nathaniel	乔治·纳撒尼尔·寇松

D 部

Dane, Richard	丁恩(理查德·戴恩)
Dawson, Geoffrey	杰夫里·道生
Deakin, Alfred	阿尔佛雷德·迪金
de Cartier de Marchiene, E.	贾尔牒(埃米尔·卡蒂埃－德·马纳安纳)
de Giers	德·吉尔斯
de Martino	德·马迪讷
Denby, Charles	田夏礼[(小)查尔斯·登比]
Dering, Herbert	赫伯特·德尔令
Dethève	戴瑟维
de Witte	德·维特
Dillon, Joseph	约瑟夫·狄龙
Donald, William Henry	端纳(威廉·亨利·唐纳德)
Drew, E.B.	杜德维(爱德华·班斯·德鲁)
Ducat, Charles Merewether	查尔斯·美尔维泽·杜卡特
Dunbabin, Thomas	托马斯·邓巴宾
Dunne, John	约翰·邓恩

E 部

Eden, Charles	查尔斯·艾登
Edmonds, Albert	阿尔伯特·艾德蒙兹
Elder, Smith	史密斯·埃尔德

Elliott, Charles	查尔斯·伊利奥特
Everett, William	威廉·艾夫里特
F 部	
Favier	樊国梁
Ferguson, John Calvin	福开森(约翰·卡·福格森)
Fink, Theodore	西奥多·芬克
Fisher, John	约翰·费希尔
Fleming, Peter	傅勒铭(彼得·弗莱明)
Fraser, David	戴维·福来萨
Fraser, Everard	法磊斯(埃弗拉德·弗雷泽)
Fraser, Lovat	洛瓦特·弗雷泽
Fukushima Yasumasa	福岛安政
G 部	
Garfield, James Abram	詹姆斯·艾布拉姆·加菲尔德
Gaselee, Alfred	艾尔弗雷德·盖斯利
George, Lloyd	劳合·乔治
Goff, Herbert	葛福(赫伯特·戈夫)
Goodnow, Frank	古德诺(弗兰克·古德诺)
Gordon, Charles George	戈登(查尔斯·乔治·戈登)
Gowers, William	威廉·高威尔
Gray, Douglas	德来格(道格拉斯·格雷)
Greene, Conyngham	康扬罕·格林
Greenwood, Rebecca	丽贝卡·格林伍德
Green, Owen Mortimer	葛林(欧文·莫迪迈尔·格林)
Gregory, Robert	罗伯特·格里高里
Grey, Edward	爱德华·格雷
Griffith, Samuel	萨缪尔·格里芬斯
Grigg, Edward	爱德华·格里格
Groom, William Henry	威廉·亨利·格鲁姆
Gundry, Richard	盖德润(理查德·冈德赖)

Gwynne, Howell Arthur	豪威尔·阿瑟·奎恩(也译豪威尔·阿瑟·格温)
H 部	
Hall, Reginald	雷金纳德·霍尔
Hamilton, Ian	伊安·汉密尔顿
Hardinge, Charles	查尔斯·哈鼎崎
Hart, Robert	赫德(罗伯特·哈特)
Hay, John Milton	海约翰(约翰·密尔顿·海)
Hayashi Gonsuke	林权助
Hayashi Tadasu	林董
Hillier, Edward Guy	熙礼尔(爱德华·盖伊·希利尔)
Hillier, Walter Caine	禧在明(沃尔特·凯恩·希利尔)
Hioki Iki	日置益
Hippisley, Alfred	贺璧理(艾尔弗雷德·希皮斯利)
Hirai Seijiro	平井晴二郎
Howarth, Henry	亨利·郝沃斯
Hughes, William Morris	威廉·莫里斯·休斯
I 部	
Ijuin Hikokichi	伊集院彦吉
Ishii Kikujiro	石井菊次郎
Ito Hirobumi	伊藤博文
J 部	
James, Lionel	莱昂内尔·詹姆斯
James, Huberty	秀耀春(詹姆斯·休伯蒂)
Jamieson, Sir Starr	詹姆森(斯塔尔爵士)
Johnston, Reginald	庄士敦(雷金纳德·约翰斯顿)
Jordan, John	朱尔典(约翰·乔丹)
K 部	
Keppel, George	乔治·凯珀尔
Kinder, C.W.	克劳德·威廉·金达
King, Paul	庆丕(保罗·金)

Kipling, Rudyard	拉迪亚德·吉卜林
Kitchener, Horatio Herbert	基青纳(哈·赫·基青纳)
Komura Jutaro	小村寿太郎
Kroupensky, Basil	库朋斯齐(巴西尔·克鲁片斯基)

L 部

Lambton, Hadworth	海德沃斯·兰姆顿
Landor, Henry Savage	亨利·塞维治·兰德尔
Lansdowne, Henry	亨利·兰斯当
Lee, Homer	李何默(也译咸马里)
Lewin, Henry Ross	亨利·罗斯·卢因
Little, Archibald	立德(阿奇博尔德·利特尔)

M 部

MacDonald, Claude	克劳德·窦纳乐
Mackay, George	乔治·麦凯
Mackenzie, Robert Ramsy	罗伯特·拉姆齐·麦肯齐
Macleay, James William Ronald	麻克类(詹姆斯·威廉·罗纳德·麦克利)
MacMurray, John van Antwerp	麻克谟(也译马慕瑞)
	(约翰·范·安特沃普·麦克默里)
Makino Nobuaki	牧野伸显
Markham, Violet	维奥利特·马克汉姆
Maxe, Leo	雷欧·麦克斯
Maxwell, William	威廉·马克斯威尔
May, Phil	菲尔·梅
McIlwraith, Thomas	托马斯·麦克伊尔维斯
Menzies, George Fielding	乔治·菲尔丁·孟席斯
Mikinosuke Ishida	石田干之助
Milner, Alfred	艾尔弗雷德·米尔纳(亦译米勒纳)
Mitchell-Innes, Alfred	阿尔福雷德·米歇尔－因斯
Moncrieff, Scott	斯科特·蒙克里夫
Moneypenny, W.F.	威廉·弗拉维尔·莫尼彭尼

Morrison, Alexander	亚历山大·莫理循
Morrison, Donald	唐纳德·莫理循
Morrison, George	乔治·莫理循
Morrison, George Ernest	莫理循(乔治·厄内斯特·莫理循)
Morrison, James	詹姆斯·莫理循
Morrison, Robert	罗伯特·莫理循
Morrison, Thomas	托马斯·莫理循
McCulloch, William	威廉·麦卡洛克
Musgrave, Anthony	安索内·马斯哥雷夫
Mylne, Graham	格雷厄姆·迈林

N 部

Nagao Ariga	有贺长雄
Neilson, Thomas	托马斯·尼尔森
Nicholson, Reginald	雷金纳德·尼科尔森
Nogi Maresuke	乃木希典
Norman, Henry	亨利·诺曼
Norris, Francis	鄂方智(弗朗西斯·诺里斯)
Northcliffe, Alfred C.W.H.	北岩(艾尔弗雷德·查·威·哈·诺斯克利夫)

O 部

Obata Yukichi	小幡酉吉
O'Creagh, Moore	摩尔·欧克里
Oishi, Masani	大石政直
Oukhtomasky, Esper Esperevich	叶斯佩·叶斯佩列维奇·乌克托木斯基

P 部

Padoux, George	宝道(乔治·帕杜克斯)
Patteson, John Coleridge	约翰·柯尔律治·帕蒂森
Pavlov, A.I.	亚历山大·巴府罗富
Perkins, May Ruth	梅·鲁思·珀金斯
Pethick, W.N.	威·恩·毕德格

Pichon, Stephan Jean-Marie	毕盛(斯特凡·让－玛丽·皮雄)
Pokotilov, Dmitri D.	璞科第(德米特里·德·璞科第)
Porter, Harold	哈罗德·波特
Pratt, Lionel	里昂内尔·普拉特
Purcell, Victor	伯塞尔(维克托·珀塞尔)

R 部

Ready, Oliver	奥利佛·瑞迪
Reid, George	乔治·瑞德
Reinsch, Paul Samuel	芮恩施(保罗·塞缪尔·赖尼希)
Richmond, Bruce	布鲁斯·里奇蒙德
Rich, William	威廉·里奇
Robin, Jennie Wark	珍妮·沃克·罗宾
Rockhill, William Woodville	柔克义(威廉·伍德维尔·罗克希尔)
Roosevelt, Theodore	西奥多·罗斯福
Rose, Archibald	娄斯(阿奇博尔德·罗斯)
Rumbold, Horace	贺拉斯·拉姆伯

S 部

Sanderson, Thomas	托马斯·桑德森
Satow, Ernest	萨道义(欧内斯特·萨托)
Severn, Claude	克劳德·赛文
Seymour, Edward	爱德华·西摩尔
Sforza, Carlo	卡罗·史弗查
Shapiro, Karl	卡尔·夏皮罗
Shaw, Flora	弗洛拉·肖
Sherfesee, William Forsythe	余佛四(威廉·福·谢费齐)
Short, Robert	罗伯特·肖特
Sladen, Douglas	道格拉斯·斯拉登
Smalley, George William	乔治·威廉·斯马利
Smith, A.H.	明恩溥(阿·亨·史密斯)
Smith, Polly Condit	波莉·康迪特·史密斯

Squiers, Herbert	司快尔(赫伯特·斯奎尔斯)
Stephens, Henry Morse	亨利·莫尔斯·斯蒂芬斯
Stewart, Norman Robert	诺曼·罗伯特·斯图尔特
Straight, Willard D.	司戴德(威拉德·迪克曼·斯特雷特)
Strickland, Edward	爱德华·斯特里克兰
Strickland, W.R.	施格兰(伍·阿·斯特里克兰)
Strong, Herbert	赫伯特·斯特朗
Swettenham, Frank	弗兰克·斯威腾汉
Syme, David	戴维·赛姆(也译大卫·赛姆)
T 部	
Taft, William Howard	威廉·霍华德·塔夫脱
Taylor, F.E.	戴乐尔(弗朗西斯·爱德华·泰勒)
Tenney, Charles	丁家立(查尔斯·田尼)
Tower, Reginald Thomas	雷金纳德·托马斯·托尔
Townley, Walter Beaupre	焘理纳(沃尔特·博·汤利)
Towns, Robert	罗伯特·汤斯
Tulloch, Alexander	亚历山大·图洛奇
V 部	
von Hayking	冯·海靖
von Ketteler	冯·克林德
von Mumm	冯·穆默
von Thomann	冯·托曼
von Waldersee	冯·瓦德西
W 部	
Wallace, Donald Mackenzie	唐纳德·麦肯齐·华莱士
Walter, Arthur	阿瑟·沃尔特(也译阿瑟·瓦尔特)
Walter, Godfrey	戈弗雷·沃尔特
Walter, John	约翰·沃尔特
Walter, Relph	拉尔夫·沃尔特
Waters, Thomas	托马斯·瓦特斯

Walton, Joseph	约瑟夫·沃尔顿
Weale, Putnam	普特南·威尔(即辛普森)
Wearne, A.E.	文纳(艾伯特·厄内斯特·沃恩纳)
Wilkinson, Hiram Parkes	海兰姆·帕克斯·威金森
Wilkinson, William	务谨顺(威廉·威金森)
Williams, E.T.	卫理(爱德华·托马斯·威廉斯)
Willoughby, W.F.	韦罗贝(威廉·富兰克林·威洛比)
Wills, William John	威廉·约翰·威尔斯
Wilson, Woodrow	伍德罗·威尔逊
Wingate, Alfred	艾尔弗雷德·温盖特
Wise, Bernhard Ringrose	伯纳德·林格罗斯·怀斯
Woodhead, H.G.	伍德海(亨利·乔治·伍德黑德)
Woseley, Garnet	加尔奈·沃尔斯利
Y 部	
Yamagata Aritomo	山县有朋
Yamaza Enjiro	山座圆次郎
Yoshizara Kenkichi	芳泽谦吉
Younghusband, Francis	荣赫鹏(弗朗西斯·扬哈斯本)
Z 部	
Zabel, Rudolf	鲁道夫·扎贝尔

主要外国地名英汉对照表

A 部	
Adelaide	阿德莱德
Altyre	阿尔泰崖
Amur	阿穆尔河
Andijan	安集延
B 部	
Ballart	巴拉腊特
Bangkok	曼谷
Barcelona	巴塞罗那
Bhamo	八莫
Brisbane	布里斯班
Burma	缅甸
C 部	
Calcutta	加尔各答
Cooktown	库克敦
Cooper's Creek	库泊河
Costa Rica	哥斯达黎加
E 部	
Echuca	伊丘卡
Edinburgh	爱丁堡
Edinkillie	爱丁基里
England	英国
F 部	
Fiji	斐济

Forres	佛里斯
France	法国
G 部	
Geelong College	季隆学院
Gulf of Carpentaria	卡奔塔利亚湾
H 部	
Hailar	海拉尔
Hanoi	河内
I 部	
Iman	依曼
Indo-China	印度支那
Irrawaddy	伊洛瓦底
Island of Lewis	刘易斯岛
J 部	
Jamaica	牙买加
K 部	
Kachlin Hills	克钦山脉
Keijo	汉城
Khabarovsk	伯力
Kobe	神户
M 部	
Madrid	马德里
Marseilles	马赛
Marshall Islands	马绍尔群岛
Masampo	马山(也译麻三浦)
Mekong	湄公河
Melbourne	墨尔本
Menan	湄南河
Mitchell Library	米歇尔图书馆
Mongolia	蒙古

Montreal	蒙特利尔
Morayshire	默里郡
Murray	墨累河
N 部	
Nerchinski Zavod	尼布楚
New Guinea	新几内亚
New Hampshire	新罕布什尔州
New Hebrides	新赫布里底群岛
New South Wales	新南威尔士州
New York	纽约
Norman River	诺曼河
Normanton	诺曼顿
O 部	
Oshi	奥什
Outer Hebrides	外赫布里底群岛
Oyster Bay	奥伊斯特湾
P 部	
Palmer River	帕默河
Panama Canal	巴拿马运河
Philadelphia	费城
Port Arthur	亚瑟港(即旅顺口)
Port Mackay	麦凯港
Port Moresby	莫尔兹比港
Portsmouth	朴次茅斯
Q 部	
Queenscliff	昆斯克利夫
Queensland	昆士兰州
R 部	
Rangoon	仰光
Rio Tinto	黑廷多

S 部	
Saigon	西贡
Saint Petersburg	圣彼得堡
Sakhalin, island of	萨哈林岛(中国传统称库页岛)
Samoa	萨摩亚群岛
San Francisco	旧金山
Siam	暹罗
Siberia	西伯利亚
Solomon Islands	所罗门群岛
Stretensk	斯特里顿斯克
Sydney	悉尼
T 部	
Tana	塔纳岛
Thursday Island	星期四岛
Tsushima	对马海峡
Turkestan	土耳其斯坦
V 部	
Vancouver	温哥华
Victoria	维多利亚州
Vladivostok	海参崴
W 部	
Wallington	惠灵顿
Waterloo	滑铁卢
Y 部	
Yokohama	横滨

图书在版编目(CIP)数据

北京的莫理循/[澳]西里尔·珀尔著;檀东鍟,窦坤译.
- 福州:福建教育出版社,2003.7(2008.1 重印)
ISBN 978-7-5334-3664-3

Ⅰ.北⋯ Ⅱ.①珀⋯②檀⋯③窦⋯ Ⅲ.莫理循
—传记 Ⅳ.K836.115.42

中国版本图书馆 CIP 数据核字(2003)第 037406 号

Published by arrangement with ETT Imprint, Sydney Australia.

Copyright © Cyril Pearl 1967

Chinese language copyright © 2003 by Fujian Education Press.

(中文版专有权属福建教育出版社)

书　　名	北京的莫理循	
作　　者	[澳]西里尔·珀尔	
译　　者	檀东鍟　窦　坤	
责任编辑	林冠珍　林　琳	
责任校对	高　钰　梁　莉	
出版发行	福建教育出版社	
地　　址	福州梦山路 27 号(邮编 350001)	
印　　刷	福建新华印刷厂	
开　　本	890 mm×1240 mm　1/32	
印　　张	19.375	
插　　页	8	
字　　数	468 千	
版　　次	2003 年 7 月第 1 版　2008 年 1 月第 2 版,第 1 次印刷	
印　　数	2 301－4 400	
书　　号	ISBN 978-7-5334-3664-3	
定　　价	48.00 元	

如发现本书印装质量问题,影响阅读,
请向本社出版科(电话:0591－83726019)调换。